臺海風雲見證錄

― 時事評論篇 ―

徐博東 編著

崧燁文化

目錄

序一　祝《臺海風雲見證錄》出版　23
　　國務院臺灣事務辦公室原副主任　唐樹備　23

序二　徐博東教授：大陸對臺「民間發言人」　25
　　海峽兩岸關係協會副會長　張銘清　25

序三　從路邊攤到大飯店　29
　　臺灣世新大學教授　王曉波　29

序四　徐博東教授：比民進黨還瞭解民進黨的大陸學者　32
　　臺灣賢德惜福文教基金會董事長　周荃　32

序五　博東，從一隻孤鳥起飛　36
　　中國評論通訊社社長　郭偉峰　36

自序　統一志業，永不言退　40
　　我的 30 年學術生涯　40
　　「文集」的編輯方塊架與主要內容　43
　　感言與銘謝　45

「臺獨」思想產生的歷史淵源　47

試析「臺獨」運動的發展前景　51

民進黨「臺獨」聲浪為何升溫　56
　　統「獨」成為爭權的籌碼　56
　　「臺獨」從「說」到「做」　57
　　冷戰結束後的重點　59

臺灣要的是什麼「生存空間」　61
　　何謂「國際生存空間」　61

臺灣並不缺少應有的「生存空間」 61
　　外交空間當然不能給 62
　　統一是臺灣的唯一出路 63

實行國共談判是促進統一的最佳途徑 64

一份難得的反面教材 68
　　一、「對談錄」有助於認識李登輝「臺獨」面目 68
　　二、李登輝的「臺獨」理念其來有自 69
　　三、李登輝的「臺獨化」絕非偶然 71

評李登輝的美國之行 72
　　美不願見中國強大 72
　　臺灣難辭其咎 73
　　李登輝將成為罪人 73

臺灣為何策劃達賴訪臺 74
　　「兩獨」相互勾結 74
　　精心策劃　一手導演 74
　　企圖利用達賴的國際關係 75

臺灣為何拒絕我入境 76
　　為何「現階段不宜研討」 76
　　「關鍵要看什麼單位邀請」 77
　　錯誤政策還能維持多久 77

「辜汪會晤」與臺灣「三合一選舉」後兩岸關係展望 78
　　（一） 78
　　（二） 79

評李登輝的「新臺灣人主義」 81

堅持「臺獨」絕對沒有出路 85
「臺獨」本質絲毫未變 85
掩人耳目騙取選票 86
首鼠兩端投機取巧 86
包裝修飾無濟於事 87

「一國兩制」適用於臺灣 88
澳回歸對臺灣構成壓力 88
「一國兩制」將有臺灣模式 89

陳水扁何去何從　人們正拭目以待 90
當選感言露馬腳 90
改變策略以攻為守 91
是「前提」還是「議題」 91

李登輝在罵聲中下臺 93
挑戰人民身敗名裂 93
不修內政大搞「臺獨」 94
蓄意交權陳水扁 94
陳應以李為鑑 95

對陳水扁當選後兩岸關係的觀察與思考 96
李遠哲發揮關鍵作用 96
是「留校察看」非示弱 97
大陸有強烈危機感 98
列強曾將中國主權當議題談 99
其實是中美實力較量的問題 100
兩岸前景令人擔憂 102

評陳水扁的「五不」 103

迴避「一中」原則，何來「柳暗花明」 ... 105

陳水扁應向朝韓領導人學什麼 ... 109

陳水扁「新中間路線」的破產 ... 111
為贏「大選」不惜作假 ... 111
漠視主流價值 ... 112
民進黨急於「全面執政」 ... 112

評呂秀蓮承認「九二共識」 ... 114
扁當局「西洋鏡」被戳穿 ... 114
「倒退」之説荒謬至極 ... 115

玩文字遊戲　無益於互信 ... 117

「囂張」背後的「虛弱」與「無奈」 ... 119

警惕美、日、臺反華勢力的新動向 ... 121

這三副「藥方」真能救得了臺灣嗎 ... 126
如此「聯合政府」，難以穩定政局 ... 126
挽救臺灣經濟，措施無的放矢 ... 127
政治表演，無助於打破兩岸僵局 ... 128

阿扁近來為何「發飆」 ... 131

選戰落幕後的臺灣政局和兩岸關係評析 ... 134
「泛綠軍」實力增強，但選民基本結構未變 ... 134
未來臺灣政局仍將持續動盪 ... 136
李、扁合流，未來兩岸關係堪憂 ... 137

否定一個中國原則，等於選擇「戰爭」 ... 139

陳水扁搞「臺獨」與「老母雞孵小雞」 ... 143

「臺灣前途決議文」之路，就是「臺獨」之路 145
 「一邊一國論」源自於「臺灣前途決議文」 145
 接受「一中原則」，才是唯一出路 146

陳水扁走向「明獨」所為何來 148

「一邊一國」是兩岸的「政治現實」嗎 151

回歸「四不一沒有」，兩岸關係就能穩定嗎 153

陳水扁是貨真價實的「賴政客」 156
 陳水扁屬於哪一類的政客 156
 從「大膽講話」到「一邊一國論」 156
 「一軟一硬」，所為何來 158
 兩岸關係還經得起考驗嗎 159

紀念「辜汪會談」，重啟兩岸對話 160

陳水扁的假「民主」、假「人權」 164

陳水扁推動「公投制憲」居心何在 166

扁李合流掀「臺獨」惡浪 168
 陳水扁背棄承諾 168
 美國「教訓」陳水扁 169
 「急獨」禍害臺灣 169
 「臺獨」陰謀活動 170

「丟掉幻想，準備鬥爭」——簡評臺灣「公投法」 171

是「防禦性公投」還是「挑釁性公投」 173

拖延「三通」，失信於民 178

臺海風雲見證錄：時事評論篇
目錄

臺灣「大選」，鹿死誰手 182

大陸反制「公投」、遏制「臺獨」的戰略選擇 185

「獨派」藉「二二八」煽動兩岸對立 187
「手護臺灣」旨在拉抬選情 187
對二二八歷史的反動 188

二二八「手牽手」真的讓綠營翻盤了嗎 189

阿扁成也「公投」敗也「公投」 191
綁架民意　拉抬選情 191
民主其外　獨裁其中 192

評許信良批扁的政治意涵 193
加速臺灣沉淪 194
昔日「黨魂」不在 195

陳水扁兩岸政策的可能選擇 196
表白藏玄機 196
仍將遊走於「戰爭邊緣」 197

臺灣「大選」後的政治效應 198
發展為政治、社會危機 198
泛藍陣營抗爭的目的有二 198
今後四年臺灣難有寧日 199
扁當局執政難度增加 199
「制度之爭」宣傳破產 200

扁呂勝選不代表民心向「獨」 202
民意指導對臺工作 202
基本盤仍是「藍大綠小」 203

綠營之勝非「臺獨」之勝	204

阿扁真想解決族群問題嗎　206
當局操弄造成族群撕裂	206
族群操弄造成社會扭曲	207
扁不會捨棄這廉價工具	208
族群融合可望而不可得	209

美臺為何頻頻提出「二軌對話」　211

扁李合流又搞「制憲運動」　217
陳水扁不敢公然推動「制憲」	217
李登輝為陳水扁解套	218
最終目標還是「臺獨」	220

臺灣成立「特調會」意欲何為　222
呂秀蓮「逼宮」的結果	223
介入「真相」調查，主導選戰議題	224

當前兩岸關係形勢依然嚴峻　227
大陸對臺工作重心轉向「遏獨」	227
島內政局的發展不利於兩岸關係的緩和	228
陳水扁的兩岸政策乃是「戰爭邊緣政策」	229
美國的臺海政策無助於兩岸和平	230

「統一時間表」是如來佛手掌心　232
「時間表」清晰化	232
三大特點仔細思索	232
「戰略機遇期」是「鬥」來的	234

李家泉新著《陳水扁主政臺灣總評估》讀後　235

臺灣攻擊阿妹，背後有陰謀 **239**
張惠妹事件被「臺獨」分子操弄 239
攻擊背後的陰謀 240
臺灣朝野反彈強烈 241

呂秀蓮鼓吹「準戰爭」意欲何為 **243**
「準戰爭狀態」說引起朝野反彈 243
呂秀蓮此番並非「大嘴巴」亂講話 243
「憨人說憨話」，呂秀蓮給「臺獨」幫倒忙 245

臺灣為何又操弄族群議題 **247**
沈富雄成了族群對立祭壇上的犧牲品 247
陳水扁鼓吹「本土意識」繼續撕裂臺灣 248
臺灣政壇「只為權力不問是非」 250

陳水扁空言建立「兩岸和平穩定架構」 **252**
「和平」的橄欖枝和「準戰爭狀態」 252
陳水扁不走「陽關道」，偏走「獨木橋」 252

陳水扁堅持「臺獨」，臺海形勢堪憂 **255**
陳水扁裝扮成「和平鴿」 255
意在推卸責任、討好美國 256
臺海形勢依然嚴峻，令人擔憂 257

叩關聯合國，再次暴露陳水扁「臺獨」嘴臉 **259**
堅持臺灣是一個「主權獨立的國家」 259
公然說謊，欺騙國際社會 260
以和平、民主、人權為幌子，博取同情 261
妄圖使臺灣問題國際化 262

臺諜案重創不了「美臺關係」 **264**

- 美國意圖警告臺灣 —— 264
- 「美臺關係」不會有根本性變化 —— 265

國民黨發展論述對臺灣政局和兩岸關係的影響 —— 266
- 國民黨的發展論述向右轉 —— 266
- 國民黨的發展論述對島內政局的影響 —— 268
- 國民黨的發展論述對兩岸關係的影響 —— 270

混淆視聽的「雙十講話」 —— 272

布希新任期美臺海政策趨「策略清晰」 —— 274

選戰落幕後的臺灣將走向何方 —— 276
- 從「立委」選舉看臺灣民意的變化 —— 276
- 立委選舉對臺灣政局的影響 —— 277
- 立委選舉對兩岸關係的影響 —— 279

回歸「九二共識」，重啟兩岸談判 —— 281

春節包機雙飛，兩岸「三通」仍難 —— 284
- 有利於兩岸關係的緩和 —— 284
- 多種因素迫使臺灣讓步 —— 285
- 與全面「三通」相差甚遠 —— 286

「不預設前提」是假，圖謀分裂是真 —— 290

阿扁真的承認「一中架構」了嗎 —— 293
- 親民黨竊喜，「急獨派」抓狂 —— 293
- 仍是貨真價實的「臺獨論」 —— 294
- 論調和「臺灣前途決議文」如出一轍 —— 295
- 欺世盜名，療傷止痛 —— 295
- 宋楚瑜會不會又被阿扁「放了鴿子」 —— 296

「扁宋會」：阿扁「曲線臺獨」的新戲碼 298
  紓解困境 298
  互相利用 299
  癥結猶在 300

簡析新的「胡四點」 301

令「臺獨」膽寒的《反分裂國家法》 304

民進黨當局執政前景蠡測 307

反分裂法具長遠全域戰略意義 310
  非出於應急之需 310
  以「合法」制「非法」 310
  增臺胞「國家認同感」 311

《反分裂國家法》頒布：臺海博弈的新起點 312
  大陸搶占戰略制高點 312
  能否維護兩岸穩定，球在臺北 315
  中美在反「臺獨」問題上有利益共同點 316

和平統一事業的主導權必須掌握在大陸手中 318

大陸已掌兩岸關係主導權 321

大陸調整對臺政策策略 326
  進一步強化反「臺獨」的立場 326
  為兩岸關係回暖留下轉圜空間 327
  迫使扁當局向「中間路線」移動 327
  做臺灣人民工作「入島入耳入心」 328

陳水扁為何焦慮 330

論民意是「解扣化獨」之本 333

建立兩岸反「獨」戰略聯盟 337

中國發展與統一的動態平衡 340
和平與發展是中國的長遠核心戰略 340
中國統一戰略以和平為基點 341
發展與統一的理論是動態的平衡 341

民族的光榮　歷史的警策 343
極大地振奮了中華民族精神 343
海峽兩岸同胞共同抗戰的結果 343
恢復中華文化在臺灣的主體地位 344

臺海經濟浪潮勢不可當 346
四次大的浪潮 346
臺海經濟新特點 347
兩岸經濟交流合作空間廣闊 348

兩岸攜手邁入新的發展階段 349
對臺政策的重要里程碑 349
兩岸關係已進入新的發展階段 349
反對「臺獨」、促通、促統任重道遠 350

評陳水扁「廢統事件」 352
一、陳水扁公然「毀諾」 352
二、陳水扁「廢統」只為一己之私 353
三、「廢統事件」的影響 355

一次精心算計的冒險行為 357

美國因何為陳水扁「終統」放水 359

臺海風雲見證錄：時事評論篇
目錄

　　從態度強硬到最終「放水」 359
　　美國為何要給陳水扁「放水」 359
　　「放水」對美國並無好處 361

向布希叫板　陳水扁自取其辱 363
　　布希修理陳水扁 363
　　陳水扁叫板布希 364
　　以「過境事件」牟取政治利益 364
　　為糾纏不清的弊案脫困 365

島內呈現兩岸關係「利多」情勢 366
　　陳水扁「放權」內藏玄機 366
　　對於兩岸關係是利多 368

凝聚兩岸同胞，遏制「法理臺獨」 370
　　臺海局勢愈加錯綜複雜 370
　　發揮中華文化整合功能 371
　　要增強兩岸同胞凝聚力 372

兩岸關係危機與契機同在 374
　　政治對立進一步加劇 374
　　經濟關係進一步發展 375
　　民間交流進一步擴大 376

「去蔣化」包藏「臺獨」禍心 378
　　「去中國化」是「臺獨」的危險步驟 378
　　「去蔣化」意在為「法理臺獨」掃清障礙 379
　　謀求「臺灣獨立」野心難以得逞 380

蘭德公司的研究報告耐人尋味 381
　　提出解決臺灣地位問題的 10 種模式 381

14

- 耐人尋味的信號......382
- 春江水暖鴨先知......383

「決議文」是「臺獨」重大步驟，肯定是禍......385
- 「決議文」將深刻影響民進黨的政策......385
- 民進黨已浪子難回頭......385
- 對「決議文」不可等閒視之......386

淺析中共十七大報告對臺政策的五大特點......388

扁謝互嗆是「路線之爭」還是「分進合擊」......391
- 陳水扁槓上謝長廷......391
- 「扁、謝互嗆」是一齣「政治雙簧」戲......392
- 如意算盤未必能夠得逞......394

扁瘋狂演出的最後機會......397
- 選舉攸關陳水扁身家性命......397
- 臺灣經濟復甦困難重重......398
- 美國將繼續介入臺海事務......399

兩會復談打通兩岸關係的「堰塞湖」......401

民進黨煽動、縱容暴力必將付出代價......404

簡評陳雲林會長拜會辜嚴倬雲女士......407

兩岸同胞攜手「拚經濟」......408

陳雲林會稱馬英九為「總統」嗎......409

重上街頭救得了民進黨嗎......411

正確領會「和平發展」與「和平統一」的關係......413

電視文獻片《海峽春潮》觀後感......417

一、「文獻片」形象、準確地詮釋了胡總書記的「講話」精神 417
二、鄧小平——「和平統一、一國兩制」偉大構想的創立者 418
三、江澤民——「豐富和發展了對臺方針政策」 420
四、胡錦濤——「賦予對臺方針政策新的內涵」 421

綠營「國是會議」透露何種訊息 424

警惕陳水扁的司法「暗樁」 426

是「臺灣獨立黨」還是「臺獨挺扁黨」 428

馬當局挑起爭議很不妥 430

如何解讀溫總理的「三個適應」 433
經濟交流與合作是當前兩岸關係發展的主旋律 433
溫總理的「三個適應」具有重要的指導意義 433
「先粗後細，先易後難，分兩步走」 434

蔡英文的「新本土觀」救得了民進黨嗎 436

「范蘭欽事件」值得反思 439

宋楚瑜能否出線考驗國民黨 441

馬英九兼黨魁是「餿主意」 443

蔡英文漫天要價 445

民進黨得了嚴重的「自閉症」 447

民進黨做不到的，馬英九為何做到了 449

謝長廷的奇怪邏輯可以休矣 451

民進黨由「自閉」走向「自殘」 453

臺版「文革」還需陸客「見證」嗎 ... 455

民進黨為何無法與扁「切割」 ... 457
蔡英文民調滿意度「慘不忍睹」 ... 457
無法與扁「切割」難以挽回民心 ... 457
無法與扁「切割」關鍵原因何在 ... 458

民進黨不再「屁股」面對大陸 ... 459
「形勢比人強」 ... 459
「鴕鳥政策」已難以為繼 ... 459
「側身」對大陸比「屁股」對大陸有進步 ... 460

短期內難望民進黨調整兩岸政策 ... 461

民進黨早已墮落成「兒戲黨」 ... 463
阿扁上臺，民進黨墮落成「兒戲黨」 ... 463
民進黨依然故我，繼續「兒戲」 ... 463
民進黨何以會變成「兒戲黨」 ... 464

馬英九第一任內「馬胡會」登場難實現 ... 465

兩岸關係發展「欲速則不達」 ... 467

馬英九必須警惕「黑白臉論」 ... 469
「黑白臉論」真的有那麼好嗎 ... 469
鼓吹「黑白臉論」，把兩岸關係引向何方 ... 469
「黑白臉論」是對抗性舊思維下的產物 ... 470

李登輝的「朋友論」是新版「兩國論」 ... 471
肯定李登輝「朋友論」，筆者不敢苟同 ... 471
李登輝的「朋友論」，是新版的「兩國論」 ... 471
李登輝的「有條件朋友論」不具實際意義 ... 472

目錄

建議給「國共論壇」正名 473

達賴訪臺，民進黨是「大贏家」嗎 475

吃定大陸的錯誤思維要不得 477

批准達賴訪臺「方向正確」嗎 479

馬當局切勿助「獨」為虐，一錯再錯 481

「達賴模式」不可再重複 483

禁熱比婭入境，為馬當局喝彩 485

孔傑榮又在胡言亂語 487

關於兩岸政治對話的六點建議 489
  和平發展尚處於低階階段 489
  歷史的經驗值得注意 490
  幾點思考和建議 491

阿扁「永遠爭第一」 493

民進黨人的奇怪邏輯 495

美國吃定臺灣 497

臺北的「政治水溫」很冷 499

許信良「狗吠火車」 502

民進黨導演的又一齣「愚民鬧劇」 504

輕舟已過萬重山 506

曹興誠的主張豈只「違憲」 508

陳一新教授親美太超過 510

替馬英九當局把脈 512

蘇貞昌下了一步險棋 514

民進黨的「政治泡沫」 516

呂秀蓮「九六共識」玩得下去嗎 518

「讓利說」何妨改成「回饋說」 520

辯論ECFA，蔡英文底氣不足 522

趙建民的「解釋」避重就輕 524

中央日報社論在詭辯 526
    社論在為錯誤説法背書 526
    馬當局部分官員想法令人憂 527
    須儘快化解負面影響 527

楊秋興的「參選」與民進黨的「假民主」 529

民進黨轉型，需中共配合 532
    三黨互動現狀令人擔憂 532
    不必過分擔心民進黨鬧「分家」 532
    民進黨轉型，需中共配合 533
    民、共改善關係，國民黨應支持 534

「九二共識」名詞的由來及其意義 536
    附錄：關於「九二共識」名詞由來的三份資料 538
        一中解套：回到國統綱領及九二共識 538
        徐博東指大陸可接受臺灣回到國統綱領一中內涵 539
        對臺學者：阿扁模糊承認一中北京可接受 540

簡評蔡英文「十年政綱」中的兩岸政策 —— 542
一、蔡英文「十年政綱」的性質 —— 542
二、蔡英文兩岸政策的「六大新意」 —— 542
三、蔡英文兩岸政策的「六大特點」 —— 543

蔡英文的「臺獨」立場無任何鬆動 —— 546

蔡英文莫讓吳湯興蒙羞 —— 548

馬若敗選，老宋收拾得了殘局嗎 —— 549

臺灣選舉的「八大看點」 —— 551

兩岸議題蔡英文迴避得了嗎 —— 553

三套「劇本」，宋楚瑜會選哪一套 —— 555
第一套「劇本」 —— 555
第二套「劇本」 —— 556
第三套「劇本」 —— 557
老宋何去何從，人們拭目以待 —— 558

蔡英文的兩岸政策像四川「變臉」絕活 —— 559

宋楚瑜參選，2012「大選」結果的四種可能 —— 561

否認「九二共識」，臺灣之災 —— 563
以攻為守，蔡陣營使出「怪招」 —— 563
「九二共識」不容否認 —— 564
否認「九二共識」，臺灣之災 —— 565

「說謊者」究竟是馬英九還是李登輝 —— 566

否認「九二共識」，兩岸和平進程難以為繼 —— 569

臺灣「大選」，美國已明顯「棄蔡挺馬」...................571
蔡英文「面試」不及格...................571
美國的「忠告」不管用...................572
美國派高官入島，對蔡就近施壓...................572
美國何以化暗為明，大動作「挺馬」...................572

臺灣「大選」年終盤點：蔡敗相已露，馬後勢看好...................575
選情膠著，馬尚未脫離危險期...................575
蔡陣營「黔驢技窮」，方寸已亂...................575
馬還有好牌可打，後勢看好...................577

馬英九勝選的三大原因...................578
一、「九二共識」打敗了「臺灣共識」...................578
二、「要ECFA」打敗了「重新鎖島」...................580
三、「清廉」打敗了「貪腐」...................581

臺海風雲見證錄：時事評論篇

目錄

序一　祝《臺海風雲見證錄》出版

▍國務院臺灣事務辦公室原副主任　唐樹備

　　徐博東教授的涉臺文集——《臺海風雲見證錄》，即將由九州出版社出版面世，可喜可賀！

　　自2008年5月以來，大陸海協和臺灣海基會在「九二共識」的基礎上恢復了中斷九年的協商談判，達成了一系列協議。臺海兩岸實現了全面直接「三通」和大陸遊客赴臺旅遊。兩岸簽署了兩岸經濟合作框架協定（ECFA）。臺透過早收清單，已為兩岸同胞帶來了實實在在的利益，並為兩岸經濟關係的正常化、制度化和規範化，確定了方向和步驟。

　　這是兩岸關係在堅持一中原則、反對「臺獨」鬥爭取得階段性勝利的基礎上所取得的又一重大進展。

　　回望30多年來兩岸關係的發展路程，跌宕起伏、風雲變幻，上述成就的取得，可謂來之不易。能夠取得這樣的進步與成果，是與臺海兩岸各界人士的不懈努力分不開的。

　　徐博東教授從1980年代開始，就涉入對臺研究，發表了許多研究成果，為中國的統一辛勤探索、獻計獻策。我在任職中央臺辦和國務院臺辦副主任、海協常務副會長、海峽兩岸關係研究中心主任期間，他是被我經常諮詢意見的臺灣問題專家之一。

　　徐教授在民進黨研究方面，也涉入較深，他的見解和研判，使他成為聲播臺海兩岸的大陸方面的民進黨研究專家。

　　誠如該文集的書名《臺海風雲見證錄》所揭示的那樣，徐教授名副其實的是兩岸關係20多年來發展歷程的親歷者、見證者和推動者之一。

　　近來，徐教授把20多年來所撰寫的政論文章、時事評論及接受媒體的採訪報導共579篇、160餘萬字彙集成文集，這是徐教授本人涉臺研究的集大成之作。

序一　祝《臺海風雲見證錄》出版

　　通覽文集，博東教授筆觸所及、言論所指，無不是當時兩岸關係發展中的焦點、難點與要點問題。既有關於統一歷史必然性、制定《反分裂國家法》必要性等重大問題的長篇論述，也有針砭臺灣政局和政壇人物的犀利短評，從兩岸關係、中美關係到臺灣政局，從歷史到現實，從臺灣經濟、政治問題到文化、軍事、涉外關係，幾乎無不涉獵。內容互相補充、相互佐證。它將成為後人研究兩岸關係發展史的重要參考材料，相信它的出版將會受到各方面的重視和歡迎。

　　兩岸關係已經步入以和平統一為最終目標的和平發展階段。由於歷史和現實的原因，兩岸關係的和平發展絕不會一帆風順。徐博東教授雖然已經離職退休，但我期望他趁身體尚健，以文集的出版為新的起點，在臺灣問題研究方面繼續發揮餘熱，為推動兩岸關係和平發展與中國和平統一大業，做出新的貢獻。

　　是為序。

序二　徐博東教授：大陸對臺「民間發言人」

——欣聞《臺海風雲見證錄》即將出版

▍海峽兩岸關係協會副會長　張銘清

　　博東教授的個人文集《臺海風雲見證錄》就要出版了，這是大陸涉臺研究界值得慶賀的一件事。博東兄是對臺工作戰線上的知名老專家，從事對臺研究二十餘年，親身經歷、參與和見證了兩岸關係發展史上的諸多大事。如今他把自己這二十餘年來的研究成果結集出版，這不僅是對他個人學術生涯的一個總結，也可以讓我們從一個側面瞭解回顧二十餘年來兩岸關係發展演進的歷史軌跡，給今後的對臺工作以某種啟迪。因此，這部文集的出版，我以為具有重要的學術價值和現實意義。

　　這部文集共分三個部分：政論篇（上、下冊）、時事評論篇和採訪報導篇。共計579篇，160餘萬字。這是一份沉甸甸的學術成果，它充分反映出博東教授二十餘年來為學之勤、探研之精。博東兄是我的良師益友，我在臺辦、海協工作期間，經常向他請益，受惠良多，今天品味他的這些嘔心瀝血的結晶，大有「字句挾風雷、聲落點金石」之感，因為他由情而文，讀來則由文生情，歷歷往事又浮現在眼前，可謂感觸良多，特別親切。相信他的這些力作，必將在兩岸關係發展史上，留下濃墨重彩的一頁。

　　綜覽文集，我覺得有如下三個鮮明的特色：

　　其一是它的全面性和系統性。這主要體現在「政論篇」部分。可以看出，博東教授的研究領域十分廣泛，包括臺灣政局、兩岸關係、中美關係、國際格局、大陸對臺戰略、政策與策略等，正是透過這種全方位多視角的深入研究，博東教授對臺灣問題的把握分析才能做到如此精準和到位，蔚然成為大家。然而特別應當指出的是，博東兄的對臺研究，其最重要的貢獻並不在於他涉及的「面」很廣，而在於他對「點」的長期追蹤和探索，也即兩岸各界

序二　徐博東教授：大陸對臺「民間發言人」

都一致公認的他對民進黨研究的系統與深入。在「政論篇」中，約有三分之二以上的篇什是研究民進黨的論文。正因為如此，博東兄的對臺研究頗具特色，他不僅是著名的臺灣問題專家，同時更是民進黨研究專家。

其二是它的連續性和前瞻性。博東教授從八十年代末開始涉入對臺現狀研究，二十多年來無論遇到何種困難與挫折，他都一往無前、無怨無悔，始終保持著對臺灣問題研究的高度熱情和關注，承擔了大量的涉臺調研課題，長期筆耕不輟，因此這部文集保持了較好的時間連續性。通讀文集，讀者從中可以很清晰地把握近二十餘年來臺灣政局以及兩岸關係的發展脈絡。同時，博東兄的研究成果還具有較強的前瞻性，如他較早地預見到李登輝的「臺獨」傾向、民進黨在臺灣政壇上可能扮演的角色，並且在1999年就已經預見到民進黨上臺執政的可能性，以及它上臺執政後對臺灣政局和兩岸關係可能帶來的影響。在民進黨2008年下臺後，又較早地預見到民進黨重新崛起、捲土重來的可能性等等。

其三是它的政策性和實踐性。博東教授的學術研究不是書齋式的，而是充滿實踐性。臺灣問題是熱門問題，多年來，博東兄作為兩岸知名的臺灣問題專家和國臺辦所倚重的智囊學者，一直以自己研究成果積極為國家對臺工作獻計獻策，並經常出席各種內部召開的諮詢會議，從對臺戰略到政策策略，多方提供決策建言，為兩岸關係的發展和中國的和平統一做出了突出貢獻。不僅如此，作為一個民間學者，他始終站在「反獨促統」的第一線，每逢臺海發生重大事件，博東教授往往在第一時間接受海內外媒體的採訪，發言發聲，並緊跟形勢的發展，撰寫了大量文筆犀利、發人深省的時事評論文章，針砭時勢，抨擊「臺獨」言行，解讀大陸對臺方針政策。因此，他被臺灣媒體稱之為大陸的「發言學者」，記得我也曾在私下半開玩笑地講過，徐教授是大陸對臺「民間發言人」。從這部文集的「採訪報導篇」及「時事評論篇」中可以看出，這並非虛言。

博東兄對臺研究能夠取得這樣的成就不是偶然的，除了理論功底紮實之外，再有就是他的刻苦與勤奮。臺灣《中國時報》執行副總編楊憲村說：「徐教授的對臺研究工作相當敬業，一直令我留下極為深刻的印象。作為一位研

海峽兩岸關係協會副會長　張銘清

究民進黨問題的先行者,徐博東多次來臺從事交流訪問,我看著他由『中央』到基層,由城市到鄉村,不厭其煩,深入其境,想方設法與民進黨人士接觸,從不放過任何機會。我常因代他安排而被煩得不堪其擾,但他這種治學態度和求知的精神則令我感動……」另一位臺灣知名學者尹章義教授也說:「能夠像徐教授這樣,案頭功夫和實際調查研究都如此精深的人,可謂『鳳毛麟角』」。正因為如此,博東教授才能夠比較準確地把握臺灣的政情發展和社會脈動,尹章義說他的文章「燦然可觀」,不少預測都相當精準,「民進黨取得政權的過程、執政後的表現和給臺灣所帶來的嚴重傷害,不幸都被徐博東這個大陸學者一一料中了」,陳水扁和他的團隊「只是照著徐博東事先寫好的劇本表演罷了」。就此而言,博東教授的這種競業精神是很值得年輕學者學習和傳承的。

　　據我所知,博東兄的學術成果並沒有完全體現在這部文集之中,如他對於臺灣歷史文化,特別是對近代臺灣省籍著名反割臺愛國抗日志士丘逢甲的研究,具有很高的學術價值。二十多年前他與人合著的大陸出版的第一部《丘逢甲傳》,至今未有能出其右者。這部傳記已先後在海峽兩岸出版了四種版本,博東教授也因此被兩岸史學界公認為丘逢甲研究專家。此外,博東兄還是兩岸民間交流的重要平臺——「海峽兩岸客家高峰論壇」大陸方面的發起人,他對於客家學的研究以及推動兩岸客家交流方面也做出了積極貢獻。但文集中這些內容並沒有能完整地反映出來。

　　博東兄作為一名民間學者,能夠在大陸臺灣研究界占有一席之地,並成為一方領軍人物,是很不容易的。眾所周知,臺灣研究具有很強的特殊性,是一項政策性、理論性、實踐性很強的工作,特別是在1980、90年代,資料收集有很大的困難度和局限性。因此,要想在臺灣研究領域取得成就,沒有一點犧牲奉獻精神是很難的。博東兄卻知難而上,選擇臺灣研究作為自己的學術志業,並始終堅持不懈,孜孜以求,終有所成,這種毅力和精神確實令人感佩。而且特別值得一提的是,由他一手創建的北京聯合大學臺灣研究院,從無到有,從小到大,不斷發展壯大,成為大陸涉臺研究的重鎮,一批頗具潛力的年輕研究人才已經開始嶄露頭角。博東教授退休之後仍然十分活躍,頻繁出席各種會議,接受媒體採訪,筆耕不輟,我注意到文集中有不少

序二　徐博東教授：大陸對臺「民間發言人」

文章都是在他退休之後完成的。我們衷心希望，博東兄能夠永保學術青春，為臺灣研究做出更多更大的貢獻。

　　是為之序。

序三　從路邊攤到大飯店

——寫在《臺海風雲見證錄》的前面

▌臺灣世新大學教授　王曉波

博東兄的涉臺文集《臺海風雲見證錄》即將出版，要我寫序，序不敢當，以我跟博東的交情不寫又不敢，只得在他大著出版之前說幾句祝賀的話。但我又一生「烏鴉嘴」，沒學會說「好話」，只得實話實說，也藉此留下我與博東兄訂交的記錄。

1987 年 11 月，臺灣解除戒嚴，開放大陸探親，我們「臺灣史研究會」即決定舉辦研討會，並去函大陸中國社科院臺灣研究所和廈門大學臺灣研究所，請他們推薦學者來臺出席會議。當時，廈大臺研所推薦的是陳孔立教授，社科院臺研所推薦的則是徐博東教授。但臺灣不予批准，二人均未能成行，至為遺憾。當時我是臺史會的理事長。

之後，我們「臺灣史研究會」決定在 1988 年暑假期間，組織學術訪問團訪問大陸，並在廈大臺研所和社科院臺研所各舉辦一場學術研討會。

1988 年寒假期間，我到南昌探親，在香港轉機，見到了陳孔立教授，討論了臺史會訪問團的問題。南昌探親畢，又到北京，也到社科院商討臺史會訪問團的事宜，但在社科院臺研所，並未見到博東兄。

臺史會的大陸訪問團遭臺灣批駁，只准「探親」，不准「學術訪問」，所以，我們只好化整為零，各別申請「探親」，然後機場集合行動，所以，我們的訪問團變成了「不是團」。雖然如此，我還是受到禁止出境一年的處罰。

學術研討會在北京友誼賓館舉辦，眾多初次見面的大陸學者中，博東兄是其中之一。90 年代後，有臺灣研究會、社科院臺研所和全國臺聯共同舉辦的「兩岸關係學術研討會」，到北京開會的次數多了，才和博東兄熟悉起來。

序三　從路邊攤到大飯店

　　初次見面後才知道，博東兄根本不任職於社科院臺研所，而是在北京聯合大學任教，其本人畢業於北大歷史系。他是廣東客家人，其父在抗戰時期，追隨丘念臺參加廣東東區服務隊從事抗日救亡活動。博東兄還寫過一本《丘逢甲傳》。我們臺史會的信到社科院臺研所，臺研所學者多政治、經濟專長，而無史學專業，故由李家泉副所長推薦博東兄出席我們臺史會的研討會，而掛了一個「特約研究員」的名義，以代表社科院臺研所。所以，1988 年寒假到社科院臺研所未能見到博東兄。

　　後來還知道，臺灣光復後，博東兄的父母跟隨丘念臺到臺灣，博東則留在大陸廣東梅州蕉嶺家鄉由祖母哺養，準備父母在臺灣的工作穩定下來後，祖孫二人再到臺灣團聚。不料，後來博東兄的祖母病重，他的父親只好從臺灣趕回廣東家鄉探病。誰知這一去就沒能回來，1949 年後兩岸分裂，不得往來，從此家庭破裂，骨肉離散，博東和他的父親、祖母在大陸，而母親和三個在臺灣出生的弟弟卻留在了臺灣。

　　我則是 1948 年，外婆帶著我們隨爸爸來臺訓練新兵，後來母親來臺團聚，1952 年犧牲於「白色恐怖」，父親也以「知情不報」判處徒刑七年。我們全家五口頓時失去生活來源，而經朋友介紹，到臺中育幼院，把我和大妹列名為院外生，每個月可領十幾塊生活補助金。意想不到，博東兄的母親就是臺中市育幼院的會計，而我和大妹每個月的生活補助金就是向她領的。

　　因此，我和博東兄都是國共內戰、兩岸分裂的受害者。博東兄是家庭離散，骨肉不得相見；我家則是相見不如不見，為了家人團聚，而在「白色恐怖」中犧牲了母親。

　　我從「自覺運動」（1963）開始探索中國前途；從保釣的「臺大民族主義座談會」（1972）後，開始研究臺灣近現代史和中國統一問題。

　　博東兄則是由李家泉推薦參加臺史會開始研究臺灣問題，起始博東兄只不過是聯合大學的一個「單幹戶」；後來，成立了聯大的「臺灣研究室」，接著愈搞愈大，而有「臺灣研究所」、「臺灣研究院」。博東兄一直是推動者，也是領導者，直到退休。所以，我戲稱博東兄的臺灣研究是「從路邊攤到大

臺灣世新大學教授　王曉波

排檔再到大飯店」。除了徐博東因臺灣研究而揚名兩岸外，北京聯大也因臺灣研究而名聞兩岸。

　　從1988年至今已經23年了，博東兄已自聯大屆齡榮退，但仍擔任顧問，且為大陸對臺工作所倚重。我也青絲成白髮，從臺大退休了。聯大、臺大的教職，只是我們的「職業」，但統一卻是我們的「志業」。職業需要退休，但不到中國實現統一的一天，我們的志業是永遠不言退的！

　　博東兄，您說是嗎？

序四　徐博東教授：比民進黨還瞭解民進黨的大陸學者

▍臺灣賢德惜福文教基金會董事長　周荃

　　「徐博東先生跟我一樣誤入歧途，都寫了一本書，書名叫做《民進黨研究》。我已經放棄研究民進黨了，我覺得太無聊了，可是徐博東先生還在繼續研究，我要恭喜他！」李敖大師在北京聯合大學臺灣研究所「改所建院」的時候這麼說徐老師。

　　中國大陸只有兩個「院」級的臺灣研究機構，一個在南方，是與臺灣一水之隔、歷史悠久的福建廈門大學臺研院。另一個在京城，2005 年 4 月 22 日才成立的北京聯合大學臺研院。祖籍廣東梅州的徐老師從 1987 年起窮盡 30 年時間寫臺灣，他的成名之作是《丘逢甲傳》。客家人的他，又從 1988 年 1 月在李家泉教授牽線下，因緣際會花了 22 年時間研究民進黨，至今不墜。多年的孜孜不倦努力探索，我們仔細觀察，無論大陸領導人的談話或對臺政策的許多深刻內涵，都有許多徐老師歷來提出論述的影子，例如：

　　一、錢其琛關於一中「新三段論」的說法；

　　二、兩岸「三通」是「戰略」而非「策略」問題、界定為「經濟」議題而非「政治」議題的提法；

　　三、「九二共識」這個用語，其實徐博東早於蘇起之前即已提出。2000 年 4 月初抵臺參訪的他，在與民進黨人士交流時即提出了「九二共識」的說法，當時他還跟 TVBS 記者約好，其事先錄製好的亦即提及「九二共識」一說的個人專訪，得在他月底離臺前再播出；

　　四、2008 年 3 月馬英九勝選後，徐老師更是率先提出發展兩岸關係「先經後政、先易後難」說法的學者。

臺灣賢德惜福文教基金會董事長　周荃

　　作為一個學者，沒有比自己提出的論述、說法被政府採納、被他人引用更令人欣慰的了。「積久功深自有得」，正貼切的形容這位出身北大歷史系，父母親在他出生後不久即赴臺，三個胞弟都生在臺灣，而只留下他在大陸「打拚」的學者風範。

　　沒有徐博東就不會有北京高校第一個臺灣研究室、所、院的成立。當時更是因為徐博東決定選擇較不被人重視但顯然很有研究價值的「臺獨與民進黨問題」作為主要的研究方向。我就是在他「校長兼撞鐘」的時候認識他的。那時，他已是大陸上頗有見地與知名度的研究民進黨的少數「特殊」學者專家。說他「特殊」實乃當時的北聯大臺研所基本上只是「一人所」；再者，從黨外時期到創黨再到 2000 年，連阿扁自己都不相信會完成臺灣首次政黨輪替。試想，一個沒有人看好有一天會執政的政黨，花工夫去研究它，也太沒有前景了吧？

　　然而，事實證明，兩岸關係從李登輝「兩國論」、戒急用忍，陳水扁的「四不一沒有」到後來的「烽火外交」，再到如今馬英九簽定 ECFA、十五項協議……，徐老師是無役不與，一直是大陸涉臺學界指標性人物，是國臺辦倚重的對象。

　　許多人研究臺灣問題，往往只會簡單地從藍、綠板塊移動觀之，缺少對民進黨的深刻瞭解與認識，結果不僅是對兩岸問題分析不到位，當然對臺灣內部問題的解讀就更有缺陷。而更多人的研究工作，又因臺灣「人脈」的有限與欠缺，就只能從報章雜誌、電子媒體「紙上研究」做分析。正因為徐博東是：(1) 學歷史出身；(2) 做民進黨研究的學者；(3) 更不同於他人的地方是，他得從自己不可分割、無法切斷的家庭歷史看兩岸。命運讓徐老師不得不選擇、更不須掩飾，他得既愛臺灣也愛大陸。他思考時如此，下筆時當然更會如此。他從史觀縱軸、從統獨面向、從兩岸高度……，也就是說，無論任何事情徐老師都必須提煉出、必須站在兩岸「共同有利」的高度去思考解決的方案才成！而我的背景與徐老師即緣於此，並很自然的成了要好的朋友。

臺海風雲見證錄：時事評論篇

序四　徐博東教授：比民進黨還瞭解民進黨的大陸學者

在臺灣，尤其需要政治正確的臺灣政壇，我都做過三屆「立委」了，仍被認定為「外省第二代」。但我卻是母親臺灣人（福建遷臺第11代），父親浙江人。在大陸，再好再親的朋友與親戚總把我歸類為：「你們臺灣人」。唉！還真嘗盡了「兩邊不是人」的滋味。

看哪！多年來徐老師在臺灣藍、綠陣營裡面所經營的人脈，總是「無私」的與年輕一輩分享，見他提攜後進不遺餘力，很令人感動。其實，誰能規定我「只能愛爸爸，不能愛媽媽」呢？我選擇讓自己走既愛臺灣，也愛大陸的道路。這些年來我以「賢德惜福文教基金會」的名義公益兩岸，行走多年，我深深體驗出「無私」另一番有趣的人生，更倍覺豁達、開朗後的喜悅其味無窮！

1983年徐老師獲頒「北京市教育系統先進工作者」、2004年「北京市教育系統百名優秀教師」、2005年被授予「北京市先進工作者」稱號、2006年被評為「北京市有突出貢獻的科學技術管理專家」，還有「北京市第八屆哲社科學研究成果二等獎」等各種獎項30多項。徐老師不僅治學嚴謹，更是獲獎無數，著作等身，聽說九州出版社要幫他整理出版《徐博東文集》，可見他「大家」的地位。

我積極建議徐老師將他的政治類書籍，尤其是《透析臺灣民進黨》、《近十年來民進黨大陸政策大事記》等分送給藍、綠各陣營，甚至2012剛剛當選的113位「立法委員」，還有臺灣各大學圖書館，特別是有大陸問題研究系所的學校。讓臺灣人瞭解大陸人是怎麼看臺灣的，讓政治人物去體會大陸人眼中的兩岸關係，更讓民進黨認識到大陸學者比你民進黨還瞭解民進黨。

近年來徐老師總是說：依照毛主席的理論，大陸對於臺灣的政治勢力應該劃分為依靠對象、團結對象、爭取對象、打擊對象四個層次，不能「非友即敵」，只有兩個層次。而我要說，日本侵華、英法德……八國聯軍侵略中國，生民塗炭、國仇家恨，如今也沒見共產黨不與他們往來啊！綠營就算還不能「依靠」，怎還沒團結、還沒爭取就直接跳到「打擊」對象去了呢？包括民進黨在內，綠營人士就是因為不認識共產黨、不瞭解大陸。有句話說：「不知者無罪」！綠營及支持綠營的人同樣是中國人，怎麼就不能往來呢？

臺灣賢德惜福文教基金會董事長　周荃

有來往、有溝通，才能有感情、有認識、有瞭解嘛！共產黨與民進黨、臺聯黨有啥歷史仇恨麼？國、共內戰還打了好幾年哪。國民黨播遷臺灣，「萬惡共匪」的「恐共」、「仇共」政策宣傳了半個世紀，2300 萬臺灣同胞恐怕還有 1800 萬人沒去過大陸。殊不知早先綠營支持者只是一群恨國民黨、反國民黨的勢力，但國民黨執政及民進黨 8 年政黨輪替，何以 60 多年來如今還是有 45% 的選民支持綠營？說到底正是「恐共」、「仇共」這條主線貫穿嘛！而萬勿以為「恐共」、「仇共」只是綠營的專利，藍營更是「恐共」、「仇共」，過去還「反共」呢！再進一步說，綠營支持者原本與大陸共產黨無冤無仇，他們「恐共」、「仇共」乃至「反共」，其實都是當年國民黨教的，並不是他們生來就有的。

我就認為，化解臺灣人民的「恐共」、「仇共」，唯有共產黨自己去直接面對，尤其綠營人士。應該讓綠營人士到大陸多走走、多看看，該「恐」的是綠營，不敢面對共產黨，怎有共產黨面對綠營還「恐」呢？阿扁不是也說過：「臺獨不可能」嗎？大陸對自己要有信心，只要你是「太陽」，太陽出來了，站在旁邊的「燭光」還能怎麼著啊！

我以為，2012 是大陸共產黨十八大換屆年，未來兩年內臺灣方面也沒有選舉的複雜因素干擾，而 2012 卻是兩岸達成「九二共識」二十週年，2013「辜汪會談」二十週年，因此國、共兩黨應該趁此機會好好縷一下這段歷史。共產黨也可趁此機緣建立共、民兩黨溝通管道，讓共、民能「共鳴」，好好「傾聽」綠營的聲音，深入瞭解綠營何以會從當年的反國民黨路線走到後來的「臺獨」路線？綠營不要「九二共識」，不要「一國兩制」，那你到底要啥呢？

「傾聽」是相互溝通的第一步，存在才有價值，尊重對方的存在，讓雙方都有機會說明。讓徐老師更忙一點！哈哈……

以上是我寫給徐老師的文集不能算是「序」的「序」吧！

序五　博東，從一隻孤鳥起飛

▋中國評論通訊社社長　郭偉峰

　　博東兄要我為他的巨著作序，幾乎是命令式的，我也沒有什麼遁詞，只好說，一定會寫感言。瀏覽他電郵過來的稿目，十分感慨。敏捷於思想，勤奮於著作，《臺海風雲見證錄》這部文集共分三個部分，共計 579 篇，160餘萬字。煌煌巨著，碩碩精華，著實令人驚歎。

　　掰著手指算一算，與博東兄相交相識也有 20 多年了，只見博東在兩岸關係及臺灣問題上的研究越來越起勁，成果越來越多，涉及面越來越廣，像一隻孤鳥，卻又帶回一群大雁，在海峽兩岸來來回回，不知疲倦。

　　記得是在 1988 年初，我剛從香港調職回北京，博東兄來我們編輯部見一位老記者，帶著他和黃志平教授歷時 4 年合作撰寫的大陸第一部《丘逢甲傳》，經介紹認識之後，他把這本書送給我。我一讀之下就被深深打動了。因為我也是梅州的客家人，對丘逢甲知其名，但對其生平及歷史地位知之甚少，讀完《丘逢甲傳》之後，我深為梅州客家人出了這麼一個抗日英雄而自豪。於是我安排部屬全力報導博東兄與該書。從此開啟了我為他打傳播工長達 23 年的歷史。

　　23 年來，博東兄很多思想火花，都是在我服務的媒體平臺點燃的。他的很多文章，我是第一個讀者。1989 年 5 月 8 日，他創辦了北京聯合大學的臺灣研究室。他一開始就啃硬骨頭，全力研究民進黨這個冷門領域，在當時是十分吃力不討好的。須知，在 1990 年代，幾乎沒有人會相信民進黨也有執政的一天，同時大陸各界對「臺獨」深惡痛絕，對民進黨也是一樣，誰與民進黨接觸，誰就可能有問題。記得博東兄還曾經對我說，連他在臺灣的母親後來知道他在研究主張「臺獨」的民進黨，都很不以為然。但是，博東兄十足的客家人硬頸精神作怪，硬是要鑽下去。後來當然很成功，博東成了知名的民進黨問題專家。由我主持的《中國評論》首次稱之為「南林北徐」，南林是指廈門大學的林勁教授，北徐就是指博東兄了。這麼大的大陸，當時真

中國評論通訊社社長　郭偉峰

正對民進黨進行學術分析與研究的學者，就這兩個人。這個稱呼，很快就打響了，傳誦一時。

今天翻閱博東兄的《臺海風雲見證錄》目錄，我們可以看到，其中很多精彩的篇章，都是涉及民進黨的。從1991年到1999年，他都認真地撰寫民進黨一年來活動言行的述評，為兩岸留下了極其珍貴的分析史料。大陸系統地認識民進黨，說博東兄是先行者和引路人，並不為過。

博東兄的成就來之不易！他最初的日子過得很苦，除了資料匱乏之外，經費是折磨他的主因。如同當時幾乎所有的學術研究機構一樣，經費欠缺。博東創建的機構更是缺乏資金，需要化緣。據我所知，有好幾次論文都寫好了，卻沒有錢買火車票去出席外地召開的學術會議，只好「文到人不到」。博東兄是很善於殺熟的人，他創辦研究所後，很多朋友都為他解囊相助，每次我與他見面，他都要伸出手來：「咱倆合作辦一個研討活動，掏錢請大家吃飯就由你負責！」那個時候，我離開了原來長期服務的新聞媒體，甚至推辭了中央機構的重要職務的安排，在大家都不理解的情況下，聽從汪道涵會長的召喚，到香港創辦《中國評論》月刊，因為沒有政府撥款，靠一點一滴經營起步，實在艱難。但是，對博東兄的要求，我是儘量滿足的。所幸，博東兄也知道我的苦衷，每次的開支都還負擔得起。當然，因為博東很多新的思想與意見都在《中國評論》月發布表，影響很大，真正賺到的是我們。

資金匱乏可能不算是最大的問題，思想的超前，意見的尖銳，可能更加難容於平庸的氛圍。記得有一次他過境香港赴臺灣開會，為了省錢，捨不得住酒店，在我的宿舍擠了一個晚上，我們聊天到天色放亮，剛要入睡，窗外一隻大鳥不斷在啼鳴。我說，博東、博東，你研究臺灣問題是孤軍作戰，以個人之力、個人之見打天下，實屬罕見。我則在香港辦一份兩岸都不理解、不支持的雜誌。你是孤鳥，我也是孤鳥啊！博東兄，這番話可曾記得？

2000年冬天的一個晚上，博東兄在北京約我見面，從不喜歡喝酒的他卻要喝酒。我這才知道，他正在著手準備把臺灣研究室擴展為臺灣研究所。對此我是拚命打氣的。因為我知道，如果北京聯合大學臺灣研究所能夠建立起來，一定會成為大陸對民進黨乃至臺灣問題研究的重鎮。當年12月3日，

序五　博東，從一隻孤鳥起飛

臺灣研究所成立了，雖然人不多，實力有限，但卻進入了新的軌道，引起了海峽兩岸各界的關注。再過了4年多，2005年4月23日，臺灣研究所又升格為臺灣研究院，引進了一批年輕人，分了好幾個研究所，經費也充足了，接連舉辦了好幾場大型的學術活動，一派蓬勃氣象。作為老朋友的我，為此而特別高興！

忽然有一年，記得是在2008年北京奧運會後，博東兄告訴我，他要退休了，語氣之中，有很多無奈，也有很多遺憾。我吃了一驚，擔心他會因此生病。於是我帶著自己最愛的珍藏，一隻樹根包著石頭的駱駝根雕，到他的複式新居聊天，希望以骨頭硬、不會垮的寓意來激勵他。雖然退休了，但不要放棄自己的最愛，一個人與兩岸關係融為一體了，就沒有因為退休了就放棄的理由。我對博東兄說，你看李家泉先生高齡80有幾了，至今還在為中評網撰寫評論文章呢，你算什麼老啊？

一個人赤手空拳、從無到有創辦了一所臺灣問題研究的重鎮，所有的心血、歲月都在其中，如何割捨得了？人同此心，我與同事們用了15年的時間，創辦了《中國評論》月刊和中國評論通訊社、中評網、中國評論學術出版社等傳媒機構，今天看來，它就是我的人生最大價值，是血肉相連的共同體。博東兄之於臺灣研究院，又何嘗不是？但是，退休是自然規律、也是制度，看得開，束縛更加小，天地之寬闊，任君翱翔。

博東兄在他的《自序》「感言與銘謝」中這樣說：2008年10月，本人於64歲超齡退休。回顧我30年來的學術生涯，為推動兩岸關係發展和統一大業作出了自己力所能及的微薄貢獻。人生一世何所求，個人的力量是渺小的，然而，我為自己能與統一和中華民族復興的偉大事業緊緊地聯繫在一起，發光發熱，感到無尚榮光、死而無憾矣！曉波兄應本人之邀為拙著撰寫「序言」，末尾的一句話令我感動不已。他說，「聯大、臺大的教職，只是我們的『職業』，但統一卻是我們的『志業』。職業需要退休，但不到中國實現統一的一天，我們的志業是永不言退的！」這句話充分表達了我倆的共同心聲。或許，我和曉波兄都不一定能夠親眼看到大陸實現統一的那一天，但我

們堅信，我們的志業是符合歷史潮流的，而符合歷史潮流的志業不僅是「永不言退」的，而且最終是必勝的！

　　見此，我的憂慮釋然，博東兄，從一隻孤鳥起飛，帶回一群大雁，有了人生與統一關係的感悟，那就不是一隻平凡的鳥了。《莊子·逍遙遊》說：「北冥有魚，其名為鯤。鯤之大，不知其幾千里也。化而為鳥，其名為鵬。鵬之背，不知其幾千里也。怒而飛，其翼若垂天之雲。是鳥也，海運則將徙於南溟。南溟者，天池也。」博東兄與兩岸的有志推動兩岸關係和平發展、追求最終實現統一的專家學者們，他們就是懷有鯤鵬之志的必勝者！翻閱《臺海風雲見證錄》的稿目，我要說：博東、博東，你在兩岸關係找到了自己的歷史定位，已經擁有了自己最大的思想財富，夫復何求？

自序　統一志業，永不言退

　　在眾多朋友、同仁和我的學生們的鼓勵、支持和大力協助下，陸陸續續花了大半年的時間，終於把我個人的文集給編輯出來了。大概是因為我受益於歷史專業訓練的緣故，30年來我一向比較有意識地收集、保存自己學術活動的相關資料，否則編輯這套文集根本無從談起。但是，畢竟由於時間跨度太長，涉及的面太廣，特別是在1980、90年代個人電腦尚未普及、互聯網尚未出現的那段時間，許多紙質資料都早已散失，無從尋覓了。因此，儘管我的幾個學生花了很大氣力到處幫我搜尋，仍難免有遺漏之憾。不過，作為我個人的文集，能夠編成現在這個樣子，已經是很不容易很讓我釋然了。

▎我的30年學術生涯

　　光陰荏苒，掐指算來，我的學術研究活動如果從1979年底我由外地調回北京到大學任教算起，迄今已逾32載。而我也從當年35歲的中年人，轉眼間到今天已是退休3年、年近七旬的「老賊」（孔子有云：「老而不死是為賊」）了。在這32年中，前兩年忙於教學，先是回北大進修，撰寫講稿，「站穩講臺」，所以真正開始做科學研究，實際上是1982年以後的事情。也就是說，我的學術生涯到今年整整30年。

　　最初的科學研究是為了配合我講授的中國近代史課程教學，從寫一些「豆腐塊」的普及性小文章求著人家發表開始，再逐步向有一定學術價值的論文發展。當嘗到「甜頭」之後，對科學研究的興趣也就愈來愈濃而一發不可收拾了。這一階段大約持續了將近6、7年的時間，直到1988年我碰到臺灣學者王曉波。

　　在此期間，最值得回味而且可以聊以自慰的研究成果主要有以下兩項：

　　一是對蔡鍔是否參加過進步黨，並由此而延伸出來的蔡鍔在民國初年政治立場的研究（見《徐博東文選‧歷史篇》），在近代人物研究方面作出了小小的貢獻，相關考證和觀點在史學界恐怕至今無人可以推翻。

二是對近代臺灣省籍反割臺抗日愛國志士丘逢甲的研究。我和黃志平教授歷時4年合作撰寫的大陸第一部《丘逢甲傳》（相關副產品見《徐博東文選‧歷史篇》），還歷史本來面目，一舉推翻了長期以來大陸史學界在左的錯誤路線影響下對丘逢甲先生的污衊不實之詞，受到史學界的高度肯定，並由此而奠定了我在史學界一定的學術地位。從1987年至今，《丘逢甲傳》在海峽兩岸已經出版了4個版本。

更重要的是，因為《丘逢甲傳》的出版，從此改變了我的學術研究方向。

由於《丘逢甲傳》的出版受到學術界包括大陸臺灣研究界的關注，當時主持中國社科院臺灣研究所工作的李家泉先生極力延攬我到該所工作。但因為我一向在學校「閒散」慣了，去每天都要上班的臺研所工作意願實在不高，故最終沒能去成。

1987年，臺灣解除戒嚴，開放大陸探親。臺灣學者王曉波、尹章義教授有感於臺灣史遭到「臺獨」的嚴重歪曲，牽頭在臺北成立「臺灣史研究會」，並於是年冬，分別邀請大陸廈門大學臺灣研究所和北京中國社科院臺灣研究所各派一名學者，於次年1月赴臺北出席由該會主辦的首屆「臺灣史學術研討會」，意圖衝破海峽兩岸學術交流的人為藩籬，挑戰臺灣保守僵化的大陸政策。但在當時的時空環境下，作為官方涉臺研究機構的中國社科院臺研所不可能派人入島赴會，於是李家泉先生便推薦我以「中國社會科學院臺灣研究所特邀研究員」的身分，代表該所與時任廈大臺研所所長的陳孔立教授一起，應邀赴臺出席是次研討會。由於臺灣的阻撓，「文到人不到」，孔立教授和我最終都沒能去成（此事見《臺海風雲見證錄‧採訪報導篇》）。但我卻因此而有幸結識了於當年暑假來大陸參訪的曉波兄和章義兄等一批臺灣學術界朋友。

與曉波兄和章義兄的接觸交流，使我對當代臺灣問題研究產生了濃厚興趣。於是從1989年開始，我陸續發表了幾篇論述「臺獨」與統一問題的小文章。這幾篇小文現在看來顯然十分生澀和膚淺，卻是我涉入當代臺灣問題研究的值得紀念的「處女作」。

臺海風雲見證錄：時事評論篇

自序　統一志業，永不言退

1988年初蔣經國辭世、李登輝上臺主政後，臺灣保守僵化的大陸政策已難以為繼，兩岸關係的堅冰開始解凍，大陸臺灣問題研究逐步升溫。1989年5月，在學校同仁的一再鼓勵和學校領導的支持下，由我發起成立起了北京高校的第一個臺灣研究室。考慮到當時的研究條件，我們決定選擇較為不被人重視但顯然很有研究價值的「臺獨與民進黨問題」作為突破口和主攻方向。從此，我的科學研究方向轉向了當代臺灣問題研究領域，直至今日。

眾所周知，當代臺灣問題研究意義重大，但由於理論性、政策性極強，問題複雜而敏感，涉及面很廣，故這一領域的研究也極具挑戰性。作為一個民間學者，要想在這一研究領域取得一點成績可謂困難重重。特別是在1980、90年代，研究經費無著尚在其次，當時兩岸雙向學術交流尚未開啟，資料的獲得更是十分不易。在剛剛起步的頭幾年時間裡，我只能靠著一部收音機每天大清早起來收聽臺灣廣播，瞭解最新臺情。想要寫篇像樣點兒的文章，不管春夏秋冬，那就得騎著自行車大老遠跑到北京圖書館港臺閱覽室，或到全國臺聯、全國臺研會等涉臺單位，去借閱臺灣出版的書報雜誌，才能解決問題。這種情況直到九十年代中期以後才逐漸有所改善。如今研究條件之優越，與當年真是不可同日而語。

我開始涉入當代臺灣問題研究，也恰好是李登輝主政臺灣之始。其後22年來，臺灣政局風雲變幻，兩岸關係跌宕起伏，經過了令人難忘的曲折歷程，而我則以一個大陸民間學者的身分，有幸投入其中，親身經歷和見證了這一演變發展的全過程。期間，我先後16次入島參訪，撰寫涉臺調研報告和研究論文，發表時事評論文章，接受過海內外新聞媒體數不清的採訪，針砭臺灣時政，抨擊「臺獨」，解讀大陸對臺方針政策；同時，創建和主持學校的臺灣研究機構，出席和主辦過大大小小數不清的研討會、座談會和內部諮詢會議，給大陸涉臺部門提供決策建言，在反「獨」促統的偉大鬥爭中衝鋒陷陣、發言發聲，留下了大量的歷史記錄。

總括而言，30年來我的學術生涯大致可以劃分為前後兩個時期：1982年至1989年的8年間，我的科學研究主要是在中國近代史領域，其重點是甲午戰後臺灣人民的反割臺鬥爭與丘逢甲研究；1989年以後至今的22年間，

我的學術活動轉而全部聚焦在當代熱門問題——臺灣問題研究，而重點則是民進黨研究。

「文集」的編輯方塊架與主要內容

根據出版社的意見，「文集」的編輯分為兩套叢書：一套是彙集我的所有有關當代臺灣問題研究的文章以及海內外媒體對我的採訪報導，並依照文章的類別編輯成《政論篇》、《時事評論篇》和《採訪報導篇》，統稱為《臺海風雲見證錄》；另一套是從《臺海風雲見證錄》各篇中挑選出較具代表性的文章，再加上我的歷史研究論文，編輯成《徐博東文選》。這種編輯框架我總覺得有點怪怪的，因為後一套的「文選」肯定會和前一套的「見證錄」內容大量重複。但出版社也有他們的道理，認為這樣編輯既可突顯當前的熱門問題——當代臺灣問題研究，又能體現我的主要研究成果，同時兼顧到「點」和「面」。因此，我也就只好聽從出版社的意見了。按照這種編輯框架，重複的內容不計算在內，兩套叢書總計收文 600 餘篇、190 餘萬字。

至於各篇中的具體編輯方式，兩套叢書則有所不同。《臺海風雲見證錄》是按照文章發表的時間先後順序排列的。之所以採取這種編輯方式有兩個目的：一是保持時間的連續性和內容的系統性，便於讀者從一個側面把握 20 多年來臺灣政局和兩岸關係演變發展的大致脈絡；二是從中也可窺見本人在當代臺灣研究方面從初期的幼稚生澀，到中後期逐步趨向較為成熟的成長過程。而《徐博東文選》則是按照文章的類別編輯的，以反映本人在某一研究領域的主要學術成果。

以下就上述兩套叢書的主要內容分別作一簡介：

一、《臺海風雲見證錄》，共收文 579 篇，160 餘萬字，凡 4 冊。

《政論篇》（上、下）：收文 97 篇，約 82 萬字。該篇彙集了我自 1989 年以來發表的能夠收集到的有關臺灣問題的全部研究論文和重要調研報告（不含「對策建議」部分）。其中三分之二以上的篇幅屬於民進黨研究論文和調研報告，它集中體現了 20 多年來我在對臺研究方面的主攻方向和主要

成果。該篇約有半數文章曾收入到我 2003 年出版的首部論文集《透析臺灣民進黨》（臺版《大陸學者眼中的民進黨》）一書中。需要說明的是，其中有部分成果是與他人合作完成的，這只能在文章的末尾註明了。

《時事評論篇》：收文 178 篇，約 37 萬字。該篇彙集了我自 1989 年以來發表的能夠收集到的對臺灣政局、兩岸關係、中（大陸）美臺關係、大陸對臺方針政策等各類時事評論性短文。這些短文有別於「政論篇」中學術性較強的大塊頭文章，其特點是短平快，緊跟臺灣政局和臺海形勢發展，一事一議，表達當時我對某一事件的觀察、體會和看法。

《採訪報導篇》：收文 304 篇，約 40 萬字。該篇彙集了自 1989 年以來海內外媒體對我的採訪報導。由於境外媒體的報導收集不易，遺漏肯定很多。特別是外國媒體的報導，除了極少數主動回饋給本人的之外，其餘的只能一概棄錄。再有，多年來海內外電視臺、廣播電臺對我的採訪報導為數也很不少，但因難以收錄，大都作罷。已經收集到的也因篇幅所限而未能全部收錄。另外還需說明的是，已經收錄到該篇中的報導，有一部分是兩人甚至是多人同時接受媒體採訪，因無法一一徵詢當事人的意見，同時也是為了壓縮篇幅，故收錄時僅保留對本人採訪的部分，他人的言論則一概刪去不錄。

如前所述，《臺海風雲見證錄》各篇中收錄的文章和採訪報導，均按時間先後順序排列，它們互為補充，相互印證，較為完整地體現了我 20 多年來的對臺研究成果，從一個側面較為清晰地反映了臺灣政局和兩岸關係演變發展的線索。為尊重歷史，編輯時所有收錄的文章和新聞報導均保持「原汁原味」，儘管今天看來其中的一些觀點顯然有些偏頗甚至謬誤，不少論述失之膚淺而欠全面深刻，但都保留原貌，和盤托出，以完整保存歷史記錄，供後人研究參考。

二、《徐博東文選》（上、下），共收文 155 篇，約 80 萬字，凡 2 卷。

該「文選」分別從「見證錄」的《政論篇》中挑選了 40 篇、《時事評論篇》中挑選了 63 篇、《採訪報導篇》中挑選了 24 篇，再加上歷史類的文章 28 篇，總計收文 155 篇，約 80 萬字，採取分類編輯的方式，編輯成上、下兩卷。

應當說，該「文選」彙集了我 30 年來最主要的研究成果，集中體現了我的研究水準。雖然收入的文章數量不能算少，但真正滿意的實在不多。

感言與銘謝

　　回顧我 30 年來的學術生涯，為推動兩岸關係發展和統一大業作出了自己力所能及的微薄貢獻。人生一世何所求，個人的力量是渺小的，然而，我為自己能與統一和中華民族復興的偉大事業緊緊地聯繫在一起，發光發熱，感到無尚榮光、死而無憾矣！曉波兄應本人之邀為拙著撰寫「序言」，末尾的一句話令我感動不已。他說：「聯大、臺大的教職，只是我們的『職業』，但統一卻是我們的『志業』。職業需要退休，但不到中國實現統一的一天，我們的志業是永不言退的！」這句話充分表達了我倆的共同心聲。或許，我和曉波兄都不一定能夠親眼看到大陸實現統一的那一天，但我們堅信，我們的志業是符合歷史潮流的，而符合歷史潮流的志業不僅是「永不言退」的，而且最終是必勝的！

　　十分可喜的是，由本人一手創建的北京聯合大學臺灣研究院，經過多年來的艱苦努力，一批頗具潛力的年輕研究人員正在茁壯成長，並在大陸臺灣研究界開始嶄露頭角。聯大臺研院傳承了民進黨研究的特色，但研究的領域更加廣泛和深入，每年完成的調研課題和發表的研究成果，無論數量和品質都在穩步提高。所有這些，都不是我當年「單打獨鬥」時能夠比擬的。吾道不孤，臺灣研究和統一的志業後繼有人，這是特別令我為之驕傲和欣慰的！

　　在我的 30 年的學術生涯中，有太多的領導、同仁和親友給予我熱忱的扶持、鼓勵和幫助。特別是動過兩次心臟大手術、一直體弱多病的我的老伴張明華，數十年來與我風雨同舟，同甘共苦，全心全意地支持協助我的科學研究工作，不僅幾乎包攬了全部家務勞動，讓我「飯來張口，衣來伸手」，心無旁騖地集中全副精力從事科學研究工作，而且早些年還要協助我蒐集資料，甚至徹夜為我列印稿件。她常常是我的研究成果的第一讀者同時也是最稱職的「審稿人」。如果說我的 30 年的學術生涯還算取得了一點成績的話，那麼一半的功勞實在應當記在她的名下。

自序　統一志業，永不言退

　　本人這兩套叢書的編輯出版花費了許多人的心血。我的幾個學生郭慶全、費洪偉、徐曉宇、栗琰，想盡辦法幫我搜尋到許多散失的文稿和海內外新聞媒體的採訪報導，還花了大量時間幫我把紙質文稿一篇一篇打成電子稿；北聯大臺研院的同仁胡文生博士、陳星博士和李振廣博士也為此幫過我不少忙，付出過很大的心力。如果沒有他們的鼓勵和協助，說實話我根本沒有信心編輯這兩套叢書。

　　再有，王毅主任、陳雲林會長、孫亞夫副主任、王在希副會長以及李家泉教授俯允為拙著題詞、題寫書名，年逾八旬的唐樹備主任和工作極其繁忙的銘清、曉波、偉峰三位仁兄以及周荃董事長，欣然分別為拙著撰寫序言，可謂「拉大旗做虎皮」，使拙著增色不少。他們對我的悉心愛護和鼓勵，我將銘記於心；此外，北聯大臺研院譚文叢、劉文忠兩位現任院領導，對編輯出版本人的文集高度重視與鼎力支持。我的「小老鄉」——廣東梅縣圍龍屋實業有限公司黃文獻總經理慷慨解囊，資助本文集的出版。在本叢書即將出版之際，一併對他們表示衷心的感謝！

徐博東

「臺獨」思想產生的歷史淵源

　　國民黨當局遷臺以後，始終都標榜自己是中國的「正統政權」，口口聲聲宣稱完成統一中國是它的「神聖使命」，在實行「戒嚴法」的三十多年時間裡，國民黨當局始終對任何主張「臺獨」的思想言論嚴加禁止和取締。

　　既然如此，為什麼臺灣還會產生「獨立」問題？而且近些年來日益發展，以致今日蔓延、氾濫呢？

　　「臺獨」思潮的產生有其歷史淵源和複雜的內外背景。臺灣在光復之前，並無所謂「臺獨」思潮和「臺獨」組織，但應當看到，「臺灣是臺灣人的臺灣」，這種居於「地域觀念」而產生的所謂「臺灣意識」，在廣大臺灣同胞中的確是普遍存在的。

　　「臺灣意識」的形成固然可以上溯到久遠的歷史時期，但我認為主要的具有決定意義的因素是：甲午戰敗、《馬關條約》的簽訂。腐敗賣國的清政府可恥地出賣了臺灣，使臺灣背負了中國國弱民貧的惡果，單獨地成了中國的「棄地」。

　　其次，日本對臺灣實行了長達半個世紀之久的殘酷的殖民統治，臺灣同胞過著備受歧視凌辱的「二等公民」的悲慘生活，很自然地形成一種「與日本人對立的強烈的臺灣人意識」。

　　此外，臺灣同胞在長期的、艱苦的反抗日本殖民統治的鬥爭中，由於當時大陸處於分裂割據的狀態，內憂外患、自顧不暇，沒有也不可能給予臺灣同胞應有的支持和援助，因此，也發展出「祖國沒有希望」、「臺灣是臺灣人的臺灣」、「臺灣人必須依靠自己解救自己」這種具有主體性的「臺灣意識」。

　　對於這種由於上述歷史原因長期養成的臺灣同胞中普遍存在的「臺灣意識」怎麼看？以往一般研究者似乎否定者居多，而我則以為它具有以下兩重性：

「臺獨」思想產生的歷史淵源

　　一、對外，臺灣同胞的這種「臺灣意識」具有反抗日本殖民統治的積極意義，應以肯定和讚揚。

　　二、對內，這種意識又有對大陸失望以致怨恨的消極意義。如果處理不當，容易轉化為「分離意識」和「獨立傾向」。但是在尚未「轉化」之前，這種意識畢竟還屬於「地方觀念」的一種表現，和「分離意識」和「臺獨思想」有著本質的區別，兩者不能相提並論，同日而語。事實上，在廣大臺灣同胞中，占據主導地位的始終是「中國意識」。

　　事實也確實如此，儘管臺灣被清政府可恥地出賣給了日本，但臺灣同胞強烈的大陸感情仍然難以割捨，《馬關條約》簽訂後，一再向清廷抗爭，以武力反抗日本侵略者的割占，並且電奏清廷，表示「永戴聖清」。在日本統治臺灣的半個世紀裡，臺灣人民從來沒有停止過反抗，從來沒有忘記自己是中國人。

　　日本對臺灣的殖民統治，儘管使臺灣與大陸分離長達五十年之久，儘管培養起一種特殊的「臺灣意識」，但臺灣同胞並未產生要和大陸鬧「獨立」的分離主義意識，其「中國意識」依然根深蒂固，不可動搖。在日本侵略中國大陸期間，有相當數量的臺灣同胞還冒著生命危險，內渡大陸，投身抗日陣營；日本投降、臺灣歸回大陸，臺灣同胞奔相走告，興高采烈，夾道歡迎前來臺灣「接收」的國軍，這些都是明證。

　　但是，臺灣光復以後不久，「臺獨」運動卻隨之產生，並不斷發展壯大，以致今日這般囂張，原因何在？

　　考查四十多年來「臺獨」產生、發展的歷史，的確有其複雜的內外背景。

　　從國際背景來看，一九四五年日本投降後，日本軍國主義勢力對臺灣歸回中國心有不甘，不願丟棄在臺灣的利益；而美國則基於其遠東戰略利益的考慮，也妄圖染指臺灣。於是，美日反動勢力便攜起手來，扶植、支持「臺獨」勢力，企圖使臺灣永遠與中國分離，以達到其不可告人的目的。

　　「臺獨」的產生有一種觀點認為是一九四九年「二‧二八」事件以後的事情，其實，早在一九四五年八月日本宣布無條件投降後，臺灣就出現了第

一個「臺獨」組織。當時，日本一小撮少壯派軍人不甘心失敗，聯合了一些在日據時代的臺灣敗類、既得利益者，妄圖策動臺灣「獨立」運動，但未能成功。有史料證明，在此之前，美國也曾有支持「臺灣獨立」的意圖。

也就是說，即使不發生「二·二八」事件，「臺獨」依然會發生，這是戰後美日兩國對華政策的必然產物，而且事實上在「二·二八」之後，「臺獨」運動也確實是在美國、日本反動勢力的培植、卵翼下才得以生存和發展起來的。「臺獨」運動雖然首先興起於香港，但很快便轉往日本，六十年代中期後，其活動中心又逐步轉到美國。時至今日，美國仍然是海外「臺獨」運動的大本營，如果不是美、日反動勢力的扶植與支持，「臺獨」運動恐怕連一天也維持不了。

至於後來島內「臺獨」運動的發展，以及海外與島內「臺獨」勢力的合流，也無不是美國對華政策的產物。在中美建交之前，它極力製造「兩個中國」、「一中一臺」，既支持國民黨當局抗拒大陸人民政權的統一呼籲，又支持「臺獨」分子牽制國民黨當局，使其放棄「反攻大陸」的夢想，轉而實行「臺灣化」、「本土化」政策。中美建交後，美國國會的少數政客和學術機構，甚至公開支持「臺獨」運動，為「臺獨」分子打氣、撐腰。這些政策和行動，是「臺獨」勢力近年來日益膨脹和發展的外部原因。

海峽兩岸的長期分裂對立，給「臺獨」勢力的生存和發展提供了溫床。具體地說，我以為應當從以下兩個方面來考查：

從臺灣島內來看：國民黨逃臺以後，實行專制獨裁統治長達四十年之久，激起了廣大臺灣同胞的強烈不滿，使一部分臺灣同胞原本具有的帶主體性的「臺灣意識」更趨強烈。

蔣經國去世後，上層權力結構發生了重大變化，臺灣加速推行所謂的「民主化」和「本土化」；一改原來對「臺獨」的嚴厲政策，對主張「臺獨」的言行採取「睜一隻眼閉一隻眼」的寬容態度，因而使「臺獨」勢力逐步獲得了生存空間。近年來，當局大力推行「兩個中國」、「一中一臺」，以圖謀取「臺灣的獨立國際人格」、「重返國際社會」。這種政策與「臺獨」主張異曲同工，因此，從政策上就失去了駁斥和制裁「臺獨」的道德依據，只能

助長「臺獨」思潮的發展。再加上國民黨當局四十年來的「反共、仇共」宣傳，使臺灣同胞產生「恐懼症」。而這種長期以來形成的意識，並不是一朝一夕輕而易舉便可以消除的。這一點也是不應忽視的問題和因素。

　　總之，「臺獨」思潮的產生和發展，的確有其深刻的歷史淵源和複雜的內外背景。

（原文刊於《人民日報‧海外版》）

試析「臺獨」運動的發展前景

　　近年來,「臺獨」勢力急劇發展,目前在島內已不僅僅是一般的社會思潮,業已成為一股掌握了一部分權力的不可忽視的政治勢力。今後,「臺獨」運動的發展前途如何？臺灣從中國分離出去的可能性究竟有多大？這是當前人們十分關注的一個問題。

　　對此,島內外的「臺獨」人士總是對自己猜想過高。「新國家連線」總召集人前民進黨主席姚嘉文即宣稱：「臺灣獨立建國只是時間問題」。有人甚至訂出了在今後七至十年之內實現「臺灣獨立」的時間表,預言將在2000年之前解決臺灣的所謂「建國」問題。

　　面對「臺獨」咄咄逼人的氣勢,和臺灣國民黨執政當局步步退讓、姑息縱容的態度,海內外的一些愛國進步人士無不憂心忡忡。

　　我們認為,海內外愛國進步人士的憂國憂民之心是可以理解的,但過分「擔心」和「疑慮」卻是缺乏根據因而也是沒有必要的。至於「臺獨」人士的「樂觀」,則是他們對歷史、對現實以及對未來昧於觀察與思考。

　　不錯,在今後可以預見的一段時間裡,「臺獨」仍然存在一定的發展空間,並可能在一定範圍內得到相當程度的擴張,這是因為：

　　(一) 從國際背景來看,不願意看到中國統一富強的某些外國反動勢力,還將採取種種方式繼續給海內外的「臺獨」勢力予同情支持和撐腰打氣。尤其應當指出的是,美國政府繼續實施的對華「雙軌政策」,仍將是海內外「臺獨」勢力賴於生存和發展的主要推動力和總根源。

　　(二) 從島內背景來看,由於國民黨執政當局仍將繼續適應美國對華政策的需要,對內實行所謂「民主化」、「自由化」,蓄意姑息縱容「臺獨」勢力的發展；對外則將變本加厲地推行所謂「彈性外交」、「務實外交」,實質上製造「一國兩府」即「兩個中國」、「一中一臺」。這樣,勢必模糊它與「臺獨」的界限,因此,在今後一段時間裡,「臺獨」勢力在島內仍將具有相當程度的生存發展空間。

（三）由於海峽兩岸的長期隔絕，加之國民黨無孔不入的「反共、仇共」宣傳，在臺灣同胞中普遍形成了一種對大陸的「隔膜感」和「恐懼感」。儘管近年來兩岸敵對關係有所緩和，各項交流和聯繫日愈恢復和發展，這種不正常的「心態」有所減輕，但畢竟不可能在短時間內很快消除。而「六·四」天安門事件之後，國際反動勢力掀起的反華逆流，以及島內國民黨當局對大陸的刻意醜化和歪曲宣傳，又在一定程度上造成了「火上添油」的惡劣作用。臺灣民眾中的這種心態，對「臺獨」的生存和發展，也是有利因素。

（四）不能不看到，目前蘇聯和東歐政治局勢的動盪，全球範圍內社會主義事業所遭受到的暫時挫折和困難，以及由此帶來的國際政治格局的可能演變，也勢必對兩岸關係的發展產生某種負面影響，並在一定程度上有利於「臺獨」的生存和發展。上述幾點恐怕是「臺獨」人士之所以如此「樂觀」，而某些愛國進步人士之所以「疑慮」的原因所在。

但是，如果我們從歷史的角度來考查，從長遠的觀點看問題，稍作深一層的分析，便不難得出結論：上述主客觀條件都是靠不住的，「臺灣獨立」，只不過是他們的幻想而已，道理何在？

從宏觀的歷史的角度來看，造成中國分裂局面的最根本因素──中國的貧窮落後、中央政府的腐敗無能，已經發生了歷史性的根本變化。在事關中華民族整體利益的原則問題上，中國政府是不可能作絲毫的讓步的，對此，「臺獨」人士不可不察。

從微觀的形成「臺獨」的主客觀因素來看，情況也已發生並正在發生著重大變化。

首先，產生「臺獨」的外因主要是美國分裂中國的政策。美國從其遠東戰略利益出發，很不願意看到中國實現統一，於是它一方面極力扶植臺灣國民黨當局，抗拒大陸和平統一的呼籲，實行「反共拒和」的偏安政策。另方面，又培植、支持「臺獨」勢力，以牽制國民黨當局，即所謂「以臺制共、以獨制臺」。但是，由於中國大陸在國際政治、經濟上的作用舉足輕重，因此，從美國的全球最高戰略利益考慮，它又有求於中國，不能不和中國大陸保持一種相對的友好關係。因而在臺灣問題上，美國也不能無視中國的立場，

並勢必依據其最高戰略利益的需要，不斷有其調整和修正。臺灣國民黨當局也好，「臺獨」勢力也好，在美國人眼裡，統統都不過是它戰略天平的一個砝碼而已，有用則視之如寵物，無用則棄之如敝屣。在國際交往中，美國所幹下的這種勾當難道還算少嗎？！

不難預料，隨著中國大陸改革開放政策的進一步實施，國力的不斷增強和國際地位的進一步提升，美國在臺灣問題上的立場將不得不逐步後退，不可能甘冒與中國大陸衝突的風險，而公然支持「臺灣獨立」，脫離中國，從而損害其最高戰略利益，充其量像目前這樣，指使某些政客或所謂學術機構，打著「個人」或「民間團體」的幌子，採取一種不體面的方式，或明或暗地給「臺獨」勢力予以支持。但這種支持是有一定限度的，一旦「臺獨」勢力的發展突破了美國限定的範圍，危及到它的戰略利益，美國是絕不會允許的。在迫不得已的情況下，美國為了維護自己的切身利益，公然拋棄「臺獨」勢力，也絕非是不可能的。所以，「臺獨」人士不要過於天真。

其次，以形成「臺獨」的內因而言，是由於國民黨當局實行「反共拒和」的大陸政策，兩岸同胞骨肉分離，長期隔絕，並造成海峽兩岸政經制度、文化發展、價值觀念和生活水準等方面的很大差距、從而為「臺獨」的生存和發展提供了溫床。正因為如此，目前尚不具備很快實現和平統一的成熟條件。但是，這種狀況近些年來也正在發生著根本性的轉變。

（一）由於大陸實行改革開放政策，近 10 年來各方面取得了長足的進步。可以預見，隨著經濟治理整頓的順利進行，發展速度勢必進一步加快。而臺灣經濟，則因政局動盪、社會秩序混亂、勞工短缺，投資環境惡化以及受到國際貿易保護主義的打擊等因素的制約和影響，目前的發展勢頭已趨緩慢，甚至已呈現出經濟衰退的種種跡象。因此，隨著時間的推移，海峽兩岸的經濟發展和生活水準的差距必將逐步縮小。這樣，國民黨當局賴於拒絕和談的藉口也勢必不復存在。

（二）由於近些年來臺灣國民黨當局不得不逐步調整它早已僵化了的大陸政策，兩岸的敵對關係有所緩和，各項交流得以恢復並日益頻繁，臺灣同

胞的「隔膜感」和「恐共症」逐步減輕以至消除，「民族認同感」將隨之加強，「臺獨」主張在島內民眾中勢必日益失去本來就不大的市場。

（三）由於兩岸經濟發展各有優勢，正好形成一種「互補」形勢。互相需要，互相吸引，近年來經貿關係已日益密切，合作日益廣泛和深入。「政治是經濟的集中表現」，這種經濟關係繼續發展下去，勢必先於政治而形成有機的紐帶，使海峽兩岸逐漸變成不可分割的整體，從而促進大陸的和平統一大業最終實現。

再次，以島內而言，「臺獨」賴以生存的社會基礎和階級基礎也正在日益削弱。目前，「臺獨」勢力已面臨著以下難以解決的三大矛盾：

（一）首先是「省籍矛盾」：「臺獨」建國的精神認同是所謂「臺灣民族論」，即宣揚「臺灣人不是中國人」，臺灣已形成一個獨立的「臺灣民族」。而這種「臺灣民族論」是以閩南語系臺胞為主體的，但今天的臺灣人口構成，據資料統計，除閩南語系外、客家人占 22%，外省人占 15.8%，原住民占 2% 左右，三者相加，占去臺灣總人口的將近 40%。因此，「臺獨」人士鼓吹這種「民族論」，已經引起這部分臺灣民眾的反感和排斥。即使是閩南語系的絕大多數臺胞，也從感情上很難接受。

另外，「臺獨」把外省人視為「異族」，把國民黨政權視作「外來」的政權，宣傳所謂「外省人壓迫臺灣人」，可是由於近幾年來，國民黨實行「本土化」、「臺灣化」，許多臺籍人士進入決策階層和各級權力核心，連「總統」和國民黨的主席都由臺籍人士擔任，目前，各地方議會的議員則幾乎已是清一色的臺灣人。這樣，「臺獨」在這方面的「理論」也已不攻自破。

再者，從社會結構來看，外省人也已老早不是臺灣的統治階級，據 1987 年 5 月的統計資料顯示：擁有生產資料的外省人只有 16.3%，而本省人卻相對有 63.3%。如果按照「臺獨」人士的「理論」，究竟是外省人「壓迫」、「剝削」本省人呢，還是本省人「壓迫」、「剝削」外省人？很顯然，宣揚所謂「省籍矛盾」已完全失去了意義。

（二）再說「政治目標矛盾」：支持臺灣黨外運動的社會基礎主要是中小企業或中產階級，因為這部分人歷來在階級利益上與代表大資產階級利益的國民黨當局有很深的矛盾。可是，由於臺灣投資環境日益惡化，中小企業面臨倒閉破產的命運，紛紛到海外尋找出路。目前，到大陸投資設廠、經商者愈來愈多、大有不可阻擋之勢。最近王永慶的大陸之行，已在島內造成了「轟動效應」。不難設想，一旦臺灣經濟與大陸連成一體，「臺獨」欲實現其「臺灣獨立」的政治目標，勢必引發海峽兩岸政局的劇烈動盪，從而危害到臺灣中小企業的經濟利益，那麼，「臺獨」勢力必將失去臺灣工商界人士的同情和支持。

第三是「階級利益矛盾」：在臺灣，支持「臺獨」的雖然是一些中小企業者，但票源最多的還是受剝削、受壓迫的廣大勞工群眾。目前，臺灣的勞工階級正在日益覺醒。面對這種形勢，「臺獨」人士不可能做到左右逢源，既要保住票源，又不得罪資本家老闆。不能不說這也是使「臺獨」人士左右為難的一大矛盾。

近些年來，「臺獨」人士不斷修改他們業已漏洞百出、不能自圓其說的「理論體系」，正反映了他們內心的這種「苦衷」。

總之，從以上宏觀與微觀、歷史與現實的綜合分析，隨著時間的推移，內外因素的不斷發展變化，可以斷言，「臺獨」運動勢必日益喪失它賴以生存發展的憑籍，其最終的失敗是命中註定了的。

（原文刊於《臺盟》）

民進黨「臺獨」聲浪為何升溫

▎統「獨」成為爭權的籌碼

　　一九九〇年十月七日，民進黨四屆二全會議通過了「我國事實主權不及中國大陸及外蒙古」的決議案，即所謂「事實主權獨立文」。以此為開端，島內再次掀起了一股不大不小的「臺獨」聲浪。與以前相比，可以發現這次「臺獨」活動的「升溫」有幾個顯著特點：

　　1. 這次「臺獨」活動的主角，以民進黨整體的面貌出現，與以前「新潮流系」獨唱跛腳戲的局面顯然大為不同。它標誌著民進黨內兩大派系在此問題上的合流。

　　2. 在這次「臺獨」聲浪中，島內外「臺獨」組織公開、密切地配合，雙方遙相呼應，在海內外引起了一定反響。這表明島內出現了對「臺獨」活動相對寬鬆的政治環境。

　　3. 繼「事實主權獨立文」之後，民進黨進而成立了「臺灣主權獨立運動委員會」。他們制定計畫，研討方略，並準備利用剛剛爭得的議會提案權推動「臺獨」活動的發展。這反映了「臺獨」活動已從「只能說」的階段向「亦說亦做」的方向轉化。

　　4. 這次再度掀起的「臺獨」聲浪的訴求方式，以所謂「合法」手段為主，沒有出現大規模街頭示威和暴力衝突，但輿論攻勢顯著加強。這表明民進黨的「抗爭」策略出現明顯轉變。

　　民進黨內部份人士的極端「臺獨」主張由來已久，並非新聞。而其內部兩大派系在「臺獨」的策略、步驟方面的分歧，亦為世人熟知。僅在數月之前的「國是會議」召開前夕，「美麗島系」主要人物黃信介、張俊宏均曾表示：「現在講臺獨還不是時候」、「當務之急是憲政改革」。但在數月之後的民進黨四屆二全會議上，兩派突然如此一致地以一個腔調說話，確實令人矚目。事實上，在「國是會議」以後，臺灣島內外的形勢發生了很大變化。這種變

化促使「臺獨」活動更趨複雜，統「獨」問題已不僅僅再是一個兩岸關係問題，在政黨之間的權力、利益之爭中，統「獨」問題成了一種爭權奪利的政治籌碼。可以說，環境的變化促成了民進黨內兩大派系的合流，而這種合流是透過對所謂「我國事實主權不及中國大陸及外蒙古」的認同來完成的。具體地說，造成民進黨此次「臺獨」活動升溫的原因有以下幾點：

　　1. 形勢的變化使民進黨失去了訴求目標。去年年底的三項公職選舉中，民進黨取得了不小的成績。從表面上看，民進黨的社會地位有了進一步的提高。但是，在這種勝利面前，民進黨卻正在失去同國民黨抗爭的主動性。民進黨之所以能在臺灣民眾中建立起一定的影響，主要是由於它的反國民黨獨裁和追求民主的堅定不移。但是隨著國民黨統治策略的改變，民進黨的這種優勢則逐漸減弱。繼開放黨禁和報禁後，今年七月召開的「國是會議」，朝野雙方就民進黨的主要政治訴求達成了共識。會議結束後，國民黨成立「憲改」規劃小組，一步步地落實會議精神。李登輝宣布一年內終止「動員戡亂時期」；「中央民代」的全面改選、「省、市長」的民選、「總統」的直接民選、「憲法」的修改、「臨時條款」的廢止等等問題，均已開始策劃實施步驟、程序。民進黨的目標在一個個地實現，但實現以後怎麼辦？民進黨顯然準備得不充分，他們想不出更進一步的、更高層次的目標，只是泛泛地喊著「還政於民，還財於民」。特別是民進黨缺乏經濟管理和行政管理人才，所以在臺灣經濟與政務管理方面，他們拿不出有號召力的方案，只剩下在大陸政策上做做文章，以向民眾表示其反國民黨的角色不變，「臺獨」也就自然成為他們唯一的訴求目標了。

▍「臺獨」從「說」到「做」

　　2. 形勢的變化迫使民進黨整合內部矛盾。儘管民進黨在去年的選舉中收穫頗多，但對比國、民兩黨的情況，不難發現，在選舉結束後，特別是「國是會議」結束後，李登輝著力化解國民黨內主流派與非主流派的矛盾，推動黨務革新，強固基層組織，準備應付「憲政改革」。而民進黨在「勝利」之後，卻並不振作。朱高正、康寧祥、費希平等重要骨幹相繼脫黨，黃信介亦一度

萌生退意。「新潮流系」攻擊「美麗島系」出賣原則，民進黨財務亦日見拮据。民進黨的這種狀態顯然與迅速發展的臺灣政局不相適應。九月十日，李登輝在會見黃信介與康寧祥時明確表示：「動員戡亂時期之終止將於一年內予以宣告」，「憲政改革策劃小組」的法制分組的工作將於一九九一年一月底以前完成，工作分組的工作將於一九九一年四月結束。九月十二日，「憲改小組」的法制分組提出了一五〇種因「動員戡亂時期」的終止需要修訂的法規。十月，「憲改小組」工作分組研議的有關省、市長民選、「省、市制度法制化」等議題獲得結論。十一月五日，法制分組就第二屆「中央民代」產生形成結論，決定於一九九一年底選舉產生「國代」三七五人組成第二屆「國大」；一九九三年二月一日以前辦理第二屆「立、監委」選舉；一九九六年三月「總統」直選。顯然，一五〇種法規的修正，將給「立委」提供充分的表演舞臺，而第二屆「民代」的選舉是民進黨夢寐以求地走上問政之路的良機，但是內部競爭激烈的狀態是無法適應這種局勢的變化的。所以，形勢迫使民進黨還須進行內部整合。意欲整合矛盾，雙方必須多作讓步。在「臺獨」問題上，兩大派系本無實質的衝突，只是在策略、步驟上頗具歧見。故此，形勢使然，一拍即合，黃信介、張俊宏等做出讓步，透過「事實主權獨立文」彌合「美麗島系」與「新潮流系」的裂痕。作為回應，「新潮流系」也以配合的姿態使民進黨中央黨部於十月十二日通過了「儘量避免衝突運動」的決議，以遷就黃信介等主張的議會路線。這樣，使民進黨開始以整體的面貌和「合法」的手段掀起「臺獨」聲浪，並進而成立「主權獨立運動委員會」，將「臺獨」活動從「說」引向了「做」。

　　3. 美國勢力的支持。北京「六・四」事件後，美國對中國開始實行「經濟制裁」，意圖以這種手段迫使中共屈服於西方壓力。除此之外，為配合這一政策，美國又開始進一步支持島內外的「臺獨」勢力，以進一步威脅中共。一九八九年七月，美國參議院外委會主席佩爾等人簽署的「臺灣民主前途決議案」在參議院全數通過。此後，臺灣國民黨、民進黨要人紛紛訪美，一九九〇年以來，美、臺間的接觸進一步增加，其結果，在國民黨方面是要「冷卻大陸熱」，在民進黨方面，則是和以在美為主的海外「臺獨」組織公開結盟，遙相呼應。九月，美白宮國家安全會議亞洲事務專家包道格在會見

臺灣「立院」訪問團成員時公開指出：「臺灣可慮的一點是敵我意識消失」，煽動仇視大陸的情緒。十月，美國眾院外委會亞太小組召集人索拉茲在眾院舉行「臺灣近況會議」，公開支持「臺灣前途以公民票決」。十一月，美國傳出訊息：以全新的 F-18 戰鬥攻擊機或高性能 F-16 戰鬥機出售給臺灣的方案正在擬議中；同時，美國參院亞太小組召集人穆拉爾斯基在訪臺時揚言，「美國政府支持臺灣的住民自決」。美國的這種政策，無疑給島內外的「臺獨」活動注射了一針興奮劑。事實上，民進黨之所以能夠成立並活躍於臺灣政壇，在很大程度上正是依賴於美國的暗中支持與庇護。因此，民進黨的政策、策略的取向在很大程度上要受制於美國的對華、對臺政策。離開美國的支持，民進黨很難在臺灣政壇上立足。

冷戰結束後的重點

4. 國際形勢變化的影響。戈巴契夫的「新思維」推行以來，世界力量對比發生了巨大變化。兩德宣告「統一」、冷戰宣告結束、南北朝鮮關係緩和，特別是東歐集團放棄了社會主義制度。從表面上看，這種世界範圍內的緩和趨勢有利於中國的統一。但另一方面，這種趨勢也給「臺獨」分子帶來了幻想。兩岸的統一，歐洲的緩和，共同體集團勢力的強化，使美國在歐洲的影響力大為縮小；日本的崛起，使美國在亞洲的地位亦受到挑戰。在這種情況下，臺灣的地位自然要成為美國全球戰略中的重點之一，這給民進黨「臺獨」分子以很大的希望。另外，東歐國家在資本主義化以後，經濟迅速惡化，四處尋求外援。臺灣已和匈牙利、蘇聯等國迅速接觸，這給「臺獨」勢力爭取國際認同也帶來了巨大的幻想。在這種國際形勢下，民進黨自然要善加利用，以加強它在臺灣政壇中的影響，並向國民黨當局施壓。

5. 國民黨的縱容。蔣經國逝世後，國民黨內本土派勢力透過李登輝崛起上升為主流派。以李登輝為代表的主流派，無論從感情上還是政治傾向上，與「臺獨」主張都十分接近。故此，李登輝上臺後，在「政治民主化」的口號掩蓋下，對「臺獨」勢力採取了明顯的寬容態度。事實上，李登輝本人亦有明顯的「臺獨」傾向，李登輝主政後的「一國兩府」、「彈性外交」與民

進黨的「主權獨立」主張並沒有本質區別。李登輝正式當選「總統」後，對「臺獨」勢力採取進一步放任的政策，與這次「臺獨」活動的升溫有直接影響。在去年的選舉中「新國家聯盟」活躍一時，海外「臺獨」人士返臺「助選」，儘管臺灣作了些表面文章，但事實上如果沒有當局的默許，海外「臺獨」人士數度往返臺灣是不可能的。李登輝當選後以「特赦」的名義，釋放了大批「臺獨」骨幹。四月，時任「外長」的連戰公開表示要助彭明敏返臺；五月，施明德在完成「特赦」手續的情況下出獄；六月，陳昭南返臺在被捕關押四天后被「高檢署」開釋；七月，「臺獨聯盟」表示兩年內將「遷盟回臺」，民進黨人黃華拒絕因其「臺獨」言論出庭，並稱「近幾個月來我一直在公開場合活動」；八月，江鵬堅赴美，使民進黨與海外「臺獨」組織建立起公開聯繫；九月，「臺獨聯盟」在美召開十三屆代表大會，部署遷盟回臺，並稱該組織主席李應元的返臺「已使聯盟返臺踏出第一步」；十月，民進黨「主權獨立決議文」經與國民黨溝通，增加「事實」二字安全過關；十一月，臺灣「立院」討論「臺獨」問題，《中國時報》稱為「開啟了直接、理性而務實地討論臺獨問題的新紀元」；十一月十四日，民進黨成立「臺灣主權獨立運動委員會」，準備推動「臺獨」活動，並表示「不在乎國民黨對『獨委會』的態度」。從上述這些簡單的回顧中可以看出，國民黨的容忍，使島內外「臺獨」活動步步升溫。實際上，國民黨利用「臺獨」勢力打擊黨內反對派也以此要脅大陸，必要時又用「統一」來消弭黨內反對聲浪，也向美國討價還價。一旦目的達到，「見好就收」，這就給民進黨和「臺獨」活動提供了充分的活動空間。

（原文刊於《海峽評論》，與何磊合撰）

臺灣要的是什麼「生存空間」

近來，臺灣島內一些人一再宣稱：「中共在國際間不再繼續孤立我們」，給臺灣以「國際生存空間」，才是「善意回應」。我們來看看這裡所說的「國際生存空間」是什麼意思？他們要的是什麼樣的「善意回應」？

▎何謂「國際生存空間」

所謂「國際生存空間」是一個含義並不確定的概念，在政治學上很少有人使用。筆者理解，它基本上包括以下兩個層面的意思：一是一個國家或地區在國際社會上的經濟、文化、科技、體育等活動的領域；二是各國政府間國際的政治活動範圍，前者是一種民間的、非官方性質的活動空間，而後者嚴格地說，應稱為「外交活動空間」，即國家與國家之間的一種政治關係。在這種「空間」中，任何活動，都只能由代表國家主權的合法政府參與，這是世界各國共同遵守的被公認的一個重要國際關係準則。

▎臺灣並不缺少應有的「生存空間」

很顯然，按照上述對「國際生存空間」的理解，臺灣作為中國的一個省，它並不缺少「生存空間」。在不違背「一個中國」的前提下，大陸從未阻撓過臺灣的對外民間交流活動。相反，大陸希望臺灣社會繁榮，人民生活富足，對於臺灣在經濟上所取得的進步，都表示由衷的高興，這是真正的同胞情誼。對此，不抱政治偏見的海內外人士都有公論。最近一位臺灣學者就曾指出：「平心而論，中國並未阻止臺灣的對外經濟、文化活動。」事實也確實如此。一九七一年聯合國取消了臺灣竊據的代表席位以後，臺灣的對外貿易卻從一九七一年開始出現順差，並在以後的年代中一直維持外貿順差，其平均值達到占「國民生產總值」毛額的百分之十，最高達到百分之二十。到目前為止，臺灣和世界上一百多個國家和地區保持著經濟關係。據臺灣有關單位統計，去年臺灣進出口總額為一千二百一十九點三億美元，其中出口總額為六百七十二點一億美元，進口總額為五百四十七點二億美元，順差

臺灣要的是什麼「生存空間」

一百二十四點九億美元。眾所周知，臺灣經濟是外向型的海島經濟，對國際市場依賴極大，如果沒有廣闊的「國際生存空間」，不要說臺灣所津津樂道的「經濟奇蹟」不可能出現，恐怕經濟早已崩潰，日子早就混不下去了！

經濟如此，在文化、科技、體育等方面情況也大抵相同。臺灣與世界其他地區的聯繫與交流，只要不違反「一個中國」的原則，大陸方面同樣不予干涉和阻撓。

事實證明，臺灣作為中國的一個省，它並不缺乏應有的「國際生存空間」，而大陸也從未封殺臺灣的「國際生存空間」，恰好相反，當臺灣同胞在世界範圍內遭遇到困難時，也總是出於「同胞之愛」，儘量設法予以保護和幫助。在去年海灣危機中，中國駐科威特使館說明臺灣「中華工程公司」人員撤退一事，便是明證。所有這些，臺灣並非不知。既然如此，臺灣為什麼仍抱怨大陸在國際間「孤立」臺灣，不給臺灣「國際生存空間」呢？顯然，臺灣要的是另一種「國際生存空間」，即在國際上製造事實上的「兩個中國」和「一中一臺」的「外交活動空間」。

▋外交空間當然不能給

按照國際法及有關國際慣例，一個國家只能有一個合法政府行使國家主權。中華人民共和國作為中國唯一的合法政府，有權力也有義務維護國家的主權與領土的完整，對於一切妄圖分裂國家、分裂主權的陰謀活動，理所當然地要予以堅決反對和制止，對於臺灣所要求的那種以分裂為目的的所謂「國際生存空間」，中國政府當然不會也不可能同意。這是堅持統一還是容忍分裂的原則問題，不可能有絲毫討價還價的餘地。

應當指出的是，臺灣一方面口口聲聲宣稱它「堅持一個中國」，主張「中國必將統一」，另方面卻要一味宣揚「重返國際社會」，積極推行「彈性外交」、「務實外交」，企圖在國際間製造「兩個中國」的局面。最近，還在「立法院」通過「重返聯合國建議案」，又在美國媒體上刊載鼓吹「雙重承認」的廣告。凡此種種，表明臺灣不顧國家民族利益，正在藉「拓展國際生存空

間」的名義，不折不扣地走著一條對抗統一、謀求「一國兩府」進而製造「兩個中國」的危險道路。

▎統一是臺灣的唯一出路

「分則兩害，合則兩利」。四十多年來海峽兩岸分裂對立局面，已經給中華民族的振興與騰飛造成了難以彌補的巨大損失，臺灣今天所面臨的種種難以解決的問題，歸根結底其根本原因就出在這裡。「亡羊補牢，猶未為晚」，臺灣唯有儘快按照「一國兩制」的方針與大陸實現和平統一，才能拓展更大的「國際生存空間」，從根本上解決島內所面臨的各種困難；唯有實現統一，臺灣人民才能和大陸人民一道共用中國人應有的尊嚴；也唯有實現統一，臺灣才能真正擺脫受制於人、看人家臉色行事的屈辱地位，獲得名副其實的「國際人格」。

「世界潮流浩浩蕩蕩，順之者昌，逆之者亡」，臺灣應當認清形勢，丟掉一切不合實際的幻想，順應歷史發展潮流，回應中國共產黨關於國共兩黨對等談判的建議，為早日實現大陸的和平統一切切實實地多做一些實事。

（原文刊於《人民日報‧海外版》，與何磊合撰）

實行國共談判是促進統一的最佳途徑

　　實行國共兩黨的對等談判，以解決和平統一問題，是中共的一貫政策主張。這一建議早在八十年代初即已提出，其後又經鄧小平、江澤民等中共領導人一再加以闡釋。中共中央臺辦負責人在一九九一年六月七日談話中再次授權重申：「中國共產黨和中國國民黨派出代表進行接觸，以便創造條件，就正式結束兩岸敵對狀態，逐步實現和平統一進行談判。」我認為，中共這一建議是從海峽兩岸和國共兩黨的實際情況出發的，是合情合理的，因而也是目前唯一能夠打破僵局、促進和平統一大業早日實現的最佳途徑。

　　為什麼這樣說呢？這需要從歷史與現實兩個方面來考察。

　　首先，從歷史的角度來看：

　　其一，中國何以會出現分裂的局面？海峽兩岸同胞何以會長期蒙受骨肉分離之苦？究其原因，當然首先是由於戰後美帝國主義為其遠東戰略利益的需要，干涉中國的內政，竭力推行分裂中國政策的結果。但這只是造成中國分裂的外部原因。外因是要透過內因才能起作用的。中國分裂的根本內因是什麼？正是由於國共兩黨的爭執和內戰，才是外因得以有機可乘，從中漁利。而目前海峽兩岸之所以仍然處於「敵對狀態」，不能進行良性互動，歸根結底，是由於歷史上國共兩黨的內戰所遺留下來的積怨與隔閡至今未能消除。中國有句俗話說得好：「解鈴還須繫鈴人」，理所當然應當由國共兩黨本著對歷史、對民族負責的態度，心平氣和地坐下來好好談判，儘快消除分歧，進而攜手共謀和平統一，別人是無法替國共兩黨「越俎代庖」、解決爭端的。

　　其二，國共兩黨雖然綱領不同，對中國的發展道路有著不同的認識和主張，但是眾所周知，在二十年代和三十年代的後半頁，為了反對共同的敵人，國共兩黨曾經本著求同存異的原則，互作妥協和讓步，透過和平談判與協商，進行過兩次成功的合作。因而團結和領導了全國人民取得了北伐和抗日戰爭的偉大勝利，為中華民族的生存和發展做出了卓越的貢獻。今天，時代雖然完全不同了，但國共兩黨都一致主張「只有一個中國」、「中國必將統一」，都希望振興中華，建設統一、富強、文明的新中國。也就是說，國共兩黨雖

有矛盾和分歧，但仍然存在著再度合作的政治基礎，只要兩黨具有誠意，以民族大義為重，那麼，過去兩次談判與合作的豐富經驗，必將會給兩黨的再度談判與合作提供許多有益的啟示和寶貴的借鑑作用。

其次，從現實情況來看：

其一，目前海峽兩岸誰才有足夠的力量來推動統一進程？誰也無法否認，唯有國共兩黨。因為國共兩黨是海峽兩岸的執政黨，分別領導著臺灣和大陸這兩塊被人為分割成的中國國土，各自擁有任何其他黨派所無法與之相比的雄厚的政治資源和社會經濟資源，對海峽兩岸的大政方針起著舉足輕重的決定作用。這一政治現實，也決定了國共兩黨對國家民族的統一大業負有不可推卸的歷史責任，責無旁貸地應當由這兩個黨率先出面舉行和談，在解決他們之間爭端的基礎之上，影響和團結海峽兩岸的其他黨派、團體以及全體同胞，共同為實現民族的和解與統一而奮鬥。

其二，只有採取「黨對黨」談判，才能打破目前海峽兩岸在統一問題上的僵局。國民黨當局雖然一再宣稱他堅持「一個中國」、「中國必將統一」，但卻要求大陸在承認臺灣「對等政治實體」的前提下，實行「政府對政府」的對等談判。臺灣的這種主張不僅是不現實的，同時也是很荒謬的。因為道理很清楚：（一）中華人民共和國與臺灣國民黨當局事實上就不可能「對等」。什麼是政府？政府是政權的象徵和代表，他所管理統治的是領土和人民。且不說國民黨在大陸的統治已於一九四九年被人民革命所推翻，其法統早已不復存在，單就目前它所占據的臺灣省來說，其面積只不過是全國土地面積的二百七十八分之一，人口也只是全國總人口的五十五分之一，試問這如何能「對等」呢？海峽兩岸的關係是同一個國家內部的關係，不是國與國之間的關係，不能套用「國家不論大小、強弱都一律平等」的國際法準則，這是常識。臺灣硬要以事實上的地方政府與全國人民所承認的中華人民共和國中央政府爭「對等」，要求「平起平坐」，這顯然是一種不切實際的自我膨脹。（二）按照國際法準則，一個國家只能有一個主權政府作為他的合法代表，不能設想在國際上有兩個「對等」的政府同時代表一個國家，國土可能分裂，但主權絕不可分割，這是事關國家民族根本利益的原則問題，沒有絲毫調和的餘

地。人所共知，中華人民共和國是聯合國五個常任理事國之一，世界上絕大多數國家都承認中華人民共和國政府是代表中國的唯一合法政府，臺灣只是中國的一部分，這是國際現實。臺灣採取「鴕鳥政策」，不肯正視這一現實，要求實行「政府對政府」的對等談判，豈不是和他一再宣稱的「一個中國」的立場自相矛盾嗎？如果真的這樣做，無異於公開製造「兩個中國」或「一中一臺」，這不是搞統一，而是搞分裂。就連國民黨的中常委、「立法院長」梁肅戎都說：「如以政府對政府談判，無異於宣布臺灣獨立。」因此，對於國民黨當局的這一錯誤主張，不但中共不可能接受，海內外一切愛國進步人士也都不會同意，因而是根本行不通的。而實行中共提出的「黨對黨」談判方式，則不存在上述問題，因為政黨之間的關係不同，在同一個國家內可以同時存在許多政黨，他們不論大黨小黨，執政黨、參政黨還是在野黨，雖然在國家政治生活中政治地位和作用不同，但從法理上來講都是完全平等的、獨立的。因此，實行「黨對黨」談判，既不會違背「一個中國」的原則，出現「一國兩府」的局面，國民黨當局又可以「對等」的地位參加和談，不必擔心被中共「矮化」，實在是打破目前僵局的兩全之策。

其三，國共兩黨對等談判的主張，不僅得到大陸同胞的一致擁護，而且隨著時間的推移，已被愈來愈多的臺灣同胞、海外僑胞所理解和支持，他們紛紛撰寫文章或發表談話，透過各種方式表達自己的意見，要求國共兩黨捐棄前嫌，儘快實現和談，共謀國家統一大計，就連國民黨內的一些有識之士也對中共的這一建議表示贊同。據臺灣報紙報導，在一九九〇年六月臺灣召開的「國是會議」上，以國民黨中常委、「立法院長」梁肅戎為首，包括國民黨「立委」張希哲、穆超、王大任等人都紛紛發表談話，認為「現階段海峽兩岸的談判，以黨對黨方式進行應為較可行的途徑」，「黨對黨談判國共兩黨都可以對自己的政策負責，兩黨談判較為可行」。前國民黨中常委余紀忠也說：「應考慮黨對黨的談。」一些國民黨籍的「增額立委」如趙少康、鬱慕明也在不同場合表示：「黨對黨談沒有什麼不好」，「我贊成大陸所提的黨對黨的談判原則」。上述事實說明，實行國共兩黨的對等談判，在海峽兩岸已經有相當程度的社會基礎，只要國民黨當局真有誠意，不再固執己見，繼續對中共的這一合理化建議加以歪曲，故意進行錯誤宣導（如攻擊為「統

戰陰謀」啦、「容易被認為出賣臺灣」啦等等），相反能予積極、善意的回應，那麼可以相信，兩岸的絕大多數同胞對此早日達成共識，並不是一件難事。

　　因此從歷史到現實，無論從何種角度來說，中共所提出的國共兩黨談判的建議都是最合情合理、切實可行的，它既維護了國家民族的根本利益，又照顧到了臺灣要求「對等」的立場，是符合海峽兩岸民心的順時應勢之舉，充分表明了中國共產黨對解決和平統一問題的誠意。我們希望臺灣國民黨當局能夠認真對待，不要再尋找藉口予以搪塞，繼續拖延和談，早日接受中共的正確主張，實現兩黨談判，為中華民族的統一與騰飛作出應有的貢獻。

（原文刊於《統一論壇》）

一份難得的反面教材

——簡評李登輝與司馬遼太郎「對談錄」

據《朝日週刊》總編輯穴吹史士披露，李登輝與司馬遼太郎的「對談」長達6小時之久，有許多內容「沒登出來」，對外也「不方便談」。那些「沒登出來」而又「不方便談」的內容，究竟是些什麼貨色，我們自然是無從知曉，但是，僅從已經公開刊登出來的有限內容，就足以令世人大開眼界、大長見識了。如果說，在這之前，有人對李登輝的「臺獨」面目還多少拿捏不準，甚至抱有某種善良願望和不切實際的幻想的話，那麼，這篇「對談錄」的出籠，可謂是再好不過的反面教材了。

一、「對談錄」有助於認識李登輝「臺獨」面目

在這份「對談錄」中，我們完全聞不到一點李登輝作為一個「中國人」的氣味！他除了表現出一副十足的「媚日」醜態，與司馬遼太郎一唱一和、「合跳探戈」，肆意歪曲、篡改歷史，替日本帝國主義侵略中國和對臺灣實行殘酷的殖民統治極力辯解與歌功頌德之外，再有就是他「臺獨」理念和「臺獨」心態的大暴露！他學著「臺獨」分子的腔調，聲稱「中國」這個詞「含糊不清」、「主權這二字是危險的單字」，說他的「基本想法」是：「臺灣必須是臺灣人的東西」，攻擊中共的統一主張「是奇怪的夢」；甚至挑釁中國各民族之間以及中國與亞洲各國之間的關係，說什麼「大陸動不動就說民族主義。雖說是五族，中華民族也包括了新疆、西藏和蒙古。我認為如果北京想建立大中華民族或大中華帝國，則亞洲會很麻煩。」

眾所周知，所謂「外來政權」的論調，「發明權」是「臺獨」祖師爺史明。史明在他的「臺灣人四百年史」中，把在臺灣歷史上所建立的政權，包括鄭成功政權、清統一臺灣後在島內建立的地方政權以及國民黨政權，毫無例外地統統都說成是「外來政權」，都是對臺灣人民實行「殖民統治和壓迫」。民進黨頭面人物及其他「臺獨」分子一向竭力鼓吹這種謬論。而李登輝身為國民黨主席，竟然也拾史明的牙慧，聲稱：「到目前為止掌握臺灣權力的全

都是外來政權」,「就算是國民黨也是外來政權,只是來統治臺灣人的一個黨」。

近幾年來,民進黨一直在不遺餘力地宣揚「獨立建國」,要為臺灣脫離中國而「打拚」;而李登輝則在與司馬遼太郎「對談」的首尾,刻意大談《舊約》聖經裡的《出埃及記》,以率領以色列人穿越紅海、經歷艱難險阻、在「神」(耶和華)的幫助下、終於返回故土重建家園的「摩西」自比,說什麼「摩西及人民今後都有得拚的」、「《出埃及記》這正是一個結論」。這實際上是李登輝版本的「獨立建國」的公開對外宣示,而在李登輝的心目中,幫助他「重建家園」的「神」是誰呢?當然就是西方一小撮反華勢力。

總之,「對談錄」是李登輝「臺獨」理念和「臺獨」心態難得的「自供狀」。如果說,在許多場合,李登輝還閃爍其詞,多少提一些有關兩岸「統一」的空話、廢話,企圖矇騙世人的話,那麼,他這次與司馬遼太郎的「對談」,倒是顯得異乎尋常的「直率」和「坦誠」。這為我們認識真正的李登輝、解讀近幾年來臺灣所推行的一系列對內對外政策(其中也包括李登輝在「對話」中所提到的加強臺灣本土歷史、文化教育政策等)的真實意圖和最終要達到的目的,頗具參考價值。

二、李登輝的「臺獨」理念其來有自

李登輝的「臺獨」理念和「臺獨」心態其來有自,並非始於今日,按照老牌「臺獨」分子辜寬敏的話來說,「應是他原來就有的,只是礙於一時的權宜措施而被掩蓋」罷了。的確,回顧李登輝自 1988 年初主政以來的言論行動、所作所為,可以看出,他的「臺獨」真面目有一個逐步暴露的過程。這個過程可以劃分為以下三個階段:

1988 年初到 1990 年 3 月「總統」選舉前為第一個階段。這一階段由於李登輝剛剛上臺,還沒有形成自己的一套內外政策策略,大體上還是承繼了蔣經國遺留下來的東西,更主要的是他羽毛未豐,忙於鞏固自己的地位,面對當時國民黨內還相當強大的大陸籍傳統勢力,李登輝尚不敢輕舉妄動。因此,這一階段臺灣在李登輝主持下基本上還能堅持「一個中國」政策,但在

對待「臺獨」問題上，已經開始改變蔣氏父子時期嚴厲打擊的政策，開始放縱姑息「臺獨」。這一階段的後期，其「臺獨」面目已開始暴露，與大陸籍傳統勢力在政策和策略上已產生嚴重矛盾與分歧。

第二階段是 1990 年 3 月李登輝當選「總統」後到 1993 年國民黨十四大召開前。這一階段中，李登輝版本的內外政策逐步形成，並在黨內與大陸籍傳統勢力的劇烈較量中地位不斷得到鞏固，勢力不斷發展。為了安撫黨內大陸籍反「臺獨」的傳統勢力，李登輝在這一階段大耍兩面派手法：一方面，制定「國統綱領」，宣稱堅持「一個中國」原則，並成立了陸委會、海基會，放寬兩岸交流，擺出一副好像真的有意搞「統一」的姿態，以減輕來自島內外的壓力；但實際上卻透過所謂「憲政改革」和黨內革新，全力推進國民黨「本土化」、「臺灣政權臺灣化」，謀圖「一國兩府」、「對等政治實體」、「務實外交」、「雙重承認」等等紛紛出籠。實際上這一階段，臺灣已從「一個中國」立場開始後退，民進黨之所以膽敢將「臺獨」條款公然納入黨綱，正是因為他們已經摸透了李登輝的底牌，看準了李登輝和他們一樣，都是在搞「臺獨」。

第三階段，是從國民黨十四大至今。李登輝「獨臺」勢力與民進黨「臺獨」勢力實際上已經合流，臺灣已從「一個中國」向所謂「階段性的兩個中國」政策轉變，完全接受並竭力鼓吹所謂「分裂國家」的理論，打著「先獨後統」的幌子，公開推行「臺獨」，處理兩岸事務和對外關係上完全不再遮遮掩掩，「臺獨」真面目已經暴露無遺。

因此，「對談錄」在這個時候出籠絕對不是偶然的：一是因為，李登輝在國民黨內的地位已空前鞏固，不需要顧及大陸籍傳統勢力的反對；二是與民進黨爭旗幟企圖吸納民進黨的資源，為未來的一系列選舉造勢，以維護和鞏固國民黨主流派的統治地位；三是發洩一下近些年來，他因為推行分裂政策受到大陸一再打壓所受到的「窩囊氣」，企圖以此謀求大陸在一些原則問題上向其讓步。

三、李登輝的「臺獨化」絕非偶然

總之，李登輝的「臺獨」化不是偶然的，是島內政治發展的必然結果，同時也是美國長期以來推行分裂中國政策的必然產物。1971年6月，美國中央情報局給美國總統提出一份報告，建議「首先要推出一個得到美國充分支持的，循序漸進的『臺灣化』計畫，建立一個由臺灣人控制的代議制政府，進而美國利用這個政府，設法就臺灣的最終法律地位問題與中國對話，造成一種政治局勢，使中國人同意一個友好的臺灣獨立」。二十多年來，不管國際局勢發生過什麼變化，實際上，美國的歷屆政府始終都在「循序漸進」地推行這一「臺灣化計畫」，不放過任何機會插手干涉臺灣的內部事務。現在的臺灣國民黨李登輝政權，已經完成了美國政府所希望的「和平演變」，建立起了一個所謂「由臺灣人控制的代議制政府」，實現了「臺灣政權臺灣化」，剩下的最後目標就是「一個友好的臺灣獨立」了！

由於李登輝及其所代表的勢力在相當長的時間內將主導臺灣的政局，因此，臺灣前途問題的解決不容樂觀，未來的鬥爭勢必十分複雜、劇烈。我們應密切注視事態的發展，加強預測和研判，制定出正確的鬥爭策略，最終挫敗分裂中國的陰謀，完成和平統一大業！

（大陸全國臺研會座談會上的發言，未刊稿）

評李登輝的美國之行

美國政府背信棄義，不顧中國政府的強烈反對和嚴正交涉，允許李登輝赴美進行所謂「私人訪問」，這是美國對中國主權的公然挑戰，同時也是美臺公開勾結、妄圖分裂中國的新的嚴重步驟。對此，中國政府和中國人民，包括港、澳、臺同胞、海外僑胞，不能不表示極大義憤並保持高度的警惕。

▎美不願見中國強大

眾所周知，美國出於其全球戰略利益的需要，一貫頑固推行其分裂中國的政策。蘇聯解體、冷戰結束後，美國更將中國視為它今後稱霸世界的主要障礙和競爭對手，不願意看見一個統一強大的中國出現在世界的東方。於是從九十年代初布希政府後期開始，美國的對華政策再次進行微妙而緩慢的調整。而柯林頓政府入主白宮後，人們看到，這種政策調整的速度大為加快。近些年來，中美之間圍繞著諸如所謂武器銷售問題、人權問題、貿易最惠國待遇問題以及智慧財產權問題、西藏問題……所產生的摩擦與爭端，說到底，其根本原因蓋出於此。而「臺灣問題」，則是中美關係的基礎，也是最為敏感的問題。如果說，一九九二年九月布希政府決定向臺灣出售一百五十架F-16戰機，是美國政府重新調整對華政策的「信號」，說明其「一個中國」的政策立場已開始動搖的話，那麼，一九九四年九月柯林頓政府宣布提升美臺關係，則是這一立場的開始後退；而這次美國政府不顧中國政府的強烈抗議，宣布取消對李登輝訪美的禁令，則標誌著其新的對華政策已基本成型。

無論美國政府如何狡辯，從它向李登輝簽發赴美簽證的那一刻起，即向世人宣示，其對華政策已嚴重偏離「一個中國」立場，轉而奉行「兩個中國」或「一中一臺」。可以預料，隨著美國政府這一重大舉措的實施，中美關係以及海峽兩岸關係必將遭到嚴重挫折。今後，中美兩國之間和海峽兩岸之間，各種麻煩與紛爭勢必接踵而來，不斷出現，美國政府對此應負全部責任。

臺灣難辭其咎

　　當然，我們也應看到，這種局面的出現，李登輝主導下的臺灣國民黨當局也難辭其咎！

　　李登輝上臺以來，一改以往蔣氏父子「漢賊不兩立」的對外政策和嚴厲打壓「臺獨」勢力的對內政策，打著「憲政改革」、「黨內革新」、「開拓國際生存空間」等幌子，排斥島內統一勢力，蓄意縱容「臺獨」，推行以「一國兩府」為基本內容的大陸政策，進而公開宣揚「階段性的兩個中國」、「對等政治實體」，鼓吹所謂兩岸「分裂分治是政治現實」和「中華民國在臺灣」、國民黨是「外來政權」，推動「申請加入聯合國」，「雙重承認」，不惜用重金收買的手段，搞所謂「務實外交」、「度假外交」、「過境外交」，企圖將臺灣問題「國際化」等等，嘴裡高喊「統一」，實際上是推行民進黨提出的一整套「臺獨」政策和主張，為美國分裂中國的政策效勞賣命。

李登輝將成為罪人

　　因此，從表面上看來，美國政府是逼於其國內輿論和臺灣的壓力，不得不調整對華政策，允許李登輝訪美，其實質卻是美臺公開勾結，妄圖分裂中國。李登輝不惜出賣民族利益，挾洋自重，在美國一手導演的「臺獨」鬧劇中扮演了一個十分不光彩的角色，儘管可能一時得意，但如不儘快迷途知返，懸崖勒馬，到頭來只能是「搬起石頭砸自己的腳」，成為中華民族的千古罪人。

（原文刊於《文匯報》）

臺灣為何策劃達賴訪臺

▎「兩獨」相互勾結

　　臺灣一意孤行，不顧中國政府的嚴正警告和海內外愛國正義人士的強烈反對，公然策劃臭名昭著的民族分裂分子達賴喇嘛以所謂「宗教弘法」的名義訪問臺灣。事態表明，由李登輝主導下的臺灣在分裂的道路上的確已愈走愈遠，為了對抗「一個中國」的原則，阻撓破壞和平統一大業，已發展到不惜公開與「藏獨」同流合汙、相互勾結的地步。

　　眾所周知，達賴並非一般的所謂「宗教人士」，而是一個不折不扣的民族分裂分子。一九五九年，他在西藏發動武裝叛亂失敗後，倉皇出逃印度，非法建立所謂「西藏流亡政府」。三十八年來，達賴在某些西方反華勢力的豢養和支持下，披著宗教外衣，不遺餘力地從事分裂的活動。一方面，他風塵僕僕，跑遍世界各地，放肆地攻擊汙蔑大陸，充當西方反華勢力的得力工具，並乞求西方國家的同情與支持，妄圖將西藏問題國際化，以實現其「西藏獨立」的圖謀。

▎精心策劃　一手導演

　　臺灣為掩人耳目，一再聲稱：此次達賴訪臺「係由民間宗教團體邀請」，矢口否認與官方有關；並聲稱達賴此行「純屬宗教活動，與政治完全無涉」。真是「此地無銀三百兩」！事實上，臺灣一直與達賴集團勾勾搭搭，眉來眼去。臺灣媒體報導說：李登輝對達賴「心儀已久」，兩人早有書信往來。關於此次達賴訪臺，據島內最近披露出來的一份官方檔顯示，臺灣「內政部」的有關官員在內部講話中稱：「層峰指示本部全程參與」，「文宣工作一定要撇開政治，完全定位在弘法層面」，「如有困難再向內政部提出……轉洽財政部協助」云云；而負責出面邀請達賴訪臺的「中國佛教會理事長」淨心長老在會上也說：「政府是幕後工作，不可對外說出，務必鎖定『民間團體主辦』、『純屬弘法活動』」。另據島內報紙報導，在「中國佛教會」舉行

的一系列達賴來臺的籌備會中，總有「內政部」官員、國民黨代表端坐在眾僧侶之中；並傳官方撥專款五百萬元新臺幣作為接待補助。由此可見，達賴訪臺這齣鬧劇，完全是由臺灣幕後精心策劃，一手導演出來的。

▌企圖利用達賴的國際關係

　　臺灣如此遮遮掩掩，然而卻欲蓋彌彰，其包藏的禍心是十分明顯的。誠如香港進步輿論所指出：臺灣之所以策劃達賴訪臺，首先，是因為達賴的「藏獨」理念與李登輝等人十分相似，臺灣企圖透過與達賴的勾結，把「藏獨」勢力作為「臺獨」勢力的同盟軍，以壯大自己的力量，與大陸和平統一的努力相抗衡；其次，是企圖利用達賴所具有的國際關係，推動臺灣近來一再受到重挫的「務實外交」，以擺脫其四處碰壁的困境，拓展「臺獨」與「獨臺」的國際活動空間；第三，是迎合國際反華勢力的需要，以利今後的進一步勾結。總之，臺灣策劃達賴訪臺，其目的，從根本上來說，是對抗「一個中國」的原則，妄圖阻撓破壞和平統一大業。就連李登輝的喉舌《自由時報》也發表社論坦稱：「達賴是西藏獨立運動的推動者，即使訪臺之行被定位在弘法的層次，也無法掩蓋其濃厚的政治色彩」。可見，臺灣的拙劣伎倆，反而愈加暴露出其內心懷有不可告人的政治陰謀。

（原文刊於《文匯報》）

臺灣為何拒絕我入境

應臺灣夏潮基金會之邀，本人與李家泉等十三位大陸學者一起，原擬於八月二十九日至九月六日赴島內進行學術交流活動，並出席該會在臺北舉辦的「二十一世紀兩岸關係展望——一個中國之面面觀」學術研討會。豈料近日從島內傳來消息證實，我們十三位大陸學者已被臺灣「境管局」悉數拒絕入境，致使是次兩岸民間學術交流活動橫遭扼殺。對此，我大陸學者深感遺憾！這裡我有以下三點質疑和評論。

▍為何「現階段不宜研討」

其一，臺灣「境管局」有關文件稱：之所以不同意大陸學者入境，乃因「現階段研討兩岸問題恐將引發諸多政治性爭議，尚屬不宜」云云。顯然，這個「理由」完全是站不住腳的！人們不禁要問：現階段「不宜」研討兩岸問題，那麼何時才適宜研討兩岸問題呢？難道要等到中國已經實現了和平統一、兩岸業已消除了「政治性爭議」之後再去研討嗎？其實這裡必有「隱情」，只是臺灣不便說罷了。

其二，這次學術研討會的主題是「一個中國之面面觀」，臺灣無故加以封殺，大有「心虛」之嫌！人們感到奇怪的是：臺灣不是口口聲聲說它反對「臺獨」、反對「兩個中國」和「一中一臺」嗎？既然如此，又為何害怕討論「一個中國」呢？何況這裡所說的「一個中國」完全是中性名詞，並未涉及其具體內涵，臺灣為什麼要如此忌諱呢？其三，人所共知，臺灣一向把島內主張統一的愛國進步團體和人士視為眼中釘、肉中刺。千方百計地封殺其在島內的生存活動空間，長期以來動輒給他們扣上「賣臺」、「中共代言人」的紅帽子，對其舉辦的活動一律施之於新聞封鎖，甚至不惜採用白色恐怖手段，對他們進行「政治偵防」，極盡迫害打擊之能事。因此，作為島內民間統派團體之一的夏潮基金會，遭到臺灣的刻意打壓，完全是意料中事。

「關鍵要看什麼單位邀請」

　　事實上，夏潮基金會早於今年三月舉辦的另一場兩岸學術研討會，題為「認識臺灣歷史（一八九五——一九四五）」，即遭到臺灣的扼殺。當時，應邀出席的十多位大陸學者同樣被臺灣方面拒絕入境（本人也為其中之一），只好「文到人不到」。事後本人在北京曾當面向率團來訪的臺灣海基會某副祕書長請教被拒原因，該副祕書長毫不掩飾地回答：「關鍵要看什麼單位邀請的！」，並拍著站在一旁的民進黨中央某部門主管的肩膀笑著說：「如果是他們邀請的那就另當別論了！」這就是說，他們可以允許主張「臺獨」的組織在臺灣開會討論「臺獨」問題，而不允許主張統一的人士在島內開會討論統一問題。兩相比較，臺灣的態度何等的鮮明。其真統還是假統，業已昭然若揭！再者，臺灣一向標榜臺灣社會的所謂「多元化」、「民主化」，聲稱海峽兩岸之爭是所謂「制度之爭」，然而他們對待島內統派的所作所為，也足以讓他們的這些蠱惑人心的宣傳不攻自破了。

錯誤政策還能維持多久

　　自今年六月柯林頓訪華以來，島內進步輿論強烈呼籲臺灣改弦易轍，採取積極步驟緩和發展兩岸關係。據臺灣《聯合報》報導：最新民調顯示，「有四成五民眾不滿意當前政府的大陸政策，是五年來比率最高的一次」，特別是所謂「戒急用忍」政策，更「有六成民眾主張應該檢討修正」。然而，一向標榜「主權在民」、「以民意為依歸」的總統卻置若罔聞、我行我素，從近期以來宣布停止實施對大陸大專院校學歷採認辦法、將「政治偵防」擴及到與大陸來往密切的影視、出版界人士，以及屢屢拒絕大陸學者入境從事民間學術交流活動等等跡象來看，其「戒急用忍」政策已不僅適用於兩岸經貿，實際上涵蓋了兩岸交流的各個層面。臺灣嘴巴上高喊要「擴大兩岸交流」、「降低敵意」、「求同化異」，實際上卻採取各種措施阻塞兩岸交流，製造新的敵意，擴大裂痕，這種違背民意、違背時代潮流、倒行逆施的錯誤政策究竟還能夠維持多久？人們將拭目以待。

（原文刊於《文匯報》）

「辜汪會晤」與臺灣「三合一選舉」後兩岸關係展望

(一)

1998年10月辜汪上海會晤並達成四點共識，以及江主席和錢副總理在北京會見辜振甫先生，開啟了自1949年以來，海峽兩岸高層領導人在中國人自己的土地上進行面對面的直接政治性對話（臺方稱「建設性對話」），其本身即具有重要意義，這不僅在一定程度上改善了近幾年來兩岸緊繃的政治氣氛，正式恢復了兩岸兩會高層的直接溝通交流管道，同時也使兩岸兩會純粹事務性、功能性的談判階段從此結束，成為歷史。因此，可以說，這次「辜汪會晤」標誌著兩岸關係經過近幾年來的風風雨雨之後，業已進入了一個新的更高一級的發展階段，即「政治對話階段」。

然而，從這次政治對話本身及隨後臺灣高層領導人的一系列言論、行動來看，雙方政治分歧依然如故，臺灣並未放棄其一貫堅持的分裂中國的錯誤政策，所謂「戒急用忍」照樣實施、直接「三通」並無鬆動、「務實外交」亦看不出有絲毫調整的跡象，臺灣的頭面人物仍擺出一副高姿態，接二連三地發表對大陸很不友好的談話，提出一系列改善、發展兩岸關係的無理條件和要求。總之，「辜汪會晤」後，政治僵局並未打破，兩岸關係並無實質性進展，海內外同胞期盼的兩岸政治談判仍遙遙無期。

究其原因，乃因臺灣急以促成是次「辜汪會晤」，並非真有誠意要推動兩岸關係的實質改善與發展，而純屬是迫不得已的一種策略性考慮：

其一，是為了應付中美高峰會談後美國和大陸的「促談」壓力，企圖透過「辜汪會晤」的成功舉行，向國際社會表明臺灣不是海峽兩岸關係中的「麻煩製造者」。

（二）

其二，是為了緩解香港回歸之後，島內民眾特別是工商企業界要求改善、發展兩岸關係的壓力，為年底「三合一選舉」製造「利多」、騙取選票，度過執政危機，穩固其統治地位。

（二）

作為 2000 年「總統」大選「前哨戰」的「三合一選舉」，國民黨大勝，民進黨挫敗，從整體而言，有利於兩岸關係的穩定。這是因為：

其一，所謂「兩害相權取其輕」，至今仍不肯放棄「臺獨黨綱」，而在政治上又很不成熟、容易輕舉妄動的民進黨領導人一旦上臺執政，勢必增加兩岸關係的變數，從而使臺海局勢平添複雜性和不穩定性。民進黨在此次「三合一選舉」中受挫，將使該黨走向執政進一步推遲。

其二，民進黨的挫敗，有助於促使該黨在「臺獨」主張上的進一步轉型。顯然，這對於抑制島內「臺獨」勢力和兩岸關係的緩和、改善與發展，以及和平統一的推進也具有正面意義。

然而，從另一角度來觀察，由於國民黨透過這次選舉暫時緩解了在島內的統治危機、穩定了執政地位，國民黨有可能因此而「翹尾巴」、「好了傷疤忘了疼」。並以此為「本錢」，繼續頑固堅持其保守、僵化的大陸政策，對抗大陸的和平統一攻勢。選後的種種跡象表明，臺灣並不打算調整其分裂政策，它急於促成汪道涵會長回訪臺灣，只不過是「故伎重演」，作為它奪取 2000 年「總統」大選勝利所施的「權宜之計」！因此，「三合一選舉」國民黨獲勝、民進黨挫敗，雖有助於兩岸關係的「穩定」，但並無助於兩岸關係的「突破」，「以拖待變」仍然是臺灣的基本策略，至少在李登輝尚能主導島內政局時期，兩岸關係不容樂觀，難望有突破性的進展。

目前，臺灣的以下策略已愈來愈清晰：即每當面對島內重大選舉時，即大打「大陸牌」、「安定牌」，以壓制民進黨，維護其執政地位；而當要對抗大陸的和平統一攻勢時，它則大打「民意牌」、「民主牌」、「對等牌」，左右逢源、兩面三刀。最近李登輝大談「新臺灣人主義」，引起島內各界議

79

論紛紛，其實，說一千道一萬，李登輝提出「新臺灣人主義」，其根本目的只有一句話：消弭族群隔閡、凝聚島內共識，共同對抗大陸！

　　此外，預測臺灣的大陸政策走向、展望兩岸關係的發展前景，還必須準確把握美國對華政策走向。柯林頓訪華以來的事態表明，美國政府雖已公開宣示對臺「三不政策」，但並未從實質上改變其干涉中國內政的對華「雙軌政策」。海峽兩岸「不戰不和、不統不獨、若即若離、不冷不熱、維持現狀」，仍然是美國政府所樂意看到並努力追求的政策目標。對此，唯美國馬首是瞻的臺灣自然心領神會，有恃無恐。居於此，在可預見的相當長一段時間內，臺灣也不可能從根本上調整其分裂中國的大陸政策。因之，兩岸關係也難望有實質性突破。

（原文刊於華夏經緯網）

評李登輝的「新臺灣人主義」

　　去年12月1日，正值臺灣「三合一選舉」臺北市長選情緊繃的關鍵時刻，李登輝突然拋出「新臺灣人」的提法，一時間激起島內政壇、社會的強烈反響，如今選戰塵埃落定已經一個多月了，島內社會各界對所謂「新臺灣人論」仍在議論紛紛。可見，「新臺灣人論」的效應已遠遠超出這次選舉。這一概念，究竟會對臺灣政局發展和兩岸關係演變產生何種影響？頗值得觀察。

　　島內有人說，李登輝提出「新臺灣人論」與統「獨」無關，他只是想化解島內省籍矛盾，促進族群融合而已。對這種說法，恐怕就連李登輝本人也不予認同。

　　事實上，曾經提出「新臺灣人論」者不止李登輝一人，更非自李登輝始。而且，同樣提出「新臺灣人」這一概念，不同的人有不同的意涵，不同的人也有不同的目的。應該嚴格加以區別，不可混為一談。

　　其實「新臺灣人論」的源頭，最早可以追溯到蔣經國主政時期。蔣經國在其晚年即曾公開宣稱：「我是中國人，也是臺灣人。」此話一出，曾一時引起反響。蔣先生講這話當然不是無的放矢，是企圖化解當時普遍存在於臺灣社會的嚴重的省籍矛盾，無非表示像他這樣從大陸來的「外省人」，已經在臺灣生活、工作了幾十年時間了，「吃臺灣米、喝臺灣水」，應該也是「臺灣人」，不能再被視為「外省人」，大家應該消除隔閡，不應該彼此再有矛盾。這顯然是積極的，具有正面意義的，這的確「與統獨無關」。從政治層面而言，蔣經國作此宣示，意在破解當時黨外反對勢力所宣揚的所謂國民黨是「外來政權」的說法，建立國民黨政權的「正當性」，是為其正在大力推行的國民黨「本土化」、臺灣政權「臺灣化」這一總的路線和目標服務的。不過，蔣經國先生的這一番苦心，看來並沒有收到多大的效果。

　　大約在四、五年前，高希均、關中等幾位「外省人」正式提出「新臺灣人」這一概念。高希均先生還利用他創辦的《遠見》雜誌，發起過一場「新臺灣人」的討論。他們提出這一概念，是有感於李登輝主政後臺灣社會的族群分裂愈演愈烈，對臺灣的發展極為不利而憂心忡忡，希望透過「新臺灣人

論」的鼓吹，既表示他們這些「外省人」對臺灣的認同，同時也試圖獲取「本省人」對他們的認同。另外，新黨中具有「本省人」身分的「立委」楊泰順、陳癸淼也曾鼓吹過「新臺灣人」，陳癸淼還為此專門成立了一個「新臺灣人辦公室」。眾所周知，新黨成立後一直被民進黨等「獨派」人士抹黑為「外省人的黨」極力加以打壓，楊、陳二人以「本省人」身分提出「新臺灣人」的概念，無非也是為了爭取「本省人」對新黨的認同，提高新黨的支持率，擴充新黨的票源。再有就是宋楚瑜，他在當選臺灣省長的第一天，即公開宣揚「新臺灣人主義」。宋楚瑜選擇此時鼓吹「新臺灣人主義」，則顯然與他「外省人」的身分當臺灣省長有關。要「本省人」放心，他這位「外省人省長」，絕對「認同臺灣」，要與「本省人」一起為臺灣「打拚」，同時也希望「本省人」支持他順利執政。總之，無論高希均、關中也好，楊泰順、陳癸淼也好，宋楚瑜也罷，他們提出「新臺灣人」的概念，動機和目的都是無可非議的，也的確「與統獨無關」，其共同特點是具有典型的「內斂性」和「保守性」。他們所標榜的「新臺灣人」和「中國人」並無衝突。但他們的良苦用心，當時並沒有引起包括李登輝在內的臺灣「本省人」的呼應，呼吁了一陣子也就煙消雲散了。

　　事實上，李登輝正是「省籍情結」的最大煽動者、鼓吹者。人們應還記得，李登輝在剛剛接掌政權之初，也曾說過：「我是臺灣人，也是中國人。」儘管和蔣經國的話有所不同，他把「臺灣人」放在前邊，「中國人」放在後邊，但不管怎麼說，李登輝還自承自己是「中國人」。他這樣講，是因為他當時羽翼未豐，一批大陸籍國民黨元老還占據要津，因此他需要「韜光養晦」，講些大陸籍元老們中聽的話，以騙取他們的信任與支持。然而一旦當他大權在握、權力鞏固之後，其真實面目便暴露無遺了。從此他不再講自己是「中國人」，並採取種種手段，甚至外聯民進黨為代表的島內「獨派」勢力，大肆排擠、打擊國民黨內的外省精英，以致造成國民黨的嚴重分裂——新黨的出走。進而在1994年4月與司馬遼太郎的「對談」中，大談所謂「生為臺灣人的悲哀」，竟稱由他擔任「黨主席」的國民黨是「外來政權」，甚至說「『中國』這個詞也是含糊不清的」。並以「摩西」自況，宣稱要帶領臺灣人「出埃及」，建立所謂「真正屬於臺灣人的國家」等等。從而不僅使臺灣

（二）

社會原本相當嚴重的省籍矛盾雪上加霜，同時也引起了兩岸關係的緊張與倒退。

就這樣，李登輝極力煽動並最大限度地利用了省籍情結，把國民黨內的外省籍勢力幾乎「趕盡殺絕」，鞏固了他的權力，為其當上「臺灣人的民選總統」掃清了道路。

那麼，李登輝為何在這次「三合一選舉」中卻一反常態，突然提出「新臺灣人主義」，主張「走出悲情」、消除「省籍情結」呢？原因無它：

其一，當初他煽動、利用「省籍情結」雖然得到了很大甜頭，卻也造成了國民黨的嚴重內鬥和分裂。1997年底縣市長選戰的慘敗，國民黨已經丟失了大半江山，如若再打輸了這場「總統」選舉的「前哨戰」，2000年「總統」寶座國民黨必定難保，作為國民黨主席如何交代？將來歷史如何定位？他不能不三思而行。何況在投票前幾日，李登輝據可靠消息評估，馬英九極有可能勝選，以其如此，何不送個「順水人情」？於是李登輝才拋出「新臺灣人主義」，替馬英九月臺輔選。

誠然，過高評估李登輝的「新臺灣人論」對臺北市長選情的影響並不符合事實。實際上，馬英九之所以能擊敗陳水扁，起關鍵作用的乃是新黨支持者的「尊王保馬」效應。不過也應當承認，以李登輝的特殊身分，在選戰白熱化的關鍵時刻提出「新臺灣人論」，的確使企圖依靠挑撥省籍情結開拓中間票源的陳水扁陣營處於十分尷尬的境地。

其二，更值得玩味的是：李登輝提出「新臺灣人主義」其背後的真正動機究竟是什麼？李登輝心目中的所謂「新臺灣人」與「中國人」是何種關係？選戰結束後不久，李登輝在「國大」的一席演講，以及隨後在接受日本《讀賣新聞》記者採訪時對「新臺灣人主義」的進一步詮釋，再清楚不過地為我們解答了上述問題。

李登輝說，他提出「新臺灣人主義」，並「不是單純在選舉時為臺北市長當選人馬英九拉票的競選策略」，他的「新臺灣人主義」「不只是對內，對外也是」，「在新臺灣人主義下，大家可以團結，也可以對大陸表明臺灣

83

評李登輝的「新臺灣人主義」

的立場」,「臺灣已擁有獨立主權」,「大陸應該承認這個事實」。並說,「新臺灣人主義可以當成國家認定和共識的開始」云云。顯然,李登輝心目中的「新臺灣人」已經不是「中國人」;他之所以要提出「新臺灣人」這一概念,就是要引導「新臺灣人」脫中國化、「出埃及」,重新凝聚「臺灣獨立主權國家的認定與共識」。其潛臺詞,是要在臺澎金馬的所有的「新臺灣人」,不管先來後到,無論「本省人」、「外省人」,大家團結起來共同對抗大陸(所謂「對大陸表明臺灣的立場」)。因此,李登輝所謂「新臺灣人」的概念,實際上是獨派人士所一貫宣揚的「新興民族」的代名詞、新的「臺灣國國民」的代名詞。無怪乎李登輝此論一出,島內「獨派」人士立即心領神會,同聲叫好。

　　由此可知,李登輝的「新臺灣人主義」並非是「內斂性」的、「保守性」的,而是「外向性」的、「進攻性」的。其真實用意顯然與前述高希均等人完全不同,不僅與統「獨」有關,而且是密切相關。該論的提出,或許在短時間內可以迷惑島內的一部分民眾,並在一定程度上造成緩解省籍矛盾的作用,但從本質看,從長遠看,對於海峽兩岸整個中華民族的整合卻有百弊而無一利。如果真的這樣,那將不僅僅是「新臺灣人」的悲哀,同時也是海峽兩岸全體中國人的共同悲哀,整個中華民族的悲哀!當然,李登輝的目的能否達到,那又另當別論了。

(原文刊於《海峽評論》)

堅持「臺獨」絕對沒有出路

——評民進黨的「臺灣前途決議文」

去年底民進黨在臺灣「三合一」選舉失敗，證明了該黨近幾年來在「臺獨」主張上的策略性轉型無法取信於民後，五月八日，處在內外交困之中而又急於早日執政的民進黨，為因應明年島內即將舉行的「總統」選舉，通過了一份「臺灣前途決議文」，試圖在不觸動「臺獨」黨綱的前提下，用「決議文」的方式，對早已受到各界詬病的「臺獨」黨綱進行策略性的詮釋，以消除臺灣選民對民進黨執政的疑慮。

然而，民進黨拋出這份「臺灣前途決議文」，能夠如願以償嗎？只要對該「決議文」略加剖析，便不難找到答案。

「臺獨」本質絲毫未變

「決議文」雖然避而不提「臺獨」黨綱中的建立「臺灣共和國」條款，但卻仍然頑固堅持「臺獨」立場，妄稱「臺灣是一主權獨立國家，其主權領域僅及臺澎金馬與其附屬島嶼，以及符合國際法規定之領海與鄰接水域。臺灣，固然依目前憲法稱為中華民國，但與中華人民共和國互不隸屬，任何有關獨立現狀的更動，都必須經由臺灣全體住民以公民投票的方式決定」，並堅持主張「臺灣應廣泛參與國際社會，並以尋求國際承認、加入聯合國及其國際組織為奮鬥努力目標」云云。「決議文」的宣示表明，迫於島內外主客觀形勢的變化，現階段民進黨的「臺獨」主張，只不過是將其側重點從原來「臺獨」黨綱中追求更改「國號」、建立「臺灣共和國」的「積極性、進攻性公投」，轉變為間接承認所謂「中華民國國號」、確保所謂「主權獨立現狀」的「消極性、防禦性公投」而已，而其抗拒統一，挑戰中國主權，妄圖分裂的「臺獨」本質，則絲毫也沒有改變。

堅持「臺獨」絕對沒有出路

▋掩人耳目騙取選票

「決議文」也未真正放棄「臺獨」黨綱中對「臺灣共和國」的追求和臺灣「法理獨立」的主張。「決議文」宣稱，「臺灣應盡速完成公民投票的法制化工程，以落實直接民權，並於必要時藉以凝聚國民共識、表達全民意志」。何謂「必要時表達全民意志」？說穿了，就是企圖推動「公投入憲」或「入法」，並等待適當時機，在他們認為條件成熟時，透過「公民投票」方式，更改「國旗、國號、國歌」，實現「法理上」的「臺獨」。誠如民進黨頭面人物所言：「臺獨黨綱仍是民進黨的基本立場」，「所謂『任何改變臺灣現況』的決定，即是針對『中國以武力侵犯臺灣』和『臺灣尋求在法理上獨立』兩大部分。臺灣人民當有公投的權利。」由此可見，「決議文」不提所謂建立「臺灣共和國」，用模糊語言修飾「臺獨」主張，只不過是民進黨妄圖掩人耳目，騙取臺灣選民手中選票的一種策略性運用和權宜之計而已。

▋首鼠兩端投機取巧

「決議文」一方面宣稱「臺灣應揚棄『一個中國』的主張」，號召臺灣「朝野各界應不分黨派，在對外政策上建立共識，整合有限資源，以面對中國的打壓及野心」。也就是說，要頑固堅持與大陸對抗，抗拒和平統一；但另方面，又不得不正視臺灣民眾迫切要求緩和改善兩岸關係的普遍心態，提出「臺灣與中國應透過全方位對話，尋求深切互相瞭解與經貿互惠合作，建立和平架構，以期達成雙方長期的穩定與和平」。這顯然是自相矛盾的自欺欺人之談！事實證明，反對一個中國的原則，謀求「臺灣獨立」，對抗統一，只會引起海峽兩岸關係的緊張和惡化，給臺灣人民乃至整個中華民族帶來災難性的後果。因為道理至明，拋棄一個中國的原則立場，兩岸便已喪失了「對話」和「相互瞭解」的互信基礎，也就不會有實質意義上的「經貿互惠合作」，更不可能建立起海峽兩岸所謂「長期穩定與和平的架構」。

總之，民進黨的這份所謂「臺灣前途決議文」，充斥著分裂性、虛偽性和矛盾性，它反映出民進黨依然在轉型的困境中掙扎，不肯放棄早已證明缺乏民意基礎的「臺獨黨綱」，試圖在迴避其「臺獨」路線與臺灣主流民意落

差的權謀之下，既穩住「臺獨基本教義派」的傳統支持票源，又達到開拓主張「維持現狀」的中間選民票源的目的。這種現象，正如臺灣媒體所言：「縱使民進黨在選舉壓力下，政治思維不得不往務實的方向改變，終究還是沒有辦法勇敢面對現實」，民進黨如此首鼠兩端、投機取巧，其結果，勢必適得其反。

包裝修飾無濟於事

「臺獨」沒有出路，民進黨此次出籠「決議文」，被迫對其「臺獨」主張進行策略調整已充分說明這一點。香港已順利回歸，澳門也回歸在即，完全統一勢不可擋，民進黨人士只有審時度勢，拋棄不切實際的幻想，放棄違背海峽兩岸絕大多數同胞意願的「臺獨」主張，才有可能擺脫困境，一切包裝、修飾都無濟於事，只能是自欺欺人。頑固堅持「臺獨」立場，最終只會被臺灣人民徹底拋棄。

（原文刊於《大公報》）

「一國兩制」適用於臺灣

一九九九年十二月二十日,中國政府已對澳門恢復行使主權,這塊被葡萄牙殖民者侵占了長達四個半世紀之久的中國神聖領土,重新回到了大陸母親溫暖的懷抱。這是在中國現代史上繼香港回歸後世紀之交的又一件舉世矚目的民族盛事。

澳門雖小,但澳門的回歸與香港的回歸同樣意義重大:

首先,澳門的回歸,敲響了西方在亞洲實行了四百多年的殖民主義的喪鐘,標誌著中華民族蒙受的屈辱終於得到了徹底的洗雪,從而進一步振奮了中華民族的民族精神,進一步提升了中國的國際地位。

澳回歸對臺灣構成壓力

其次,澳門的回歸,不僅有助於促進港澳地區與內地的共同繁榮與發展;同時,作為臺灣與大陸往來接觸的「緩衝區」和「仲介地」,澳門和香港一樣,回歸之後,在兩岸關係發展中將會發揮更大的作用。更由於澳門小,不若香港一舉一動均引人注目,因而必將在未來兩岸關係的發展中,造成包括香港在內的其他地方所無法取代的獨特作用。

再次,澳門的回歸,再一次證明了「一國兩制」構想的科學性和現實可行性。這必將對臺灣問題的解決進一步產生積極的示範作用,並對臺灣現行的分裂政策構成愈來愈大的壓力和衝擊,有助於促進和平統一的歷史進程。這是因為:(一)隨著時間的推移、「一國兩制」在港澳地區的成功實踐,臺灣民眾對以「一國兩制」解決臺灣問題的恐懼感和排斥心理將逐步消除,認同感逐步增強;同時,也將使一些原本對「一國兩制」缺乏認識,持懷疑觀望態度的國際人士,轉而支持中國政府以「一國兩制」模式和平解決臺灣問題。(二)由於港澳的回歸極大地激發了大陸十二億人民以及廣大海外華僑、華人的民族自豪感,要求早日解決臺灣問題、實現完全統一和民族振興的呼聲將日益強烈,而大陸領導人也會因港澳的順利回歸而增強以「一國兩制」方針解決臺灣問題的自信心和緊迫感。不難預料,隨著中國大陸綜合國

力和國際地位的不斷提升，從中央到地方，勢必會集中力量加強對臺工作的力度。

「一國兩制」將有臺灣模式

近年來，臺灣欺騙民眾，極力詆毀「一國兩制」，一再宣揚什麼「香港是香港，臺灣是臺灣」，臺灣與港澳不同，「『一國兩制』絕不適用於臺灣」云云。對此，我們不可不辯清楚。

誠然，臺灣問題與港澳問題確有所區別，但兩者卻有一個最為根本的相同點：即臺灣和港澳一樣，都是中國領土不可分割的一部分，這才是臺灣問題與港澳問題所共同具有的「本質」！這一本質，就決定了臺灣問題與港澳問題一樣，都必須在「一個中國」的原則下才能得到妥善解決；而「一國兩制」則不僅是解決港澳問題同時也是和平解決臺灣問題的唯一最佳模式，捨此別無他途。當然，也正是由於臺灣問題與港澳問題有所不同，因此，大陸政府在解決臺灣問題的過程中，政策將更為寬鬆，更具彈性。同樣是「一國兩制」，未來構想中的「臺灣模式」勢必與「港澳模式」有所不同。

我們有理由相信，假以時日，「和平統一、一國兩制」的方針，必將被愈來愈多的臺灣民眾所理解和認同，中國的完全統一、中華民族的偉大振興與騰飛必將成為現實。

（原文刊於《文匯報》）

陳水扁何去何從　人們正拭目以待

　　空前慘烈的臺灣選舉業已塵埃落定，標舉「臺獨」黨綱的民進黨參選人陳水扁以微弱的相對多數僥倖獲勝，使早已腐敗不堪的「百年老店」國民黨政權在一夕之間轟然崩塌；李登輝在使盡了陰謀詭計之後終於一時得逞，實現了他夢寐以求的將政權「和平轉移」給民進黨陳水扁的既定計劃。由於陳水扁的當選，島內「臺獨」勢力全面掌控了臺灣從「中央」到地方的執政權，卻把兩岸關係推向了一個新的十字路口，「和平統一」的方針能否繼續貫徹執行，已面臨著現實的嚴峻考驗與挑戰。

▎當選感言露馬腳

　　臺灣選舉揭曉後，中共中央臺辦和國務院臺辦聯合發表聲明，嚴正指出：「和平統一是以一個中國為前提的。任何形式的『臺獨』都是絕對不允許的，對臺灣新領導人我們將聽其言觀其行，對他將把兩岸關係引向何方，拭目以待。」那麼，截止於目前，陳水扁的言論行動如何呢？他對「一個中國」的前提和原則持何種態度呢？對此，人們實在難表樂觀。

　　陳水扁當選後的第一個「言論行動」是發表了一個長達四千字的所謂「當選感言」。表面上看來，這篇「感言」用詞謹慎、語氣和緩，一改往日陳水扁在演說中咄咄逼人的「臺獨」陳詞濫調，但稍作推敲，便不難發現，其字裡行間仍不免露出「臺獨」馬腳。試舉幾例：（1）「感言」一開頭稱：「中華民國第十任總統、副總統選舉的結果已經揭曉」，似乎他承認了自己是所謂「中華民國」的當選「總統」。但是緊接著第二句，他就改口稱：「陳水扁、呂秀蓮正式當選臺灣第二屆民選的總統、副總統」。其後所有相關之處，皆一律改用「臺灣」取代，如稱「臺灣的總統選舉」、「臺灣歷史莊嚴而神聖的一刻」、「臺灣為民主的發展寫下新的一頁」……全文使用「臺灣」一詞達二十處之多，「臺灣共和國」的「國名」可說是已呼之欲出、躍然紙上。（2）「感言」中對大陸稱「我們有相同的血緣和文化」，表示要和大陸「共同為華人社會開創一個和諧、喜樂的新世紀」。顯然，這兩句話的潛臺詞是：海

峽兩岸只是兩個有「血緣和文化」關係的「互不隸屬」的「華人國家」，是「兩個國家的特殊關係」，這不是「兩國論」又是什麼？（3）「感言」宣稱「願意以最大的善意與決心」，與大陸「進行全方位、建設性的溝通與對話」，並表示「誠摯的歡迎」江澤民、朱鎔基、汪道涵等大陸領導人訪問臺灣，而他自己與呂秀蓮也願意在就職之前，前往「中國大陸進行和解與溝通之旅」，但卻閉口不提「一個中國」的原則，這不能不令人懷疑陳水扁此舉究竟有多少誠意？其真實用意為何？

改變策略以攻為守

果然，當江澤民主席回應陳水扁必須在「承認一個中國的前提下」才有可能開啟兩岸對話、談判和互訪的談話之後，陳水扁便露出了他的「廬山真面目」，聲稱「一個中國」只能作為協商談判的「議題」而不能作為「前提」。眾所周知，臺灣是中國領土不可分割的一部分，這不僅是不容否認的歷史事實，同時也是國際法和國際社會早已認定的政治現實。堅持「一個中國」原則或曰「前提」，正是表達了全體中國人民和海外華僑、華人誓死捍衛臺灣領土主權的堅定不移的立場和意志，絕對不可動搖，更不容當作所謂「議題」。顯然，陳水扁一再向大陸示好、「以攻為守」只不過是一種策略而已，其真實意圖是將兩岸關係日後無法緩和、改善的責任推向大陸，以紓解島內外的強大壓力。

是「前提」還是「議題」

眾所周知，陳水扁素以「善變」而著稱。陳水扁在一九九八年底競選連任臺北市長落敗後，一再鼓吹所謂「新中間路線」，聲稱其作為「基本價值」觀念的「國家認同與定位」沒有「中間」，不能「擺盪」，但在「如何實踐價值的方法上」卻可以有「中間」和「中間策略」。他在競選活動中向「臺獨」基本教義派選民喊話說：其實阿扁和大家的「理想和目標都一致」，只是「達到目標的手段有些地方不一樣」而已。他一再勸說急進「臺獨」人士要「忍耐」，要「等民進黨執政，才有可能慢慢達到理想」（即「臺獨」）。如今

臺海風雲見證錄：時事評論篇
陳水扁何去何從　人們正拭目以待

民進黨果然漁翁得利，趁國民黨分裂的千載難逢之機贏得了此次「大選」，難道陳水扁會輕易放棄其日思夜夢為之奮鬥多年的「臺獨目標」和「理想」嗎？對此，人們實在不應抱有不切實際的幻想。四年前，百分之五十四的臺灣選民選擇了一個「不可預測的政客」李登輝，已經使全體臺灣人民蒙受了巨大的損失。如今，近四成的臺灣選民又選擇了一個理念和性格酷似李登輝的陳水扁，會不會使全體臺灣人民蒙受更加嚴重的後果？人們正在拭目以待。不過，筆者相信，「形勢比人強」，不管「臺獨」勢力玩弄什麼花招，統一的歷史潮流勢不可擋，只要海峽兩岸同胞和全世界華僑、華人共同努力，必定會挫敗任何分裂的陰謀，「臺獨」人士只有改弦更張，「浪子回頭」，才是唯一的出路！

（原文刊於《文匯報》）

李登輝在罵聲中下臺

從臺灣島內傳來消息：臺灣分裂勢力的總代表、臺灣海峽安定局面的破壞者、中美關係發展的絆腳石、亞太地區和平與穩定的麻煩製造者——李登輝，終於被迫交出了國民黨主席的職位，很好！很好！

▌挑戰人民身敗名裂

李登輝曾經狂妄地叫囂，他要「向不可能的事物挑戰」。但是事實證明，「不可能的事物」還是「不可能」！歷史潮流是不能挑戰的，人民的力量是不容蔑視的。古今中外的歷史早已證明了這樣一個顛撲不滅的真理：不管你多麼有權、有手腕、有權謀，也不管你如何曾經猖獗一時、不可一世，只要你違背了歷史潮流，違反了大多數人民的意志，損害了國家和民族的根本利益，到頭來也總是逃脫不了歷史辯證法的懲罰，遭到人民的唾棄，落得個身敗名裂、遺臭萬年的可恥下場！李登輝不是很在乎他的「歷史定位」嗎？「中華民族的千古罪人」，這就是歷史對李登輝最準確最公正的定位！

李登輝可說是臺灣歷史上，乃至中國歷史上都是一位不可多得的反面教員。

回想在蔣經國時代，他韜光養晦，想盡辦法把自己喬裝打扮成毫無政治野心、沒有任何權力慾望的「農經專家」、「技術官僚」的形象，騙得了蔣經國對他的信任和重用。

蔣經國辭世由他接掌臺灣政權後，李登輝深知自己根基淺薄，沒有班底，還不到他施展「臺獨」抱負的時候，於是他「戒急用忍」，信誓旦旦地宣稱他會繼承蔣經國的遺志，主張「一個中國」，反對「臺獨」。但實際上卻大耍兩面手段：一方面他在國民黨內表面上對「前朝」遺臣禮遇有加，畢恭畢敬，實際上卻利用他們之間的矛盾，拉一派打一派，一步一步地削弱他們的權力，把他們一個個排擠出了國民黨的權力核心，不管是外省籍的俞國華、李煥、郝柏村、陳履安，還是本省籍的林洋港、邱創煥。另方面，李登輝自知實力不足，於是他又打著「本土化」、「民主化」的幌子，蓄意姑息、縱容「臺獨」

勢力，用奶水把主張「臺獨」的民進黨餵養大，還把海外大批「臺獨」分子請回臺灣，致使「臺獨」勢力劇烈發展膨脹，活動日趨猖獗，逐步從海外走進島內，從隱蔽走向公開、從非法變成合法、從社會走向政壇。然後，李登輝就勾結「臺獨」勢力，一個接一個地鬥倒了國民黨內反對「臺獨」、對他的權力和施展抱負有威脅的勢力，從而逐步全面掌控了國民黨的黨、政、軍、情、特大權，並與民進黨聯手進行走馬燈式的「修憲」，把自己實際上變成一個大權在握而不受監督制衡的獨裁「總統」。

不修內政大搞「臺獨」

隨著李登輝權力的不斷鞏固，他的「臺獨」真面目也逐步暴露，所謂「對等政治實體」、「一國兩府」、「階段性兩個中國」、「分裂分治」、「中華民國在臺灣」等分裂中國的奇談怪論相繼出籠，一步步地在「一個中國」的原則立場上倒退，直至去年七月，公然冒天下之大不韙，拋出他臭名昭著的「兩國論」。在這過程之中，一九九四年他與日本右翼作家司馬遼太郎的談話，正是他「臺獨」心跡的首度大曝光！

李登輝為挑戰中國主權，推行分裂中國的路線，對抗和平統一的歷史潮流，主政十三年來，他內政不修，致使黑金氾濫，治安不斷惡化，金融危機頻生，搞得島內人心惶惶，不可終日；他不惜花大把大把的金錢去買「外交」、買「軍火」，致使「國庫」空虛，各級政府財政困難，難以為繼；他阻撓兩岸直接「三通」，頑固推行「戒急用忍」的兩岸經貿政策，致使島內民眾特別是工商企業界怨聲載道；他一再挑戰中國主權，破壞兩岸政治對話與談判，致使兩岸關係持續僵化乃至惡化，臺海局勢動盪不安，亞太地區的和平受到嚴重威脅，中美關係也難以穩定發展……李登輝的惡行，真是罄竹難書！

蓄意交權陳水扁

此番「大選」，李登輝蓄意要將臺灣政權「和平轉移」給堅持「臺獨」立場的陳水扁，於是他蓄意使篤定能勝選的國民黨「連宋配」破局，然後又暗中唆使親信製造「興票案」，企圖迫使宋楚瑜提前出局。當其陰謀未能得

逞，到選戰後期「三強鼎立」之際，他又「兵分兩路」，一面指使其親信人馬公開挺扁，而他自己則假裝挺連，以防止出現「棄連保宋」效應。總之，為了打掉宋楚瑜，把能承繼其政治香火的陳水扁扶上臺，他不惜出賣國民黨，耍弄跟隨他多年鞍前馬後為他效愚忠的連戰以及許許多多「忠貞」的國民黨員。俗話說得好：「騙人可以一時，但不可能一世」。

陳應以李為鑑

　　李登輝搞「臺獨」，視人民為無物，視歷史潮流為無物，硬是要「向不可能的事物挑戰」，已經遭到人民的唾棄。殷鑒就在眼前，此時此刻，以繼承「李摩西」未竟事業自居的臺灣「約書亞」陳水扁，不知作何感想？歷史已經把陳水扁推到了前臺，給了他表演的機會，就看他如何表演了。

　　人民不會給他太多的時間表演，忍耐是有限度的，但願他能好好把握這千載難逢的歷史機遇！

（原文刊於《文匯報》）

對陳水扁當選後兩岸關係的觀察與思考

▎李遠哲發揮關鍵作用

這次「總統」選舉陳水扁當選，既有內因，亦有外因；有其必然性，也有偶然性。

從內因和必然性方面來說：一是由於國民黨長期執政，特別是李登輝主政以來，造成嚴重的黑金政治、治安敗壞，使島內民眾產生了強烈的不滿情緒，要求改革弊端，換黨、換人做做看。二是由於國民黨中生代嚴重分裂，使民進黨有可乘之機。

從外因和偶然性來說：美國方面若隱若現地插手臺灣選舉也起了重要作用。在「興票案」爆發之前，美國方面很明顯是支持宋楚瑜；在「興票案」發生之後，特別是選戰後期的關鍵時刻，美國方面表示只要是經由「民主程序」選舉出來的臺灣領導者，它都會接受，這也說明了美國實際上轉而支持陳水扁。

最終影響臺灣選情的主要因素是李遠哲、許文龍等所謂「清流」人士，公開在關鍵時刻挺扁，對選情產生了重大影響。據事後民進黨人士評估，由於李遠哲等人的公開支持陳水扁，至少使陳、呂配增加了百分之五至八的選票。李遠哲在選前去了一趟美國，選舉後又立即赴美，這些舉動很難使人相信與選舉毫無關聯。

由於陳水扁的當選，傳統上主張「臺獨」的民進黨取代國民黨而走上執政，使得島內的「臺獨」勢力全面掌控了從「中央」到地方的執政權，而這也使得兩岸關係的性質發生了根本性的變化，已面臨關鍵的新的十字路口。

眾所周知，在陳水扁當選之前，執政的國民黨儘管在李登輝的主導下拖延統一談判，實行保守、僵化的大陸政策，甚至在去年七月公開拋出「兩國論」，造成臺海局勢的動盪不安……但是國民黨畢竟還有一個「國統綱領」，

畢竟還有一部以包括臺、澎、金、馬和整個中國大陸為其領土範圍的所謂「中華民國憲法」；因此中共方面始終堅持「和平統一」解決臺灣問題的方針。但是新上臺的民進黨陳水扁，仍然標舉「臺獨黨綱」，在競選過程中，陳水扁所拋出來的「憲政白皮書」和「跨世紀中國政策白皮書」，表明其依舊堅持其「臺獨」理念和主張。

例如在「憲政白皮書」中公開主張要在未來的「憲法」中明確「臺灣主權獨立地位」，要將「中華民國」的領土範圍界定在臺、澎、金、馬及其所屬島嶼，以及任何改變「臺灣獨立」的現狀都必須經由全體臺灣人民公開投票來決定等等。對於這樣的訴求與宣示，大陸方面認為這無異於「臺獨宣言書」。又如在「中國政策白皮書」中儘管提出許多所謂的善意與創意，例如主張兩岸對話談判、簽訂和平協定或基礎條約等等……但卻又提出了三個前提條件：一、承認臺灣的「對等國家」地位；二、遵守聯合國和平解決爭端的原則；三、不預設兩岸未來走向。顯然這些訴求比「兩國論」還「兩國論」。

是「留校察看」非示弱

在整個競選過程中陳水扁大玩「兩面手法」：一方面向大陸頻頻示好，宣稱要與大陸「善意和解、互信合作、永久和平」，並公開在香港媒體上刊出政治性廣告，宣稱兩岸「競爭不鬥爭、打拚不打仗、開放不開戰」；但卻又在「臺獨基本教義派」的場合高喊「臺獨萬歲萬萬歲」，聲稱「我和你們的理想目標是一致的，只不過是達到目標的方法不太一樣」，並勸他們要「忍耐」，「等民進黨執政後才有可能達到理想與目標」。

大陸對李登輝與陳水扁的認知是有很大的差異與區別的。如果說當年李登輝剛上臺執政之際，中共方面對其曾一度存有過幻想與期待的話；那麼可以說中共對陳水扁從未曾抱存過任何冀望，有的只是高度的警惕與不信任，兩者在起點上可謂相距甚遠，不可同日而語。

選後中共方面提出對陳水扁「聽其言，觀其行」，對他將要把兩岸關係引向何方「拭目以待」，有人認為這是中共方面示弱，但我更願意將其解讀為給一個壞學生「留校察看」，在正式開除校籍前做到「仁至義盡」。

當然這並不等於說中共方面對陳水扁存有期待或抱有不切實際的幻想，而是基於以下幾方面的基本認識與考慮：

一、陳水扁和李登輝雖然都是政客，但卻是不同類型的政客。李登輝是具有強烈使命感和武士道精神的政客，而陳水扁的一切言論行動都以撈取選票、奪取政權、坐穩江山為考慮。

二、他是以僅有近四成選票微弱勝選的弱勢「總統」，卻要面對六成以上並不支持其政策主張的多數臺灣民眾。即使在四成投他票的選民當中，真正支持其「臺獨」主張者，據一般評估也不過兩成左右。也就是說臺灣的絕大多數選民並不支持民進黨和陳水扁的「臺獨」主張，他不能不考慮島內的這一政治現實。

三、以美國為首的國際社會也不允許陳水扁和民進黨因為推行其「臺獨」主張，而引起臺海形勢的驟然緊張，破壞亞洲與世界和平。

四、中國大陸的強大壓力也是一項重要因素。

因此對陳水扁不抱幻想並不等於看不到他的善變性格，以及在各種壓力面前縮手的可能性。因此對他「聽其言，觀其行」，給予其一定觀察期原因就在於此，而非大陸示弱。

▎大陸有強烈危機感

以下就三個問題談談筆者的粗淺看法：

第一個問題是：當前島內有些人有一種糊塗錯誤的認識，認為中共是一隻「紙老虎」，捨不得放棄經濟改革的成果，並懼怕美國的介入⋯⋯而對臺灣不敢打、不願打、不會打，因而面臨兩岸的嚴重危機而不自知，仍然歌舞昇平，我行我素，呂秀蓮等人甚至還繼續公開鼓吹「臺獨」主張。然而美國真的會為了捍衛臺灣的「獨立」而不惜與中國打一仗嗎？退一步說，即使美國真的會幫助臺灣，那麼中國大陸也不會如南聯盟一般任人宰割；亞洲也不是歐洲，不存在被美國利用、充當打手的北約。

實際上無論是大陸人民或政府在「經濟建設」和「統一」這兩大問題上，從來都是把「統一」放在第一位，「經濟建設」放在第二位，在涉及領土主權的大是大非問題上從來不會手軟，並不會因為時空的變化而有所動搖。如果「臺獨」人士真的將其在野時期的「臺獨」主張在他們上臺執政之後變成政策貫徹實施；或者以種種理由和藉口拖延兩岸統一和談判，拒絕接受和承認一個中國原則，那麼兩岸關係的前途實在堪虞。可以預料，中共給予陳水扁的觀察期絕對不會比李登輝長。更何況由於陳水扁的當選、主張「臺獨」的民進黨上臺，已使大陸方面產生強烈的危機感和緊迫感。

　　近幾日來，臺灣一家媒體正在組織票選所謂「兩岸和平大使」；另外「副總統」當選人呂秀蓮幾天前口出狂言挑戰中國主權之後引起大陸的強烈反應。而近兩日，呂秀蓮又倒打一耙，說五月二十號後中共可能會有不理性的動作，要求國際社會出面化解兩岸危機，呼籲美國出面邀約兩岸領導人在華府舉行會談云云⋯⋯本人認為這都是本末倒置、顛倒因果的做法和言論。

　　事實上，目前的兩岸危機能否化解就在「總統」當選人陳水扁的一念之間，只要陳水扁放棄臺獨立場和主張，不僅在言論而且在行動上接受「一個中國」原則，那麼當前海峽兩岸的危機自然煙消雲散、消弭於無形之中。既不需要美國人出面化解，而兩岸領導人也自然可以見面商談，兩岸關係必將柳暗花明、春暖花開，否則無論派什麼人到大陸去也都是枉然。

▎列強曾將中國主權當議題談

　　第二個問題是：關於「一個中國」是「前提」還是「議題」的爭辯，雖然僅是兩字之差，但卻謬於千里。所謂「一個中國」實際上談的是主權問題⋯⋯也就是說中國對臺灣是否擁有「主權」，或者說臺灣是否已經「主權獨立」。

　　筆者以為，就歷史的角度和國際條約與國際社會早已認定的事實觀之，「一個中國」早已塵埃落定，不屬於「議題」範疇。既然是「主權」問題，便不可拿來談判，作為談判的標的。

就主權國家而言，在近現代中國歷史上有沒有將「主權」作為「議題」而拿來談判的事實呢？有！但那是在何種情況下才會發生呢？例如一八四二年中英鴉片戰爭，中國戰敗，簽訂《南京條約》，割讓香港主權。一八九五年中日甲午戰爭，中國戰敗，簽訂《馬關條約》，割讓臺澎及其附屬島嶼。這就是把一部分中國領土主權當作「議題」來進行談判，並被迫割讓。

再有就是中印邊界、中蘇邊界以及中越邊界的談判，而這些都是歷史遺留問題，是互諒互讓的談判，但實際上也是經過一場戰爭之後雙方才達成妥協的。是故，從未聽說過在中國內部可以把國家的主權當作「議題」來進行分割談判；也未曾聽聞過在非中國戰敗卻把中國領土主權當作「議題」來進行分割談判的。所以，把一個中國當作「議題」是荒謬的，說白了是為拖延統一談判的遁詞與藉口，實際上是堅持「臺獨」主張。

第三個問題是：目前島內還有一部分「臺獨」人士存在著另一種幻想，認為中國大陸富強起來之後，特別是實現了所謂「民主化」之後，其民族主義的情緒將會淡化，從而允許一個友好的臺灣「獨立」，而這也是一種不切實際的期待。何以言之？

一、中國人民何以會有如此強烈的「民族主義情緒」，其實這正是帝國主義列強一百多年來欺凌中國的結果。如今香港、澳門雖已回歸，但還剩下一個臺灣問題沒有解決；而臺灣問題一天不解決，大陸一天未實現完全統一，中華民族一百多年來所遭受到的屈辱就不能說得到了徹底的洗雪；中國人民的這塊心病在得不到真正徹底醫治之前，中國的所謂「民族主義情緒」是不可能「淡化」的。

其實是中美實力較量的問題

二、眾所周知，臺灣問題之所以久拖不決，是由於美國為首的國際反華勢力插手干涉的結果；臺灣問題說到底其實是中美實力較量的問題。中國富強與中華民族重新振興的標誌是什麼？其中一項重要的指標就是：中國有沒有能力排除外國勢力的干涉解決臺灣問題，實現大陸的完全統一。換言之，

如果連領土主權的完整都無力捍衛，中國談何富強？在當今世界，美國算是夠「富強」了吧？但美國的「民族主義」情緒何來「淡化」？

三、未來世界的競爭是科學技術之爭，是廣闊的海洋資源之爭；如果臺灣從中國分離出去，中國在未來世界的競爭中將會受到極大的制約，處在一種十分不利的境地。這對擁有世界五分之一人口的中華民族之生存與發展影響至巨，因此從地緣政治的角度來看，中國也絕對不會允許臺灣從中國分離出去。

從上述粗略的分析，可知中國大陸的任何一個政黨和任何一屆領導人都無法承擔喪失臺灣領土主權的歷史責任。也就是說誰丟掉了臺灣，誰將會成為中華民族的罪人，他也就喪失了領導和統治中國人民的正當性與資格，這絕不是用一句所謂「霸霸」或「霸權主義」來指責中共及其領導人就可以說明問題的。同樣的情況，臺灣的任何一個政黨及其領導人如果想繼續統治臺灣，維持他在島內的執政地位，就不能挑戰或迴避一個中國原則，阻撓、破壞統一大業，否則他也將會成為歷史和民族的千古罪人，其中的道理實在不必贅言矣。

總之，由於陳水扁的當選、主張「臺獨」的民進黨上臺執政，兩岸關係已經處在一個十分關鍵的歷史時刻。中共方面是否會全面調整「和平統一」的方針，改而「以武促談、以武促統」，甚至下決心以非和平手段早日解決臺灣問題，端看臺灣新當選的領導人能否改弦更張，放棄「臺獨」立場與主張。值此關鍵時刻，臺灣新領導人萬不可誤判形勢，一條道路走到底。而要做到這一點，筆者認為至少應滿足以下三個條件：

一、臺灣民眾對新當選的領導人施加壓力，形成島內的反對「臺獨」、要求回到「一個中國」立場的強大輿論和民意訴求，這是最主要的部分。

二、以美國為首的國際社會，特別是美國政府的態度及其對臺施壓的力度。

三、中國大陸的強大壓力。

▋兩岸前景令人擔憂

　　從目前情況來看，第一、第二種條件似乎都不具備；而第三個條件雖然存在，卻被解讀為「紙老虎」。由於島內意見分歧，在「一個中國」的問題上，十二年來已被李登輝的蓄意引導而造成了嚴重的扭曲，形成了結構性的傾斜，一時積重難返。加之美國方面不但不施加壓力，反而加緊銷售新式武器給臺灣，給主張「臺獨」的臺灣新領導人撐腰打氣，因而陳水扁至今不肯做實質性讓步，呂秀蓮等人還繼續鼓吹「臺獨」。特別是從新「內閣」的人事布局來看，其兩岸政策走向仍將會追隨李登輝路線而不肯改弦更張。居於上述觀察分析，筆者對未來兩岸關係的發展前景十分擔憂，能否峰迴路轉，將考驗臺灣新領導人是否有足夠的政治勇氣和政治智慧，是否真的把兩千三百萬臺灣民眾的福祉放在心上。

（原文刊於《海峽評論》）

評陳水扁的「五不」

陳水扁的「就職演說」終於出籠了，其中在有關「兩岸關係」部分有所謂「五不」的宣示，被某些輿論所津津樂道，認為是陳水扁對大陸最具「善意」的內容。

果真如此嗎？

我們先來看這「五不」究竟是些什麼貨色？陳水扁說：「只要中共無意對臺動武，本人保證在任期之內，不會宣布獨立，不會更改國號，不會推動兩國論入憲，不會推動改變現狀的統獨公投，也沒有廢除國統綱領與國統會的問題。」

首先，陳水扁對他的所謂「五不」規定了一個「前提」，即「只要中共無意對臺動武」，也就是說，大陸必須「放棄對臺使用武力」，他的「五不」才有效，否則將統統作廢，這完全是一種倒因為果、本末倒置的詭辯說法。大陸方面說得很清楚，搞「臺獨」才會動武，「任何形式的臺獨都是不被允許的」。陳水扁為其「五不」設置了大陸「放棄對臺動武」的前提，正說明他並無誠意放棄「臺獨」，為其日後時機成熟時實行「五要」預留了空間。

其次，再來具體分析其「五不」內容：

一為「不會宣布獨立」。但按陳水扁及許多民進黨人士的說法「臺灣主權事實已經獨立」，當然也就「不必也不會宣布臺灣獨立」了。這種話早在五年前民進黨前主席施明德就已第一次說過，並不是什麼新東西。何況，李登輝講過一百三十多次「反對臺獨」，但他還不是在搞分裂、搞「臺獨」？！顯然這「一不」不具什麼實際意義。

二為「不會更改國號」。其實「國號」改不改並不是陳水扁的權力，只有臺灣的「立法機關」才有權決定改不改「國號」。因此，陳水扁這句話是一句空話。何況，不改「國號」照樣也可以搞「臺獨」——「中華民國式的臺獨」。

三為「不會推動兩國論入憲」。「兩國論」入不入「憲」也不是陳水扁一人能說了算的，同樣是臺灣「立法機關」的職權。因此這同樣是一句空話，不具任何意義。

　　四為「不會推動改變現狀的統獨公投」。試問：臺灣目前連「公投法」都還沒有，陳水扁即使想「推動」公投也沒有法源基礎。更何況，同樣的道理，「公投法」只有臺灣「立法機關」才有權制定，也不是陳水扁個人能說了算的。因此，這又是一句不具任何實際意義的空話。

　　五為「沒有廢除國統綱領與國統會的問題」。請問：李登輝廢除「國統綱領」和「國統會」了嗎？沒有！但李登輝卻從未真心實意搞統一而一心一意搞分裂。陳水扁宣稱「不廢除」國統綱領與國統會，同樣也不表明他一定不會搞「臺獨」。和李登輝一樣，陳水扁很可能也會把「國統綱領」與「國統會」束之高閣、打入冷宮，收進其「總統府」的儲藏室中。

　　總之，陳水扁的「就職演說」儘管閃爍其詞，但既然在一個中國的原則問題上採取了完全迴避的態度，那麼，其他任何宣示也便都成了不具實際意義的空話，實際上暴露出他並無緩和改善兩岸關係的誠意。如此而已，豈有它哉！

（原文刊於《大公報》）

迴避「一中」原則，何來「柳暗花明」

——簡評臺灣新領導人的就職演說

　　五月二十日，中共中央臺辦和國務院臺辦受權發表聲明，針對臺灣新領導人在當日發表的首次政策演說迅速作出反應，旗幟鮮明地宣示了大陸政府處理兩岸關係問題的立場，表達了堅決捍衛一個中國原則、堅決反「臺獨」、反分裂的堅強決心；重申了在一個中國原則的基礎上進行兩岸對話與談判的一貫主張。「兩辦」的聲明充分表達了海內外同胞的共同心聲，我們表示衷心的擁護和堅決的支持。

　　五‧二〇之前，臺灣新領導人曾一再向外界施放樂觀訊息，表示要和大陸「善意和解、積極合作、永久和平」；並要臺灣民眾安心，說什麼他五‧二〇就職演說之後，兩岸緊張關係將會「柳暗花明」，得以緩解云云。事實證明，這完全是欺騙宣傳。

　　眾所周知，大陸政府在處理兩岸關係、解決臺灣問題上的主張和立場是堅定的、一貫的、明確的。五‧二〇之前，大陸方面曾一再向臺灣新當選的領導人重申：兩岸關係能否緩和、改善和發展，關鍵在於臺灣方面是否承認和堅持一個中國的原則。那麼，臺灣新領導人的就職演說究竟對「一個中國」原則這個關鍵問題抱持何種態度呢？正如「兩辦」聲明所指出的，完全是一種「迴避」、「模糊」的態度，充分暴露出他的所謂「善意和解」缺乏起碼誠意。而這正是臺灣新領導人五‧二〇就職演說的要害。

　　臺灣新領導人的這篇就職演說，在涉及兩岸關係的部分，表面上看起來語氣和緩、用詞謹慎，也不見赤裸裸的鼓吹「臺獨」的陳詞濫調，但只要我們稍作認真閱讀推敲便不難發現，在原則問題上他並沒有做任何讓步，仍然不脫「兩國論」的基調，頑固堅持其「臺獨」立場。和李登輝的「硬獨」不同，臺灣新領導人是典型的「軟獨」。而「軟獨」比「硬獨」更有迷惑性和欺騙性，因而也就更具危險性。

臺海風雲見證錄：時事評論篇

迴避「一中」原則，何來「柳暗花明」

　　臺灣新領導人既要堅持「臺獨」立場，又企圖矇騙世人，於是在這篇所謂「就職演說」中，他和他的謀士們絞盡腦汁採取了以下三種手法：

　　一曰「軟中帶硬，話中有話」。例如，他說什麼：「兩千三百萬人民以無比堅定的意志，用愛弭平敵意，以希望克服威脅，用信心戰勝了恐懼」；宣稱這次選舉「我們在舉世矚目的焦點中，一起超越了恐懼、威脅和壓迫，勇敢地站起來！」說什麼「威權和武力只能讓人一時屈服，民主自由才是永垂不朽的真理」云云，拐彎抹角地汙蔑攻擊海內外同胞反「臺獨」、反分裂的鬥爭，企圖挑撥臺灣同胞與大陸同胞之間的民族感情。

　　又如，演說中所提到的「五不」：「不會宣布獨立，不會更改國號，不會推動兩國論入憲，不會推動改變現狀的統獨公投，也沒有廢除國統綱領與國統會的問題。」最被某些輿論叫好，認為是臺灣新領導人對大陸最具「善意」的「讓步」。但人們往往忽視了這長長的「五不」前面，預設了一個文字雖短卻極其關鍵的前提條件，即所謂「只要中共無意對臺動武」。換言之，只有大陸方面宣布放棄對臺使用武力，他這「五不」才會有效，否則一概作廢，這種說法不僅是本末倒置、倒因為果，更表明其為日後時機成熟時廢棄「五不」、實行「五要」預留了迴旋的餘地和政策調整的空間。請問，這是一種什麼樣的「善意」和「讓步」呢？

　　又如，他說「秉持民主對等的原則，在既有的基礎之上，以善意營造合作的條件，共同來處理未來『一個中國』的問題」。這裡所說的「民主與對等」原則，實際上就是他以往一再強調的「臺灣獨立現狀的改變，必須經由全體臺灣住民以公民投票方式決定」，以及所謂「確立海峽兩岸對等國家地位」原則的縮寫語。至於「在既有的基礎之上」究竟是什麼涵意？他沒有明說，但實際上顯然是指在「兩國論」的基礎之上。而「一個中國」則是過去沒有，現在沒有，至於「未來」有沒有，還是需要討論的「問題」（改「議題」為「問題」）。這種表面模糊實則話中有話的宣示，不是「臺獨」又是什麼？

　　二曰「李代桃僵，偷梁換柱」。臺灣新領導人不僅極力迴避「一個中國」原則，甚至不承認自己是「中國人」，否認臺灣文化是中華文化的一部分。他說，「臺灣人民用民主的選票完成了歷史性的政黨輪替。這不僅是中華民

國歷史上的第一次，更是全球華人社會劃時代的里程碑」；聲稱「我們多麼希望海內外的華人都能親身體驗、共同分享這一刻的動人情景」；並稱要「讓立足臺灣的本土文化與華人文化、世界文化自然接軌」云云。在臺灣新領導人的心目中，臺灣人顯然不是「中國人」，而只是和生活在新加坡、泰國、馬來西亞、印尼以及全世界各地的華人、華僑一樣，與大陸人民有「相同的血緣、文化和歷史背景」的「華人」而已。臺灣的本土文化也不是「中華文化」的一部分，而只是和中華文化、世界文化相併列的「華人文化」。這不是「兩國論」又是什麼？

在通篇演說中，臺灣新領導人僅有一處提到「中國」，但那是和「臺灣」並列的「互不隸屬」的中國。他說：「過去一百多年來，中國曾經遭受帝國主義的侵略，留下難以磨滅的歷史傷痕。臺灣的命運更加坎坷，曾經先後受到了強權的欺凌和殖民政權的統治。」僅有一處提到「中國人」，即所謂「中國人強調王霸之分……」，但這並沒有能讓人感覺到他所說的「中國人」也包括「臺灣人」。其花言巧語、玩弄辭藻至此，真是令人歎為觀止！

三曰「打民主、自由、人權牌」。讀罷「演說」全文，給予人一種極為強烈和深刻的印象，即通篇貫穿著一個主軸：宣揚西方社會的民主、自由、人權的價值觀。例如，宣稱「中華民國第十任總統選舉的過程讓全世界清楚地看到，自由民主的果實如此得來不易」；「我們用神聖的選票向全世界證明，自由民主是顛撲不滅的普世價值」；臺灣「大選」的結果，是「人民的勝利，民主的勝利」；並稱「中華民國不能也不會自外於世界人權的潮流」，表示要「在臺灣設立獨立運作的國家人權委員會」，邀請國際法律人委員會和國際特赦組織「協助我們落實各項人權保護的措施」，並說什麼「不論目的何在，理由多麼冠冕堂皇，戰爭都是對自由、民主、人權最大的傷害」云云。臺灣新領導人在演說中高唱所謂「民主」、「自由」、「人權」濫調，固然反映了他所推崇、信仰的意識形態，但其意卻是「醉翁之意不在酒」，目的在於討好以美國為首的西方社會，意思是說我們臺灣和我本人，是學習和運用西方價值觀的最好學生，以博得他們的同情與支持，企圖將兩岸的「統獨之爭」歪曲為「意識形態之爭」、「制度之爭」，從而使臺灣問題「國際化」，對抗大陸的統一攻勢。這實在是一種「引狼入室」的非明智之舉！

迴避「一中」原則，何來「柳暗花明」

　　總之，臺灣新領導人的五·二〇就職演說，絕非某些島內、海外媒體和人士所吹捧頌揚的那樣，說什麼對大陸方面做出了最「善意」的、最大的「讓步」，而只不過是在迫於各方的強大壓力下，耍小聰明、玩小權術，充分利用了中國語言的豐富性和複雜性，對其「臺獨」理念和主張進行策略性的包裝，試圖以此矇騙世人，矇混過關。然而，假的就是假的，偽裝應當剝去。臺灣新領導人變幻手法，耍弄新的花招，只能讓海內外所有的炎黃子孫和世界輿論愈加認清臺灣新領導人的「臺獨」本質，並對其可能造成的對臺灣海峽乃至亞洲和世界和平的嚴重威脅保持高度的警惕。

　　我們要正告臺灣新領導人：「一個中國」原則是不能迴避更不容挑戰的，迴避甚至否認「一中」原則，兩岸關係就不可能有所謂「柳暗花明」，而只能是「山重水複仍無路」，唯有老老實實地正視現實，拋棄不切實際的幻想，不僅在言論上而且在行動上真正接受和承認「一個中國」原則，才是唯一的出路，才會有光明的前途。

（原文刊於《文匯報》）

陳水扁應向朝韓領導人學什麼

　　陳水扁在「六·二〇」的記者會中表示：他要以南北韓兩位領導人為「學習的榜樣和效法的對象」，呼籲「中共領導人」江澤民和他坐下來「握手和解」，共同像南北韓領導人一樣，一起「改寫歷史、創造歷史」云云。

　　這番可謂充滿「感情色彩」的喊話果然奏效，立即在島內外博得不少掌聲和喝彩聲。在某些人士的心目中，似乎在當前海峽兩岸捉摸不定的「棋局」中，陳水扁利用朝、韓領導人會晤之機，主動出招，已贏得了「先手」。

　　果真如此嗎？

　　我們且不說臺灣問題與朝鮮半島的問題性質完全不同，前者乃是中國內戰（或曰「人民革命」）遺留下來尚待解決的內政問題，而朝鮮問題則是和原來的東西德問題一樣，是二戰後根據國際協定形成的問題。因此兩者不可相提並論。就拿這次朝韓領導人的會晤而言，從中給海峽兩岸中國人的最大啟迪究竟應當是什麼？僅僅是「握手」和「和解」嗎？

　　眾所周知，朝鮮半島雖然在二戰後被國際協議人為地分割為兩個獨立的互不隸屬的國家，而且社會制度不同，生活水準的差別也很大，然而，無論是北方還是南方，任何一方都沒有藉口所謂「制度」或「生活水準」的差異而反對南北未來走向統一。既沒有人否認自己是「朝鮮人」和「朝鮮民族」的一分子，更沒有人敢以否認南北方的文化同屬於一個民族文化；雙方始終都在不懈地追求國家的統一和民族的和解。正因為有此基礎和前提條件，雙方才有可能擱置意識形態的分歧與對立，克服種種困難，求同存異，達成此次歷史性的會晤，雙方毫不諱言，他們握手和解，其終極目標乃是要實現民族的和解和國家的統一。

　　陳水扁聲稱要以南北韓領導人為自己「學習的榜樣和效法的對象」，請問你要「學」什麼？「效法」什麼東西呢？

　　如果陳水扁真心實意地要「學習」他們、「效法」他們，那就少說空話、少喊沒用的口號，趕快宣布接受一個中國原則、公開地痛痛快快地承認自己

是「中國人」和「中華民族」大家庭的一分子，放棄「臺獨」立場和主張，以實際行動致力於和平統一的大業。若果如此，不僅海峽兩岸關係自當「柳暗花明、春暖花開」，而且陳先生也就真的成了「改寫歷史」、「創造歷史」的中華民族的不朽偉人了！否則，光是把人家的照片「掛在牆上」、「記在心裡」是沒有任何實際意義的！

（原文刊於《大公報》）

陳水扁「新中間路線」的破產

　　十月三日晚，唐飛以所謂「健康」原因為由，黯然宣布辭職，勉強苦撐了僅僅四個多月的「扁唐體制」終於一夕崩解。海內外觀察島內政局的人們實際上從一開始就已料定唐「內閣」只不過是過渡「內閣」，必定不會長久，但竟然會如此短命到連半年時間都未能維持，則恐怕鮮少有人能意料得到。從表面上看，唐飛的掛冠而去，是由於在是否續建「核四」廠的問題上與「總統府」和民進黨理念不合，但從深層次而言，實則標誌著陳水扁所標榜的所謂「新中間路線」的破產。

▍為贏「大選」不惜作假

　　陳水扁為贏得今年三月的「大選」，爭取中間選民的支持，極力鼓吹他的所謂「新中間路線」。宣稱他的「新中間路線」是一種「新思維」，是有別於國民黨與過去民進黨的傳統模式的新路線，是所謂「尋求社會主流價值的第三個定位座標」；標榜他的「新中間路線」就是「包容多元、尊重多數」、「化解對立、異中求同」，以全新的眼光建立所謂「政治中間派」，在省籍、族群、政黨統「獨」的矛盾衝突之間，「尋找出另一條通道」。那麼，三·一八陳水扁僥倖勝選之後，他是如何實踐他所鼓吹的「新中間路線」的呢？其具體措施，一是授權李遠哲籌組所謂「跨黨派兩岸小組」，企圖利用這一「小組」和李遠哲的聲望來凝聚虛假的所謂「全民共識」，對抗大陸，為其日後推行分裂的兩岸政策背書；二是捨民進黨人而不用，出乎意料地請出國民黨籍的前「國防部長」唐飛出任「閣揆」，按他所標榜的「新中間路線」的理念組織所謂的「全民政府」，而實際上是他自知執政基礎太過薄弱，為穩定島內軍心、民心而不得不使然。為此，他還信誓旦旦地聲稱他是「全民總統」而不是「民進黨總統」，表示他絕對會把「全民利益」和「國家利益」放在政黨利益和個人利益之上，並特意宣布辭去民進黨中常委，聲稱今後不再參與民進黨的活動等等。

▎漠視主流價值

　　然而假的畢竟是假的，偽裝終不會長久。陳水扁聲稱「包容多元、尊重多數」，要「尋求社會主流價值」，跳脫「民進黨的傳統模式」，那麼請問：多數臺灣民眾認同「臺灣人是中國人」，海峽兩岸是同一個民族、同一個國家，陳水扁卻為何至今不承認自己是中國人，而僅僅是「華人」，而兩岸僅僅是互不隸屬的「華人國家」？臺灣各主要在野黨無論是國民黨、親民黨還是新黨，均認同「國統綱領」和九二年兩岸兩會所達成的「一中」共識，而為何陳水扁卻聲稱「國統綱領」不是不可以修改的神聖的「圖騰」，並至今拒絕接任「國統會主委」、口口聲聲否認九二年「共識」，宣稱「統一併不是兩岸未來的唯一選項」？多數臺灣民眾特別是工商企業界要求儘快開放兩岸直接「三通」，調整李登輝時代遺留下來的保守僵化的「戒急用忍」兩岸經貿政策，而陳水扁當局卻至今仍尋找種種藉口，蓄意阻撓拖延？再有，就拿釀成此次唐飛辭職的「核四」廠續建風波來說，據島內民調顯示，多數民眾也表示支持續建，而陳水扁又為何態度如此曖昧，不「尊重多數」而屈服於民進黨內的壓力？……

▎民進黨急於「全面執政」

　　事實證明，所謂「不偏不倚」的「新中間路線」並不存在，「全民政府」只不過是陳水扁騙人的政治把戲而已。所謂「政黨輪替」的「政黨政治」原則就是「責任政治」。唐飛作為老國民黨員出身，其理念和政策主張無法見容於標舉「臺獨黨綱」、堅持「臺獨」理念和主張的民進黨及陳水扁，乃是意料中之事。更何況，為爭取島內執政權而打拼了十多年的民進黨人士，好不容易把國民黨趕下了臺，取得了執政地位，豈能容得國民黨籍而且又是「外省籍」身分的唐飛「下山摘桃」，長久占據「閣揆」席位，使民進黨虛有「執政之名」而無「執政之實」？眼見明年底新一屆「立委」和縣市長選舉日益臨近，而唐飛「內閣」執政幾個月來政績不彰，民眾怨聲四起，長此以往，勢必對民進黨的選情帶來極為不利的影響。而對於民進黨人來說，明年底的選舉事關該黨能否取得「立法院」多數席位而走上真正全面、穩定執政，以

及四年之後還能不能連任坐穩江山的大問題，只能勝不能敗。因此，民進黨人急不可耐地掀起倒唐風波乃是必然之事。陳水扁的執政權力源自於民進黨，他當然不敢輕易脫離其統治基礎。面對民進黨的強大壓力，捨棄唐飛，親手打碎其「全民政府」的「西洋鏡」，拋棄其已走入死胡同的所謂「新中間路線」，也就勢所必然了。

「全民政府」垮臺了，張俊雄接任新「閣揆」一職，意味著這回民進黨真的是名正言順「全面執政」了。對於這樣一個少數政府的出現，對臺灣政局和兩岸關係的發展演變是禍是福？恐怕還不要過早地下結論，但有兩點是可以肯定的：（一）臺灣政局勢必進入新一波更為劇烈的動盪期，國民黨主控的「立法院」與民進黨主控的「行政院」之間的爭鬥將會更加勢同水火；（二）大陸對民進黨全面主導的臺北新政府勢必愈加保持高度的警惕性，兩岸關係的發展由此進入了愈加不穩定的危險期。臺灣的前途命運已完全繫於民進黨人手中，端看民進黨新貴們下一步將如何動作。

（原文刊於《文匯報》）

評呂秀蓮承認「九二共識」

據臺灣《聯合報》報導，十二月八日呂秀蓮在高雄縣演講時引述了一份檔，公開承認一九九二年八月一日，臺灣「國統會」確曾依據「國家統一綱領」做成決議文，該決議文明確承諾：「海峽兩岸都堅持一個中國的原則」，並稱「臺灣固然是中國的一部分，但大陸也是中國的一部分。」這是自「五·二○」民進黨執政以來，陳水扁當局的要員首次公開承認一九九二年兩岸兩會確曾達成過「一中」共識。看來呂秀蓮雖然頑固堅持「臺獨」立場，但畢竟要比陳水扁「可愛」些，因為她比較願意講真話，「臺獨」主張如此，對島內政壇一時爭論不休的「九二共識」亦然──儘管承認得晚了些。「九二真相」由呂秀蓮之口說出來，至少可以證明一點：即一九九二年大陸海協會與臺灣海基會曾經達成過「一中」共識，這是千真萬確的事實，撒謊騙人的不是大陸，也不是島內在野黨，而恰恰是陳水扁當局。

▌扁當局「西洋鏡」被戳穿

自「五·二○」陳水扁上臺執政以來，上至陳水扁本人，下至「陸委會主委」蔡英文、「副主委」陳明通，乃至「行政院長」張俊雄以及扁當局的所有大小親信幕僚，均眾口一詞，矢口否認九二年兩岸兩會曾經達成過「一中」共識，時而謊稱是「沒有共識的共識」，時而又稱「九二年精神」云云，和世人大玩文字遊戲，如今呂秀蓮公開站出來，並「引經據典」，承認這確是事實，從而戳穿了扁當局的「西洋鏡」，使真相大白於天下，人們倒要看看，這回陳水扁當局將如何辯解？何以自處？呂秀蓮的「可愛」之處，不僅在於她承認了事實真相，更在於她說出了陳水扁當局撒謊的目的。她說：「北京的『一中』指的是中華人民共和國，我方認知的『一中』則是包含臺灣、大陸在內。由中華民國代表全中國，全世界都知道目前絕無可能；在此情況下，任何人強迫臺灣接受『九二共識』，就是強迫接受『一中』，也就是強迫新政府接受中華人民共和國，這是個陷阱。」原來，陳水扁當局為堅持其「臺獨」立場，居然下作到不得不靠撒謊度日的地步！人們不禁要問：兩岸達成的協議，明明有白紙黑字記載的「承諾」，陳水扁當局出於其不可告人的政治目

的，都可以輕易地以謊言耍賴不認帳，這樣的「政府」、這樣的領導人，還有一點公信力嗎？這種「政府」、這種領導人，人們還應當對其抱有一絲幻想嗎？那麼，大陸方面在其言論和行動上確實證明其已承接「九二共識」之前，將之列入「拒絕往來戶」，不和它打交道，是不是理所當然呢？老實說，這種毫無誠信可言、靠撒謊度日的「政府」及其領導人，沒有資格代表臺灣人民，扁當局如若不痛改前非，重新取得大陸政府和海峽兩岸人民的信任，那麼，兩岸對話談判的大門將永遠無法開啟。

「倒退」之說荒謬至極

呂秀蓮的「可愛」畢竟是有限度的。她說：「『九二共識』是舊政府的承諾，是舊政府的事」，新政府可以不接受，因為「新政府是人民新的選擇，新政府沒理由再倒退八年」。此言可謂荒謬已極！

其一，臺灣一向以「已建立民主體制」自居，而呂秀蓮本人也素以美國哈佛大學的「法學碩士」自傲，她不應該不知：「新政府」取代「舊政府」上臺執政，有責任也有義務履行「舊政府」對外簽訂的一切協定和承諾，打著所謂「新政府是人民新的選擇」為幌子，拒絕履行「舊政府」對外簽訂的協定和承諾，這就是哈佛大學教給呂秀蓮的「法學理論」嗎？這明明是市井中的潑皮無賴行為。

其二，扁當局以不足四成的選票支持率僥倖上臺執政，乃是貨真價實不折不扣的「少數政府」，說什麼「新政府是人民新的選擇」，這完全是「打腫臉充胖子」。現實情況是：不僅臺灣的主流民意包括李遠哲先生都強烈要求扁當局承認和接受「九二共識」，就連美、日等國際社會也已對扁當局開始表示不滿，要求其接受「九二共識」，以便重啟兩岸對話協商，緩和臺海緊張局勢。呂秀蓮在她的演講中就不打自招，稱「最近美、日、北京及臺北，有許多人壓迫新政府接受『九二共識』」。少數人支持下組成的政府，可以罔顧主流民意、罔顧大多數人的切身利益，為所欲為，這就是臺灣某些人所津津樂道的「民主體制」嗎？這種假冒偽劣的所謂「民主體制」，竟然還自誇為「臺灣經驗」，聲稱要向大陸推銷，實在令大陸人民不知說什麼才好！

其三，至於說接受九二年「共識」就是「倒退八年」，那要看是站在什麼立場上說話，如果真正站在為臺灣人民求安定、謀福祉的立場，那麼，這種所謂「倒退」是完全應當的、必須的。八年來，李登輝主導下的臺灣，內結島內「臺獨」勢力，外聯國際反華勢力，誤導臺灣民眾，堅持走分裂路線，事實證明，這是一條危害臺灣民眾根本利益的走不通的死路，李登輝也因此而身敗名裂，被迫黯然辭去國民黨主席一職。如今殷鑒不遠，陳水扁當局如果還算聰明，理應迷途知返，放棄「臺獨」立場，重新出發，走和平統一的光明大道。

　　事實上，「倒退」並非一概都是壞事，當「南轅北轍」、身處困境之時，「倒退」本身就是「前進」，就是「進步」，否則只有死路一條。大凡頭腦清醒的人都無不看到，當前，陳水扁當局正處在這種困境之中，時乎已迫，何去何從，坦白地說，供陳水扁及其親信幕僚們抉擇的時間不是太多了。

（原文刊於《文匯報》）

玩文字遊戲　無益於互信

　　在內外交困、危機四伏的窘境下，臺北民進黨當局迎來了新的千禧年。十二月三十一日，陳水扁對外發表了一篇備受各方矚目的「元旦文告」。在兩岸關係上，該文告表面上向大陸釋放出了某種「善意」，予人某種「想像」空間，但明眼人一看便知，實際上這種所謂的「善意」，是陳水扁慣用的文字遊戲而已，骨子裡仍在堅持「臺獨」立場。這對於打破目前的兩岸政治僵局，緩和兩岸關係，不僅毫無幫助，相反卻平添了人們對陳水扁當局的失望感和不信任感。

　　陳水扁在文告中稱：「依據中華民國憲法，『一個中國』原本並不是問題」，又說，「兩岸原是一家人」云云，這兩句話的關鍵字是「原本」和「原是」，言下之意，「一個中國」現在已成為問題，兩岸現在已不是一家人。故此，他重申「五‧二〇」就職演說中的說法，聲稱「在既有的基礎上」，兩岸共同來處理「未來」一個中國的問題。也就是說，「一個中國」過去有，現在沒有，將來有沒有還不知道，還需要雙方「未來」共同來「處理」。兜了一大圈，玩了一通文字遊戲之後，最終又回到了否認「一個中國」政治現實的原點。陳水扁是真有「善意」還是假有「善意」？他究竟有沒有緩和兩岸關係的「誠意」？看看他的文告，不難找到答案。

　　文告中，陳水扁極力為其否認「一中」原則辯解，將之歸因於大陸未能「深入瞭解」臺灣人民心中的「疑慮」和「尊重體諒」臺灣人民「當家做主的意志」，因而使得兩岸之間的「認知」產生了不必要的「落差」云云。事實上，「一個中國」原則並不是大陸方面強加給臺灣的，就連陳水扁本人自己都承認，它「原本並不是問題」，後來之所以兩岸之間會在這一原則問題的「認知」上產生「落差」，完全是李登輝主政十多年來與民進黨為代表的島內「臺獨」勢力聯手，營造所謂「臺灣生命共同體」，誤導臺灣民眾所帶來的惡果，怎麼可以倒打一耙，把責任推到大陸呢？而根據最新島內民意調查顯示，大多數臺灣民眾仍然認同「一個中國」，認為自己是「臺灣人同時也是中國人」，強烈要求陳水扁當局承認和接受九二年兩岸兩會達成的「一

中」共識。這可以說明，同大陸在一個中國原則上「認知」有「落差」的，並非臺灣的主流民意，以臺灣民眾的所謂「疑慮」和兩岸之間「認知」上的「落差」為藉口，拒絕承認「一個中國」原則，完全是站不住腳的。陳水扁一向喜歡標榜「民主」。民主的真諦是什麼？就是少數服從多數。陳水扁利用其手中掌握的權力，強迫多數的臺灣民眾服從少數人的意志，這究竟是真「民主」還是反「民主」呢？

文告中，陳水扁還主張「從兩岸經貿與文化的結合開始著手，逐步建立兩岸之間的信任，進而共同尋求兩岸永久和平、政治統合的新架構」。眾所周知，「一個中國」原則乃是兩岸和平的基礎，同時也是兩岸經貿與文化「統合」的前提條件。且不說陳水扁提出的「政治統合」的新概念究竟所指為何，如果不承認「一中」原則，甚至連自己是中國人都不肯承認，兩岸關係的穩定與發展失去了應有的基礎和前提，還侈談什麼「永久和平」？所謂「經貿與文化的統合」以及不知其所云的「政治統合」，自然也就無從談起。陳水扁自上臺以來之所以四處碰壁，搞得民怨沸騰，其根本原因就在於他所推行的內外政策違背了時代潮流，違反了臺灣大多數民眾的意志和利益。在「一個中國」原則這一關鍵問題上，如果陳水扁心存僥倖，繼續和大陸玩花招，搞文字遊戲，以拖待變，這不僅是不現實的，也是極其危險的。

（原文刊於《文匯報》）

「囂張」背後的「虛弱」與「無奈」

—— 評臺北上演的「世臺會」鬧劇

近些日子來，臺北的政治空氣遭到重度汙染——3月17日至18日，幾乎囊括了海外所有「臺獨」團體的所謂「世界臺灣人大會」首次在臺北登場，數百名從世界各地回臺的獨派人士麇集一堂，上演了一齣極其醜陋的政治鬧劇。會場上，「臺獨」人士情緒高漲，不斷高呼「臺灣國」的口號，聲稱自己是所謂「臺灣國的國民」，數位臺灣的「總統府資政」、「國策顧問」紛紛上臺致辭呼應，某位前民進黨主席、現任「總統府資政」更激動地高喊「祝臺灣國早日實現」。會後，他們與島內數千名「臺獨」支持者一起走上街頭，遊行示威。他們打著各種「臺獨」標語和旗幟，手舞足蹈，沿街狂呼「臺獨」口號，甚至圍攻、毆打對他們表示不滿的圍觀民眾，氣焰極其囂張。

特別值得注意的是，大會開幕當日，總統親率一批「府、院、黨」頭面人物出席致賀。致辭興起處，他竟然脫稿自稱是「臺灣人的總統」，聲稱要致力維護「臺灣國家的主權與尊嚴」，並忘情地高呼「臺灣人站起來」、「臺灣人一定會勝利」等口號。其「臺獨」真面目可謂一覽無遺！

其實，海內外「臺獨」空前囂張的表象，恰恰暴露其走投無路的虛弱和無奈的本質！

眾所周知，「臺獨」運動肇端於1940年代末、50年代初，迄今已過去整整半個世紀之久，即便從80年代末民進黨建黨算起，「臺獨」人士為圓「獨立建國」的夢也已「奮鬥」了10多年的時間了。然而，好不容易才扳倒了國民黨，奪取了島內的執政權，豈料卻迫於島內外殘酷的政治現實，而難以實踐他們的「臺獨」夢想，其內心的痛苦可想而知。民進黨上臺一年來，由於頑固推行錯誤的內外政策，致使兩岸關係僵持難解，島內政經局勢一塌糊塗，民眾痛苦指數節節攀升，搞得民怨沸騰，對民進黨執政日趨喪失信心，「臺獨」的社會基礎正在剝蝕。執政一年來，「民進黨人士訝異的是，臺灣獨派的勢力竟然開始衰退」，民調顯示，「在去年五二〇之後，主張統一的民眾增加，主張獨立的人數下降」。「臺獨」人士更為擔心，代表他們執政

「囂張」背後的「虛弱」與「無奈」

的總統「抗壓力不足」，面對海內外同胞「反獨促統」的強大聲勢會節節後退，最終會放棄「臺獨」，使「臺獨」運動前功盡棄、半途而廢。據島內媒體報導說：這次在臺北召開的首屆「世臺大會」上，「現場並未洋溢著喜悅的氣氛」，相反，海內外的「獨派」人士都忍不住批評總統「太軟弱」、「不夠堅持」，說他們「一年來實在是非常鬱卒」，毫不諱言地聲稱，他們參與這次活動，一方面是要給身處困境中的總統打氣，「表示支持」，另方面也是對總統在「臺獨」立場上可能發生的動搖適時「提出警告」。

　　總統果然是心有靈犀一點通！不僅在 3 月 17 日的大會致辭中，露骨地呼應死硬獨派的「臺獨」言論和主張，而且在 19 日接見「世臺會」骨幹分子時語帶玄機地表示：「很多事情你們可以毫不保留的說，但是我不行」，並對他在「元旦文告」中提出的「統合論」進行詮釋，聲稱「不是『統』就是要表示統一」，「統合論只是過程」，「同一字、同一問題我們可做有利於自己的解釋」云云。這幾句「私房話」，活畫出了「臺獨」的虛弱、虛偽和無奈。島內有識之士評論說：總統的這些動作，「只是為了安撫獨派人士，『統合論』根本是講給統派人士聽的」，反映出他在兩岸關係上「一貫的投機立場」，抨擊他「是在極度缺乏自信的情況下玩文字遊戲」。

　　海內外同胞對總統「聽其言、觀其行」已屆一年了。一年來，人們看到了什麼呢？除了看到他在「一個中國」原則的關鍵問題上兜圈子、玩文字遊戲、耍小聰明之外，實在看不出有什麼進步。相反，從其兩岸政策的左右搖擺中，卻一次又一次地暴露出他的「臺獨」真面目。其結果，使原本嚴重缺乏互信的兩岸關係雪上加霜，愈趨嚴峻。我們誠懇呼籲總統要認清形勢，早日與「臺獨」基本教義派劃清界限，堅持「臺獨」立場只會使自己愈來愈陷於孤立，這無異於飲鴆止渴，走上絕路。

（原文刊於華夏經緯網）

警惕美、日、臺反華勢力的新動向

近期以來，遠東局勢頗不平靜，可謂一波未平一波又起，令人堪憂。始作俑者，乃美、日、臺三方反華勢力相互勾結、狼狽為奸。

美國新總統布希，早在去年競選期間，就宣稱中美兩國不是「戰略夥伴關係」而是「戰略競爭關係」。上臺伊始，即在處理軍機擦撞事件程序中蠻不講理，大耍無賴，霸權主義的面目表露無遺，使中美關係急劇惡化。

與此同時，日本森喜朗政府則因對右翼團體編寫的美化侵略戰爭的初中歷史教科書採取姑息態度，激起日本國內外強烈的批判聲浪。韓國政府還為此而召回駐日大使，表示抗議。即將鞠躬下臺的森喜朗尚未就此事向亞洲各國人民作出交代，緊接著又和外相河野洋平大唱雙簧戲，以所謂「人道考慮」為由，不顧中國政府的多次嚴正交涉和警告，悍然於4月20日發給「臺獨」勢力的總代表李登輝赴日簽證，使本已緊張的中日關係雪上加霜。

日本政府在臺灣問題上的動作，得到了美國布希政府的密切配合。就在森喜朗政府發給李登輝入境簽證的同一天，美國政府也同時發給李登輝5月初赴美重訪其母校康奈爾大學的簽證，而且一口氣發給了他5年多次入境的簽證。這顯然不是偶然的巧合，而是美、日、臺三方精心策劃的行動。

中國政府對美、日兩國簽發李登輝入境簽證的強烈抗議聲猶在耳邊，中美之間因軍機事件的爭執尚未平息，4月24日，美國布希政府竟變本加厲，無視中美關係大局，公然決定向臺灣出售大量高科技的武器裝備，給臺北撐腰打氣，對抗中國大陸。

人們不禁要問：美、日兩國究竟要幹什麼？

上述美、日反華勢力的一連串動作中，臺北陳水扁當局充當了很不光彩的角色。

美國政府決定對臺高科技武器軍售，臺北喜形於色、倍受鼓舞自不待言。而對於中美軍機擦撞事件，總統表面上保持沉默，實則內心竊喜，以為有機

可乘。某軍方高層人士甚至公開宣稱，他們「全程監控事件發生的全過程」，「掌握有中共機員在空中對談的錄音，並已將錄音磁帶交給了美方」。

對於日本森喜朗蓄意姑息右翼勢力，核準出版美化侵略戰爭的歷史教科書，臺北起初裝聾作啞，後來迫於島內進步輿論的壓力，才不得不裝模作樣地在私底下向日本政府提出「交涉」，敷衍了事，與亞洲各國政府憤怒聲討森喜朗政府形成鮮明對照。

至於對李登輝赴日簽證問題，臺北更是上自「總統」陳水扁、「副總統」呂秀蓮，下至「行政院長」張俊雄、「外交部長」田宏茂等，「傾巢而出」，口出狂言，力挺李登輝。而且種種跡象表明，這一備受爭議的「簽證」事件，其實是扁李合作、共同策劃的政治陰謀，絕非李登輝個人單純的、孤立的政治事件。若再聯繫到近期以來扁當局的一系列政策宣示和政治動作，人們有理由相信，陳水扁正在調整立場，悄悄將兩岸政策拉向右轉。

跡象之一：3月18日，陳水扁在出席海外「獨派」團體所組成的「世臺大會」年會中，刻意脫離講稿自稱「臺灣總統」，並忘情地高呼「臺灣人站起來」。會場上，有前民進黨主席、現任「總統府諮政」姚嘉文致詞「預祝臺灣國早日實現」，有大會司儀不斷率眾高喊「臺灣國一定勝利」。在這種特定場合陳水扁作此宣示，其政治意義已不言自明。

跡象之二：3月19日，陳水扁在接見「世臺大會」幹部時，對他在「元旦文告」中提出的「政治統合論」首次作出「詮釋」。陳水扁稱：「有些人聽到『統合論』就跳起來，但同一個字、同一問題我們可以做有利於自己的解釋，不是『統』就表示要統一，大家不要玩文字遊戲或被文字迷惑、嚇倒」云云，由陳水扁自己出面戳穿了所謂「政治統合論」的實質。

跡象之三：3月23日晚，陳水扁在玉山官邸閉門宴請一批「臺獨」大老。事後島內「獨派」報紙《自由時報》報導：陳水扁在餐敘中強調，「美國新政府上臺後，新政策明顯傾向臺灣與日本」，「中國現在落入被動防守的地位」，「國際大情勢對臺灣正趨向相對有利」，表示要改變「過去以平穩安定為導向的做法」，「以主動積極」的態度施政，並稱：「今後對杯葛者沒有必要再做讓步」，「也將致力於臺灣意識的厚植與強化」。同時陳水扁還

特別指出：「今年四、五月將是兩個重要的月份」，「包括李登輝前總統訪美與本人出訪中南美洲國家，都將在這個時段進行」。陳水扁說，「這一連串的外交出擊，預料對國家將是正面有利的結果」。很顯然，陳水扁認為：布希新政府上臺後，國際情勢已轉趨對臺灣有利，他要改變策略，轉守為攻，配合美國新的對華政策，主動進行「外交出擊」，而李登輝的出訪，便是扁當局「這一連串外交出擊」的重要一環！而依照當時的設計，李登輝出訪美國預定在四月份，並在返臺途經日本時以「就醫」為名，在日本停留，推行「過境外交」，以實現日臺關係「零的突破」。只因不久後發生中美軍機擦撞事件，加之美國對臺軍售要到四月下旬才會見分曉，時機過於敏感，故而才將訪美日程延後、訪日行程提前。

據日本《經濟新聞》4月19日報導：李登輝的親信人士說，陳政權與日政界的關係不深，因此需要「依賴在對日關係方面與日本政治家交際很廣的李登輝的人際關係」。同時還披露：接近李登輝的國民黨幹部說，「陳水扁偷偷訪問了李登輝」。該報導評論說：以臺灣前「總統」李登輝申請訪日簽證問題為契機，「出現了陳水扁總統與李登輝前總統在外交和內政方面進行合作的動向。一方面陳政權向日本做工作，要求發給李登輝簽證，另一方面利用國民黨有關人士支持陳政權的設想也浮出水面。可以認為，統帥少數執政黨民進黨的陳水扁總統的想法是，希望藉助李登輝的力量，加強不穩定的政權基礎」。

上述兩篇報導所透露出來的政治訊息是顯而易見的。無怪乎前段時間針對李登輝赴日簽證問題，陳水扁一改往日「以柔軟勝剛強」的低調身段，以異乎尋常的強硬口吻，攻擊大陸反對李登輝訪日是在「咆哮」，並使用了「一個國家管到另一個國家」、稱李登輝為「外國平民」這種具強烈暗示的「臺獨」語言。而與此同時，島內政壇則盛傳親李勢力正在積極運作，籌組「新政團」投入年底「立委」選舉，準備選後與民進黨合作，協助陳水扁當局穩定島內政局。

跡象之四：值得重視的是，在陳水扁宴請「獨派」大佬後的一週，也即3月31日，《自由時報》發表題為《布希政府對臺政策轉向我應主動因應》

的社論，公開鼓吹陳水扁當局大陸政策右轉。社論稱：「陳總統簡單幾句話，已經概括了最近亞太地區安全形勢的微妙轉向。我們認為，執政當局既然有此認識，便當依此新形勢來思考中國政策」，抨擊自扁上臺以來朝野各界提出的所謂「四不一沒有」、「憲法一中」、「一中各表」、「屋頂理論」、邦聯制、政治統合、共同市場等等說法，「幾乎都是以柯林頓的『三不』政策自我設限的思考，其中充滿了各式各樣的失敗主義甚至投降主義因素」。並危言聳聽地以冷戰口吻叫囂：「如果在布希政府轉向臺灣之際，臺灣卻逐漸向中國傾斜，偏離民主陣營的安全戰略布局，其後果必然是一場空前的災難。」主張臺灣必須「在兩岸和外交作為上加強主權地位」，例如停止實施調整「戒急用忍」政策等等。

　　這實際上是扁當局對外施放的風向標。果然，社論發表後不久，4月16日蔡英文便對外宣示：「陸委會3月底送至行政院的戒急用忍調整報告必須重新評估經濟變動因素」，「政府唯有在充分掌握風險的條件下才會鬆綁戒急用忍」。同時還宣稱：開放大陸人士來臺觀光，「必須考慮許多因素」，已不可能按原定計劃於今年7月1日實施。至於開放兩岸直接「三通」的承諾，蔡英文更是緘口不提，顯然也已被扁當局無限期地打入冷宮。

　　上述種種，在在都說明扁當局正在調整立場，其兩岸政策正在悄悄右轉，以因應所謂「國際大情勢」的變化，心甘情願地充當「馬前卒」，積極賣力地配合美、日反華勢力「遏制」、「圍堵」中國大陸。陳水扁民進黨當局上臺執政一年，內政方面拿不出一份像樣的成績單，民眾怨聲載道，面對即將到來的年底「立委」和縣市長選舉，陳水扁亟欲在「外交」方面取得突破，為民進黨選舉製造利多。然而陳水扁誤判形勢，捨正道不走偏走歪道，不僅堅守「臺獨」立場，至今拒絕承認「一個中國」原則和「九二共識」，致力於緩和、改善兩岸關係，相反在兩岸政策方面圖謀倒退，而這樣做只能是飲鴆止渴，絕非2300萬臺灣人民之福，更不可能擺脫目前民進黨少數政府內外交困的窘境。

　　人間四月，大自然正值春暖花開的季節，但伴隨著中美軍機擦撞事件的爭執、美國對臺軍售案的出籠，和美、日兩國政府核發李登輝入境簽證，以

及臺北陳水扁兩岸政策的轉向等等，這一連串政治事件的發生，是否意味著中美、中日關係以及兩岸關係的寒冬即將降臨？遠東局勢將被引向何方？愛好和平的人們不能不深感憂慮，提高警惕，並積極尋求破解之道！

（原文刊於華夏經緯網）

這三副「藥方」真能救得了臺灣嗎

　　陳水扁在上臺執政屆滿一週年之際，拿不出像樣的成績單向臺灣人民交代，於是一反常態，未敢舉辦記者招待會而改於5月18日在電視上發表講話，明顯地有迴避媒體記者現場提問場面尷尬之意。可見，一向傲慢、自信、「永不服輸，永爭第一」的阿扁，如今面對島內混亂的政局、經濟的大幅衰退和嗷嗷待哺、怨聲載道的失業大軍，是再也「傲」不起來了，「自信」則雖還不能說已經喪失殆盡，但至少也已嚴重動搖。

　　陳水扁在這篇長達15分鐘的電視講話中，主要傳達了三個重要訊息：（一）為穩定政局，年底選舉後將籌組「聯合政府及國會多數的執政聯盟」；（二）為挽救經濟，將在「總統府」設置由他親自主導的「經濟發展諮詢委員會」；（三）為表示有誠意打破兩岸僵局，他向大陸喊話，希望能出席今年在上海舉行的APEC會議，與江澤民主席就「三通」等議題進行直接對話，「共同締造兩岸領導人『握手的一刻』」。

　　從上述講話的內容來看，陳水扁實際上承認了當前臺灣確實是得了三大重病：政局、經濟和兩岸問題。講話中他還說要「對症下藥」。但很可惜，他所開出來的這三副「藥方」，卻沒有一付是「對症」的。因此，恐怕是很難醫治得了當前臺灣的三大重病。

▎如此「聯合政府」，難以穩定政局

　　雖說籌組「聯合政府」和「國會多數的執政聯盟」，不失為穩定政局之一途，但關鍵是陳水扁想要籌組的是什麼樣的「聯合政府」和「國會多數的執政聯盟」？陳水扁在講話中說：「我們願意敞開心胸、展開雙手、提出『理念結合、資源分享、臺灣優先、超越黨派』的結盟理念，尋求朝野合作的最大空間」，「希望結合理念相同、支持改革的在野力量，形成國會的穩定多數……」從中可以看出：在陳水扁的結盟四大前提中「理念」被放在首位；另外，他並沒有說要實行「黨對黨」的結盟，而是結合「理念相同」的「在野力量」。那麼試問，在當今臺灣政壇上，國、親、新這三個主要在野黨，

哪一個黨的主要「理念」（例如國家認同、反核等）與民進黨「相同」？沒有！因此，陳水扁心目中的「結盟對象」，似可做以下兩種解讀：

一是以政治、經濟利益為誘餌，對其他黨派或無黨籍人士實行「招降納叛」，並不是搞「黨對黨合作」。假若如此，就不是什麼「理念」的結合，而是不折不扣的「利益」的結合。而這種沒有政黨背書、純以利益結合的「聯合政府」或「執政聯盟」，即使真的能拼湊起來，也是烏合之眾。一旦這些招降納叛過來的政客利益未能得到滿足，便很容易瓦解甚至倒戈相向，從而引發政局的動盪。

二是靠李登輝幫忙，唆使國民黨內的親李派本土勢力分裂出走，另組新黨與民進黨實行「黨對黨合作」。從近些日子來扁、李互動的諸多跡象來看，這種可能性頗大。但問題在於：這個正在懷胎的「親李黨」究竟在未來的「立法院」中有多大實力？兩黨結合後有無可能超過半數席位而組成「多數」的「執政聯盟」？假設兩黨席位相加仍無法超過半數，勢必仍要「招降納叛」，拉攏一些政客來湊數。如此一來，這些政客就成了「關鍵少數」，同樣難以避免政局動盪。再者，如果真的按照這種戲碼進行「政黨重組」，很可能會釀成島內新一波的族群對立和統「獨」之爭，臺灣政局勢必更形混亂。由上觀之，陳水扁想靠籌組這樣的不倫不類的「聯合政府」和「國會多數的執政聯盟」來穩定政局，恐怕只是一相情願的幻想。

▍挽救臺灣經濟，措施無的放矢

陳水扁在講話中宣布，將在「總統府」內設置超黨派的「經濟發展諮詢委員會」，邀請朝野各黨、學界智庫、企業領袖、勞工朋友一起參與，「為國家經濟長期的發展貢獻智慧，對症下藥」。表面看來這一構想似乎不錯，但實際上卻是無的放矢，不僅無補時艱，說不定還會亂上添亂。

其一，經濟工作原本屬於「行政院」的責權範圍，「總統府」不應過多插手干涉才是常態。「行政院」下設有「經濟建設委員會」及其他財經部門，如今又要在「總統府」內設置一個「經濟發展諮詢委員會」，不僅疊床架屋、

多此一舉，而且如果「總統府」與「行政院」各自的經濟幕僚或官員意見相左，難以整合，究竟誰聽誰的？豈非亂上添亂，平添「府院之爭」？

其二，實際上陳水扁執政一年來之所以會把臺灣經濟搞得一塌糊塗，不僅因為他不懂裝懂、「乾綱獨斷」亂指揮，而且更主要的是他違反經濟規律，以意識形態「治國」、以權謀「治國」，推行泛政治化的經濟政策。最典型的例子莫過於「核四廠工程」停建錯誤決策。由於這一錯誤決策，不僅給臺灣經濟發展釀成了無法估量的重大損失，而且也是造成島內政局動盪、社會不安的重要原因；又如在兩岸經貿政策方面，他自食其言，違背競選承諾，以所謂「國家安全」為藉口，至今仍拒絕調整「戒急用忍」政策，阻撓拖延兩岸直接「三通」和開放中資入島。閉關自守的結果，使島內工商企業界坐失大舉進軍大陸市場的大好良機，從而嚴重窒息了臺灣經濟的發展。因此，陳水扁在「總統府」內設置「經濟發展諮詢委員會」，不可能挽救日趨惡化的臺灣經濟，唯有改弦更張，改善兩岸關係，儘快調整泛政治化的錯誤經濟政策，才是根本之圖、希望之所在。

▌政治表演，無助於打破兩岸僵局

陳水扁的「5.18 講話」，再次表明了他毫無誠意緩和發展兩岸關係。面對島內外輿論強烈要求他回應「一中」原則，承認「九二共識」，儘快打破兩岸僵局的呼聲，他充耳不聞、視而不見，繼續採用政治表演的慣用伎倆，企圖轉移視線，矇蔽輿論，推卸責任。

陳水扁在講話中不僅對「一中原則」和「九二共識」隻字不提，未做任何正面回應，相反卻攻擊大陸「一再漠視」他的所謂「善意與誠意」，「寧可拉攏在野與民間人士，分化我們內部的團結」；同時還挑撥臺灣民眾與島內外進步輿論之間的關係，呼籲臺灣民眾「要站穩腳步，不應該隨著別人的雜音起舞」。一年來，他頑固堅持「臺獨」立場，推行「只做不說的『兩國論』」路線，致使兩岸關係僵局依舊，危機難解，充滿變數，但他卻自我吹噓，說什麼「我們從來沒有失分」，「事實證明，我們不只有能力，更有智慧來

穩定增進兩岸關係」，虛構出一個所謂的「穩定的兩岸關係」，來為自己塗脂抹粉。

特別應該引起人們重視的是，陳水扁在講話中說，「最近國際情勢的發展也讓我們更有信心」。短短一句話，卻弦外有音，含義甚深。但只要稍微聯繫一下陳水扁近期以來的一些言論行動，其中的真義便可一目瞭然：3月23日晚，陳水扁在與一批「臺獨」大佬餐敘中說：「美國新政府上臺後，新政策明顯傾向臺灣與日本」，「中國現在落入被動防守的地位」，「國際大情勢對臺灣正趨向相對有利」；表示要改變「過去以平穩安定為導向的做法」，「以主動積極」的態度施政；並稱：「今後對杯葛者沒有必要再做讓步」，「也將致力於臺灣意識的厚植與強化」，同時強調，要在「外交上」轉守為攻，進行「一連串的出擊」。

於是四、五月間，人們便看到李登輝的赴日「醫療外交」、田宏茂的祕密出訪，以及陳水扁的「過境外交」和中南美洲之行等等紛紛粉墨登場。對於美、日兩國不顧中國政府的嚴正交涉，批准李登輝的入境簽證，以及美國政府同意陳水扁出訪中南美洲時過境紐約和休斯頓，並允許他會見美國政府官員和國會議員，陳水扁受寵若驚、倍受鼓舞。特別是美國對臺軍售定案後，陳水扁當局及民進黨「臺獨」人士更是上上下下欣喜若狂，「以武拒統」、對抗大陸的信心倍增。在這種政治氣氛下，兩岸關係將被引向何方已不言自明，談何「穩定」之有？陳水扁在講話中一方面避談「一中原則」和「九二共識」，另方面卻又提出了「民主、對等、和平」的所謂發展兩岸關係的「三原則」。聲稱在這「三原則」之下，他願意「隨時隨地與對岸展開協商和對話，不論什麼議題都可以談」，企圖用他提出的這個所謂「三原則」來對抗「一個中國原則」、對抗「九二共識」。其實，陳水扁的「三原則」並不是什麼新東西，何謂「民主」？也即陳水扁及民進黨一向主張的「任何臺灣主權獨立現狀的改變，均須臺灣住民以公民投票的方式決定」；何謂「對等」？即「海峽兩岸互不隸屬」、「臺灣中國，一邊一國」；何謂「和平」？就是要求大陸對臺「放棄使用武力」。

所以，陳水扁的「三原則」是貨真價實的「臺獨原則」，主張這些「原則」，哪裡是什麼要緩和發展兩岸關係，分明是要求大陸允許臺灣「和平獨立」。最後，說到陳水扁在講話中表示願意出席今年在上海舉行的 APEC 會議，與江澤民主席直接進行「三通」等議題的對話，「共同締造兩岸領導人『握手的一刻』」云云，則完全是一種毫無意義的政治表演和宣傳，其司馬昭之心可謂路人皆知。APEC 國家元首高峰會，如果臺北當局陳水扁同意像香港董建華先生一樣，以「中國臺北特別行政區首長」的身分出席，自然沒有問題，請問：臺北當局和陳水扁願意嗎？陳水扁此舉，無非是要把不能出席 APEC 會議的責任推給大陸，把至今無法開放兩岸「三通」的責任也推給大陸，是表演給美國人看的，是試圖矇蔽臺灣民眾為年底選舉所施的「雕蟲小技」。而一再上演這種雕蟲小技，人們實在已經看膩了，不想再予以理會了。

總之，陳水扁的「5.18 講話」，誠如島內輿論所指出的：可謂「了無新意」，他所開出的三副「藥方」，可說是無一「對症」。因此，既不可能達到穩定島內政局、挽救臺灣經濟的目的，對兩岸關係的緩和發展也毫無助益。看來，陳水扁執政一年來所栽的筋斗似乎還嫌不夠，尚不足以讓其迷途知返、浪子回頭，而這也正是臺灣真正的悲哀！

（原文刊於《大公報》）

阿扁近來為何「發飆」

　　總統陳水扁最近一反常態，改變了他自上臺一年多來在兩岸問題上始終保持「低調」的姿態，突然異乎尋常的強硬起來。10月21日，他在花蓮縣民進黨的競選造勢大會上，神情激昂地公然宣稱他絕不接受「一中原則」、「一國兩制」和「九二共識」，並攻擊島內在野黨「逼迫」他接受「九二共識」是要「出賣臺灣」云云。此言一出，立即引起臺灣政壇的軒然大波，給本已十分火爆的島內選情猶如澆上了一大桶汽油，國民黨、親民黨和新黨的頭面人物紛紛表示強烈質疑，擔心阿扁完全推翻「九二共識」，會造成兩岸關係的嚴重倒退，釀成另一場「核四」風暴。

　　人們不會忘記，一年前阿扁以微弱多數贏得島內大選之後，面對當時一觸即發的臺海危機，為解除島內外各方疑慮，穩定島內政局，宣稱他的兩岸政策方向是所謂「讓美國滿意，國際社會肯定，中共雖不滿意但找不到藉口」。為達此目標，一年多來，阿扁和他的幕僚群苦心孤詣、搜索枯腸，和大陸大玩文字遊戲。在緩和兩岸緊張關係、恢復兩會對話談判的關鍵問題，即「一個中國原則」和「九二共識」問題上，儘管他拒絕明確表態，始終採取一種模糊、迴避的態度，但他畢竟沒有把話說絕，把路堵死，總還給自己預留了迴旋的餘地，給外界多少一點「想像空間」。例如，在「一中原則」問題上，時而表示他願意「在既有基礎上」與大陸共同處理「未來一個中國」的問題，時而宣稱「依照中華民國憲法，一個中國原本並不是問題」、「兩岸原是一家人」等等，甚至還提出「統合論」，並表示他要以朝韓兩國領導人為「效法的對象和學習的榜樣」，呼籲大陸領導人江澤民主席和他一起坐下來「握手和解」，共同「改寫歷史、創造歷史」。至於對「九二共識」，他則一再閃爍其詞，時而稱是「沒有共識的共識」，時而又發明出所謂「九二精神」。就這樣和大陸打了整整一年多的政治「太極拳」，也著實一時矇蔽了島內外的許多憂國憂民之士，盼著阿扁能早日認清形勢、改弦更張，浪子回頭。

阿扁近來為何「發飆」

　　如今不對了！面對民進黨執政一年來內外交困的窘境，阿扁在「一中原則」和「九二共識」這一關鍵問題的認知上，不僅絲毫沒有進步，相反卻令人失望地來了個大倒退：他不再玩文字遊戲，不再模糊和迴避了，近日的有關宣示，已經把他內心對「一中原則」和「九二共識」的真實想法再明確不過地和盤託了出來；他也不再提什麼「未來一中」或「憲法一中」，也不再否認有「九二共識」，只是強調如果接受「一中原則」和「九二共識」，就等於是「出賣臺灣」。阿扁的這一宣示，對於大陸而言，無異於已經把話說絕、把兩岸恢復對話談判的大門完全堵死。由此而造成的對兩岸關係的重大衝擊，不言可喻。

　　問題是，阿扁近來何以如此「發飆」？目的何在？筆者有如下幾點觀察：

　　一是為轉移島內民眾的視線。眾所周知，今年底島內即將舉行的「立委」和縣市長選舉至關重要，不僅關乎選後民進黨能否主導政局、穩定執政，而且將直接影響到兩年後阿扁能否順利競選連任。然而，政黨輪替一年多來，由於阿扁當局無能，治理無方，把臺灣政經局勢搞得一塌糊塗，致使民怨沸騰，這對民進黨的整體選情顯然十分不利。值此選戰進入白熱化的關鍵時刻，阿扁蓄意引爆敏感話題，在「一中原則」和「九二共識」這一重大問題上一反常態，擺出一副強硬的架勢，試圖挑起島內乃至兩岸之間激烈的統獨爭議，以此轉移選民對阿扁的不滿情緒，掩蓋其執政一年來的種種無能與缺失。

　　二是為鞏固和擴大民進黨票源。阿扁危言聳聽地給在野黨扣大帽子，這與李登輝不久前指控國民黨「聯共賣臺」如出一轍，目的無非是企圖挑撥廣大臺灣選民與在野黨的關係，並煽動省籍情結，製造族群對立分化，以凝聚、鞏固和擴大民進黨年底選舉的票源，爭取選戰的勝利。

　　三是對上海 APEC 會議的情緒性反彈。阿扁「錯估形勢，錯失時機」，試圖利用10月中旬在上海召開的 APEC 領導人非正式會議，在代表人選問題上大做文章，與大陸較勁，以達到某種不可告人的政治目的，不料「偷雞不成反蝕了一把米」，在如此重要的國際會議場合，不僅臺灣的代表未能出席，而且包括美國在內的其他成員國對此默不作聲、不置一詞，裡子和面子

全失的阿扁因而惱羞成怒，利用島內選戰造勢之機，在兩岸問題上「發飆」，以表示臺灣的存在以及對大陸乃至美國的不滿。

　　事實說明，阿扁宣稱他是「全民總統」而不是「民進黨的總統」，向臺灣民眾信誓旦旦地說他要「拚經濟」，其實都只不過是一種宣傳而已，一黨一己之私才是他最重要的考慮。為了民進黨的江山，為了自己的競選連任，他可以不顧一切，堅持「拚政治」、「拚選舉」，至於其他，選後再說。殊不知，兩岸互信在阿扁一而再、再而三的糟蹋下已經蕩然無存，如今更是雪上加霜，蒙上了更大的陰影，即便選後阿扁再來個180度的大轉彎，重新向大陸表示他的所謂「誠意和善意」，然而要想取得大陸對他的信任恐怕更是難上加難了。

（原文刊於《大公報》）

選戰落幕後的臺灣政局和兩岸關係評析

二〇〇一年十二月一日，喧囂了近半年之久的臺灣第五屆「立法委員」及縣市長選舉終於落下了帷幕，臺灣政黨格局重新洗牌：在「立委」選舉部分，去年上臺執政但為第二大政黨的民進黨獲得「立法院」二百二十五總席次中的八十七席，躍升為最大政黨；原為最大政黨的國民黨只得到六十八席，滑落為第二大政黨；去年「總統」大選後才成立的親民黨初試啼聲，一舉搶下四十六席，成為第三大政黨；原為第三大政黨的新黨則幾乎全軍覆沒，只拿到一席，泡沫化已成定局；新成立的「臺聯黨」表現不俗，不僅拿到了十三席，而且跨過了百分之五的政黨門檻，成為臺灣政壇的第四大政黨；無黨籍則從上屆的二十一席大幅減少至十席。在縣市長選舉部分，民進黨則遭受挫敗，從上屆的十二席減少至九席；國民黨則從八席增至九席，國、民兩黨平分秋色；其他政治勢力分據了其餘的五席。

▌「泛綠軍」實力增強，但選民基本結構未變

從整體上來看，應該說這次選舉民進黨獲得了重大勝利，國民黨則再次遭受重大失敗，新黨泡沫化，親民黨與「臺聯黨」有重大突破，而無黨籍則嚴重萎縮。更具特別意義的是，透過取得去年「總統」大選勝利而執政的民進黨如願以償地成長為第一大黨，減輕了來自於在野黨的壓力，掌握了「組閣」的主動權。加之以李登輝為精神領袖並在此次「立委」選舉中拿到十三席的「臺聯黨」完全站在民進黨一邊，以及部分無黨籍「立委」傾向於民進黨，在新一屆「立法院」中，執政的民進黨與陳水扁可掌控一百零五席左右的「立委」席次，接近二百二十五席的「半數」，比過去僅七十多席的被動局面有了很大程度的改善，相對而言，今後陳水扁的日子會比過去好過得多。

然而，冷靜分析則不難發現，選舉的結果並不意味著臺灣的選民結構發生了根本性的變化，更不是臺灣政治生態已徹底改觀。

「泛綠軍」實力增強，但選民基本結構未變

何以言之？

首先，民進黨贏得八十七席「立委」，事實上主要不是靠得票率的提高，而是靠文宣造勢、低額提名和強制配票等策略成功，以及國民黨高額提名造成票源分散，加之文宣主軸不清、被民進黨牽著鼻子走等選戰策略上的失誤所至。當然去年「總統」大選失敗後國民黨改革不力，未能放下「老大」身段積極爭取選民的認同，以及面臨親民黨、臺聯黨兩面夾擊，票源大量流失等，也是國民黨在這次選舉中慘敗的重要原因。照民進黨此次百分之三十三多一點的得票率，民進黨應該只能拿到八十三席左右「立委」席次才較為符合常理；而國民黨近百分之二十九的得票率，則應該有七十二席左右才對；也就是說，國民黨如果策略得當，應該最多只差民進黨十二席，而不會是現在的十九席。擅長選舉的民進黨，打敗了不諳選舉的國民黨；國、民兩黨的席次差距並不等於選民支持度的差距。

其次，由國民黨、親民黨與新黨組成的「泛藍軍」共獲一百一十五個席位，仍然超過「立法院」總席次二百二十五席的半數。而民進黨與「臺聯黨」總共只有一百席，離總席次的半數還差十三席。如果按得票比例來計算，由民進黨、「臺聯黨」組成的「泛綠軍」則會比「泛藍軍」少得更多（百分之四十一點一四比百分之四十九點九八）。

再次，民進黨的得票率沒有重大突破。從歷次「立委」選舉來看，民進黨的得票率始終都在百分之三十左右徘徊，從來沒有超過百分之四十，即使去年的「總統」大選陳水扁的得票率也只有百分之三十九。此次選舉不到百分之三十四的得票率仍然沒有超過民進黨得票率的基本面，即仍僅有三分之一的選民支持民進黨，至於「臺聯黨」所拿到的近百分之八的得票，這部分選民並不能算作是認同民進黨。

另外，在縣市長選舉部分，國民黨從民進黨袋囊中搶走了三個縣市長，兩大政黨各占九席，旗鼓相當，民進黨並沒有明顯優勢。若加上親民黨、新黨贏得的四個縣市長席位（苗栗縣由親民黨推薦），「泛藍軍」執政人口從上屆的百分之二十八點四猛增到百分之四十三點八六，而「泛綠軍」則從上

135

屆的百分之七十一點五驟減到百分之五十四點七，兩大陣營在基層實力方面的差距已大大縮小。

因此，客觀冷靜分析，這次選舉島內的選民結構和政治生態並沒有發生根本性的變化，選票基本上是在「泛藍」與「泛綠」這兩大陣營的內部流動，雙方整體實力的對比並未發生逆轉；多數臺灣民眾並不認同主張「臺獨」的「泛綠軍」，他們希望有強大的在野力量來監督、制衡執政的民進黨；民進黨和臺聯黨「立委」選戰的勝利，並不表明島內支持「臺獨」的民意已經上揚。

未來臺灣政局仍將持續動盪

民進黨成為第一大黨，加上「臺聯黨」和無黨籍中傾向「泛綠」陣營「立委」的奧援，奪得了「組閣」的主動權與主導權，為控制「立法院」議事和展開施政創造了條件，如果再從「泛藍軍」中拉走十席以上「立委」，陳水扁即可組成超過半數「立委」支持的較為穩定的政權。當然，若能進一步分化「泛藍軍」，誘使國民黨或親民黨與民進黨合作，組成穩定多數的執政聯盟（陳水扁美其名曰：超黨派「國家安定聯盟」），則更有利於陳水扁和民進黨穩定執政，並為下屆「總統」大選連任創造有利條件。然而，由於種種原因，陳水扁要組成穩定多數的執政聯盟顯然並不樂觀。

首先，國民黨加上同質性的親民黨、新黨，在「立法院」中擁有一百一十五席「立委」，超過半數，再加上無黨籍中傾向「泛藍軍」陣營的「立委」席次，理論上控制了「立法院」的議事，決定著民進黨政權的穩定與否。國民黨的失敗並不必然會造成國民黨的分裂及該黨與民進黨的合作。國民黨內所謂「藍中帶綠」的親李登輝勢力已大量落選，除少數幾席外當選者大都不認同李登輝路線，相反，全黨上下因選戰失利所產生的強烈危機感，將促使他們增強一致對外的凝聚力，即使少數有意從國民黨隊伍出走的人也不能不有所顧忌。正因為如此，國民黨十二月二日舉行的最高層會議，達成了不參加體制外的「國家安定聯盟」、維持「在野聯盟」、鞏固連戰領導核心等五點共識。以此觀之，國民黨出現李登輝、陳水扁所期望的快速分裂、瓦解的可能性並不大。

其次，從親民黨的角度來看，選舉獲得重大突破，為該黨繼續茁壯創造了有利條件，營造了良好氣勢，更增強了宋楚瑜角逐二〇〇四年「總統」寶座的信心。在這種情況下，親民黨與民進黨合作的可能性也已大大減小，否則親民黨等於自我設限、自縛手腳替民進黨和陳水扁「做嫁衣裳」。再者，從選舉的經驗與教訓來看，「泛藍軍」只有精誠合作才有打敗民進黨的可能，即使連、宋倆人以及兩黨其他高層領導心存芥蒂，但「泛藍軍」基層民眾的強烈呼聲也將促使國、親兩黨不能不設法尋求整合之路。選後，宋楚瑜就明確表示，親民黨要扮演強有力的監督、制衡角色，不會加入陳水扁的「國家安定聯盟」。十二月六日，「連宋會」達成了國、親兩黨不參加「國家安定聯盟」、在「立法院」展開合作等四項共識，這樣，陳水扁企圖籌組由他主導的多數執政聯盟事實上已經破局。

　　再次，選戰的勝利使陳水扁主導未來政局的實力和信心大增，從目前種種跡象來看，民進黨與「臺聯黨」合作，並透過招降納叛及爭取無黨籍力量的支持來籌組「聯合政府」的規劃事實上已經確定。事態的發展使民進黨與國民黨、或民進黨與親民黨的合作組成所謂「國安聯盟」變得愈加不可能，況且「臺聯黨」與李登輝也絕不會允許陳水扁跟「泛藍軍」做任何政治交易。選前陳水扁所設計的「國安聯盟」，選後事實上也已失去了它存在的價值，成為用以打擊在野黨的「權謀」而已。

　　另外，陳水扁執政一年多來做了許多絕事（如「核四風波」和「扁宋密會」等），在選舉過程中又說了許多不留餘地的絕話，其與連戰、宋楚瑜的互信已經蕩然無存，合作愈加無望。

　　根據以上分析，不難得出結論，未來臺灣政壇勢必繼續陷於「泛藍」與「泛綠」兩大陣營勢均力敵的矛盾衝突與對抗之中，臺灣政局仍將持續紛亂、動盪，難有寧日。

▌李、扁合流，未來兩岸關係堪憂

　　為了讓臺灣經濟走出低谷，也為了讓民進黨政權顯現政績，陳水扁理應調整其內外政策，當務之急是要透過緩和兩岸政治關係來為臺灣經濟困境解

套。然而，這次選舉的結果卻使兩岸關係自一九九九年以來的僵局更無望在短期內獲得突破。

　　首先，囿於黨內的政治生態與意識形態，再加上國、親兩黨拒絕加入民進黨的「國安聯盟」，民進黨只能與「臺聯黨」組成「命運共同體」，這樣民進黨及陳水扁在內外政策上勢必要受到「臺聯黨」及李登輝的巨大牽制，特別是在大陸政策上陳水扁將很難擺脫李登輝的陰影，「依美抗統」、「兩國論只做不說」、利用兩岸加入WTO試圖將臺灣問題進一步引向「國際化」，仍將是未來陳水扁大陸政策的基調。如此，陳水扁的大陸政策不僅不會有新的突破，反而會越來越向右轉。選後次日，陳水扁聲稱其大陸政策不會「改弦更張」，以及十二月三日在李登輝搭臺的「群策會」上，李登輝與陳水扁一唱一和、異口同聲地將攻擊矛頭指向大陸，便是明證。

　　其次，陳水扁及李登輝在選舉期間說過許多重話，例如陳水扁公然宣稱承認「一中原則」和「九二共識」就是否定「中華民國」，就是「出賣臺灣」；李登輝說「中華民國」早已不存在、「臺灣就是臺灣」等等；再加上民進黨堅守「臺獨黨綱」以及陳水扁的政治性格善變，這些都已對兩岸關係產生了極大的衝突與傷害。毋庸諱言，兩岸互信基礎業已全面坍塌。因此，不僅短期內兩岸關係難望好轉，更有甚者，由於民進黨未來在「立法院」中實力的上升，並得到了李登輝和「臺聯黨」的力挺，再加上美日等國際反華勢力的挑唆撐腰，陳水扁對抗大陸的自信心勢必增強。今後，除進一步推行「實質臺獨」的分裂路線外，也不能完全排除其頭腦膨脹、錯估形勢、利令智昏，在「臺獨立法」方面做一些比較大的動作。若果如此，兩岸關係更將陷入十分危險的境地。對此，海內外所有關心中國統一與臺海和平的人們不能不提高警惕，未雨綢繆。

（原文刊於《大公報》，與朱顯龍合撰）

否定一個中國原則，等於選擇「戰爭」

　　北京「和平統一、一國兩制」的對臺方針，自 1970 年代末、80 年代初提出並正式實施以來，二十年過去了，海峽兩岸同胞都已習慣於過和平安穩的日子，以為戰爭已然成為歷史，和平乃是天經地義的常態，很少有人會體認到兩岸的內戰狀態實際上並未結束，更少有人去思考過這種和平得以維持的真正原因究竟是什麼。

　　事實上，這二十年的臺海和平之所以得以維持是有條件的、有前提的。這個條件和前提不是別的，那就是海峽兩岸都承認「一個中國」，兩岸人民都承認自己是「中國人」，兩岸當局都承諾要致力於未來「中國的統一」。臺灣方面 1991 年制定的「國家統一綱領」，和兩岸兩會 1992 年達成的「一中共識」，均清楚地表明瞭這一點。正因為存在這一前提條件，兩岸才構築起了和平的基礎和框架，北京方面也才始終堅持「和平統一」的政策，辜汪會晤和兩會一系列的事務性協商談判才得以進行。因此，平心而論，這二十年的臺海和平，兩岸雙方都做出了各自的努力和貢獻，都承擔了應有的責任和義務，並非只是北京的功勞。

　　然而遺憾的是，在李登輝主政後期，臺灣方面卻逐漸背離了一個中國原則。1994 年李登輝與日本右翼作家司馬遼太郎的談話、1995 年李登輝在美國康奈爾大學的演講，公開挑戰一個中國原則。北京方面曾一再提出嚴重警告，甚至不惜以軍事演習和導彈試射來表達捍衛「一中原則」的決心和能力，但李登輝卻置若罔聞，堅持「向不可能的事物挑戰」，在危險的道路上愈走愈遠。及至 1999 年 7 月 9 日，公然拋出「兩國論」，徹底暴露了他分裂主義的真面目。臺海和平的基礎遭到了臺北當局單方面的粗暴踐踏和破壞，這也就是何以在李登輝主政後期，兩會對話談判數度中斷擱淺，兩岸關係日趨緊張惡化的根本原因之所在。

　　一直以來都有一種說法，說是李登輝「搞臺獨是被中共逼出來的」。誠然，北京與李登輝打交道十多年，的確有不少經驗教訓值得總結和反省，但至於說李登輝搞「臺獨」是被中共「逼」出來的，則未免不顧事實。只需回

否定一個中國原則，等於選擇「戰爭」

顧一下十多年來兩岸關係演變發展的曲折歷程，人們便不難發現，每一次兩岸關係的緊張，無一例外都是李登輝主動出招挑戰「一中原則」在前，北京則是為維護「一中原則」而被動反彈在後，怎麼可以倒因為果，說李登輝搞「臺獨」是被中共「逼」出來的呢？再說，李登輝下臺之後退而不休，迫不及待地公開跳出來和死硬「臺獨分子」金美玲、彭明敏之流沆瀣一氣，變本加厲地從事「臺獨」活動，那麼請問這又是被誰「逼」出來的呢？「景陽崗上的老虎，你打它要吃人，不打它也要吃人」（毛澤東語），李登輝搞「臺獨」，乃是其本性使然，不讓他搞也難。近年來李登輝相繼推出的幾本書，已經把他仇視中國、追求「臺獨」的心跡表露無遺，難怪他主政期間講了一百三十多次「反臺獨」的假話沒有多少人相信。坦白地說，李登輝的分裂行徑，假若不是遭到北京方面的強烈反彈和海內外同胞的同聲譴責，以及國際社會的普遍反對而不得不有所收斂的話，那麼海峽兩岸恐怕早已是戰火熊熊、後果不堪設想了！當然，中國的統一或許也早已在兩岸同胞付出慘痛代價之後就此達成。因此，從這一角度而言，李登輝「急獨派」其實才是真正的「急統派」，──是迫使北京不得不調整和平統一方針，採取斷然措施，以武力完成國家統一的「急統派」。

時序進入2000年，臺灣政權終於在李登輝的強力主導下有計劃、有步驟地從國民黨手中「和平轉移」給了主張「臺獨」的民進黨。阿扁上臺執政後，面對一觸即發的臺海危機，為穩住陣腳，他採取所謂「以柔弱勝剛強」的策略，表面上一改以往李登輝對大陸的強硬姿態，頻頻向北京示好，釋出種種所謂「善意」和「誠意」，但骨子裡卻堅守「臺獨」立場毫不動搖。執政一年多了，至今不僅拒絕接受「一中原則」，否認「九二共識」，聲稱「統一併非唯一選項」，甚至不肯承認自己是「中國人」，推行只做不說的李登輝「兩國論」路線。致使兩岸僵局無解，互信蕩然無存，和平統一的基礎進一步坍塌，臺海上空的戰爭陰霾愈聚愈濃，有識之士為此而憂心如焚。然而阿扁卻自以為得計，在他執政一週年的感言中聲稱，他的大陸政策「雖沒有得分但也沒有失分」，並把所謂「兩岸關係的穩定」說成是他執政一年來的「主要政績」之一，表示「令人非常欣慰」。民進黨祕書長吳乃仁更認為，「時

間站在臺灣一邊,中共願意談很好,不談也無所謂」。嗚呼!這就是民進黨和陳水扁極其危險的「兩岸觀」。

看來阿扁和民進黨過於自信,他們並不真正瞭解,對於民進黨這樣一個標舉「臺獨」黨綱的政黨,和阿扁這樣一個長期從事「臺獨」活動的人,一旦奪取臺灣政權上臺執政,北京方面究竟作何感受;同時,對於臺灣政局的這種劇變,究竟會對兩岸關係造成何種程度的衝擊和影響,顯然也缺乏足夠的猜想和認識。

毋庸諱言,2000年3月臺灣大選,北京最不願意看到的正是主張「臺獨」的阿扁勝選和民進黨的上臺。這種選舉結果,對於近幾年來一直致力於領導全球華人進行「反分裂、反臺獨」鬥爭的北京而言,無疑是一種失敗;而失敗過後所陡然產生出來的那種無奈感與挫折感便可想而知;而這種無奈感和挫折感在很短的時間內更轉化為早日解決臺灣問題的危機感和緊迫感。

百感交集的北京高層雖然出於種種因素的考慮,很快作出了對阿扁「聽其言,觀其行」的因應對策,給了阿扁一個寶貴的「觀察期」,也即政策調整的時間和空間。但實際上在大陸內部,無論是政府涉臺工作部門抑或臺灣研究界,要不要全面檢討乃至調整業已貫徹執行了二十年之久的「和平統一」方針,一時間已然成為無可迴避的熱門話題和爭論的焦點。而且隨著時間的推移,在阿扁和民進黨執政當局堅守「臺獨」立場、拒絕調整政策的僵硬態度日趨明朗化之後,坦白地說,這種爭論已經沒有多大意義了。道理至明:既然臺北新當局堅持拒絕承認「一中原則」,否定「九二共識」,試圖打破兩岸關係原有的基本框架而重新建構所謂兩岸為「國與國」關係的新的框架,那麼,實際上就是臺灣方面要改變對自己原有的定位和國家的認同。換句話說,臺北當局意圖單方面推翻兩岸的遊戲規則,取消「和平統一」的必要前提條件,在兩岸戰爭與和平這一重大原則問題上,自覺不自覺地、愚蠢地選擇了「戰爭」。「天要下雨,娘要嫁人」,面對這種劇變,堅持國家必須統一的北京,也就不得不相應地作出自己新的選擇,調整自己的國家統一政策——這只是時間早晚的問題了。除非臺北方面有一天猛然醒悟,改弦更張,浪子回頭!

否定一個中國原則,等於選擇「戰爭」

(原文刊於華夏經緯網)

陳水扁搞「臺獨」與「老母雞孵小雞」

　　記得兩年之前，陳水扁在臺灣「大選」正處於白熱化之際，為拉「急獨派」的選票，曾面對狂熱的「臺獨基本教義派」民眾忘情地高呼「臺灣獨立萬歲萬萬歲！」與此同時，卻又勸說他們「要忍耐」，說「等民進黨執政，才有可能慢慢達到理想」，並反覆強調他和獨派團體的「理想和目標都一致」，只是「達到目標的手段有些地方不一樣」而已。

　　如今陳水扁上臺執政已近兩年了，兩年來我們「聽其言，觀其行」可以得出什麼樣的結論呢？——果然，陳水扁的臺獨「理想和目標」確實和「臺獨基本教義派」毫無二致，但在實現「臺獨」目標的「手段」上，的確要比心急火燎、赤裸裸地叫囂「臺獨」的基本教義派要高出一籌。按照近日在臺灣流行的時髦說法，陳水扁上臺後推動臺獨的手段是所謂「孵蛋論」。

　　也就是說，陳水扁心裡很明白，權衡目前的政治現實，像李登輝拋出「兩國論」那樣公開露骨地搞「臺獨」絕無成功的希望，於是他把他的兩岸政策劃分為內、外兩層：外層是一層保護殼，這就是他上任以來多次信誓旦旦宣稱的「四不一沒有」，並一再虛情假意地向大陸示好，不斷釋出所謂緩和、改善兩岸關係的「善意」和「誠意」，以便「讓美國滿意、國際社會肯定，中共雖不滿意但找不到藉口」；而內層卻是處心積慮地推行「去中國化」政策，利用他手中掌握的公權力，千方百計地向臺灣民眾一點一滴地灌輸「臺獨意識」，也即所謂新的「國家認同」，營造「臺獨」的文化、心理、社會環境。

　　一旦時機成熟，內層的「去中國化」達到一定程度，便如同小雞破殼而出，透過諸如公民投票的「民主方式」，實現法理上「臺獨」的目標和理想。據民進黨人士認為，屆時一切水到渠成，蛋一孵出，等於生米做成了熟飯，中共已莫可奈何，不可能對臺使用武力。由此可知，所謂「孵蛋式臺獨」，也就是陳水扁上臺伊始曾經自鳴得意地宣揚過的「以柔弱勝剛強」對抗大陸的策略運用。有了上述對陳水扁推動「臺獨」的策略手段的認識，也就不難理解陳水扁上臺執政兩年來的所作所為了。陳水扁說「要忍耐」，「等民進黨執政，才有可能慢慢達到理想」。因此，我們可以看到陳水扁搞「臺獨」

的一大特點，就是母雞孵小雞式的「耐心」和不急不燥慢慢來的「慢工」，也就是所謂「漸進式」的「臺獨」。

你看他這兩年來，今天拆除「總統府」門前廣場上「三民主義統一中國」的標語，過幾天再換掉「行政院」新聞局局徽上的中國地圖，前不久則在臺灣民眾外出旅行的證件上加注「臺灣」……今天搞一點，明天搞一點，化整為零，把「臺獨」大目標分解為一個一個「臺獨」的小目標，企圖積「小獨」為「大獨」，積量變為質變，以掩人耳目、減少反彈。而且每搞一個偷雞摸狗的小動作，都要絞盡腦汁編造一個冠冕堂皇、自以為可以向外界自圓其說的理由和藉口，這也足證其搞「臺獨」之心虛和不得人心！不過，瞭解民進黨發跡史的人都知道，其實這種「孵蛋式」或曰「漸進式」的「臺獨」，並非陳水扁所發明。早在數年前的民進黨在野時期，另一位鼎鼎有名的「臺獨」分子張燦鍙就曾絲毫不加掩飾地說過：「臺灣能否獨立，不在國民黨，不在民進黨，也不在中共，而在臺灣民眾！」因此他極力主張「多在民間，透過運動，將目前已十分普遍的『臺灣意識』轉化為支持『臺灣主權獨立』的政治意識，為未來進行『住民自決』鋪路」。他們把這種推動「臺獨」的策略手法稱之為「新臺灣運動」。

只不過當時民進黨尚未掌握政權，只能在街頭或在「國會」議場上喧囂鼓噪一番而已，實質效果和影響自然有限。如今則不同了，民進黨已經成為執政黨，手中掌握著公權力，「一朝權在手，便把令來行」，它不再鼓噪喧囂，卻暗度陳倉、偷梁換柱，採用各種行政手段，一步步地、慢慢地加以推動實施，而且還打著「本土化」和「主體性」的幌子，特別具有欺騙性和迷惑性，當然也就更具危險性。陳水扁、民進黨搞這種「孵蛋式」、漸進式「臺獨」，顯然是在改變「現狀」，挑戰一個中國，蠶食和平統一的基礎。這和臺灣民眾求和平、求安定、求發展的主流民意是完全背道而馳的。中國政府一再表明，搞任何形式的「臺獨」都是不允許的，陳水扁及其民進黨「臺獨」人士切不可誤判形勢，自以為得計，在錯誤的道路上愈走愈遠，須知，「臺獨」破殼而出的一天，也就是其嗚呼哀哉的一天。勿謂言之不予也！

（原文刊於華夏經緯網）

「臺灣前途決議文」之路，就是「臺獨」之路

　　7月30日，陳水扁在他就任黨主席後主持召開的第一次中執會上，公開宣布：「臺灣前途決議文」是民進黨目前處理兩岸問題的最高指導原則。8月3日，陳水扁發表的、引起島內外軒然大波的「一邊一國論」和「公投臺獨論」，其藍本就出自於「臺灣前途決議文」。

▍「一邊一國論」源自於「臺灣前途決議文」

　　所謂「臺灣前途決議文」，是民進黨為因應2000年島內「大選」，為減輕臺灣民眾對民進黨執政的疑慮，淡化「臺獨」色彩，騙取中間選票，於1999年5月8日在該黨八屆二全大會上通過的一個決議案。今年初，再經前任黨主席謝長廷等人提案，將其位階拉抬到等同於黨綱。該決議文雖然迫於當時島內外的政治現實，首次階段性地間接承認了所謂「中華民國國號」，不再堅持該黨1991年通過的「臺獨」黨綱中，主張建立「臺灣共和國」的急進「臺獨」訴求，但它所提出的七項主張，仍極其鮮明地反映了民進黨的「臺獨」立場，是一份貨真價實的「臺獨」綱領。

　　第一，鼓吹「臺獨」的基本理念和追求「臺獨」的最終目標。（1）決議文雖然承認了「中華民國國號」，但這種承認是以認定「臺灣是一主權獨立國家」為前提的。該決議文反覆宣稱：「臺灣是一主權獨立國家」、「臺灣主權獨立，與中華人民共和國互不隸屬」。（2）該決議文界定所謂「中華民國」的領土主權範圍「僅及於臺澎金馬及其附近島嶼，以及符合國際法規定之鄰接水域」，這實際上否定了「中華民國憲法」中規定的其「固有領土」範圍包括中國大陸和外蒙古。（3）該決議文埋下了修改「憲法」、更改「國號」的伏筆。決議文稱：「臺灣，固然依目前憲法稱為中華民國……」；又稱：「臺灣應盡速完成公民投票的法制化工程，以落實直接民權，並於必要時藉以凝聚國民共識，表達全民意志」。何謂「依目前憲法」？何謂「公民投票的法制化工程」？「必要時」要藉公民投票「凝聚」何種「國民共識」？

「臺灣前途決議文」之路，就是「臺獨」之路

「表達」什麼樣的「全民意志」？就是主張搞公投「入憲」、「入法」，並等待時機成熟時用「公民投票」的方式，修改「目前憲法」，更改「國號」，最終實現臺灣法理上的「獨立」，建立「臺灣共和國」。

第二，它堅持以「一臺一中」為核心的分裂中國的大陸政策。（1）決議文視兩岸為「兩國」，通篇用語均稱海峽兩岸為「臺灣與中國」。（2）公開鼓吹「臺灣應揚棄『一個中國』的主張」，聲稱「『一個中國』與『一國兩制』根本不適用於臺灣」。（3）將兩岸關係的改善與發展定位在「兩個國家」的框架之下，宣稱「臺灣與中國應透過全方位對話，尋求深切互相瞭解與經貿互惠合作，建立和平架構，以期達成雙方長期的穩定與和平」云云，這實際上是圖謀「和平獨立」。（4）號召「臺灣朝野各界應不分黨派，在對外政策上建立共識，整合有限資源，以面對中國的打壓及野心」。也即煽動臺灣民眾團結起來，共同對抗大陸的和平統一。

第三，它謀求「臺灣問題國際化」，試圖挑戰「一個中國」的國際框架。決議文鼓吹「臺灣應廣泛參與國際社會，並以尋求國際承認、加入聯合國及其他國際組織為奮鬥努力的目標」。由以上簡要分析可知：「臺灣前途決議文」乃是不折不扣的圖謀分裂中國的「臺獨宣言書」。陳水扁鼓吹的「一邊一國論」和「公投臺獨論」，其源蓋出於此。

▍接受「一中原則」，才是唯一出路

民進黨在尚未執政的在野時期，提出上述主張固然十分不智，反映了民進黨的「臺獨」本質，但畢竟無關大局，因為它沒有能力將其轉化為臺灣的大陸政策而加以推行。2000年3月陳水扁上臺執政之後，民進黨已成為臺灣政壇的執政黨，但囿於當時島內外的政治現實，為緩解臺灣民眾對民進黨上臺執政的疑懼，同時也為了「讓美國滿意、國際社會肯定，中共雖不滿意但找不到藉口」（陳水扁語），以穩定政局，陳水扁不得不「夾起尾巴做人」，對外宣稱他要做「全民總統」而不是「民進黨總統」，標榜自己要走所謂「新中間路線」。

為以觀後效，大陸方面對陳水扁採取了「聽其言，觀其行」的因應對策，給了他充分的時間調整政策，真是做到了「仁智義盡」。但陳水扁卻自以為得計，視大陸的忍讓為軟弱可欺。兩年多來，他一方面不斷向大陸釋出種種假「善意」，在「一中原則」和「九二共識」的問題上和大陸玩文字遊戲；另方面則暗度陳倉，加緊搞漸進式「臺獨」。對此，大陸方面和島內外進步輿論曾一再提出警告，進行了不懈的鬥爭。但陳水扁卻我行我素、置若罔聞。

　　如今，陳水扁自以為實力已非昔日可比，又有美國人在背後撐腰而有恃無恐，誤判形勢，為自己能競選連任，公開撕下偽裝，宣稱以「臺灣前途決議文」作為他大陸政策的「最高指導原則」，要把民進黨在野時期鼓吹的「臺獨」主張，轉化為「政策」加以推行，這無異於公開宣布要挑戰海峽兩岸關係現狀，破壞臺海和平，蓄意製造亞太地區的緊張局勢，從而激起了海內外同胞的公憤和國際進步輿論的強烈批評。

　　一向善變的陳水扁自知情況不妙，又使出了他文字遊戲的看家本領。說什麼外界把他的話簡化為「一邊一國論」並不準確，他的本意是海峽兩岸「主權對等」云云，閃爍其詞，企圖欺騙輿論，矇混過關。試問：一國內部何來「對等」主權？包括臺灣在內的中國領土主權屬於海峽兩岸全體中國人民，所謂「主權對等論」，其實就是要分割中國的領土主權，是「一邊一國論」的另一種說詞而已。如果陳水扁真有誠意緩和兩岸緊張關係，真正「愛臺灣」，真的是為2300萬臺灣民眾的福祉著想，就應該儘快放棄「臺灣前途決議文」的錯誤主張，接受「一個中國」原則。

（原文刊於《大公報》）

陳水扁走向「明獨」所為何來

近些日子來，陳水扁一反常態，接連發飆，對大陸擺出一副異乎尋常的強硬姿態，一而再再而三地聲稱他「要走自己的路，走咱臺灣的路，走出臺灣的前途」。8月3日，陳水扁更進一步，向在日本由一夥死硬「臺獨」份子召開的第29屆「世臺大會」年會以視訊直播方式發表賀詞，愈加肆無忌憚地鼓吹「臺獨」。他除了再次聲稱「臺灣要走自己的路，臺灣是主權獨立的國家」之外，還公然鼓吹兩岸「一邊一國」，這比當年的「麻煩製造者」李登輝鼓吹海峽兩岸是所謂「特殊的國與國關係」愈加惡劣和露骨。更有甚者，陳水扁還煽動臺灣民眾要「認真思考公民投票立法的重要性和急迫性」，公然鼓吹「公投臺獨」，企圖把2300萬臺灣人民當作他搞「臺獨」、對抗大陸的「人質」，徹底拋棄了他上臺執政之初向世人公開承諾的「四不一沒有」，撕下了他所謂「新中間路線」的騙人面紗，使其「臺獨」真面目自暴於天下。事實充分證明，總統陳水扁，已經取代李登輝成為分裂中國的「臺獨」勢力的總代表。

陳水扁敢於如此放肆，不計後果，邁出這重要一步，顯然有備而來，是事先經過周密策劃的。筆者以為，其深層次的背景至少有以下幾個方面：

就國際因素而言，近期以來，美國小布希政府繼續奉行「傾向臺灣」的短視政策，不斷向「臺獨」份子發出錯誤信號。其中，尤以美國國防部拋出的所謂「中國軍事實力評估報告」和國會炮製的「美中安全評估報告」至為惡劣。一時間，美國主流媒體重新熱炒「中國威脅論」，主張「遏制」中國的反華勢力再度囂張；再有，美國軍方近期以來對於美臺軍事交流、對臺軍售也表現得特別「積極」、「熱情」和「爽快」。這種情況，使陳水扁感到臺灣在美國全球戰略棋盤上的地位已大為提升。有美國「山姆大叔」在背後撐腰，自然使陳水扁有恃無恐，忘記了自己究竟有幾斤幾兩，於是就像《水滸傳》裡的牛二，放膽在當街撒野，甘當美國「遏制」中國的馬前卒，以便「讓美國滿意」，繼續支持他在臺灣當「兒皇帝」。

從島內因素來說：（1）經過去年底的「立委」換屆選舉，民進黨已成為島內政壇上的第一大黨，加上有以李登輝為精神領袖的「臺聯黨」的奧援，其執政地位已趨於穩固；（2）再者，他順利接掌民進黨主席後，黨政大權一把抓。總之，他自認為實力已今非昔比，有資本向大陸「叫板」了，更有信心將一盤散沙的「泛藍」陣營擺平了。（3）在陳水扁的心目中，「天大地大，都不如阿扁的競選連任為大」。起初，他本想透過「拚經濟」，為今年底北、高兩市的選舉及後年自己的競選連任拿出一份亮麗的成績單來。陳水扁心知肚明，要「拚經濟」就必須開放兩岸直接「三通」，捨此別無他途。但無奈大陸咬定兩岸「三通」是「一國內部事務」。這在陳水扁看來，在目前島內政治生態下，承認「三通」是「一國內部事務」無異於「政治自殺」，萬萬幹不得。於是兩岸「三通」難以突破，臺灣經濟仍如一潭死水，不僅毫無起色，且近期以來各種跡象表明，本土性的金融危機已隱然成形。如此發展下去，情況實在不妙。怎麼辦？於是對「拚經濟」已失去信心的陳水扁，利令致昏，只好祭出險招，改「拚經濟」為「拚臺獨」，企圖效法當年的李登輝，製造兩岸緊張局勢，藉以煽動民粹情緒，轉移島內民眾對其執政無能的不滿，並可凝聚「臺獨」鐵票，最終目的當然還是「拚選舉」。這就是「大膽講話」後，陳水扁何以對大陸突然翻臉的主因。至於這樣做會對臺灣經濟和兩岸關係造成什麼樣的嚴重後果，則對不起，顧不了那麼多。這就是口口聲聲「愛臺灣」的「臺灣之子」陳水扁！

然而，陳水扁這次恐怕又打錯了算盤！

首先，臺灣在美國全球戰略棋盤上的地位果真比大陸還重要嗎？美國出於其獨霸世界的野心，縱然不願看到中國的統一強大，但恐怕更不會為保衛「臺獨」而不惜與中國一戰。目前美國經濟不景氣，需要在世界各地適度製造一些緊張空氣，藉以轉移美國人民的視線，又可趁機大肆兜售武器裝配，發展軍火工業，刺激經濟回升。在很大程度上，小布希政府支持臺灣與大陸對抗，也可作如是觀。美國認為，保持目前臺海「不戰不和、不統不獨」適度緊張的局面，最符合它的戰略利益。如今陳水扁向大陸主動出招挑釁，企圖片面破壞臺海現狀，取代李登輝成為又一個「麻煩製造者」，難保哪一天美國人也會對陳水扁翻臉。

其次，兩年多來，陳水扁以權謀治「國」、以意識形態治「國」，致使朝野政黨不斷惡鬥，兩岸關係持續緊張，經濟低迷不振，失業率節節攀升，社會動盪不安，已經搞得民不聊生、殷殷望治。如今他不但不思悔改，相反卻為一人一黨之私，飲鴆止渴，變本加厲地推行他的錯誤政策，在迷途上愈走愈遠。古語有云：「水可載舟，亦可覆舟」，臺灣民眾還能忍耐多久呢？

再次，不錯！大陸方面希望兩岸關係穩定發展，也不希望因臺灣問題而影響中美關係大局，然而在事關國家領土主權的大是大非問題上，大陸無論哪一屆領導，也不論在任何情況之下，都絕不會吞下苦果，這是中共建黨立政的根本，陳水扁及其「臺獨」同夥不可心存幻想。

我們要奉勸陳水扁，切不可誤判形勢，一錯再錯，執意蠻幹的結果，到頭來只能是「搬起石頭砸自己的腳」！

（原文刊於華夏經緯網）

「一邊一國」是兩岸的「政治現實」嗎

在陳水扁近日的「臺獨」言論中，有一個頗能迷惑島內民眾的謬論。他說，臺灣和對岸，「一邊一國」是「政治現實」。此論遭到海內外同胞的同聲譴責之後，民進黨的一些頭面人物紛紛出來試圖為其辯解「消獨」，說什麼臺灣「是中華民國」，對岸是「中華人民共和國」，所以「一邊一國」本來就是海峽兩岸的「政治現實」云云。

「一邊一國」果真是海峽兩岸的「政治現實」嗎？陳水扁及其「臺獨」同夥真的那麼喜歡「中華民國」嗎？

首先我們要詰問：如果「一邊一國」真的是海峽兩岸的「政治現實」，那麼，如何解釋1971年聯合國恢復中華人民共和國合法席位時，要將臺灣驅除出聯合國？如何解釋聯合國下屬的只有主權國家才有資格加入的所有國際組織，都拒絕接納臺灣為「會員國」？如何解釋世界上所有和中華人民共和國建立外交關係的國家（包括美國），無論大小，都必須同時與臺灣『斷交』，並承諾只能與臺灣保持非官方關係？又如何解釋臺灣加入WTO，只能以「中國臺澎金馬單獨關稅區」的名義而不能以「主權國家」的名義？以上事實恰恰說明：臺灣是中國的一部分，海峽兩岸同屬於一個中國，才是國際「政治現實」。

其次，從島內的「政治現實」來說，即使從目前臺灣現行的、陳水扁上臺執政時也曾舉手宣誓要「效忠」的各種法律檔來看（包括「中華民國憲法」），都無不確認臺灣是中國的「固有領土」。由此也說明，海峽兩岸同屬「一個中國」，並不是大陸單方面強加給臺灣的，而是臺灣現行的法律框架所承認和規定了的。

其實說穿了，陳水扁及其少數「臺獨」同夥所說的兩岸「一邊一國」，並不是指「中華民國」與「中華人民共和國」，而是他們心目中的「臺灣共和國」與「中華人民共和國」。有事實為證：早在民進黨在野時期，包括陳

「一邊一國」是兩岸的「政治現實」嗎

水扁本人在內的「臺獨」人士便一再鼓噪「臺灣中國，一邊一國」；上臺執政後更千方百計地搞漸進式「臺獨」，聲稱要為臺灣「正名」，即把所謂「中華民國」「正名」為「臺灣共和國」（簡稱「臺灣」），不久前在臺灣民眾外出旅行的證件上加注「臺灣」字樣，便是這一陰謀活動的重要一環。再拿近日陳水扁發表的一系列有關兩岸政策的講話中，通篇用語都只提「臺灣與中國」。急進「臺獨」人士心領神會、欣喜莫名，聲稱陳水扁「已經用事實為臺灣『正名』」，表示「相當欣慰」。還有，陳水扁公開宣布「臺灣前途決議文」是目前民進黨大陸政策的「最高指導原則」。而「臺灣前途決議文」明確主張：「臺灣是一主權獨立國家」，其主權領域「僅及臺澎金馬及其附近島嶼，以及符合國際法規定之鄰接水域」。這明顯是偷梁換柱，把所謂「中華民國」的領土主權範圍「退縮」為僅僅含蓋「臺澎金馬」，並不包括中國大陸。可見在陳水扁及其「臺獨」同夥的心目中，所謂「中華民國」只不過是「臺灣共和國」的代名詞和同義語而已。難怪 8 月 3 日陳水扁的講話剛一結束，在日本召開的急進「臺獨」組織「世臺大會」年會現場，死硬「臺獨」分子歡呼雀躍，同聲高呼「臺灣共和國萬歲！」、「支持陳水扁『總統』！」。

陳水扁及其「臺獨」同夥，多年來連做夢都想「獨立建國」，無奈迫於國際「政治現實」，懾於海內外同胞「反獨促統」的強大聲威，始終不敢輕舉妄動。如今錯估形勢，公然拋出「一邊一國論」，又欺世盜名，侈談什麼這是海峽兩岸的「政治現實」，企圖矇蔽臺灣民眾，混淆國際視聽。俗話說：「有其父必有其子」，當年「臺灣之父」李登輝拋出臭名昭著的「兩國論」，引起全球公憤，未能得逞，如今自稱「臺灣之子」的陳水扁拋出「一邊一國論」，同樣也不會有好結果！

（原文刊於華夏經緯網）

回歸「四不一沒有」，兩岸關係就能穩定嗎

陳水扁及其「童子軍」幕僚誤判形勢，以為「會鬧的孩子有糖吃」，事先沒有向美國山姆大叔請示，就貿然拋出「一邊一國論」和「公投臺獨論」，立即引發了臺海局勢的又一輪新的危機，對亞太地區的穩定和平以及美國的全球戰略部署構成了嚴重威脅。山姆大叔臉上立刻露出慍色。陳水扁畢竟還算乖巧，自知闖下大禍，一方面趕緊約見美國在臺協會臺北辦事處處長包道格進行「解釋」，表示臺兩岸政策「沒有改變」；另方面又急忙派出他的親信趕往美國，向白宮認錯道歉。同時對外宣稱：民進黨不會推出任何版本的「公投法案」，「四不一沒有」仍然是扁當局的兩岸政策云云。山姆大叔見阿扁似有「悔意」，也就息事寧人，摸摸阿扁的頭說：以後不可再犯，做什麼事情「事先打個招呼才好」！

中國有句俗話：「知有今日，何必當初！」陳水扁的格局和智慧原本有限，又一向靠耍小聰明吃飯，這次栽個筋斗，也在情理之中。問題是陳水扁承諾他的大陸政策重新回歸「四不一沒有」，兩岸關係從此就能緩和穩定了嗎？

首先，陳水扁一向以「善變」而著稱，經此「一邊一國論」風波之後，其政治人格更是大受質疑，被國際社會普遍認為是繼李登輝之後的又一個「不可預測的政客」，包括美國人在內，誰敢打包票陳水扁不會哪一天又誤判形勢、利令智昏，在兩岸問題上幹出什麼別的出格事來呢？

其次，實際上律師出身的陳水扁，雖然上臺之初迫於當時島內外的政治現實，為站穩腳跟，不得不「忍氣吞聲」，對外承諾「四不一沒有」，但在用詞遣句上卻留下了伏筆，暗含了日後發難的玄機，只是一般人沒有太注意而已。他的原話是：「只要中共無意對臺動武，本人保證在任期內，不會宣布獨立，不會更改國號，不會推動兩國論入憲，不會推動改變現狀的統獨公投，也沒有廢除國統綱領與國統會的問題。」也就是說，他承諾「四不一沒有」是有前提、有條件的。那就是「中共無意對臺動武」，他的承諾才有效，否

則他可以一概不認帳。這次他拋出「一邊一國論」和「公投臺獨論」，其振振有詞的「理由」就是：兩年來他「持續向大陸釋出善意」，但都沒有得到「相應的回應」，相反「中共卻一直在威脅和打壓我們」，所以他的「四不一沒有」承諾當然就不算數了，他就有理由搞「臺獨」了！

臺灣是中國領土不可分割的一部份，中國政府依據憲法賦予的權力，有責任有義務捍衛臺灣的領土主權不被分割和侵犯。不要說海峽兩岸目前仍處於敵對狀態，在這種情況下中國政府不可能承諾放棄對臺動武，即便將來兩岸統一了，中國政府也不會承諾放棄對臺使用武力。這就如同中國政府和中國人民，無權要求美國政府承諾放棄對夏威夷使用武力，是同樣的道理。因此，陳水扁以「中共無意對臺動武」為前提條件所作出的「四不一沒有」承諾，實際上是毫無意義的。道理很簡單，因為大陸方面永遠不可能宣布放棄對臺動武。如此一來，陳水扁豈不隨時都有「理由」在他認為時機成熟時，推翻他的承諾而再次惹是生非嗎？

再次，7月30日，陳水扁在他接任民進黨主席後首次主持召開的中執會上，公開宣布「『臺灣前途決議文』是民進黨目前大陸政策的最高指導原則」。直至近日，陳水扁仍一再宣稱「絕對不會動搖和放棄」他們的理想和信念，仍然拒絕修改「臺獨」黨綱，並聲稱「一邊一國論」是「去頭去尾、過度簡化」了他的講話，他的「本意」應該是兩岸「主權對等」。眾所周知：「一邊一國論」和「公投臺獨論」其源蓋出於「臺灣前途決議文」；所謂「主權對等論」只不過是「一邊一國論」的另一種說詞而已，同樣是不折不扣的「臺獨」謬論。誠如島內有識之士所言：「夏威夷能和美國本土『主權對等』嗎？」可見，陳水扁迄今仍拒絕鬆動「臺獨」立場，在這種情況下，兩岸關係有可能緩和與穩定嗎？

再說，即使陳水扁懾於海內外同胞和國際輿論的壓力，暫時收起了他「一邊一國論」和「臺獨公投」的主張，但他和他的「臺獨」同夥也絕不會輕易認輸。一方面，由於他們拒絕接受「一中原則」和「九二共識」，兩岸談判勢必無法恢復，直接「三通」難望突破；另方面，他們仍會充分利用手中掌

握的公權力，繼續從政治、文化、教育等各個方面搞漸進式「臺獨」，如此一來，又勢必激化島內的「統獨」之爭，毒化兩岸氣氛。

　　總之，透過兩年多來的較量，特別是這次圍繞著「一邊一國論」的尖銳衝突與鬥爭，使人們充分認識到了陳水扁及其同夥「臺獨」立場的頑固性和危險性。民進黨創黨已屆 16 個年頭了，事實一再驗證：陳水扁及多數民進黨人士政治上很不成熟，格局有限，只知一己一黨之私，眼光偏於臺灣一隅，對國際政治、對兩岸問題都缺乏客觀清醒的認識與瞭解，並總是過高猜想自己的力量，往往一廂情願地處理複雜的政治問題，愛走極端，喜耍權術，而且往往不按牌理出牌，常常讓人「跌破眼鏡」。正所謂「秀才碰到兵，有理說不清」，與這樣的對手打交道必須特別小心。目前島內的政治現實是：經過李登輝主政 10 多年的刻意誤導，有相當一部分臺灣民眾的國家認同已被搞亂，「臺獨」勢力在島內確有一定的社會基礎；雖然反對「臺獨」、主張維持現狀是當前臺灣的民意主流，但卻缺少一個統一的、強有力的政治力量把它組織起來，與「臺獨」勢力進行卓有成效的鬥爭。因此，一般評估，陳水扁仍有可能在下屆「大選」中獲勝。也就是說，在未來幾年之內民進黨仍可能繼續執政。而在目前中外的政治大環境下，指望陳水扁和民進黨放棄「臺獨」立場和主張，顯然是一廂情願的幻想。由此可以預見，未來幾年海峽兩岸之間的統獨之爭仍將會十分激烈，兩岸關係仍將處於動盪不定的狀態，並有可能出現新的危機。

（原文刊於華夏經緯網）

陳水扁是貨真價實的「賴政客」

■陳水扁屬於哪一類的政客

　　幾年前我和一位民進黨的朋友聊天。這位民進黨朋友坦白而語帶幽默地對我說：「我們臺灣沒有政治家，只有政客，大政客和小政客，好點兒的政客和賴點兒的政客，我是屬於好一點兒的政客！」

　　何謂「政客」？《辭海》上說：所謂政客是「指從事政治活動謀取私利的人」。以此標準來衡量，說陳水扁是「政客」一點兒不冤枉。因為陳水扁位居臺灣的最高領導人，故又可稱其為臺灣島內的「大政客」；而又由於陳水扁比一般的政客都更「善變」（臺灣朝野大多數問題都很難有共識，唯獨「阿扁善變」有驚人的共識！），其變化之快速常常令人眼花繚亂、跌破眼鏡，用「初一、十五的月亮不一樣」來比喻已遠遠不夠，經常是上午和下午不一樣，晚上和白天不一樣，不同的場合更不一樣。誠如島內朋友所言：阿扁是「見人說人話，見鬼說鬼話」、「翻手為雲，覆手為雨」，剛剛講過的話他可以很快不認帳，賴得乾乾淨淨，而且常常自摑嘴巴，可以用他自己說過的話來批他自己。陳水扁這樣做，純為一己之私，但他卻整天喊「愛臺灣」、「臺灣優先」、「臺灣第一」。可見，陳水扁不僅是政客，是大政客，而且是貨真價實的「賴政客」！

■從「大膽講話」到「一邊一國論」

　　陳水扁自問政以來，「善變」的事例實在太多，僅舉其大者、要者：1995年陳水扁首次參選臺北市長，為爭取中間選票，在萬人大會的造勢現場，冒著失去部分民進黨支持者的風險，公開從別人手中接過「中華民國國旗」，表示他「認同中華民國」。可以說，在民進黨的重量級人物中，公開承認「中華民國」的，阿扁是第一人。目的無它——為了勝選。陳水扁有句名言：「臺獨是票房毒藥」。陳水扁也因此一直被外界視為「溫和獨派」、「務實獨派」。可是到了1998～1999年，他為了和許信良競爭「總統」候選人

的黨內提名，爭取「臺獨基本教義派」的支持，卻突然變成了「急獨派」。他公開反對兩岸政治談判、反對開放兩岸「三通」、反對臺商「大膽西進」。對黨主席許信良主導的民進黨「臺獨」轉型的任何舉措，他幾乎都無一例外地加以反對。然而，當他耍盡手腕把許信良排擠出民進黨，如願以償地被推舉為「總統」候選人之後，馬上又換了另一副嘴臉。為了欺騙選民，減輕島內民眾對民進黨上臺執政的疑懼，他重新拉起「溫和」面紗，拋出所謂「新中間路線」，在兩岸問題上表現得比許信良還要「溫和」。這次從大膽島的「大膽講話」到民進黨的十全大會上拋出「一邊一國論」，可說是陳水扁的故技重演。

以下是剛剛過去不久的鏡頭重播：5月9日，陳水扁帶著島內媒體記者，跑到與福建一水之隔的大膽島，「善意」十足地隔海向大陸領導人喊話。不光是宣稱「兩岸『三通』是必走之路」，而且還邀請大陸領導人到大膽島去「品茶」。隔天甚至聲稱「可以授權民間機構來和大陸談判三通」云云。一時間讓臺灣工商企業界雀躍不已，滿以為「鴻鵠將至」——「三通」很快就能實現，兩岸關係可望峰迴路轉、柳暗花明了！

不料事隔沒多久，陳水扁突然變臉。7月21日，陳水扁在接任民進黨主席的大會上發表講話，宣稱兩年來「持續向大陸釋出善意」都沒有得到「相對的回應」，所以從此「要走自己的路。走咱臺灣的路，走出臺灣的前途！」。7月30日，他在民進黨召開的中執會上公然宣稱，要把民進黨「臺灣前途決議文」作為大陸政策的「最高指導原則」。8月3日，他悍然聲稱：「臺灣與對岸中國，一邊一國，要分清楚。」並煽動臺灣民眾「要認真思考公民投票立法的重要性和迫切性」。島內外急進「臺獨」分子們聞「獨」起舞，一時間掀起一股「臺獨」惡浪。不料卻遭到海內外同胞的迎頭痛擊和國際正義輿論的同聲譴責，就連美國也對他突然發難不太諒解。於是陳水扁馬上使出慣用「賴功」，倒打一耙，說外界把他的話概括為「一邊一國論」是「過度簡化」。

阿扁的「賴功」可謂了得！如果說這次有什麼不同，那就是他把這套伎倆從島內政壇搬到了兩岸關係上，而且用得特別得心應手，手法也更加嫻熟

陳水扁是貨真價實的「賴政客」

和隱蔽。故此，一時間讓人摸不到頭腦，難以理解他何以會如此打「政治擺子」，在這樣短暫的時間裡從一個極端跳到另一個極端？

▌「一軟一硬」，所為何來

從大擔島的「柔性喊話」，到「一邊一國論」的強硬姿態，陳水扁的用意是什麼？陳水扁此番演出，無非是為 2004 年競選連任鋪路。陳水扁上臺兩年來，由於偏執於意識形態，他競選時對選民的承諾幾乎全部跳票，民眾怨聲載道，日甚一日。陳水扁深知，下屆大選要有勝算，一是要破解「泛藍陣營」的整合，二是要拿出亮麗的執政成績單。而執政成績單中最重要的當然是要儘快扭轉仍在繼續惡化中的島內經濟。於是他在去年出訪中南美洲返臺後。便信誓旦旦地宣稱要「拚經濟」。然而幾個月過去了，臺灣經濟不但繼續惡化，甚至出現了爆發本土性金融危機的種種跡象。兩岸加入 WTO 後，島內民調顯示，開放兩岸「三通」已成為主流民意。於是迫於島內的強大壓力，為籠絡人心，陳水扁才有「大擔講話」。

陳水扁的如意算盤是：試探大陸開放「三通」的政策底線，假若在不鬆動「臺獨」基本立場的情況下能夠突破「三通」，自然利多；如果大陸仍堅持在「一中原則」下才能開啟「三通」談判，他就可以把兩岸關係無法改善的責任推給大陸。不僅可以對島內民眾有所交代，而且他從「拚經濟」轉向「拚臺獨」也就有了充足的「理由」。

果然，當大陸方面對陳水扁的大擔島講話很快做出回應，表示只要臺灣把兩岸「三通」看作「一國的內部事務」，就可以委託民間機構經過協商談判，達成共識，簽訂協定，並由各自官方機構加以確認，很快通起來。陳水扁馬上就攻擊大陸為「三通」設置障礙，聲稱「難以接受」。此後他再也不提「三通」話題。7 月 21 日，陳水扁突然發飆，宣稱「要走自己的路」。這表明他對「拚經濟」已失去信心，要開始「拚臺獨」了。

▎兩岸關係還經得起考驗嗎

　　陳水扁既然是政客，就談不上有什麼「戰略」，其作風就是「抄短線」，一切都是為了「拚選舉」。如果說陳水扁有什麼「戰略」的話，「勝選」就是他的最大「戰略」。從這一角度而言，這次的「臺獨」表演，應該說使他達到了凝聚「臺獨」鐵票的「戰略」目的。陳水扁已成功地讓島內外的「臺獨」勢力相信他絕對不會「賣臺」，會走「臺獨」之路。然而陳水扁明白，要想連任成功，還需要島內工商企業界的支持。不久之後陳水扁很可能又會祭出「軟」的一手，「三通」談判的旗子又有可能會被他高高舉起。但是，一再上當的臺灣民眾還會再上當嗎？歷經「一邊一國論」的危機之後兩岸關係還經得起考驗嗎？島內外同胞不能不提高警惕！

（原文刊於《臺灣工作通訊》）

紀念「辜汪會談」，重啟兩岸對話

　　十年前（1993年）的4月27日，備受世人矚目的「辜汪會談」在新加坡的海皇大廈4樓會議大廳正式舉行。這是自1949年以來海峽兩岸高層人士的首次會晤，邁出了兩岸關係發展的歷史性的重要一步，具有里程碑性質的意義。兩會溝通管道的建立，以及會談簽署的四項協定，開啟了兩岸接觸溝通制度化、正常化的大門，為日後推動兩岸的經貿往來和民間交流的發展，發揮了重要的促進作用。

　　「辜汪會談」的成功舉行，至少給我們以下兩個方面的重要歷史啟示：

　　第一，「辜汪會談」的成功舉行，充分體現了兩岸雙方妥善處理分歧、有效打破僵局的政治智慧，它說明了海峽兩岸儘管長期隔絕對峙，意識形態對立，缺乏互信，甚至充滿敵意，但只要雙方能夠本著「求同存異、相互尊重、平等協商」的原則與精神，心平氣和地坐下來談，總是可以找到解決問題的方法。只要雙方都有解決問題的誠意，海峽兩岸的某些政治爭議完全可以暫時擱置，並不會成為兩岸關係發展進程中不可踰越的障礙。

　　第二，「辜汪會談」之所以得以實現，關鍵在於1992年大陸海協會與臺灣海基會達成了各自以口頭方式表述「海峽兩岸均堅持一個中國原則」的共識，並表明了兩岸「努力謀求國家統一」的態度。也就是說，「九二共識」的確立，為新加坡「辜汪會談」的順利舉行掃清了障礙；「堅持一個中國原則」和「謀求國家統一」，是兩岸兩會接觸、對話同時也是「辜汪會談」的基礎和前提；沒有這一基礎和前提，就不會有「辜汪會談」以及此後兩會舉行的20多次不同層級、不同議題的商談與對話。

　　「辜汪會談」雖然邁出了歷史性的重要一步，為兩岸關係的發展奠定了基礎，但由於李登輝之所以同意舉行「辜汪會談」，乃是因為迫於內外形勢、為鞏固自己的權力而不得不為之，其實骨子裡並無發展兩岸關係、謀求國家統一的誠意，因而此後十年來，李登輝與「臺獨」勢力狼狽為奸，互為奧援，利用手中掌握的權力，與大陸對抗，一心搞分裂，破壞兩岸關係的正常發展，使兩岸關係經歷了許多風風雨雨，經過了一個曲折發展的過程。

舉其大者、要者：

其一，正當「辜汪會談」後兩岸關係發展勢頭良好之際，1994年3月，李登輝與日本右翼作家司馬遼太郎對談，妄稱「中國這個詞也是含糊不清的」，「主權是個危險的概念」，「臺灣必須是臺灣人的東西」，「國民黨是外來政權」等等，掀起了一場軒然大波，使兩岸關係發展的良好勢頭頓挫。

其二，1995年1月，江澤民主席發表《為促進統一大業的完成而繼續奮鬥》的重要講話，提出了現階段發展兩岸關係、推進和平統一的「八項主張」，受到海內外同胞包括臺灣各界的熱烈擁護和積極反響，營造起了兩岸關係的良好氣氛。但卻使「臺獨」分裂勢力感到特別恐慌，於是經過一番密鑼緊鼓的策劃與運作之後，6月李登輝訪美，在康奈爾大學大放厥詞，鼓吹「中華民國在臺灣」，宣稱要「盡全力向不可能的事物挑戰」，從而引發了第三次「臺海危機」，兩岸兩會正在籌畫中的第二次「辜汪會談」遭到破壞，使兩岸關係嚴重倒退。

其三，1998年10月，在各方的努力下好不容易才促成了臺灣海基會董事長辜振甫的大陸之行和上海的「辜汪會晤」，兩會達成了包括大陸海協會會長汪道涵先生回訪臺灣等四項共識，開啟了兩岸高層政治對話的先河，為恢復兩會的良性互動打下了基礎。1999年8月，正當兩岸同胞熱切盼望汪道涵會長訪問臺灣、兩岸關係有望取得突破性進展之際，李登輝又公然拋出「兩國論」的分裂主張，從而引發了第四次「臺海危機」，海峽兩岸瀕臨戰爭邊緣，致使兩岸兩會協商、對話再次中斷。

其四，2000年3月臺灣政黨輪替、民進黨上臺執政後，臺灣新領導人堅持「臺獨」立場，先是拒絕承認「一中原則」，否認「九二共識」，推行「不說『兩國論』的『兩國論』」分裂路線，致使兩岸政治關係持續緊張低迷，僵局難解，充滿變數，與急速發展的兩岸經貿往來和民間交流所導致的臺灣對大陸的「投資熱」、「求職熱」、「求學熱」、「上海熱」、「購房熱」、「定居熱」形成了鮮明的對照，並使開放兩岸直接「三通」面臨臨界點，對民進黨當局意識形態掛帥的大陸政策構成了嚴重衝擊。面對這種局勢，憂心於自己能否競選連任的陳水扁，不僅不思進取、改弦更張，相反為了穩固其

紀念「辜汪會談」，重啟兩岸對話

「臺獨」基本票源，2002年8月，更變本加厲地鼓吹「臺灣中國，一邊一國論」和「統獨公投論」，公然拋棄了他上臺之初信誓旦旦承諾的「四不一沒有」，從而引發了海峽兩岸新一輪劇烈的「統獨」之爭，使本已十分低迷僵持的兩岸關係雪上加霜，至今仍看不到一絲打破僵局的曙光。

十年來兩岸政治關係曲折發展的艱難歷程告訴我們：

（一）堅持「一個中國原則」，堅持「九二共識」，兩岸關係就能改善，就能發展；違背一個中國原則，否認「九二共識」，兩岸關係就會緊張，就會倒退。捍衛「一個中國原則」，就是捍衛臺海和平；維護「九二共識」，就是維護兩岸同胞的福祉。所以，堅持「一個中國原則」，堅持「九二共識」，才符合廣大臺灣民眾「求和平、求安定、求發展」的願望，才是真正的「愛臺灣」，真正的「臺灣優先」。

（二）每當兩岸關係前進一步，「臺獨」分裂勢力就急不可耐要跳出來破壞搗亂，這是它們的「臺獨」本性所決定了的，不讓它們出來表演也不行。正因為如此，兩岸關係的發展充滿了變數、曲折和鬥爭。同時也決定了中國統一的長期性、複雜性和艱巨性。但這並不表示「臺獨」分裂勢力的強大，相反，正說明了它們的虛弱與無奈。標舉「臺獨黨綱」的民進黨雖然掌握了臺灣的執政權，但迄今為止並不敢明目張膽地公開搞「臺獨」，這便是明證。

「一個中國」的框架是牢不可破、難以撼動的，兩岸關係的發展、統一和中華民族偉大復興畢竟是任何力量都無法阻擋的。大陸政府對主張「臺獨」的民進黨的政策是一貫的、明確的。2002年1月，錢其琛副總理在紀念江澤民「八項主張」發表七週年的重要講話中，曾語重心長地呼籲民進黨「應該更多地為臺灣人民的福祉著想，徹底拋棄『臺獨黨綱』，以真誠的態度發展兩岸關係」，並把「廣大民進黨成員」與「極少數頑固的臺獨分子」加以區別，把廣大臺灣同胞要求「當家做主」與極少數人搞「臺獨」加以區別，「本土化」與搞「臺獨」也加以區別，歡迎廣大民進黨員「以適當身分」前來大陸參觀、訪問，增進瞭解，充分展現了大陸政府對臺政策的包容性和發展兩岸關係的誠意。2002年11月江澤民總書記在中共十六大上的報告，以及不久前胡錦濤主席在十屆全國人大一次會議上出席臺灣省代表團審議時的重要講話，都

重申了大陸政府對臺方針政策的一貫原則立場，向臺灣方面釋出了最大的善意和極大的誠意，為兩岸關係的改善與發展提供了又一個新的契機。

　　民進黨當局堅持「臺獨」立場，已經使其兩岸政策走進了死胡同，陷入了深深的泥淖，這不僅使 2300 萬臺灣同胞的切身利益蒙受了巨大的損失，同時也成為它在 2004 年臺灣大選中與泛藍陣營對決、謀求保住其執政地位的一大罩門。在「辜汪會談」十週年到來之際，我們誠懇地呼籲民進黨人士能夠審時度勢，不要固執己見，一誤再誤，期望他們能抓住契機，調整不合時宜的錯誤立場和政策，對大陸政府的善意和誠意作出積極的回應，儘早接受一個中國原則，回歸「九二共識」，重啟兩岸兩會的對話談判，若能如是，才是兩岸同胞之福，才是對「辜汪會談」十週年的最好紀念！

（原文刊於華夏經緯網）

陳水扁的假「民主」、假「人權」

　　陳水扁鼓吹「臺獨公投」有一個頗能迷惑人的謬論，說什麼臺灣是「民主社會」，對臺灣前途進行公民投票，是2300萬臺灣人民的「民主權力」和「基本人權」云云。其實，陳水扁鼓吹在臺灣搞「臺獨公投」，恰恰是打著「民主」、「人權」的旗號，以少數人的所謂民主和人權，否定甚至剝奪大多數人的民主和人權，是典型的假「民主」、假「人權」。

　　何以言之？

　　其一，大陸與臺灣同屬一個中國，這是國際法和國內法（包括臺灣現行的法律）都有明確定位的無可辯駁的事實，這與臺灣是不是「民主社會」毫無關係。就如同八年抗日戰爭時期，中共治理下的「陝甘寧邊區」實行與「蔣管區」不同的民主制度，但並不能否定陝甘寧邊區是當時中華民國領土不可分割的一部分一樣。因為民主本身並不能創造出主權，它只能改變一個國家或地區的生活方式；即使臺灣社會再民主，也無法改變「臺灣是中國領土不可分割的一部份」這一鐵的事實。

　　其二，關於「公投」與「民主」和「人權」的關係問題。我們一向十分尊重臺灣人民當家作主的願望和民主、自由等基本權力的行使，但任何民主方式和民主權力的行使，都必須以確保國家領土主權的完整為前提，否則就必然走向民主的反面而侵犯大多數人的根本利益。眾所周知，臺灣是海峽兩岸人民世世代代共同開發、建設和保衛的神聖領土。臺灣不僅僅是2300萬臺灣人民的臺灣，同時也是13億大陸人民的臺灣；臺灣的領土主權屬於海峽兩岸全體中國人所共同擁有。退一步說，即使要體現「民主」和「人權」而對臺灣的地位與前途問題舉行「公投」，那麼也必須在海峽兩岸所有的中國人中進行，而不能只在2300萬臺灣人民中進行，否則，就等於否定甚至剝奪了大陸13億人民的民主與人權，反而變成了無視絕大多數中國人意志的「反民主」、「反人權」之舉了。

　　其三，陳水扁鼓吹「臺獨公投」，其謬誤還在於：任何一個地方政權都無權搞所謂「公民投票」來決定該地區的地位與前途，這是再簡單不過的道

理。試問：假如臺灣任何一個不滿民進黨執政的縣市，也打著所謂「民主」、「人權」的旗號，用「公民投票」的方式，宣布脫離臺北民進黨當局的統治而另立一個什麼「國家」，能被允許嗎？如果允許，豈不天下大亂！

其四，歷來島內的各種民調都無不顯示，即使就臺灣而言，大多數民眾也不贊成搞什麼「統獨公投」，臺灣的民意主流是求和平、求安定、求發展。如果陳水扁和民進黨打著維護臺灣人民的「民主」和「人權」的幌子，利用他們手中掌握的公權力，執意搞「臺獨公投」的話，這就等於挾持著2300萬臺灣人民當「人質」，拿臺灣人民的生命財產當賭注，肆意玩火，其本身就是踐踏臺灣人民「基本人權」！

從以上簡要分析可知，陳水扁鼓吹「臺獨公投」，完全是假維護民主、人權之名，行違反民主、踐踏人權之實，不僅極其虛偽，且用心險惡，不可不辯清楚也。

（原文刊於華夏經緯網）

陳水扁推動「公投制憲」居心何在

總統陳水扁近日在民進黨的晚會上宣稱，民進黨贏得明年島內「大選」後，將於 2006 年「修憲」，並再次強調明年將如期舉行「公民投票」。這是繼去年 8 月公然拋出「一邊一國論」以及不久前聲稱要在「大選」前舉辦「諮詢性公投」之後，陳水扁的又一露骨的「臺獨」宣示。

此言一出，立即引發了臺灣政壇的強烈震撼，使原本僵持、充滿變數的臺海局勢愈加詭譎不安，國際社會也表示高度關切。事實再次證明，陳水扁是繼李登輝之後破壞地區穩定和平的又一個「麻煩製造者」。人們不禁要問：此時此刻陳水扁揚言要推動「公投制憲」，居心何在？

陳水扁上臺後迫於島內外的政治現實，民進黨不得不淡化「臺獨黨綱」，在「臺獨」主張上進行「策略轉型」，陳水扁在 2000 年「大選」後為欺騙輿論、穩定政局，公開承諾「四不一沒有」，假意推行所謂「新中間路線」。然而，事實上民進黨和陳水扁從未忘情於「臺獨」，執政三年多來，打著「本土化」的幌子，利用他們手中掌握的公權力，採取一切可能採取的手段，在島內極力推行「去中國化」運動，妖魔化「一個中國」，這實際上就是為日後他們認為時機成熟時，妄圖透過「公投制憲」、「獨立建國」創造條件。故此，陳水扁揚言要推動「公投制憲」，實際上乃是其「臺獨」本性使然。

此外，這也是陳水扁為主導選戰議題、轉移臺灣民眾視線、挽救選情頹勢所祭出的「險招」，不擇手段所下的「獨藥」。陳水扁上臺很大程度上是靠李登輝的奧援和國民黨的分裂。而他上臺後卻搞意識形態治政，致使兩岸關係持續緊張，島內政黨惡鬥，經濟大幅衰退，失業率居高不下，民眾痛苦指數不斷攀升，社會動盪不安。民調顯示，民進黨的政黨滿意度和陳水扁的執政滿意度不斷下滑。民進黨和陳水扁儘管多次出招，企圖扭轉選情頹勢，但都成效不彰，眼見「大選」日近，心急火燎的陳水扁於是不顧一切，拋棄了他一向標榜的所謂「新中間路線」，祭出「公投制憲」的「獨招」，企圖以此賭一把。

陳水扁的如意算盤一是要主導選戰主軸，激化島內「統獨」對立，轉移民眾對其執政無能的不滿；二是企圖刺激大陸，藉此煽動臺灣民眾對抗大陸的「民粹」情緒，險中取勝。再者，近年來，捲入多起重大弊案的李登輝儼然以「臺獨教父」自居，瘋狂從事所謂「臺灣正名」活動，鼓吹「2008臺灣『制憲建國』」。有識之士無不認為，這既是李登輝的「臺獨」本性使然，同時也是其與陳水扁爭奪「臺獨」活動主導權、「擁獨自保」的一著棋。而不甘被李挾制的陳水扁對此早就心存芥蒂，於是拋出「公投制憲」，以爭取「臺獨」鐵票回流。

　　從以上簡要分析可知，儘管陳水扁口口聲聲「愛臺灣」、「臺灣優先」，開口閉口「為2300萬臺灣民眾謀福祉」云云，然而他為了競選連任，謀求一黨一己之私，卻不惜食言自肥，違背上臺之初的「四不一沒有」承諾，妄圖單方面改變兩岸關係現狀，如果他真的這樣做，必將給臺灣社會和兩岸關係帶來極其嚴重的後果，而最終受害的則是臺灣的經濟和廣大民眾的福祉。

（原文刊於新華網）

扁李合流掀「臺獨」惡浪

陳水扁民進黨終於剝下偽裝，與急進「獨派」李登輝「臺聯黨」徹底合流了。

10月25日，正是臺灣光復紀念日。這天，民進黨和「臺聯黨」聯手合辦了一個所謂「全民公投，催生臺灣新憲法」的大遊行，煽動10多萬臺灣民眾走上街頭，呼喊「公投制憲」、「臺灣共和國萬歲」等口號，掀起了空前的「臺獨」惡浪。

▎陳水扁背棄承諾

和上次9月6日由「臺聯黨」單獨主辦的所謂「臺灣正名」大遊行有所不同，這次大遊行是民進黨和「臺聯」兩黨「聯合舉辦」，而且陳水扁、呂秀蓮等臺灣與民進黨的頭面人物也不再躲躲藏藏、忸忸怩怩，而是傾巢而出、一絲不掛地上場「激情演出」。呂秀蓮公開露骨地叫囂：要用「公民投票」的方式「確立臺灣主權獨立、確立臺灣的新國號」等等，把民進黨組織這次大遊行的「臺獨」意圖和盤托出。

直到前幾日，陳水扁還在好幾個不同的場合一再表示：「『公投』不涉及『臺獨』」，他將信守上臺時保證的不宣布「臺獨」、不搞「兩國論入憲」、不會推動改變現狀的「統獨公投」等「四不一沒有」承諾。這次「10‧25」的「公投制憲」大遊行，徹底戳穿了陳水扁的謊言，使他的「臺獨」真面目大白於天下。

陳水扁背棄承諾，公開與李登輝合夥推動「臺獨制憲」，打著各種各樣欺世盜名的幌子：

一曰「以民意為依歸」。「臺獨制憲」果真是臺灣的「主流民意」嗎？近幾年來，島內的歷次民意調查都無不顯示，不贊成「臺獨」、主張兩岸應「維持現狀」的臺灣民眾占絕大多數，「求和平、求安定、求發展」才是真正的臺灣民意主流。就在高雄舉行「公投制憲」大遊行的當天，由民間自發的「反

『臺獨』、救臺灣」大遊行也在臺北街頭同時熱烈展開，形成了南北對壘、較勁的奇異場景。陳水扁、李登輝之流企圖利用手中掌握的公權力，把他們少數人的「臺獨」分裂圖謀強加給大多數善良的臺灣人民，這是典型的、不折不扣的「強姦民意」的政客伎倆。歷史一再昭示我們，反動勢力要從事他們的反動事業，總喜歡打著「以民意為依歸」的旗號，因為他們心虛，當年的希特勒是這樣，袁世凱是這樣，如今臺灣的李登輝、陳水扁同樣是這樣。不過歷史也同樣昭示我們，違背大多數人民的意志，終究也不會有好的結果。

美國「教訓」陳水扁

二曰「民主和人權」。按照陳水扁和李登輝的「臺獨」邏輯，不讓他們搞「臺獨」、搞「公投制憲」，就是違背「民主」，就是踐踏「人權」。好大的帽子！然而須知：臺灣不僅僅是少數「臺獨」分子的臺灣，乃是海峽兩岸包括世界上全體中國人所共同擁有的臺灣。民主也好，人權也罷，都是相對而存在的，有了少數「臺獨」人士搞「臺獨」的民主，尊重了少數「臺獨」人士的人權，也就等於剝奪和踐踏了反對「臺獨」的絕大多數中國人包括大多數臺灣同胞的民主和人權。近期以來，就連最喜歡標榜「民主」和「人權」的美國政府及其領導人，出於其國家利益，都一再表示反對「臺獨」，對臺灣推動「公投」表示嚴重「關切」、不以為然，強調任何解決臺灣問題的方式，「都必須經過海峽兩岸人民的同意」，希望臺灣「不要節外生枝」等等，這實在是對陳水扁、李登輝之流侈談什麼「民主」、「人權」的極大諷刺。

「急獨」禍害臺灣

三曰「愛臺灣」、「為了臺灣的長治久安」。多麼冠冕堂皇的「臺獨」理由！然而事實是，從李登輝主政時期開始，島內「臺獨」勢力就不斷挑釁大陸，製造事端。陳水扁民進黨上臺執政後，更是利令智昏，變本加厲地以「臺獨」意識形態治政，致使兩岸關係持續緊張，「三通」不通，島內政黨惡鬥，社會動盪不安，經濟急速下滑，失業率居高不下，臺灣人民的切身利益蒙受了巨大的損失，早已搞得民怨漲騰。如今不思悔改，為了競選連任，

扁李合流掀「臺獨」惡浪

滿足一黨一己之私，愈加肆無忌憚地和急進「臺獨」勢力沆瀣一氣，公然拋出「臺獨」時間表，要搞什麼「公投制憲」，妄圖單方面改變兩岸關係現狀，分裂中國。近日，中國國家主席胡錦濤在訪問澳大利亞時代表中國政府莊嚴宣告：「臺灣問題關係到中國的國家主權和領土完整，關係到十二億中國人民的民族感情」，「我們會盡最大努力保持臺海和平，我們會盡最大努力爭取以和平方式解決臺灣問題，但是我們絕對不容許『臺獨』」。推動「公投制憲」，就是明目張膽地搞法理「臺獨」。「臺獨」人士切不要誤判形勢，大陸的忍讓是有限度的，北京舉辦奧運並沒有給「臺獨」買下保險單；「和平獨立」只是「臺獨」分子一廂情願的幻想，搞法理「臺獨」等於是向大陸公開宣戰。屆時，兩岸勢必兵戎相見、骨肉相殘。試問，這究竟是「愛」臺灣還是「害」臺灣呢？是要把2300萬臺灣人民的生命財產綁在「臺獨」的戰車上還是真的為了臺灣的「長治久安」呢？說穿了，這些統統都是欺騙臺灣人民的「獨藥」罷了。

「臺獨」陰謀活動

有必要指出的是，近期以來島內「臺獨」勢力露骨的「臺獨」鼓噪，絕不單純是為了選舉造勢，而是有計劃、有步驟的一系列「臺獨」陰謀活動的重要一環！俗話說「慶父不死，魯難未已」，「臺獨教父」李登輝及其徒子徒孫們是不會輕易放棄他們的「臺獨」努力的，所有關心臺海穩定和平的有識之士切不可掉以輕心，任其胡鬧。「公投制憲」之日，就是臺灣災難到來之時，我們有理由相信，絕大多數臺灣同胞心明眼亮，必定會和陳水扁、李登輝之流劃清界限！

（原文刊於《大公報》）

「丟掉幻想，準備鬥爭」——簡評臺灣「公投法」

經過朝野各派政治勢力數月之久的紛紛擾擾、權謀較勁，11月27日深夜，臺灣立法機構終於通過了備受海內外各方關注的所謂「公民投票法」。

該「公投法」排除了「急獨派」提出的直接對所謂「國旗、國號、國歌、領土變更、主權」進行公投的「急獨」條款，通過了設定有嚴格限制條件的國、親版本的「統獨公投」條款；否決了民進黨提出的「公投制憲」的「臺獨」條款，通過了國、親「公投修憲」的版本；同時還封殺了民進黨一再堅持的在沒有法源依據的情況下也可以進行「諮詢性公投」的條文等。因此可以說，在這場「公投立法」的鬧劇中，以陳水扁、李登輝為代表的島內「獨派」勢力受到了重大挫敗。「公投法」三讀通過後，泛綠陣營氣急敗壞、內部互相指責，但曾幾何時，他們還氣壯如牛，又是搞所謂「臺灣正名」大遊行、「公投制憲」大遊行，又是過境美國紐約、阿拉斯加，搞「臺獨之旅」等等，聲稱他們搞「臺獨」是代表臺灣的「主流民意」，推動「公投立法」、「制憲」是所謂「深化民主」的「大改革」云云，然而據島內媒體報導，在島內外強大的政治與輿論壓力下，當蔡同榮提出的「急獨公投」條款在「立法院」交付表決的關鍵時刻，民進黨籍「立委」卻被迫和國、親兩黨一起，幾乎全數棄權，演出了民進黨內部「自相殘殺」的精彩戲碼。至於同是綠陣營的「臺聯黨」版的「急獨」提案，民進黨則根本不予置理。「公投立法」的過程與結果，恰恰反映出「臺獨」勢力的色厲內荏，表明了「一個中國」原則不容挑戰，搞「臺獨」不得人心，求和平、求安定、求發展才是臺灣真正的「主流民意」，就連臺灣「陸委會」近日公布的民調也顯示，百分之八十的臺灣民眾主張兩岸「維持現狀」，堅持「臺獨」立場的、執政的民進黨為了自身利益，也不能不屈服於這種政治現實。

然而，該「公投法」的通過雖然暫時緩解了海峽兩岸可能發生的「立即危機」，但卻為日後「臺獨」勢力推動「臺獨公投」製造了法律依據，打開了突破口；「臺獨」雖然未能邁出一大步，卻是結結實實地邁出了一小步，

給未來兩岸關係乃至亞太地區的穩定和平潛伏了新的更大危機，埋下了無窮的隱患。這是因為：

第一，通過的國、親版本的「統獨公投」條款雖然設定了相當高的「門檻」，如規定提案、連署必須是最近一次「總統大選」選舉人總數的百分之零點五和百分之五、公投議題的認定屬於「立法院」按政黨席次比例推薦設置的「審議委員會」而不是臺灣行政當局等，在目前臺灣的政治生態下，「臺獨」勢力要想透過這樣高的「門檻」條件如願推動「統獨公投」確實很難，這也正是「公投法」通過後「臺獨」人士氣急敗壞攻擊該法是所謂「鳥籠法」、「惡法」的主要原因之一。但問題是泛藍陣營是否能夠永遠保住目前業已岌岌可危的相對優勢已大有疑問。泛藍陣營優勢一旦失去，後果可想而知。

第二，更為嚴重的是，民進黨提出的所謂「防禦性公投」條款得以通過。該條款規定，當臺灣「遭受外力威脅，致國家主權有改變之虞」時，「總統」得經「行政院會」決議，「就攸關國家安全事項，交付公民投票」。由於按照臺灣現行的政治體制，所謂「行政院會」實際上完全掌控在「總統」手中，因此該條款的設定，等於賦予「總統」發動「公投」的特權，如果「總統」是個「臺獨」分子，只要他藉口臺灣「安全」、「主權」受到「威脅」，即可隨意發動「統獨公投」，從而隨時都有可能引發臺海危機。果不其然，11月29日，「公投法」通過僅兩天，陳水扁即妄稱臺灣目前正面臨外力的嚴重「威脅」，「主權」隨時都有「改變之虞」，因此他揚言要履行「總統」的「職責」，在明年3月20日發動與「大選」同步進行的所謂維護臺灣「國家安全與主權」的「防禦性公投」。

如此看來，陳水扁已經「吃了秤砣鐵了心」，為了拉抬低迷的選情，實現競選連任，滿足一黨之私和一己之利，他非要「草蜢弄雞公」，變本加厲地挑戰兩岸關係現狀，蓄意製造臺海緊張局勢，繼承李登輝衣缽，已成為不折不扣的、新的、更麻煩的「麻煩製造者」。

為今之計，兩岸同胞唯有「丟掉幻想，準備鬥爭」！

（原文刊於華夏經緯網）

是「防禦性公投」還是「挑釁性公投」

　　在大陸發動的海內外反「臺獨」強大聲威的震懾下，11月28日凌晨，臺灣「立法院」三讀通過的所謂「公民投票法」（簡稱「公投法」），排除了島內「急獨」勢力提出的「急獨公投」條款，暫時緩解了海峽兩岸一觸即發的危機。然而，「公投法」中的法律漏洞，特別是民進黨提出的所謂「防禦性公投」條款的通過，給日後「臺獨」分裂活動製造了法源依據，提供了操作空間，從而給未來兩岸關係和東亞地區的穩定和平潛伏了新的危機，留下了很大的隱患。果然，「公投法」通過僅一天半，墨跡未乾，國際輿論剛剛鬆了一口氣，11月29日上午，陳水扁就在競選造勢大會上以大陸「飛彈威脅臺灣」為藉口，叫囂要履行「公投法」中賦予「總統」的職權，在明年3月20日「大選」投票日同步舉辦「防禦性公投」，「捍衛臺灣主權與安全」。此言一出，立即引發了臺灣政壇、社會的又一場軒然大波，臺海緊張局勢再度升高，國際輿論為之譁然，神經再次緊繃。

　　「防禦性公投」條款其危害性在哪裡？

　　「公投法」中第17條規定：「國家遭受外力威脅，致主權有改變之虞，總統得經行政院會決議，就國家安全事項交付公投」。此即所謂「防禦性公投」條款。從以上條文內容可以看出：（一）該條款語義含混，模糊不清，究竟臺灣「遭受」到何種程度的所謂「外力威脅」，「總統」才有權啟動「防禦性公投」？未作明確界定，完全由「總統」一個人說了算；（二）「防禦性公投」經「行政院會」決議，即可由「總統」直接發動，無須經過「立法院」同意或「公投審議委員會」審議。而按照臺灣現行體制，「行政院長」由「總統」任命，實際上只是「總統」的「幕僚長」，「行政院會」完全掌控在「總統」手中。因此，該條款等於賦予「總統」可隨意發動所謂「防禦性公投」的特權，留下了很大的法律漏洞。打個比方說，如果把「公投法」中設有高門檻限制的其他「公投」條款比作是「前門」，而把「防禦性公投」條款比作是「後門」的話，那麼就等於是「前門」堵死而「後門」洞開！主張「臺獨」的「總統」只要他認為有「必要」，隨時都可以繞過「立法院」和「公投審議委員會」，

是「防禦性公投」還是「挑釁性公投」

發動所謂「防禦性」的「統獨公投」。有人認為，民進黨在這場「公投立法」的朝野劇烈較量中「慘敗」。殊不知，所謂「防禦性公投」的法制化，正是民進黨現階段大陸政策的最高指導原則——「臺灣前途決議文」所追求的「臺獨」目標，如今這一目標在國、親兩黨不負責任的錯誤策略的協助下得以實現，民進黨何來「慘敗」之有？所以「公投法」通過後，儘管以「臺聯黨」為代表的「急獨派」強烈反彈，但陳水扁仍不無得意地說：「鳥籠破了洞，鳥會飛出來」，宣稱「這是臺灣民主深化的歷史性的第一步」，並立即加以充分利用，從發動「防禦性公投」入手，掀起了新一輪的政治風暴。

眾所周知，臺灣問題是 1940 年代中國內戰遺留下來的問題，至今兩岸並未結束內戰敵對狀態。如果說到「外力威脅」，實際上雙方都還在「威脅」對方。陳水扁不就是經常叫囂要「決戰境外」，並花大筆金錢購買和自行研製大批高科技武器裝備與大陸對抗？不久前臺「國防部長」湯曜明不是公開放言「不排除先對大陸目標進行攻擊」，一些「臺獨」將領也揚言要對大陸發動「點穴戰」、「癱瘓戰」？近日不是也有媒體披露臺灣軍方的所謂「毒蠍計畫」，聲稱他們部署的中程導彈已鎖定大陸北京、上海、廣州、深圳、香港、天津、大連等十個大中城市甚至包括三峽大壩，在必要時進行所謂「先制打擊」嗎？大陸方面為謀求早日結束兩岸內戰狀態，維護臺海和東亞地區的和平與穩定，早在 1970 年代末就提出了「和平統一、一國兩制」解決臺灣問題的方針。二十多年來，兩岸關係儘管風雲變幻，「臺獨」勢力不斷干擾破壞，但大陸方面都一再克制忍讓，委曲求全，始終堅持這一基本方針不動搖，這是有目共睹的事實。如今，陳水扁視大陸的克制忍讓為軟弱可欺，拿大陸部署導彈這一行使主權的正當行為大做文章，以所謂臺灣「遭受外力威脅」為藉口，揚言要搞什麼「防禦性公投」，這是對大陸的公然挑釁。由此可見，所謂「防禦性公投」在陳水扁「臺獨」之流的蓄意操弄下，已成為不折不扣的破壞兩岸關係現狀的「挑釁性公投」、「進攻性公投」。這種「牛二式」市井無賴的醜陋表演與作為，儘管一時可能很爽，但其危險性可想而知。

那麼，陳水扁此刻熱炒所謂「防禦性公投」目的何在？

首先，是挑戰「一個中國」原則，對抗大陸，推動「臺獨」分裂活動的需要。陳水扁拋出「防禦性公投」議題後不打自招地公開聲稱：「臺灣民主是一步一步走出來的，如今公投法走出了第一步，明年 3 月 20 日舉行防禦性公投後，2006 年的 12 月 10 日世界人權日，將再透過臺灣的人民公投來完成一部臺灣的新憲法」。可見，推動「防禦性公投」絕非單純的所謂「選舉語言」，乃是陳水扁一系列「臺獨」分裂活動的重要組成部分，是其預謀的「臺獨時間表」的重要一環。他還咬牙切齒地發誓：「絕不可以讓臺灣成為香港，要反一中、反一國兩制」，企圖煽動和欺騙臺灣民眾心甘情願地被他綁在「臺獨」戰車上，向災難的深淵一步步地前進。事實上，只要稍稍回顧一下十多年來臺灣的政治發展史，人們就不難發現，「臺獨」勢力正是充分利用了島內舉辦的一次次大大小小的選舉和所謂「修憲」活動，和暗藏在國民黨內部的李登輝「臺獨派」內外勾結、狼狽為奸，不斷地鼓吹「臺獨」理念與主張，汙染臺灣政壇和社會，把許多臺灣民眾的國家認同已經搞亂。陳水扁上臺執政後，之所以利用其手中掌握的公權力，變本加厲地搞所謂「去中國化」，搞「漸進式臺獨」，其最終目標均是為其日後透過「全民公投」、實現脫離中國的「和平獨立」創造條件，打下基礎。正所謂「司馬昭之心，路人皆知」！

其次，是要從泛藍陣營手中奪回選戰主導權，以便擺脫困境，拉抬自己低迷的選情。自這場被「臺獨」人士視為關乎其「生死存亡」的「割喉戰」開打以來，面對泛藍陣營的成功整合，陳水扁徹底拋棄了他原先一再鼓吹的所謂「新中間路線」，祭出險招，鎖定「一邊一國」的「臺獨」訴求為其選戰主軸，不斷地拋出高敏感度的政治議題，一直都在牽著泛藍陣營的鼻子走。但無奈的是，無論陳水扁怎樣努力，如何會主導議題打選戰，但迄今為止，支持「臺獨」的基本盤始終難以擴張。各種民調無不顯示，陳水扁不論和誰搭配，民意支持度均低於國、親兩黨推出的候選人「連宋配」約十個百分點上下。過境美國的所謂「欣榮之族」，雖然著實讓陳水扁風光了好一陣子，而且民調也曾一度接近甚至追上「連宋配」。但好景不長，泛藍陣營也非全然無能之輩，統統都不是「省油的燈」，一見形勢不妙突然轉向，在「公投立法」等「統獨」議題上改採所謂「以獨攻獨」的選戰策略，藍、綠兩大陣營的攻防位置果然逆轉，藍營一舉擺脫了被動挨打的局面，雙方民調再次拉

是「防禦性公投」還是「挑釁性公投」

開。這就是何以在臺灣政壇延宕了十年之久的「公投法」爭議突然順利通過的主因。泛藍陣營士氣為之大振，連宋趁勝追擊，立即拋出五大「民生公投」議題，試圖徹底擺脫泛綠陣營政治議題的糾纏，引導選戰向對民進黨最為不利的方向燃燒。陳水扁當然心知肚明，於是立即採取反制措施，利用剛剛通過的「公投法」的法律漏洞，拋出「防禦公投」的急獨議題，企圖達到「一箭三雕」的政治目的，除前述重要「一雕」之外，另外「兩雕」是：（一）繼續高強度刺激大陸，務必引誘大陸強烈反彈，以便煽動「臺灣人被中共打壓」的悲情氛圍和民粹情緒，奪回選戰主導權，以轉移臺灣民眾對其執政無能的不滿，險中取勝；（二）對「臺聯黨」等「急獨派」有所交代，安撫其對陳水扁民進黨在「立法院」表決「公投法」時「出賣」行為的不滿，防止「臺獨」基本盤出現鬆動。

然而，人算不如天算，陳水扁為一人之私和一黨之利，不惜玩這種極不負責任的政治飆車，絕不會有什麼好的結果。眼看臺海局勢有可能失控，危及其全球戰略利益，12月1日，美國政府首次公開明確表態：「反對」臺灣舉行「任何改變臺灣地位或走向獨立」的公投，警告陳水扁當局不得亂來。正在臺灣小島上自鳴得意的陳水扁立即像洩了氣的皮球，除了趕忙向美國一再保證「防禦性公投」不會踰越「四不一沒有」、絕對無涉「統獨」、不會「改變現狀」之外，還表示近日會向美方知會「防禦性公投」的具體議題，在取得美方「信任」後才會對外公布等等，儼然臺灣已成了美國的「一個州」，而他則不過是美國一個州的「州長」而已，平日經常掛在他嘴邊的用來對抗大陸的所謂臺灣人的「尊嚴」，則統統被他丟進了太平洋。曾幾何時，陳水扁為表示他的「臺獨」決心，還拍著胸脯氣壯如牛地宣稱：「臺灣既不是中華人民共和國的一個省，也不是哪個國家的一個州！」似乎臺灣真個是「主權獨立國家」的樣子。

陳水扁原本格局有限，又愛耍小聰明，喜歡玩弄文字遊戲，不按牌理出牌，如今為了競選連任，竟然不顧一切走戰爭邊緣政策。殊不知，維持臺海現狀和東亞地區的穩定與和平，乃是當前中美兩國共同的最大利益；求和平、求安定、求發展，才是2300萬臺灣同胞真正的主流民意。陳水扁罔顧政治現實，誤判形勢，搞急進「臺獨」，不僅會踩到大陸的「紅線」，踩到美國

的「紅線」，同時也必然會踩到臺灣民眾心目中的「紅線」。陳水扁等「臺獨」人士應該明白，「臺獨」是沒有選舉「假期」的，「紅線」是絕對不可以踩的，玩任何花招也都是沒有用的。

（原文刊於華夏經緯網）

拖延「三通」，失信於民

前一陣子，冷凍多時的兩岸「三通」話題又在臺灣島內熱炒起來了。繼 8 月中旬臺灣一連拋出「『三通』三階段論」及「直航影響評估報告」後，緊接著 9 月上旬又公布所謂「操之在我」的空中「貨運便捷化措施」，並聲言要加緊規劃「海運便捷化方案」等等。與此相配合，臺灣相關部門的負責人紛紛發表談話，煞有介事地擺出一副似乎頗有「誠意」推動兩岸「三通」的樣子。事實果真如此嗎？海內外進步輿論均指出，臺灣此舉，只不過是陳水扁面臨明年島內「大選」選情嚴峻的形勢下，為騙取選票所精心策劃的又一個競選權謀而已，恰恰再次暴露了他罔顧廣大臺灣民眾切身利益，企圖繼續阻撓、拖延兩岸「三通」的真實用心。

眾所周知，自 1970 年代末大陸政府貫徹實施和平統一的對臺方針以來，經過海內外同胞二十多年的共同努力奮鬥，兩岸關係發生了歷史性的巨大變化。兩岸經貿、文化、人員的往來與交流，無論從廣度或深度上來說都已迫切需要儘快開放兩岸直接「三通」。經濟快速發展的大陸，是臺灣經濟發展的腹地；「三通」不通，已成為阻礙臺灣擺脫目前經濟發展困境的主要障礙。多年來，島內的歷次民調都無不顯示，開放兩岸直接「三通」是廣大臺灣民眾的強烈願望，早已是臺灣的主流民意。特別是數萬家在大陸投資的臺資企業和 100 多萬在大陸工作、生活的臺商及其家屬，更對開放兩岸直接「三通」望眼欲穿。故此，在臺灣，贊同還是反對開放兩岸「三通」，已成為真心「推動」兩岸關係發展還是「阻撓」兩岸關係發展、是真「愛臺灣」還是假「愛臺灣」、是真「為 2300 萬臺灣人民謀福祉」還是假「為 2300 百萬臺灣人民謀福祉」的試金石和分水嶺。而且每逢島內「大選」，「三通」問題也就必然成為朝野攻防、爭取選票的重要話題。

人們不會忘記，四年前的臺灣「大選」期間，一向反對開放兩岸「三通」、曾經鼓吹「『三通』是臺灣的最後籌碼，不到最後時刻不能開放」的陳水扁，為了欺騙民眾，爭取選票，突然搖身一變，把開放兩岸「三通」作為他的主要競選「承諾」之一。然而迄今陳水扁上臺執政已將屆滿，所謂開放兩岸「三

通」仍然是「只聽樓梯響，不見人下來」。三年多來，儘管大陸方面為推動兩岸關係的改善發展，以兩岸同胞的切身利益為念，在「三通」政策上不斷地進行理性、務實的調整，真是做到了「仁至義盡」，受到海內外同胞的高度肯定和歡迎，但陳水扁卻出於其「拒統謀獨」的政治需要，在「三通」問題上一再出爾反爾，千方百計地加以阻撓、拖延。當選之初，為安撫人心、穩定政局，陳水扁曾信誓旦旦地宣稱：就任後「將立即與中國大陸進行包括『三通』議題的全方位建設性對話」，並表示他「年內施政的最大目標，就是要開放對中國大陸的『三通』」云云。可是他就職後卻把「三通」問題束之高閣、不了了之。去年5月，眼看任期已半，迫於形勢，陳水扁突然又對「三通」積極起來，特意跑到與大陸一水之隔的大擔島發表講話，聲稱「『三通』是必走之路」，並表示願意授權民間組織與大陸談判協商。然而當大陸方面很快作出積極回應並希望臺方見諸實際行動後，陳水扁就立即退縮，並於當年8月拋出「一邊一國論」，刻意惡化兩岸關係，於是所謂兩岸「三通」談判也就成了無稽之談。隨後，他又對島內各界日愈高漲的要求開放兩岸「三通」的強烈呼聲大潑冷水，說什麼「『三通』並非經濟發展的萬靈丹」、「通了經濟未必就好」等等。據島內有人統計，陳水扁上任至今，14次說要「直航」，8次說反對「直航」。如此翻手為雲、覆手為雨，早已讓兩岸同胞看破了陳水扁的手腳——原來，阻撓、拖延兩岸「三通」，才是陳水扁施政的「最大目標」！

如今，陳水扁面臨島內明年的換屆選舉，拿不出像樣的執政成績單向選民交代；「三通」承諾跳票，已經遭到臺灣民眾的強烈質疑，成為他競選連任的最大「罩門」之一。於是自以為「天縱英明」的陳水扁故伎重演，再次拿「三通」問題做文章。

陳水扁這次真的要改弦更張、有「誠意」開放兩岸「三通」了嗎？答案當然是否定的：

（一）「三通」既然是陳水扁四年前的主要競選承諾，可他現在卻說「還沒準備好」，還需要經過「準備」、「協商」、「實施」三個漫長的階段，

拖延「三通」，失信於民

直到明年底才能見分曉，試想他明年三月能否連任尚在「未定之天」，可見他的所謂「『三通』三階段」構想，只不過是給臺灣民眾「畫餅充饑」而已。

（二）「直航評估報告」雖然承認兩岸直航對臺灣具有多方面的經濟效益，但卻用主要篇幅大肆渲染直航後對臺灣政治、社會、經濟特別是對所謂「國防安全」所帶來的巨大衝擊和影響，顯然是刻意誤導臺灣民眾，營造反對兩岸直航的社會氛圍。

（三）「評估報告」強調，兩岸直航協商要「由『政府』充分主導」、「『國家主權』絕不退讓，絕不陷入中共『一中』、『一個國家內部事務』之統戰」。這是將兩岸直航「政治化」，妄圖藉機落實「一邊一國」的「臺獨」分裂主張，為兩岸直航設置新的障礙。

（四）未經兩岸協商，單方面宣布不具任何實質意義的所謂「貨運便捷化措施」，企圖嫁禍大陸。

（五）總統一邊擺出要積極推動兩岸直航的姿態，一邊又在竭力鼓吹「臺灣正名」、「公投制憲」等急進「臺獨」濫調，蓄意毒化兩岸氣氛。

由上簡要分析可知，臺灣炒作兩岸「三通」，並無絲毫誠意可言，只不過是陳水扁在選情嚴峻的形勢下所作的一種自以為高明、實則十分拙劣的「政治表演秀」罷了。然而，「狼來了」的把戲畢竟不能多玩，民調顯示，臺灣民眾對扁當局的這次「激情演出」普遍反應冷淡、興趣缺缺，就連多數民進黨的支持者都認為這是陳水扁的「競選策略」。

人們不禁要問：陳水扁明知「『三通』是必走之路」，卻又為何如此頑固地加以拖延和阻撓呢？「臺獨教父」李登輝說得很清楚：「『三通』較勁是一場無硝煙的戰爭」，「開放『三通』等於投降！」一來陳水扁原本主張「臺獨」，自然也就排拒兩岸「三通」；二來陳水扁自知民進黨實力不足，需要李登輝「臺聯黨」的奧援，於是為了競選連任，滿足一黨一己之私，甘心被李登輝為首的「臺獨基本教義派」挾制。故此，陳水扁拖延、阻撓兩岸「三通」也就成了必然之事，至於臺灣經濟和廣大民眾的切身利益因此而繼續蒙受巨大損失，也就不在陳水扁的考慮之列了。

不過話又說回來，罔顧民意、違背潮流、失信於民，必將受到歷史的懲罰，則是確定無疑的。

（原文刊於《文匯報》）

臺灣「大選」，鹿死誰手

　　臺灣島內的「大選」只剩下一個半月的時間，業已進入短兵相接的最後階段，目前選情似乎仍處於混沌膠著狀態，但長期觀察島內「大選」的人士應能看出，實際上鹿死誰手已漸趨明朗，如不出大的意外，陳呂敗選已勢不可免。與 2000 年的上次「大選」相比較，今年的臺灣「大選」至少呈現出以下七個方面的不同特點，值得關注：

　　首先，與上次「大選」泛藍陣營分裂為三組候選人與統一的綠營軍（許信良退黨參選影響甚微，無關大局）相對抗不同，這次「大選」是統一的泛藍軍與統一的泛綠軍一對一對決。由於泛藍軍的基本盤原本就明顯大於泛綠軍，再加上陳水扁自選戰開打以來，為躲避執政無能、拿不出像樣成績單的罩門，蓄意將選戰主軸鎖定在所謂「一邊一國」對抗「一個中國」的高層次的政治議題上。而這些敏感的政治議題，諸如「臺灣正名」、「公投制憲」、「和平公投」等，只能造成穩固泛綠陣營基本盤的作用，並無助於爭取中間選民。故而在這場一對一的對決中，表面上陳水扁一直主導選戰議題，連宋只能「拿香跟著拜」，但實際上始終都處在被動落後的不利地位，陳水扁的支持率一直都停滯在三成五左右上下徘徊，無法突破瓶頸。而泛藍軍的基本盤雖然上下浮動較大，但綜合各家民調顯示，連宋的支持率始終都大致維持在比陳呂多五至八個百分點左右。在僅剩下一個半月的有限時間裡，如果選戰繼續像目前這樣以較為平穩的態勢發展下去，甚或近日爆出的陳由豪「政治獻金案」繼續發酵，那麼，要想把陳呂的支持率拉高十五個百分點，從而超越連宋，達到當選所需要的五成以上選票，恐怕已經是不可能了。春節前綠營曾揚言節後將會有「大動作」，在很大程度上只不過是「虛張聲勢」而已。由李登輝策劃主導的「2·28 大遊行」救不了陳水扁，充其量也只能夠造成鞏固「臺獨」鐵票的作用。

　　其次，與上次「大選」隱性選民多數支持陳水扁不同，這次「大選」多數隱性選民傾向支持連宋。民調顯示，至今尚未表態的中間選民約有二成五到三成左右，其中部分人因各種原因不會投票，其餘的一般評估支持泛藍者

居多。而發生變化的主因,乃因民進黨從上次「大選」的在野黨變成了這次「大選」的執政黨。由於島內政治環境和社會氛圍的丕變,在選情膠著、看不出在野黨有必勝把握的情況下,不願公開表態支持連宋的「隱性選民」自然會占多數。試想,一年前連宋配剛剛成型之際,支持率曾高達五成以上,此後受到各種因素的影響,其中約有十多個百分點的支持者陸續轉變為不表態的「隱性選民」。在選戰的最後時刻,假如連宋仍能保持目前的領先地位,那麼在「西瓜偎大邊」的效應下,這部分選票就有可能回流。

其三,與上次「大選」大陸臺商態度冷漠、興趣缺缺完全不同,這次「大選」大陸臺商踴躍參與,態度特別積極。原因無它,陳水扁執政四年來兩岸關係持續動盪,扁當局漠視臺商利益,拒絕開放兩岸直接「三通」,甚至汙蔑臺商「債留臺灣,錢進大陸」、「掏空臺灣」等等,早已激起了廣大臺商的強烈不滿,決心在這次「大選」中用選票來表達自己的心聲,維護自身的權益。由於近幾年來大陸臺商人數急劇增加,加上他們的家屬,少說也有百萬之眾。據一般猜想,臺商支持藍綠陣營的比例大致是七比三(有人認為是八比二),假如屆時有十五到二十萬臺商及其家屬返臺投票,再加上可能受到臺商反扁情緒影響的其他選民群體,那麼對陳水扁選情的衝擊便可想而知。

其四,與上次「大選」青年選票多數投給陳水扁相反,自這次「大選」開打以來,各家民調大都顯示,年輕選民支持連宋的比例均超越陳呂。這種變化顯然與民進黨上臺執政後教改失敗、政黨惡鬥以及經濟大幅滑坡,失業率居高不下,致使許多青年學生「畢業即失業」有直接關係。此外,與扁當局至今拒絕採認大陸學歷,激起大陸臺生及其親友、同學的不滿,恐怕也不無關係。

其五,是大陸新娘問題。據粗略統計,目前生活在臺灣或奔波於海峽兩岸的大陸新娘將近二十萬人,其中部分人已獲得投票權。而由於民進黨上臺執政後實行歧視大陸新娘的錯誤政策,致使大陸新娘及其在臺親屬對扁當局早已憤憤不滿。不難想像,這部分選民中恐怕多數也不會願意把票投給陳水扁。這顯然也是與上次「大選」不同的新情況。

臺海風雲見證錄：時事評論篇
臺灣「大選」，鹿死誰手

其六，這次「大選」不會再有李遠哲一類具有較大社會影響力的指標性人物跳出來挺扁。人們記憶猶新，上次「大選」的最後關鍵時刻，以李遠哲為首的所謂「國政顧問團」，其中包括張榮發、施振榮、許文龍等一批工商企業界頭面人物突然跳出來公開挺扁，「臨門一腳」把陳水扁送進了「總統府」。這種歷史場景在今年的「大選」中不會再重演了。不久前由王永慶、李遠哲、林懷民三人具名發表的公開信——《沉痛的告白》，典型地反映了臺灣社會各階層對陳水扁執政四年來由希望到失望到不滿的心聲，引起了強烈共鳴。施振榮接受媒體採訪，呼應王永慶三人的公開信；臺駐美代表程建人關鍵時刻請辭；而早已和陳水扁疏遠的張榮發近日更轉而公開表態挺連。種種跡象表明，陳水扁正面臨「眾叛親離」的可悲局面。

其七，從外部因素來看，大陸調整策略，「聯美制獨，促美壓扁」收到了成效。由於陳水扁的「急獨」走向危及美國的戰略利益，引起了美國布希政府的嚴重關切和高度警惕。近期以來，美國政府要員一再公開明確表態，反對陳水扁利用「大選」發動「公投」挑釁大陸，試圖片面改變臺海現狀。日本、法國等國紛紛跟進，臺灣空前孤立，使陳水扁的競選連任蒙上了很大的陰影。這更是上次「大選」不曾出現的新情況。值得觀察的是，陳水扁為一黨一己之私，不惜製造臺海危機，把山姆大叔的警告當作耳旁風，變換花樣至今仍堅持要搞「公投」，美國真的會就此善罷甘休嗎？

從上述今年臺灣「大選」的七大特點可以發現，這些新情況、新問題的出現，絕不單純是陳水扁民進黨「執政無能」的問題，而是其「臺獨」痼疾在取得執政權力之後的必然發作，要想避免也避免不了。古語有云：「失道者寡助」，「臺獨」危害絕大多數人的利益，絕不會有出路。

（原文刊於人民網）

大陸反制「公投」、遏制「臺獨」的戰略選擇

——兼論兩岸關係已進入不確定期

近一時期以來，大陸政府調整策略，充分利用美臺之間（國際）和藍綠之間（島內）的矛盾和利益衝突，既聯合又鬥爭，成功地促成了國際、中國國內的廣泛「反獨統一戰線」的建立，反制陳水扁利用臺灣「大選」推動「臺獨公投」，取得了引人矚目的階段性重大勝利，迫使陳水扁不得不將「3·20公投」的內容作了大幅調整；「公投」的名稱也被迫一再更改，從最初的「防禦性公投」改為「防衛性公投」到後來的所謂「和平公投」。然而，客觀而言，反制「臺獨公投」雖然取得了「階段性重大勝利」，但並沒有從根本上解除目前的臺海危機。由於陳水扁不顧各方的強烈質疑和反對，至今仍頑固堅持推動挑釁大陸的「3·20公投」，近日臺「行政院」會已作出決議，意味著「3·20公投」已正式進入了「行政程序」、不可逆轉；而大陸方面則在持續升高對臺「公投」批判力度的同時，在軍事上正在不動聲色、扎紮實實地作好應付重大突發事變的武力準備，並加緊對美等國的外交斡旋與磋商……事實說明，目前臺海局勢表面平靜實則暗潮洶湧、危機未解，兩岸關係已進入撲朔迷離、令人捉摸不定的不確定期。

筆者以為，欲解除目前臺海危機、緩和兩岸關係，至少應滿足以下兩個基本要件之一，否則臺海局勢堪憂：其一，美國進一步採取具體措施，加大對臺施壓力度，迫使陳水扁放棄「公投」；其二，連宋繼續保持目前在臺灣「大選」中的領先地位，並最終贏得選舉。

先說第一個要件。眾所周知，臺灣是美國全球戰略棋盤上一顆不可或缺的棋子，輕易不會放棄，而美國的對臺政策一向受到美國國內各種不同利益集團的相互牽制，加之今年美國同樣面臨大選，小布希在處理臺海問題上特別謹慎小心，對臺施壓必定留有分寸、適可而止。試想，如果美臺關係過分緊張乃至惡化，既不符合美國利益也必然不利於小布希的競選連任。近期以

來的種種跡象均表明，至少到目前為止，還看不出美國政府打算採取任何具體措施對臺進一步施壓。而這也正是陳水扁之所以有恃無恐，至今仍敢於「頂風而上」、執意「拚公投」的最主要原因。有人甚至懷疑，不排除美臺之間已在私下達成某種默契與諒解。如此看來，「打鐵還得本身硬」，美國人是萬萬靠不住的，一味寄望美國進一步施壓來幫助大陸遏制「臺獨」，到頭來很可能會「竹籃打水一場空」。

再說第二個要件。坦白地說，自臺灣「大選」開打以來，面對陳水扁的倡狂挑釁和肆無忌憚的「臺獨」言行，假若不是陳呂的選情並不看好，加上美國對扁施壓，大陸方面恐怕早已被迫採取非常手段，出手教訓不知天高地厚的陳水扁了。如今離「大選」只剩下一個多月的時間，由於連宋並無必勝把握，臺海局勢已進入新的危險點，筆者分析，「3·20」前後不排除大陸在兩種情況下對臺實施「有限度的預防性軍事打擊」，以遏制「臺獨」：

（一）選情出現重大變數，綠營翻盤，連宋勝選絕望，「公投」在即，而美國仍態度曖昧、撒手不管，於是大陸不得不果斷出手，以武力制止陳呂連任。否則大陸全盤皆輸，形象大損，內外壓力倍增，更何以向兩岸同胞以及全球愛國華僑華人交代？

（二）在選情緊繃、難分伯仲的情況下，陳呂以微弱多數僥倖勝選。屆時，陳水扁必定重炒「一原則四議題」、「四不一沒有」等騙人的鬼話，但「吃一塹，長一智」，大陸絕不會再重複「聽其言、觀其行」、容忍陳水扁按照他已宣布的時間表再次上演「臺獨」戲碼。於是，「以武制獨」也就很自然地成為大陸的必然選擇！當然，如果事態發展到這步田地，絕非兩岸民眾之福，而東亞地區各國也必定遭受池魚之殃。

從以上簡要分析可知，連宋繼續保持目前在臺灣「大選」中的領先地位，並最終勝選，乃是解除目前臺海危機、緩和兩岸關係的唯一可靠途徑；在臺灣「大選」尚未揭曉的這段時間裡，臺海危機難望解除，兩岸關係將會持續處在撲朔迷離、捉摸不定的不確定狀態。不過筆者相信，四年來飽受陳水扁「臺獨」執政之苦的廣大臺灣同胞，必定會作出最明智的選擇。

（原文刊於華夏經緯網）

「獨派」藉「二二八」煽動兩岸對立

喧囂多時的、由「臺獨教父」李登輝原創發起的所謂「2·28手護臺灣」大型「臺獨鬧劇」終於落下了帷幕。

這場鬧劇早在去年「臺聯黨」主導的「10·25臺灣正名」大遊行之後即已開始精心策劃。起初李登輝對外仍稱之為「2·28臺灣正名」大遊行，宣稱要發動50萬人參加。爾後又改稱為「2·28挺扁」大遊行。但由於意圖太過露骨，受到各方質疑，最後才更名為較為中性然而更具欺騙性的所謂「手護臺灣」的活動，並由民進黨強力介入，揚言要動員百萬人參加，於是成為整個泛綠陣營的大型造勢活動。

李登輝、陳水扁之流煽動百萬民眾走上街頭「手牽手」，究竟用心何在？其實不必多言，從上述醞釀策劃過程中活動名稱的變化，便一目瞭然矣！

其一，打著紀念「2·28」的幌子搞「臺獨」分裂活動。所謂「臺灣正名」，不就是「臺獨」基本教義派一再鼓噪的要將「中華民國」更名為「臺灣共和國」嗎？不就是陳水扁一再聲稱的要把臺灣變成「完整、正常、偉大的國家」嗎？

「手護臺灣」旨在拉抬選情

陳水扁昨日發表專文，語帶玄機地宣稱：「在確立臺灣的主體性之後，我們應該以更大的格局來思考，並定位臺灣。」何謂「更大的格局」？如何「定位臺灣」？說白了就是要推動實現陳水扁早些時候宣布的「公投」—「制憲」—「建國」的「臺獨時間表」。

其二，利用紀念「2·28」煽動臺灣民眾對大陸的對立情緒，為其搞「320公投」製造「正當性」。所謂「反飛彈」、「手護臺灣」，鼓動上百萬臺灣民眾「手牽手」，面向大陸隔海狂呼「NO！中國」，用心何其險惡！陳水扁說，紀念「2·28」是為了「愛、寬容和反省」，聲稱要建立「兩岸和平架構」，但卻蓄意煽動臺灣民眾仇恨大陸，向大陸示威，挑撥兩岸同胞的對

立情緒，可見其虛偽之至。目的無非是為其搞「320」的「反飛彈公投」製造「正當性」和營造聲勢。

其三，把紀念「2·28」變成泛綠陣營大規模的競選造勢活動，藉以拉抬阿扁低迷的選情。民進黨的選戰操盤手李應元不打自招地說：「2·28手護臺灣」，是為阿扁競選造勢的最好「包裝」。泛綠陣營企圖透過這一超級「大動作」來拉臺聲勢，在鞏固基本盤的基礎上爭取中間選民。阿扁連任成功與否，在此一舉。

57年前發生的「2·28事件」，是臺灣歷史上極其沉痛的一頁。大量史料證明，「2·28」事件本質是「官逼民反」，是臺灣人民自發的反專制、反壓迫的「民主自治運動」，同時也是當時中國人民民主革命的一個重要組成部分。

▌對二二八歷史的反動

「2·28事件」發生後，不僅在臺灣的中共地下組織積極參加中，並作出了很大犧牲，且當時遠在延安的中共中央還專門致電聲援，稱「你們的勝利，就是我們的勝利！」可見兩岸同胞是同呼吸共患難的「命運共同體」。

如今「臺獨」人士歪曲歷史，打著紀念「2·28」的幌子，把矛頭針對大陸，不惜煽動兩岸人民的仇恨對立情緒，為其從事「臺獨」分裂活動鋪路，這不僅是對「2·28」死難同胞的褻瀆，更是不折不扣的對「2·28」歷史的公然反動。

（原文刊於《明報》）

二二八「手牽手」真的讓綠營翻盤了嗎

果然如李登輝所言：阿扁「不會治國，只會選舉」。「二二八手護臺灣」確實展現了民進黨超強的組織動員力和選戰爆發力。

基本盤明顯處於相對弱勢的泛綠陣營，自選戰開打以來支持度和看好度一直都落後於連宋的陳呂配，竟然能夠煽動起一百多萬狂熱的支持者走上街頭，組成長達數百公里的人鏈，為其競選連任大規模造勢。客觀而言，泛藍陣營「二二八」的造勢活動規模也不能算小，但無論從動員人數還是從現場氣氛來看，顯然都與綠營不成比例。「二二八」後，綠軍士氣大振，臺灣某家媒體說：藍軍人馬看在眼裡，「就連腳底都在透涼」。

那麼，「二二八」這場「手護臺灣」大規模造勢活動的成功，真的能使泛綠陣營不利的選情從此翻盤嗎？

實際上在「二二八」前夕，藍綠雙方圍繞著究竟如何紀念「二二八」的激烈較勁過招，藍營即已處在相對被動的守勢地位。島內大多數民調無不顯示，雙方支持率的差距正在逐步縮小，其中 TVBS 民調在一週之內竟然縮小了 4 個百分點，陳呂僅差連宋 3 個百分點。

不難意料，綠營「二二八」大規模造勢的成功，陳呂肯定得分，雙方差距勢必進一步拉近，打成平手甚或陳呂超越連宋都不無可能。但這種情況的發生，並不等於選情就會翻盤。問題在於：

一、「藍大綠小」的基本盤是否因此而真的發生實質性的逆轉？一般評估，選戰打到今天這個份上，距離投票日僅剩下短短的 20 天不到的時間，絕大多數選民早已「心有所屬」。除去不投票的那部分選民之外，至今尚在觀望還未拿定主意的「中間選民」，實際上已經不多，除非這 20 天之內發生不利於藍營的「驚天事件」，否則「藍大綠小」的基本盤已經很難撼動和改變。

二二八「手牽手」真的讓綠營翻盤了嗎

　　二、自選戰開打以來，儘管泛綠陣營一直在主導議題，但陳呂配卻始終都處在民調落後的不利地位。在危機意識的驅動下，泛綠陣營被迫提前出招，以圖拉抬選情，擺脫頹勢。故而，泛綠基本盤在強力動員之下已提早凝聚，紛紛公開表態支持陳呂；而相反，由於種種原因，泛藍陣營的基本盤動員得並不充分。這便是近期以來各種民調何以顯示雙方差距不斷縮小的重要原因之一。

　　三、泛綠陣營「二二八」大規模造勢活動煽動起來的民粹情緒，其熱度能否一直保持到三二○的最後關鍵時刻也不無疑問。泛綠陣營陡然高漲的氣勢，固然有助於穩固其基本盤，並在一定階段有可能會引發某種程度的「西瓜效應」。然而「西瓜效應」往往是不可靠的，也是難以持久的，而且搞得不好，反而會激起泛藍陣營的強烈危機感，從而在客觀上造成幫助泛藍陣營催票的作用。其實，盲目樂觀一直是選戰開打以來泛藍陣營的最大危險，現在若能醒悟過來為時還不算太晚。

　　總之，目前尚缺乏足夠的理由可以令人信服地說明，「二二八」大規模造勢活動的成功，能讓泛綠陣營相對弱勢的選情從此翻盤。斷言「二二八」是這場臺灣「大選」的「分水嶺」，未免失之偏頗，言之過早。這場「割喉戰」，好戲還在後頭。

（原文刊於《聯合早報》）

阿扁成也「公投」敗也「公投」

臺灣的選戰打到這個份上，「三二〇公投」已經成了阿扁的最後一根「救命稻草」，即使美國一再放出狠話，阿扁還是緊抱這根稻草不放。事情明擺著的，對於阿扁來說，停辦「三二〇公投」無異於公開宣布退選，唯有最後一搏，或許還有勝選機會，正所謂「有了政權才有一切，丟掉政權就失去一切」，硬著頭皮他也要堅持把「公投」辦下去。

「公投」與「大選」合辦，本來就是泛綠綁架民意、拉抬選情的伎倆。因而「三二〇公投」發動伊始，就已經引發了是否公然違法的質疑。而面對「立委」的質詢，「國防部長」的「不論公投過不過，反飛彈系統都要買」，和「陸委會主委」的「不論公投結果，都要與大陸開展談判」，無疑是將「三二〇公投」的荒謬與破綻暴露於光天化日之下。

▍綁架民意　拉抬選情

在這場「自由地表達民意」的「民主大餐」中，人們所看到的只是執政者用謊言矇騙、愚弄民眾，將自己的意志強加給民眾；在這場「400 年來第一次」（編按：由鄭成功在 17 世紀擊退荷蘭人、收復臺灣起計算）的「公投」鬧劇中，人們所看到的只有執政者為了一己之私和一黨之利而公然曲解和踐踏法律。

所謂的「深化民主」的「公投」，竟然是公開的玩弄、綁架與脅迫民眾；在執政當局的肆意踐踏下，所謂「民主政治」的遊戲規則，至此已經蕩然無存。透過這場圍繞著「三二〇公投」的較勁與表演，人們終於切切實實地領教了陳水扁民進黨一再標榜的「民主」其內涵究竟是什麼！

數年前民進黨還在為走上執政打拚之時，創黨元老林正杰曾經給時任民進黨主席的姚嘉文寫過一封公開信，他沉痛地抨擊黨內已形成了一種「臺獨」法西斯的輿論壓力，違背了民主、進步的初衷。林正杰因此而憤然宣布退出了民進黨。2000 年阿扁僥倖贏得大選上臺執政後，民進黨內的「臺獨」法西斯不僅沒有絲毫收斂，恰恰相反，「權力的傲慢」促使其變本加厲、惡性發作。

阿扁成也「公投」敗也「公投」

誠如臺灣媒體所言：這一次的「公投」鬧劇表明，民進黨只是「一群不擇手段地為陳水扁一人的權力護航的政治轎伕而已」。而這群民進黨的政客，之所以昧著良心甘願充當陳水扁的「政治轎伕」，當然是因為深知「一人得道」，才能「雞犬升天」。

▎民主其外　獨裁其中

距離臺灣選舉投票日只剩下半個多月，備受海內外質疑和反對的「三二〇公投」已經勢在必行。陳水扁為了一黨、一己之私，甘冒天下之大不韙，一條道走到黑，其反民主的獨裁專制本性已經大白於天下。眾所周知，民進黨是一個打著「民主」旗號起家的政黨。如今，民進黨的「民主外衣」已經被民進黨人用自己的雙手撕成了碎片，甚至連最起碼的「民主」遮羞布都已經被他們丟進了太平洋，展現在世人面前的是其赤裸裸的專橫與無賴的本來面目。那麼，在這場關係到臺灣前途命運乃至臺海局勢和東亞地區穩定和平的選戰中，究竟還會有多少臺灣選民願意受其愚弄而把手中的選票投給它呢？「三二〇公投」真能救得了阿扁嗎？抑或，「三二〇公投」正是壓垮阿扁的最後那根稻草？人們正在拭目以待。

（原文刊於《明報》）

評許信良批扁的政治意涵

　　三月一日上午，許信良、朱高正、林文定等近百名民進黨創黨大老、黨員，在十七年前民進黨舉行成立大會的臺北圓山飯店召開「相信臺灣，不再相信陳水扁」記者會，發表一份《黨外聯合聲明》，呼籲所有愛民進黨的選民「唾棄陳水扁」，不能再讓陳水扁「禍國殃民」。

　　喪失「立黨之本」

　　近百名民進黨創黨元老與黨員連署批扁，並非偶然。瞭解民進黨歷史的人都知道，該黨乃以追求「民主」、「進步」起家，十餘年來，其追隨者認同與支持民進黨亦正是它的「民主」、「進步」理念，而民進黨能不斷發展壯大也正有賴於此。然而具諷刺意義的是，隨著民進黨一步步接近權力殿堂，所謂的「民主」卻越來越成為一種純粹的口號。尤其是民進黨執政以後，陳水扁以現任「總統」之尊兼任黨主席，包山包海，獨攬大權，重用親信，打擊異己，一意孤行，完全聽不進不同聲音，徹底破壞了黨內的民主機制。民進黨已失去了原有的批判意識和民主精神，變成了一人政黨和個人獨裁，「比當年的國民黨還國民黨」。

　　昔日的「民主鬥士」，甚至公然以「政客」自詡；昔日的理想追求，已經蕩然無存。更有甚者，面對落後的選情，陳水扁為了一己之私，公然踐踏法律，不顧島內各界的強烈反對和國際社會的普遍質疑，堅持要搞挑釁大陸的所謂「和平公投」，執意把「公投」與「大選」綁在一起，企圖靠這種很不光彩的手段達到競選連任的目的。為此，「行政院」助紂為虐，公然強迫「中選會」作出決議，試圖在投票程序上動手腳，直到引起海內外輿論譁然才不得不稍作讓步。在這場標榜「深化民主」的「公投鬧劇」中，人們所看到的只是民進黨執政當局的無法無天、恣意妄為，「民主」的最後一塊遮羞布，已經被陳水扁之流丟進了太平洋。難怪曾擔任過兩屆民進黨主席的許信良沉痛地說：「民進黨失去了最可貴的資產『民主精神』，這是民進黨與臺灣的最大損失。」然而十分滑稽的是，陳水扁不管做出什麼踐踏民主、法律的事，口中唸唸有詞的還是「民主」！

評許信良批扁的政治意涵

▌加速臺灣沉淪

　　民進黨喪失「民主進步」精神，除權力與利益的腐蝕之外，與其「臺獨」理念的惡性膨脹也密切相關。在民進黨的發展過程中，不贊成搞「臺獨」或「急獨」的黨員一個個都被排擠出黨，民進黨逐漸淪為「臺獨黨」；更有甚者，民進黨竟以是否贊同「臺獨」來界定誰「愛臺灣」誰「不愛臺灣」，誰是「賣臺集團」、「中共同路人」等等，實際上變成了貨真價實的「臺獨法西斯」。

　　陳水扁上臺之初，為了穩定政局，欺騙兩岸民眾和國際社會，曾一度放出「四不一沒有」的迷霧。但隨著民進黨政權逐漸鞏固，陳水扁暴露出了他的「臺獨」真面目，「一邊一國論」等分裂主張紛紛出籠。尤其是大選臨近，為了轉移島內民眾對其執政無能的不滿，陳水扁在危機感的驅使下迫不及待地加速了「臺獨」步伐，公然拋出「公投」—「制憲」—「建國」的「臺獨」時間表。

　　日本著名戰略管理專家大前研一曾警告說，「獨立」只能加速臺灣的沒落。的確，對於臺灣來說，「臺獨」根本是一條走不通的死路。陳水扁民進黨執政四年來，以「臺獨」意識形態「治國」，臺灣人民吃盡了苦頭。

　　如今，陳水扁操弄「一邊一國」和「公投」議題，蓄意煽動民粹情緒，挑撥省籍矛盾和族群衝突，挑撥兩岸人民的感情，根本就是出於凝聚「臺獨」鐵票，以達到個人連任的目的。他口口聲聲「拚經濟」、「愛臺灣」，實際上是「拚選舉」、「害臺灣」。誠如臺灣輿論所說：四年來「臺灣沒有『總統』，只有『總統候選人』」，只要能夠連任，不管他操縱的議題會對經濟和兩岸關係造成什麼樣的嚴重後果，陳水扁都在所不惜。

　　事實證明，陳水扁正是臺灣「向下沉淪」的罪魁禍首。在本次「大選」中，對於島內迫切需要解決的教育、民生、農業等問題，他拿不出長遠政策規劃，還繼續阻撓臺灣經濟復興希望所在的兩岸「三通」，這根本就是倒行逆施。

　　臺灣「經濟次長」尹啟銘日前出書警告說，二〇〇八年前不實現兩岸「三通」，臺灣經濟將不可避免地邊緣化。讓「只有私利，沒有公義」的陳水扁

繼續執政下去，只能導致臺灣社會的繼續沉淪，屆時，許信良等這些「黨外老兵蒙羞」事小，坑害臺灣 2300 萬人民才事大。

昔日「黨魂」不在

面對陳水扁的惡政，民進黨內部並非沒有反彈，反對將「一邊一國」列為選戰主軸的、唯一一位沒有退黨的民進黨大老張俊宏，去年就已發出了「黨魂何在」的質疑，近日又公開在「立法院」抨擊民進黨當局政績不彰，要求陳水扁向民眾道歉。

然而，面對臺灣的種種亂象和急劇沉淪，陳水扁和民進黨當局從來不反躬自省，而是歸咎於在野黨的掣肘和大陸的「打壓」，歸咎於國際經濟景氣低迷。

許信良說，「必須讓陳水扁落選，民進黨才有生機」，這是這位對民進黨愛之深、痛之切的創黨元老傾吐的肺腑之言。

（原文刊於《大公報》，與魯生合撰）

陳水扁兩岸政策的可能選擇

　　臺灣「大選」至今尚存很大爭議，但一般輿論認為連宋翻盤的希望十分渺茫，目前各方正在高度關注、議論紛紛，如果確定陳水扁仍繼續主政臺灣，未來四年其兩岸政策的可能走向究竟為何？

▍表白藏玄機

　　據臺灣媒體報導，「3·20」過後沒幾天，陳水扁在與島內企業界領袖會面時，主動談到兩岸關係，宣稱他「已經沒有競選連任的壓力，我也不會再選舉，今年的『3·20』是我的最後一戰，所以更可以放手去做」，並且說，儘管兩岸問題複雜、難解，但是「也因為困難，由我們來做，而且能夠做成，才有意義、才有貢獻」。陳水扁的這一番自我表白，語焉不詳卻內藏玄機，可以做各種不同的解讀，給各方都預留下了很大的想像空間。

　　一曰「急統」。有人忘了陳水扁是島內哪一派政治勢力的代表，設想他勝選後沒有了競選連任的包袱，到2008年退下來時才57歲，不排除他有可能會做臺灣的「尼克森」，和大陸談統一來延續自己的政治生命。若能如此固然很好，但這只能說是一種善良美好的願望。須知，陳水扁長期從事「臺獨」活動，儘管善變，但「臺獨」思想根深蒂固，又受到「臺獨基本教義派」的挾制，更何況他不能不聽命於不願意看到中國統一富強的美國。因此，寄望陳水扁放棄「臺獨」走統一之路，無異於緣木求魚，是過於天真的幻想。

　　二是「急獨」。陳水扁可能過高地猜想自己的力量，過低地猜想大陸捍衛領土主權完整的決心、信心與能力，容易走極端。因此，有可能會誤判形勢，以為這次選舉獲勝，擁有了臺灣半數以上選民的支持，腰桿硬了許多，於是公然冒天下之大不韙，利用2008年北京舉辦奧運之機，真的按照其在「大選」時拋出的「臺獨時間表」搞「急獨」，逼迫大陸不得不採取斷然措施，用非和平手段提前解決臺灣問題。這種可能性不能排除，但也不大。這是因為：

其一，「急獨」將使中美兩國面臨武裝衝突的攤牌，把美國拖下水，這並不符合美國的利益，美國不會放任這種局面的出現，從這次臺灣「大選」美國對陳水扁推動「公投立法」和「3‧20公投」的強烈反對態度，即可看出端倪。

其二，「求和平、求安定、求發展」，維持兩岸現狀是臺灣的主流民意，反對「臺獨」的泛藍陣營對急進「臺獨」將會發揮重要的牽制作用；

其三，綜合國力日益增強的大陸更對「臺獨」有強大的震懾力。

仍將遊走於「戰爭邊緣」

筆者分析，陳水扁囿於島內外的政治現實，繼續推行「拖以待變」、「戰爭邊緣」的兩岸政策可能性較大。即：政治上，對內在維持所謂「實質獨立」現狀的基礎上，打著「本土化」和「主體性」的幌子，誘導臺灣主流民意向「臺獨」方向轉變；對大陸，一方面繼續頑固堅持「臺獨」立場，另方面又高唱兩岸和平、談判濫調，不斷釋出所謂「善意」和「誠意」，採取「時軟時硬，軟硬兼施」的兩手策略，遊走於大陸動武底線的邊緣。經濟上，則有可能會有限度、階段性地擴大開放兩岸「三通」，適度發展兩岸經貿往來，既為緩解來自各方的壓力，更為厚實對抗大陸從事「臺獨」的經濟基礎，防止臺灣經濟邊緣化。如果大陸拒絕接招，則可將兩岸關係無法緩和的責任一股腦兒地推給大陸，取得輿論的同情；對美，不挑戰美國的臺海政策底線，以所謂「深化民主」和「增加軍購」拉住美國，爭取美國的支持。總之，還是陳水扁四年前的那句話：「讓美國滿意，國際社會肯定，中共雖不滿意但找不到藉口。」其總的政策目標是，希望國際局勢、中美關係和大陸政局發生有利於「臺獨」的變化，等待時機、窺測方向、以求一逞。

（原文刊於《國際先驅導報》）

臺灣「大選」後的政治效應

空前慘烈的臺灣「大選」目前雖尚存很大爭議，泛藍陣營仍在進行劇烈抗爭，但一般評估連宋翻盤的可能性已十分渺茫。近來島內外事態反映出選後將出現以下五個方面的政治效應：

▌發展為政治、社會危機

一、泛藍陣營的抗爭使島內局勢已從「憲政」危機發展到政治、社會危機。沉寂多年的學生運動再度興起，他們以絕食靜坐的極端方式，喊出「要真相、反歧視、爭未來」的呼聲，提出五項具體訴求，說明陳水扁實施的內外政策以及這場選舉的不公不正，已引發年輕一代的強烈不滿，標誌著選後民眾的抗爭運動發展到了新的階段；加上泛藍陣營發動的「4·10」大型抗議活動，以及國、親「立委」在「立法院」內的抗爭，均以成立「槍擊事件真相調查委員會」為訴求，使這場抗爭形成了街頭與議場、體制內與體制外、在野政黨與學生運動相互配合相互激盪的立體化態勢，給扁當局予前所未有的強大壓力。

泛藍「4·10抗爭活動」能否平安落幕？學生絕食靜坐如何收場，規模會不會進一步擴大？「5·20」陳水扁能否順利就職？泛藍推動的「公投」連署能夠獲得多少選民的認同與支持？國、親「立院黨團」會不會真的在「新內閣」就任後毅然發動「倒閣」，從而迫使陳水扁解散「立法院」提前舉辦新一屆的「立委」選舉？……總之政局會發展到何種地步，會不會出現更嚴重的執政危機，目前尚難判斷，仍然存在諸多變數。

▌泛藍陣營抗爭的目的有二

二、泛藍陣營的抗爭未必真的意在翻盤，他們心知肚明，公權力掌握在人家手裡，要想翻盤無異於「與虎謀皮」，談何容易！明擺著其堅持抗爭的主要目的有二：一是展現實力並試圖把陳水扁及其執政團隊搞臭，讓其往後四年執政的日子不好過；二是給泛藍陣營年底的「立委」選舉造勢保溫，累

積能量，保持內部的團結合作，增強凝聚力。今年底的新一屆「立委」選舉是「3·20大選」後又一場至為關鍵的選戰。如泛藍繼續失利，喪失目前在「立法院」過半席位的優勢地位，綠營氣焰勢必愈加囂張，「臺獨」將會愈加肆無忌憚，不光泛藍且臺灣前途堪虞。目前種種跡象表明，泛藍內部雖存在分歧並不時出現「異聲」，但在「覆巢之下無完卵」的危機意識下，為避免力量分散而被各個擊破，國、親、新三黨仍將會在新一屆「立委」選舉中繼續合作而不至分裂，並不完全排除在條件成熟時從「合作」進而走向「合併」，組成統一的在野黨，對執政的民進黨形成強大的制衡力量，為日後東山再起打基礎。

今後四年臺灣難有寧日

　　三、經過這場一對一對決的「零合選舉」，在陳水扁、李登輝這批極端自私自利的政客蓄意操弄之下，臺灣已經被撕裂為「泛藍」和「泛綠」這兩大陣營嚴重對立的「雙峰社會」。「只問立場，不問是非」已成為臺灣政壇、社會的普遍現象，使原有的「族群矛盾」、「南北對立」雪上加霜。儘管選後陳水扁表示要採取措施，促進社會和諧、消弭族群分裂，但由於「權力的傲慢」和意識形態作祟，心胸狹窄的陳水扁及其民進黨人不可能有效解決這一難題，所謂「族群和諧」，只是「鏡中花，水中月」，可望而不可得，淪為一句空話。可以預料，今後「立法院」議場勢將再度成為「武林高手」們切磋武藝的最佳場所，從而被攪得「雞飛狗跳」，更形混亂；此外，體制外各種形式的街頭抗爭活動必然會此伏彼起，如雨後春筍般不斷湧現。總之，今後四年臺灣從政壇到社會都將難有寧日。

扁當局執政難度增加

　　四、這場充滿爭議的「骯髒選舉」，使扁當局的正當性和合法性大受質疑，隨之，其公權力和公信力也將大打折扣。在整個「大選」過程中，陳水扁及其競選團隊以如此露骨的選戰伎倆和極不光彩的政客手腕對付競爭對手，雖然陳水扁僥倖勝選連任，但他在至少半數以上的臺灣民眾心目中已成

為恣意玩弄權術、完全沒有誠信、不值得尊敬的「竊國者」。坐實了他充其量只不過是個「只會選舉，不會治國」的「選舉動物」而已。今後四年，扁當局頒布的任何政策宣示乃至法令、法規，其權威性勢必大大削弱、窒礙難行，民進黨政權有可能成為「跛腳政權」，而陳水扁本人則成為「跛腳總統」。

美對扁信任度大打折扣

五、經過這場選舉，陳水扁的人格特質進一步受到島內外的強烈質疑，從原本「善變」的政客形象更上一層樓，「升格」為一個為一黨一己之私無所不用其極、不惜綁架和強姦民意、踐踏民主與法制、比李登輝還麻煩的「麻煩製造者」和「不可預測的政客」。更有甚者，陳水扁為了保住自己的權位，居然連後臺老闆美國山姆大叔的話也敢不聽。他不顧美國和小布希政府的利益，不惜損害美臺傳統關係，執意推動「公投立法」、推動挑釁大陸的「3‧20公投」，這恐怕都大出美國人的預料之外。山姆大叔的尊嚴居然栽在一個小小的阿扁手裡，「西部牛仔」小布希內心的「不爽」可想而知。有證據表明，美國對陳水扁的信任度已大打折扣，對其連任後會否推動「臺獨時間表」將保持高度警惕，以防其片面挑戰臺海現狀，破壞東亞地區的穩定和平，把美國拖下水。

▎「制度之爭」宣傳破產

六、這場充滿爭議的選舉，更使得民進黨人津津樂道的臺灣「民主」受到島內民眾乃至國際社會的普遍質疑。陳水扁及其競選團隊為了保住執政權，達到勝選連任的目的，利用其手中掌握的公權力知法、玩法、弄法：以「大選」綁「公投」，愚弄選民；以行政命令粗暴干涉「中選會」運作，反覆修改投票動線，使「中選會」變成執政黨操縱下的御用工具；「3‧19槍擊事件」疑雲重重，非法啟動「國安機制」剝奪大批軍警憲人員的投票權……選舉的公平性與公正性蕩然無存，假民主之實大白於天下。中正紀念堂絕食抗爭的學生喊出了「民主已死」的悲愴口號，就連「美國之音」記者都直言臺灣這場選舉是「骯髒的選舉」！一直以來，臺灣以所謂美國式的「民主優等生」自居自傲、招搖過市，侈言兩岸之爭非「統獨之爭」而是「民主與專制」的「制

度之爭」云云，如今這種虛妄的宣傳已經理不直氣不壯、不攻自破，以後臺灣再對大陸打「民主牌」就拉倒吧！

（原文刊於《文匯報》）

扁呂勝選不代表民心向「獨」

臺灣「大選」以令人「跌破眼鏡」戲劇性的結果收場，泛綠陣營的陳呂配僅以二萬九千多票的微弱多數競選連任成功。儘管泛藍陣營至今拒絕接受敗選事實，目前仍在進行一波波的劇烈抗爭，但一般輿論評估，連宋翻盤的幾率微乎其微。

和上次「大選」不同，這次泛藍陣營以整體的姿態聯合推出連宋一組候選人出戰，選舉結果仍以飲恨告終。選後島內外各方無不議論紛紛，提出各種不同版本的見解，對臺灣政局的發展詳加評析，見仁見智。就大陸涉臺研究學者來說，其特別關注並得到廣泛討論的一個重要問題是：這次「大選」所透露出來的臺灣主流民意究竟如何？陳呂的勝選能否得出結論說，島內「藍大綠小」的政治版圖已經發生了結構性的逆轉，認同與支持民進黨的「臺獨」路線業已成為目前臺灣的主流民意？

▋民意指導對臺工作

上述問題其所以重要，乃因為能否冷靜、準確地評估臺灣的主流民意，將直接關係到能否科學地總結以往大陸對臺工作的經驗與教訓，以適應臺灣「大選」後出現的新形勢、新問題，與時俱進，提出符合客觀實際的新的對臺工作政策與策略。

誠然，長期追蹤觀察臺灣島內政情變化的人都不無深切地憂慮，經過李登輝十二年和陳水扁四年主政下著力推動「去中國化」和「漸進式臺獨」，臺灣的話語環境和社會氛圍已經發生了結構性或曰根本性的變化：目前，承認自己是「臺灣人」而不是「中國人」的人已超過半數；「一個中國」、「一國兩制」、「兩岸統一」已經被「汙名化」和「妖魔化」；「臺灣主體意識」正在不斷抬頭與異化，以「臺灣已經是主權獨立國家」等「反共反華」為基本特徵的「臺獨」語言在臺灣已經占據了「話語霸權」；「臺獨」勢力比任何時候都更加囂張。客觀而言，這是十多年來「臺獨」勢力執掌臺灣政權的必然效應。這也正是諳於選戰的陳水扁何以敢在這次島內「大選」中把「臺

獨」當作「票房補藥」，鎖定「『一邊一國』對抗『一個中國』」為其選戰主軸，倡狂挑釁大陸，而泛藍陣營又何以會喪失中心思想和中心論述，在這次選戰中步步後退，只能跟在泛綠陣營屁股後邊「拿香跟著拜」，始終處於被動地位的主因。從這一角度來說，連宋敗選自有其歷史與現實的必然性。

不過從另一角度觀察，筆者認為，臺灣的話語環境和社會氛圍雖然發生了根本性的轉變，但目前臺灣政治版圖「藍大綠小」的基本盤尚未發生結構性的逆轉。這從以下兩方面可以看出。

▎基本盤仍是「藍大綠小」

首先從選舉過程來看：自去年選戰開打以來，泛綠陣營雖然表面上一直主導選戰議題，但各種民調無不顯示，連宋支持率和看好率始終領先陳呂，直到「三‧一九槍擊事件」前，陳呂都處在苦苦追趕的不利局面。

在這次「大選」中，雙方陣營最得意的大型造勢活動分別是「二‧二八」和「三‧一三」。比較這兩場大型造勢活動，綠營精心籌備了近半年之久所搞的「二‧二八」，其規模和氣勢都遠遜於藍營僅用了十多天時間匆忙搞起來的「三‧一三」。參加綠營組織的「二‧二八」活動每人都可以領到各種名目的「補助」，而參與藍營組織的「三‧一三」則大都是「自覺、自願、自費」。為動員更多民眾參加，綠營的「二‧二八」活動以「手牽手護臺灣」這種較為中性和模糊化的口號訴諸選民，被迫放棄了原創者李登輝最初提出的「臺灣正名」的「急獨」訴求。據臺灣媒體報導，在參與「二‧二八」活動的大約一百五十萬人之中，約有三成左右是支持泛藍的民眾。而泛藍組織發動的「三‧一三」則不同，口號十分明確：「拚經濟，拚和平，換總統，救臺灣」，泛綠陣營的民眾不可能參加。應該說，這兩場大型造勢活動較為真實地反映了藍綠雙方的基本盤。

其次，從選舉結果來看，「三‧一九槍擊事件」發生後，扁當局蓄意隱瞞和誇大陳呂傷情，煽動悲情，操弄選舉，不僅使陳呂驟然賺得了大量的「同情票」，更因隨之非法啟動「國安機制」剝奪了約二十萬軍警憲的投票權。而如果在正常情況下投票，這些票理應多數會投給連宋。

扁呂勝選不代表民心向「獨」

扁呂以不到三萬票的微弱優勢險勝，與多達三十三萬「匪夷所思」的廢票形成了強烈反差。輿論大都認為，多數「廢票」是支持連宋的。據有關方面統計，近百萬大陸臺商及其家屬因交通不便等因，僅有約十三萬人回臺投票。而一般評估，這一大塊票源約有七成左右應該是支持連宋的。

儘管陳水扁把「三‧二〇公投」煽呼得天花亂墜，妄稱對臺灣意義如何如何重大，但「公投」結果兩大議題均被選民無情否決，這種現象頗能說明問題。

從選後所作的民調來看，表示如果重新選舉仍會把票投給連宋的人超過陳呂數個百分點。這與上次「大選」結束後陳呂的支持率躍升為超過八成形成了鮮明對照。泛藍陣營的持續抗爭和沉寂多年的學生運動的再度興起，不僅使陳呂與臺灣民眾之間的「選後蜜月期」不再，而且引發了政壇和社會的劇烈動盪。

綜上所述，陳呂贏得這次「大選」具有很大的偶然性。其所以勝，主要是勝在選戰操作的「技術面」而非「基本面」。冷靜分析，至少在目前，臺灣政治版圖「藍大綠小」的基本盤並沒有發生根本性的逆轉。

▍綠營之勝非「臺獨」之勝

就兩岸關係方面來說，陳呂的勝選並不表明臺灣的主流民意已經轉而認同和支持民進黨的「臺獨」路線與主張。即使在投票給陳呂的選民中，有相當一部分也只是寄望民進黨繼續執政能夠繼續改革，掃除弊政。然而，從連宋敗選的必然性方面來說，島內事態的發展也確實應該引起人們的深切憂慮與高度警覺：搞得不好，不要說民進黨長期執政，只要它再執政四年，那麼臺灣政治版圖「藍大綠小」的基本盤就有可能會發生根本性的逆轉；認同與支持民進黨的「臺獨」路線與主張，也將會逐步成為臺灣的主流民意。

如何防止事態向我們不願意看到的方向發展，取決於島內外多方面因素的互動，而筆者以為，大陸對臺政策策略能否與時俱進，依據島內形勢的發展變化作出符合實際的調整，則是其中十分重要和關鍵的一環。

綠營之勝非「臺獨」之勝

（原文刊於《大公報》）

阿扁真想解決族群問題嗎

五月二十日，陳水扁在他連任的就職演說中，開篇就大談了一通族群問題。他說：「沒有任何一個族群應該背負莫須有的歷史包袱。在今日的臺灣，不管你出生在廣東或是臺東，不管我們的母親來自越南或者臺南，每一個人都擁有同樣的地位和尊嚴。」「不同的族群或許因為歷史記憶與民族情感而有認同的差異，但是彼此應該相互包容、用心理解。」

俗話說：反派人物演慣了，忽然改演正派人物，怎麼看怎麼都不像。陳水扁的這些話，讓人聽了著實不免錯愕。人們記憶猶新，在這次選舉中，煽動族群分裂對立最狂熱、最賣力的不是別人正是陳水扁！曾幾何時，陳水扁一手操弄「愛臺灣與賣臺灣」議題是何等的殘忍，如今他在職演說中的「廣東或臺東」、「越南或臺南」的比喻又是何等的「溫馨」。同是出自陳水扁之口，前後相較，差若天淵，在讓人訝異之餘，多少也讓人覺得有點不倫不類。

▌當局操弄造成族群撕裂

在這次選舉中，族群議題是由陳水扁、李登輝一手操弄起來的。如果說以前主要是透過操弄省籍矛盾來達到自己的目的，那麼這次「大選」則是透過製造藍、綠的對立，將「愛臺灣」的口號意識形態化，從而達到利己的目的，選舉期間轟動一時的「非常光碟」事件，就是綠營打擊泛藍陣營最明顯的一個例子。

經由巧妙的操作，民進黨將「本土與非本土」，「臺灣與中國」，「南部與北部」等問題用簡單的二分法連結在一起，以是否「愛臺灣」為識別的標準，從而達到麻痺人民的目的。這種做法從根本上是反智與反民主的，是沒有邏輯可言。其實，民進黨這樣做的目的就是為自己製造一個虛幻的敵人，正所謂「我有敵人，故我在」。阿扁將他的「臺獨」理念隱含於是否「愛臺灣」之中，可見其用心之險惡。

透過貼這種政治標籤，陳水扁和民進黨事實上給臺灣民眾出了一個二選一的選擇，即要麼「愛臺灣」，即追隨民進黨的意識形態，要麼就是「不愛臺灣」，是「中共同路人」。其「臺獨」理念和「愛臺灣」相結合，形成了一個二位一體的新神學，誠如馬英九所說：民進黨發展起了「一種不容他人質疑的絕對道德，將選舉當成一種窄化人心的政治運動。」

　　有識之士更是直接地說，現在臺灣的形勢是「順我者昌，逆我者亡」，「跟我不一樣的意見不能講，講了就是不愛臺灣。」民進黨就是這樣強姦民意，挾持民意，綁架臺灣民眾，提高其所謂的政治支持。臺灣社會卻因此而一分二，形成了尖銳的族群對立，即泛藍陣營與泛綠陣營的對立。

▌族群操弄造成社會扭曲

　　由於族群的割裂，現在在臺灣，特別是政治人物，「只有立場，沒有是非」，是非黑白已經不重要了，一切均以政治利益的得失為轉移。李昌鈺先生到臺灣調查「三・一九槍擊案」時，民進黨就上演了這樣一幕活劇：因為李昌鈺赴臺時有泛藍的代表陪同並當翻譯，民進黨因此擔心李昌鈺做出對其不利的結論，於是大造輿論，極力誇大李昌鈺與泛藍陣營的關係，質疑李昌鈺的調查能否客觀、中立。等到李昌鈺明確表態自己只是進行刑事偵查，最後的裁定還是由臺灣司法部門來進行時，民進黨看到這個事件進入自己能夠控制的範圍，口徑竟來了個一百八十度的大轉彎，大讚李昌鈺為「神探」，前後的態度轉變之大，真是令人瞠目結舌。

　　族群割裂的情形在民間同樣的嚴重。在日常的交往中，人們在沒有搞清對方是什麼「顏色」之前，很少有人敢大膽講話。社會本來應該具有的諸如公平、正義等價值判斷也被族群的標籤所代替。

　　國際著名導演侯孝賢對此深有感觸，自從他公開站出來表示憂心族群對立問題後，也被戴上了帽子，被塗上了「顏色」。他感慨地說，「被戴帽子並不可怕，可怕的是隨時會有一群反對你的打手來打你」。他憤怒地表示，「這根本不是文明社會的做法，而是流氓的行徑。」

阿扁真想解決族群問題嗎

　　族群對立也影響到了人們的日常生活。人際關係因為彼此之間「顏色」的不同而產生了空前的疏離。臺北市的一名醫生說，平時交往甚篤的朋友，「大選」後因為支持對象不同而拒絕往來；平常會親切打電話提醒他出診時間到了的護士，「大選」之後因支持對象不同，從來沒有再給他打過電話；走到平時常去的夜市，他甚少去政治立場相異的小吃攤去消費；而且，立場相異的小吃攤老闆們再也不往來了。

　　至於在臺灣的報紙和雜誌上經常可以看到家庭成員之間因支持對象不同而導致的夫妻反目、父子成仇的報導，更是比比皆是。

　　就整個社會而言，臺灣族群之間的嚴重割裂，導致社會充斥著不信任感。根據一份針對臺灣一千家大企業高級經理人所進行的調查顯示，百分之七十五的企業內部出現員工因藍綠對峙而導致彼此不合的情況，甚至有因為政治理念不同而出現的另類轉職潮。族群矛盾已經進入尋常百姓家，切切實實地影響到了升鬥小民的生活。

▌扁不會捨棄這廉價工具

　　族群對立已經成為臺灣社會的毒瘤。然而，陳水扁真的有決心、有能力解決族群對立的問題嗎？

　　直到不久前，陳水扁還說：「臺灣只有認同問題，沒有族群問題。」

　　當然，他所說的「國家認同」是塞進了太多「臺獨」內容的「國家認同」，這個說法還是沒有脫離對臺灣民眾的簡單二分法，只不過是給族群動員換了一個新包裝而已。但是現在他卻說：「當前臺灣社會確實存在認同與族群的嚴肅課題，我們不需要掩飾，更不能夠漠視。」他前後矛盾，自打嘴巴，善變的面孔又一次暴露在世人面前。

　　事情明擺著的，族群議題乃是陳水扁手中的一個工具。陳水扁深知，族群對立可以用以「打天下」，但是不能用來「治臺灣」。他當選後高唱仍舊是以現實的政治利益為考慮的：第一，提出這個口號有利於拉攏一批泛藍的支持者，從而為民進黨年底的「立委」選舉騙取選票；第二，在民間對這次「大

選」的質疑聲高漲的情況下，陳水扁不得不想辦法化解這種愈演愈烈的族群對立，不然，在超過一半的民眾的抗議聲中，他的位子如何能坐穩呢？第三，將族群問題定位為「國家認同」問題，繼續向善良的臺灣民眾灌輸其「臺獨」理念。

　　陳水扁一邊大談消弭族群矛盾，一邊卻對在選舉中挑撥族群最賣力的人論功行賞，加官晉爵。例如，曾積極參與製作「非常光碟」的吳錦發，已升任「文建會」的副主委；以省籍議題大批明華園當家小生孫翠鳳的演員江霞，將接任華視董事長的傳聞也傳得沸沸揚揚；而新出爐的「國策顧問」名單中，更是不乏族群問題的惡意操弄者。

　　在這種情況下，誰會相信陳水扁有誠意解決族群問題呢？

　　事實上，至少從目前的情況來看，族群動員仍是民進黨所賴以生存發展的重要手段，他們根本不可能捨棄這個最廉價的工具。

　　至於臺灣民眾，則對陳水扁的這種空洞的承諾壓根兒就不相信。據臺灣《中國時報》在「五・二○」當天所作的民意調查，大約有百分之六十五的民眾表示不敢肯定陳水扁會去認真解決族群問題。臺灣大學城鄉研究所的夏鑄九教授則明確表示，「可以預見，未來族群幽靈會利用國族議題繼續綁死臺灣人民，民眾會繼續被關在族群分裂的牢籠裡。」

族群融合可望而不可得

　　臺灣的族群對立已經引起了許多有識之士的深切憂慮。著名作家瓊瑤沉痛地說：「一次選舉，怎麼會把人心撕裂到這個地步？族群隔離到這個地步？這樣的對立與仇恨，要怎樣化解呢？」

　　臺灣著名作家朱天心則直接地說，面對掌握著統治機器的政客們帶頭用「扯謊、硬拗、扣帽子的方式粗暴地對待手無寸鐵的臺灣人民」，「我並不打算說我愛臺灣，因為我不想在政客的逼迫下說。」他呼籲臺灣民眾「不要給統治者一張愛臺灣的空白支票，或無額度限制的信用卡，任他花用支配到爆。」

臺海風雲見證錄：時事評論篇
阿扁真想解決族群問題嗎

　　民進黨內的一些有識之士也對這種現象表示憂慮。民進黨大佬沈富雄認為，對於臺灣民眾，應彼此尊重，不要亂戴帽子。對於外省族群問題，除了讓時間消弭餘恨與不平，更要以行動化解反撲與疑慮，「而這一切，都就從民進黨做起。」可是沈富雄關於消弭族群問題的言論一出，立即在民進黨內遭到圍攻，最後他也不得不三緘其口；另一醫界大佬楊思標，在提出《醫界老兵告臺灣同胞書》、要求停止族群對立後，也遭到了自己的學生們的「圍剿」。

　　民進黨的倒行逆施，終於使有良知的知識份子再也看不下去了。二〇〇四年四月二十七日，由「中央研究院」勞思光領銜，包括臺大哲學系教授陳鼓應、臺大心理學教授黃光國、電影導演侯孝賢、作家唐諾、朱天心等臺灣三十多位著名知識份子，發起了「民主深化還是民粹集權」的連署活動，反對族群操弄。五月四日，他們成立「民主行動聯盟」，期望以此來制衡民進黨當局，為臺灣的族群融合盡自己最大的努力。當然，這個聯盟到底能造成多大作用，還有待觀察。

　　陳水扁的虛情假意是騙不了人的，在民進黨當局不願放棄惡意操弄的情況下，臺灣的族群融合只能像天邊的彩霞，可望而不可得。政客們當然可以從中獲得巨大的利益，然而臺灣民眾何辜，竟至遭此劫難？臺灣一向以「民主」自詡，可是如此「民主」，又到底造福了誰呢？

（原文刊於《大公報》，與陳星合撰）

美臺為何頻頻提出「二軌對話」

近期以來，圍繞著臺灣「大選」後臺海緊張局勢的陡然升高，美、臺官方及某些智庫人士紛紛對外放話或發表文章，頻頻提出中、美、臺三方進行所謂「二軌對話」的主張：

據6月3日臺「中央社」報導：美國國務院主管亞太事務的助理國務卿凱利，在眾院召開的一次討論美對亞太政策的聽證會中表示，「美國強烈支持美、中、臺進行第二軌道、準官方或非官方會談」。新上任的臺「陸委會副主委」兼發言人邱太三當日即熱烈響應說：「對任何有助兩岸關係的善意與建議」，臺方都「樂觀其成」，並表示，「如果雙方能夠坐下來談，那是最好的」。

次日晚間，邱太三飛抵紐約，開始他上任後的首次赴美遊說之旅。一下飛機他就大談「二軌對話」問題，表示：「兩岸對話過去中斷，沒有辦法延續所造成的誤解、誤判，這是相當大的遺憾。關心兩岸談判的學者、專家和外國人士，也都提出『二軌』這樣的機制，只要有助於兩岸的對話，政府都願意參與和推動，大家都希望兩岸趕緊建立起對話的管道」云云。並說，臺方經評估後認為「『辜汪會談』最好，因為這已累積起一定的經驗、情誼……」，報導還說，「他判斷大陸不會斷然拒絕臺方提這樣的要求」。

此前的5月27日，在陳水扁發表「就職演說」剛過一個星期，臺新任「陸委會主委」吳釗燮，即公開邀請大陸海協會會長汪道涵訪臺，並說只要大陸同意汪訪臺，無論要見誰，「都可以安排」；無論要談什麼，「議題都不設限」；無論要去哪裡，「都會竭誠歡迎」云云。次日，邱太三又宣稱，汪道涵若來臺，「不排除談及一中議題」的可能性，擺出一副充滿「善意」和「誠意」、急切希望恢復兩岸接觸對話的姿態。

前幾日，臺灣「綠營」喉舌《自由時報》又刊出美國前在臺協會理事主席白樂崎的一篇文章，題為《改善美中臺溝通，三方會議可考慮》，鼓吹在緊張對峙有可能持續的背景下，「兩岸間以某種形式展開對話，其實是最佳的選擇」。另一個可行的方案是，「美、中、臺三方政府均成立一小型的兩

岸任務小組，並且定期或視需要會面。一開始先由美、中及美、臺代表分別會面，但最終希望能促成三方會議」，強調「就先建立起一個討論兩岸議題的固定機制，實有其重要且迫切的需要」。

6月17日，美國重要智庫人士李侃如在北京接受臺灣媒體專訪時也指出，要突破兩岸關係僵局，臺北、北京和華盛頓三地政府，首先得自己在內部做出決定，即追求臺海的穩定符合三方利益。他建議「臺北和北京可以透過私下的管道先行溝通」，就「一個中國」的議題「在不公開的情況下」進行「實質嚴肅的討論」。而且，「若兩岸需要美國幫忙，美國亦可扮演適當角色」云云。

其實，據媒體報導，早在今年二月間美、中國防部副部長級防務磋商在北京舉行時，美國國防部主管政策的次長費斯，就曾提出希望美、中國防部在部長及副部長層級建立熱線電話，以便一旦有緊張狀況，可以立即以安全方式聯繫。當時中方並未當面拒絕美方要求，僅表示雙方國防部平時已有正常聯繫管道。

四月，臺灣「大選」剛剛結束，美國副總統切尼訪華，就迫不及待地正式向中方提出希望兩岸恢復對話。緊接著，美方又向在華府訪問的臺「國防大學校長」謝建東提出中、美、臺三邊國防大學「一軌半」對話的構想，以討論軍事互信機制等議題。

與切尼訪華相配合，為了向中方施壓，敦促兩岸儘快恢復對話，於是才有前述美臺雙方官員、智庫紛紛出來「獻計獻策」、搖旗吶喊的熱鬧場景。特別是大陸發表「五·一七聲明」和陳水扁「五·二〇講話」之後，臺海緊張局勢未見好轉，美國更急以推動恢復兩岸對話。有報導說，前述美國亞太助卿凱利，已連續兩次在國會作證時力促兩岸恢復對話，建立所謂「互信機制」；副助卿薛瑞福也曾在答覆記者問題時表示，美國將會在「有助於恢復對話上出力」。

然而人們不禁要問：一向宣稱「不當兩岸調人」的美國，何以近期以來一反常態，與臺灣當權者一唱一和，如此心急火燎地一再呼籲恢復兩岸對話，

又是「一軌半」，又是「第二軌道」，又是「邀請汪道涵訪臺」等等，喋喋不休，不一而足，其可行性究竟如何？真實用意何在？

眾所周知，始於 1990 年代初的兩岸兩會（大陸「海協會」和臺灣「海基會」）對話談判，包括「辜汪會談」和其後的一系列事務性和功能性協商談判，其基礎是海峽兩岸均承諾堅持「一個中國」原則並表示謀求未來兩岸統一（即所謂「九二共識」）。爾後兩岸協商談判之所以一再出現波折，關鍵就在於李登輝主政下的臺灣在「一個中國」的原則問題上不斷倒退。及至 1999 年 7 月李登輝公然拋出臭名昭著的「兩國論」，徹底拋棄了「一個中國」原則，致使兩岸接觸、交流、對話的基礎遭到破壞，第二次「辜汪會晤」和兩會的正常往來才被迫中斷。

2000 年臺灣政黨輪替、具有濃厚「臺獨」色彩的陳水扁上臺執政，大陸提出「聽其言，觀其行」的因應對策，給了陳水扁相當長一段時間的寶貴的「觀察期」。然而，陳水扁視大陸的忍讓為軟弱可欺，先是拒絕接受「一個中國」原則，否認「九二共識」，繼續推行不說「兩國論」的「兩國論」分裂路線，大力推行以「去中國化」為最終目標的「文化臺獨」政策；繼而在 2002 年 8 月公然拋出「一邊一國論」，致使兩岸互信基礎進一步坍塌；更為惡劣的是，在去年臺灣「大選」開打之後，陳水扁愈加變本加厲地挑戰「一個中國」原則。他不顧各方反對，執意推動「三‧二〇公投」，倡狂挑釁大陸，甚至公然提出「〇六年公投制憲」、「〇八年實施新憲」的「急獨時間表」。陳水扁在「臺獨」道路上愈走愈遠，這不僅使兩岸互信蕩然無存，更把臺海局勢推向了危險的戰爭邊緣。

如今，美、臺暗通款曲，聯手炮製、上演了一齣陳水扁的所謂「五‧二〇就職演說」，表面退縮，實則話中有話、綿裡藏針，仍然頑固堅持「臺獨」立場。陳水扁在「大選」中倡狂挑釁大陸，一手製造臺海緊張局勢之後，現在又重施四年前所謂「以柔軟勝剛強」的故伎，與美國合夥共同誘迫大陸放棄「一中原則」，重啟兩岸對話談判，這也未免太低估了大陸領導人的政治智慧了吧！

美臺為何頻頻提出「二軌對話」

　　美國和臺灣的當權者理應明白，在涉及臺灣的問題上，中國大陸什麼都可以讓，唯獨在「一個中國」的原則立場上是不可能有絲毫的鬆動和退讓的！所謂「一軌半」也好，「二軌」也罷，抑或「汪道涵訪臺」，兩岸無論採取何種接觸方式，唯有回歸「一中原則」才有實現的可能，而且也才會有實際意義，否則建立所謂兩岸「和平穩定架構」、「軍事互信機制」等等，都無從談起，都不過是自欺欺人的「空中樓閣」。大陸「五‧一七聲明」說得很清楚：「臺獨」沒有和平，分裂沒有穩定。陳水扁堅持「臺獨」分裂路線，何來兩岸的和平和臺海的穩定架構？「和平獨立」只是幻想，唯有接受「一中原則」，兩岸關係才會「峰迴路轉」、「柳暗花明」。說白了，兩岸無法恢復對話談判的癥結，就在於陳水扁堅持「臺獨」立場，拒絕接受「一中原則」。

　　或許有人會說：臺灣方面不是已經表示「一中議題也可以談」嗎？其實，這只不過是陳水扁企圖「暗渡陳倉」、矇騙世人的又一伎倆而已。須知，「大陸和臺灣同屬一個中國」，這是涉及「國家主權」的原則問題，作為原則問題的「主權」，是絕對不可以隨便拿來當「議題」談的。什麼情況下才可能談呢？除非一方打敗了另一方，就像當年日本戰敗了清政府，清廷被迫「馬關議和」，談判割讓臺澎主權給日本。臺灣閃爍其詞，侈談什麼「一中議題」，還裝出一副似乎向大陸作出了很大「讓步」、彷彿很有改善兩岸關係「誠意」的樣子，豈非滑天下之大稽！

　　特別需要強調說明的是，事實上「一個中國」原則並不是大陸方面強加給臺灣的，這不僅是 1992 年兩岸雙方所達成的「共識」，同時也是臺灣方面現行的法律框架和一系列相關法律檔所明文規定了的。臺灣現行的「法律框架」不是就連陳水扁本人也曾在上臺「就職」時舉手宣誓要「效忠」的嗎？至於美國，不是直到最近也還一再聲稱其「一個中國」的政策沒有任何改變嗎？所以事情明擺著：如果臺灣當權者真有誠意緩和發展兩岸關係，就應該放棄「臺獨」立場，毫不含糊地接受「一中原則」；如果美國真想看到兩岸恢復對話談判和臺海緊張局勢的緩解，建立有效的臺海危機處理機制，那麼就應該向拒絕接受「一中原則」、挑戰兩岸關係現狀、製造臺海地區緊張局勢的真正根源——陳水扁「臺獨」勢力施壓，而不是本末倒置，反其道而行

之，把施壓矛頭對準中國大陸。這是問題的關鍵所在，也是再淺顯不過的道理！

其實說穿了，美國堅持「一中政策」是假，欲長久維持海峽兩岸「不戰不和，不統不獨」的分裂局面，以便遏制中國，從中漁利是真。很明顯，現階段美國在處理臺海問題上，是「只要和談，不問一中；只要和平，不講統一」。美國的臺海政策往往自相矛盾而又極其靈活，它依據形勢的變化和國內利益集團的政治需要而不斷進行微調，首鼠兩端，左右逢源，但無論如何調整，維護美國的國家利益這一基本立場和原則則是始終不變的。美國的這一對華戰略與策略，顯然與島內「臺獨」勢力的奮鬥目標有其契合之處和相互利用的價值：為了遏制中國，美國需要臺灣充當其戰略棋盤上的棋子；而為了換取美國的撐腰用以對抗大陸，實現「臺獨」美夢，「臺獨」勢力則心甘情願地充當美國的棋子。

再者，從眼前的利益來看，陳水扁強渡關山勝選連任之後，面對島內民眾對其執政的「正當性」、「合法性」的強烈反彈和質疑，急切需要修補在「大選」期間被他搞壞了的美臺關係，以便抱緊美國的大腿才能穩定政局。故而，臺灣當權者明知迴避「一中」大陸不可能應招，兩岸談判難以恢復，但為了配合美國對華政策的調整，同時也為欺騙輿論，把兩岸關係無法緩和的責任推給大陸，並為日後重新推行強硬的「急獨」路線製造藉口，自然需要擺出一副急切希望恢復兩岸對話談判的姿態；至於美國布希，則正面臨著競選連任而選情吃緊的巨大壓力，而伊拉克問題、反恐問題、朝鮮半島的核問題等等，更使他和他的政府團隊忙得焦頭爛額。故此，他一方面急需陳水扁慷慨解囊購買美國的大量軍火物資，以便取悅其主要支持者——美國軍火商和軍人，又不希望臺海地區在這個節骨眼上生出事端來給他添亂，甚至把美國拉下水。明白了這個道理，人們也就不難理解，臺灣「大選」過後美、臺之間何以能夠很快捐棄前嫌、再度「蜜月」，布希政府要員對陳水扁的「五·二〇演說」拍手叫好、甚至情不自禁地表示「感謝」了；也就不難理解為什麼近期以來美國一再向中國大陸施壓，一方面要求大陸無條件恢復兩岸對話談判，另方面又由布希簽署法案支持臺灣加入 WHO，並宣布對臺大量軍售，拉住日本和臺灣大搞軍事演習，加緊亞太地區新的軍力部署，甚至公開挑唆

臺灣在必要時「先發制人」、攻擊三峽大壩了。人們看到，臺灣「三·二〇大選」後至「五·二〇」陳水扁就職之前，美、臺官方和智庫人士急急奔走於大洋兩岸，公開或私下接觸，互動頻繁，究竟做了多少見不得人的政治交易，外人當然難以知曉，但從近期以來雙方的默契配合和相互「關照」，也可從中多少看出點端倪來。

事實一再證明，美國在臺海問題上一貫奉行「以臺制華」的利己主義的兩面政策。「臺獨」勢力之所以發展到今天這樣猖獗的地步，是美國長期以來扶植、姑息、縱容的惡果。陳水扁正是山姆大叔一手慣壞了的「壞孩子」。美國在兩岸爭端中一向「拉偏架」，它的臺海政策既不「客觀」更談不上「中立」，美國本來就沒有資格充當海峽兩岸的「調人」。如今美國政府繼續奉行錯誤的臺海政策，不斷向島內「臺獨」勢力發出錯誤信號，到頭來只能是「搬起石頭砸自己的腳」。

（原文刊於華夏經緯網）

扁李合流又搞「制憲運動」

7月1日,「臺聯黨」等急「獨」勢力在臺北圓山飯店舉行所謂「制憲運動誓師大會」。會上,出任「總召集人」的李登輝宣讀所謂「聲明稿」,領頭鼓噪「臺灣是一個主權獨立的國家,必須有一部代表臺灣國家的憲法」,聲稱「無論是『修憲』或是『憲政改造』,虛有其名之『中華民國』憲法,必須全面翻新,使其成為量身打造之臺灣新憲法」,從而掀起了新一波「臺獨」惡浪。奇怪的是,一貫主張「制憲」、力行「臺獨」的民進黨並沒有接到邀請函,而陳水扁本人對此事也刻意保持低調。但明眼人一看便知,陳水扁與李登輝又在演雙簧戲,採取「各有分工、分進合擊」的策略,其最終目標就是要達到「臺獨制憲」的目的。

▋陳水扁不敢公然推動「制憲」

李登輝再次跳出來公然鼓吹「制憲」,是緣於陳水扁不敢兌現競選承諾公開推動「制憲」的無奈。眾所周知,「大選」期間陳水扁也曾極力鼓吹制定「新憲法」,但在各方的強大壓力下,在「5·20演說」中他被迫改稱所謂「憲政改造工程」這種較為中性、隱晦的新提法。陳水扁心知肚明,此刻如果他真的著手推動「制憲」,勢必要立即面對難以承受的巨大阻力。

首先是臺灣內部的壓力。臺灣民眾都很清楚,推動以「法理臺獨」為取向的「制憲」舉措,是對臺海現狀的公然挑釁,這不僅會引起島內劇烈的朝野紛爭,同時也將使兩岸關係不可避免地陷入立即危機,給臺灣帶來災難,故而大多數臺灣民眾均持反對態度。這從「3·20公投」未能過關以及選後的各種民調,都很清楚地看出臺灣的這種真正的民意主流。

從目前情況來看,如果要「制憲」的話,要麼走體制外的「制憲」,即把原來的「憲法」全部推翻,重新制定一部新的「憲法」。但是按照「立法院長」王金平的說法,這種方式「大家都不能接受」;要麼是走體制內的「制憲」,即在現有「憲法」的框架下透過所謂「任務型國大」來實施。但是這

扁李合流又搞「制憲運動」

種方式在目前泛藍在「立法院」席位占多數的政治生態下，顯然也很難通過「制憲」的門檻。

其次是大陸的強大威懾力。大陸國臺辦在「5・17」受權聲明和「5・24」說明會上已經發出了非常明確的訊息：如果「臺獨」勢力膽敢跨過紅線，將「不惜一切代價」捍衛國家的領土主權完整。因此，不管是「制憲」還是「憲改」，只要是事實上邁向「法理臺獨」，那就意味著「臺獨」點燃了兩岸的戰火，無異於引火自焚。陳水扁當然明白其中的厲害。

第三是美國的反對。美國認為，目前海峽兩岸這種「不統不獨、不戰不和」的分離狀態，符合美國的最大利益。更何況目前小布希正面臨著競選連任的巨大壓力，不希望此刻臺海地區生出事端來給他添麻煩。因此，近期以來美國一再表示，反對任何單方面改變臺海現狀的舉措。人所共知，陳水扁從「3・20」之前狂妄叫囂要「制憲」，不得不退縮到「5・20」的「憲改」，其本身在很大程度上就是美國施壓下的結果。

故此，陳水扁如果以「執政者」的身分推動「制憲」，將會遇到的阻力可想而知。加上「3・19槍擊案」至今沒有破案，臺灣民眾對陳水扁當選的正當性不斷提出質疑，泛藍陣營「要真相」的呼聲依然高漲，如果陳水扁堅持「制憲」，必然使臺灣政局立即陷入劇烈動盪而不可自拔。

再者，陳水扁在「5・20演說」中信誓旦旦地表示：他「個人建議」未來「憲改」不涉及「國家主權」、「領土範圍」和「統獨」的議題。不管是否出於真心，如果他話音剛落、墨跡未乾，就食言自肥、自打嘴巴，公然推動「制憲」，那麼給泛藍陣營提供攻擊的口實事小，得罪了後臺老闆美國則茲事體大。

李登輝為陳水扁解套

陳水扁「5・20」只提「憲改」，不再提「制憲」，立即引起了「臺獨」基本教義派的強烈不滿。不知就裡的老牌「臺獨」辜寬敏氣急敗壞，頭一個跳出來在接受媒體採訪時公開大罵陳水扁「善變」、沒有「誠信」。逼得陳水扁不得不在一次與「臺聯黨」的餐會上裝模作樣地請求「臺聯」體諒他的

「難處」。對於陳水扁的表態，另一位「臺獨」大老彭明敏心領神會，表示他可以「諒解」陳水扁的「憲改」主張，這說明彭明敏比辜寬敏確實更「聰敏」一些，他深諳陳水扁「5・20」演講的「奧妙」之處。

據臺灣媒體報導，「3・20」後扁、李曾至少「密會」三次，談些什麼外人自然不得而知，但此時李登輝公開跳出來鼓吹「制憲」，顯然與老邁昏庸的辜寬敏根本不同，目的乃是為陳水扁「分憂」、「解套」：

第一，李登輝不受身分的掣肘，可以以「在野」之身大放厥詞，無所顧忌。「制憲誓師大會」召開當日，陳水扁即對外聲稱：「臺灣是民主、多元的社會，政府推動憲改，需要聽取社會各種不同的聲音」云云。

第二，李登輝把「急獨」的旗號打出來，可以反襯出陳水扁「憲改」主張的「理性」與「務實」，從而減少陳水扁推動明為「憲改」實則「制憲」的阻力。民進黨副祕書長李應元在接受媒體採訪時意有所指地說：「陳總統現在已不談制憲或修憲，只講憲政改造，……如果一部憲法90%都是新的，這是新憲還是舊憲？大家應該很清楚」。

第三，以李登輝為「教父」的「臺聯黨」加緊推行「急獨」路線，一方面由「臺聯黨」負責鞏固「臺獨」基本教義派的基本盤；另方面則可以淡化民進黨「臺獨」政黨的形象，給人予民進黨的政治立場向中間移動的假相，在年底的「立委」選舉中爭取到更多的中間選票，擴大綠營的基本盤，最終達成整個泛綠陣營在年底的「立委」選舉中過半的目標。據臺灣媒體報導說，「民進黨高層評估，李登輝戰略考慮係為鞏固左翼，的確會瓜分部分深綠選票，但這個壓力也會逼使民進黨往中間拓展選票，整體而言是把泛綠市場的餅做大。」李應元就說：「過程或許有意見的不同，但結果最重要。」而陳水扁的新任「幕僚長」蘇貞昌說得更加形象和露骨：「兄弟登山，各自努力」。

為達此目標，在這次李登輝「臺聯黨」所主導的「制憲」動員中，仍舊不脫族群動員的方式。他們依據對「制憲」議題的不同立場和態度，總結出了所謂三條「總路線」，把朝野政黨和民眾劃分為以下三類：一是「臺灣總路線」，即是由「臺聯」領導，進行「全民制憲」；二是「選舉總路線」，

即民進黨當前所執行的所謂「新中間路線」；三是「反臺總路線」，指以國、親為代表的反對「制憲」的泛藍陣營。

很明顯，在「臺聯黨」的眼裡，前兩個「路線」的實踐者是心心相映的，是「兄弟」，是「同盟軍」，而第三條「路線」的實踐者則是「反臺」、「賣臺」的敵人。這種動員方式仍舊沿襲了這次「大選」期間一再操弄的所謂「愛臺」與「賣臺」的模式，利用族群的撕裂來達到打擊政敵、實現「臺獨」的目的。然而「臺聯黨」無法自圓其說的是，既然有那麼多實踐「反臺總路線」的泛藍支持者，那麼「臺聯黨」和民進黨又如何去實現凝聚「全民共識」、推行「公民制憲」這一夢寐以求的「臺獨」目標呢？

最終目標還是「臺獨」

扁、李的雙簧戲雖然有相當的迷惑性，可是陳水扁的「臺獨教父」、凱達格蘭學校的校長李鴻禧還是很快就洩露了「天機」。他在7月1日指出，「不管是制憲還是修憲，目標都一樣，而且都要通過公投來決定。」這就是李登輝的「制憲」和陳水扁的「憲改」之間的關係。換句話說，他們都要搞「公投臺獨」，只不過一個是「明獨」，另一個是「暗獨」而已。

扁、李的這齣雙簧戲正是兩種「臺獨」的合流。李登輝所推動的「制憲」，是明目張膽地號召推翻現有體制的「臺獨」，而陳水扁推動的所謂「憲改」，則是打著「中華民國」旗號下的「臺獨」，也即「借殼上市」式的「臺獨」。現在綠營把這兩個方式巧妙地結合起來，各自扮演不同的角色。李登輝站在前臺，創造議題，引領議題，而陳水扁則躲在幕後，運用其所掌握的公權力和各種政治資源，暗中襄助，合跳探戈。如此，既可使陳水扁免受各方壓力，同時還可以營造出「制憲」所需要的「主流民意」。按照「臺聯黨」的說法，「制憲說本來就具有教育性的意義」，「推動制憲運動的目的在於喚起國人對憲法的認知，以凝聚社會共識」，即透過炒作「制憲」議題，來愚弄民眾，騙取臺灣民眾對「制憲」理念的認同與支持，為「臺獨」尋求發展空間，最終達到利用民意來實現「臺獨」的目的。

李登輝「臺聯黨」的上述運作，確實替陳水扁成功地安撫了像辜寬敏這一類的死硬「臺獨」。近期以來，人們發現，辜寬敏之流果然「安靜」了許多，不再動輒對阿扁「嗆聲」了。事情很清楚，李登輝「臺聯黨」的舉措，恰好呼應了陳水扁在 5.20 演講中關於「主權」、「領土」、「統獨」議題上埋下的伏筆。陳水扁說他「個人建議」不把這三個議題列入「憲改」，理由是目前朝野尚未達成「共識」，同時他又聲稱要推動「公投入憲」。如今人們看到，這三個方面的議題改由李登輝「臺聯黨」主導下來炒作，先塑造出「制憲」所需要的「民意共識」，然後再對陳水扁進行「勸進」，屆時陳水扁的「個人建議」也就可以不算數了。假如陳水扁不肯「順應民意」舉行「公投制憲」的話，豈不成了無視「主流民意」的「反民主」之舉？

　　這便是陳水扁、李登輝的如意算盤。然而，無論扁、李的算盤打得再響、再精，有一點卻可以肯定：那就是他們無法改變「臺獨」乃是死路一條這一政治現實。

（原文刊於華夏經緯網，與陳星合撰）

臺灣成立「特調會」意欲何為

　　7月6日，陳水扁邀請「五院院長」茶敘，會後宣布成立「3・19槍擊案特別調查委員會」，隨後又提出所謂「六項原則」：「相關機關及所屬人員，不論單位是否敏感、人員職務有多高，都應全面配合，不得以任何理由拒絕。」同時他還強調：「特調會」若有必要，他「願意接受調查、完全配合」云云。在3・19槍擊案發生後109天，經千呼萬喚之後，「特別調查委員會」終於出爐。

　　眾所周知，槍擊案發生之後，儘管陳水扁本人聲稱自己「也是受害者，比任何人都更希望查明真相」，但奇怪的是，對於社會各界呼籲成立超黨派的、獨立的「真相調查委員會」，以便儘快查明真相，民進黨當局卻宣稱這將「違憲」，會破壞「司法權」，百般加以阻撓。4月份泛藍在「立法院」提出法案要求進行「特別立法」，試圖為「真調會」的成立尋求「法源」，也被綠營極力杯葛，以致該「法案」在完成二讀後，被迫進入為期四個月的協商程序，形同遭到擱置。此後，成立「真調會」的呼聲雖然繼續高漲，但一直未能取得任何實質性的進展。

　　現在，一向善變的陳水扁突然宣布成立「槍擊案特別調查委員會」，不但讓普通民眾感到費解。甚至連民進黨內部也有不同的聲音。民進黨「立委」段宜康說，他「不贊成成立3・19特調會，為什麼一開始不往成立3・19槍擊調查委員會的方向規劃，但在槍擊案百日後才改變？」因此，他不清楚為什麼要成立這個委員會，「整個事情可以說莫名其妙。」

　　那麼，陳水扁為何突然改變態度，不顧「違憲」、不怕破壞「司法權」，要急於成立「特調會」呢？個中背景如何？確實耐人尋味！

　　島內外輿論普遍認為，陳水扁此刻成立「特調會」，當然不是真的要追查槍擊案的「真相」，乃是為緩解內外壓力，為因應今年底的「立委」選戰、奪取戰略制高點所使出的又一招數而已。

▌呂秀蓮「逼宮」的結果

各種消息無不顯示，對於3·19槍擊案的真相調查，呂秀蓮顯然要比陳水扁積極得多。前幾日，呂秀蓮不斷公開對外放話稱：「槍擊案如果沒有水落石出，不但影響年底立委選舉，也影響陳水扁的施政和歷史地位。」並說：「槍擊案100天還沒破，會使政治動盪不安、公權力不彰，影響臺灣治安，影響國際形象。」她甚至將矛頭直指民進黨當局，說：「相關單位應該向社會有所交代，否則有些人應負行政責任。我可以不要真兇，但要真相大白。」

呂秀蓮不光對外說出「重話」，要求行政部門儘快查明真相，另據臺灣媒體報導，她還支持民間成立「真相調查委員會」，甚至對泛藍陣營在「立法院」提案成立「真相調查委員會」也在暗中予以支持，呼籲綠營不要杯葛對這個案件的調查。近日還有接近呂秀蓮的人士神祕兮兮地透露：呂秀蓮早就已經安排由她掌控下的「總統府人權委員會」的律師團私底下對槍擊案展開調查，「說不定已經掌握了重要線索或資料」。

同是3·19槍擊案的「受害者」，呂秀蓮為何與陳水扁的態度截然不同，如此急切地要查明真相？據臺灣媒體說，呂秀蓮此舉是因為自感在槍擊案中她和陳水扁的「待遇」並「不公平」：射向陳水扁的是鉛彈，從技術上來說，很難讓陳水扁斃命，而且現在這顆子彈還不能確定是否是在事發現場射出的；而射向她的則確確實實是在事發現場射出的、貨真價實的硬銅彈。按照呂秀蓮自己的話來說：「假使那天不是因為我腳傷坐在高腳凳上，這顆銅彈足以讓我肚破腸流！」按照臺灣現行的「選罷法」，如果她被射殺的話，這場選舉仍將會如期舉行，而陳水扁一旦「當選」，只要再擇期「補選」一位「副總統」即可。如此情境，可想而知呂秀蓮能不心有餘悸，愈想愈後怕，愈想愈火大嗎？

再者，3·19槍擊案究竟是「刑事案件」還是「政治陰謀」，雖然現在仍眾說紛紜，真相未明，但是其中種種令人「匪夷所思」的疑團，不必仔細推敲，稍有頭腦的人都應該想得清楚其中的「奧妙」所在，難道唯有呂秀蓮不心知肚明？但是在這個事件中，安排在陳水扁身上的是鉛彈，而安排在她

身上的則是銅彈。箇中故事，對於呂秀蓮來說，自是「寒天飲冰水，點滴在心頭」。

更重要的是，對呂秀蓮來講，陳水扁現在已經沒有了利用的價值，如果說在「大選」之前她要利用阿扁的地位和勢力來達到連任的目的，那麼現在目的已經達成，還有什麼好顧忌的呢？更何況，她對「總統」的大位早就垂涎三尺、覬覦已久，她不是曾經意有所指的說過：「臺灣也可以出一位『女總統』」嗎？現在何不抓住陳水扁的「軟肋」，利用追查3‧19槍擊案真相，做一樁「穩賺不賠」的買賣？因為事情明擺著：如果槍擊案能夠很快告破，陳水扁勢必身敗名裂成階下之囚，而她則可以順勢「黃袍加身」取而代之；退一步講，即便槍擊案最終未破，她至少亦可博得「不畏權勢」、「求真務實」的美名，藉此累積政治聲望，為2008年的下一屆「大選」獵取「總統」寶座搶占政治上的有利地形。

一向工於心計、擅耍權謀的陳水扁，對於呂秀蓮的「小九九」自然是「洞若觀火」，看在眼中、恨在心裡。於是為了擺脫被動局面，不使事態向自己無法掌控的方向惡性發展，成立一個由他主導下的所謂「3‧19槍擊案特別調查委員會」，便成了勢所必然、不得不為之事了。這與其說是被呂秀蓮「趕鴨子上架」，倒不如說是陳水扁「順水推舟」，給自己「解套」。

▎介入「真相」調查，主導選戰議題

除了上述他的所謂「最佳搭檔、最佳輔佐」呂秀蓮的「逼宮」之外，當然，陳水扁突然宣布成立「特調會」，更是近四個月來在野勢力從外部施壓的結果。這些壓力主要來自兩個方面：

一是自從「大選」過後，民間關於3‧19槍擊案的各種傳聞沸沸揚揚，一時之間，臺灣人一個個簡直都成了「福爾摩斯」。而令人不解的是，作為「受害人」的陳水扁卻一直保持低調，對於追查真相一再拖延，似乎並不感興趣，這更給人以無限想像空間。目前，民間已經出現了多個不同的槍擊案版本。如果這種情況繼續發酵，顯然對穩定島內政局、社會相當不利。特別是至關重要的年底「立委」選舉即將開跑，若不儘快安撫民眾的情緒，對選民的質

介入「真相」調查，主導選戰議題

疑有所回應和交代，勢必對民進黨年底的「立委」選情造成整體上的減分效果。

二是國、親也一直以「要真相」作為政治訴求，拒絕承認陳水扁當選的「正當性」和「合法性」，對「保皇衛權」的民進黨展開猛烈的抨擊。而被延宕多時的透過特別「立法」成立「真相調查委員會」議案的協商期已經快要結束，「立法院」最遲在8月上旬就可以對槍擊案「真相調查委員會」的「立法」進行三讀表決。以目前泛藍陣營在「立法院」席位占多數的情況，通過這個議案並不困難。這顯然對陳水扁來說是個極大的威脅。因為一旦「立法院」成立「真調會」的議案被通過，陳水扁將難以主導和控制未來對槍擊事件的調查。如今陳水扁主動出擊，搶先成立扁記的「特調會」，目的就在於從泛藍手中奪取在這個議題上的主導權，既可擺脫國、親的糾纏和年底「立委」選舉中的不利地位，又能擴大自己對槍擊案「真相」調查的介入程度，一箭雙鵰，其政治手腕，不可謂不精！

從扁記「特調會」的方案來看，不僅「真相」兩個字被刻意省略，而且自相矛盾，漏洞百出。親民黨「立委」李慶華指出了幾點：一、定位不清。這個委員會既不像民間組織，也不像當局的「官方」組織。雖然其成員都是「官方」人士，但是卻沒有「官方」應有的權力。而且，在陳水扁的表述中，它既不屬於「總統府」，也不屬於「行政機關」；二、扁記「特調會」方案沒有提到調查權，而只是把它定位為對真相調查的「監督機構」。這更讓人摸不到頭腦。本來，「立法院」和「監察院」都有監督的權力，為什麼又搞出這樣一個監督機構呢？如果原來有監督權的機構都不能監督，誰又能保證這個委員會能完成這個使命呢？三、陳水扁作為涉案人，卻由他出面來成立一個「調查委員會」，有自己既當運動員又當裁判的嫌疑。因此，這個委員會被臺灣媒體譏為「四不像」。

另外，這個「特調會」同樣沒有「法源」。這對一直以「違憲」「違法」為由刁難泛藍陣營主張成立「真相調查委員會」的民進黨當局來說，無疑是自打嘴巴。這再一次說明，對於律師出身的陳水扁而言，法律只不過是他掌中的「玩物」和爭權奪利的工具而已。

其實，陳水扁的基本策略是先把弓弦拉滿，即先拋出一個方案，作為和國親版「真相調查委員會」相對抗的討價還價的籌碼，然後再一點點後退，最後雙方達成妥協，發揮自己在槍擊案真相調查中的影響力。此即陳水扁用以對付政敵（包括對抗大陸）而屢試不爽的所謂「衝突—妥協—進步」的一貫伎倆。

果不其然，國民黨對扁記「特調會」方案雖然提出了強烈質疑，仍堅持應以「立法」方式來成立「真調會」，身為國民黨「真相調查小組」召集人的馬英九表示，國民黨推動「立法」、成立體制內「真調會」的行動不會改變，但卻又莫名其妙地表態說：成立這兩個「調查委員會」可以使真相調查「雙管齊下」，「兄弟爬山、各自努力」，「看哪一個比較有效果」。而陳水扁則「表明尊重立法權」，並支持「立法院」訂定「特別法」作為成立扁記「特調會」的「法源」，讓「特調會」進入體制內運作。他甚至提出「以國親版本為基準」，由「立法院」訂定特別條例，透過立法程序，讓「府方構想」與「立法院」版本合併為一。種種跡象均已顯示出，國、親這一次與陳水扁的「過招」，又將功敗垂成！

從以上簡要分析可知，陳水扁成立「特調會」只不過是他所耍弄的新的政治權謀而已。其調查3·19槍擊案是假，以退為進、為緩解各方壓力、達成阻撓真相調查的最終目的是真。看官如若不信，敬請拭目以待！

（原文刊於華夏經緯網，與陳星合撰）

當前兩岸關係形勢依然嚴峻

經過陳水扁四年來的執政特別是經歷了「3‧20大選」,兩岸互信已經蕩然無存。大陸發表「5‧17聲明」,遏制「臺獨」的決心和力度不斷加強,而島內「臺獨」勢力仍在繼續發展並加快腳步圖謀分裂。目前兩岸關係形勢依然嚴峻,令人堪憂。

大陸對臺工作重心轉向「遏獨」

臺灣「大選」期間,大陸對陳水扁的「急獨」挑釁採取了十分克制的態度,這主要是因為:一方面在反對「臺獨」的連宋配民調支持度一路領先的情況下,大陸並不想過多的介入臺灣的選舉;另方面也因為美國出於其自身的利益對陳水扁的「急獨」言行施加了一定程度的壓力,大陸「促美壓扁、拉美制獨」的策略確實收到了一定的成效。然而「3‧20大選」之後,大陸已不得不面對陳水扁的連任和民進黨有可能長期執政的現實。而美國也調整了臺海政策,反過來對大陸施壓,不斷向「臺獨」勢力發出錯誤訊息。面對這種嚴峻形勢,大陸主動出擊,適時發表了「5‧17聲明」,在堅持「和平統一、一國兩制」對臺基本方針不變的前提下,對局部的政策和策略作出了必要的調整。

從目前的政策走向來看,大陸對臺工作的重心已從「促統」轉向「遏獨」,加大了對「臺獨」施壓的力度和強度。當然,「遏獨」並不等於一味的「強硬」,因此「5‧17聲明」既表達了大陸方面「不惜一切代價」制止「臺獨」的決心,體現了捍衛國家領土主權的原則性,但同時也展現出相當大的政策靈活性,指出了臺灣當權者只要回到「一個中國」立場,兩岸關係就會有「無限光明的前景」。

上述大陸對臺政策策略的調整及其後續頒布的相關配套措施的貫徹實施,已經收到成效,島內「臺獨」分裂勢力受到一定程度的遏制,而兩岸民間的各項經濟文化交流,則仍在持續發展和擴大,勢頭不減。

然而，兩岸關係的發展受到多重因素的制約和影響，並非僅僅取決於大陸的對臺政策。目前情況表明，島內「臺獨」勢力雖然在一定程度上受到遏制，但各種阻礙兩岸關係發展的負面因素仍在繼續發揮重要作用，「臺獨」分裂活動有增無減、十分囂張，臺海緊張局勢並無絲毫緩和改善的跡象。

▎島內政局的發展不利於兩岸關係的緩和

從「5·20」以來的一系列做法來看，沒有了連任壓力的陳水扁在內政方面比上一任期表現出了更加強硬的姿態，而島內反對勢力則因種種原因難以整合、反制乏力，更助長了陳水扁的驕橫和推動「臺獨」、對抗大陸的信心，從而對兩岸關係造成了嚴重的負面影響。

陳水扁「連任」後，對人事安排的變更是民進黨執政以來力度最大的一次。新改組的「游內閣」實際上已成為名副其實的「臺獨內閣」。此外，扁當局還使盡各種手段加強對媒體的全面操控、安插親信控制金融機構、拔擢大批將領對軍隊加強控制、改組「國安部門」加強對情治系統的掌控等。

透過上述運作，陳水扁度過了選後一段時間內因「3·19槍擊案」造成的政壇與社會動盪期，逐漸鞏固了自己的權力，壯大了民進黨的實力，全面控制了臺灣社會，為泛綠陣營打贏年底的「立委」選戰創造了有利條件。

反觀島內反扁勢力，雖然從「3·20」以來進行了一波又一波的抗爭，但由於泛藍領導層的軟弱無能，致使這場抗爭目前已成強弩之末。至於內部整合，則是「一人一把號，各吹各的調」，始終難以達成共識，以致人心渙散，嚴重削弱了泛藍陣營的整體實力。從目前的情況來看，泛藍陣營年底的「立委」選舉形勢不容樂觀。選舉結果，如果泛綠陣營在新一屆「立法院」的席位首次過半，臺灣政壇的力量對比將會失衡。

這種情況一旦出現，其後續效應必然是：一方面「臺獨」勢力在島內大行其道，對臺灣民眾「臺獨」意識形態的引導將會更加便利，成效也將愈加顯著。而「臺獨」意識形態影響的不斷擴大和深化，反過來又將迫使泛藍陣營向「臺獨」進一步妥協和靠近，顯然這對兩岸關係的影響將是長期的、深

遠的，同時也是十分惡劣的。另方面，「臺獨」勢力的發展壯大、民進黨政權得以鞏固，陳水扁挑戰兩岸現狀、對抗大陸的自信心勢必增強，其挾持臺灣的所謂「主流民意」，推行「急獨」路線的危險性必然增加。

▍陳水扁的兩岸政策乃是「戰爭邊緣政策」

　　臺灣「大選」期間，陳水扁推動「公投立法」，執意搞「3・20公投」，並公然拋出「公投制憲」的「急獨」時間表，把兩岸關係推向了危險的戰爭邊緣。然而選後迫於各方壓力，陳水扁卻又假惺惺地不斷向大陸釋出所謂「善意」和「誠意」：在「5・20」演說中，他把「制憲」改為「憲改」，並建議未來「憲改」不涉及主權、領土和「統獨」議題，呼籲「兩岸協商建立和平穩定互動架構」；5月底，新任「陸委會主委」吳釗燮主動出招，邀請汪道涵訪臺，表示「什麼議題都可以談」；6月中旬，吳釗燮又向大陸呼籲立即展開兩岸「三通」談判；近日陳水扁出訪中南美洲，更宣布取消二十號「漢光演習」，並聲稱「兩岸同文同種，沒有必要再敵對下去」等等，擺出一副急於恢復兩岸談判、緩和發展兩岸關係的姿態。

　　然而，對陳水扁的兩岸政策稍有瞭解的人都看得出，這只不過是他的故伎重演。陳水扁說過，他的兩岸政策目標是要「讓美國滿意，中共找不到藉口」。這種兩岸政策，說穿了就是「投靠美國、對抗大陸」的政策，是不折不扣的兩岸「戰爭邊緣政策」。

　　「5・20」以來，陳水扁及其執政當局都做了些什麼呢？

　　其一，在「立法院」極力推動通過「公投入憲」法案，以為日後「公投制憲」，從事「法理臺獨」創造條件、打下法源基礎。

　　其二，不顧島內廣大民眾的強烈質疑和反彈，執意要斥鉅資6108億新臺幣大肆採購美國高科技進攻性武器裝備；舉行針對大陸的大規模「漢光」軍事演習，試圖與美、日結成「準軍事同盟」；拋出所謂「毒蠍計畫」，與美國的「國防部報告」一唱一和，揚言要對大陸實施「先制打擊」，攻擊三峽大壩和北京、上海、廣州等十大中心城市以及經濟發達地區。

其三，進一步廣泛、深入地推行「去中國化」運動，規定國中歷史教學將臺灣史與中國史、世界史分開講授；宣布廢除軍中呼口號和讀訓（因有「完成統一大業」、「愛我中華」等內容）；要求媒體改稱參加奧運的「中華隊」為「臺灣隊」。

其四，利用出訪之機，在「國號」問題上大做文章，與急進「臺獨」勢力李登輝「臺聯黨」密切配合，明目張膽地推行「臺灣正名」運動。

其五，打著「行政改革」的幌子，試圖裁撤「陸委會」，在「行政院」內另設「大陸辦公室」，為日後時機成熟時落實「一邊一國」的「臺獨」主張、將大陸工作事務納入「外交部」預作準備。

……凡此種種，無不表明，臺灣當權者罔顧大陸「5・17聲明」的嚴正警告，一邊在施放「兩岸和談」煙幕、欺騙輿論，一邊卻在「臺獨」分裂道路上快馬加鞭、愈走愈遠。陳水扁推行上述兩岸政策，只會進一步加深兩岸裂痕，製造臺海新的危機。

▎美國的臺海政策無助於兩岸和平

陳水扁當局得以延續和穩固，「臺獨」勢力之所以如此囂張，關鍵因素就在於有美國在背後撐腰。

美國不願意看到中國的統一強大，千方百計地要遏制中國的崛起，需要利用兩岸的對立和對抗來謀取自己的最大利益。根據這一原則，美國在臺海兩岸爭端中表面「中立」，實則首鼠兩端，極盡挑撥離間之能事，以對「臺獨」的支持來達到擴大自己利益的目的。3・20後，布希政府不顧泛藍陣營的抗爭，公開電賀陳水扁「當選」；支持臺灣加入WHO和北美組織；對陳水扁的「5・20」就職演說大加讚賞，極力背書；向大陸施加壓力，要求無條件恢復兩岸談判；一再重申「臺灣關係法」，堅持對臺大量軍售；調整全球軍力部署，將戰略重心轉向亞洲；提高美臺軍事交流的層級和範圍，與臺灣同步舉行針對大陸的大規模軍事演習等等，不斷向「臺獨」發出錯誤信號。

很顯然，美國的臺海政策目標是「只要談判，不問一中；只要和平，不問統獨」。美國的臺海政策與陳水扁現行的「臺獨」政策有很大的一致性，這等於是在鼓勵「臺獨」對抗大陸，片面改變臺海現狀。所以，在兩岸關係的問題上，美國是又一個關鍵性的因素，無論年底大選後誰入主白宮，看來美國都不會改變長期以來所推行的這種錯誤的兩岸政策。在這種情況下，海峽兩岸難望太平。

種種事實無不表明，目前臺海形勢依然十分嚴峻，人們切不可掉以輕心。

（原文刊於華夏經緯網）

「統一時間表」是如來佛手掌心

據香港《文匯報》報導，日前中央在北京舉行了一次「極其重要」的會議，會議發出重要訊息，重提解決臺灣問題的「時間表」——「臺灣問題不能無限期拖下去」，「雖然這個世紀的頭二十年是中國發展機遇期，但不排除在這一期間解決臺灣問題」。

▎「時間表」清晰化

一石激起千層浪，消息傳開，海內外媒體議論紛紛，臺灣朝野更是高度關切。國民黨大陸部主任張榮恭即說：「兩岸的惡性互激，將導致軍事鬥爭不斷升級」，「由於兩岸政治關係漸行漸遠，導致北京的危機感日高，愈加傾向對臺獨作出激烈反應」，他呼籲陳水扁當局「不可不慎」⋯⋯

關於大陸制定解決臺灣問題「時間表」的話題，幾年之前就曾經一度熱炒。去年陳水扁公然拋出 2006 年「制憲」、2008 年實施「新憲」的「臺獨時間表」後，大陸是否會制定相應的「統一時間表」，一時間也曾引起人們的普遍關注和猜測。但是，像這次由香港《文匯報》公開出來放活，明確提出大陸解決臺灣問題的「時間表」，依筆者的記憶，尚屬首次。而且值得注意的是，消息披露之後，大陸官方迄今並未出面加以否認或者有所「澄清」，顯見並非空穴來風。

人所共知，「臺灣問題不能無限期拖下去」，這是大陸官方特別是涉臺官員經常掛在嘴邊的一句話。然而，至於「不能無限期拖下去」究竟是何概念？是十年，二十年，抑或五十年？卻一直沒有人能夠說清楚。如今，這一概念清晰了：「這個世紀的頭二十年是中國發展機遇期，但不排除在這一期間解決臺灣問題」。

▎三大特點仔細思索

這一「時間表」，筆者認為，至少有以下三大特點：

其一是時間段上的「明確性」。既然是「統一時間表」，自然在時間上要規定一個比較明確的期限——這個世紀的頭二十年，也即從2004年到2020年這16年的時間之內，「不排除在這一期間解決臺灣問題」，以此強烈表達了「不能無限期拖下去」的決心和意志。這實際上等於立下了「軍令狀」。

其二是策略思想上的「靈活性」。「統一時間表」披露出來之後，外界不少人說大陸要在「2020年統一臺灣」，這是一種錯誤的解讀。如果真是這樣，那麼這等於是大陸「自縛手腳」的愚蠢舉措。

其實這一「時間表」有兩方面的含義：一是說「不排除」但並沒有說「一定要」在本世紀頭二十年解決臺灣問題，也就是說時間仍有可能會延長；二是兩岸統一的時間也有可能會「縮短」，即在2020年之前「這一期間」的任何一個時間點，都有可能提前解決臺灣問題。因此，這一「時間表」又具有很大的「靈活性」或曰「伸縮性」。主客觀形勢在不斷發生變化，話說得太滿太死，搞得不好，不但會「自縛手腳」、「弄巧成拙」，還有可能會使自己陷於被動，反而不利於早日解決臺灣問題。可見，「統一時間表」預留了迴旋的餘地和調整的空間，這顯然是科學的實事求是的，也是最聰明的策略。

三是遏制「臺獨」的針對性。近幾年來，島內「臺獨」勢力日趨猖獗，其中一個重要原因就是他們誤判形勢，以為大陸要「和平崛起」，要抓住本世紀頭二十年的「戰略機遇期」埋頭苦幹，一心一意發展自己，他們即便由著性子胡鬧，大陸也不得不吞下苦果，一時間，「臺獨無害論」在島內甚囂塵上，欺騙了不少善良的臺灣民眾。更有甚者，李登輝公然聲稱2008年是臺灣「獨立建國」的關鍵點，這顯然是針對北京舉辦奧運而來。而陳水扁更明目張膽地提出2006年「公投制憲」、2008年「實施新憲」的「急獨時間表」。針對這種情況，大陸適時提出「統一時間表」，公開申明「雖然這個世紀的頭二十年是中國發展機遇期，但不排除在這一期間解決臺灣問題」。也就是說：「臺獨時間表」也就是「統一時間表」，「臺獨」勢力膽敢踏大陸的底線，真的把他們在「大選」期間拋出來的「臺獨時間表」轉換成政策

加以推動實施,那麼大陸將「不惜一切代價」制止「臺獨」,提前解決臺灣問題,絕不手軟。這是對李登輝、陳水扁之流及其背後的慫恿者的當頭棒喝,具有很強的針對性。

▌「戰略機遇期」是「鬥」來的

　　大陸此時此刻主動出擊,提出解決臺灣問題的「時間表」,從一個側面反映了當前臺海局勢的嚴峻以及大陸對臺政策策略的調整。這一政策策略的調整顯然是適時的,完全符合邏輯的。它既與當前遏制「臺獨」的對臺中心工作任務相配套,又和「以經濟建設為中心」、「抓住戰略機遇期發展自己」的基本國策並行不悖、相輔相成。隨著時間的推移,必將愈來愈顯現出它的巨大威力。

　　須知,「戰略機遇期」是「爭」來的、「鬥」來的,而不是誰「恩賜」給我們的!大陸的「統一時間表」出來了,這等於是給「臺獨」畫了個圈圈──就像是如來佛的手掌心,倒是要看你敢不敢、能不能跳得出去!

(原文刊於《國際先驅導報》)

李家泉新著《陳水扁主政臺灣總評估》讀後

　　大陸資深臺灣問題研究專家李家泉教授的新著——《陳水扁主政臺灣總評估》一書，不久前已由北京華藝出版社和臺灣海峽學術出版社同時出版。值此臺灣政局和兩岸關係的關鍵時刻，該書的適時出版，無疑具有積極意義。

　　該書包括七大部分：（一）「變天」前後；（二）海峽風雲；（三）歷史縱觀；（四）綜合評議；（五）兩岸態勢；（六）專題論述；（七）臺灣未來。此外還附有陳水扁主政期間的《兩岸關係大事記》。

　　該書總的特點是，以陳水扁執政臺灣四年為主線，對臺灣現政權和兩岸關係作了歷史性、客觀性、理論性和前瞻性的分析。並且對陳水扁現政權存在的諸多問題、盲點以及未來可能走向，都提出了頗有見地的分析與預測，給讀者予深刻的啟迪。

　　所謂歷史性，主要是指對臺灣「臺獨」思潮產生的歷史根源和思想根源的深刻分析。例如，著作中第三部分談到的臺灣歷史上包括「皇民化」運動在內的三次「去中國化」運動，「臺獨」活動中心的三次大變動，都是其來有自、有繼承和發展的。第五部分談到的海峽兩岸兩種「悲情意識」，即整個中華民族的「大悲情」和這個「大悲情」下所產生的臺灣這個局部的特殊的「小悲情」，以及它們之間的對立和對抗，都是歷史上形成並在後來愈益被扭曲和被某些人所利用。「大悲情」所仇恨的對象主要是外國侵略勢力，而「小悲情」所仇恨的對象主要是大陸，一些別有用心者，甚至把歷史上的大陸統治者和大陸人民混為一談。從李登輝到陳水扁，臺灣的每一次選舉，都有人利用這個「小悲情」來製造和挑動海峽兩岸、本省人和外省人的相互仇視、對立和對抗，以為自己的選舉撈取好處。正確地認識和對待所有這些歷史問題，對化解兩岸的統獨之爭和島內的族群矛盾是極其重要的。

　　所謂客觀性，主要是指對當前臺灣政壇和兩岸關係所出現的各種問題，都能就其內在的、外在的、歷史的、現實的原因等，作出客觀的、實事求是

臺海風雲見證錄：時事評論篇
李家泉新著《陳水扁主政臺灣總評估》讀後

的分析。當然，這裡所說的客觀，也必須是持有一個基本的態度和立場，即站在維護整個中華民族根本利益的立場上，去鑑別一切是非對錯。客觀絕不是客觀主義和自然主義。全書都貫穿著這樣一個精神，即既是客觀的，實事求是的，又是有強烈政治傾向性的。其所謂「政治傾向性」即為「主統反獨」，著者的這一立場和態度極其鮮明，其中尤以第二部分的「海峽風雲」、第四部分的「綜合評議」和第五部分的「兩岸態勢」最為突出，李教授對「臺獨」分裂分子的無情鞭撻和抨擊，可謂聲色俱厲、一針見血！

所謂理論性，主要是指對兩岸關係從歷史演變到矛盾性質變化的理論分析。

書中最重要的有：第五部分中關於《兩岸關係中的幾個敏感問題》、《海峽兩岸存在的幾個大是大非問題》，以及第六部分中關於《陳水扁主政臺灣以來的兩岸關係》等篇什。這些文章，就都是側重兩岸關係中的主要矛盾、矛盾性質及其演變過程進行了深刻、獨到的理論分析。

李家泉教授認為，兩岸關係的矛盾，在臺灣「兩蔣」時期主要是一個中國之內的制度和意識形態之爭，是由誰代表中國的所謂「正統」之爭。在當時的歷史條件下，自然是對抗性的敵我矛盾。但自李登輝和陳水扁主政以來，兩岸關係的主要矛盾和矛盾性質均已逐漸發生了根本性變化。這主要是由於李登輝和陳水扁都推行了一條「去中國化」的分裂主義路線。這樣，統一與獨立、分裂與反分裂的鬥爭，自然也就成了主要矛盾，成了對抗性的和敵我性質的矛盾。而原來的制度和意識形態之爭，則退居為次要地位，下降為非主要矛盾，即非對抗性的人民內部矛盾。在現今新的歷史條件下，這後一矛盾完全可以用和平統一和「一國兩制」的方法來解決。李教授的上述分析，把對兩岸關係歷史演變的認識引向了理論的深度。

李教授還特別指出，所謂統獨之爭、分裂與反分裂之爭的矛盾性質，是就其整體而言的，具體到每個政黨和個人，情況會各有不同。而且，這種對抗和敵我性質，在一定條件下還可能轉化。就大陸來講，正在以最大的誠意、最大的耐心和最大的努力來爭取這種「轉化」實現的可能。

「戰略機遇期」是「鬥」來的

　　所謂前瞻性，主要是指對臺灣未來和兩岸關係走向的科學和客觀分析。有關這方面的特點，具代表性的文章有：第三部分中關於《臺灣四代領導人大陸政策的評估》、第六部分中關於《中國四代領導人對統一中國的戰略思考》、《圍繞臺灣問題的三個「三角關係」》，以及第七部分中的《「一國兩制」是兩岸統一的最佳模式》、《「一國兩制」的臺灣模式探討》、《「錢八條」與「一國兩制」》等。

　　在上述文章中，李教授把「一國兩制」與101種「非一國兩制」作了比較：一類是「一國一制」，主張主權與治權均統一，使權力高度和過分地集中；一類是「兩國兩制」，主張主權與治權都分開，是地地道道的分裂主義；而鄧小平提出的「一國兩制」，則主張在主權統一之下使治權相對分開，實行高度自治，這就可以避免以上兩種極端的做法。也就是說，把實行單一制的國家權力結構形式和實行複合制的國家權力結構形式結合起來。它既可避免有些人主張的「邦聯制」之短，又比許多人所提倡的「聯邦制」更科學和符合實際。

　　這裡還應該特別提出的是，李家泉教授在對「臺獨」和「臺胞」上完全是愛恨分明的兩種態度和兩種感情。他在《自序》中引用了魯迅先生的著名詩句：「橫眉冷對千夫指，俯首甘為孺子牛」。他把詩中所說的「千夫」視為「獨派」，「孺子」視為「臺胞」，套用和改寫過來，那就是「橫眉冷對獨派指，俯首甘為臺胞牛」。他對於「臺獨」，確實是「橫眉冷對」、口誅筆伐、毫不留情的，雖被指為大陸臺灣研究界的「鷹派」和「強硬派」代表而始終不悔。不僅不悔，反而還一直以此為傲，引以為榮。而對於臺胞，臺灣人民，李教授則又完全是另一種態度和感情。不難發現，行諸筆端，躍然紙上，他總是對臺灣人民充滿了同胞之愛、赤子之心，總是以一種理解、同情、尊重的心態對待他們，並且心甘情願地為他們服務。其實，這不僅僅反映了李家泉教授個人的風格與特質，也典型地體現出了一個中國傳統愛國知識份子鮮明的愛憎觀和是非觀。

　　眾所周知，李教授是大陸臺灣研究界的前輩和「泰斗」，思考深邃，著述等身，現雖年近八旬，精力不復當年，但他「退而不休」，學術活動仍十

分活躍，在研究條件簡陋的情況下，仍筆耕不輟，勤於探索，與時俱進，學術影響力不減當年，其強烈的使命感和敬業精神實堪後生晚輩之楷模。可以預料，李家泉教授這部新著的出版，必定對海峽兩岸學術界產生積極的影響。

（原文刊於《大公報》）

臺灣攻擊阿妹，背後有陰謀

　　8月5日，呂秀蓮以「副總統」之尊，就臺灣少數民族歌手張惠妹近日到北京開演唱會一事提出嚴厲質問：「兩岸已經處於準戰爭狀態，如果兩岸要開戰的話，阿妹是到大陸演唱重要，還是維護和捍衛2300萬人的安全重要？」呂秀蓮的這番話多少讓人莫名其妙、摸不到頭腦，如果兩岸要開戰的話，如何讓一個歌手「去維護和捍衛臺灣2300萬人的安全」呢？再說了，兩岸如果真的要開戰的話，張惠妹怎麼可能再到大陸去開演唱會呢？

　　呂秀蓮出面還不夠，臺「行政院長」游錫堃同日也批評張惠妹說：「阿妹此次到中國懺悔，謹慎從事，國人心防顯然有問題了。」這句話顯然比呂秀蓮的話要明白得多了，即要求臺灣人民對大陸保持「心防」，時刻和大陸保持距離，保持敵意，最好是不要和大陸打交道。

▎張惠妹事件被「臺獨」分子操弄

　　其實呂、游的這些言論預設的前提非常清楚，中國大陸是一個「敵對國家」，到「敵對國家」去開演唱會，在他們看來自然是不可思議的事情。呂、游二人的言論理所當然地遭到島內進步輿論的強烈質疑，「臺聯黨」的蕭貫譽卻為呂秀蓮辯護說，「是到大陸賺錢重要，還是維護臺灣的安全重要？」他的答案自然是後者，在這些「臺獨」分子看來，只要是到大陸發展，不管是出於什麼理由，都是應該受到批判的。

　　更何況，張惠妹到了大陸之後，並沒有表達自己的「國家認同」立場，沒有主動和「臺獨」理念保持一致，也引起了「臺獨」分子的不滿。著名「臺獨」打手汪笨湖就說：現在臺灣很多藝人到大陸發展，「阿妹的問題，也是臺灣藝人將面臨的問題，不管藍也好、綠也好，歌手當然可以有個人的政治立場」，但是「一旦出去，拿的是臺灣護照，就不能沒有國家觀念，對於國家的認同，也應該有清楚的表態，不要模糊以對」。

　　所以，呂秀蓮等人拿這件事大做文章，是「項莊舞劍，意在沛公」。他們真正看不得的，是臺灣民眾沒有符合自己「臺獨」標準的「國家認同」。

至於張惠妹，不過是呂秀蓮等人推行「臺獨」認同道路上的犧牲品而已。呂秀蓮之流之所以選擇張惠妹作為攻擊的目標，是因為她的名氣太大，按照呂秀蓮的說法就是「她是一個國際巨星」，「張惠妹的身分已經超越了原住民的身分，她的言行舉止都不能以一個平凡的人來看待。」利用這樣一個知名度高，而對政治的敏感度很低的少數民族歌手來作為靶子，殺雞嚇猴，呂秀蓮等人認為自然可以收到理想的效果。

攻擊背後的陰謀

其實，這是「臺獨」分子對待兩岸關係一貫做法的自然延伸。而且，如果從目前兩岸關係和島內政局的現實來考慮的話，他們還有更深層的目的。

首先是製造緊張氣氛，加劇兩岸的對立。「臺獨」分子非常清楚，如果兩岸的交流持續擴大發展的話，對他們的打擊是致命的。兩岸民眾相互瞭解的增加，會使民進黨和「臺獨」勢力所推行的愚民政策破產，其生存空間也會遭到壓縮。因此他們千方百計的阻撓兩岸交流。遠的不說，僅在三通問題上的反反覆覆就可以窺斑見豹。李登輝說，兩岸「三通」的較勁是「無硝煙的戰爭」，「三通」一通，就等於臺灣投降。而陳水扁也曾說過，「三通」是臺灣的最後籌碼，非到最後時刻不能通。而自他上臺以來直到前一段時間釋出的兩岸「三通」談判的所謂「善意」，早已被證明是政客的作秀，大陸一旦作出積極的回應，他們馬上向後退縮。

這次「臺獨」分子對張惠妹的攻擊也不脫這個窠臼。呂秀蓮甚至把兩岸的關係提升到了「準戰爭狀態」，按照她的解釋就是「擔心他們（大陸）會在二〇〇六年以前，對臺灣出手，而且我們比較認真來觀察，兩岸關係其實已經進入準戰爭狀態。」其實，呂秀蓮擔心的不是大陸對臺灣出手，而是兩岸交流的擴大和兩岸關係的和緩將使「臺獨」的社會基礎逐漸動搖和剝蝕。

其次是為今年底的「立委」選舉定調。年底「立委」選舉將近，民進黨要脅「總統」大選勝利之餘威，達到在「立法院」過半數的目的。於是，兩岸關係的議題自然又成了一個動員的工具。因為在目前臺灣相對於大陸處於劣勢的情況下，這個議題是最可以動員起臺灣民眾的悲情，輕易的就可以造

成「中共打壓臺灣」的印象，而「臺獨」分子則可以把自己塑造成「對抗中共的英雄」，從而取得民眾的支持。由這次對張惠妹的攻擊觀之，民進黨年底「立委」選舉進行兩岸關係的炒作已經隱然成形。

第三是為強化「臺獨」的話語霸權，推行「臺獨」路線。民進黨藉助於執政優勢，千方百計「綠化」媒體，壟斷了臺灣的話語權，進而在臺灣營造出了「臺獨」的話語霸權。這次對張惠妹的攻擊就是一個鮮明的例子，其中的潛臺詞就是，在民進黨執政的情況下，如果「國家認同」不和它的「臺獨」理念保持一致，就要受到攻擊。換言之，不管是誰，只要是臺灣人，必須明確「選邊站」，不允許有政治中立的空間，即使是藝術家如張惠妹者，也概不例外。對於那些「國家認同」和民進黨的「臺獨」理念和「臺獨」話語不符的民眾，則馬上就會被扣上「不愛臺灣」、「中共同路人」的紅帽子，遭到大肆攻擊。民進黨正是利用了這樣的話語霸權，形成了少數暴政。

第四是為愚弄民眾，賊喊捉賊，繼續抹黑大陸。更匪夷所思的是，呂秀蓮說，大陸請張惠妹到北京開演唱會，就是「要利用原住民的情結，來挑起閩南人和原住民之間的矛盾」。人所共知，在臺灣「大選」期間，陳水扁、呂秀蓮等綠營政客蓄意挑撥族群矛盾，使得臺灣社會直到現在還處於被撕裂的痛苦之中。大陸致力於兩岸關係的改善，積極推動兩岸民間交流，反而被扣上了「挑動臺灣族群矛盾」的帽子，這種賊喊捉賊的做法真是讓人啼笑皆非。

臺灣朝野反彈強烈

呂秀蓮之流對張惠妹的抨擊在臺灣引起了軒然大波，招致了在野黨的痛批。國民黨主席連戰認為，呂秀蓮和游錫堃身為領導人，「不能光是講，講得人心惶惶，然後怎麼辦？社會會更亂。」親民黨「立委」李鴻鈞表示，呂秀蓮公然質問張惠妹「唱歌與保衛臺灣哪個重要」，讓人不禁擔心，民進黨會像美國50年代的麥卡錫主義一樣，用政治白色恐怖來控制藝人的自由。蔡詩萍則認為，這是呂秀蓮等人故意誇大外部壓力，再把這種壓力引入臺灣社會，從而達到壓制政敵的目的。

臺海風雲見證錄：時事評論篇
臺灣攻擊阿妹，背後有陰謀

　　呂秀蓮的話傳到了張惠妹的臺東老家後，鄉親們氣憤的痛罵呂秀蓮「神經病」，講話不負責任。身為少數民族的無黨籍團結聯盟「立委」高金素梅聲援張惠妹，抨擊呂秀蓮逼少數民族女藝人就兩岸政治問題表態的發言不妥當，呼籲「政府」不要欺壓少數民族。

　　即使是泛綠陣營內部，對呂、游的話也多有不以為然者。臺聯「立委」羅志明即認為，「政治人物搞政策，演藝人員專心表演，本來井水不犯河水，扯上了意識形態，真是『何處惹塵埃』。」

　　至於當事人張惠妹，更是深受此事的困擾。面對指責，她說，「我想說的是，有很多事情是我不能控制的，大人世界的事，就交給大人去解決，我很單純，只是一個歌手。」然而，有心者並不因為她的單純就饒恕她，「立委」蔡啟芳說，「沒有國哪有家，難道30幾歲的人還是小孩子嗎？」並抨擊道，「有人連自己是那一國的國民都模糊不清，這是教育的一大失敗。」

　　因此，從北京演唱會返臺後一直到現在，張惠妹形容自己一直處於「驚嚇」當中，寢食難安，「不知道為什麼我的名字會出現在政治新聞上？」以至於「現在都不知道說什麼好，就怕又說錯了話。」甚至政論節目邀請她親自面對鏡頭和觀眾說清楚，也被她拒絕了，「因為不想越解釋越模糊。」

　　張惠妹到北京開演唱會對兩岸的交流是有利的，對緩解兩岸的對立也是有利的，卻遭到呂秀蓮等人的無端指責，就差把她打入「賣臺集團」的另冊了。我們不禁要問，真正使兩岸僵局難解、臺海形勢嚴峻的根本原因是什麼？正是陳水扁、呂秀蓮等人拒絕承認「一個中國」，一心搞「臺獨」，把臺灣推向了戰爭的危險邊緣，他們才是兩岸關係緊張的罪魁禍首。陳水扁、呂秀蓮口口聲聲講人權，講民主，說要為臺灣2300萬人民的福祉著想，但是這種蓄意製造兩岸對立、挑動兩岸關係緊張的做法究竟會給臺灣人民帶來什麼？答案自然是再清楚不過的了。

（原文刊於華夏經緯網，與陳星合撰）

呂秀蓮鼓吹「準戰爭」意欲何為

8月6日，呂秀蓮在接受媒體訪問時說：「現在是超限戰爭的時代，不一定要飛彈打來、軍隊過來才叫戰爭。兩岸戰爭也不一定是船堅炮利，大陸可以用各種方式，在外交上打壓臺灣，在經濟上掏空臺灣資金。」據此，她認為兩岸目前已經進入「準戰爭狀態」，未來兩岸情勢會更嚴峻，「臺灣立場要堅定，聲音要清楚，捍衛臺灣尊嚴」云云。

「準戰爭狀態」說引起朝野反彈

呂秀蓮的這番驚人之語立刻遭到了反對黨的強力反彈。馬英九表示，從臺灣開放赴大陸探親以來，這是他第一次聽到領導人說出「準戰爭狀態」的談話。他認為，領導人提及兩岸處於「準戰爭狀態」，將把兩岸關係帶到更壞的境地，馬英九質疑這種談話有無必要？

同樣，呂秀蓮的話也如重炮般震得民進黨「府」、「院」、黨高層措手不及，卻又不得不趕忙出來「滅火」。「總統府」公共事務室6日下午隨即以簡訊的方式澄清表示，兩岸還不到所謂「準戰爭狀態」，建構和平穩定的兩岸關係是「政府」的既定目標，此一立場沒有任何改變。「國防部」7日上午則表示不便評論。而相關官員私下表示，解放軍目前並沒有異常行動，過去也沒有聽過「準戰爭狀態」的名詞，不知呂氏所謂為何。

那麼，呂秀蓮何以再次遭到朝野的一致反彈？

呂秀蓮此番並非「大嘴巴」亂講話

呂秀蓮一向自命不凡，不甘寂寞，但卻經常荒腔走板，是臺灣島內人所共知的「大嘴巴」。這次呂秀蓮的「準戰爭狀態」一出爐，一般輿論大都認為她又在亂講話。然而呂秀蓮卻為自己辯解說，她的講話「是經過深思熟慮的」。

臺海風雲見證錄：時事評論篇

呂秀蓮鼓吹「準戰爭」意欲何為

8月7日，面對朝野內外的強烈質疑，呂秀蓮改口說她的意思是目前兩岸關係是「準戰爭邊緣」，並說她「並非以傳統戰爭論觀點出發，而是以超限戰、非典型戰爭的觀點來觀察」。保衛臺灣不能只靠軍事力量，除國防之外，還必須建立「心防」和「民防」，也就是「三防」並顧。如此看來，呂秀蓮此番「放話」確實不是一時的心血來潮，除了出於其一向敵視大陸的「臺獨」本能之外，至少還有以下三方面深層次的政治考慮：

首先，是為泛綠陣營的年底「立委」選舉造勢。近幾年來，民進黨在選舉中的一貫做法就是給泛藍扣上「中共同路人」的紅帽子，極盡抹黑攻擊之能事，而且屢試不爽。今年底至關重要的「立委」選舉將屆，煽動兩岸對立情緒，製造泛綠對泛藍的攻擊口實當然就十分重要。因為呂秀蓮所依循的邏輯非常清楚：既然兩岸關係緊張，已進入「準戰爭狀態」或「準戰爭邊緣」，那麼大陸就是「敵對國家」，誰支持兩岸交流和兩岸統一誰就是臺灣的「敵人」。換言之，「臺獨」就擁有了「合理性」和「合法性」。也就是明白地告訴臺灣人民：誰不支持泛綠陣營，誰就是「不愛臺灣」，就是臺灣的「敵人」。呂秀蓮用這種慣用伎倆誘迫臺灣民眾「選邊站」，藉以壓縮泛藍的生存空間，實現綠營年底「立委」選舉席位過半的目標。

其次，是為臺灣的「軍購案」解套。臺「行政院」6000多億新臺幣史無前例的對美「軍購案」，是扁當局賴以爭取美國撐腰、維持其執政地位的「救命案」，但此案卻在「立法院」遭到在野黨的強力杯葛和民間的高度質疑而擱淺。此刻，心急火燎的呂秀蓮危言聳聽、蓄意製造兩岸緊張空氣，其實和近期以來美、臺不斷進行軍事演習和陳水扁的「潛艇秀」如出一轍，目的之一就是為使這筆龐大的「軍購案」得以儘快通過而營造臺海地區的緊張氣氛，以減少阻力。所不同的是，呂秀蓮的「大嘴巴」太過直白，說出了不該說出來的話。所以，呂秀蓮的話音剛落，「總統府」這邊忙以發新聞稿「消毒」，而另一邊「行政院長」游錫堃卻又呼應呂秀蓮說：「中國打壓無所不在，人民要看清楚，不要一味反軍購而無視中國打壓」。可見呂秀蓮的說法正中了「行政院」的下懷！

再次，是為自己日後繼承「大位」累積政治資本。依照臺現行的「選罷法」規定，已經連任兩屆的陳水扁2008年不能再競選「總統」，因此3‧20之後民進黨內部的權力卡位戰實際上已悄然拉開了帷幕。一向心氣甚高的呂秀蓮不會不明白，自己在民進黨內既無班底，又無派系，想要爭奪戰略制高點，唯有藉助於媒體。所以人們看到，3‧20之後她更加不甘做「深宮怨婦」，頻繁接受媒體採訪，不斷向媒體「放話」，極力「推銷」自己，塑造自己「未來領導人」的形象。7‧2水災之後，她到中南部受災地區作秀，也不乏這種考慮。而這番放出兩岸「準戰爭狀態」的「高論」，呂秀蓮內心盤算：這既可以博得「急獨」派的喝彩，又可以塑造自己「言天下人之不敢言」、「敢為天下先」的「先知」形象，可謂一舉兩得。

▎「憨人說憨話」，呂秀蓮給「臺獨」幫倒忙

　　呂秀蓮可謂機關算盡，然而卻是百密一疏，她沒有想到的是她的此番舉措卻犯了陳水扁的「大忌」。

　　事實上呂秀蓮並沒有說錯，四年多來，陳水扁的兩岸政策一直都在戰爭邊緣上遊走。按陳水扁自己的話來說，他的兩岸政策目標就是要做到「讓美國滿意，國際社會肯定，大陸雖不滿意但找不到（動武的）藉口。」也就是說，他既要挑動兩岸關係，但又要以不引發兩岸戰爭為前提。因為兩岸關係的緊張，不僅可以煽動起臺灣民眾對抗大陸的悲情意識，從而有利於他們搞「臺獨」，又可以轉移民眾對民進黨政績不彰的視線，以應付在野陣營的壓力。但是他也知道，挑動兩岸的緊張神經必須適度，如果操作失當，兩岸真的開戰的話，「臺獨」無異於「飛蛾撲火」、自取滅亡。

　　所以，陳水扁的策略是「只做不說」，或者「說一套做一套」：他一方面不斷挑戰一個中國原則，加快步伐搞「漸進式臺獨」；另方面又不斷向大陸釋放所謂的「善意」和「誠意」，企圖以此欺騙國際輿論，欺騙臺灣民眾，把造成兩岸關係緊張的責任推給大陸。

　　但是，呂秀蓮卻自作聰明，公然狂妄叫囂目前兩岸是「準戰爭狀態」，使「3‧20」之後陳水扁推行的兩岸「戰爭邊緣政策」破了功。難怪陳水扁

呂秀蓮鼓吹「準戰爭」意欲何為

對呂秀蓮的講話十分不悅，公開表示「國家大事我說了才算！」而深知阿扁權謀的李登輝，則在回答媒體的詢問時惱怒的直斥呂秀蓮是「憨人說憨話」。因為扁、李都很清楚，以呂秀蓮的身分發表這樣的言論，存在著極大的危險性。畢竟兩岸問題事關重大，呂秀蓮如此率性的大放厥詞，搞不好一方面會造成臺灣民眾的恐慌，影響所及，民眾會對扁當局產生不滿情緒，這對泛綠陣營年底的「立委」選舉顯然不利。更為重要的是，這種言論隱含著挑戰兩岸關係現狀的企圖，而美國早就一再公開警告陳水扁，反對臺灣片面改變兩岸現狀。而大陸方面也已經數次表明嚴正立場：如果發生「臺獨」的重大事變，將不惜一切代價維護統一。如果因為呂秀蓮的這番狂妄挑釁言論而被外界解讀為是向大陸宣戰，使本來就已十分嚴峻的臺海局勢進一步升級惡化，山姆大叔一旦怪罪下來，麻煩可就大了！

　　平心而論，從主觀上來說呂秀蓮是想幫陳水扁的忙，為攻擊抹黑泛藍陣營、實現年底「立委」選舉綠營席位過半製造有利於「臺獨」的話語環境，因而她遭到泛藍陣營的猛烈抨擊是很自然的事。但她卻因私心太重而把「獨經」唸過了頭，以致衝撞了陳水扁所精心謀劃的「臺獨」政策目標，反而是「越幫越忙」，因此遭到泛綠陣營的批判也屬「咎由自取」。呂秀蓮聰明反被聰明誤，最後成了「豬八戒照鏡子——裡外不是人」。

（原文刊於華夏經緯網，與陳星合撰）

臺灣為何又操弄族群議題

——從「沈富雄、汪笨湖事件」談起

　　8月上旬以來，島內「臺獨」陣營內部掀起了一場不大不小的風波——民進黨籍的「立委」沈富雄和華視政論節目主持人、著名「臺獨」打手汪笨湖之間隔空交火，一連數日，雙方你來我往，幾度過招，互不相讓，就民進黨執政以及當前臺灣社會的一些重大問題進行了空前激烈的爭辯。由於綠營首領李登輝、陳水扁出面力挺汪笨湖，而民進黨內沈富雄的同仁又一個個作「壁上觀」，爭辯結果，孤軍奮戰的沈富雄黯然敗退。8月18日晚，沈富雄在他的新書發表會上沉痛地表示：「我的血已冷，心已死，臺灣母親的病我救不了」。至此，「沈、汪之爭」偃旗息鼓，宣告落幕。

　　透視這場綠營內部「茶壺裡」的風波，有以下幾點頗值得人們深思。

■沈富雄成了族群對立祭壇上的犧牲品

　　眾所周知，沈富雄與陳水扁在民進黨在野時期同屬黨內「正義聯線」的派系大佬，是多年來「同一戰壕裡的戰友」。論和陳水扁的私交，按說汪無法與沈相比。但在這次事件中，沈富雄卻被自己昔日的老戰友陳水扁拋棄。據臺灣媒體披露，正值「沈、汪之爭」白熱化之際，陳水扁親自出面暗地打電話給汪笨湖打氣，安慰汪說：「委屈你了，請繼續為臺灣本土發聲」。並強調「沈富雄的發言只是個人意見，不代表民進黨立場」，甚至嚴詞抨擊沈富雄「錯估了形勢，和當前的政治鬥爭的主流文化格格不入」。

　　至於急「獨」勢力「臺聯黨」的精神領袖李登輝，則公開邀請汪笨湖到他的鴻禧山莊共進晚餐。李登輝安慰汪說：「這沒有什麼好怕的，為了大局著想，為了臺灣，一定要拚下去」。

　　李登輝「挺汪貶沈」自不必說，那麼陳水扁「棄沈挺汪」原因何在？

　　其實，長期觀察島內政局發展的人都看得出來，陳水扁與沈富雄之間的心結其來有自，早在四年前扁上臺執政之初倆人的關係就已逐漸疏遠。陳水

臺海風雲見證錄：時事評論篇
臺灣為何又操弄族群議題

扁入主「總統府」後，民進黨內上上下下為爭個人權位，大都昧著良心對扁極盡逢迎拍馬之能事，唯有沈富雄等極少數的民進黨精英尚能保持較為客觀清醒的頭腦，並敢於不時在媒體的政論節目中對扁當局的施政弊端公開批評。從此，沈富雄便被黨內同志視為桀驁不馴、難以節制的「異數」而備受側目。「大選」期間，沈富雄又在「陳由豪事件」中拒絕配合民進黨高層說假話維護陳水扁夫婦，差一點使阿扁的連任之路栽在沈富雄手裡，更引起了綠營人士的強烈不滿。在這次「沈、汪之爭」中，他被汪笨湖罵為民進黨內的「吳三桂」、「秦檜」，即指此而言。進而在「大選」過後，沈又召開記者會提出「四項認知」，強調維護族群和諧，反對綠營用「愛不愛臺灣」來進行政治動員，從而再次遭到綠營的群起圍攻。上述情況表明，沈富雄和陳水扁、民進黨的關係實際上早已漸行漸遠，在民進黨內部日益陷於孤立。

面對「大選」後臺灣政壇、社會日趨嚴重的對立情緒和種種亂象，沈富雄痛心疾首。出於對民進黨的「恨鐵不成鋼」以及對年底「立委」選情的擔憂，8月12日沈富雄再次召開記者會，公開痛斥臺灣的七大泡沫現象，包括：統「獨」被激化、濫行開發、信用卡發卡浮濫、虛耗公帑的公共建設、大學高錄取、電視媒體表面拚路線實際拚收視的媒體泡沫，與獨占被害者身分、妖魔化對手的族群泡沫。並感歎說，「臺灣符水吃太多，現在需要的是回魂丹」，更引起了綠營鐵桿們的極度不滿。所以當沈富雄與汪笨湖之間的對立爭吵越來越嚴重時，縱使部分民進黨「立委」擔心「棄沈挺汪」會嚇跑淺綠選民，但陳水扁還是決定這樣做。

事後，對陳水扁知之甚深的沈富雄說：阿扁是「有仇必報」。但這個評論顯然失之膚淺，與其說陳水扁「棄沈挺汪」是出於個人恩怨，更確切地說是兩人路線不合。

▎陳水扁鼓吹「本土意識」繼續撕裂臺灣

陳水扁在5·20就職演說中大談臺灣「族群和諧」，但時隔不過兩個多月，他對於沈富雄痛陳目前臺灣嚴重存在的「獨占被害者身分、妖魔化對手的族

群泡沫」現象,卻不僅不予呼應還加以抨擊,這恰好暴露出陳水扁 5‧20 演說的十足虛偽!

陳水扁說沈富雄的發言「不代表民進黨的立場」,那麼民進黨的立場是什麼呢?顯然,從陳水扁的說法中可以反襯出「民進黨的立場」就是要繼續鼓吹「本土意識」,利用族群對立來進行政治動員,繼續堅持用「愛臺灣」與「不愛臺灣」的簡單二分法來撕裂臺灣社會,以謀取一黨一己之私。

其實,沈富雄的基本立場和民進黨並沒有根本上的衝突,只是他頭腦比一般民進黨人清醒並且敢於直言。沈富雄痛感臺灣的族群對立不僅傷害了臺灣社會,同時也傷害了民進黨。因此他主張民進黨的政策要向中間靠攏,不要再煽動族群對立,即所謂丟掉「符水」、趕快「回魂」。從根本上來說,沈富雄其實是想幫民進黨的忙,讓民進黨的江山能夠坐穩坐牢。但是,這個忙卻幫得不是時候,按照陳水扁的說法就是,沈富雄「錯估了形勢,和當前的政治鬥爭的主流文化格格不入」。

那麼陳水扁所說的「政治鬥爭的主流文化」又是什麼呢?人所共知,長期以來民進黨以「國家認同」的不同對臺灣民眾進行族群二分,竭盡全力抹黑打壓不支持其「臺獨」主張的政黨和族群。儘管民進黨依靠這種極不道德的族群操弄從中取得了巨大的政治利益,但卻給臺灣社會造成了難以彌補的傷害。當是否「愛臺灣」成為臺灣民眾的主流論述、理性討論的空間被壓縮到幾乎蕩然無存之時,這種不正常的現象反過來又給族群操弄提供了更大的空間。道理很簡單,仇恨越深,操弄起來就越容易。這種惡性循環,就逐漸形成了今天臺灣陳水扁所說的「政治鬥爭的主流文化」。

沈富雄錯就錯在他書生氣太足,「不識時務」。而在陳水扁看來,「大選」過後「族群和諧」的漂亮話固然不能不說,但面對今年底另一場至關重要的「立委」選舉,民進黨如果貿然向中間路線轉移是十分危險的。民進黨是族群對立的最大受益者,如果真向中間路線轉移,中間選票不見得能爭取到多少,而對情緒已被煽動起來的傳統支持者卻無法交待,正所謂「未獲其利,先蒙其害」。目前,「臺聯黨」的勢力正在上升,不斷搶食民進黨的票源,

民進黨向中間路線移動，一部分支持民進黨的選票很可能會倒向「臺聯黨」，從而影響民進黨的「立委」選情，削弱民進黨自身的實力。

正因為如此，儘管沈富雄「立論甚高，持論甚正」，在民進黨內也有不少人認同沈富雄的觀點，但卻沒有人敢於和願意公開站出來聲援他、支持他。所以，沈富雄也就只能繼續當他的「孤鳥」了。

▎臺灣政壇「只為權力不問是非」

人們看到，自民進黨上臺執政以來，民進黨的大佬級人物不管誰說錯了什麼話，或是做錯了什麼事，受到輿論的批評，民進黨人大都會「不問是非，只問立場」、一擁而上拚命地為其辯護。遠的不說，如前一段時間呂秀蓮與原住民的矛盾，和姚嘉文動用「海巡署」船隻去綠島觀光的事件，都是在民進黨的極力袒護下不了了之。

現在人們卻看到了相反的情況——陳水扁和民進黨毫不猶豫地拋棄了沈富雄。這就很清楚的向人們表達了民進黨的政治哲學：只要能和民進黨的意識形態和選舉策略保持一致，追隨在陳水扁鞍前馬後效犬馬之勞，對民進黨和陳水扁取得權力和鞏固權力有利，民進黨就會全力維護和支持，無論捅多大的婁子也會大事化小，小事化了，否則像沈富雄那樣——「手臂肘向外拐」、「長藍營志氣，滅綠營威風」，那就會不客氣！

其實，沈富雄對此也心知肚明。陳水扁致電支持汪笨湖的消息見報後，他表示並不感到意外，說：「如果他支持我的話，綠營不就亂成一團了嗎？」所以，沈富雄的悲劇就在於他沒有顧忌當前「政治鬥爭的主流文化」，竟敢直接向挑起族群對立的做法開火，這無異於是與整個民進黨甚至整個綠營為敵，這自然不能見容於民進黨和綠營。

何況，他所開罪的是汪笨湖，更是使他處境尷尬。汪笨湖是何方神聖？作為綠營的超級打手，多年在媒體上主持政論節目的汪笨湖號稱在臺灣有數百萬的忠實觀眾和聽眾，特別是在南臺灣的泛綠支持者中具有很大的影響力，

是陳水扁、李登輝賴於製造族群對立的不可或缺的重要「喉舌」。陳水扁當然不會為了一個區區的沈富雄而去得罪「擁兵自重」的汪笨湖。

　　因此，對於陳水扁來說，是與非的分野並不重要，理性的價值並不是他們追求的目標，如何取得權力和鞏固權力才是他們追求的終極目標。因此，原屬民進黨的親民黨「立委」李永萍說：「現在臺灣是一個價值混淆和錯亂的時代，沒有核心價值，核心價值在向權力和資源靠近」，可謂一針見血地點明瞭現今臺灣的真實情況。

　　於是，一夜之間沈富雄就從最「愛臺灣」變成了最「不愛臺灣」，成為陳水扁、李登輝蓄意製造的臺灣族群對立祭壇上的犧牲品！

　　在這篇小文完稿之際，筆者獲悉民進黨「黨發會」剛剛通過了一個所謂追求「族群和諧」的決議案，然而，沈富雄的遭遇，能讓人們相信民進黨真有誠意和能力營造臺灣的「族群和諧」嗎？！

（原文刊於華夏經緯網，與陳星合撰）

陳水扁空言建立「兩岸和平穩定架構」

▎「和平」的橄欖枝和「準戰爭狀態」

　　臺灣「大選」期間，陳水扁曾就兩岸關係問題提出過建立「兩岸和平穩定架構」、互派代表常駐臺北和北京的構想，以及所謂「一個原則，四大議題」（確立和平原則，建立協商機制、對等互惠交往、建構政治關係、防止軍事衝突）的主張。在「大選」過後的5·20就職演說中，陳水扁再次呼籲兩岸「協商建立一個動態的和平穩定互動架構」，說只有這樣「才能符合兩岸人民的福祉和國際社會的期待」云云。

　　此後，為了證明他確有「誠意」致力於兩岸和平與穩定，採取了一系列動作：5月28日，新任「陸委會主委」吳釗燮主動放話，邀請汪道涵訪臺，表示「什麼議題都可以談」；接著，臺「總統府」公布了「兩岸和平穩定互動架構小組」的九人名單，並由陳水扁召集小組成員舉行首次會議，宣稱將透過兩岸九人小組籌組「兩岸和平發展委員會」，盡速訂定「兩岸和平發展綱領」，並宣布由陳親自出任「委員會主委」等等。

　　陳水扁頻頻釋出「善意」，不斷向大陸伸出「和平」的橄欖枝，似乎真有緩和改善兩岸關係「誠意」的樣子。然而幾個月過去了，兩岸關係形勢依然嚴峻，不僅沒有緩和改善的跡象，相反卻大有愈演愈烈之勢。近日，呂秀蓮更直言兩岸已進入「準戰爭狀態」，「未來兩岸情勢會更加嚴峻」。

　　陳水扁對兩岸「和平」所作出的努力，何以會和呂秀蓮的切身感受有如此強烈的反差？當前兩岸關係形勢依然嚴峻癥結何在？

▎陳水扁不走「陽關道」，偏走「獨木橋」

　　5月17日，也即陳水扁發表就職演說的前三天，大陸中臺辦和國臺辦受權發表聲明，指出：未來四年，臺灣當權者只要承認兩岸同屬一個中國，摒棄「臺獨」，兩岸關係即可展現出和平穩定發展的「光明前景」，並提出了七個方面的具體主張。其中第一條就談到：「恢復兩岸對話與談判，平等協商，

正式結束敵對狀態,建立軍事互信機制,共同構造兩岸關係和平穩定發展的框架。」這顯然是針對陳水扁提出的建立「兩岸和平穩定架構」而來。

兩辦「聲明」特別強調:「現在,有兩條道路擺在臺灣當權者面前:一條是懸崖勒馬,停止『臺獨』分裂活動,承認兩岸同屬一個中國,促進兩岸關係發展;一條是一意孤行,妄圖把臺灣從中國分割出去,最終玩火自焚。」前者是「陽關道」,後者是「獨木橋」,何去何從,任其選擇。

大陸的上述重大舉措,從四年前「聽其言,觀其行」的被動因應,轉變為「聽我言,觀你行」的主動出擊,但誰都看得明白,這實際上仍然給了陳水扁調整「臺獨」立場、改過自新的機會和空間。

然而,幾個月過去了,人們看到陳水扁拒走「陽關道」,偏走「獨木橋」。

且不說在「5·20演說」中,陳水扁依然迴避一中原則,重施四年前故伎,在有關兩岸政策部分再次和大陸大玩文字遊戲,表面退縮,實則棉裡藏針、話中有話,通篇貫穿了「一邊一國論」的「臺獨」基本理念,預埋了許多日後重回「急獨路線」的伏筆,就說他所公開宣示的兩岸政策目標,也和四年前毫無二致:四年前陳水扁說,他的兩岸政策要「讓美國滿意,國際社會肯定,中共雖不滿意但找不到藉口」;如今他則說,他的兩岸政策要「讓多數國人滿意,美國肯定,國際社會激賞,中共找不到藉口」。

陳水扁執政四年來的種種事實,早已證明了他所推行的「讓美國滿意、中共找不到藉口」的兩岸政策,就是「投靠美國、對抗大陸」的「臺獨」政策。這種政策,說穿了就是不折不扣的兩岸「戰爭邊緣政策」。所不同的,只是陳水扁把四年前騙人的包裝「四不一沒有」,換成了今日的「兩岸和平穩定架構」而已。

「5·20」之後,陳水扁當局所做的頭一件大事,就是執意要斥鉅資6108億新臺幣,向美國大量採購高科技進攻性武器裝備。此後臺「國防部」又刻意透露所謂「毒蠍計畫」,與美國國防部的「中國軍力報告」隔海呼應、一唱一和,揚言在必要時對大陸實施「先制打擊」,攻擊三峽大壩和北京、上海、廣州等十大城市和經濟發達地區。近期以來,更與美國密切配合,舉

行針對大陸的大規模「漢光」軍事演習。美臺軍事交流與合作日趨緊密、不斷升級，實際上已經結成了遏制中國大陸的「準軍事同盟」……

　　總之，陳水扁說一套做一套，他一邊大談建立「兩岸和平穩定架構」、施放「兩岸和談」煙幕，一邊卻在加班加點地推行「以武拒統，以武謀獨」的錯誤政策，甘當美國遏制中國的「馬前卒」；他明明蓄意惡化兩岸關係，卻把自己打扮成「和平天使」。其目的無非是想欺騙國際輿論，矇蔽臺灣民眾，把兩岸關係惡化的責任推給大陸。這正是當前兩岸關係形勢嚴峻、難以改善的癥結所在。

　　「臺獨」沒有和平，分裂沒有穩定。陳水扁繼續推行上述兩岸政策，只會進一步加深兩岸裂痕，製造臺海地區新的危機，給臺灣人民帶來災難。

（原文刊於《中國臺商》）

陳水扁堅持「臺獨」，臺海形勢堪憂

據臺灣媒體報導，8月31日，陳水扁在出訪中南美洲的飛機上宣布：鑒於大陸取消東山島的軍事演習，「為了表現臺灣在兩岸關係上的善意」，他已經決定取消原定的漢光二十號演習，「以展現臺灣絕對的誠意」。並說，他「期盼兩岸能在一個和平的原則下，走向合作發展，共創雙贏」。

次日晚，陳水扁又在過境夏威夷時發表演講表示：「臺海兩岸人民同文同種，沒有必要再敵對下去」，說他的「終極目標是帶領臺灣人民，要追求兩岸、世界和平」云云。

如此溫馨的話語從陳水扁的嘴巴裡說出來，讓人不相信自己的耳朵！

▍陳水扁裝扮成「和平鴿」

人們記憶猶新，自去年臺灣「總統」選戰開打以來，同是這位陳水扁，咬牙切齒、聲嘶力竭地說了多少煽動仇視大陸、攻擊謾罵大陸的汙言穢語，做了多少蓄意挑釁大陸、破壞兩岸關係的惡行惡狀。正是以陳水扁為首的島內「臺獨」勢力，一手製造了當前臺海地區的嚴峻局勢，使兩岸關係瀕臨戰爭邊緣。如今，勝選連任的陳水扁把自己裝扮成「和平鴿」，頻頻向大陸搖橄欖枝，似乎唯有他才是締造臺海和平的「天使」，這恐怕連弱智兒童都難以相信他的「善意」和「誠意」！

其他人不相信也就罷了，值得注意的是，就連「臺獨」陣營內部也不乏有人對陳水扁的上述宣示表示強烈質疑。民進黨中央政策執行長、「臺獨」理論大師林濁水就很不以為然，認為陳水扁宣布取消漢光二十號演習，「宣傳大於實質效果」，更「欠缺戰略思維」，「只是以簡單的短線作秀為得計」。另一位民進黨屏東縣黨代表黃益盟更撰文指出：陳水扁的這番話語，「讓臺灣人民甫從『中共是世界亂源』的錯愕中驚醒，原來兩岸本是同文同種，不該敵對」，然而，「臺灣人民是否會因此認為執政當局有意改善兩岸關係？是令人懷疑的」。他認為兩岸關係的惡化，與執政者對中共採取敵對的態度有關，也跟民進黨長期以來推動的「去中國化」運動有關。他說：「當全黨

上下包括支持者都被說服在『一邊一國』敵對的狀態中,他們心裡早已忘卻了同文同種」,「『對抗中共』早已上綱成保家衛國的不二法寶」。

▋意在推卸責任、討好美國

陳水扁此舉,當然不是真有緩和改善兩岸關係的「誠意」,而是他盱衡形勢所耍弄的又一齣政治權謀:

其一,是為推卸製造臺海緊張局勢的責任。事實上,臺灣針對大陸的大規模「漢光演習」,從六月底七月初就已開始密鑼緊鼓地漸次展開,其重點是「兵棋推演」、「戰略跑道起降」、「海空綜合演練」和「重炮操演」等,現在這些課目都已操驗完畢,只剩下最後９月９日「火力展示」的尾聲而已。陳水扁藉出訪過境美國之機,順水推舟,裝腔作勢,大肆渲染所謂「取消」漢光演習,擺出一副很有「誠意」緩和兩岸關係的姿態,一方面是為表明當前兩岸關係之所以緊張,責任不在臺方而在大陸,另方面更為他日後推動「臺獨」將使臺海局勢重現危機推卸責任而預埋伏筆。

其二,是為討好美國,修補臺美關係。臺灣「大選」期間,陳水扁為了自己勝選連任,竟敢不聽美國的招呼,一再倡狂挑釁大陸,給布希政府出了不少難題,找了不少麻煩,使美臺關係一度跌入谷底。選後陳水扁雖然低三下四、費盡心機,好不容易才與美國重修舊好,但美國對陳水扁的信任度已經大打折扣。豈料八月下旬,缺少權謀細胞的「行政院長」游錫堃不知輕重,在出訪中美洲過境紐約時凸椎演出,大放厥詞,說什麼「中共要突破西太平洋防線和美國對幹」,並大肆鼓吹所謂「臺灣,ROC」,使身陷美國大選逆境、不希望此刻在中美關係和臺海問題上橫生枝節的小布希甚為不悅。剛剛才從選戰泥淖中爬出來的陳水扁自然「感同身受」,洞悉其中利害,於是趕忙作「危機處理」,出面替游某擦屁股,趁自己出訪過境美國之機,佯裝向大陸釋出「善意」,主動滅火,討好美國,討好小布希,以免被國際社會視作危害臺海和平的「麻煩製造者」。

然而,假的畢竟真不了,陳水扁的「臺獨」面目很快就露出了原形。

9月2日，他一到中南美洲就在「國號」上大做文章，藉著批評游錫堃，公然打出「中華民國（臺灣）」的旗號，宣稱：「中華民國國號最好、最貼切、最真實的簡稱是臺灣」、「中華民國就是臺灣」，重彈「一邊一國」的「臺獨」濫調。

同一天，在島內播出的陳水扁「九三軍人節」電視談話中，陳水扁攻擊大陸「用盡一切手段孤立、打壓臺灣在國際社會的活動空間」，「企圖矮化臺灣，進而吞併臺灣」，聲稱「我們絕對不會以犧牲國家主權、安全與尊嚴，作為改善兩岸關係的代價」，甚至狂妄叫囂：「阿扁堅信，『畏戰無法避戰、止戰，我們要備戰才能避戰、要備戰才能止戰』，並聲稱堅持對美軍購，以武力對抗統一。」

9月3日，陳水扁再把攻擊矛頭指向大陸所謂即將擬定「統一法」，煞有介事地說：「中共31條『統一法』裡，有11個條文全都在寫如何打臺灣，很清楚的是在破壞臺海和平現狀」，並煽動臺灣民眾「絕對不能掉以輕心」。

曾幾何時，陳水扁「臺海兩岸人民同文同種，沒有必要再敵對下去」的話語猶言在耳，就再一次撕下了他的假面具，公開鼓吹「臺獨」，煽動對抗大陸。難怪消息傳到島內，死硬「臺獨」分子欣喜若狂、歡呼雀躍。「五一一臺灣正名聯盟」執行長王獻極眉飛色舞地說：「陳總統在貝里斯的宣示，是臺灣正名運動極大的進展，（時間）比我們想像的還快……對連署參與臺灣正名運動的所有團體都是一大鼓舞」，他身為執行長「非常高興，更非常振奮」，表示他有信心，「只要全民努力，臺灣正名運動一定能達成國號正名的終極目標。」

▍臺海形勢依然嚴峻，令人擔憂

大陸兩辦受權發表的5‧17聲明說得很清楚：「『臺獨』沒有和平，分裂沒有穩定」、「現在，有兩條道路擺在臺灣當權者面前：一條是懸崖勒馬，停止『臺獨』分裂活動，承認兩岸同屬一個中國，促進兩岸關係發展；一條是一意孤行，妄圖把臺灣從中國分裂出去，最終玩火自焚。何去何從，臺灣當權者必須作出選擇。」

陳水扁堅持「臺獨」，臺海形勢堪憂

　　三個多月來的種種事實表明：陳水扁不走「陽關道」，偏走「獨木橋」；只要「和平」，不要「一中」；依美拒統，以武謀獨；說的一套，做的一套，致使當前兩岸關係形勢依然十分嚴峻，毫無緩和改善的跡象。

　　更加令人堪憂的是，由於島內國、親兩黨貌合神離，內部矛盾重重，致使泛藍陣營難以整合，士氣低迷；兼之在目前島內惡劣的政治環境下，國民黨喪失理念，迷失方向，不斷向陳水扁的「臺獨」路線妥協靠近，這無異於鼓勵和助長了陳水扁繼續堅持對抗大陸的「臺獨」立場。如果泛藍陣營在今年底舉行的新一屆「立委」選舉中再遭敗績，「臺獨」勢力在「立法院」的席位首次超過半數，勢將進一步增強陳水扁對抗大陸、從事「臺獨」分裂活動的實力和信心。那麼，失去有效制衡、一向私心自用、並且國際觀和兩岸觀均十分無知的陳水扁，在唯恐天下不亂的「急獨」勢力李登輝「臺聯黨」的裹挾之下，會不會誤判形勢、利令智昏、食言自肥，公然啟動「臺獨時間表」搞「法理臺獨」，從而出現「『臺獨』重大事變」，把大陸逼向牆角，引發臺海戰爭，使兩岸同胞骨肉相殘？這恐怕任誰也不敢替陳水扁打包票。

　　故此，證諸陳水扁執政四年多來的所作所為，為今之計，人們不能不從最好處努力，從最壞處著想，對擅耍權謀、反覆無常、毫無誠信可言的陳水扁保持高度警惕！

（原文刊於華夏經緯網）

叩關聯合國，再次暴露陳水扁「臺獨」嘴臉

臺灣連續十二年唆使極少數國家在聯大召開之際提出臺灣「參與」聯合國的問題，妄圖在聯合國內製造「兩個中國」、「一中一臺」。為了配合臺灣加入聯合國的步調，陳水扁 15 日與聯合國記者協會（UNCA）進行了視訊交流並發表了演講。通觀他的演講，充滿了「一邊一國」的「臺獨」濫調，再次暴露了其頑固推行「臺獨」路線的嘴臉。

▌堅持臺灣是一個「主權獨立的國家」

陳水扁說，「像臺灣這樣一個自由而民主的國家，不應該成為聯合國『會籍普遍性原則』的缺口，2300 萬臺灣人民，失去國際認可的身分證，成為遭到『政治隔離』的國際遊牧民族。」「臺灣就是臺灣，臺灣不能也不會去爭所謂『中國代表權』。臺灣有 36000 平方公里的土地面積，代表居住在上面的 2300 萬人民。」

以上其實是三段論式的邏輯：臺灣是一個「自由而民主的國家」，中國不能代表臺灣，所以臺灣應該被聯合國接納為「會員國」。在邏輯鏈條的開始，陳水扁就明確地預設了前提：臺灣不是中國的一個部分，而是一個「自由而民主的國家」，這已經是「臺灣中國，一邊一國」赤裸裸的「臺獨」叫囂了。

「臺灣就是臺灣」，陳水扁這點倒是沒有說錯，但說臺灣是個「國家」，那就只是陳水扁的「自說自話」了。國際社會早已認定，臺灣是中國的一個省，是中國的一個部分。在這一點上，臺灣和中國其他省份一樣，沒有任何理由和資格去爭「中國代表權」。至於陳水扁所稱的「臺灣有 36000 平方公里的土地面積，代表居住在上面的 2300 萬人民」等等，把這些說成是「臺灣是個主權獨立國家」的根據，按照陳水扁邏輯，那麼任何一個國家的地方

政府所管轄的地區，是否都可以自稱為「主權獨立的國家」？這豈非天大的笑話！

　　同時，陳水扁還強調，「聯大第2758號決議只處理了中華人民共和國在聯合國及所有相關組織的代表權問題，並未賦予中華人民共和國在聯合國及在所有聯合國相關組織中『代表臺灣人民』的權利。」更是隱藏了要將臺灣從中國剝離出去的險惡用心。聯合國只承認世界上只有一個中國，臺灣和大陸同屬於中國，如何能說中國不能代表臺灣？陳水扁將兩岸因為長期人為因素而形成的隔絕和對立的狀態作為其立論的依據，透過玩文字遊戲的方式，間接否認一個中國的事實。

公然說謊，欺騙國際社會

　　為了達到擠進聯合國，完成「臺獨建國」的目的，陳水扁公然說謊。他說「和平、尊重、平等與友善，都是聯合國成立的核心價值。……臺灣作為國際社會的一分子，不僅忠誠履行聯合國所賦予的義務，更在全球經貿、和平維護、人道關懷，甚至民主鞏固等層面，扮演不可或缺的角色。」

　　看看陳水扁當局這兩年的所作所為，就知道臺灣到底是如何推進「和平維護」和「人道關懷」的。眾所周知，民進黨當局拒絕承認一個中國是引起兩岸關係緊張的根本原因，大陸在今年的「5.17聲明」中早已明確提出，只要臺灣承認一個中國，兩岸可以立刻「恢復對話與談判，平等協商，正式結束敵對狀態，建立軍事互信機制，共同構造兩岸關係和平穩定發展的框架。」

　　陳水扁昧於事實，卻又強詞奪理，妄圖把自己塑造成臺海的「和平維護者」，甚至把前幾天裝腔作勢宣布的所謂取消9月9日的「漢光」軍事演習的事又搬了出來，以作為「傳達臺海和平的善意訊息」的例證。但是，翻一下臺灣報紙就知道，連臺灣自己都說，軍方已經完成了所有的演習任務，停止這次演習無損臺灣戰力，請問這是哪門子的「善意」？

至於說「人道關懷」，更是荒謬。「行政院長」游錫堃不久前在出訪中南美過境美國時，竟煽動中美戰爭。為達到「臺獨」目的，游某居然不擇手段，煽動戰爭，不惜犧牲千萬同胞的生命，這還有什麼「人道關懷」可言？

再者，陳水扁攻擊大陸在 SARS 期間歧視臺灣，更是睜眼說瞎話。2003 年 5 月間，國務院副總理吳儀前往日內瓦出席世衛組織年會期間，主動為臺北爭取了出席 6 月中旬在新加坡召開的全球抗疫會議的 5 個名額，這是人所共知的事實。但是，當 6 月中旬高明見醫生到新加坡赴會時，臺灣泛綠陣營卻利用媒體開始對其進行攻擊，甚至上綱上線到「出賣臺灣利益，為大陸張目」的地步。臺灣蓄意拿世衛組織做政治文章搞「臺獨」，不惜扭曲事實，其虛偽嘴臉展現得可謂淋漓盡致。戈培爾說，「謊言重複一百遍就成了真理」，看來陳水扁學得真是到了家。

▍以和平、民主、人權為幌子，博取同情

陳水扁說，「聯大第 2758 號決議卻錯誤地被援引為將臺灣排除在聯合國體系外的理由，造成臺灣 2300 萬人民參與聯合國工作及活動的基本人權被剝奪。這不僅違反《聯合國憲章》、《世界人權宣言》，以及其他國際人權準則，更是對聯合國標榜『會籍普遍性原則』的一大諷刺。」

聯大第 2758 號決議是否被錯誤引用，這種引用是否違反《聯合國憲章》，這不是由陳水扁可以單方面認定的。聯合國是一個只有主權國家才能參加的國際組織，「會籍普遍性原則」是指主權國家而言。臺灣作為中國的一個地區，當然無權以主權國家身分參加聯合國。在陳水扁及其「臺獨」分子看來，當年聯合國通過這個決議是天大的錯誤，因為它阻斷了「臺獨」分子「獨立建國」的美夢，必欲去之而後快是很自然的。

其實，臺灣不是不可以參加聯合國的活動。同樣是在「5.17 聲明」中，大陸方面提出，如果陳水扁當局接受一個中國，可以透過協商，妥善解決臺灣在國際上與其身分相適應的活動空間問題，共用中華民族的尊嚴。換言之，是臺灣自取其辱、自作自受，自己拋棄「尊嚴」，自己放棄了可以得到尊嚴的「國際身分證」，在國際上不斷衝撞一個中國原則，最後落得個灰頭土臉、

可憐兮兮委屈的模樣，而同時也連帶殃及到 2300 萬臺灣同胞跟著受辱。然而陳水扁卻不講「因」只講「果」，並把大陸遏制「臺獨」、維護國家領土主權完整的正義之舉，歪曲渲染成「打壓臺灣人民」。

但是，陳水扁即便巧舌如簧，聯合國畢竟不是臺灣島，其中的是非曲直，國際社會自有公論。

▌妄圖使臺灣問題國際化

在這次視訊會上，陳水扁又提到了建立「兩岸和平發展委員會」，並說，「如果聯合國能夠接納臺灣，必定能夠替未來『兩岸和平發展架構』提供最有效的國際監督機制，對臺海和平，甚至亞太安全都將產生決定性的作用。」

陳水扁要求聯合國介入兩岸事務，一方面，陳水扁圖謀把臺海問題變成「國際問題」，將臺灣問題國際化，藉此消解「兩岸事務是中國的內部事務」；另一方面，陳水扁不談前提，鼓吹無條件建立「兩岸和平穩定架構」，其根本目的還是圖謀「和平獨立」。其實，臺海地區和平穩定與否，和聯合國是不是接納臺灣風馬牛不相及，目前兩岸關係之所以如此嚴峻，根源在於陳水扁堅持「臺獨」，妄圖分裂中國。

視訊會上，陳水扁還將兩岸關係與兩德關係和南北朝鮮的關係進行比附，說什麼「德國統一之前，東、西德都是聯合國的會員國；南北韓目前都是聯合國的會員國，亦無礙雙方追求朝鮮半島的統一。」但是他卻故意迴避了這樣的事實：即兩德和南北朝鮮是在二戰結束後，透過簽訂國際條約和協定，早就已分立為兩個主權獨立的國家，而臺海對立卻是因為國共內戰、人民革命遺留下來的問題。中國的領土主權從來也沒有分裂，海峽兩岸同屬一個中國，這是基本事實。陳水扁把臺灣和大陸的關係與兩德關係和南北朝鮮的關係相比附，顯然並非出於無知，而是企圖魚目混珠，誤導國際社會。

更可笑的是，陳水扁竟提出要同國家主席胡錦濤就「臺灣參與聯合國」問題進行公開辯論。陳水扁也太健忘了，臺灣夠不夠格加入聯合國，聯合國難道「辯論」得還算少嗎？

就在陳水扁召開所謂「視訊會議」，信口雌黃企圖混淆國際視聽的當天，聯合國經過大會「辯論」，再次否決了極少數國家提出的所謂接納臺灣「參與」聯合國的提案；而在地球的另一端，吳淑珍則在雅典被國際殘奧會取消了中國臺北殘奧代表團「團長」的資格。國際現實再次說明，陳水扁之流的種種「臺獨」努力，只能是枉費心機。

（原文刊於華夏經緯網，與陳星合撰）

臺諜案重創不了「美臺關係」

9月15日，美國前亞太事務首席副助理國務卿凱澤遭到聯邦調查局逮捕，原因是「在國務院例行二次調查中，凱澤涉嫌隱瞞2003年9月訪問臺灣的行程，做出不實陳述」，並在今年8月1日和9月4日兩度祕密會見兩名臺灣情報官員並交給他們檔案。連日來，美國主流媒體大肆報導臺灣在美收買間諜一案，臺灣政壇波瀾再興。

美國意圖警告臺灣

這次臺諜案驚爆的時間點頗值得玩味。一是中共召開十六屆四中全會；二是美國隨即將要舉行總統大選；三是臺灣島內面臨年底的「立委」選舉，「臺獨」分子「臺灣正名」的鼓噪甚囂塵上。在這個當口美國異乎尋常地公開臺諜案，當然不會是無的放矢：

第一，警告陳水扁，不要衝「臺獨」衝得太急，使美國冒捲入臺海戰爭的危險。美國早就警告過陳水扁，不要把美國的支持當做一張空頭支票。但是，由於美國在對臺軍售等許多方面又同時不斷向「臺獨」分子發出錯誤信號，致使「臺獨」分子誤判形勢，吃定了美國會支持他們，因此「5·20」之後，臺灣在「臺獨」的道路上邁出了實質性的三大步，即「公投入憲」、「中華民國」簡稱「臺灣」、裁撤「陸委會」，全面推翻了陳水扁在「5·20就職演說」中所做出的承諾，使得兩岸發生衝突的危險進一步增加，這種情況當然不能不令美國感到擔憂。

第二，告訴陳水扁當局，臺灣的一舉一動都在美國的掌控之下。雖然凱澤密訪臺灣時由「國安局」協助，沒有留下任何出入境紀錄，但是仍然遭到FBI跟監。如此機密的事件都沒能逃過FBI的眼睛，其他事情自不待言。至於發展間諜搞美國的情報，只是徒勞，而且可能激怒美國。

第三，美國大選將至，布希政府不希望臺灣在這個節骨眼上製造新的麻煩。

第四，美國這次將臺諜事件做大，也不排除向中國大陸顯示其對臺灣影響力的意圖在內，並藉以在海峽兩岸搞「平衡」。由於臺灣近來的一系列言行對兩岸關係衝擊甚大，大陸一方面對美國不斷向「臺獨」發出錯誤信號表達強烈不滿，另一方面也對美國是否還有能力「管住」「臺獨」而不致使兩岸局勢失控產生了懷疑。今年切尼訪華時已經感受到這一點，所以，美國此舉有對大陸表示美國仍有能力「控制」臺灣的意味。

「美臺關係」不會有根本性變化

從去年底的「公投」爭議以來，美國對臺灣刻意挑動兩岸關係的做法就充滿了疑慮，陳水扁的「5．20」演說雖然得到了美國的「讚賞」，但雙方關係也只是「止跌」而已。此後臺灣衝擊兩岸關係的言行再度使美國增加疑慮，雖然臺灣對通過6108億新臺幣的軍購預算十分賣力，企圖以此修補「臺美關係」，但是一直到現在這筆軍購預算在「立法院」仍未過關，美國更是連訂金都沒有見到一毛，已經對臺灣相當不滿。

客觀地說，美國在臺灣有巨大的政治和經濟利益，臺諜事件不可能使「美臺關係」產生根本性的變化，但至少已使美國國務卿鮑爾及外交系統對臺灣十分惱怒。同時，臺諜案也為「臺獨」分子又一次敲響了警鐘，再次說明，「臺獨」是沒有出路的，即使是一直支持臺灣的後臺老闆美國，也不希望臺海局勢因為「臺獨」分子的挑釁而進一步惡化，從而損害美國的利益。

（原文刊於《國際先驅導報》，與陳星合撰）

國民黨發展論述對臺灣政局和兩岸關係的影響

　　經過幾個月的討論，國民黨於 9 月 22 日舉行的中常會上通過了「民主、和平、新臺灣——我們現階段的基本論述」，這個論述在 25 日舉行的國民黨第十六屆中央委員會第四次全體會議上通過。有關「國家」名稱問題，論述中表示，「中華民國不是過時、反動的標誌，而是穩定兩岸關係的基石、更是團結國內認同的最大公約數，愛中華民國就是愛臺灣。」論述主張「今天的中華民國已經和臺灣合為一體，中華民國就是臺灣民主、和平的最大保證。」國民黨堅持「中華民國」主權獨立自主，反對改變現狀的變更「國號」，也不接受喪失自主的「一國兩制」。

　　論述還認為，兩岸都應暫時擱下「主權」的無解政治爭議 50 年，終止無止盡的軍備競賽，放棄以武力解決爭議的不文明舉動，尊重彼此的存在和發展，逐步建立互信基礎，讓政治的歸政治、經濟的歸經濟。兩岸可先從「三通」開始，擴大商貿往來基礎，建立經貿合作關係，進而簽訂自由貿易協定，「讓大陸變成臺灣的機會，而不是威脅」。

▌國民黨的發展論述向右轉

　　隨著民進黨的上臺執政，近幾年來，兩岸政策和臺灣定位問題成為國民黨的兩大罩門。能否解決這兩個問題，是國民黨能否進一步發展的關鍵，但是從國民黨的發展論述來看，並不能看到解決這兩個問題的氣象。相反，整個論述矛盾重重，漏洞百出。

　　首先，在臺灣的定位問題上，國民黨認為，「今天的中華民國已經和臺灣合為一體」，25 日連戰致辭時又說：「堂堂正正立足臺、澎、金、馬，真心誠意捍衛中華民國，中華民國就是臺灣民主、和平、安定、繁榮的最大保障」。透過這些論述，國民黨實際上將「中華民國」定位在了臺、澎、金、馬，這正好中了民進黨在「中華民國」的招牌下搞「臺獨」的圈套。再聯繫到近

期以來一些國民黨高層人士一再建議「國民黨兩岸政策可考慮將獨立選項納入臺灣未來選項之一」，可以說，國民黨的發展論述已經足以說明其在一中立場上已大幅向後退縮。

在臺灣定位問題上的大幅向後退縮，反映了國民黨在國家認同問題上的混亂。在國民黨的新論述中，所謂的「中華民國」已經變成了一個空殼，其中的一中意涵實際上已經被剝離殆盡。換言之，「中華民國」只剩下了符號的意義而失去了其原來的固有內涵。

國家認同的混亂和對一中立場堅持的弱化，必然引發國民黨在整個政治立場上的進一步右轉。影響所及，這將是以後國民黨在「修憲」問題上向後退縮的先兆，例如領土條款的變更等，既然把「中華民國」定位於臺、澎、金、馬，那麼現行「憲法」中所標明的「固有領土」範圍的變更，自然也就成為「題中之義」了。

其次，國民黨的所謂「新論述」在兩岸政策上同樣也是模糊不清的，甚至企圖迴避兩岸的統獨矛盾和爭議。所謂「兩岸都應暫時擱下主權的無解政治爭議五十年，終止無止境的軍備競賽，放棄以武力解決爭議的不文明舉動」，是迴避了問題的根本，即兩岸目前的緊張形勢是由於民進黨當局一意孤行推行「臺獨」分裂主義政策的結果。國民黨置國家民族利益於不顧，自己採取「鴕鳥政策」，不敢明確提出反對「臺獨」、主張統一，甚至要求大陸也一起姑息「臺獨」，影射攻擊大陸不放棄對臺使用武力是所謂「不文明舉動」，更是極其荒謬。

國民黨意圖從兩岸統獨矛盾與爭議中脫身，聲稱將「政治的歸政治，經濟的歸經濟」，從而把島內爭執的焦點引領到對國民黨相對有利的經濟與民生議題上來，但是這種策略已經在今年的大選中被證明是不可能奏效的。這是因為：一方面兩岸統獨矛盾與爭議是在臺灣政治發展過程中不可迴避的問題，特別是在民進黨堅持「臺獨」立場的情況下更是如此。另方面在臺灣目前「臺獨」占據「話語霸權」的情況之下，「統獨」議題對於民進黨來說還有很大的市場價值，因此，國民黨的上述策略完全是一廂情願的自說自話，根本不可能被民進黨當局所採納。

國民黨的論述困境，反映出臺灣社會話語環境的變化和國民黨的矛盾心態。在臺灣的所謂「本土化」發展過程中，由於「臺獨」勢力的蓄意誤導，在很大一部分的臺灣民眾中對本土的認同逐漸超過了對中國的認同，因為本土認同是實實在在的，而中國認同則由於兩岸的長期分離而越來越模糊。民進黨利用了這種情況，透過偷換概念的方式，將本土認同與中國認同對立起來，並將本土認同與「愛臺灣」聯繫在一起，作為認同忠誠的一個衡量尺規。在民進黨長期別有用心的宣傳下，似是而非的「臺獨」理念在臺灣社會已經有了相當大的存在和發展的空間，而統一的話語空間則已經被壓縮到了幾乎難以存在的地步。

　　面對這種情況，國民黨被迫將本土認同作為自己尋求選民支持的主要訴求。但是，從目前的臺灣話語環境來看，這種訴求和國民黨所要堅持的「中華民國」是矛盾的——最起碼在中國認同淡漠的選民那裡是矛盾的，因為「中華民國」的「國號」本身就具有整個中國的內涵。這也是國民黨一直難以提出一個能夠吸引民眾的發展論述的主要原因。

　　國民黨發展論述出現困境還有一個重要原因，就是不能堅持正確的理念而僅僅以選舉為目的。正確的理念是內部整合和提高內部凝聚力的重要因素，從國民黨這次所提出的發展論述中，我們難以看到其為理念而奮鬥的跡象。連戰在 25 日致辭時說，「因為不動國號，中共就無動武的藉口」，更可以看出所謂的發展論述其短線操作性。另外，國民黨實際上將發展論述當作選舉的文宣而不是政治理念來提出，而兩者是根本不在同一個層次上的問題。長此以往，國民黨將很難解決「為誰而戰，為何而戰」的問題，內部的凝聚力也會因此而進一步下降。在這種情況下，如果不採取必要而有效措施，可以預料的是，國民黨的發展論述將會隨著目前臺灣政治形勢的發展而進一步向「臺獨」靠攏。

▌國民黨的發展論述對島內政局的影響

　　對年底「立委」選舉的影響。國民黨的論述方向轉化不可能爭取到泛綠的民眾。因為其雖然向右靠近，但是比起民進黨的論述在「臺獨」方向上顯

然還是溫和得多，相對於那些比較傾向於「臺獨」的泛綠民眾來說，民進黨和「臺聯黨」的論述顯然更具有吸引力，國民黨想在這個方向上著力無異於緣木求魚。另一方面，論述方向的轉化使長期支持國民黨的民眾產生失望情緒，在未來的選舉中國民黨的支持率不僅不會提升還將會進一步下滑。

另外，「立委」選舉不同於「總統」大選，其主要的訴求對像是參選者長期經營的地方支持者，政黨的發展論述對民眾的投票取向並不具有決定性的影響。同時，臺灣社會（特別是中南部）的選舉往往摻雜有濃厚的人情味，反映在多席次的「立委」投票中就是只看個人不看理念，只看政黨不看論述。因此，國民黨的發展論述對其在這次「立委」選舉中的選情雖然不利，但還不至於產生太大的影響。

但是這個論述對國民黨的未來發展是既深且遠的。在國民黨內部，理想性的消失和以勝選為唯一的目的，將會使其整個政治價值和政治取向庸俗化。個人政治利益的爭奪和整體權利的分配在國民黨的價值取向中將會變得越來越重要。一旦出現這種情況，其內部利益的爭奪會進一步加劇，這對國民黨凝聚力的強化將是一個致命的打擊。

由於整個論述轉向，將會在支持國民黨的民眾中形成思維的混亂和對國民黨的不滿。對於本土派來說，這種模糊的論述和定位顯然不能滿足他們的要求，而對於中國意識比較強烈的民眾來說，則又會使他們產生失望的情緒，從而將會使整個泛藍陣營成為一盤散沙，失去戰鬥力。既然國民黨自己都在弱化自己的理想，如何能讓民眾對其抱有希望、產生信心呢？

國民黨發展論述的提出同樣會對已經展開的泛藍整合產生影響。本來，國、親、新三黨系出同門，政治理念的差異不大，但是國民黨整體論述方向的右轉將會擴大這種差異，從而引起泛藍內部的理念分歧與反彈，這對泛藍陣營的整合顯然是不利的。前一段時間宋楚瑜親民黨對國、親合態度消極游移，在很大程度上即有這方面的原因。而對新黨來說，由於其主要支持者是中國意識比較強烈的群體，國民黨發展論述的轉向對其影響更大。儘管不久前國、親兩黨簽訂了協議，聲稱將於明年二月完成「合併」，但後續發展如何，還有待觀察。

假如國、親、新三黨最終無法整合，一部分不滿國民黨右轉的民眾可能會轉向支持親民黨、新黨或反「臺獨」的無黨籍人士，而後者為了爭取這一部分民眾的支持則又會和國民黨的政治立場保持一定的區隔，泛藍各方將會在路線和立場上漸行漸遠，泛藍內部的政治板塊結構也將會發生變化，這種情況的出現將會使泛藍陣營的整合出現新的變數，也使泛藍整合的難度進一步加大。

整體來說，國民黨新的政治論述對泛綠陣營的影響不大，但是卻可能會導致民進黨的論述和政策更為激進。因為長期以來民進黨就是透過「臺獨」訴求來爭取民眾。而當國民黨的訴求右轉之後，民進黨只有比國民黨的論述更為激進才能鞏固和擴大其政治版圖。換言之，民進黨必須比國民黨更「獨」，才能夠和國民黨保持必要的區隔以爭取民眾的支持。

如果真的出現上述情況，國、民兩黨在「統獨」訴求上進行比賽的話，將會形成惡性循環，在臺灣政壇上「統獨」論述失控。然而可以預料的是，在操短線、比誰更「獨」的競賽中，國民黨恐怕永遠也追不上民進黨的腳步。總之，倒退是沒有出路的，恰恰相反，國民黨如果想要挽回劣勢、敗部復活並取得發展，唯一的出路是把自己的視野放遠、放大，徹底拋棄跟在民進黨屁股後面「拿香跟著拜」的錯誤做法，回歸一個中國，堅持理想性，提出大異於民進黨的政治論述，才能提高政黨的吸引力，引導和爭取廣大臺灣民眾認同與支持自己的政綱，逐步壯大泛藍陣營的力量。

▍國民黨的發展論述對兩岸關係的影響

國民黨基本論述向右轉對臺灣民眾的國家認同來說影響同樣是極其惡劣的。它將使得臺灣島內堅持一個中國的力量大為減弱。相應地，如果在選舉中少了對一個中國的堅持，臺灣民眾的國家認同將更加混亂，再加上「臺獨」話語的惡性傳播和本土認同的畸形發展，必然進一步削弱民眾的中國認同，這對兩岸關係的發展和未來的統一工作，將造成嚴重的負面影響。

與此同時，這種情況的出現將會刺激大陸和海外華人華僑的情緒向激進的方向發展。長期以來，13億大陸人民和幾千萬海外華人華僑一直盼望臺灣

問題能夠早日以和平的方式解決,實現國家的完全統一,不希望兩岸兵戎相見、骨肉相殘,但是,如果國民黨右轉,島內反「臺獨」力量的削弱乃至消失,將會使大陸民眾和海外華人華僑對臺灣問題是否能以和平方式解決逐漸失去耐心甚至產生懷疑。人民的心聲是政府決策的重要依據。如果臺灣島內的政治形勢發展不能給大陸人民和海外華人華僑和平解決臺灣問題的希望,那麼可以想見,海內外同胞要求對臺強硬的呼聲必然會日趨高漲,到那時,恐怕大陸政府想不對臺採取強硬措施都難。如果事態發展到兩岸民眾的敵視和對決,那將是中華民族的最大悲劇。

毋庸諱言,長期以來,作為島內牽制「臺獨」的以國民黨為主體的泛藍陣營,一直是我們爭取和團結的對象。只要泛藍陣營堅持「反獨」立場,無論在朝在野,都可以使臺灣的政局發展被控制在可以接受的範圍之內,而大陸則可以為和平統一爭取到寶貴的時間。如果國民黨在兩岸問題的整體論述上繼續向右轉,將會使大陸的對臺政策失去一個重要的著力點,從而使得這一努力的實質意義變得越來越小。在這種情況下,大陸對臺灣內部形勢的整體評估必然發生重大變化,隨之大陸的對臺政策也勢必發生重大調整,將不惜一切代價以遏阻「臺獨」。屆時,兩岸形勢將會愈加嚴峻。

(原文刊於華夏經緯網,與陳星合撰)

混淆視聽的「雙十講話」

　　陳水扁在雙十講話中，提出了諸如「以九二香港會談為基礎」推動兩岸協商談判、「管制武器」、「建立兩岸軍事互信機制、同步檢討兩岸軍備政策」、兩岸「人貨包機」便捷化、籌組「兩岸和平發展委員會」等一大堆緩和發展兩岸關係的構想與方案，在兩岸關係緊繃之際，陳水扁向大陸伸出了和平的橄欖枝，但略加分析，便不難得出如下結論：

　　一是老調重彈。在這篇講話中，陳水扁開篇就定下了臺灣是一個「主權獨立國家」的基調，聲稱「中華民國的主權屬於2300萬臺灣人民，中華民國就是臺灣，臺灣就是中華民國」，陳水扁在這種正式的、重大的場合公開給「臺灣正名」，將「中華民國」定位於臺灣，明目張膽地分割中國主權。

　　陳水扁宣稱，臺灣是「原住民族、客家人、河洛人的原鄉，也是外省新住民的新故鄉、外籍新移民的新天地」，如此說法無非是要抹殺臺灣絕大部分住民的原鄉是中國大陸的事實，實際上是要割斷臺灣與中國大陸歷史聯繫的臍帶，塑造新的所謂「臺灣生命共同體」。

　　陳水扁奢談兩岸「共同營造一個『和平發展、自由選擇』的環境」，宣稱「未來中華民國與中華人民共和國或者臺灣與中國之間，將發展任何形式的政治關係」云云，實際上就是要求大陸放棄一個中國原則，在承認「臺灣與中國，一邊一國」的前提下，和平發展「兩國」關係。

　　二是故伎重演。其一是玩弄文字遊戲。陳水扁說，願在「九二香港會談」的基礎上來推進兩岸協商，但「九二香港會談」的基礎是什麼，他卻刻意避而不提，企圖以模糊的概念來否認一個中國原則，誘騙大陸放棄一個中國立場和臺灣展開兩岸復談。

　　其二是煽動和製造悲情。陳水扁明知以「一邊一國」為前提，兩岸復談、「三通」也好，建立所謂「軍事互信機制」也罷，通通都無從談起，但他仍煞有介事地一再呼籲，目的就是要營造所謂「大陸打壓臺灣」的氛圍，一方面藉以煽動臺灣民眾對大陸的仇恨，為其推行「臺獨」路線打造民意基礎；

另方面則是向國際社會喊話，特別是向美國有所交待，證明自己不是麻煩製造者，以求得國際社會的同情與支持。

三是顛倒黑白。首先，他用最惡毒的語言攻擊大陸是威脅臺海和平的「恐怖陰影和黑暗勢力」，汙衊大陸是「窮兵黷武的侵略霸權」。陳水扁透過這種顛倒黑白的說法，一方面將造成當前兩岸關係緊張的責任推給大陸，否認「臺獨」是威脅臺海和平的根源；另一方面則是配合國際反華勢力重炒「中國威脅論」，試圖混淆視聽、渾水摸魚。

其次，陳水扁一邊主張「管制武器」、檢討「軍備政策」、建立兩岸「軍事互信機制」，但同時又為6108億對美軍購案大做廣告，說什麼「如果我們沒有自我防衛的堅定決心和能力，臺海的和平、臺灣的安全將會失去最後的倚靠」。他明明是在公開鼓吹「以武謀獨」、對抗大陸，卻要把自己裝扮成保衛和平的天使。

再次，陳水扁蓄意曲解1971年聯大通過的關於解決中國代表權問題的2758號決議，妄稱該決議「從未賦予中華人民共和國在聯合國及相關組織『代表臺灣人民』的權利」，攻擊聯大拒絕臺灣加入「違反『聯合國憲章』」等等。只可惜對聯大2758號決議的解釋，全世界自有公斷，並不是臺灣可以單方面認定的。

四是欺騙輿論。陳水扁的通篇講話貫穿著「一邊一國」的主軸，是以所謂「臺灣是個主權獨立國家」的荒謬邏輯前提下進行論述的，但由於他戴著一副「善意」的假面具，因而頗具迷惑性和欺騙性。陳水扁在講話中呼籲改善兩岸關係，目的在於吸引海內外輿論的視線，為其推行「臺獨」路線打掩護。同時，陳水扁也利用這種假「善意」來美化自己，試圖扭轉其在大選中倡狂挑釁大陸給國際社會所造成的惡劣形象。

總之，陳水扁的「雙十」講話混淆視聽，重提舊調，了無新意，適足說明他頑固堅持「臺獨」立場，無助於兩岸關係的緩和與改善。

（原文刊於人民網，與陳星合撰）

布希新任期美臺海政策趨「策略清晰」

　　鮑爾10月底的北京之行已經過去半個多月了，但他在接受鳳凰衛視和CNN專訪時對「臺獨」說出的「重話」卻至今波瀾不止，並且隨著小布希的勝選連任而大有持續發酵的跡象。鮑爾明確宣示：「臺灣不是主權獨立國家」，並兩次提到希望兩岸「和平統一」，這的確耐人尋味！

　　長期以來，臺灣之所以一直抗拒統一，其主要原因就在於美國為臺灣提供了某種安全承諾。然而，在臺海問題上，美國的政策一直是以美國國家利益最大化為依歸，它是由美國人自己主導決定的，而不是「臺獨」分子所能左右的。筆者認為，小布希連任後，為因應臺海地區日益嚴峻的新形勢，美國的對臺政策有可能在堅持既有基本原則與立場的前提下，在具體政策策略上將進行適度的調整。

　　首先，在新保守主義價值觀主導下的美國布希政府，無論從意識形態上還是從地緣戰略布局上，都不會輕易放棄臺灣。在臺灣問題上寄希望於美國協助中國推動兩岸和平統一無異於與虎謀皮。但是，當中國的綜合國力特別是國防實力發展到足以抗衡美國對臺海衝突的軍事介入之時，美國基於在亞太地區的現實利益，有可能會迫使美國調整其對解決臺灣前途問題上的政策。

　　換言之，隨著中國的發展，美國對中國大陸「武力統一」臺灣的威懾終有一天會失效，屆時，美國有可能被迫接受以「和平統一」的方式來解決兩岸爭端。畢竟，美國的臺海政策從「和平解決」向「和平統一」的方向轉換與調整，並沒有想像中的那麼困難。鮑爾不久之前的北京之行，是否已露出某種端倪？值得玩味。

　　其次，反對「臺獨」，加大對臺灣「臺獨」言行的約束力度和強度，將會是今後一段時期美國臺海政策的側重點。穩定臺海局勢，維護兩岸和平符合美國在亞太地區的戰略利益。近年來，陳水扁的「臺獨」冒險不斷升級，一再試探大陸和美國所能容忍的底線，臺海局勢大有失控之虞。近期以來，新加坡、澳大利亞等周邊國家已一再公開表示深切憂慮，這自然也不能不引起美國的高度警惕。

美國已認識到,「臺獨」是臺海現狀的破壞者,是危害東亞地區穩定和平的根源,為了維護美國在這一地區的利益,有必要對陳水扁的「臺獨」冒險加強約束。

鮑爾有關臺灣問題的最新表述,實際上是某種形式的「預防外交」,是對陳水扁「臺獨」冒險的「嚴重警告」,這是否預示著今後美國的對臺政策將從以往的「策略模糊」轉向相對的「策略清晰」,以防止「臺獨」誤判美國的政策?值得觀察。

再次,促進兩岸接觸談判是美國臺海政策的一個既定方向。近一個時期以來,美國一直在力促兩岸恢復談判。美國認為,只有兩岸談起來,才能消除敵意,化解對抗,預防突發性衝突。這樣,臺海形勢的發展就會重新納入到一個可以預測的軌道之中,並使美國繼續掌控主導權。

畢竟,「一個中國」是國際法和國際政治中的現實,「九二共識」是兩岸復談的最大公約數,同時也符合美國的一貫政策。可以認為,鮑爾有關臺灣問題的最新表述,「一個中國,反對『臺獨』,和平統一(解決)」,應該是美國為兩岸復談確定的基調和底線。

(原文刊於《國際先驅導報》,與李振廣合撰)

選戰落幕後的臺灣將走向何方

　　喧囂了幾個月的臺灣「立委」選舉終於降下了大幕，開票結果表明，泛藍陣營獲得 116 席，超過總數 225 席的半數，泛綠則獲得 101 席。從得票率上看，泛藍總票數近 50%，泛綠為 46%，綠軍較三年前總得票數雖有小幅成長，但是得票率顯然未如預期。另外，從席次上來看，綠軍與藍軍一樣，總席次各增加一席，結果是平分秋色，可以反映出雙方的基本盤並沒有太大的變化。但是，這次「立委」選舉中所反映出來的民意的變化和走向卻值得關注。

▌從「立委」選舉看臺灣民意的變化

　　這次「立委」選舉可以說是今年「總統」大選的後續戰，按照阿扁的如意算盤，泛綠過半既可擺脫各方對其當選連任「正當性」的質疑，並且藉這樣一個機會將泛藍徹底邊緣化，完成民進黨的「全面執政」，同時陳水扁又可以挾民意的幌子，在兩岸關係上採取更為強硬的立場，向大陸「嗆聲」，並期望透過「順利施政」，推動其「'06 年公投制憲」、「'08 年實施新憲」的「臺獨時間表」，當然，當務之急就是修改阻礙其推動「公投制憲」的「鳥籠公投法」。

　　但是從這次「立委」選舉的結果來看，泛綠陣營的支持率僅上升了大約兩個百分點，可以說變化不大。雖然民進黨一再堅持本次敗選是因為配票不當所致，但是其實際支持率的有限增加仍然可以說明，陳水扁在「總統」大選中的獲得的選票並沒有在本次「立委」選舉中成功地轉化為對泛綠候選人的支持，這反映出在泛藍和臺灣諸多有識之士的長期努力下，「3‧19 槍擊案」的真相在民間持續發酵，民眾對陳水扁的不光彩當選已經開始反省。

　　同時，這個數字也說明民進黨所推行的「臺獨」路線並沒有在臺灣最廣大的民眾中取得認同和支持，也反映出民眾對陳水扁蓄意挑動兩岸關係可能給臺灣帶來的災難有了比較明確的認識。當然，從某種意義上說，選前美國對陳水扁「臺獨」言行的反制對民進黨的支持率下降產生了一定的影響。但

是，從根本上講，可以認為「求和平、求發展、求安定」、「維持現狀」仍然是當前臺灣的主流民意。

正是基於對主流民意的錯誤判斷，使民進黨作出了高額提名的錯誤決策，同樣的原因，也使阿扁錯誤地把「臺獨」意識形態作為這次立委選戰的主軸，一個接一個地拋出「急獨」的口號，這些口號雖然喊起來很爽，也能在一定程度上造成穩固基本盤的作用，但這種令人眼花繚亂的議題也使民眾感到厭煩，甚至許多綠營的支持者都放棄了投票，從投票率上看，這次「立委」選舉的投票率只有 59.16%，比三年前的 66.16% 少了 7 個百分點。同時，民進黨越來越激進的「臺獨」立場也嚇跑了中間選民，更激發起了泛藍陣營強烈的危機感，「捍衛中華民國」的訴求，在這次選戰中顯然得到了多數臺灣民眾的認同與支持，「泛綠過半，臺灣完蛋」的口號，警醒了主張維持現狀的臺灣選民。可以說，民進黨的「急獨」口號在一定程度上造成了為泛藍催票和固票的作用。

泛綠不過半，阿扁的如意算盤很難再按預定計劃打下去，這對整個「臺獨」陣營不能不說是個沉重的打擊。相反，近半年來泛藍陣營一直低迷的氣勢大為提振，島內反「臺獨」的力量仍將繼續發揮強大的制衡作用，不至於讓阿扁任意胡鬧，把兩岸同胞推向骨肉相殘的災難深淵。從這個意義上說，臺灣選民的確有很高的智慧。

立委選舉對臺灣政局的影響

這次選舉後形成的藍綠力量對比和選舉前大致相當，因此，原先在臺灣政壇存在的政治生態會持續下去。大致說來，這次立委選舉對臺灣政局的影響有以下幾個方面：

其一，「府」、「院」之爭仍會繼續。連戰雖然喊出「泛藍過半就要組閣」的口號，但是可以肯定陳水扁不會同意，民進黨仍會維持一個少數政府。在這種情況下，泛藍必然以「立法院」為堡壘進行反制。「府」、「院」之爭會依然故我，臺灣政局也會持續混亂。

其二，「立法院」會持續動盪。由於泛藍只是少數過半，雙方在「立法院」的實力差距並不大。所以在以後的「立法院」會中，通過議案時會不斷出現雙方強力動員的場面，而居於相對少數的民進黨，一方面會加緊收買泛藍立委，另一方面則會持續其一貫推行的「焦土戰術」，「立法院」還會充滿了對立與對抗。

其三，立委選舉對泛藍的影響。首先，立委選舉使泛藍士氣大振，重新看到了希望，可以說這是一場非常及時的勝利。其次，勝選暫時掩蓋了泛藍內部的矛盾，也暫時減緩了連宋「交棒」的壓力，特別是對連戰來說更是這樣。從目前的情況來看，連戰「交棒」恐怕會延後到明年8月任期結束。從客觀上來說，連戰繼續出任國民黨主席對國民黨來說未嘗不是一件好事，因為除了連戰以外，國民黨內部很難找到一個可以整合各路諸侯的人選，無論是馬英九還是王金平均難當此任。再次，此次立委選舉對國親合併會產生一定的影響。選舉之後，基層對於國親合併的壓力必然增加，但是國親合併的進程卻可能出現新的變數。一是因為國民黨在這次選舉中的亮麗成績必然會使其對國親整合提出新的條件，而這些條件親民黨未必能接受。二是由於在選戰中國親配票的破局，無疑使得國親之間產生了難解的心結，這些都可能延緩國親合併的進程。

其四，立委選舉對泛綠陣營也會產生一定的影響。從陳水扁在選前的動作以及民進黨與「臺聯」在選票上的爭奪來看，他顯然希望提高民進黨席次，並企望從此擺脫李登輝牽制。但是選舉結果打破了陳水扁的這個企圖。雖然李登輝的影響力開始式微，「臺聯」表現也差強人意，但是「臺聯」仍是民進黨在「立法院」不得不借重的盟友，所以李登輝對其牽制依然存在。未來三年，可以預期陳水扁仍然會因為李登輝的因素而無法大步向中間靠近。同時，李扁的關係會沿襲以前的模式，還是會出現新的變數，值得觀察。

其五，立委選後，泛綠與泛藍的關係大致會沿襲以前的模式，陳水扁在收買泛藍本土派立委的同時，將會繼續挑動族群議題和兩岸議題，進而將大陸甚至是美國對「臺獨」的壓力轉嫁於泛藍，將其打成「外省黨」、「中共同路人」，並在臺灣民眾中繼續營造悲情，騙取民眾的同情與支持。

立委選舉對兩岸關係的影響

　　本次立委選舉泛藍過半，對兩岸關係無疑具有正面意義。泛藍陣營將繼續在「立法院」中扮演「安全閥」作用，在「軍購案」、尤其是在臺灣「制憲」問題上繼續對陳水扁當局發揮監督和牽制作用，這會使陳水扁當局不得不在處理兩岸關係的策略上有所調整。同時，在選舉中所體現出來的民意變化也使得民進黨當局看清目前的形勢，即激進的政治立場難以開拓中間選民，擴大其政治版圖，這些也會使陳水扁民進黨在推動「臺獨」時間表方面不能不有所顧慮。

　　從這些角度來考慮的話，兩岸關係出現短暫的緩和是可能的，但是，從根本上來看，筆者認為，泛綠雖然敗選，但兩岸關係的發展前景仍不容樂觀，泛藍過半並不足以使陳水扁當局在「臺獨」立場上向後退縮。

　　其一，從泛綠目前的支持群來看，其基本盤並沒有改變，而且民進黨當局如果想要擴大政治版圖，也必然以目前的基本盤為基礎。這是牽制民進黨政治立場向中間靠近的最主要原因。況且還有「臺聯」在旁邊虎視眈眈盯著基本教義派的票源，更加重了民進黨的顧慮。因此，在未來的三年中，姑且不論陳水扁將「臺獨」作為一個政治理想和政治目標而不願放棄，即使是在現實的政治利益考慮下，陳水扁也很難鬆動「一邊一國」的「臺獨」立場，更遑論承認體現一中原則的「九二共識」。因此可以預料，在未來的三年中，兩岸的協商談判不可能恢復，「三通」仍然是一個遙遙無期的海市蜃樓。

　　其二，陳水扁當局會繼續搞「去中國化」的把戲。本次立委選舉突顯出民進黨當局還是一個少數政府，還遠沒有形成其推行「臺獨」的社會基礎。在他不能公開推行「臺獨」的情況下，未來三年中他會向影響民意、加強對民眾「臺獨」的理念灌輸方向繼續努力。可以預見，「外館正名」、加強「臺獨」意識形態的炒作、鼓動族群矛盾、大搞「文化臺獨」仍是他未來政策的方向。

　　其三，民進黨當局會繼續切香腸式的「臺獨」。既然在體制內搞「臺獨」比較困難，他會選擇從體制外直接訴諸民意，利用「公投」打造「臺灣新憲法」

的做法。由於民進黨掌握了行政權,所以泛藍雖然可以在「立法院」牽制陳水扁當局,但是在政策執行的層次上卻難以著力。況且,陳水扁經常以技術性的處理來應對泛藍的壓力。人們不應忘記,泛藍在上屆「立法院」席位過半的情況下,依然沒有阻止陳水扁搞「大選綁公投」;有法源依據成立起來的「真相調查委員會」,也在扁當局的行政抑制下名存實亡。因此在新一屆「立法院」中,泛藍陣營對扁當局的制衡作用究竟能否有效發揮,仍然有待觀察。

其四,不難預料,阿扁將會利用其手中掌握的行政資源,千方百計拉攏無黨籍和泛藍陣營中有案底的立委和國民黨的本土派,帶槍投靠泛綠陣營,或者在一些關鍵性的議題上取得他們的支持。換言之,在新一屆「立法院」中,泛藍「過半」究竟能夠維持多久也有待觀察。一旦綠營策反成功,新一屆「立法院」的政治生態發生變化,對兩岸關係的負面影響將不言而喻。

(原文刊於華夏經緯網,與陳星合撰)

回歸「九二共識」，重啟兩岸談判

　　臺灣海基會董事長辜振甫先生病逝臺北，兩岸同胞同感悲慟。

　　在海峽兩岸關係發展史上，辜振甫先生是重要的歷史見證人，同時也是具指標性的值得肯定與緬懷的政治人物。1991 年臺灣海峽交流基金會成立，辜先生出任董事長。他秉持「中國的、善意的、服務的」立場，與以汪道涵先生為會長的大陸海峽兩岸關係協會一起，克服重重困難，為緩和發展兩岸關係進行了不懈的努力，做出了重要貢獻。其中，1992 年兩會香港會談所達成的體現一個中國原則的「九二共識」，1993 年在新加坡舉行的「辜汪會談」和 1998 年上海「辜汪會晤」，意義特別重大。

　　1992 年的香港會談及其後兩會一系列的函件往來，透過雙方的努力，海協與海基會最終達成了各自以口頭方式表述「海峽兩岸均堅持一個中國原則」的共識，並表明了兩岸「努力謀求國家統一」的態度。「九二共識」的確立，為新加坡「辜汪會談」以及此後兩會舉行的 20 多次不同層級、不同議題的協商談判奠定了基礎，掃清了障礙。

　　1993 年的「辜汪會談」，是自 1949 年以來海峽兩岸授權的民間團體最高負責人之間首次進行的會談，邁出了兩岸關係發展的歷史性的第一步，具有里程碑式的意義。兩會溝通管道的建立以及會談簽署的四項協定，開啟了兩岸接觸、溝通制度化、正常化的大門，為日後推動兩岸的經貿往來和民間交流的發展，起了重要的促進作用。應該說，汪道涵先生和辜振甫先生，這兩位在海峽兩岸德高望重的老前輩，都為「九二共識」的達成和「辜汪會談」的成功舉行作出了卓越貢獻。歷史將永遠銘記辜汪二老的豐功偉績。

　　「九二共識」的達成和「辜汪會談」的成功舉行，充分展現了兩岸雙方妥善處理分歧、有效打破僵局的政治智慧。它說明了海峽兩岸儘管長期隔絕，缺乏互信，甚至充滿敵意，但只要雙方「心存一中」，並確有誠意緩和發展兩岸關係，是完全可以暫時擱置某些政治爭議，找到解決問題的方法和途徑的。

但是，當李登輝的權力得到鞏固之後，逐漸露出了他「假統真獨」的真面目。他與「臺獨」勢力相互勾結，互為奧援，極力破壞兩岸關係的正常發展，使辜汪二老苦心建立起來的兩岸兩會互信基礎橫遭踐踏和破壞，兩岸關係的發展也因此而經歷了艱難曲折的過程。

1994年3月，李登輝與日本右翼作家司馬遼太郎對談，妄稱「國民黨是外來政權」，「中國這個詞也是含糊不清的」，「臺灣必須是臺灣人的東西」等等，掀起一場軒然大波，使兩岸關係發展的良好勢頭頓挫。

1995年1月，江澤民主席發表重要講話，提出了現階段發展兩岸關係、推進和平統一進程的八項主張，受到海內外同胞包括臺灣各界人士的熱烈擁護和積極反響，營造起了兩岸關係發展的良好氣氛。可是6月李登輝訪美，卻在康奈爾大學大放厥詞，製造「兩個中國」、「一中一臺」，宣稱要「盡全力向不可能的事物挑戰」，致使兩岸兩會正在籌畫中的第二次「辜汪會談」遭到破壞，兩岸關係因之嚴重倒退。

1998年10月，在各方的努力下好不容易才促成了辜振甫先生的大陸之行。辜先生在北京分別與江澤民、錢其琛進行了歷史性的會面，並在上海兩度與汪道涵會晤，兩會達成了包括汪老回訪臺灣在內的四項共識，開啟了兩岸高層自1949年以來在中國人自己的土地上進行政治對話的先河，為恢復兩會的良性互動打下了基礎。然而，正當兩岸同胞熱切盼望汪老訪臺、兩岸關係有望取得突破性進展之際，1999年7月李登輝又突然拋出「兩國論」，嚴重毒化了兩岸關係的氣氛，破壞了兩會接觸商談的基礎，導致汪老訪臺受阻，兩會協商對話再次中斷。

2000年民進黨上臺執政後，陳水扁堅持「臺獨」分裂路線，拒絕承認一個中國原則，否認「九二共識」，甚至不承認自己是中國人，致使兩岸兩會的協商對話難以恢復，兩岸關係持續緊張僵持。陳水扁提出「一邊一國論」，大搞所謂「臺灣正名」運動，並公然拋出2006年「公投制憲」、2008年「實行新憲」的「臺獨時間表」，從而使兩岸關係形勢日趨嚴峻，臺海地區的穩定和平受到空前的挑戰。

回顧十多年來兩岸關係風風雨雨、曲折發展的艱難歷程，我們愈加珍惜當年辜汪二老主持下所達成的「九二共識」，特別懷念「辜汪會談」所開創的歷史性場景。事實說明，堅持一個中國原則，維護「九二共識」，兩岸關係就能緩和、發展，臺海和平就有保障；違背一個中國原則，否認「九二共識」，兩岸關係就必然倒退、緊張，臺海和平就勢必堪憂。捍衛一個中國原則，就是捍衛臺海和平；維護「九二共識」，就是維護兩岸同胞的福祉；對一個中國原則和「九二共識」的態度如何，乃是考驗海峽兩岸每一個政黨和政治人物是否真心維持臺海和平，維護兩岸同胞切身利益的試金石和分水嶺。如果臺灣真有誠意緩和兩岸關係，恢復兩岸談判，維護臺海和平和2300萬臺灣人民的福祉，就應該儘快拋棄「臺獨」立場，承認一個中國原則，回歸「九二共識」，兩岸關係自會柳暗花明。

　　辜振甫先生雖已仙逝，「辜汪會談」也已成絕唱，但辜先生晚年始終心繫中華，信守「九二共識」，念念不忘兩岸關係和平健康發展，則令人感佩與景仰。兩岸同胞團結起來，摒棄「臺獨」，致力於和平統一和中華民族的偉大復興，這才是對辜振甫先生的最好紀念。

（原文刊於《新華每日電訊》）

春節包機雙飛，兩岸「三通」仍難

2005年1月15日下午，大陸和臺灣的民間業者在澳門就2005年春節包機進行了協商，達成了共識。消息傳來，早已引頸以待的臺商和兩岸航空業者莫不額手稱慶，兩岸學界也均對這一事件持正面態度，認為有利於化解兩岸僵局。但是筆者認為，在肯定這次春節包機的正面意義的同時，也不能過分評估其影響。

▎有利於兩岸關係的緩和

這次春節包機協商成功，給冰封僵凍的兩岸關係帶來了一絲暖意。主要表現在兩岸交流上的突破：一是「雙向對飛」的實現，大陸的飛機實現1949年以來首次在臺灣土地上降落，具有很大的象徵意義和歷史意義；二是今年的春節包機，大陸由2003年上海一個航點，增加到了上海、廣州、北京三個，使這三個城市和附近的臺商回家過年免去了轉機的困擾；三是包機由原來的中停香港變成飛經香港航管區，但是不必降落，轉彎後直飛臺灣，節省了時間和成本，可以視為變向直航，雖然它不能等同於直航，但是比起2003年的春節包機畢竟有了很大的進步。

今年春節包機協商成功的意義還在於，它再次證明，只要臺灣不以或少以政治干擾經濟，兩岸交流就可以順利地發展起來，兩岸關係也可以因此而得到緩和。

應該指出的是，在今年春節包機的問題上，民進黨當局並沒有放棄「公權力介入」的立場。邱太三1月13日還強調，「包機協商事項涉及公權力範圍，應由相關部門參與」，企圖以此製造兩岸「政府對政府」進行談判的假象。

同樣，臺灣一直鼓吹的以「臺港模式」進行兩岸協商的建議也是要求公權力介入春節包機談判。所謂的「臺港模式」，是指「臺港航權談判」模式，即2002年臺港談判兩地飛行航線與航空公司班機規劃，民間業者為談判主體，但都受權於「政府」委託，臺灣方面實際主談者都是官員。但是這次春

節包機協商和港臺談判是完全不同的,它只是作為個案來處理,並不涉及到航權問題。臺灣提出這個建議就是想造成兩岸「官方談判」的結果,在事實上證明兩岸是「一邊一國」。臺灣的這些做法,險些使兩岸包機破局。

但是,在兩岸業者和民眾呼聲甚高的情況下,臺灣不得不有所收斂,不再提「臺港模式」的問題,也默許了由民間業者來談兩岸包機問題,春節包機協議因此可以順利達成。這說明兩岸在政治問題上無法取得共識的情況下,透過擱置政治爭議,僅以民間對民間,業者對業者的協商方式,直航是可以實現的,「三通」也是可以實現的,在此基礎上形成兩岸僵局解凍也是可能的。

多種因素迫使臺灣讓步

首先是大陸的務實做法。針對今年的春節包機,大陸提出「共同參與、直接對飛、雙向載客、多點飛行」的原則,要求大陸除上海外,增加北京、廣州、廈門等航點,臺灣除臺北、高雄外,增加其他飛航點等要求。同時,為了防止兩岸政治分歧干擾春節包機的協商,大陸提出,兩岸以民間協商方式進行包機談判,國臺辦和海協會人員不參加談判,並要求臺灣「陸委會」和海基會也不要派出所屬人員參加這次談判。這種務實、積極和開放的態度對推動兩岸包機協商造成了至關重要的作用。

其次是來自反對黨的壓力。在今年春節包機協商過程中,國民黨發揮了正面的影響,不但積極推動兩岸春節包機的協商,還於1月上旬組成了「春節包機考察團」赴大陸考察,與大陸形成了開放春節包機的一系列共識。這一舉措一方面展現了在野黨處理兩岸關係的能力,另一方面也展示了在野黨為臺商福祉著想的姿態,得到了廣大民眾和臺商的支持,也形成了對民進黨的壓力。在這種情況下,陳水扁當局不得不擺出主動出擊的姿態,與國民黨搶奪春節包機乃至大陸政策的主導權。

第三是島內民眾和廣大臺商的壓力。這是迫使民進黨在春節包機問題上讓步的一個重要原因。廣大臺商一直強烈要求實現兩岸春節包機,島內民眾和航空業者也對春節包機抱有很大的期望,對民進黨以意識形態干擾經濟的

做法感到不耐煩。《中時晚報》的社論乾脆以「受夠了，直航吧！」為題指出，阻止直航和包機的理由都是推託，只要政治壓力和業者壓力夠大，包機就可以實現。民意的壓力是一向鼓吹「代表臺灣民意」的民進黨當局所不得不考慮的問題。

第四是美國的壓力。由於陳水扁當局不斷推行「急獨」路線，迫使美國不得不在兩岸政策上走向清晰化，公開表示反對臺灣「獨立」，要求兩岸展開談判，緩和緊張局勢，避免陳水扁當局玩火過頭引發兩岸戰爭，將其拖下水。因此，在「立法院」選舉後，美國逐漸增加逼迫臺灣與大陸談判的壓力。陳水扁此次在包機問題上讓步，主要是想藉以製造兩岸嚴峻情勢緩解的假象，達到減輕美方的逼談壓力之目的。

還有一個因素是，2004年12月的「立委」選舉，泛綠因為主張「急獨」而導致選舉失敗，也說明了意識形態掛帥、阻礙兩岸交流的做法是不得人心的。對於陳水扁一手主導「急獨」議題的做法，民進黨內不斷傳出要求檢討的聲音。這種壓力使陳水扁當局再難承受因堅持「臺獨」立場而導致春節包機破局的政治責任，因此，在春節包機協商問題上，以公權力介入的立場不得不有所收斂。

▎與全面「三通」相差甚遠

這次春節包機對兩岸關係雖然有正面意義，但也不能過分評估，不但包機協議本身有許多遺憾，而且，臺灣還以技術性的手段限制包機的客源，使春節包機的作用和意義大大減弱。另外，春節包機的成行與大陸一直奉行的直接、全面「三通」，還有很大差距。

其一，直航沒有實現。大陸從2002年起就要求實現兩岸春節包機直航，但是一直沒有得到民進黨當局的正面回應。今年大陸再一次提出了這一要求，又再次被臺灣以「安全」為由加以拒絕。這種情況造成了春節包機的成行只具有像徵的意義而經濟的意義不大。據相關業者表示，從廣州直飛臺北只需1個半小時，比從廣州經香港或澳門飛臺北，至少省掉2個多小時，廣州如此，

北京就更不用說了。本次春節包機仍要繞航香港的做法人為地增加了飛行的成本，也浪費了乘客寶貴的時間。

其二，沒有開放足夠多的航點，使春節包機方便臺商的目的難以達成。大陸在本次協商中提出，願意開放包括廈門在內的多個航點，同時也要求臺灣開放臺中機場，但是臺灣僅接受大陸提出的北京、上海、廣州三個航點，同時以臺中機場是軍民兩用機場、不宜開放為由，拒絕開放。

眾所周知，臺商在大陸分布非常廣泛，不僅限於北京、上海、廣州，其他地區如蘇南、成都、昆明、福建等地均有人數眾多的臺商。他們如果要搭乘包機，必須由這些地方趕到開放包機的三個航點，反倒可能比直接乘機去香港然後轉機更麻煩。而且，臺商很多是來自臺灣的臺中地區，在現行的春節包機模式下，他們如果想搭包機回家過年的話，只能先到高雄或臺北，然後再回到臺中，又平添了不少困難。

第三，這次春節包機能夠搭載的乘客範圍僅限於臺商及他們的眷屬，而廣大的在大陸求學、探親和旅遊的臺灣同胞都被排除在外。雖然這種做法在島內引起了強烈的反彈，但是民進黨當局仍是堅持「循序漸進推進兩岸交流」的立場，拒絕廣大臺生和在大陸旅遊、探親的臺胞搭乘包機回家過年，使這些臺灣同胞只能望機興歎。難怪島內有人質問，民進黨當局口口聲聲要為臺灣人民謀福利，難道這些人不屬於臺灣人民？

第四，民進黨當局仍以技術性的手法，使包機方便臺商回家過年的初衷大打折扣。兩岸業者在澳門達成協議以後，臺灣隨即公布了乘坐包機乘客的認證方法。大陸登機的旅客由臺灣「海基會」與大陸臺商協會協調，由臺商協會負責初審把關，班機出發前，名單送「境管局」審查，「民航局」核備；而從臺灣搭包機回大陸的乘客則必須準備以下資料：個人、公司、臺商投資大陸登記許可、僱用證明、親屬關係證明等等，雖然相關資料可以採用影本，但必須加蓋大印。

由於身分認證苛刻，手續繁瑣，令人望而生畏，自然降低了臺商乘坐包機的意願。據媒體報導，自 20 日開始訂位作業起，大陸方面的臺商並不踴躍。以 29 日將飛出的首航班機為例，雖然兩岸各家航空公司均將飛出航班，

春節包機雙飛，兩岸「三通」仍難

猜想會提供 1500 個機位，但 20、21 日兩天登記搭乘的臺商竟然不滿 100 人，還湊不滿一架飛機的一半！雖然希望未來情況會好轉，但是兩岸航空業者都普遍認為，由於「陸委會」對於搭機身分資格認證太過嚴苛，預估今年春節包機，機位將明顯呈現供過於求的局面。

其實，臺灣的上述種種做法目的就是要為春節包機降溫，防止春節包機的範圍擴大而成為兩岸變相直航，全面衝擊民進黨當局阻礙兩岸交流的一貫政策。所謂的「方便臺商」、「推動兩岸交流」的說辭都不過是政治考慮下的欺人之談而已。

兩岸形勢依然嚴峻

春節包機達成協議，給人以兩岸關係「春暖花開」的想像空間，但是這個猜想顯然是過於樂觀了。整體上看，兩岸局勢乍暖還寒，依然嚴峻。

首先，陳水扁仍在推行「臺獨時間表」。自從 2004 年再次當選以後，陳水扁一直在極力推行大選期間提出的「臺獨時間表」。遠的不說，最近，在陳水扁剛於元旦講話中釋出「善意」不久，1 月 5 日，臺「行政院」就將「立委」選舉前撤案的「公投法修正草案」又排入了「院會」議程。雖然草案沒有列入在野黨反對的「修憲議題創制條款」，但是卻增列了「領土變更案之複決」條款，按照民進黨「立法院」召集人蔡煌琅的說法，「這是務實的做法，可以確認現有領土」，其實已有變更領土範圍，走向實質「法理臺獨」的企圖。同時，這個草案也將「公投」的提案門檻，由原先的 5 降為 0.5，連署的門檻，也由原來的 5%，降低為 2%。臺灣的以上做法不過是要減小「公投」的難度，為以後的「公投制憲」創造條件而已。

其次，「一邊一國」的立場依然頑固。民進黨「立法院」黨團近期提出了所謂「捍衛中華民國主權決議案」，以反制大陸《反分裂國家法》。這個議案聲稱：「中華民國為一主權獨立國家，與中華人民共和國分離而治，互不隸屬。此一現狀，非經臺灣人民通過民主公投方式同意，不得加以改變；亦應受到包括中華人民共和國在內之國際社會共同尊重與維護」，「任何國家挑戰上述現狀之意圖，無論是透過立法或政策，尤其是以武力改變現狀之意圖，將受臺灣人民嚴厲譴責與反對」云云。臺灣一再重申「一邊一國」的

立場，是導致兩岸關係緊張的根本原因。考慮到今年全國人大將會審議通過《反分裂國家法》，臺灣肯定還會做出更加強烈的動作，使兩岸關係更為緊張。

第三，繼續推行「去中國化」政策。1月12日，「行政院會」通過「正名方案」。這個方案包括公營事業、轉投資事業、財團法人、軍事院校、外館、法規、條約等12項，凡有「中華」、「中國」字眼都將正名為「臺灣」，這項方案將於2006年底前推動完成。這充分說明，所謂的「正名運動」並不是民進黨當局的選舉語言，而是形成了用行政權力強力推動的政策，其目的是改變臺灣民眾的國家認同，消滅臺灣人民頭腦中的祖國意識，全面塑造新的以「臺灣主體性」為中心的「國家認同」，為以後進行「統獨公投」、走向「獨立建國」打下基礎。

所以，春節包機對兩岸關係的緩和雖然有正面意義，但不能猜想過高。海峽兩岸局勢遠沒有發展到可以彈冠相慶的地步。由於陳水扁當局還在繼續推動「臺獨」政策，兩岸關係的嚴峻局面並無本質改變，對此，我們不能放鬆警惕。

（原文刊於《統一論壇》，與陳星合撰）

「不預設前提」是假，圖謀分裂是真

近一段時間以來，陳水扁當局大耍兩面派手法，一邊拋出「毒蠍計畫」，揚言必要時要「攻擊上海和三峽大壩」，搞所謂「恐怖平衡」，倡狂挑釁大陸，進行戰爭叫囂；一邊又宣稱要「努力追求兩岸和平與發展」，聲稱要「穩定兩岸」，推動「兩岸關係的正常化」，並不斷發出「恢復兩岸協商對話」的呼籲，把自己打扮成「和平天使」的樣子。

為了欺騙輿論，陳水扁當局把兩岸至今無法恢復協商對話的責任推給大陸，說什麼「中共以『一個中國』原則為前提，以『一國兩制』為結論的作法，已成為兩岸恢復對話的障礙」；「只要中共放棄預設前提、預設結論的作法，立即恢復兩岸對話，則兩岸關係的正常化當屬可期」云云。

陳水扁當局的上述說辭完全是顛倒黑白、混淆視聽。

眾所周知，兩岸協商談判開始於1992年的「香港會談」。當時，海峽兩岸雖然在政治上存在嚴重分歧，但大陸海協和臺灣海基會仍然能夠走上談判桌展開協商談判，其根本原因就在於雙方均堅持一個中國原則，並承諾致力於謀求未來國家統一。不必說，大陸一貫堅持一個中國的原則立場、主張兩岸之間的任何協商談判都必須在一個中國原則基礎上進行。而臺灣1991年制定的「國家統一綱領」也明確宣示：「大陸與臺灣均是中國領土，促成國家的統一是中國人共同的責任。」1992年8月1日，臺灣「國家統一委員會」曾就海基會與大陸海協商談並簽署協定時有關一個中國涵義問題通過結論，其中也表明：「海峽兩岸均堅持一個中國之原則，但雙方所賦予之涵義有所不同」，並稱，「臺灣固為中國之一部分，但大陸亦為中國之一部分」。故此，堅持一個中國原則、謀求未來國家統一，便構成了1992年「香港會談」必不可少的前提條件和共同基礎。

不久前，大陸海協會負責人就所謂「九二香港會談基礎」問題發表談話，回顧了1992年兩會香港會談的歷史過程及其成果，指出：「『九二香港會談』的基礎就是雙方都堅持一個中國原則，九二香港會談討論的重點之一是在海峽兩岸事務性商談中如何表述堅持一個中國原則的態度。」事實是，兩會的

九二香港會談及其後雙方的函件往來，最終達成了雙方以口頭方式表達「海峽兩岸均堅持一個中國原則，努力謀求國家統一。但在海峽兩岸事務性商談中，不涉及一個中國的政治含義」的共識，這就是現在我們所說的「九二共識」。

事情很清楚，正是因為 1992 年兩岸兩會達成了體現一個中國原則的「九二共識」，才會有 1993 年新加坡的「辜汪會談」及隨後兩岸兩會一系列的事務性、功能性的協商、對話和談判。兩岸關係也因之在一定時期內得到緩和與發展。如果說，兩岸的協商對話有所謂「前提」或「結論」的話，那麼，這一「前提」和「結論」不是別的，就是兩岸兩會在平等協商的基礎上所達成的「九二共識」。沒有「九二共識」，兩岸的協商、談判與對話，也就成了「無源之水，無本之木」，根本不可能進行；推翻「九二共識」，兩岸關係的緩和、穩定與發展，也就成了「鏡中花，水中月」，可望而不可得。

自九二香港會談十多年來，兩岸關係的發展經歷了一個不平凡的曲折過程。

人所共知，李登輝採取各種陰謀手段鞏固了權力之後，在他主政的中後期逐漸背離和拋棄了一個中國原則，露出了「假統真獨」的真面目。及至 1999 年 7 月，他公然提出「兩國論」，徹底推翻了體現一個中國原則的「九二共識」，致使兩岸兩會接觸、交流、對話的基礎橫遭破壞和踐踏。從此兩岸談判被迫中斷，兩岸關係重現緊張僵持的局面。

2000 年臺灣政黨輪替、陳水扁上臺執政後，更加肆無忌憚地推行「臺獨」分裂路線。他拒絕承認一個中國原則，否認「九二共識」，甚至拋出比李登輝的「兩國論」還要獨的「一邊一國論」。特別是近年來，陳水扁誤判形勢、利令智昏，在分裂國家的道路上愈走愈遠：他策動「公投立法」、推動「公投綁大選」，倡狂挑釁大陸；他大搞所謂「臺灣正名」，推行以「文化臺獨」為基本內容的「去中國化」政策；他執意要斥鉅資對美大量軍購，「以武謀獨」、對抗大陸；他提出「急獨時間表」，妄圖透過「公投制憲」，從法理上最終把臺灣從中國分割出去。

「不預設前提」是假，圖謀分裂是真

　　李登輝、陳水扁的「臺獨」行徑，把兩岸關係幾度推向了瀕臨戰爭的邊緣。事實歷歷可證：**推翻兩岸談判基礎、給兩岸恢復對話設置障礙、破壞兩岸關係發展的不是別人，正是臺灣的前任領導人李登輝及其繼任者陳水扁。**「臺獨」勢力的日趨囂張，已成為威脅臺海和東亞地區穩定與和平的總根源。對此，近期以來包括美國在內的國際社會已經表示出嚴重的關切和憂慮。

　　然而，陳水扁當局卻倒打一耙，攻擊汙衊大陸「預設前提，預設結論」，給兩岸恢復對話設置「障礙」，這完全是賊喊捉賊的無恥伎倆，暴露出陳水扁當局毫無緩和改善兩岸關係的誠意。陳水扁當局反對兩岸對話「預設前提，預設結論」是假，以恢復兩岸對話為名否定一個中國原則、反對國家統一是真。所謂不預設「前提」和「結論」，其本身就是一種預設「前提」和「結論」的把戲。說穿了，陳水扁當局試圖推翻原有的九二香港會談雙方所達成的兩岸對話的「前提」和「結論」，其如意算盤，就是要為兩岸恢復對話另設「一邊一國」的「臺獨」前提和結論，妄圖把兩岸之間的對話與談判引向「國與國」之間對話與談判的圈套。既可向美國交代，破解國際社會的壓力，又可達到以時間換空間，最終實現「和平獨立」的目標。如果大陸方面拒絕接受，就把兩岸關係無法緩和的責任推給大陸，一箭雙鵰。

　　大陸兩辦在受權發表的「五‧一七聲明」中嚴正指出：「『臺獨』沒有和平，分裂沒有穩定」。陳水扁當局唯有早日放棄「臺獨」立場，承認「九二共識」，兩岸對話談判才能得到恢復，兩岸關係的嚴峻局面也才能得到緩解，任憑耍什麼花招都是沒有用的。體現全中國十三億人民捍衛國家領土主權堅強意志的《反分裂國家法》即將頒布，何去何從，陳水扁當局務必三思。

（原文刊於華夏經緯網）

阿扁真的承認「一中架構」了嗎

2月24日，炒作已久的「扁宋會」終於鳴鑼登場，並達成了「10點共識」。在眾所注目的「國家定位」問題上，聲明宣示：「依照中華民國憲法所揭櫫的國家定位，即是兩岸目前在事實與法理上的現況，中華民國主權現況須受兩岸及國際尊重與承認。」陳水扁也宣示「在兩岸和平的前提下，」恪守「四不一沒有」的承諾。在會後召開的記者會上，陳水扁對國家定位問題又進行了補充，表示「中華民國」是扁宋雙方的「最大公約數」，並首度提出了「國家定位」的「三段論」：「中華民國是一個主權獨立的國家；中華民國的主權屬於2300萬臺灣人民；臺灣前途任何的改變，只有2300萬臺灣人民才有權利，做最後的改變。」

▌親民黨竊喜，「急獨派」抓狂

對此，島內政治人物、學者和媒體多抱持樂觀態度解讀。親民黨「立法院」黨團總召劉文雄表示，扁宋會「10點聲明」以及會後的表態，顯示「陳水扁贊成憲法一中，憲法一中的地位再次被肯定」；並且認為陳水扁在講話中「否決公投制憲，否決改國號正名運動」。

有點出人意料的是，「獨派」人士也作如是解讀。臺灣基督教長老會發表聲明，公開宣稱今後將「不再支持民進黨」。而臺聯黨則利用「立法院」開議第一天「國是論壇」的機會，對陳水扁群起攻擊，痛批「扁宋會」結論「鬼話連篇」，「是向統派投降，向『一中』屈服，背叛臺灣主體意識」。臺聯「立委」黃適卓更聲稱，「這是本土政權最大的失敗」，並揚言臺聯未來會走自己的路，臺聯新科「立委」尹伶瑛甚至說要發起「罷免陳水扁」。

從「急獨派」抓狂的舉動，基本上可以判斷他們將陳水扁在「扁宋會」上所作表態當成了其將向「統獨」光譜中另一端移動、放棄「臺獨」立場、承認「憲法一中」的標誌。這反倒戲劇性地增強了人們對陳水扁向所謂「中間路線」移動的想像空間。

然而，陳水扁真的改弦更張、放棄「臺獨」立場、承認「一中架構」了嗎？

▌仍是貨真價實的「臺獨論」

　　稍作分析便可發現，陳水扁的「臺獨」立場並沒有任何改變，只不過是換了另一種表達「臺獨」立場的語言和方式。為了達到「政黨和解」的目的，陳水扁又重新撿起了早已被其拋棄的「中華民國」招牌，來迷惑欺騙臺灣民眾。說到底，這仍是陳水扁為達到政治目的而玩弄的文字遊戲而已。

　　首先，陳水扁仍將「中華民國」定位於臺灣，完全閹割了「中華民國」的『一中』意涵。10點結論中，關於「國家定位」問題的表述十分模糊，諸如「依照中華民國憲法所揭櫫的國家定位，即為兩岸目前在事實和法理上的現況」云云，各方可以作完全不同的解讀。反倒是陳水扁的「三段論」對此表述得比較清晰。陳水扁將「中華民國」定位為一個「主權獨立的國家」，然後強調「中華民國的主權屬於2300萬臺灣人民」，也就是將「中華民國」的領土範圍框定在臺、澎、金、馬。換言之，正如陳水扁以前經常提到的，「中華民國即臺灣」，「是和大陸完全不同的兩個國家」。這是陳水扁當局玩弄體制內「臺獨」的一貫伎倆。透過將「中華民國」定位於臺灣，將「中華民國」中的中國意涵完全剝離出去，不斷塞進「臺獨」的內容，目標所指，就是要將所謂的「中華民國」變成一個空殼，達到實質「臺獨」的目的。

　　其次，仍沒有放棄「正名」和「公投」。「10點結論」中的第6點即為：「任何臺海現狀的改變，必須獲得2300萬臺灣人民同意」，以及「三段論」中所謂的「臺灣前途的任何改變，只有2300萬臺灣人民才有權力做最後的改變，」事實上還是要求在「國家定位」的問題上訴諸於「公投」，不知劉文雄何以得出結論說陳水扁已經否定了「公投臺獨」？

　　而且弔詭的是，雖然宋楚瑜宣稱，「聯合聲明寫得很清楚」，「中華民國憲法是共同確定的法理跟事實基礎，也就是一中」，並說這點他和陳水扁都可以認同。但是陳水扁卻絕口不提「一中」的問題，甚至在面對媒體的追問時，也是含糊其詞，只是強調「中華民國是雙方的最大公約數，只要在沒變之前，大家都應該要遵守。」相較之下，「總統府祕書長」游錫堃則說得比較直白，他不斷強調「扁宋會」的目的是「異中求同、同中求異，求同的

目的是要『存異』，所以絕不可能放棄理念。」已經明白地表達了陳水扁不可能放棄「臺獨」立場的態度。

論調和「臺灣前途決議文」如出一轍

陳水扁強調，雙方最大的「公約數」是「中華民國」，「民進黨1999年通過的臺灣前途決議文就提出了『臺灣依目前憲法，國號為中華民國』的主張。」似乎民進黨從來也沒有否定過「中華民國」一樣。但是，熟悉民進黨歷史的人都明白，在這個「決議文」中，雖然承認了「中華民國」的稱號，但是卻以認定「臺灣是一個主權獨立的國家」為前提的，該「決議文」甚至一再強調，「臺灣主權獨立，與中華人民共和國互不隸屬。」同時，「決議文」更將「中華民國」的領土主權範圍界定為「僅及於臺、澎、金、馬及其附屬島嶼，以及符合國際法規定的之鄰接水域」。所以，在這個決議文中，「中華民國」實際上已成為「臺獨」的一塊遮羞布。

同樣，所謂「只有2300萬臺灣人民才能決定臺灣的前途」之論調，也和「臺灣前途決議文」一脈相承。該「決議文」的第一條就公開聲稱，「臺灣是一主權獨立國家，任何有關獨立現狀的更動，必須經由臺灣全體住民以公民投票的方式決定。」現在，陳水扁不過是把「臺灣前途決議文」中的有關內容改頭換面重申一遍而已，其實質仍然是徹頭徹尾的「臺獨論」，而今有人將其解讀為「接受一中架構」，豈不是在幫助阿扁騙人！

欺世盜名，療傷止痛

陳水扁這次所提出的「三段論」，雖然和以前的論調基本一致，其「臺獨」立場也沒有絲毫軟化的跡象。但是，它卻具有相當大的迷惑性。

首先，陳水扁在「政黨和解」的口號下提出這個論述，而且是和一向標榜反對「臺獨」的親民黨主席宋楚瑜達成的「共識」，其迷惑性更是往日不可相比。雖然扁宋在「中華民國」的內涵認知上南轅北轍，但是白紙黑字雙方畫押的「共同聲明」，卻讓宋楚瑜不得不對陳水扁所鼓吹的「臺獨」理念概括承受。

其次，陳水扁在「三段論」中所提出「臺灣的前途應該由臺灣人民來決定」，企圖將臺灣人民從中國人民中切割出去，其中之謬誤，當然不值一駁，但是這種論調和所謂「本土化」、「臺灣主體性」的觀點非常吻合，故特別能欺騙臺灣民眾。

第三，普通民眾的國家認同很簡單，對於他們而言，認同「中華民國」就是認同中國，至於陳水扁是如何將「中華民國」中的中國內涵切割出去，那是政客們所玩的遊戲，普通百姓自然是難以區隔其中的差異的。

其實，陳水扁想要的就是在不改變「臺獨認同」的情況下，實現和親民黨的合作，營造「政黨和解」的氣氛，緩解因其在選舉期間推行「臺獨」路線和族群撕裂政策給自己和民進黨造成的傷害，並修補日益惡化的美臺關係，以達到穩定政局、鞏固自己權力的目的。

從更深的層面上來看，阿扁現在忽然放下身段和在野黨談和解，也是為推動下一波的「臺獨」惡浪蓄勢。眾所周知，大陸的立法程序已經進入到最後階段。這無疑是對「臺獨」的最大震懾。可以預見，《反分裂國家法》一經通過，「臺獨」勢力必定氣急敗壞、強烈反彈。此際，陳水扁改變策略，刻意釋出所謂「善意」，目的就在於試圖爭取國際輿論的同情、凝聚島內共識，共同對抗《反分裂國家法》的公布實施，把「片面改變現狀」的責任一股腦兒推給大陸。

▎宋楚瑜會不會又被阿扁「放了鴿子」

陳水扁在會前也預料到了「急獨派」會強烈反彈，因而採取了一定的預防措施。據「總統府」相關幕僚透露，會前親民黨曾要求將「憲法一中」及「認同中華民國體制」等主張列入聯合聲明中，但經過多次反覆協商，他們認為這類語言「絕對不能白紙黑字載入到共同聲明中」。然而，陳水扁恐怕並沒有料到「急獨派」的反彈仍然如此強烈。

其實，「急獨」人士大可不必如此神經過敏，陳水扁無論是重提「中華民國」也好，「政黨和解」也罷，都只不過是形勢不利時的一時之需，拿它

們當作工具來用用而已，等到形勢好轉，「臺獨」照樣還是要搞。如此看來，「急獨」人士對阿扁還是不太瞭解。倒是人們有點替老宋擔心，上次已經被阿扁騙了一次，這次會不會再被他放了鴿子。

（原文刊於華夏經緯網，與陳星合撰）

「扁宋會」：阿扁「曲線臺獨」的新戲碼

經過一段時間緊鑼密鼓的大肆炒作之後，2月24日，各界注目的「扁宋會」終於登場。扁宋二人就「兩岸和平」、「國防安全」、「族群和諧」三項議題交換意見，最終以「白紙黑字」簽署了「10點共識」。但從形式到內容來看，「扁宋會」只不過是雙方各自為紓解困境、相互利用的一場政治秀，宣傳意義遠大於實質意義。

▎紓解困境

親民黨雖然在第六屆「立委」選舉中同國民黨合作取得了「泛藍陣營」的勝利，但該黨席位卻大幅滑落，實力受損，與國民黨留下了過節。而支持「藍營」的基層民眾要求國、親合併的呼聲卻日漸高漲，民進黨則極盡拉攏分化之能事。重回國民黨宋楚瑜有所顧忌，民、親合作又將失去固有的基本盤，親民黨處境尷尬。宋楚瑜清醒地意識到親民黨的發展和其個人政治魅力密不可分。隨著其聲望和影響力的逐漸流失，親民黨有被泡沫化的危險。因此，宋楚瑜早就算計扮演關鍵少數，挾民進黨以要脅國民黨，為親民黨的發展拓展空間。故其遠走美國，籌畫計謀，獲取美國支持，逼迫阿扁就範。美國撐腰，藍綠雙方都極力對其拉攏，宋楚瑜遊走其中，左右逢源、舉足輕重，呼風喚雨。故此次「扁宋會」，宋楚瑜只是以橘營領袖的身分而不是整合整個「泛藍」陣營和陳水扁會談。這既可以紓解困境，避免親民黨的泡沫化和邊緣化，又可以繼續保持宋楚瑜本人在今後臺灣政壇上的影響力。

民進黨在「立委」選舉中「意外失手」，「全面執政」的希望落空，依然維持「朝小野大」的不利局面；在選舉中挑逗族群紛爭、政黨惡鬥，用「正名運動」等手法挑釁兩岸和平，逼迫大陸制定《反分裂國家法》；其妄圖改變臺海現狀的「急獨」措施觸動了美國在臺海地區的利益，引起了美國的不快，美臺關係惡化。陳水扁面臨內外交困的尷尬境地，進入了「止痛療傷」的困難時期，唯有分化泛藍陣營，才能穩定執政。

於是，親、民兩黨各自擺脫困境的迫切需要和美國的暗中推動，最終促成了這場喧鬧一時的「扁宋會」。

▎互相利用

陳水扁和宋楚瑜活躍政壇多年，皆為油滑老到的政客。兩人利用「扁宋會」各取所需，互相利用，相互取暖。

陳水扁當局朝小野大，其「憲改」、「軍購」案亟需通過，這就需要分化「泛藍」陣營，獲取足夠的「立委」支持。「行政院」政策有親民黨的背書支持，對「執政黨」來說利益重大。「10點共識」獲取親民黨在這兩個關鍵問題上的讓步，可謂獲利多多。「憲改」和「軍購」案在立法院的順利過關將為「後扁時代」的順利施政打下良好的基礎。

宋楚瑜則利用陳水扁的上述迫切需求，表面上主導了這次會談的議題，在反對「正名」、「兩岸和平」、兩岸經貿、文化與學術交流等領域陳水扁作了些讓步，可謂賺足了面子，為親民黨贏得了主動，展現了「關鍵少數」的作用。

雙方的所謂「10點共識」在許多關鍵問題上模棱兩可、語意不明。例如第一項「共識」說：「依照中華民國憲法所揭櫫的國家定位，即為兩岸目前在事實和法理上的現狀」。那麼「憲法」中的「國家定位」為何？其「事實上和法理上的現狀」究竟是什麼？並未言明，雙方可以作完全不同的解讀；「共識」第六項宣稱：「不排除兩岸之間未來發展任何關係模式的可能」，這一宣示也極其含糊，給各方預留了很大的想像空間和解釋餘地。「共識」最關鍵的一點，在於雙方刻意迴避「一中原則」和「九二共識」，為了各自的利益裝瘋賣傻，難得糊塗。這既可以向綠、橘兩營的支持者有所交待，同時也為陳水扁日後重歸「急獨」路線埋下了伏筆。這從扁、宋會後「各唱各的調，各吹各的號」可見一斑。

「扁宋會」：阿扁「曲線臺獨」的新戲碼

▍癥結猶在

　　略加分析便不難發現，此次「扁宋會」陳水扁在「臺獨」立場上並沒有絲毫鬆動。這不僅可以從「10項共識」的字裡行間透露出的訊息中得到解讀，也可從隨後陳水扁在記者會上的言論得到印證。陳水扁在記者會上聲稱：「中華民國是一個主權獨立的國家；中華民國的主權屬於2300萬臺灣人民；臺灣前途任何的改變，只有2300萬臺灣人民才有權力做最後的改變」。實際上，這一被外界解讀為所謂陳水扁「中華民國」「三段論」的宣示，完全是民進黨「臺灣前途決議文」的翻版，並不是什麼新東西。說白了就是「中華民國即臺灣，臺灣即中華民國」、「公投決定臺灣前途」，如此而已。陳水扁所認知的「中華民國」與宋楚瑜所認知的「中華民國」，根本是兩碼事。

　　陳水扁不失時機地促成「扁宋會」，煞有其事地簽字背書，發表聯合聲明，是其固有思維方式使然和政治作秀欲的再現，同時也是美國對其「急獨」路線施壓的結果。歷史的經驗告訴我們，當島內外政治環境對陳水扁不利時，他就會適時靈活地調整其政策和策略，以獲得喘息的機會。形勢一旦好轉，便很快會露出其「臺獨」的本來面目。採用這一策略，陳水扁屢屢得手。這次「扁宋會」仍不脫其固有的思維窠臼和策略權謀。

　　人們不會忘記，四年前陳水扁剛剛上臺之時，面對一觸即發的臺海危機和島內「朝小野大」的不利局面，為站穩腳跟，他身段是何其柔軟：所謂「全民總統」、「全民政府」、「四不一沒有」、「未來一中」等等，甚至提出過「統合論」。然而一旦困境解除，「一邊一國論」便告出籠。

　　這場「扁宋會」，只不過是陳水扁實踐其「曲線臺獨」理念的最新一齣算是演得不錯的戲碼而已。

（原文刊於人民網，與朱松嶺合撰）

簡析新的「胡四點」

　　3月6日,胡錦濤主席就新形勢下發展兩岸關係提出了四點意見:第一,堅持一個中國原則絕不動搖;第二,爭取和平統一的努力絕不放棄;第三,貫徹寄希望於臺灣人民的方針絕不改變;第四,反對「臺獨」分裂活動絕不妥協。可以說,這是大陸新一代領導集體對臺新政策的集中表述,是新形勢下大陸對臺政策與時俱進的產物。它絕不是權宜性的一般表態,其位階和重要性相當於當年的「江八點」,是新時期內指導對臺工作的綱領性文件。它的提出,必將對推動兩岸關係的發展、促進和平統一產生深遠的影響。

　　其主軸主要體現在以下六個方面:

　　一、是大陸對臺政策一貫原則的繼承和發展。大陸方面一貫表示,只要臺灣回到體現一個中國原則的「九二共識」上來,兩岸什麼問題都可以談。一個中國原則和「九二共識」是大陸方面解決臺灣問題的基本原則和底線,更是中國政府對臺政策的一貫立場。在去年的「5·17聲明」中,大陸就表示,無論什麼人在臺灣當權,只要承認世界上只有一個中國,大陸和臺灣同屬一個中國,摒棄「臺獨」主張,停止「臺獨」活動,兩岸關係即可展現和平穩定發展的光明前景。胡錦濤主席現在說,「只要臺灣承認『九二共識』,兩岸對話和談判即可恢復,而且什麼問題都可以談。不僅可以談我們已經提出的正式結束兩岸敵對狀態和建立軍事互信、臺灣在國際上與其身分相適應的活動空間、臺灣的政治地位、兩岸關係和平穩定發展的框架等議題,也可以談在實現和平統一過程中需要解決的所有問題。」這說明,大陸在解決臺灣問題上的態度是嚴肅的,立場是一貫的。

　　二、繼續貫徹依靠臺灣人民的方針,加大為臺灣人民謀福利的力度。胡錦濤主席強調說,「只要是對臺灣同胞有利的事情,只要是對促進兩岸交流有利的事情,只要是對維護臺海地區和平有利的事情,只要是對和平統一有利的事情,我們都會盡最大努力去做,並且一定努力做好」,「只要和平統一還有一線希望,我們就會進行百倍努力。」在此基礎上,胡主席指出,臺灣農產品在大陸銷售的問題,事關廣大臺灣農民的切身利益,要切實解決。

如果兩岸客運包機實現了「節日化」，還可以向常態化發展。兩岸貨運包機問題，也可以由兩岸民間行業組織交換意見。這實際上是朝著實現包括人員和貨物的兩岸全方位交流的方向而努力。

　　三、積極利用有利於促進兩岸關係的正面因素，對臺灣釋放出了極大的善意和誠意。這突出表現在對「扁宋會」的正面回應上，儘管從「扁宋會」形成的十點結論和會後陳水扁所謂的「國家定位三階段」論來看，仍頑固堅持「臺獨」立場，但胡錦濤仍抓住了陳水扁在十點結論中重申遵守「四不一沒有」的承諾，給「扁宋會」以善意的回應，指出：「我們希望，總統切實履行二月二十四日重申的『四不一沒有』的承諾和不透過『憲改』進行『臺灣法理獨立』的承諾，透過自己的實際行動向世人表明這不是一句可以隨意背棄的空話。」很明顯，胡主席「不計前嫌」，不失時機地挖掘「扁宋會」中哪怕是僅有的一點點有利於緩和兩岸關係的積極因素，敦促臺灣信守諾言，為促進兩岸關係向好的方向發展，釋放出了極大的善意和誠意，展現出了國家領導人的恢宏氣度。

　　四、理性、務實的態度。國家領導人的恢宏氣度，還體現在處理臺灣問題態度上的理性與務實。胡錦濤說：「對於臺灣任何人、任何政黨朝著承認一個中國原則方向所作的努力，我們都歡迎。」只要承認一個中國原則，承認「九二共識」，不管是什麼人、什麼政黨，也不管他們過去說過什麼、做過什麼，我們都願意同他們談發展兩岸關係、促進和平統一的問題。也就是說，即使是「臺獨人士」如陳水扁，和「臺獨政黨」如民進黨，只要是向著一個中國的方向努力，都給予鼓勵。「浪子回頭金不換」，只要他們改弦更張，大陸都一概歡迎。

　　五、更加系統、全面，更具有針對性。早在兩年前的 2003 年 3 月，胡錦濤總書記在參加十屆全國人大一次會議臺灣代表團審議時，曾經就對臺工作談了四點重要意見：一是要始終堅持一個中國原則；二是要大力促進兩岸的經濟文化交流；三是要深入貫徹寄希望於臺灣人民的方針；四是要團結兩岸同胞共同推進中華民族的偉大復興。這次在新的形勢下提出的新的四點意見，是在兩年前「舊四點」基礎上的進一步深化和系統化。兩相對照，至少

有以下兩點值得注意：一是「新四點」一連用了四個「絕不」，語氣更加堅決，更加充滿自信；二是既強調了繼續做臺灣人民工作、盡最大努力爭取和平統一的一貫政策，同時也強調了堅持一中原則、堅決反對「臺獨」的堅定立場，「兩軟兩硬」，把一小撮頑固堅持「臺獨」的分子與廣大臺灣人民分開，體現了對臺工作的一體兩面，缺一不可。

六、對兩岸問題的新提法、新思考。在「新四點」中，還有兩段新的重要論述值得重視：一是胡主席提出「中國是包括2300萬臺灣同胞在內的13億中國人民的中國，大陸是包括2300萬臺灣同胞在內的13億中國人民的大陸，臺灣也是包括2300萬臺灣同胞在內的13億中國人民的臺灣。任何涉及中國主權和領土完整的問題，必須由全中國13億人民共同決定。」這顯然是針對陳水扁在「扁宋會」後提出的所謂「中華民國新三段論」，不點名地進行了溫和、軟性的批駁。二是提出「1949年以來，儘管兩岸尚未統一，但大陸和臺灣同屬一個中國的事實從未改變。這就是兩岸關係的現狀。這不僅是我們的立場，也見之於臺灣現有的規定和文件。」這是對目前兩岸關係現狀的準確界定，即兩岸目前雖然暫時處於「治權」尚未統一的狀態，但從法理上來說，兩岸「主權」從未分割，大陸和臺灣同屬於一個中國，所謂「一邊一國」並非事實。這一新的提法出自中國最高領導人之口尚屬首次，這不僅從根本上解決了兩岸在主權問題上的爭議，回答了「兩岸尚未統一」又為何還要「反分裂」的質疑，同時也反映了大陸願意在平等協商的原則下恢復兩岸談判的誠意和善意。

（原文刊於人民網，與陳星合撰）

令「臺獨」膽寒的《反分裂國家法》

　　3月8日上午，王兆國副委員長受全國人大常委會的委託，就《反分裂國家法（草案）》作了說明。該「說明」言簡意賅，對制定《反分裂國家法》的必要性和可行性、起草該法的原則和草案形成的過程以及草案的主要內容等，提綱挈領地進行了十分清晰的闡述。其中「草案的主要內容」部分，最受海內外各界的普遍關注。

　　從「說明」披露出來的「草案規定」內容來看，《反分裂國家法（草案）》的法條大約只有10個左右，的確如外界所稱十分「宏觀」和「簡括」，只是把從鄧小平到江澤民再到胡錦濤，這三代中國國家領導人20多年來一再對外宣示的對臺工作的基本原則和立場，以及一系列的方針和政策加以「法律化」，經過全國人大的「背書」，使之提升為全民的意志和國家的意志，從而增加了它的權威性和穩定性。

　　這10個左右的法條，其基本內容和框架早在今年1月28日全國政協主席賈慶林在紀念「江八點」發表十週年大會上的講話中，實際上就已經有了很清楚的說明。它可以用簡單的一句話來概括：「三個規範，一個表明」。

　　所謂「三個規範」，即：

　　一、規範解決臺灣問題的原則和方針；

　　二、規範鼓勵和推動兩岸人員往來和經濟文化交流，促進兩岸直接「三通」，保護臺灣同胞的正當權益；

　　三、規範兩岸協商與談判，體現在一個中國原則基礎上什麼問題都可以談。

　　所謂「一個表明」，即：

　　表明全中國人民捍衛國家主權和領土完整、絕不容忍「臺獨」分裂勢力以任何名義任何方式把臺灣從中國分割出去的共同意志。

從上述兩方面的內容來看，毋庸置疑，其性質是一部促進兩岸關係發展、推動兩岸和平統一的法律，是一部維護國家主權和領土完整、反對和遏制「臺獨」分裂勢力破壞臺海地區和平穩定的法律。因此，它是「維護」兩岸關係現狀法，而非「改變」和「破壞」兩岸關係現狀法；是「和平法」而非「戰爭授權法」。

「草案」的以下內容特別引人注目：

其一，該法「草案」向全世界莊嚴宣示：「國家以最大的誠意，盡最大的努力，實現和平統一」，並規定國家將採取一系列具體措施，「維護臺灣海峽地區和平穩定，發展兩岸關係」。而採取「非和平方式」解決臺灣問題，也只是「在和平統一的努力完全無效的情況下，不得已作出的最後選擇。」這一宣示，充分表達了中國政府「和平統一即使只有一線希望，我們也要盡最大的努力爭取而絕不會放棄」的最大耐心和最大誠意。

其二、「草案」規定了以下三種情況：即「『臺獨』分裂勢力以任何名義、任何方式造成臺灣從中國分裂出去的事實，或者發生將會導致臺灣從中國分裂出去的重大事變，或者和平統一的條件完全喪失」，國家得採取「非和平方式及其他必要措施，捍衛國家主權和領土完整。」所謂「任何名義、任何方式」，例如試圖改變兩岸關係現狀的「統獨公投」、搞「正名」、「制憲」等「法理臺獨」；所謂「重大事變」，例如「外國勢力入侵臺灣」、「臺獨武裝暴動」等；「和平統一的條件完全喪失」，則可以理解為「長期拒絕和平統一談判，企圖永遠維持現狀」等等。總之，可以作各種不同的解讀，「草案」中並未言明，刻意模糊，主動權牢牢掌握在自己手中，從而使該法遏制「臺獨」的效果發揮到極致。

其三、「草案」避免使用諸如「戰爭」、「動武」等這類刺激性同時也是單一性的字眼，而採用「非和平方式及其他必要措施」的提法，不僅講究「策略」，同時也更加「科學」和「理性」。因為制止「臺獨」除了「軍事進攻」手段之外，當然還可視情採取諸如經濟制裁、軍事封鎖、外交圍堵等其他各種有效手段，儘量做到「減少損失」。

其四、至於所謂「先斬後奏」的傳聞，「草案」中規定：「採取非和平方式及其他必要措施，本法授權國務院、中央軍委決定、組織實施，並及時向全國人大常委會報告。」其實，此項規定嚴格說來只能稱之為「邊斬邊奏」，不能說是「先斬後奏」，國家執法部門應對內外重大事變，無論是「先斬後奏」也好，「邊斬邊奏」也罷，古今中外皆然，何可非議之有。

　　再過幾天，全國人大會議即將審議通過這部在中國政治生活中史無前例的《反分裂國家法》。這一重大舉措令一小撮頑固堅持「臺獨」的人士膽寒，卻讓全中國十三億人民包括幾千萬華人華僑拍手稱快，同時我們也相信一定會得到大多數臺灣民眾和國際輿論的理解與支持。可以預見，這部法律必將對兩岸關係和臺海局勢產生深遠的影響。

（原文刊於人民網）

民進黨當局執政前景蠡測

　　《反分裂國家法》即將通過時，臺灣強烈反彈，陳水扁在12日召開的民進黨「臨全會」上再度聲稱「臺灣前途任何的改變，只有由臺灣2300萬人民來決定」，並攻擊大陸「變本加厲企圖以非和平方式，併吞摧毀臺灣50年來建立的民主成果。」隨後，更是鼓動百萬民眾參與由泛綠發起的「3·26民主和平護臺灣」的大遊行。至此，陳水扁拋棄了自「扁宋會」以來所苦心打造的向「中間路線」靠近的假面具，開始了新一輪「臺獨」飆車，未來的政策走向也已經依稀可辨。在這種背景下，觀察民進黨當局在「立委」選舉後的政策方向以及現在的具體政策操作，或許可以更清晰地看出其政策變化脈絡。

　　去年底的「立委」選舉基本上奠定了未來幾年臺灣政壇的力量對比和大致格局，藍綠對比大致仍維持在藍略大於綠的局面。面對朝小野大的局面，民進黨當局開始了政策的策略性調整。

　　一、民進黨的「政黨和解」政策目標是「療傷止痛」。「立委」選後，民進黨積極鼓吹朝野和解、不斷向在野黨釋出「善意」，先是邀請國民黨的副主席江炳坤「入閣」，組建所謂「財經內閣」，謀求與國民黨的「合作」；後又向親民黨拋媚眼，試圖推動「民、親合」等等，動作頻繁，不一而足。這些做法是出於現實政治環境的壓力而做出的。由於陳水扁在去年的兩次選舉中「急獨」路線衝過頭，引起各方的強烈反彈。大陸方面，啟動「反分裂國家法」的立法程序，形成了對民進黨當局的巨大壓力；美國方面，則對陳水扁不聽招呼一再衝撞兩岸關係底線的做法也越來越不滿，放話的層級不斷提高，顯示了美臺關係不斷惡化；而臺灣民眾對於民進黨當局只重選舉而忽視經濟與民生發展的做法早已厭惡，對陳水扁的施政滿意度下滑到四年來的最低點。陳水扁面臨著內外交困的局面，這種景況和2000年剛上臺執政時相差無多。

　　面對壓力和不利局面，和4年前一樣，陳水扁又擺出了柔軟的姿態。此舉的目的大致有以下幾個方面：首先，要向臺灣民眾表明自己的「全民總統」

形象，消除中間立場的民眾對其「臺獨」路線和「臺獨」理念的憂慮，並盡力營造改革和拚經濟的形象，將民眾的注意力從其政治路線的焦點上引開；其次，分化瓦解「泛藍陣營」，擺脫「朝小野大」對施政不利的困境；第三要向美國和國際社會表明，民進黨當局不會挑戰兩岸現狀，以爭取國際社會的同情與支持；第四，爭奪兩岸關係的主導權。

二、民進黨的「臺獨」立場不會改變。從民進黨基本支持群眾的政治傾向上來看，有相當一部分處於「統獨」光譜中傾向於「獨」的一端。而經過了臺灣對大陸的扭曲性宣傳，這種理念還在不斷強化。另一方面，「臺獨」立場是民進黨賴以區隔泛藍的重要手段和方法，如果民進黨捨棄了這一基本立場，則其賴以動員的利器會大大鈍化，這顯然對民進黨未來的發展是致命的。所以，陳水扁雖然已經沒有了連任的壓力，但是黨內許多有志於角逐「總統」大位的人也絕對不會答應民進黨放棄「臺獨」立場。還有，由於泛綠陣營的其他勢力特別是臺聯黨與民進黨的支持基礎高度重疊，所以當陳水扁向中間路線移動時，他們就成為最有力的牽制力量。

三、朝野和解難以致遠。「立委」選後，臺灣政壇朝野和解的呼聲越來越大，民進黨選中了親民黨作為合作對象，並展開長時間的運作。這再一次反映了民進黨精於政治算計的性格：選擇親民黨既可以輕易破解泛藍在「立法院」過半的局面，又可以付出比和國民黨合作少得多的政治利益進行交換。

但是，這種朝野合作不可能走得太遠。如前文所述，民進黨不可能放棄「臺獨」立場與親民黨合作。對親民黨而言，也同樣存在這一問題。因為親民黨的基本支持群大部分是屬於深藍的民眾，如果親民黨在立場和原則上倒向民進黨，則無異於自絕於支持者。因此，雙方可能合作的只有和政治立場無關的民生議題。也正因為如此，這種所謂的和解只是具有形式上的意義而難具有實質性的內容。民進黨企圖藉此擺脫內外交困的局面，而親民黨則是要在國、民兩大黨的夾縫中求得利益的最大化，儘量強化其作為關鍵少數的作用和地位。由於雙方的政治立場南轅北轍，難以形成真正的共識，因此可以預期朝野和解難能致遠。

四、兩岸政策上，民進黨重回「新中間路線」，是策略性的蟄伏。民進黨在大陸《反分裂國家法》通過之前，在兩岸政策上不斷向大陸釋出「善意」，雖然仍然頑固堅持「臺獨」立場，但是比起2004年的兩次選舉之前，調門明顯小了許多。給人以其兩岸政策上「臺獨」立場軟化的想像空間。2月24日，「扁宋會」最終登場，陳水扁甚至表示，「四不一沒有」的談話，是他「重大的信諾，絕對不會改變。因此，包括正名和制憲的推動，絕對不包括更改『國號』在內。」

這是民進黨當局在兩岸政策上的策略性調整，其低調因為大環境不利於「臺獨」的發展。所以，其做法是以退為進，積蓄力量，等待時機。一旦時機成熟，必然還會拉高「臺獨」調門。從當時的情勢來看，民進黨當局一方面要穩定島內的形勢，鞏固其執政地位，紓平因為過分操縱意識形態而形成的族群撕裂和社會對立；另一方面，民進黨則在觀望大陸在《反分裂國家法》的立法進程。一旦《反分裂國家法》完成立法，民進黨必然會強烈反彈，兩岸關係勢必重新緊張。因此，前段時間民進黨當局的「低調」也是為反制《反分裂國家法》蓄勢，以便強化其對該法案的反彈效果，取得海內外輿論的支持，將片面改變現狀的責任推給大陸。現在，這種趨勢已經基本浮出水面。

五、所以，可以預料的是，民進黨未來的兩岸政策仍會沿襲兩岸「經濟熱、政治冷」的老招式。在經濟問題上，對兩岸經濟交流的限制會進一步適度放寬，包括一直鼓吹的兩岸貨運包機問題，仍會作為向大陸釋出「善意」來進行推動。因為這樣可以為臺灣經濟造成輸血打氣的作用，為「臺獨」厚實對抗大陸的經濟基礎，並可以給人造成「臺獨」不會危害兩岸關係、損害臺灣人民利益的假象。但是，在兩岸政治談判問題和人員交流問題上，臺灣仍將用「對等」、「尊嚴」和「安全」為藉口，設置障礙、全力阻撓。

（原文刊於華夏經緯網，與陳星合撰）

反分裂法具長遠全域戰略意義

舉世矚目的《反分裂國家法》已在全國人大全體會議獲審議通過。然而，這部莊嚴法律的意義，不僅在於遏制一段時期以來「臺獨」分裂活動方面所發揮的策略性作用，還在於它具有更深遠的戰略意義。這主要體現在以下三個方面：

▌非出於應急之需

首先，《反分裂國家法》的戰略著眼點在於維護臺海和平，為我們抓住二十一世紀頭二十年這一戰略機遇期實現國家現代化創造有利的戰略環境。

中國當前的經濟社會發展正處在一個非常關鍵的戰略機遇期，亟需構建一個和平穩定的建設環境。經過多年來的探索和努力，我們已經為中國的現代化建設創造出一個穩定的國際環境。而在可以預見的將來，屬於中國內政的臺灣問題，尤其是「臺獨」勢力試圖分裂國家的行為，最有可能打亂我們的戰略部署，甚至斷送這一千載難逢的戰略機遇期。因此，制定《反分裂國家法》，依法捍衛兩岸同屬一個中國這一法律現狀，遏制「臺獨」勢力的冒險行為，維護臺海地區的穩定與和平，為我們在這一戰略機遇期內實現現代化構建穩定的戰略環境，才是該法最根本的戰略意圖。

▌以「合法」制「非法」

其次，制定《反分裂國家法》是「依法治國」的題中之義，為我們遏制「臺獨」提供更加權威的、明確的法理基礎，掌握反分裂鬥爭的主導權。

制定《反分裂國家法》既是維護臺海和平、防範打擊「臺獨」分裂勢力搞「法理臺獨」的現實需要，同時也是「依法治國」的題中之義和建設現代化文明國家的重要內容之一。《反分裂國家法》的最大意義，就在於把長期以來黨和國家領導人關於解決臺灣問題的政治宣示加以法律化，提升為全民的意志和國家的意志。這無疑將賦予我們的反分裂鬥爭以至高無上的權威性和合法性，並能夠最大限度地贏得國際社會的同情、理解與支持。制定《反

分裂國家法》有助於我們在這場反分裂鬥爭中占領法理制高點，以「合法」制「非法」、「正法」制「歪法」，全面壓縮「臺獨」分裂勢力興風作浪的空間，預先防堵「法理臺獨」，把反分裂鬥爭的主導權牢牢地掌握在自己的手裡。

第三，用法律規範「寄希望於臺灣人民的方針」並把它落到實處，從而為反對分裂、促進統一開闢了新的道路。

增臺胞「國家認同感」

該法用大部分的篇幅規範了如何促進兩岸交流、推動兩岸關係發展和保護臺灣同胞的正當權益，體現了胡錦濤總書記關於「只要是對臺灣同胞有利的事情，只要是對促進兩岸交流有利的事情，只要是對維護臺海地區和平有利的事情，只要是對和平統一有利的事情，我們都會盡最大努力去做，並且一定要做好」的指示精神和莊嚴承諾，把「寄希望於臺灣人民的方針」落到實處。這必將成為推動兩岸關係發展、促進兩岸和平統一的新途徑和新起點。雖然「臺獨」勢力猖獗於一時，並且目前確有相當一部分臺灣民眾受其煽動蠱惑而是非莫辨，但我們堅信，反「臺獨」的政治力量在島內仍然有著廣泛的群眾基礎，「求和平、求安定、求發展」和維持兩岸現狀是臺灣的主流民意。

可以肯定的是，隨著《反分裂國家法》的頒行，這一立足於長遠和全域的戰略舉措，必將成為我們促進兩岸關係發展、維護臺海和平、反對「臺獨」分裂鬥爭的一個重大轉捩點，從而把和平統一大業推向一個新的階段。

（原文刊於《大公報》，與李振廣合撰）

《反分裂國家法》頒布：臺海博弈的新起點

十屆全國人大三次會議高票通過的《反分裂國家法》，和稍早胡錦濤主席提出的發展兩岸關係的「四點意見」，構成了未來一個時期大陸新的對臺基本方針。它既是自「江八點」發表以來大陸對臺政策的繼承與發展，同時也是中國新一代領導集體對臺政策的新起點，必將對兩岸關係和臺海局勢產生重大而深遠的影響。

■大陸搶占戰略制高點

其一，新的對臺政策對「一個中國」和「兩岸現狀」進行了準確的表述與定位。《反分裂國家法》第二條重申：「世界上只有一個中國，大陸和臺灣同屬一個中國，中國的主權和領土完整不容分割。」此前，胡錦濤主席在「四點意見」中也說：「1949年以來，儘管兩岸尚未統一，但大陸和臺灣同屬一個中國的事實從未改變，這就是兩岸關係的現狀。」「中國是包括2300萬臺灣同胞在內的13億中國人民的中國，大陸是包括2300萬臺灣同胞在內的13億中國人民的大陸，臺灣也是包括2300萬臺灣同胞在內的13億中國人民的臺灣。任何涉及中國主權和領土完整的問題，必須由全中國13億人民共同決定。」兩者結合起來，對「兩岸現狀」和「一個中國」概念的準確界定，完全堵死了民進黨當局繼續利用偷梁換柱的伎倆製造所謂「臺灣中國，一邊一國」、「臺灣是主權獨立的國家」的圖謀和欺騙宣傳，從而構築起了對臺政策的新平臺和新架構。其中，特別是由國家最高領導人首次提出「兩岸尚未統一論」和「兩岸同胞共同決定論」，充分展現了中國新一代領導人實事求是的作風，同時也向臺灣方面釋出了最大的誠意和最大的善意，從而收到了良好的效果。

其二，把貫徹「寄希望於臺灣人民」的方針加以法律化，擺在了更加突出的地位。胡主席在「四點意見」中滿懷深情地說：「臺灣同胞是我們的骨肉兄弟，是發展兩岸關係的重要力量，也是遏制『臺獨』分裂活動的重要力

量」,「無論在什麼情況下,我們都尊重他們、信任他們、依靠他們,並且設身處地為他們著想,千方百計照顧和維護他們的正當權益。」並以國家最高領導人的身分向臺灣同胞作出了「四個只要」的莊嚴承諾:「只要是對臺灣同胞有利的事情,只要是對促進兩岸交流有利的事情,只要是對維護臺海地區和平有利的事情,只要是對和平統一有利的事情,我們都會盡最大努力去做,並且一定要努力做好。」《反分裂國家法》第六條明確規定:國家採取五個方面的具體措施,即鼓勵和推動兩岸人員往來以及經濟文化等各方面的交流與合作、促進兩岸直接「三通」、保護臺灣同胞的正當權益等,並把這些措施提高到「維護臺灣海峽地區和平穩定,發展兩岸關係」的戰略高度來加以認識與實施。這是新一代國家領導人「以民為本」的治國理念在對臺方略中的具體體現。

其三,展示了大陸遏制「臺獨」的決心和信心,給「臺獨」勢力以致命的打擊。近幾年來,島內「臺獨」人士屢屢汙衊大陸是「紙老虎」,李登輝甚至說「會叫的狗不咬人」,宣傳大陸沒有能力也沒有膽量對「臺獨」採取斷然措施。於是,一時間「臺獨無害論」在島內甚囂塵上,甚而至於,「臺獨」勢力把急進「臺獨」當作「票房補藥」,一再挑戰兩岸關係現狀,試探大陸可以容忍的底線,把臺海局勢幾度推向了危險的戰爭邊緣。《反分裂國家法》將大陸一貫堅持的一個中國原則立場,和反對「臺獨」、捍衛國家領土主權完整的決心,用法律的形式固定下來,提升為全民的意志和國家的意志,莊嚴地向全世界宣示:「臺灣是中國的一部分。國家不允許『臺獨』分裂勢力以任何名義、任何方式把臺灣從中國分裂出去。」並明確規定了在三種情況下,「國家得採取非和平方式及其他必要措施,捍衛國家主權和領土完整。」胡主席更以斬釘截鐵的語氣表示:「反對『臺獨』分裂活動絕不妥協」,「在反對分裂國家這個重大原則問題上,我們絕不會有絲毫猶豫、含糊和退讓。」這一宣示,無異於宣判了「臺獨」的死刑。「臺獨」人士經過多年的欺騙宣傳,好不容易才在島內營造起來的「臺獨無害論」,一夕之間便告煙消雲散、土崩瓦解。《反分裂國家法》頒布後,島內反「臺獨」人士皆揚眉吐氣,或拍手叫好,或暗自竊喜,而死硬「臺獨」分子如辜寬敏者流,則老淚縱橫、搥胸頓足、氣急敗壞,其原因蓋出於此。

其四，為排除外部勢力對臺灣問題的干涉提供了新的法律依據。臺灣問題是中國的內政問題，但長期以來卻一直受到外國反華勢力特別是美國的無理干涉。一直以來，美國以其非法制定的國內法——《臺灣關係法》為「依據」，在臺海問題上指手畫腳，一再向「臺獨」發出錯誤信號，在兩岸中國人之間極盡挑撥離間、製造紛爭之能事，既當「球員」又當「裁判」，從中漁利，使得臺海問題越來越趨複雜。《反分裂國家法》首次以中國國內立法的形式，用法律條文明確強調：「臺灣問題是中國內戰遺留下來的問題。解決臺灣問題，實現統一，是中國的內部事務，不受任何外國勢力的干涉。」以「合法」制「非法」、「正法」制「歪法」，從而為解決臺灣問題、排除外部勢力的干涉，提供了堅實的法理基礎。

其五，《反分裂國家法》反映了大陸在處理臺灣問題上的廣闊視野，具有重要的戰略意義。臺灣問題固然涉及中國的國家核心利益，但解決臺灣問題只是中國整個國家發展戰略中的一個重要組成部分而非全部。維持臺海現狀、抓住千載難逢的戰略機遇期一心一意謀發展、全面提升中國的綜合國力，是大陸的最佳選擇。然而「臺獨」活動的日益猖獗，卻嚴重威脅到臺海地區的穩定與和平，對中國的整個國家發展戰略造成了越來越大的牽制作用。《反分裂國家法》，為「臺獨」分裂勢力劃出了三條不可踰越的紅線，這實際上釋出了如下訊息：大陸並不急於實現兩岸統一，也不會和臺灣在一些枝節問題上糾纏，只要「臺獨」勢力知所節制，信守「四不一沒有」承諾，不踩紅線，那麼兩岸自然會相安無事；但是如果「臺獨」誤判形勢，低估大陸反「臺獨」的決心與能力，違背承諾，恣意妄為，一旦踩線，必將「家法伺候」，絕不寬待，勿謂言之不預也。從而使《反分裂國家法》的震懾力發揮到了極致。這在一定程度上將會減輕因臺灣問題對中國國家發展戰略所形成的牽制作用。隨著時間的推移，《反分裂國家法》的戰略價值必將日益顯現出來。

總之，《反分裂國家法》的頒布，胡溫體制下對臺政策的新思維和新做法，使大陸占據了戰略制高點，從根本上扭轉了以往那種被動因應「臺獨」挑釁的不利局面，兩岸關係的互動從此「攻守易位」。然而，實際上這一戰略形勢的重大轉變，從去年「5·17聲明」的發表即已開始，「春節包機」、「雙

亞」赴臺悼唁辜振甫先生等一系列具體措施的推動，都是其中的重要一環，而《反分裂國家法》的公布實施，則使這一轉變產生了前所未有的震撼效果。

▋能否維護兩岸穩定，球在臺北

臺灣對《反分裂國家法》反彈強烈。如外界所料，臺灣將攻擊的矛頭對準了該法第九條，即在「『臺獨』分裂勢力以任何名義、任何方式造成臺灣從中國分裂出去的事實，或者發生將會導致臺灣從中國分裂出去的重大事變，或者和平統一的可能性完全喪失」的情況下，採取「非和平手段」解決臺灣問題的條款，從而將整個法律說成了是「侵略法」。

民進黨仍然沿襲了其一貫的做法，利用民粹式的動員來反制《反分裂國家法》。陳水扁16日發表「六點聲明」，表示「絕不接受中共一手棍子，一手胡蘿蔔的兩面手法，」並公開鼓動百萬民眾3月26日走上街頭，進行抗議。同時，為了保持動員的熱度，民進黨當局高層一直不斷放話煽動民眾情緒：「陸委會主委」吳釗燮向國際媒體控訴「對岸意圖以武力片面改變臺海現狀」；「行政院院長」謝長廷宣稱「兩岸有發生戰爭之虞，已達發動防禦性公投的條件」；連「國安局長」薛石民都說要去參加「3·26大遊行」。

但是，陳水扁此次的表現卻和以往有所不同，不但至今沒有表態是否參加「3·26遊行」，而且也沒有提到一直被視為兩岸關係導火索的「公投」議題。這實際上反映出民進黨當局在「臺獨」立場上面臨極大的困境。去年「立委」選舉的結果已清楚表明，「急獨」路線不得人心，民進黨欲「永續執政」，必須改弦更張，向所謂「中間路線」靠近。但是，以臺聯黨為代表的「急獨」勢力又對其形成了強力的牽制，這從「扁宋會」後「急獨」勢力的強烈反彈即可一目瞭然。因此，民進黨出現了想「獨」又不敢「獨」，不「獨」又不甘心的窘態。

同時，這種情況也反映出民進黨當局民粹式的動員方式也面臨著瓶頸。正是民進黨當局一直以兩岸議題和族群議題作為動員的手段，最後搬起石頭砸了自己的腳，使「急獨」分子對「臺獨」的期望值越來越高，壓縮了自己在兩岸議題上向中間路線調整的空間。這次也一樣，如果一旦民眾的情緒被

調動起來，很難容得下理性的聲音，民進黨當局也很難控制，只有隨波逐流，再度走向激進的「臺獨」訴求。但是由於《反分裂國家法》已經壓縮了「臺獨」的活動空間，如果兩岸情勢最後到達了不能節制的臨界點，則陳水扁又會成為「麻煩製造者」，面臨來自美國的壓力。

民進黨當局已經在兩岸議題上進退失據。大陸通過以統一為唯一選項的《反分裂國家法》，民進黨當局不可能坐視，按照他們的話說就是，「嚥不下這口氣」。但希望留下具體政績、為自己找到歷史定位的陳水扁，也不得不思考下一步的兩岸關係該如何走下去。不管從政治或經濟角度來看，臺灣都無法任由兩岸關係長期陷在冰點。

陳水扁在觀望。一是在觀望 3 月 26 日的反《反分裂國家法》遊行能動員起多少的支持力量，同時也在等待美國進一步的支持態度，但是有一點是肯定的，就是一貫推行戰爭邊緣政策的民進黨當局，不敢真的以宣布「臺獨」的方式來引發兩岸戰爭。

▊中美在反「臺獨」問題上有利益共同點

《反分裂國家法》通過後，美國的反應並不如預期中的強烈。白宮發言人麥克萊倫僅說：「我們認為中國通過《反分裂法》是不幸的，這對臺海和平與穩定沒有幫助。」美國國務院發言人包潤石說，「他們（大陸和臺灣）應該朝著和平對話的方向邁進」。不過，白宮也警告臺灣要謹慎行事。麥克萊倫指出：「我們不認為，臺海任何一方應做出足以使臺海緊張局勢升級的單方行動或改變，」並重申：「我們不支持臺灣獨立。」雖然 16 日美國眾議院通過了歪曲《反分裂國家法》立法宗旨的議案，但是參院並沒有隨即跟上。而且，沒有國會兩院共識的決議案，根本就不具法律約束力，對美國官方的政策也影響不大。

毫無疑問，美國和中國在戰略上存在著巨大的利益競爭。因為中國的崛起已經對美國構建的東亞秩序和世界格局形成了挑戰。

因此，從政策層面上講，雖然雙方都希望臺海局勢維持現狀，但是，目的卻是南轅北轍。美國一直認為，兩岸保持「不統不獨」的狀態最符合其利益。所以，美國所謂的「維護現狀」就是「不問統獨，只要和平」，並繼續將臺灣作為牽制大陸的一枚棋子。而大陸的「維持現狀」則是要保持臺海的穩定，為和平統一爭取時間。

儘管如此，雙方在遏制「臺獨」的問題上還是具有交集。換句話說，在中國對「臺獨」勢力保持強大壓力的情況下，美、中在反對臺灣在「臺獨」的道路上走得太遠的問題上具有一致利益。戰略上的衝突不影響戰術上的合作。從美方對《反分裂國家法》的反應來看，雙方似乎已經形成了這種默契。

美國最擔心的是大陸因《反分裂國家法》的頒布而加大對臺動武的可能，以及臺灣過頭的反應而加大兩岸緊張情勢，使兩岸關係脫軌。所以，美國採取了對雙方都施加壓力的做法，防止出現美國難以控制的局面。

但是，由於《反分裂國家法》強化了臺灣問題是中國的內政問題的剛性，同時也大幅壓縮了允許臺灣遊走於統「獨」邊緣的灰色地帶，臺灣的「臺獨」路線極易引發兩岸關係的緊張，這也使美國不得不在反對「臺獨」的立場上更加清晰。

問題是，美國的表態清晰到什麼程度，以及這種政策在多大程度上能夠影響臺北的決策。一旦和以前一樣，美國的表態再次被曲解，被臺灣當成支持「臺獨」的錯誤信號，那麼兩岸關係只能更趨緊張。

（原文刊於華夏經緯網，與陳星合撰）

和平統一事業的主導權必須掌握在大陸手中

　　從《反分裂國家法》頒布到連宋成功登陸，臺灣學者評論說：「北京防獨不再依賴美國」。舉世承認，與《反分裂國家法》同時樹起的是以胡錦濤為核心的中共第四代領導集體主導和平統一的戰略威勢地位；而連宋登陸，作為兩岸中國人在自己的土地上首次排除美國插手的公開直接對話，則是中共奪回兩岸關係主導權的一個重大標誌。美國國務院發言人所稱的「對兩岸局勢一直未能主控」確是事實。中共高層在世界面前一掃多年來在兩岸問題上被動因應的形象，展現出了操控全域、運作大勢的氣魄與能力。陳水扁在手忙腳亂、窮於應付之餘，也不得不哀歎胡錦濤是「厲害的對手」。

　　無論何時，海峽主導權不能錯置！美國是海峽的重要角色，在重重矛盾壓力中，大陸稍有不慎，極易出現主導權旁落於美國的情況。就臺灣問題發生與存在的根源及現狀而言，說白了實際上就是中美兩國爭奪臺海局勢主導權的過程。這個過程無可避免地包括「和臺」（和平統一臺灣）與「和美」（維護中美關係大局）兩個關鍵戰略環節。兩者相連互動而原則上有別：不「和美」無以客觀上「和臺」，不「和臺」無以主觀上制美、排美。其原則的關鍵點是，「和美」是為促使臺灣正視大陸的和平統一意志與誠意，是要在與美國的直接周旋較量中，逐步降低美國打「臺灣牌」的份量，提升大陸在臺灣人民心目中的威勢地位，讓解決臺灣問題的主導權最終完全回歸中國人自己手中。這個原則一旦錯亂，客觀上就會變成寄「遏獨」希望於美國，而臺灣對大陸打「美國牌」的份量就會上升，「臺獨」就會在心理上、物質上更倚重於美國而拒統，美國的「以華制華」心態就會在兩岸中國人的不同期待中不斷膨脹，海峽局勢就會出現美國主導的逆向運動，產生一個個無法料知的惡果。歷史證明的真理是：兩岸都寄望於美國，兩岸就永遠不可能統一！回顧近十多年來兩岸關係中的諸多波折，這是一個深刻的教訓。關鍵時刻，如果大陸迴避直接面對島內複雜多變的政局，過分看重美國總統說了什麼？美國人會

怎麼做？徒增美國對我打「臺灣牌」的份量，既難以達到「遏獨」的目的，也使自己失掉了對臺島局勢的正面影響力和應對空間。

　　總之，以往的所有經驗與教訓都證明，海峽這盤多方上陣、交錯對弈的大棋，角色雖多，矛盾雖複雜多變，但歸根結底，主要角色應該是兩岸的中國人，主導角色則應是中國大陸，這是它的歷史天職，也是一個鐵定的核心條件。臺灣問題的最終解決，如欲達到各方都有尊嚴的「多贏」結局，唯有是在大陸主導下的兩岸中國人的和平統一。只有這樣，海峽才會真正平靜，兩岸中國人才會真正安寧，而中美、中日之間也才會去掉一根刺，建立起真正正常的關係，東亞乃至世界才會太平。

　　那麼，在海峽新形勢下，該如何抓住解決臺灣問題的主導權呢？總結近期以來的實踐，有如下五點要素需要強調：

　　一為謀，以全域的視野、辯證的思維，高屋建瓴，抓主要矛盾、關鍵點、關鍵人、關鍵時機，加以運籌，謀勢導勢，推動整體態勢發展。

　　二為勇，既要看得準又要出手快，對島內各黨派內外的主要矛盾運作、對中美和中日關係中的尖銳矛盾，不能東躲西閃，也不能僅以教條式的喊話應對，要敢於正視，勇於直接交鋒較量。

　　三為威，要言必行，行必果，軟硬兼施，恩威並用，先威後恩。硬，要硬得確實，說一不二，毫不含糊；軟，要軟得爽快，豁達大度，仁至義盡。

　　四為實，務實是一切的靈魂，要始終保持務實前提下策略的靈活性和主動性，切勿為教條、主觀的思維模式所束縛。

　　五為穩，必須有信心、耐心和恆心。

　　宏觀上看，《反分裂國家法》的制定以及隨後所採取的一系列具體的配套措施，反映出中共新一代領導人在處理臺灣問題上已具備以上五種基本要素，因而收到了顯著的效果。

　　實踐讓我們深刻地認知到，臺灣問題放不得但也急不得。解決臺灣問題畢竟與解決港澳問題有很大不同。港澳問題是如何從外人手中如期順利收回

和平統一事業的主導權必須掌握在大陸手中

自己國土的問題，而臺灣問題則是分裂的中國人如何重歸統一的問題。前者是「先統一後融合」，而後者則必須是「先融合後統一」——除非是萬不得已採取「非和平手段」。和平統一的希望寄託在臺灣人民身上，但歷史與現實卻造成了目前多數臺灣民眾對統一還不理解，還心存疑懼，維持現狀仍是比較穩定的主流民意。對此，大陸方面只能是「慢工出細活」，做艱苦細緻的爭取臺灣民眾的工作，而切不可操之過急，否則將適得其反。

　　我們所追求的和平統一事業，是全球化浪潮下的中華民族偉大復興的光榮事業。而富強、民主、統一三者相連，才是中華民族真正意義上的復興。這是一個任重道遠、持續奮鬥的歷史過程，是「前無古人」的艱巨事業。這一事業必須建築在兩岸中國人共同利益的基石之上，必須掃盡歷史的悲情與隔閡，達至情感與靈魂的統一。唯有如此，才能經得住任何風浪的考驗。據於此，積極的、漸進式的和平統一之路，理應是兩岸中國人至上的選擇與堅持。

（原文刊於華夏經緯網，與馬淑明合撰）

大陸已掌兩岸關係主導權

《反分裂國家法》的制定和實施，在大陸對臺工作新的策略和策略發展中極為重要，這不僅將大陸一貫宣示的對臺方針和政策提升到法律的高度，同時也成為兩岸關係發展的一個新的起點。《反分裂國家法》頒布，直接促成了島內在野黨領袖連宋相繼訪問大陸，對臺灣政治氣氛和政治生態，發生了微妙的影響，對緩和兩岸關係造成了積極作用。

大陸對臺政策的調整，從去年中臺辦、國臺辦授權發表「5・17聲明」，就已經開始。從那個時候開始到現在，這種調整都在有秩序的、有步驟的進行之中。從戰略上來講，大陸對臺的整體戰略，並沒有改變，但是，在對臺政策策略上，產生了引人矚目的重大變化。而且，的確收到了很好的效果。

這種變化和調整的特點，可以概括為下面的一句話，就是「主動出擊，奪取戰略制高點，掌握兩岸關係發展的主導權；軟硬兼施，該硬的更硬，該軟的更軟；恩威並重，先威後恩，威必奪其志，恩必收其心」。

主要做法有以下幾方面：第一，進一步強化了反「臺獨」的立場，從「5・17聲明」，賈慶林主席的講話到胡總書記的對臺工作四點意見，都在不斷的補強對臺政策的信度和強度。而《反分裂國家法》的頒布，就是這次調整過程中的一個最為重要的關切點。

《反分裂國家法》用法律的形式，強化了大陸反「臺獨」的剛性，透過人大立法的形式，把大陸幾代領導人一貫宣示的對臺方針、政策，提升到國家的意志和全民的意志，從而為「反獨」鬥爭，提供了堅實的法律依據和最廣泛的民意基礎，展示大陸對「臺獨」分裂活動絕不容忍的決心、信心和態度。由於法律比任何領導人的講話都更具權威性和強制性，所以對震懾「臺獨」冒危活動，壓縮「臺獨」的活動空間，發揮了更大的作用。而且，一旦發生「臺獨」的重大事件，如果大陸的領導人不採取斷然有效的措施，加以制止，那麼同樣也要被追究法律責任。「臺獨」人士深知其中的厲害，臺灣民眾也深切瞭解到「臺獨」對自己的嚴重危害，從而一舉破解了「臺獨」勢力說「中共是紙老虎」的欺騙現象。「臺獨無害論」也因此徹底破產。

第二，保持對某些政策的必要模糊，為兩岸關係的回暖留下轉環的空間。其實大陸對臺方針並沒有超出以前臺灣政策的基本框架，既沒有統一的時間表，也沒有將「臺獨」的概念細化，而且特意保持某種程度的模糊，這樣做，一方面是為了大陸保留在臺獨重大事變的解釋權，使兩岸關係和臺海局勢的主導權掌握在自己的手中。但是另外一方面，也是為兩岸局勢緩和發展留下回轉的空間，為與臺灣打交道留下了求同存異的灰色地帶。

第三，「圍三缺一」，壓迫陳水扁當局向中間路線移動。大陸目前的策略是以反「獨」為基點，建構最廣泛的中外反「獨」統一戰線，壓迫陳水扁調整兩岸政策，向統「獨」光譜的中間路線移動，主要做法有以下幾點：一是制定「反分裂國家法」，加強遏制「臺獨」的強度和力度，以堵截「臺獨」發展的可能走向，使越來越多的臺灣民眾，包括「臺獨」人士認識到，「臺獨」是一條走不通的死路，是不可能實現的神話；二是充分利用美臺之間的矛盾，持續做以美國為首的國際社會的工作，建立所謂國際反「獨」統一戰線，藉助於國際社會的力量來約束「臺獨」，防止其鋌而走險，因此有所謂的促美壓扁策略；三是爭取島內的反「臺獨」力量，在反「臺獨」的共同立場上，形成以國親兩黨為主的聯盟，就是建立所謂的中國國內反「獨」統一戰線，這次連宋相繼訪問大陸，並與大陸達成反對「臺獨」的共識，就是這策略的重大成果；四是頒布一系列具體措施，持續地做臺灣人民的工作，減輕臺灣人民對大陸的敵對情緒，逐步增強臺灣人民對大陸的認同感，消除「臺獨」生存的社會土壤。與此同時，大陸並未對陳水扁趕盡殺絕，而是採取給出路的政策，雖然不是為了寄望他浪子回頭，至少是防止他狗急跳牆、破罐破摔。大陸領導人一貫聲明，只要承認「一個中國」，承認「九二共識」，不管什麼人、什麼政黨，也不管他們過去說過什麼、做過什麼，都願意與他們談兩岸發展關係，促進和平統一的問題。在「胡宋會」中，「兩岸一中」新論述，就是為陳水扁留下下臺階的機會，這個概念，就是對「一中」的特意保持模糊。如果陳水扁真的有誠意，借坡下驢，完全可以把「一中」的概念與臺灣的「憲法一中」結合起來，或者以「九二會談」成果的概念，進行連接，從而讓陳水扁和民進黨當局擺脫目前兩岸問題的困境。

上述措施結合在一起，可以說是沉重的打擊了「臺獨」，有效遏止了「臺獨」勢力發展的勢頭，使劍拔弩張的兩岸局勢，得到一定程度的緩和。

第四，準確把握臺灣民意的主流，做臺灣人民的工作，真正做到「入島、入耳、入心」。近一個時期以來，大陸做臺灣人民的工作，更加注意臺灣人民的特點和變化規律，更加注重技巧性和細膩性。首先，制定「反分裂國家法」的本身，就是做臺灣人民工作的一項重大舉措。以往，我們總是片面地認為，爭取臺灣民心的工作，就是制定各種各樣的優惠政策，給臺灣人民多少多少好處。其實，對臺灣人民工作是多層次、多角度的，讓臺灣民眾真正體會到「臺獨沒有和平、分裂沒有穩定」，只有和「臺獨」劃清界限，拒絕當「臺獨」的炮灰和人質，才能維護自身的安全。「反分裂國家法」的頒布，正是造成這樣的作用。此外，春節包機、雙亞弔唁辜老，都是出人意料的舉措。而開放臺灣農產品到大陸銷售，開放大陸旅客到臺灣，以及贈送大熊貓給臺灣等一系列新頒布措施，都是向臺灣人民釋放善意的表現，得到重大影響。雖然陳水扁至今仍阻撓這些措施的落實，但越來越多的臺灣人民已經感受到大陸的善意。

此外，大陸充分利用連宋來訪的轟動效應，全程開放海內外媒體採訪報導，藉助海內外媒體的直播，使連宋「登陸」的同時，大陸領導人和大陸人民也實現了「登島」，使廣大臺灣民眾領略到大陸領導人的風度與氣質，感受到大陸人民對臺灣同胞的骨肉親情，同時可以看到大陸的歷史文化和各方面的建設成就，使他們對大陸的印象產生變化。

自從去年「5·17聲明」發表以來，到「反分裂國家法」的頒布，大陸調整了對臺政策的策略，採取了一系列逆勢操作和順勢操作相結合的措施，一舉扭轉了長期以來對臺政策的被動局面，可以說，初步掌握了兩岸關係的主導權。「反分裂國家法」頒布，連宋相繼訪問大陸後，陳水扁當局在兩岸政策上面臨多重壓力，形象來說，陳水扁的兩岸政策上正在被「五馬分屍」：

一是來自大陸越來越強的反「獨」壓力；二是來自泛藍的強力制衡，連宋訪問大陸之後，強烈要求民進黨當局採取有效措施，落實連宋訪問大陸所取得的成果；

三是來自美國的壓力，4月1號新加坡內閣資政李光耀透露，美國方面已經通過了一個非常高級的管道，嚴正地照會陳水扁，布希總統不希望因為臺灣一再挑戰極限，而迫使他必須把注意力發散到臺海地區，美國已經公開表態，肯定連宋的大陸之行，並要求儘快恢復兩岸的協商談判，繼續對陳水扁當局施加磋談的壓力。

四是民進黨內部的強力牽制，雖然陳水扁本人已經沒有了選舉的壓力，但是民進黨內急於為二〇〇八年大選卡位的重量級人物，為爭取綠營基層群眾的認同與支持，一直都在阻止陳水扁向中間路線靠攏，觀察近期以來呂秀蓮、蘇貞昌等人的有關言行便可一目瞭然；

五是泛綠陣營內部的裂痕擴大，危機感日益強烈的李登輝和臺聯黨，已經宣布要和陳水扁劃清界限、分道揚鑣，並且曾揚言要發動綠營勢力來罷免陳水扁，使得陳水扁不得不有所顧忌和防範。

眾所周知，大陸的《反分裂國家法》頒布和實施之後，就連陳水扁自己都說，「臺獨」做不到就是做不到，李「總統」執政12年做不到的我阿扁也做不到，這等於公開承認「臺獨」是一條走不通的死路。但是，長期民粹式的「臺獨」動員，已經培養了一批急進「臺獨」分子，毒害臺灣的政治文化，使「臺獨」理念在許多綠營支持者的心中成為神聖不可侵犯的神主牌，誰是觸動這塊神主牌，就像挖了他家的祖墳一樣，要和你拚命，從而大大壓縮了民進黨兩岸政策調整的空間，「臺獨」實際上已經成為民進黨執政的一個包袱，使其在兩岸政策調整的餘地愈來愈小。

陳水扁在兩岸議題上左右搖擺，典型地反映出民進黨當局在兩岸政策的這種結構性矛盾，冰凍三尺，非一日之寒，這種情況恐怕短間內很難改變。

由於陳水扁並非是一個有宏觀視野、歷史使命感、有魄力、有擔當的政治家，而是一個一向看風使舵，不講誠信的，具有「臺獨」理念的投機政客而已。主觀上他不是不想拿諾貝爾獎，或許他也希望自己下臺之後有一個比較好的歷史定位。但是俗話說的，性格決定命運，風度決定格局，他很難擺脫客觀政治環境對他的限制，在未來只剩下三年的任期之內，在前述的五種力量的相互拉扯之下，可以預料，陳水扁的兩岸政策，不可能有突破性的作

為，仍然會在和解與對抗之間左右擺動，既不敢提出也絕不會放棄「臺獨」，蹉跎剩下的 3 年任期而已。對此我們應該有足夠的認識，充分的思想準備。

（原文刊於中評社）

大陸調整對臺政策策略

《反分裂國家法》的制定與實施，是大陸對臺工作中新的政策和策略發展中極其重要的一環。它不僅將大陸一貫宣示的對臺方針和政策提升到法律的高度，同時也成為兩岸關係發展的一個新的起點；《反分裂國家法》的頒布，促成了島內在野黨領袖連、宋的相繼訪問大陸，對臺灣政治氣氛和政治生態的變化產生了微妙的影響，對緩和兩岸關係造成了積極作用。

實際上，大陸對臺政策策略的調整，從去年中臺辦和國臺辦受權發表「5·17聲明」就已經開始。從那時候起一直到現在，這種調整一直都在持續地、有步驟地進行之中。從戰略上來講，大陸的對臺整體戰略並沒有改變，但是在對臺政策策略上卻發生了引人注目的變化與調整，並且收到了很好的效果。

這種變化與調整的主要特點可以概括為一句話，就是：主動出擊，奪取戰略制高點，掌握兩岸關係發展的主動權；軟硬兼施，該硬的更硬，該軟的更軟。

▌進一步強化反「臺獨」的立場

從「5·17聲明」、賈慶林的講話，到胡總書記的對臺工作「四點意見」，都在不斷補強這一新的對臺政策策略的信度和強度，而《反分裂國家法》的頒布，則是這一調整過程中的一個最重要的關節點。

《反分裂國家法》用法律的形式強化了大陸反「臺獨」的剛性，透過全國人大立法的形式把大陸幾代領導人一貫宣示的對臺基本方針、政策提升到國家的意志和全民的意志，從而為反「獨」鬥爭提供了堅實的法律依據和最廣泛的民意基礎，展示了大陸對「臺獨」分裂活動絕不容忍的決心、信心和態度。由於法律比任何領導人的講話都更具權威性和強制性，所以對震懾「臺獨」的冒險活動，壓縮「臺獨」的活動空間發揮了更大的作用。而且，一旦發生了「臺獨」的重大事變，如果大陸領導人不採取斷然、有效的措施加以制止，那麼同樣也要被追究法律責任。「臺獨」人士深知其中利害，廣大臺灣民眾也深切感受到了「臺獨」對自己的嚴重危害，從而一舉破解了多年來

「臺獨」勢力所謂「中共是紙老虎」的欺騙宣傳，「臺獨無害論」也因此而徹底破產。

為兩岸關係回暖留下轉圜空間

實際上，《反分裂國家法》的內容並沒有突破以前的對臺政策的基本框架，既沒有「統一時間表」，也沒有將「臺獨」的概念進一步細化，而是刻意保持某種程度的模糊。這樣做一方面當然是為了保留大陸方面對「『臺獨』重大事變」的解釋權，使兩岸關係和臺海局勢發展的主導權牢牢地掌握在自己手中；另一方面也是為兩岸關係的緩和發展預留了迴旋的空間，為今後與臺灣打交道留下了可以求同存異的灰色地帶。

迫使扁當局向「中間路線」移動

大陸目前的策略是以「反獨」為基點，建構最廣泛的中外「反獨」統一戰線，壓迫陳水扁當局調整兩岸政策，向「統獨光譜」的中間地帶移動。

主要做法有以下數端：

一是前面所講到的，制定《反分裂國家法》，加強遏制「臺獨」的強度和力度，以堵截「法理臺獨」的可能走向，使越來越多的臺灣民眾包括「臺獨」人士認識到：「臺獨」是一條走不通的死路，是不可能實現的神話。

二是持續做以美國為首的國際社會的工作，建立國際「反獨」統一戰線，藉助於國際社會的力量約束「臺獨」，防止其鋌而走險。因此有所謂「促美壓扁」的策略，把美國當作反「臺獨」的間接同盟軍來爭取。

三是爭取島內的反「臺獨」力量，在反對「臺獨」的共同立場上，形成與國、親兩黨的「戰略聯盟」（即建立兩岸「反獨」統一戰線）。這次連、宋相繼訪問大陸，並和大陸達成了反對「臺獨」的高度共識，就是這一策略的重大成果。

四是頒布一系列具體舉措,持續做臺灣人民的工作,減輕臺灣民眾對大陸的敵對情緒,逐步增強臺灣民眾對大陸的認同感,弱化「臺獨」生存的社會條件。

與此同時,對陳水扁當局並未「趕盡殺絕」、「一棍子打死」,而是採取「給出路」的政策。胡錦濤清楚地表示:「只要承認一個中國原則,承認『九二共識』,不管是什麼人、什麼政黨,也不管他們過去說過什麼、做過什麼,我們都願意同他們談發展兩岸關係、促進和平統一的問題。」在胡宋「會談公報」中「兩岸一中」新論述的提出,實際上就是為陳水扁留下了一個下臺階的機會。這個概念對「九二共識」進行了重新表述,對於「一中」的政治含義刻意保持模糊。筆者以為,如果陳水扁真有誠意「就坡下驢」,完全可以把「兩岸一中」的概念和所謂「憲法一中」結合起來,或者與「九二香港會談成果」的概念進行銜接,抑或是在扁宋會「十點共識」的基礎上進行銜接,從而使陳水扁和民進黨當局擺脫目前兩岸政策的困境。

上述措施結合在一起,沉重地打擊了「臺獨」,有效地遏阻了「臺獨」勢力惡性發展的勢頭,使劍拔弩張的兩岸關係形勢得到了一定程度的緩和。

做臺灣人民工作「入島入耳入心」

近一個時期以來,大陸做臺灣人民的工作更加注意島內民意的特點和變化規律,更加注重技巧性和細膩性。

首先,制定《反分裂國家法》本身就是做臺灣人民工作的一項重大舉措。爭取臺灣民心、做臺灣人民工作不僅僅是制定各種「優惠政策」,給臺灣人民多少「好處」;做臺灣人民工作是多層面、多角度的,讓臺灣同胞真正體會到:「臺獨」沒有和平,分裂沒有穩定,只有和「臺獨」劃清界限,拒絕當「臺獨」的炮灰和人質,才能維護自身的利益和安全。《反分裂國家法》的頒行,正是造成了這樣的作用。

其次,推動「春節包機」的實現、「雙亞」赴臺弔唁辜振甫先生,都是出人意料的舉措;而開放臺灣農產品到大陸銷售、開放大陸遊客到臺灣旅遊、

贈送臺灣大熊貓等一系列新頒布的具體措施，則向臺灣人民持續釋放出了極大的善意，產生了重大影響。儘管民進黨當局至今仍在阻撓這些措施的貫徹落實，但越來越多的臺灣民眾已經切實感受到了大陸的善意。

此外，大陸方面充分利用連、宋來訪所形成的**轟動效應**，全程開放海內外媒體採訪報導，藉助於臺灣和國際媒體特別是電視直播，在連宋「登陸」的同時，大陸領導人和大陸人民也實現了「登島」，使廣大臺灣民眾領略了大陸領導人的風度與氣質、感受到大陸人民對臺灣同胞的骨肉親情，看到了大陸悠久的歷史文化以及各個方面的建設成就，對大陸的正面印象不斷增加。

總之，自去年「5・17聲明」發表以來，特別是圍繞著《反分裂國家法》的頒布，大陸調整了對臺政策和策略，採取了一系列逆勢操作與順勢操作相結合的措施，掌握了兩岸關係發展的主導權。

（原文刊於《人民日報・海外版》）

陳水扁為何焦慮

陳水扁善變早已是世人的「共識」。從連戰訪問大陸開始，一個月多來陳水扁在大陸政策上的左右搖擺再次讓世人領教了其高超的變臉術。陳水扁先以「時空錯亂」對國民黨大陸之行定性，隨後，卻又在民意和美國的壓力下對連戰訪問大陸表示「祝福」，甚至放出「連宋大陸之行是一個序曲，兩岸精彩的主戲還在後面」的信號，從而產生了兩岸政策大幅向中間路線調整的想像空間。

但是陳水扁5月初在海外「訪問」回來後，看到民進黨內部對其表態的強烈反彈和民進黨支持度的大幅下降，已經對即將到來的「國大」選舉造成了不利影響，又匆忙變臉，將前面對連宋的「祝福」全部推翻。

近期，陳水扁在兩岸關係上的態度又轉趨強硬。表示兩岸「要談可以」，但大陸定下的談判前提，包括「憲法一中」、「九二共識」、「兩岸一中」，他一概不接受。

陳水扁兩岸政策上令人眼花繚亂的變化固然反映了他的一貫風格，同時也反映了他在兩岸關係問題上的焦慮，突出表現了他在權力與歷史定位之間的兩難選擇。

未來三年中，沒有了選舉壓力的陳水扁，最在意的是其歷史定位問題。從一般的分析角度來看，可能實現其歷史定位的方式大致有以下幾個：一是實現其長期鼓吹的「臺獨建國」，二是在經濟發展上實現突破，三是在兩岸關係上實現突破。

從兩岸關係發展的實際來看，實現「臺獨建國」根本是不可能的。大陸一再強調，「臺獨」沒有和平，分裂沒有穩定，《反分裂國家法》的頒布更加強化了這一立場；臺灣島內也有強大的反「臺獨」力量，「臺獨建國」只能是一個可望而不可及的海市蜃樓。

臺灣經濟的發展繞不開兩岸關係這一根本問題。一方面，大陸成為一個越來越大的市場，臺灣的發展必須以大陸為腹地，但是由於臺灣出於政治上

的考慮遲遲不願開放全面「三通」，資本外逸已經是一個越來越明顯的趨勢；另一方面，以主權國家為成員的東亞自由貿易區的建構與整合正在加速進行，由於臺灣不是主權國家，將會被排除在這個自由市場之外。如果不能在兩岸關係問題上實現突破，臺灣經濟的邊緣化只是時間問題。

因此，不管從什麼角度說，唯一可以為陳水扁留下歷史定位的是在兩岸關係上實現突破。而兩岸關係能否實現突破關鍵在於民進黨是否放棄「臺獨」立場。大陸的態度非常明確，只要臺灣承認「一個中國」原則，什麼都可以談。而陳水扁對連宋的「祝福」也一度給人以其路線向統「獨」光譜中間移動的想像空間，兩岸關係的解凍似乎露出了曙光。

陳水扁擺出向中間路線移動的姿態本是想試探黨內對兩岸問題的態度。但是他沒有想到的是，反彈遠超出了他的預料。在民進黨內部，陳水扁被罵得狗血淋頭，有黨員甚至要陳水扁退出民進黨，至於「臺聯」黨，反應更為強烈。

何以至此？民進黨長期以來利用「臺獨」理念和「臺獨」口號進行政治動員。這種動員已經在民進黨的支持者中培養了一批激進的「臺獨」分子，他們視「臺獨」理念為神主牌，拒絕任何「臺獨」路線調整的可能。民進黨當局正是搬起石頭砸自己的腳，當其把「臺獨」理念當成一種資產的同時，也畫地為牢，將自己調整兩岸關係的空間壓縮得越來越小。

也正因為如此，民進黨內部最起碼有相當一部分人認為「臺獨」口號在其基本支持者中有可資利用和操作的空間。所以，當陳水扁一旦在兩岸關係上想向中間路線移動的時候，不但遭到了來自基層的強烈反彈，同時也遭到了「後陳水扁時代」「總統」大位爭奪者們的反對。蘇貞昌、呂秀蓮等人都會以自己的政治利益為考量，對陳水扁在兩岸議題上的一舉一動作具體的詮釋。一旦發現陳水扁向中間靠近，必會強力牽制，陳水扁面臨著提前「跛腳」的危險。

「臺獨」理念對陳水扁來說，由原來的資產變成了現在的包袱。他必須在現實的權力與其歷史定位之間進行選擇。在這種情況下，陳水扁只有坐困愁城，在「變」與「不變」中尋求平衡，實現自己的利益最大化。這實際上

反映出他對實現自己歷史定位問題的無力感和對民進黨兩岸政策制定逐漸失去控制權的沮喪。

可以預見的是，未來三年，陳水扁仍會在這種困境中掙扎，民進黨當局的兩岸政策也必然會不斷擺盪，最有可能出現的情況是：陳水扁一方面強調「臺獨」立場，爭取民進黨及其基本群眾的支持，鞏固自己的權力，防止提前「跛腳」；另一方面，則在兩岸關係上尋求以和平的方式實現「臺獨」的可能性，儘管他知道這是不可能的。

兩岸關係要實現春暖花開，還有很長的路要走。

（原文刊於《中國臺商》，與陳星合撰）

論民意是「解扣化獨」之本

但凡目睹過連宋登陸過程的人，無不對胡錦濤總書記以靜制動、氣定神閒操掌大局的風範感佩不已。然而從深層透析可知，賦予其大自信、大格局扭動兩岸僵局的鑰匙，是其主政以來始終突出強調的「以民為本」的理念。「民本」正是胡錦濤對臺新思維的核心。這一核心，在實踐中具有如下幾點基本內涵：

第一，以民意為法寶，開掘逼退「臺獨」、推進和平統一的新動能與新空間。近期以來的實踐證明了這一法寶的四點效力：一能鞏固政權基石，以民意支持為堅強後盾，獲得主導和平統一大業的大動力和大自信；二能衝出自身思維上的拘謹之態，將發展兩岸關係的謀劃，從某人、某部分人或某個黨派的狹隘視野下解脫出來，真正落實到「寄希望於臺灣人民」的戰略基點上；三能凝聚島內外和平統一的力量，形成抗壓性更強、更穩固的抑制「臺獨」的反「獨」防「獨」聯合陣線；四能直搗「臺獨」勢力賴以生存的物質與精神巢穴，粉碎「臺獨」幻夢，從政治、經濟、文化到情感等各個層面，把和平統一事業歷史性地推向全面排「獨」、化「獨」、解「獨」的新階段。

民意高於天，政治家的所有謀略只有在這一底盤上運作，才能做出好的文章。回顧中國近代以來各個黨派的興衰史，都無不證明了這一點。以「民本」理念應對「臺獨」勢力所打的似是而非的假「民主」牌，才能逐步瓦解「臺獨」、逼退「臺獨」。「臺獨」囂張之日也就是和平統一邁進之時。《反分裂國家法》頒布後島內泛綠營壘的分裂、頂級綠色臺商許文龍的臨陣「脫綠宣示」說明了這一點；島內民調對連戰登陸的高支持率（50%）、對兩岸和解交流的高期盼率（85%）、對陳水扁當局與大陸務實談判的高希望率（68%），也充分說明了這一點。

第二，在大民意與小民意的辯證關係中，構建「一中原則」下不可抗拒的「破僵向統」大趨勢。「寄希望於臺灣人民」的對臺方針原本是非常理性的戰略決策，然而多年來島內民調不斷顯示這樣的殘酷事實：兩岸交流發展了，不承認自己是中國人的反而增多了！何以如此？原因固然很多，但一直

以來大陸把「寄希望臺灣人民」的文章作得過小、過窄，則恐怕是其中的一個重要原因。須知，「臺灣人民」是中華民族大群體中的臺灣人民，「臺灣意識」是中華民族意識中的意識，如果臺灣「小民意」失去了全體中國人「大民意」的支撐，甚至與全體中國人的「大民意」相悖離，自會發生向「獨」的偏斜。胡錦濤以「民本」為核心的對臺新思維，修正了這一點的不足。

首先重視大民意，樹大民意之威，從而啟動、制導小民意。多年來大陸對臺爭取民心的工作被某些島內學者譏評為「把臺灣人民當成磁娃娃」。然而辯證的事實是，不樹大民意之威，小民意便無以正。無威無力的「示好」和「讓利」，對臺灣人民不僅無利反而有害。其實，明確全體中國人反獨的堅定意志，引導臺灣民眾認知到身邊「臺獨」之險，主動避險、化險，這原本就是大陸對臺灣民眾利益的最大愛護，同時也是爭取臺灣人民的最大前提。《反分裂國家法》在全國人大的高票通過，標誌著全體中國人的「反獨」意志被正式引入到解決臺灣問題的變數中，並置於不可動搖的國家根本大法的歷史高位，得到法律的保證、肯定與伸張。事實證明，這種鑄大民意於刀鋒之上的「硬」，比起以往單純的導彈實驗和宣言書式的白皮書都要有效得多，既當頭截斷「臺獨」勢力向「法理臺獨」的瘋狂冒險之路，又從根本上否定了任何外力藉助其「國內法」或所謂「雙邊協定」插手臺海事務的合理性，同時，讓「寄希望於臺灣人民」戰略方針得到一個強有力的支撐點。正因為如此，島內各黨派、美日等國際社會，或振奮或震驚或恐慌或絕望，之後是對大陸主導兩岸關係的權威、對全體中國人意志決心的正視、重視而不敢再蔑視、忽視。兩岸政治僵冷之水由此才被反向啟動，緩和臺海緊張局勢遂成為島內外各方的共同訴求。儘管連宋登陸，雙方刻意未提一句《反分裂國家法》，但客觀事實已經證明：沒有它重拳打出的島內民眾「避獨求和」的小氣候，與美日等外部力量「避獨求穩」的大氣候，連宋不僅無力走出自身思維、政治之網，也難以突圍出「臺獨」圍堵之網，更毋寧談登陸成功了！

其次，以大民意為前提、為後盾，但同時也重視小民意，做深耕細作式的基礎民意的爭取工作。今年以來，大陸積極促成春節包機、「雙亞」赴臺悼辜、江丙坤登陸等，注「情」於平和務實的理性中，一步步漸入臺島，吹起化冰的和風。至連宋登陸，更是抓住契機，實現跳躍性昇華：大處，重整

體布局，以勇氣、魄力聚焦海內外、島內外媒體，構造島內民眾與大陸民眾跨越時空正面互動的大舞臺。透過這個舞臺，大陸民意與中共高層的正面形象首次成功地實現了大規模的「入島、入戶、入心」。包括臺胞在內的全體中國人爆發出來的血脈情感、民族意志與和平渴望，首次生動面對島內外「臺獨」分裂勢力，成為《反分裂國家法》正義性的最生動說明書。小處，重實質輕形式，在接待規格、細情小節上，突顯平等、尊重與情意。如：接觸中刻意迴避不合宜的言辭與問題；溝通互動中，認真傾聽、爽快接納對方的合理要求，並及時加以推動落實。臺灣水果零關稅登陸、開放大陸人士去臺觀光、給予臺灣學生學費及獎學金的平等待遇、送國寶熊貓給臺灣民眾等一攬子「禮物」，標誌著大陸將往日對「臺商」的關懷，開始全方位地釋放給島內各個階層的普通民眾。其後，對臺灣少數民族前往日本討回祖靈的壯舉、對受日本海上自衛隊傷害的臺灣漁民的抗爭給予積極支持與關注等等，都無不表明了這種深層的、基礎性爭取工作的漸次展開。

　　第三，準確把握「寄希望於臺灣人民」與臺灣直接打交道的辯證關係，對臺執政黨、執政當局由保守迴避變為積極回應、主動出擊。從去年陳水扁就職演說前的「5‧17聲明」，到回應「扁宋會」，到連宋登陸中處處把持的度，以及一再突出強調的「只要承認『一個中國』原則，承認『九二共識』，不管什麼人、什麼政黨，也不管他過去說過什麼、做過什麼，我們都願意和他們談發展兩岸關係、促進和平統一的問題」，都顯示出大陸方面對臺灣積極主動的爭取姿態。施壓中釋出引力，透出期待，謹防其「狗急跳牆」、「破罐破摔」。與握有公權力的執政者打交道，是最終解決問題的必由之路，問題在於採取何種有效策略，才能達到既定目標。目前島內的政治生態，決定了民進黨當局難以成為兩岸關係的重大突破口，對它需要施以「週邊破擊」術。

　　事實已經證明，兩岸關係的長期僵冷害莫大焉，它只會徒增互疑、養就偏激。兩岸政治僵冷從1999年李登輝提出「兩國論」伊始，延續至今，無法打破。對此，大陸方面以及島內藍綠各方，都有責任，都需要檢討。壞事好事是矛盾一體。2004年選舉前後，陳李「藉選升獨」、「瘋玩臺獨」，從反向進一步突顯出大陸對臺海局勢無法逃避的主導角色，也讓大陸進一步深

刻認知到「聽言觀行」的策略已經失去了它的積極意義。兩岸關係與臺島政治的獨特性，決定了對臺政策和策略必須摒棄機械、單一、僵化保守型，轉而採取靈活、多樣、積極進攻型。

　　總之，大陸已從往日的教訓中，學會以動態、發展、聯繫的目光，務實地面對島內複雜的政治生態。世間無僵死不變之物，也無僵死不變之人。對「臺獨意識」、「臺獨理論」、「臺獨人物」，不施以積極、正面的影響力，就等於施以消極、負面的影響力。採取積極、理性的姿態，才能在與「臺獨」勢力爭奪民意的鬥爭中占據主動，才能有效破解「臺獨意識」，化雲為雨、化險為夷。

　　　　　　　（「第十四屆海峽兩岸關係研討會」論文，與馬淑明合撰）

建立兩岸反「獨」戰略聯盟

連宋登陸，兩個公報，公開透明，既連接起了國共、親共、國親間共識共信的紐帶，也打開了這個聯合戰線開放交流的通道。建立在有如此廣泛的民意基礎和豁達胸懷之上，而且是舉世見證的反獨聯合陣線，自然有旺盛的生命力，具有更強的抗壓力與吸納力。

泛藍陣營，是島內反「獨」勢力的鬆散聯合體，具有相對的穩定性與不穩定性。大陸與這個營壘到底是什麼關係？在島內錯綜複雜的矛盾中，如何處理與這個營壘及營壘中左、中、右派的關係？這顯然不是無足輕重的小事。

經驗與教訓讓我們必須堅定如下三點邏輯體認：

第一，泛藍陣營的生存態勢、泛藍與大陸的關係狀況，對和平統一事業的成敗具有指標性意義。

本質上說，泛藍陣營與和平統一事業是一體存在的。泛藍存，和平統一事業存；泛藍長，和平統一事業長。泛藍是全球華人反獨促統聯合戰線中的關鍵部分，而大陸與泛藍的合作狀況，則是這一戰線中的關鍵環節，從某種意義上來說，它決定著泛藍的生存與發展，也決定著和平統一事業的興衰。

民進黨上臺執政五年來，大陸與泛藍陣營間有溝通有合作，但平心而論，整體上既少互信又少默契，並未形成合力，以至錯失了不少推動兩岸關係轉折的良機，客觀上給「臺獨」勢力提供了進可攻、退可守的運轉空間。「臺獨」陣營則從汙衊攻擊大陸與泛藍關係、妖魔化「中國意識」入手，分化間離兩岸反獨陣線，並取得了相當成功。至前年「總統」大選前數月，陳李合作，竟一改以往「漸進式臺獨」的小步舞，將「正名」、「公投」、「制憲」等三大工程一攬子推出，掀起席捲全島的「臺獨」惡浪。

泛藍陣營在「臺獨」囂張氣焰的裹脅之下，大有視「一中」為包袱的架勢，面對選戰的壓力，不再敢提「九二共識」，國民黨高層人士甚至做出了「對兩岸的未來不排除任何選項」的妥協表示。

建立兩岸反「獨」戰略聯盟

《反分裂國家法》的頒布，直接促成了連宋的大陸之行。而連宋的相繼「登陸」，則實現了兩岸關係的一個鮮明的歷史跨越。國親高層與中共高層在海內外所有華人、國際社會面前，公開握手、並肩而立，在反對「臺獨」、共振中華上堂堂正正、光明磊落地站在一起。由此而宣告了「臺獨」手中那把斬斷兩岸反「獨」戰線、封殺泛藍政治命脈、曾經鋒利無比的「殺手鐧」——「聯共賣臺」的紅帽子，從此失靈。島內民調對連宋登陸的高度認可，充分顯示了只有合力，才能使蘊藏在臺灣民眾中反對「臺獨」的巨大能量得以釋放出來。

1950年代，毛澤東曾經斷然收兵、對蔣示和，其中的一個重要戰略思考，就是利用美蔣之間的矛盾，爭取蔣氏成為在兩岸隔絕的時空之下、抗拒美國分裂中國圖謀、保衛臺灣主權的前沿衛士。而今天，鞏固和壯大泛藍陣營，促其成為島內遏制「臺獨」的前沿營壘，維護臺海地區的穩定和平，則同樣是大陸方面不可推脫的重要戰略任務。這一戰略任務完成得如何，不僅是對大陸領導人智慧與能力的考驗，更關乎兩岸中國人的切身利益乃至整個中華民族的前途與命運。

第二，泛藍陣營是大陸認識臺灣政治的放大鏡，是有效落實「寄希望於臺灣人民」的橋梁。

島內歷經多次圍繞統「獨」議題的攻守陣地戰，政治生態的本土化色彩已很濃，藍綠陣營政治理念的交叉性已很強。辯證地看，這是在獨特歷史時空條件下臺灣政治民主化的必然表現，也是兩岸和平統一進程中的必經階段。歷史可能註定臺灣要在民主化、本土化進程中逐漸實現對統「獨」前途的再選擇。或許也只有透過這個通道，臺灣政治才會走出統「獨」極端對立的危險地帶，實現對和平統一前途的整體性認知。從這個角度來說，本土化、民主化不等於「臺獨」，「臺灣意識不等同於分裂意識；臺獨分子不等同於臺灣人民；本土意識不等同於分裂意識」（連戰語）。在一定時期內兩者內涵的重疊，勢必給「求獨」與「反獨」都帶來一定混亂。這種混亂只能在兩岸經濟、政治關係的深入整合中，由臺灣人民自己去慢慢剝離。

這種客觀狀況，大陸方面一定要冷靜應對。大智之選，當是重在宏觀性、根本性的引導，而非小事小情的無謂糾纏；當然之策，應是與泛藍陣營誠意、默契地合作，求同化異、放眼大局。正所謂：透藍看綠，藉藍引綠，靠藍促綠。爭取臺灣人民是一個歷史的過程。這個過程可能會尋這樣的軌道：從中國情深厚的泛藍營壘各部位有機切入，逐步立體探入其他群體的特殊心理與情感世界。如：以泛藍臺商瞭解、引導泛綠臺商；以泛藍黨派瞭解、影響泛綠黨派等等，逐步建設起本土派臺胞的中國情和中國命運觀。

連宋登陸，結出了讓臺胞能品嚐、能感受、也能正面接受的實實在在的果實，這是兩岸民意相合的初步成果。透過連宋，大陸確切瞭解到臺灣人民的需求；又透過連宋，把大陸對臺灣人民的這份誠意傳遞給臺灣人民。島內民調所呈現的對連宋、對國親的高支持率，充分顯示了這種效果。只要堅持做下去，建築於兩岸民意基礎上的這個果實，必將隨著時間的推移持續發酵。

第三，對泛藍的支持與引導，策略與戰略的務實得當異常重要，否則勢必適得其反。

回顧近二十年的歷史，可以看出，島內政治向多元化選舉政治演變的過程，同時也是大陸在挫折中逐步體認這種獨特政治的複雜多變特徵，並努力探索適應這種特徵的政策與策略手段的過程。事實一再說明，對臺島局勢的任何簡單判斷或簡單行動都會對和平統一事業構成損害。大陸對臺島政治風雲的主導力是推不掉的，關鍵是怎麼做才能產生正面的、健康的影響力，才能讓臺灣民眾正確理解並區分大陸反「臺獨」與尊重臺灣民意的決心與誠意，才能不被「臺獨」勢力所利用，並有效抑制外力負面影響的發酵等等。

如下兩點教訓應該牢記：必須以真正瞭解、體認臺灣民意為基點，不能與泛藍結成狹窄的黨派關係；必須著眼於島內政治全域與國際政治全域，對臺政策不能有過於鮮明的顏色傾向性。如此才能真正幫助泛藍、支持泛藍，穩固陣地，壯大和平統一聲勢，爭取更多人的轉變。

（原文刊於《文匯報》，與馬淑明合撰）

中國發展與統一的動態平衡

60年前，中國人民抗日戰爭的勝利、世界反法西斯戰爭的勝利，使得寶島臺灣重新回到祖國懷抱。但那時，對東亞地區一系列問題的處理，也為今天解決臺灣問題、東海問題、釣魚臺問題等留下了複雜難解的後遺症。

新中國成立後，大陸積極採取措施謀求發展經濟與統一。

從毛澤東開始，中共四代領導人都在動態平衡中尋找適合中國發展與統一的戰略。經過半個多世紀漫長時間的探索，這一戰略的平衡點到現在才終於得以基本成型。那就是：一手抓發展、一手抓統一；兩手都要抓，兩手都要硬。尤其在「一超多強」的國際格局出現量的變動的今天，中國的發展與統一的動態平衡無不以和平為基點。

和平與發展是中國的長遠核心戰略

和平發展表明了中國戰略的以下取向：那就是維持中國國內的政治、經濟和社會穩定；謀求和平的國際環境；與世界各國包括世界大國、強國以及發展中國家保持良好互動關係。良好的國內條件，是中國和平發展、民族復興的必然要求。擁有長期的以和平和發展為主題的世界多極化、經濟全球化、國際政治民主化等有利的外部環境對於中國和平發展同樣重要。就國際形勢看，目前的世界格局正處在大轉折與大變動時期，國際格局在震盪中深度調整，世界在動盪中正醞釀著新一輪前所未有的質變。

在對當代中國發展戰略的思考中，鄧小平果斷地領導全國人民實現了工作重心的轉移，明確地提出了「以經濟建設為中心」。在此基礎上，鄧小平提出可持續發展戰略。社會可持續發展戰略的主旋律是經濟現代化的「三步曲」，這是鄧小平的傑出貢獻；世紀之交，以江澤民為核心的第三代中央領導集體宣布將可持續發展作為中國的基本發展戰略；而胡錦濤提出的科學發展觀，則是在新的歷史條件下，在第一、二、三代領導集體發展戰略基礎上的延續和昇華。這必將鑄造中國發展的輝煌！

上述四代領導人尤其是從鄧小平時代開始的發展觀，其基石是和平與發展成為時代主題這一基本論斷。

中國統一戰略以和平為基點

中國大陸的四代領導人對這一問題都有深刻論述。早在 1956 年 1 月，毛澤東就曾在最高國務會議上講：「只要現在愛國，國內國外一切可以團結的人都團結起來，不咎既往」；1979 年 1 月，全國人民代表大會常務委員會發表《告臺灣同胞書》，並制定了「和平統一、一國兩制」的基本方針和一系列對臺政策；1983 年發表有「鄧六條」；1995 年發表有江澤民八項主張；今年 3 月，胡錦濤總書記又在講話中明確提出新形勢下發展兩岸關係的「四點意見」。上述重要講話和檔都貫穿了中共關於和平統一的戰略方針。

今年 3 月，中央接受海內外社會各界愛國人士的建議，在仔細考察論證的基礎上，經全國人民代表大會以高票通過了《反分裂國家法》。這一法案的通過與實施，意味著大陸對臺和平統一戰略已從政策層面提升到法律層面。它透過法律底限設定的方式，表達了全中國人民捍衛國家領土主權的堅強意志，極大地震懾了島內的「臺獨」勢力，一舉扭轉了以往大陸相對被動的局面。與此同時，《反分裂國家法》通過與頒布實施以後，大陸為了更好地落實和平統一的戰略方針，從臺灣人民的福祉出發，釋放出越來越多的善意，這一和平統一的戰略必將進一步在實踐中完善，為最終解決海內外所有愛國同胞所期待的統一問題發揮巨大的作用。

發展與統一的理論是動態的平衡

自世界反法西斯戰爭勝利以來，全世界人民都渴求和平，希望在和平中發展，和平與發展已成為世界的主題。從中國的角度來看，概括地說，這一問題可以從以下 4 個方面來加以論證：

第一，一個中國原則是兩岸和平統一與發展的基礎。

第二，兩岸交流是和平這一動態平衡點的體現之一。

第三，合作與融合是中華文化的精髓之所在，也是和平的內核要素。

第四，抓住戰略機遇期要求把和平作為發展與統一的紐帶。

總之，發展與統一的理論是動態的平衡。這一動態平衡能否維持，端看臺灣是否推動「法理臺獨」、挑戰大陸的戰略底線。只要臺灣不誤判形勢，挑釁大陸，和平作為這一動態平衡的基點，仍將繼續發揮重要的作用。

（原文刊於《人民日報·海外版》，與陳星合撰）

民族的光榮　歷史的警策

　　50 年的殖民歷史沒能改變海峽兩岸人民渴求統一的心願，在經歷了同日本殖民者血與火的頑強鬥爭之後，兩岸人民終於實現了團聚。可惜，這種團聚卻由於內戰的原因很快演變為另一種分隔。國家必須統一，親人需要團聚，這成為全世界所有華夏兒女的共同心願。

　　60 年前的 10 月 25 日，臺灣重新回到了祖國的懷抱，全中國人民無不為之歡欣鼓舞，這一天被定為「臺灣光復節」。它是中國近代歷史上的一件具有重大歷史意義和現實意義的事件。

極大地振奮了中華民族精神

　　抗日戰爭的勝利是中國近代反殖民反侵略鬥爭取得的第一個全面性勝利，而臺灣的光復，則是抗戰勝利所取得的最為重要的成果之一。二戰後期，中國與當時的世界主要大國美國、蘇聯和英國等一道，共同制定戰後的世界秩序，先後參與發表了《開羅宣言》和《波茨坦公告》，明確規定日本戰後歸還中國的被占領土，從而使臺灣光復獲得了法律上的保障。這些都表明中國在當時的國際地位空前提高。而臺灣的光復，極大地振奮了中華民族的民族精神，為日後中華民族的重興與崛起孕育了全新的精神動力。

海峽兩岸同胞共同抗戰的結果

　　臺灣人民從臺灣被割占的那一刻起就從沒有停止過對日本殖民統治的反抗，秉持著「義不臣倭」的民族氣節，和日本殖民者展開了曠日持久的英勇鬥爭，堅守著中國意識，湧現出了大批可歌可泣的抗日英雄，如丘逢甲、徐驤、簡大獅、林少貓、余清芳、羅福星、林獻堂、李友邦、蔣渭水等。在長達半個世紀的艱苦鬥爭中，臺灣人民付出了巨大的人員傷亡和財產損失。今天，臺灣為了達到某種不可告人的目的而刻意隱瞞這段歷史的真相，甚至還別有用心地把臺灣人民的抗日歷史歪曲成「臺獨史」，這是對臺灣抗日先輩的最大汙蔑。

民族的光榮　歷史的警策

　　自李登輝主政以來，臺灣對於臺灣光復的紀念活動一直採取低調處理，企圖讓臺灣人民忘掉這一原屬於他們的光榮。陳水扁上臺之後，臺灣更是變本加厲，極力推行各種「去中國化」政策，妄圖模糊臺灣人民的歷史意識，以達到其實現「臺獨」的目的。最近，臺灣對於抗戰勝利60週年的紀念活動表現得異常冷漠。陳水扁在輿論壓力下發表的所謂「紀念專文」竟連「日本」兩字也不敢提，對於抗戰勝利也用日本人的口吻——「終戰」來表述，這充分暴露出「臺獨」勢力十分害怕臺灣人民瞭解臺灣抗日和臺灣光復的歷史真相、企圖討好和拉攏日本右翼反華勢力為其實現「臺獨」撐腰的陰暗心理。

▋恢復中華文化在臺灣的主體地位

　　日本在占領臺灣後推行一系列「皇民化」政策，特別是在「七七」事變爆發後，這種政策執行得更為徹底與嚴酷。例如強迫臺灣人民使用日語，禁用漢字，改穿和服，改用日本姓名，甚至禁止臺灣人民祭拜祖神，而改為信仰日本人的大和神等等。這些政策雖然遭到了臺灣人民的頑強抵制，中華文化始終在寶島臺灣綿延不絕，但不可否認，日本殖民統治長期的同化政策和奴化教育，使得一部分臺灣人的國族觀念發生了嚴重的「異化」，至今仍在島內政壇上十分活躍的李登輝、辜寬敏、金美齡之流，正是其中的典型代表。如今，島內的「臺獨」勢力同樣試圖改變臺灣人民的歷史記憶和文化認同，竭力推行各種形式的「文化臺獨」活動。當然，我們相信，「臺獨」分子的「文化臺獨」活動最終必定會失敗；但是，這種活動已經造成的島內民眾在「國家認同」上的混亂，這種嚴重後果我們絕不能低估，應當保持高度的警惕。

　　臺灣光復已經60週年了，然而由於眾所周知的原因，臺灣和大陸至今還處在分裂的狀態，這是兩岸中國人最不能忍受的國殤。中國人追求國家統一、親人團圓的傳統是根深蒂固的。這種心願正在轉化為追求統一的強大動力。今天，在海峽兩岸，在世界各地，無數中國人都在為中國的統一大業而奔走呼號。

當年，日本帝國主義無法阻擋海峽兩岸人民追求團圓的腳步，而在中華民族已經揚眉吐氣的今天，又有什麼力量能夠阻擋得住包括臺灣同胞在內的 13 億中國人民追求統一的夙願呢！

　　　　　（原文刊於《人民日報・海外版》，與胡文生合撰）

臺海經濟浪潮勢不可當

近期以來，大陸方面頒布了一系列對臺新政策和新舉措，認真貫徹落實連、宋訪問大陸所達成的願景和共識，展現了極大的誠意，這不僅使兩岸關係形勢趨向緩和，同時也推動了海峽兩岸的經貿交流與合作進一步向縱深發展。

▌四次大的浪潮

自1980年代以來，伴隨著兩岸關係的演變發展，海峽兩岸的經貿交流與合作，經歷了四個不同的發展階段或者說四次大的浪潮。

第一次浪潮

以1979年元旦大陸發表《告臺灣同胞書》為開端。《告臺灣同胞書》的發表，意味著大陸「和平統一」對臺大政方針的確立。這一大政方針的確立，是和中共十一屆三中全會後，大陸推動改革開放路線、向「以經濟建設為中心」進行戰略性轉移相配套、相適應的。由於海峽兩岸同胞的共同努力，到80年代末，兩岸的政治堅冰開始解凍，各項交流逐步開展，兩岸的經貿交流也從原來的隱蔽走向公開、從非法走向合法，從而掀起了第一波的臺海經濟浪潮。

第二次浪潮

到了1990年代初期，由於新加坡「辜汪會談」的成功舉行，以及其後海協海基兩會進行了一系列事務性、功能性的協商談判並達成多項協定，使兩岸交流進一步走向規範化和法制化，從而極大地推動了兩岸經貿的交流與合作，形成了第二波的臺海經濟浪潮。在此期間，雖然李登輝提出了阻撓兩岸經貿往來的「戒急用忍」政策，但雙方的交流與合作仍然日益熱絡。

第三次浪潮

從90年代後期開始，伴隨著大陸對外改革開放的不斷深化，經濟的持續發展以及香港、澳門的回歸和海峽兩岸相繼加入WTO，進一步刺激了兩

岸經貿的交流與合作。到這一階段，兩岸經貿的依存度已大幅提升，兩岸的經濟關係已密不可分。特別是民進黨上臺執政之後，以「臺獨」意識形態治政，致使島內族群撕裂，政黨惡鬥，兩岸關係持續緊張，臺灣發展經濟的內外環境不斷惡化，儘管陳水扁拒絕開放兩岸直接「三通」，並且打著「根留臺灣」、「有效管理」的幌子，變相推行李登輝時代的「戒急用忍」政策，千方百計地阻撓兩岸的經貿往來，但畢竟「形勢比人強」，臺灣經濟的衰退和大陸經濟的蓬勃發展，使得臺灣企業界如「過江之鯽」，紛紛「西進大陸」，尋找企業發展的第二春，海峽兩岸的經貿交流與合作不斷地向著深度和廣度發展，任憑什麼力量也無法阻擋。與此同時，兩岸產、學界的交流與交往也日趨密切，研究和關注的熱門問題不斷擴展，不同專業、各種形式、規模不等的學術研討會和論壇蔚然成風，愈開愈多，從而掀起了第三波臺海經濟交流合作的新高峰和新浪潮。

第四次浪潮

去年大陸中臺辦和國臺辦受權發表了「5‧17聲明」，以及今年春天胡錦濤總書記發表新形勢下發展兩岸關係的四點意見和全國人大以高票通過《反分裂國家法》，促成了連、宋相繼來大陸參訪，並達成了多項推動兩岸關係發展的願景和重要共識。近期以來，大陸方面頒布了一系列對臺新政策和新舉措，認真貫徹落實連、宋訪問大陸所達成的這些願景和共識，展現了極大的誠意，這不僅使兩岸關係形勢趨向緩和，同時也推動了海峽兩岸的經貿交流與合作進一步向縱深發展，從而形成了第四波的臺海經濟浪潮。目前，這一波新的浪潮才剛剛開始，其勢愈加洶湧澎湃、不可阻擋！

▍臺海經濟新特點

可以預見，第四次臺海經濟浪潮必將在許多方面展現出新的特點。

從地域上來講，兩岸經貿交流早已從原來單純的臺胞故鄉地發展到大陸的經濟中心地區。連、宋訪問大陸後，以黨際交流形式為支撐的兩岸經貿交流，已經成為第四次臺海經濟浪潮中的新特色和新亮點。透過一系列交流，可以清晰地看到兩岸交流的地域已經發展到長江三角洲、珠江三角洲、環渤

海經濟帶。這些大陸東部沿海最發達的經濟帶已經和臺灣的經濟相聯結，並在此基礎上，正在向中國的東北、西北、西南等更廣闊的地域擴展，從而推動兩岸經濟全方位的融合，並最終促成東亞地區的經濟融合，為全球經濟的發展作出重大貢獻。

從領域上講，兩岸交流與合作的領域逐步拓展，已經向多領域和更高的層次上邁進。大陸經濟的迅猛發展和臺灣經濟的轉型，使得雙方吸納了對方釋放出來的發展動能，牽引出一種兩岸經濟發展的新格局。這一格局涉及的領域包括生產、貿易、科技、資源流動與配置、消費以及經濟關係等，其實質含義就是兩岸經濟力量的分化與重新組合。

從兩岸經貿交流的政策機制上講，兩岸在交通聯繫機制、金融合作機制、貿易對接機制、經貿協商機制、產業合作機制、人員交流機制、城市交流機制、教育合作機制等都迫切需要研究，也是第四次兩岸經濟交流浪潮中需要解決的問題。

▎兩岸經濟交流合作空間廣闊

兩岸經濟蘊含著豐富的潛能、巨大的潛效，兩岸經濟交流的深化和細化，是在中華民族精神紐帶聯結下啟動的，同時也是兩岸在現代化過程中所必需的。這種領域的拓展，也正是在傳統與現代的交融中逐步實現的。海峽兩岸的經濟交流與合作，有著無限廣闊的空間，必將走向更加美好的未來。

大陸同胞一向關注臺灣的經濟發展，希望臺灣保持經濟繁榮，人民安和樂利，並不願意看到因為少數「臺獨」政客的錯誤政策而導致臺灣經濟的衰退和邊緣化。同樣，大陸在發展經濟的過程中也存在不少問題亟待解決。因此，兩岸產、學界理應進一步加強交流，相互切磋，就兩岸經濟發展所面臨的各種問題進行深入探研，尋其根、溯其源，找到解決問題的根本之所在，共謀中華民族的偉大復興與繁榮。

（原文刊於《人民日報・海外版》，與朱松嶺合撰）

兩岸攜手邁入新的發展階段

　　11 年前的 1995 年 1 月 30 日，江澤民在中共中央臺辦、中國和平統一促進會等單位舉辦的新春茶話會上，發表了題為《為促進統一大業的完成而繼續奮鬥》的重要講話，就發展兩岸關係，推進和平統一進程的若干重要問題提出了八項看法和主張。11 年來，儘管兩岸關係複雜多變，但是，江澤民代表第三代中央領導集體提出的這八項主張，從戰略的高度把握住了兩岸關係發展的基本方向，至今仍然是我們應對和解決臺灣問題的綱領性文件。

▌對臺政策的重要里程碑

　　自 1970 年代末改革開放以來，對臺政策有一個不斷豐富和發展的過程。在這一過程中，鄧小平在改革開放初期宣導、確立的「和平統一、一國兩制」對臺基本方針，江澤民代表第三代中央領導集體提出的「八項主張」，以及胡錦濤就新形勢下發展兩岸關係提出的「四點意見」，和十屆全國人大三次會議通過的《反分裂國家法》，構成了對臺政策發展的三個重要里程碑。而江澤民提出的「八項主張」，是對鄧小平關於「和平統一、一國兩制」解決臺灣問題思想的繼承和發展，是這三大里程碑中承前啟後的關鍵一環。「八項主張」作為中央對臺工作大政方針的重要組成部分，在新世紀新階段的對臺工作中，仍將繼續發揮巨大的指導作用。

▌兩岸關係已進入新的發展階段

　　2005 年是兩岸關係發展取得重要突破並具有標誌性意義的一年。在堅持「和平統一、一國兩制」以及江澤民提出的「八項主張」的基礎上，中央適時制定了一系列積極、務實、靈活而有效的對臺工作重要決策和部署，使我們在反對「臺獨」分裂、促進兩岸交流、維護臺海和平方面，取得了顯著的效果，把兩岸關係推到了一個新的發展階段。

　　首先，透過及時果斷地制定《反分裂國家法》，沉重地打擊了「臺獨」分子的囂張氣焰，使島內一小撮「臺獨」分子的分裂活動受到極大的制約，

壓縮了「臺獨」勢力的活動空間，為我們的反「臺獨」、反分裂鬥爭贏得了主動，有效地維護了臺海地區的和平與穩定。

其次，中國國民黨、親民黨、新黨領導人分別應邀訪問大陸，是兩岸政治關係史上的一次重大突破。中國共產黨與泛藍三黨就兩岸以及黨際關係發展所達成的一系列願景與共識，已成為島內反「臺獨」勢力的巨大精神支柱，推動了島內反「臺獨」政治力量的進一步壯大，初步遏制了「臺獨」勢力的發展勢頭。

第三，大陸把「寄希望於臺灣人民」這一政策原則落到實處，真心實意地為臺灣同胞謀福祉，順應了島內民心，也抓住了兩岸關係未來發展的根本。大陸人民對臺灣同胞所展現出的巨大誠意贏得了良好的回應。

第四，在兩岸經濟交流不斷擴大的基礎上，兩岸經濟的互補與融合程度進一步加深。兩岸經濟的進一步整合，已經開始對臺灣社會生態與政治生態的發展產生了重要影響。

總之，一年來，在中央對臺方針政策的指引下，在海內外同胞的共同努力下，臺海形勢中有利於緩和的積極因素在不斷增強，兩岸關係有了新的重大發展，取得了可喜的成績。

▍反對「臺獨」、促通、促統任重道遠

誠然，一年來，我們的對臺工作取得了可喜的成績，但是也要看到，今後我們所面臨的反對「臺獨」、促進全面直接「三通」、促進統一的任務仍然十分艱巨。

一方面，「臺獨」勢力仍然在島內掌握著執政權力，他們並未放棄「臺獨」分裂的企圖，為了維護和擴大自己的政治利益，他們還會不時地利用「臺獨」蓄意製造兩岸關係緊張，阻礙兩岸關係的順利發展。對此我們要有清醒的認識。

另一方面，隨著兩岸人員往來和經濟交流的進一步擴大，以及國際形勢和島內政治生態的演變發展，我們還將不可避免地遇到一些新的問題和新的

挑戰。如何有效解決這些問題，化解這些可能遇到的挑戰，促進兩岸關係朝著和平穩定的方向發展，推動和平統一進程逐步深入，仍將是一項十分艱巨的任務，這需要我們做好充分的思想準備。

今天，我們重溫江澤民 11 年前提出的「八項主張」，正是為了更好地領會胡錦濤提出的新形勢下發展兩岸關係「四點意見」的精神實質，在新形勢下緊緊把握兩岸關係的發展方向，進一步開創對臺工作的新局面。

（原文刊於《統一論壇》）

評陳水扁「廢統事件」

2006年1月29日，陳水扁提出要「認真考慮」廢除「國統會和國統綱領」的問題。2月27日，陳水扁不顧島內外各方的強烈反對，強行宣布「終止國統會運作」並「終止國統綱領適用」。陳水扁執意「廢統」，是一場精心策劃的「臺獨」冒險，已經並正在對島內政局及兩岸關係產生極其惡劣的影響。

▌一、陳水扁公然「毀諾」

2000年5月，總統換屆後，新上臺的陳水扁在就職典禮中明確宣示，稱在其任期內，「不會宣布獨立，不會更改國號，不會推動兩國論入憲，不會推動改變現狀的統獨公投，也沒有廢除國統綱領與國統會的問題」，此即陳水扁當時被稱為「四不一沒有」的承諾，其中的「一沒有」就是：「沒有廢除國統綱領與國統會的問題」。2004年連任後的陳水扁再次確認了「四不一沒有」的承諾。

「國統會」（全稱為「國家統一委員會」），是李登輝主政初期臺灣方面於1990年成立的追求中國統一的機構；「國統綱領」（全稱為《國家統一綱領》），則是在一個中國原則基礎上，以和平方式追求中國統一的基本規劃。

陳水扁多次重申「四不一沒有」，這不僅是對臺灣和大陸人民的公開承諾，而且也是對包括美國在內的國際社會的承諾。2005年3月4日，中共中央總書記胡錦濤在其發表的發展兩岸關係的「四點意見」中曾經指出：希望總統切實履行「四不一沒有」的承諾，透過自己的實際行動向世人表明這不是一句可以隨便廢棄的空話。這說明大陸方面很嚴肅地看待陳水扁的這一承諾。應該說，陳水扁的這一承諾，是大陸方面對其實行「聽其言，觀其行」的政策依據，同時也是近幾年來兩岸關係雖然始終處在僵持狀態，但畢竟還能維持一種相對平靜局面的政治基礎之一。而今，陳水扁竟然違背自己一再信誓旦旦的「四不一沒有」承諾，以所謂「終止運作」、「終止適用」的方式，

強行廢除了「國統會」和「國統綱領」，顯然，維持這種相對平靜局面的政治基礎已經嚴重動搖。

二、陳水扁「廢統」只為一己之私

自擔任總統近六年來，陳水扁毫無政績可言。儘管連續換掉了四個「行政院長」，但在陳水扁「『獨統』放中間、民生問題放兩邊」的意識形態掛帥的指導下，臺灣經濟成長退居亞洲四小龍之末，弊案連連，貪汙腐敗層出不窮，人民生活水準及經濟、社會安全感急劇下降。民進黨在2004年的島內「立法院」選舉和2005年12月3日的「三合一」選舉中一敗再敗，民進黨內部對陳水扁的作為也頗有微詞，陳水扁的民眾滿意度已降到只有10%左右的歷史最低點。而在兩岸關係方面，自2005年春連、宋訪問大陸、大陸方面接連送出多項大禮以來，兩岸關係的密切發展和島內民意主流不利於「臺獨」的變化，使陳水扁在駕馭島內政局和兩岸關係發展方面感到越來越力不從心。島內政治生態及兩岸關係的這一發展態勢，嚴重威脅著陳水扁個人權力的穩定。

在內外交困、危及陳水扁權力基礎的情況下，陳水扁經過精心謀劃，不顧大陸方面的警告、國際輿論和臺灣島內主流民意的反對，執意「廢統」。其主要意圖有三：

其一，藉「廢統」進而「制憲」，確立其在「臺獨」歷史上的地位。

2004年陳水扁連任後已經沒有了選舉的壓力，他開始謀求確立自己的歷史地位。然而，陳水扁執政近幾年來不僅毫無建樹，反而是島內經濟發展、社會、族群和諧及兩岸關係穩定的麻煩製造者，而貪腐問題更敗壞了他和他的執政團隊的道德形象，欲謀求歷史地位，唯一的辦法是在兩岸問題上做文章。於是，陳水扁最終把謀求歷史地位的希望寄託在推動「臺獨」上，企圖透過「廢統」，然後再進一步推動「憲政改革」，制定出一部所謂「合時、合身、合用的新憲法」，從而完成「臺灣之父」李登輝當年未能完成的志業，以此來確立自己的歷史地位。

評陳水扁「廢統事件」

其二，投靠「急獨」勢力，尋找保護傘，避免下臺後被清算。

李登輝在其執政末期拋出「兩國論」，下臺之後更變本加厲地鼓吹「臺獨」，成為以「臺聯黨」為代表的「急獨」派的精神領袖。而這些「急獨」份子又成為李登輝的「禁衛軍」和保護傘。在臺聯黨這批「急獨分子」的保護下，再加上陳水扁的蓄意包庇袒護，李登輝在任時期所犯下的各種貪腐敗弊案無人敢查，無人敢管。陳水扁一如當年的李登輝。陳水扁在任這幾年，他的家人、親信利用陳水扁的權力搞了多少貪腐弊案，例如高捷案、「總統府炒股案」等等，都是人們耳熟能詳的。在臺灣的這種政治生態下，陳水扁卸任後，如果沒有一股政治力量做靠山，難保不被後任者依法追究。而今，一方面，李登輝已是日薄西山、來日無多，島內「急獨派」亟需像陳水扁這樣的人來繼承李登輝的衣缽，以便繼續在島內興風作浪；另一方面，陳水扁要平安度過所剩下的兩年任期，以及下臺後不被清算，也必須找到一個保護傘，以避免像韓國的全斗煥、盧泰愚那樣下臺後被繩之以法。

陳水扁這次公然「廢統」，事先與「急獨派」密謀，事後得到「急獨派」的力挺，不管最後結局如何，陳水扁都已經和「急獨派」捆綁在一起，成了貨真價實的「命運共同體」。從此，陳水扁的政治生命獲得新的基礎，勢將逐步取代李登輝，成為「急獨派」的新教主。

其三，挑撥統、「獨」之爭，轉移民眾視線，保住民進黨的執政地位。

陳水扁深知，要避免下臺後不被清算，除了要有「急獨派」充當他的保護傘之外，還需要有另一個充分條件，即保住民進黨的執政地位。而在目前民進黨執政滿意度空前低迷的困境下，無論綠營哪一位出戰，要想與人氣正旺的藍營新共主馬英九爭鋒，取得 2008 年下屆大選的勝利，談何容易！於是陳水扁在去年底「三合一選舉」慘敗後，經過閉關長考，決定祭出險招——強行「廢統」、推動「憲改」。其用心就在於要刺激大陸，挑起劇烈的統、「獨」之爭，企圖以此轉移島內民眾的視線，主導選戰議題，渾水摸魚，亂中取勝，保住民進黨的執政地位。

三、「廢統事件」的影響

　　陳水扁製造「廢統事件」，絕對是一項損人利己的自私行為，它不僅影響兩岸關係、美臺關係，而且還對臺灣社會，民進黨的政治前途都將產生嚴重的負面影響。

　　首先，對於陳水扁個人而言，「廢統事件」使陳水扁擺脫了「三合一選舉」失敗以來民進黨內部的指責與圍剿，更使他暫時推遲了「跛腳危機」，重新奪回了在島內重大政治議題上的「話語權」。與此同時，陳水扁確立了其對島內「臺獨基本教義派」的領導地位。

　　其次，陳水扁「廢統」深深影響著島內政治生態。陳水扁執政六年來只熱心於挑起政治鬥爭、製造意識形態對立，對島內民生疾苦無動於衷。面對民怨日甚，陳水扁還在操弄「廢統」這樣的意識形態冒險，意味著在陳水扁的剩餘兩年的任期中，經濟民生問題仍將被擱置一邊。

　　陳水扁「廢統」意在主導選戰議題，維護民進黨的執政地位，但實際上是飲鴆止渴。眾所周知，當前，島內藍、綠兩大政治板塊已基本穩定，陳水扁的「急獨」訴求只會把越來越多的中間選民推向泛藍一邊。在這種情況下，民進黨要麼拋棄陳水扁、在新的起點上與國民黨展開競爭，要麼任由陳水扁綁架民進黨，葬送民進黨的前途。

　　陳水扁「廢統」對於泛藍尤其是國民黨的影響是雙重的：一方面，面對陳水扁製造「獨統」對立，國民黨缺乏果斷有力的反制措施，使人們不能不對國民黨的領導能力產生疑問；另一方面，陳水扁和民進黨一步步墮落，民眾的不滿和失望必然與日俱增，這勢必在今後的選舉中使國民黨處於有利的地位。

　　第三，「廢統事件」重創美臺互信。雖然這次陳水扁「廢統」得逞是美國姑息、縱容的結果，但是自私、權謀、沒有誠信的陳水扁也給美國留下了深刻的印象。為防止陳水扁給美國製造更大的麻煩，在未來兩年內美國必定會加緊看管陳水扁，以避免發生更多的「意外」，給美國的利益造成更大的傷害。

第四，陳水扁「廢統」對兩岸關係造成的傷害是不言而喻的。可以預見，在未來兩年內陳水扁還會不斷製造事端，挑釁大陸，阻撓兩岸交流，破壞兩岸關係的順利發展。但兩岸同胞的攜手努力，必定能夠挫敗陳水扁的任何圖謀。

（原文刊於《統一論壇》，與李振廣合撰）

一次精心算計的冒險行為

陳水扁不顧各方強烈反對，強行「終統」，是蓄謀已久、經過精心算計的冒險行為。

陳水扁深知，就目前島內的政治生態，任何一種政治力量都無法在現有臺灣政治體制下阻止其採取這一瘋狂行為。多年來的經驗表明，在臺灣這樣一個族群撕裂、「獨」統對立的非正常社會裡，島內泛藍勢力越是反制陳水扁，陳水扁就越會得到泛綠陣營特別是深綠「臺獨分子」的支持。陳水扁之所以敢冒險豪賭，強行「終統」，正是基於這種考量。

陳水扁也深知，美國不會輕易拋棄他。這是因為：第一、一個少數執政的、脆弱的「臺獨」政權，更易於控制；第二、美國需要保持臺海局勢的「適度緊張」，這既可以向中國大陸打臺灣牌，又可說服臺灣向美國購買軍火物資。因此只要他不走得太遠，把「香腸」一下「切光」，危害到美國的利益，即使美國一時不爽甚至動怒，但反應都是有限度的。美國人「打扁」一向是「高高舉起，輕輕放下」。2002年，陳水扁突然發難，提出「一邊一國論」製造兩岸緊張；2004年，陳水扁執意「公投綁大選」，這兩次公然挑釁大陸，美國都只是嚴厲警告，並沒拿他怎樣。此次「終統」，陳水扁的算計仍是如此。陳水扁早把美國看穿了，即便美國懲罰他，最終受害的是臺灣人民和美國自己的利益，而非僅僅陳水扁本人，陳水扁要的就是以臺灣人民為人質來換取他個人的政治利益。更何況，在美國的政治體制下美國政府的行為要受國會以及社會上某些親臺、反華保守勢力的制約，也不可能任由政府重罰陳水扁。只要認清這點，便可理解陳水扁何以敢如此強硬、「頂風作案」，悍然宣布「終統」，而美國政府又何以對陳水扁強行「終統」不僅不加譴責，相反還為陳水扁背書、緩頰的根本原因。

事實一再證明，只要「臺獨」勢力在島內掌握執政權力，兩岸關係形勢就不可能有實質上的緩和。顯而易見，「終統」是「臺獨」分裂活動升級的危險信號，「臺獨」香腸已經被陳水扁切到只剩下一小塊，如果他繼續玩弄文字遊戲，透過所謂「憲改」進一步推動「法理臺獨」，觸犯《反分裂國家

法》底線，勢必引起臺灣內部政局、社會的強烈動盪和兩岸關係的高度緊張，釀成新的更加嚴重的臺海危機。陳水扁不僅是唯心主義者，更是一位不按牌理出牌的賭徒，不能排除他面臨困境時誤判形勢，狗急跳牆。為此，我們不可掉以輕心，必須保持高度警惕，密切觀察陳水扁的下一步動作，做好應對任何複雜局面的充分準備。

（原文刊於《國際行驅導報》）

美國因何為陳水扁「終統」放水

從態度強硬到最終「放水」

1月29日，陳水扁公然提出「廢除國統會和國統綱領」，並要「以臺灣名義加入聯合國」之後，美國方面很快就對陳水扁的講話作出強烈反應。白宮發言人史無前例地主動發表聲明，重申美國的一個中國政策，表示對陳水扁製造「廢統」議題「嚴重關切」，直指陳水扁欲以「臺灣」名義推動加入聯合國是意圖「片面改變臺海現狀」。隨著事態的發展，美國還透過一些媒體、專家學者甚至政府官員發表措辭嚴厲的講話，甚至放出「臺灣還要不要美國保護」這樣的重話，以表達美國的強烈不滿。應該說，在事件的起始階段，美國在對陳水扁「廢統」問題上態度相當強硬，反應也還算快。

然而，經過美臺之間近一個月的「密集溝通」，美國最終與陳水扁達成了妥協，同意為陳水扁「廢統」開綠燈。陳水扁玩弄辭藻，利用中、英文表達的微妙差異，以「終止國統會運作」、「終止國統綱領適用」的方式完成了他蓄謀已久的實質「廢統」計畫。而白宮則發表聲明，認為陳水扁「沒有片面改變兩岸現狀」，甚至掩耳盜鈴，認為「國統會」和「國統綱領」只是被「凍結」，而不是被「廢除」，而且還反過來要求大陸與陳水扁恢復對話。美國在關鍵時刻「放水」，再次向「臺獨」勢力發出錯誤信號。

美國為何要給陳水扁「放水」

美國給陳水扁的「臺獨」挑釁行為「放水」已經不是第一次了。遠的不說，2002年8月陳水扁拋出「一邊一國」論、2004年陳水扁執意要「公投綁大選」，挑戰兩岸關係底線，在陳水扁這兩次「臺獨」冒險過程中，美國政府的應對之策都是循著「反對—妥協—放水」這一順序來進行的。這次圍繞「廢統」問題，美國的處理方式如出一轍。

面對陳水扁的「臺獨」挑釁，美國屢屢「放水」是有其深刻原因的。

美國因何為陳水扁「終統」放水

首先，美國對陳水扁「臺獨」分裂活動的冒險性、危險性認識不足。美國過於自信，總認為它有能力控制陳水扁，陳水扁不敢真的搞「法理臺獨」。這實際上是低估了陳水扁的能量和賭徒性格。須知，對於陳水扁這樣一個執政無能、貪腐成性、形象全毀的無賴政客而言，為了鞏固自己的權力地位，避免當「臺灣的盧泰愚和全斗煥」，絕對是敢於不顧一切上演最後的瘋狂、製造臺海危機的。美國顯然對這種危險性沒有足夠的認識。

其次，保住了美國「山姆大叔」的顏面。陳水扁推進「臺獨時間表」一向採取「進兩步，退一步」和「切香腸」的慣用伎倆。陳水扁上臺執政近6年來，一再信誓旦旦地承諾「四不一沒有」，而美國也多次在重要關節點上要求陳水扁信守這一承諾。為了表示美國對陳水扁這一承諾的重視程度，白宮發言人甚至多次在記者會上把陳水扁的「四不一沒有」逐字逐句地念一遍。然而，這一次面臨困境的陳水扁竟公然表示要「廢統」，等於公開在世人面前打了美國一記響亮的耳光，使美國顏面掃地。美國起初放出重話，向扁發飆，在相當程度上也有維護自己尊嚴的因素在裡面。於是陳水扁開始「以退為進」，不再談「以臺灣名義加入聯合國」，並且在「廢統」問題上大玩文字遊戲，把「廢統」改為「終統」，向白宮作出表面上的「妥協」。透過這一文字遊戲，雙方「一終各表」、各取所需，陳水扁達到了「廢統」的目的，而美國則順勢「放水」，同時也找回了點面子。

當然，美國之所以對陳水扁的「臺獨」行徑一再「放水」，採取極不負責任的「綏靖」政策，還有更深層的原因：

其一，美國原本從內心就不願看到中國的統一。2006年初美國發表的《四年防務評估報告》明確提出：「作為一個主要的和新興的大國，中國最具有和美國進行軍事競爭的潛力」。一些美國政客認為，臺灣問題一旦解決，一個統一富強的新中國崛起於東方，對於美國而言，絕對不是「福音」。所以，陳水扁悍然「廢統」，美國方面表面不悅，實則內心竊喜也。明白了這一點，也就不難理解為什麼每一次美國人「打扁」，都是「高高舉起，輕輕放下」，放陳水扁一馬了！

其二，在美國看來，一個少數人支持的、脆弱的「臺獨」政權，更需要依賴美國，更易於美國控制。人們都還記得，2004年3月19日，島內「大選」中的兩顆不明子彈扭轉選舉結果，引發島內局勢動盪，甚至有失控的危險。值此關鍵時刻，美國堅定地站在陳水扁一邊，力壓連宋放棄街頭抗爭。實際上，美國並不願意看到甚至擔心一個由多數民意支持而又主張兩岸統一的政權出現在臺灣。因為，一旦兩岸政治上實現了和解，並加快統一步伐，美國將會喪失臺海局勢的主控權。

其三，美國需要維持臺海地區的「適度緊張」，以便攫取自己的最大利益。在臺灣問題上，美國的操作手法向來是搞「兩個平衡」：臺灣島內的藍、綠平衡和海峽兩岸的統、「獨」平衡，不希望任何一方占據過大的優勢。故此，陳水扁「臺獨」冒進，美國就向扁施壓，使其有所「節制」。隨後就反過來向大陸施壓，要求大陸方面作某些妥協。美國的如意算盤是：保留一個不時在兩岸問題上製造「小」麻煩但最終受美國控制的「臺獨」政權，維持臺海地區的「適度緊張」，唯有如此，美國才能在與中國的交往中有效地打「臺灣牌」，還可以從對臺軍售中撈取巨大的經濟利益和戰略利益，而臺海局勢發展的主導權，則始終由美國來操控。

「放水」對美國並無好處

行文至此，傳來消息說，美國要求臺灣「澄清」陳水扁所言「終統」是否等同於「廢統」？要求陳水扁當局公開表態「國統會」和「國統綱領」仍然存在，並未被「廢除」，否則將被視為「破壞現狀」云云，再次向扁施壓。美國態度轉趨嚴峻，顯然因為：陳水扁強行「終統」後，大陸強力反彈，臺灣和國際輿論大譁，美國處境尷尬，對其「放水」無法自圓其說，在國際社會的形象大受其損；臺灣自以為得計，將之視為對美「外交」的一大勝利，氣焰十分囂張。島內「急獨派」更是大受鼓舞，欣喜莫名，紛紛提出「急獨」的「憲改」主張，妄圖趁勢推進「法理臺獨」，蓄意挑動新一輪的臺海危機。美國眼見情勢發展出其所料，才不得不採取上述補救措施。但根據以往「模式」，臺灣認為只需稍作妥協，便可再次把美國「搞定」。美國絕不會採取

任何實質性行動懲罰陳水扁，而陳水扁也吃定美國不會輕易拋棄「臺獨」，因此才會有恃無恐。

　　上述美國的臺海政策行之多年，既自私且極不負責任，其實這正是「臺獨」分裂活動發展到今天如此猖獗地步最主要的外部原因。說白了，「臺獨」勢力的囂張，是美國一手扶植、縱容、姑息的結果。俗話說：「搬起石頭砸自己的腳」，如果島內「臺獨」勢力得不到遏制，臺海地區的穩定和平勢必遭到破壞，到那個時候，美國就會明白什麼叫做得不償失了。

　　　　　　　　（原文刊於《人民日報・海外版》，與李振廣合撰）

向布希叫板　陳水扁自取其辱

5月4日，陳水扁出訪南美洲的所謂「興揚之旅」終於啟程。不久前剛剛作過保證，說臺美之間以後不會再有「意外」的陳水扁，這一次藉過境問題讓美國人又著實「意外」了一次：拒絕接受美國提出的「羞辱」性過境限制，取消「過境」美國。陳水扁此舉無疑是要表達對美國「打壓」的不滿，向布希叫板。

布希修理陳水扁

陳水扁上臺以來6次「過境」美國，最風光的一次是2003年在紐約領取所謂「人權獎」，並受到數十名美國國會議員的歡迎。自2004年陳水扁不聽美國的話，執意推動「公投立法」和「公投綁大選」之後，陳水扁「過境」美國的待遇就每況愈下。2004年「過境」夏威夷、西雅圖，2005年「過境」關島、安克拉治、邁阿密，一次比一次遠離美國的政治經濟中心，陳水扁藉「過境」之機，進行政治造勢撈取政治資本的空間越來越小。2006年初，陳水扁公然違背「四不一沒有」承諾，宣布「廢統」，試圖搞亂臺海局勢。陳水扁這一給美國製造麻煩、掃盡美國顏面的舉動，引發了美國的強烈不滿。具有典型「西部牛仔」性格、一向報復心極強的布希總統，始終耿耿於懷。此次陳水扁申請「過境」美國，自然也就成了布希政府修理和教訓陳水扁的一個絕好機會。

其實，早在今年2、3月間，臺灣有關部門就開始向美國提出陳水扁的「過境」要求。陳水扁原定5月3日傍晚啟程，然而，美國一直到臺北時間5月2日才給臺灣正式答覆，並且明確建議陳水扁去程過境夏威夷檀香山，回程在阿拉斯加的安克拉治過境。而且只能加油休息，不能安排過夜或有任何公開活動。但直到臺北時間5月3日下午，臺灣「駐美代表」還在與美方磋商，希望至少能在美國本土的邁阿密或休斯頓「過境」。美國有關官員透露，陳水扁「過境」案這次是史無前例地由美國總統布希親自裁決，因此不可能改變。而陳水扁不得不將啟程時間推遲到5月4日早晨。

向布希叫板　陳水扁自取其辱

▋陳水扁叫板布希

　　美國如此羞辱性的「過境」安排，令陳水扁十分惱火。據報導，陳水扁5月2日親自約見美國在臺協會（AIT）臺北辦事處處長楊甦棣，堅持「如果不是紐約，我就不過境了！」兩人最後不歡而散。5月3日臺灣有關部門宣布，陳水扁來回「過境」美國都將在阿拉斯加的安克拉治停留、加油。美國國務院也發表簡短聲明說，美國瞭解到陳水扁將於5月4日前往巴拉圭，以及5月10日從哥斯大黎加返回臺北途中，都將「過境」安克拉治。然而，幾個小時之後，也就是華盛頓時間5月3日下午2點左右（臺北時間5月4日凌晨），美國國務院卻突然單方面宣布：剛剛獲得臺灣方面的通知，陳水扁自己主動取消「過境」美國，確定在前往巴拉圭途中不會「過境」美國的阿拉斯加。

　　陳水扁在「過境」問題上出爾反爾，捉弄美國國務院，顯然是在向布希叫板。而陳水扁膽敢又一次「挺直腰桿」向布希叫板，當然不會是如臺灣某些媒體所評論的那樣僅僅是「意氣用事」，而是另有其政治盤算：首先，這種羞辱性的「過境」安排，沒有在美國進行政治造勢的空間。「司馬昭之心，路人皆知」，陳水扁每一次「過境」美國，其目的就是要進行政治造勢，「出口轉內銷」，作為在臺灣島內賣弄、炫耀的政治資本，實現所謂以「過境外交拚內交」。而按照美國這次的安排，陳水扁「過境」的地點在遠離美國本土、天寒地凍、人跡罕至的阿拉斯加，而且只「過境」加油，原則上不得過夜休息，陳水扁不僅不能在「過境」期間搞任何政治造勢活動，甚至還不得下飛機。這種「過境」待遇，沒有任何政治油水可撈，陳水扁當然難以接受。

▋以「過境事件」牟取政治利益

　　其次，陳水扁要「以攻為守」，透過製造「過境事件」牟取政治利益。美國這次給陳水扁提供的「過境」安排，是近10年來總統在美國「過境外交」中所遇到的最難堪的待遇，因此就連「臺獨」理論大師林濁水都指斥為「丟臉」。然而，一向擅長「逆勢操作」的陳水扁卻不那麼看。在陳水扁看來，正可以利用這一事件大做文章、牟取政治利益：一方面，拒絕美國羞辱性的

「過境」安排，敢於和美國對著幹，摸美國的老虎屁股，在島內民眾面前或許可以挽回一點尊嚴，甚至能夠製造出某種悲情效果，博得民眾的同情，這對於正處在政治低潮期的陳水扁來說，是絕對不可放過的機會；另方面，陳水扁早就摸清了美國的脾氣，這樣做儘管美國一時會很生氣，但也不至於為這點小事就把他怎樣。更何況，關鍵時刻在美國國會議員中總還有幾個「哥兒們」會站出來為他幫腔說話。說不定，這次向布希叫板會成為陳水扁提高身價的籌碼，以便在下次「過境」美國時待遇反而會有所改善。回想「臺獨教父」李登輝當年，不就曾藉「過境」問題發飆，因而日後才得到風風光光訪問美國的意外收穫嗎？有其父必有其子，「臺灣之子」陳水扁，也希望重溫李登輝當年的舊夢。

為糾纏不清的弊案脫困

　　第三，意圖轉移島內新聞焦點，為執政團隊糾纏不清的弊案脫困。自去年以來，臺灣媒體幾乎是「日揭一弊」，把陳水扁上臺執政後其身邊親信乃至所謂「第一家庭」成員種種以權謀私、內線交易、官商勾結的弊案、醜聞揭露得淋漓盡致，令人目不暇接、觸目驚心。島內民眾對陳水扁的滿意度跌至六年來的最低點，不到百分之二十。連帶著民進黨的政黨支持度也大幅下滑。民眾怨聲載道，黨內不滿情緒日甚一日，政權基礎嚴重動搖，執政危機四伏。陳水扁謀劃出訪，以「拚外交」為名，目的之一正是為了轉移島內新聞焦點，為其執政團隊和「第一家庭」脫困。

　　從4月底臺灣外事部門負責人黃志芳到阿聯酋活動，以及這次陳水扁專機在阿聯酋的阿布達比「過境」加油可以看出，實際上陳水扁當局早就有計劃、有預謀了。果然，此次故作神祕的「過境之旅」、「迷航之旅」吸引了島內外無數關注的目光，至少在一段時間內達到了他轉移新聞焦點的目的。但是，陳水扁的誠信早已破產，又自不量力地公開與美國對抗，向布希叫板，其雕蟲小技、如意算盤不可能得逞，這趟所謂「興揚之旅」，到頭來恐怕只會弄巧成拙、自取其辱，變成名副其實的「掃興之旅」。

（原文刊於《文匯報》，與李振廣合撰）

島內呈現兩岸關係「利多」情勢

　　自去年高捷弊案被揭露以來，涉嫌陳水扁親信、家人的弊案接連曝光。在這一連串弊案的衝擊下，民進黨輸掉了去年底的「三合一選舉」，民意支持率不斷下滑，把民進黨政權推入風雨飄搖之中。陳水扁也從所謂「臺灣之子」淪為「臺灣之恥」，成為民進黨執政的最大包袱。連串弊案更激起全民公憤，島內反扁聲浪風起雲湧，在野黨要求罷免陳水扁，民進黨內也指責陳水扁姑息養奸，敗壞了黨的形象。處於窮途末路的陳水扁不得不於5月31日連夜召開黨政高層會議，宣布「放權」。

▋陳水扁「放權」內藏玄機

　　緊接著，追隨陳水扁多年的兩位貼身幕僚馬永成和林錦昌宣布辭職；6月1日，陳水扁召見王金平，透露在端午節當天吳淑珍的健康狀況一度危急……顯然，陳水扁的一招一式都是經過深思熟慮的，且招招都藏有玄機。

　　首先，以「放權」求保位。雖然陳水扁在民意壓力下宣布下放權力，但是陳水扁的通篇講話既沒有對家族成員的一連串弊案表達歉意，也沒有對弊案醜聞作出任何解釋，有的只是推諉和「委屈」。陳水扁非常清楚，儘管目前民怨沸騰，在野黨的「罷免案」和「倒閣」聲浪來勢洶洶，但真正致命的是民進黨內部的「逼宮」已開始動搖他的統治基礎。新潮流系是當前實力最強、反扁最賣力的黨內派系，只要把部分權力釋放給新潮流系支持的「行政院長」蘇貞昌，滿足其權力布局，就可平息新系的倒扁聲浪。與此同時，在逼扁放權、逼退扁的兩位親信馬永成、林錦昌，實現了權力中心的部分轉移之後，新潮流系的階段性目標已經達到，將會使新潮流系的政治命運與陳水扁的命運捆綁在一起，保住陳水扁，就意味著保住新系的既得利益。如此，將促使握有實權、能量強大的新潮流系反轉過來謀求「鞏固領導核心」。而有了新系的保駕護航，陳水扁的壓力也就減輕了一大半。

　　其次，轉移民眾視線，模糊鬥爭焦點。陳水扁一貫善於耍弄轉移民眾視線的伎倆。去年底「三合一選舉」失敗後，在弊案與失敗的雙重壓力下，為

擺脫困境，陳水扁發表宣示「急獨」和緊縮兩岸政策的「元旦講話」、蓄意製造「廢統」事件和「迷航之旅」，在一段時間內，成功地轉移了人們的視線，讓陳水扁暫時喘了一口氣。然而好景不長，島內民眾反貪汙、反陳水扁、反腐敗政權的「三反運動」持續發展，「駙馬爺」趙建銘的貪腐案像滾雪球一樣越滾越大，壓得陳水扁透不過氣來。讓陳水扁更為害怕的是，趙建銘被警方收押禁見，眼看著這把火就要燒到「皇帝娘」吳淑珍和自己的頭上。於是陳水扁趕緊進行「危機管控」，故伎重演，宣布「放權」。其目的，無非是要把當前人們對弊案的關注，轉移到對民進黨權力的重組及藍、綠兩大陣營對決的鬥爭上來，從而緩解陳水扁自身的壓力。

　　第三，再打悲情牌。陳水扁在「放權」講話中，大談自己和家人的「委屈」。他說他的家庭成員無法過「一般人的正常生活」，這一段時間，他和他的家人心中有「無比痛苦」，甚至還恬不知恥地把其家人涉嫌弊案歸咎於外部因素，說什麼為了「爭取更多的支持，擴大執政基礎，在選舉與執政過程當中，難免會積累許多的包袱，包括人情、合作、包容等等」。為了博得社會的同情和憐憫，陳水扁還把他夫人的病情作為悲情牌來打。他透過王金平、蘇貞昌對外放話，說身體一向不好的吳淑珍端午節下午心跳只剩下五十，血壓收縮壓僅剩四十，人一度失神，情況相當危險，幸好醫生緊急搶救云云。陳水扁這一招兒關鍵時刻很起作用，十多年來屢試不爽。據島內媒體報導，消息放出後，果然博得了鐵桿「臺獨分子」的同情與諒解，矇蔽了一些善良的臺灣民眾，一定程度上緩解了正在臺灣社會蔓延的反扁情緒。

　　第四，「放權」是假，想做「太上皇」是真。陳水扁所謂「放權」，只是釋放了原本就不屬於他的權力，這等於不打自招地承認了他過去六年來一直都在「違憲」、濫權，是個不折不扣的獨裁者。陳水扁被迫「放權」，並宣稱「說到做到，堅持到底」，但據臺灣《中國時報》的民調顯示，只有18%的受訪者相信陳水扁會說話算話，卻有高達49%的人認為陳水扁只想「斷尾求生」，不相信他會兌現承諾。島內輿論普遍認為，以陳水扁對權力和利益的執著，「放權」只是暫時避避風頭，緩解黨內不滿情緒。風頭一過，他隨時都可以「收回」權力，重新操控一切。更何況，蘇貞昌的權力來自陳水扁，而目前檢、警、調等要害部門仍然掌握在陳水扁手裡，蘇貞昌只不過

臺海風雲見證錄：時事評論篇
島內呈現兩岸關係「利多」情勢

是陳水扁手中的一個傀儡而已。就連一位綠營的重要人士都說：「依照阿扁的一貫作風，他是不可能就此鬆手的，要他不插手人事，這是不可能的事！」

對於兩岸關係是利多

儘管陳水扁機關算盡，但一連串的貪腐弊案使陳水扁顯出了原形，表明了一直標榜「清廉」、「改革」、「愛臺灣」的陳水扁執政團隊，實際上乃是一群掏空臺灣、禍害臺灣的「碩鼠」。嗜權如命的陳水扁被迫「放權」，是其陷入空前執政危機的明顯標誌。陳水扁困獸猶鬥，試圖以掩人耳目的「放權」花招作為其危機管控的「停損點」。然而形勢比人強，鑒於島內要求陳水扁下臺的呼聲繼續高漲，已經揭發出來的各種弊案正在發酵，新的一大堆弊案則已排好了隊等著一個個要曝光，說不定哪天早上一覺醒來，發現大火已經燒進了「玉山官邸」，陳水扁還能賴在「總統」寶座上多少時日，現在恐怕誰也說不準了。因此，至少就近期而言，這種情勢對兩岸關係發展來說應該是一個重要的利好。道理至明：

一、以目前島內形勢來看，陳水扁及其執政團隊已根本無力推動、實施旨在謀求「法理臺獨」的所謂「憲改工程」。在一連串重大弊案的衝擊下，一方面，陳水扁及其執政團隊自顧不暇、窮於應付、方寸大亂，哪裡還有精力去主導議題，引領風潮，推動「憲改」；另方面，重重弊案一層層地揭下了披在「臺獨分子」身上的畫皮，暴露了這些道貌岸然的「臺獨分子」實際上是一群私慾薰心、罔顧臺灣民眾利益的無恥之徒。陳水扁政治權力的合法性與道義基礎已經喪失殆盡，其政治影響力和號召力大幅削弱，迷惑臺灣人民的道義本錢急劇流失，還想大張旗鼓地推動「法理臺獨」將面臨重重困難。

二、近年來在國共兩黨的共同努力推動下，兩岸關係發展出現了良好的勢頭，打下了較好的基礎。目前，在民進黨內「四大天王」的卡位戰中，接受了陳水扁部分權力的「行政院長」蘇貞昌處於最有利的地位。而蘇貞昌若想卡位成功，爭取更多選民的認同，就必須在兩岸問題這一最容易做出政績的領域著力，也即修正陳水扁僵化的「積極管理，有效開放」的兩岸政策，代之於新潮流系所主張的「積極定位，大膽開放」政策，在兩岸「三通」、

經貿交流等方面適度做出調整。比如，在節日包機常態化、週末化，以及開放大陸遊客赴臺觀光、開放農產品銷售大陸等方面，採取較為理性、務實的政策。雖然受陳水扁一家及其親信貪腐弊案拖累，但假若蘇貞昌在兩岸政策上做得比較好，將會與陳水扁形成鮮明對照，造成「立竿見影」的效果，那麼蘇的民意支持度很快就會得到提升，而陳水扁的假「放權」也就有可能「弄假成真」。種種跡象表明，蘇貞昌正試圖這樣做。6月1日，蘇貞昌對外公開強調，臺灣有信心開放大陸觀光客來臺灣，不必「晚點名」，不必有其他管制，「其他的種種政策都可以往這個方向走」。當然，由於各種內外因素的制約，目前人們也不能幻想在民進黨執政的情況下，兩岸關係會有任何重大的突破性的進展。

（原文刊於《人民日報‧海外版》，與李振廣合撰）

凝聚兩岸同胞，遏制「法理臺獨」

　　12年前，江澤民發表了《為促進統一大業的完成而繼續奮鬥》的重要講話，就發展兩岸關係、推進和平統一進程的若干重要問題提出了「八項主張」。兩年前，胡錦濤在看望參加政協會議的民革、臺盟和臺聯界委員時，就新形勢下發展兩岸關係提出了「四點意見」。江澤民的「八項主張」和胡總書記的「四點意見」，是在新時期新形勢下指導對臺工作的綱領性文獻。

　　過去的一年來，兩岸關係保持了和平穩定發展的勢頭，有利於遏制「臺獨」的積極因素增多。大陸方面繼續推動實施了一系列促進兩岸關係和平穩定發展的新舉措，壓縮了陳水扁當局「臺獨」分裂活動的空間。無論是兩岸人員的交往和經濟文化的交流與合作，都取得了歷史性的突破。國際社會「一個中國」的框架進一步得到鞏固，絕大多數國家反對或不支持「臺獨」。大陸緊緊把握住了兩岸關係發展的主導權。

▋臺海局勢愈加錯綜複雜

　　然而，「樹欲靜而風不止」，新的一年臺海局勢愈加錯綜複雜。最近一段時間以來，陳水扁糾集島內「臺獨」勢力，打著「臺灣主體性」的幌子，變本加厲地搞「去中國化」，更圖謀透過所謂「憲政改造」，把「臺灣法理獨立」的活動推向實質階段。種種跡象表明，陳水扁已經橫下一條心，打算鋌而走險，挑戰和破壞兩岸關係，製造新一波的臺海危機。因此，遏制「臺獨」仍然是當前海內外同胞的首要任務，而制止「法理臺獨」則是重中之重。

　　必須看到，儘管總統謀求「法理臺獨」活動升級，兩岸關係發展面臨嚴峻挑戰，但除少數「臺獨」分子外，兩岸絕大多數同胞和海外華僑華人都希望維持臺海局勢和平穩定，維持兩岸關係現狀仍然是臺灣民意主流，爭取臺海和平穩定、謀求兩岸合作發展、實現互惠雙贏是兩岸同胞的普遍願望，這是遏制「臺獨」分裂活動、保持兩岸關係和平穩定發展的最基本因素。因此，團結廣大臺灣同胞，進一步增強兩岸同胞的凝聚力，已然成為當前和今後相

當長時期內反對和遏制「臺獨」分裂活動、促進兩岸關係和平穩定發展的重要任務。

發揮中華文化整合功能

兩岸同胞的凝聚力，是兩岸同胞之間的吸引力和黏合力。它建立在對中華民族優秀文化傳統認同和發展兩岸共同文化的理念基礎上，集中表現為兩岸同胞為實現中華民族團結振興的共同利益和共同目標而一致奮鬥的合作行為。江澤民「八項主張」第六點明確宣示：「中華各族兒女共同創造的五千年燦爛文化，始終是維繫全體中國人的精神紐帶，也是兩岸和平統一的一個重要基礎。兩岸同胞要共同繼承和發揚中華文化的優良傳統。」

1980年代以來，在大陸的積極推動下，兩岸關係呈現出由完全隔絕到緩和交流的良性互動局面，兩岸團體和人員往來日趨熱絡，臺商投資大陸和兩岸經貿不斷擴大，兩岸出版、文藝、文物、書畫、影視、藝術、歷史、法律、醫學、教育、新聞、體育、民俗、宗教等文化交流日益加強，交流品位提升，呈現活躍勢頭，維護了兩岸同胞共同利益，增進了兩岸同胞感情，成為兩岸關係發展的重要基礎。

然而，由於臺灣以「臺灣主權觀念」對抗大陸的「一國兩制」；在「臺灣主體意識」下拓展「臺獨」的社會基礎；欲藉「憲改」實現「法理臺獨」；強調「根留臺灣」以遏制臺商投資大陸勢頭；製造「去中國化」以割斷兩岸文化臍帶……凡此種種在島內民眾中造成了極其惡劣的後果。

實現兩岸統一是中國國家發展和中華民族振興的客觀要求。不管臺灣問題最終如何解決，兩岸同胞的凝聚力都是至關重要的。這種凝聚力植根於中國優秀文化傳統，中華文化與民族凝聚力密不可分。應把弘揚民族優秀文化傳統與增強兩岸同胞凝聚力結合起來，充分發揮中華文化的整合和情結功能，突出以民族精神為核心的中華民族凝聚力的巨大作用，把它輻射到兩岸政治、經濟和社會生活的各個方面。

凝聚兩岸同胞，遏制「法理臺獨」

▎要增強兩岸同胞凝聚力

　　進一步增強兩岸同胞凝聚力，繼續貫徹江澤民關於現階段推進和平統一進程的「八項主張」和胡錦濤總書記關於新形勢下發展兩岸關係的「四點意見」。為此，我們要：

　　一、繼續加強與臺灣反對「臺獨」和認同「九二共識」的政黨團體的交流與對話，加強與臺灣各階層民眾的交往，扎紮實實地做好臺灣人民的工作，落實惠及臺灣同胞的各項政策措施，把工作做得更加柔和細膩，不斷增強兩岸同胞的親和力。

　　二、充分尊重臺灣人民當家做主的願望，採取積極措施化解他們對大陸的誤解和隔閡；切實維護臺灣同胞正當權益，使他們感受到兩岸和平穩定發展所帶來的實際利益；積累兩岸同胞更多共識。

　　三、進一步深化兩岸經貿交流與合作，改善大陸投資環境，加強農業和金融領域合作，推動兩岸直航，實現客貨包機常態化便捷化，在直接「三通」上取得新的突破。

　　四、進一步深化兩岸出版藝術、學術教育、新聞體育、民俗宗教等文化交流。改善交流環境，整合文化資源，增加資金投入，創新交流機制，拓寬交流領域；定期舉辦兩岸重要論壇和學術研討，加強專業人員互訪講學，提高兩岸學術水準；擴大兩岸校際之間交流互訪，互相承認學歷，為兩岸學生就讀提供方便；做好島內年輕人工作，讓他們瞭解和熟悉大陸；增強兩岸同胞文化共識，包括共同弘揚中華民族優秀傳統美德和固有精神，鞏固兩岸共同文化根基。

　　五、進一步增強大陸經濟實力，縮小兩岸生活水準差距；發展先進文化，提高人民素質，擴大兩岸共同點；加強社會主義民主政治建設，以政治清明、廉潔高效、民主法制、社會和諧的良好形象增強臺灣同胞對大陸的向心力。

　　六、進一步增強一個中國現實的國際認同，堅持在中美三個聯合公報原則基礎上發展中美關係，擴大共同利益，增進理解和互信；堅持在中日三個政治檔基礎上改善中日關係，堅決遏制日本右翼勢力插手臺灣問題；實施全

方位外交，發展同各國友好交往互利合作，加強與東盟 10 國合作，推動中非戰略夥伴關係，鞏固與歐盟等互利合作關係，進一步壓縮「臺獨」活動空間，鞏固有利於實現中國國家完全統一的國際環境。

　　七、進一步提高遏制「臺獨」的國防軍事實力，形成維護國家安全和領土主權完整的強大保證，促使兩岸關係朝著和平發展的方向前進。

　　所有這些都是增強兩岸同胞凝聚力不可或缺的重要因素，由此勢必發揮出兩岸同胞凝聚力的整體效應，這對於反對「臺獨」、促進兩岸和平統一進程具有重要性和緊迫性。

　　　　　　（原文刊於《人民日報・海外版》，與婁傑合撰）

兩岸關係危機與契機同在

狗年已逝，豬年伊始，大自然春暖花開的季節已經到來，然而展望未來一年的兩岸關係，勢將「政治對立進一步加劇，經濟關係進一步發展，民間交流進一步擴大」。換言之，危機與契機同在、對抗與緩和並存，一幅撲朔迷離、令人捉摸不定的前景。

眾所周知，影響兩岸關係發展的主要因素是臺灣島內的政局發展、朝野兩大黨的大陸政策、大陸的對臺政策、美國的臺海政策和臺灣的主流民意。上述諸多因素的交互作用，決定了海峽兩岸局勢的發展變化。而臺灣島內的政局發展，則是上述影響兩岸關係發展諸多因素中的一個關鍵因素。

▋政治對立進一步加劇

未來一年，島內面臨兩項重大選舉，即今年底的新一屆「立法委員」選舉和明年3月的「總統」大選。這兩場選舉的勝敗，將決定藍綠兩大陣營的存亡絕續，雙方都勢在必得。尤其是官司纏身的陳水扁及其親屬、親信一干人等，若民進黨丟失了政權，勢必成為階下囚而受到清算。執政七年毫無政績可言的陳水扁為了保住民進黨的執政權，不惜挑動島內族群對立、製造政黨惡鬥，炒作「急獨」議題，挑釁兩岸關係，以圖轉移臺灣民眾的視線，贏得選舉。推動落實所謂「正名」、「憲改」等「臺獨」時刻表，是民進黨既定的主導選戰議題的主要工具，兩岸關係已成為陳水扁保護其「身家性命」的首選犧牲品。可以預計，隨著選戰的日益臨近和進入白熱化，陳水扁民進黨推動「臺獨」路線、挑戰兩岸關係的動作勢必不斷加碼。如此，兩岸政治對立必然進一步加劇，臺海局勢不容樂觀。

自民進黨上臺執政以來，經過陳水扁的惡意操弄，兩岸政治關係轉圜的空間已經很小。未來島內政局的發展有以下兩點頗值得關注：其一，陳水扁「機要費」案司法審判的進展情況；其二，「立委」和「總統」選舉選情是否對民進黨有利。換言之，上述重大事件的發展只要有一項對陳水扁不利，都不排除陳水扁會狗急跳牆、破罐破摔，為求亂中脫困、火中取栗而悍然製

造「臺獨」重大事變，從而觸犯大陸《反分裂國家法》，挑起臺海局勢的劇烈動盪與衝突。

因此，兩岸政治對立會不會進一步惡化，會不會釀成新一波的臺海危機？端看陳水扁民進黨推動「臺獨」路線、挑戰兩岸關係的動作幅度究竟有多大，走得有多遠。當然，大陸的對臺政策與策略是否運用得當，以及中外的「反獨統一戰線」能否在關鍵時刻發揮作用，則具有十分重要的意義。說一千道一萬，但有一點不容懷疑：大陸對於任何形式的「臺獨」重大事變，都絕不會容忍！

經濟關係進一步發展

與政治對立加劇相反，未來一年兩岸經濟關係卻有可能會進一步密切，互利互惠的經濟交流交往勢將持續發展。兩岸經濟關係進一步發展的動力主要來自以下三個方面：

一是市場經濟規律。這是不依人的主觀意志為轉移的，過去十多年來，無論是李登輝的「戒急用忍」抑或陳水扁的「積極管理」的兩岸經濟政策，都無法阻擋兩岸經濟交流與合作的不斷深入發展。據大陸商務部資料，去年兩岸間接貿易首次突破一千億美元，比前年劇增近兩成。大陸已成為臺灣最大的交易夥伴和最大的貿易順差來源地。沒有人可以否認，一旦失去了大陸市場，臺灣經濟將立即面臨絕境。

二是大陸的惠臺政策與措施。近幾年來，大陸調整對臺政策，堅決貫徹落實胡總書記關於新形勢下發展兩岸關係的「四點意見」。其中，一系列操之在我的惠臺政策與措施已經陸續頒布或即將頒布。這些政策措施的進一步貫徹落實，必將有力地推動兩岸經濟關係的進一步密切與發展。

三是臺灣兩岸經濟政策的局部調整。堅持「臺獨」的陳水扁蓄意製造兩岸政治上的緊張與對立，是其維繫民進黨政權、保護自身安全的需要。同樣，臺灣行政當局在兩岸經濟政策上作出局部的、適度的調整，以爭取工商企業界和中間選民的認同與支持，也是陳水扁維繫民進黨政權、保護自身安全的

需要。兩手策略並行不悖，交互使用，目標一致。人們不難看到，自去年初蘇貞昌出任「行政院長」以來，臺灣「府」、「院」雙方一個唱白臉一個唱黑臉，扮演不同角色，推行所謂「政經分離」的新的兩岸政策。於是乎，節日包機常態化才得以談判成功、臺灣水果銷售大陸以及一系列臺資企業登陸的做法才得以推動實施。如今，包括大陸人士赴臺觀光、客貨運包機週末化、貨幣清算機制、金融監理機制與臺商權益保障等在內的兩岸協商談判，有的已經取得突破性進展，只待宣布實施，有的則得到大陸方面的正面回應，有望達成共識。

大陸的對臺政策極具包容性與連續性，不會「因黨廢言」、「因人廢言」，無論何黨何人在臺主政，無論何種政策措施，只要對緩和發展兩岸關係、維護臺海和平有好處，對增進兩岸同胞的福祉有好處，大陸方面都會信守承諾，積極推動，努力貫徹落實，這同樣也是毋庸置疑的。

▍民間交流進一步擴大

「求和平、求安定、求發展」是臺灣的主流民意。近幾年來，與「臺獨」勢力日趨猖獗同步發展的是兩岸民間交流的不斷擴大。這種現象既是對陳水扁民進黨推動「臺獨」路線、威脅臺海地區和平穩定的必然反彈，同時也是兩岸經濟、文化關係日益密切的必然反應。以連、宋訪問大陸為契機建立起來的兩岸政黨交流新模式、新平臺，為兩岸的民間交流交往注入了新的強大推動力。近年來，海峽兩岸各種不同形式、不同規模、不同專業、不同族群的民間交流方興未艾、風頭正勁，人員往來如過江之鯽、絡繹不絕。事實上，前述有利於兩岸關係緩和發展的一系列政策措施，之所以能達成共識並得以部分貫徹落實，在很大程度上端賴於國共兩黨和兩岸民間交流的積極推動方竟其功。可以預期，在新的一年，兩岸民間交流交往必將進一步向廣度與深度擴展，任憑什麼力量都無法阻擋。

總之，展望新的一年，兩岸關係勢將呈現出一種奇特的景象：政治上危機四伏，經濟上持續發展，民間交流不斷擴大。乍寒還暖、時寒時暖、充滿變數，將會是未來一年兩岸關係的基本特點。然而我們有理由相信，經過海

內外同胞的共同努力,能夠消除危機,抓住契機,避免對抗,促進緩和,把兩岸關係推向一個良性互動的新階段。

(原文刊於中評社)

「去蔣化」包藏「臺獨」禍心

　　今年以來，陳水扁當局製造了一連串「去中國化」鬧劇，挑起島內社會對立，製造兩岸關係緊張，圖謀民進黨在新一屆「立委」和「總統」選舉中獲勝，實現「臺獨」由量變到質變。然而，陳水扁當局改變不了臺灣是中國一部分的事實與法理，其謀求「臺獨」的野心難以得逞。

▌「去中國化」是「臺獨」的危險步驟

　　年初以來，陳水扁當局接二連三地上演「去中國化」鬧劇：先是臺北故宮刪去珍藏品說明中原有「來自北平故宮」、「中央博物館」等字樣，把「中國古代」修改為「國內外」。接著他們利用「2．28」煽動排藍情緒，深化臺灣族群矛盾；臺「教育部」使用經刪改的新版高中歷史教科書，把「本國史」改稱「中國史」，把過去慣用的「我國」、「本國」、「大陸」改為「中國」，孫中山不再被冠以「國父」稱呼，「武昌起義」、「廣州起義」等改為中性的「武昌起事」、「廣州起事」，連「南京大屠殺」都從教科書中刪除，強化所謂「臺灣主體意識」，加入兩岸分合和「統獨」內容，模糊臺灣年輕一代對一個中國的概念。

　　在陳水扁當局的壓力下，幾乎有中國字樣的臺灣大企業都強行改名。繼而又出籠「第二共和憲法草案」，放棄「五權憲法」，實行「三權分立」，彰顯「法理臺獨」。

　　在此形勢下，蔣介石也成為「去中國化」的重點目標。陳水扁當局下令在新臺幣上去除蔣介石畫像，在臺灣軍營中移走全部228座蔣介石銅像，甚至強行把「中正紀念堂」改為「臺灣民主紀念館」，揚言要制定法律審判蔣介石。近日，民進黨內激進「臺獨」勢力更炮製「正常國家決議文」，公然提出建立「臺灣國」、制定「新憲法」，推動臺灣「正名」。如此等等，不一而足。

　　陳水扁當局推動「去中國化」行徑目的有三：

一是明年初的新一屆「立委」選舉和「大選」臨近，民進黨當局為鞏固其「基本盤」，蓄意推動「去蔣化」以激化省籍衝突，主導選戰議題，確保民進黨繼續執政；二是以「去中國化」分裂手法，轉移島內廣大民眾對陳水扁當局執政腐敗的不滿情緒，轉移反貪腐視線，掩蓋陳水扁及其親屬、親信貪腐弊案的醜行；三是以「去中國化」分裂活動彰顯臺灣是「主權獨立的國家」，為推動臺灣「法理獨立」製造氣氛，掃除障礙。

大陸 2005 年頒布的《反分裂國家法》規定：「『臺獨』分裂勢力以任何名義、任何方式造成臺灣從中國分裂出去的事實，或者發生將會導致臺灣從中國分裂出去的重大事變，或者和平統一的可能性完全喪失，國家得採取非和平方式及其他必要措施，捍衛國家主權和領土完整。」中國政府正在密切關注事態的發展。

▌「去蔣化」意在為「法理臺獨」掃清障礙

陳水扁當局拿去世幾十年的蔣介石大做文章，打的旗號是所謂「轉型正義」、反對當年蔣介石的專制獨裁統治，由此而衍生到下令拆除蔣介石畫像、銅像、「中正紀念堂」更名等行為，實質上陳水扁當局是把蔣介石看作臺灣「去中國化」、推動「法理臺獨」的一大障礙，極欲徹底清除蔣家在臺灣的政治影響。

眾所周知，國民黨退臺迄今經歷了「蔣介石主政」到「蔣經國主政」再到「李登輝主政」進而到「陳水扁主政」4 個時期。兩蔣作為臺灣早期領導人共執政 39 年。他們堅持「一個中國」政策，反對「臺灣獨立」。李登輝主政時期，兩蔣涵蓋中國大陸的「一個中國」主張被修改為「中華民國在臺灣」，廢除臺灣省建制，宣稱「中華民國」實際管轄範圍僅在臺澎金馬，儼然把臺灣省變成「中華民國」。陳水扁上臺以來，鼓吹「中華民國是臺灣」，欲以「憲改」、「公投」的方式廢除現行的以「一個中國」為基本特徵和架構的「中華民國憲法」，重新制定一部所謂「合時、合身、合用的新憲法」，以實現「臺灣法理獨立」。可見，兩蔣的「一個中國」主張是陳水扁當局「去中國化」的巨大障礙。陳水扁之流大搞「去蔣化」，實質上就是要在政治上

「去中國化」，為其謀求臺灣「法理獨立」掃清障礙。其欺世盜名的卑劣手法，莫此為甚！

▌謀求「臺灣獨立」野心難以得逞

　　兩岸同屬一個中國的事實，絕非陳水扁當局導演「去蔣化」、「去中國化」鬧劇就能改變得了。一個中國不是抽象概念，而是有特定領土、完整主權、中華民族的客觀事實。中國歷史上有9次「大一統」的歷史，極大地促進了民族與文化的融合與進步。中國歷史上也曾出現過分裂政權，但都無法在全國實行有效統治，也沒有能夠改變一個中國的事實。分裂中國的行徑，或遲或早都會落得身敗名裂的可恥下場。

　　中華人民共和國成立至今，香港、澳門回歸，目前正致力於兩岸關係的和平穩定發展，促進兩岸和平統一進程。臺灣諸多歷史遺蹟和行政區劃都印記著兩岸歷史上的統屬關係，占臺灣人口絕大部分的漢族與大陸更有不解之緣。清朝統一臺灣時島內少數民族只占1.7%，其他人都是從大陸移居到臺灣的，就連陳水扁的祖籍也在福建。

　　兩岸迄今尚未實現統一，但絕不等於兩岸是「兩個中國」的關係。兩岸同屬一個中國，這種關係絕不是陳水扁當局隨便把臺灣改個什麼名稱就可以改變得了的。歷史上的外國侵略者也曾憑藉武力妄想改變這種關係，最終都遭到了失敗。當前和今後也不會有任何力量可以改變兩岸間的這種關係。

（原文刊於《人民日報‧海外版》）

蘭德公司的研究報告耐人尋味

　　美國著名智庫——蘭德公司不久前在網路上公布了一篇題為《臺灣地位問題解決之後的中美關係》的研究報告。這份報告是蘭德公司受美國空軍委託，由該公司高級研究員柯瑞傑博士和政策分析員席拉派克撰寫的。柯瑞傑博士去年4月曾來北京訪問，並與筆者就中美關係和臺海問題進行過深入的交談。筆者猜測柯瑞傑博士此番中國之行，或許正是為撰寫該報告所做的前期準備。故此，該報告發表後特別引起筆者的興趣與關注。

提出解決臺灣地位問題的10種模式

　　該研究報告共分三章。第一章對短期內臺灣地位問題解決的可能性進行了預測，認為至少在今後的4、5年時間裡，臺灣的地位問題是難以解決的，目前這種「不統不獨」的現狀將繼續保持不變。第二章是研究報告的重點，著重分析了未來較長一段時期內臺灣地位問題的10種可能解決模式及其對中美關係的影響。最後一章提出了作者對這一研究的總結與思考。

　　作者在報告中將解決臺灣地位問題的模式分為兩大類，即和平方式解決和武力方式解決。其中和平方式解決包括「維持現狀」、「統一」、「獨立」、「達成妥協方案」等4種模式；而武力方式解決則有美國介入條件下的「統一」、「獨立」、「不統不獨」和美國不介入條件下的「統一」、「獨立」、「不統不獨」，共6種解決模式。

　　在這10種可能的模式中，柯瑞傑分別以美、中兩國的經濟關係、外交合作關係及戰爭可能性作為評估的標準。報告認為，不論臺灣地位問題的解決結果為何，一旦訴諸武力，都將造成美中關係倒退，甚至造成新的冷戰；而在美國介入情況下的兩岸武力統一，則標誌著美國在亞洲軍事優勢地位的終結，對於美國而言，是10種模式中最糟糕的情況，美國與中國大陸將因此走入冷戰；反之，不論解決結果為何，只要過程是和平的，美中關係仍將維持和平與合作關係。

蘭德公司的研究報告耐人尋味

報告認為，在4種和平模式中，和平統一模式對中美關係產生的破壞性影響最小，以這一模式解決臺灣的地位問題導致美中之間戰爭的可能性微乎其微，而中美之間仍將保持密切的經濟聯繫和強有力的外交合作。與「統一」、「獨立」或「達成妥協方案」相比，維持目前這種「不統不獨」的現狀，導致美國與中國大陸發生軍事衝突的可能性最大。其顯而易見的原因就是「臺獨」勢力不斷推動「法理臺獨」、製造分裂，觸犯《反分裂國家法》而引發一連串反應，導致美國捲入其中。

▍耐人尋味的信號

美國蘭德公司作為美國著名的智庫，對美國政府政策的制定有著相當的影響力。蘭德公司在這份軍方委託的研究報告中所透露出來的某些訊息，耐人尋味。

首先，作者在解決臺灣地位問題的10種模式中，提出的美國不干涉條件下的武力統一模式，並假定了美國不予干涉的原因。報告認為，如果因為臺灣方面無理挑釁大陸或者因此導致美臺關係的破裂，而促使美國決定不再協防臺灣，這樣的話，中國的武力統一臺灣行動儘管被認為是不受歡迎的，但卻是可以理解的（甚至是必然的），而在這一情況下，不會引起中美關係的根本改變。

近幾年來，陳水扁的「臺獨」冒險行徑一直受到美國政府官員和學者的批評，特別是在當前陳水扁執意發動「入聯公投」，挑釁大陸，製造兩岸關係緊張的這樣一個時間點上，柯瑞傑作為一名深諳美國臺海政策的專家，提出上述觀點不啻是對民進黨當局的一種嚴厲警告，其背後的「潛臺詞」頗值得人們深思。

其次，報告明確指出，美國武力介入臺灣問題的解決將得不到世界大多數國家的支持。報告認為，如果中美兩國因臺灣問題陷入敵對狀態，亞洲國家將被迫在中美之間選邊站。然而，除了日本之外，亞洲大多數國家都會認為維持與中國的良好關係，遠比關心中國使用武力制止「臺獨」更加重要。這些國家將頂住美國要求在中美之間選邊站的壓力，傾向於維持與中美雙方

的良好關係。報告還認為，這一邏輯對於本地區以外的那些根本不關心中國是否使用武力解決臺灣問題的國家來說更為適用。而中國也有強烈的理由保持與世界其他國家的良好關係，假如在臺灣問題上的敵對性行動能很快結束，那麼，除了美國、日本以外，世界上絕大多數國家將很快恢復與中國的貿易和在中國的投資。報告的這一結論，將會在多大程度上影響美國白宮和五角大廈的臺海政策制定者與決策者，值得觀察。

第三，柯瑞傑的理性分析告訴人們，無論美國的意願如何，在解決臺灣地位問題的 10 種模式中，臺海兩岸的和平統一模式對中美關係的衝擊和影響最小，也最有利於中美關係的進一步發展。眾所周知，自冷戰結束以來，美國作為當今世界唯一的超級大國，一直都在探討和重新構建它與世界其他國家之間關係模式，而美國與中國的關係模式也是在這一過程中逐漸走向清晰的。進入 21 世紀之後，隨著中國的崛起，美國究竟要選擇一種什麼樣的中美關係模式，這不僅對於中美關係，而且對亞太地區乃至世界政治格局都有著深遠的影響，而臺灣問題的解決，將是這一模式的最重要的試金石。

春江水暖鴨先知

在過去的 50 多年中，由於美國的強行介入和干涉，臺灣問題始終未能得到解決，百年來中國人民為之奮鬥企盼完成國家統一的願望一直沒有實現。而且，隨著「臺獨」勢力的發展，民進黨的上臺執政，臺海地區的和平與穩定不斷受到威脅，中美關係的健康發展也因之受到嚴重干擾。而今，隨著中國的崛起，中國國家綜合實力的大幅提升和國際影響力的日益提高，臺灣問題的解決與中國實現國家最終統一的前景已經越來越明朗。面對這一不可阻遏的發展趨勢，對於深諳國際政治中的實力原則，並一向基於這一典型現實主義原則制定對外政策的美國戰略家們而言，未雨綢繆，將研擬解決臺灣地位問題的方案提上議事日程，顯然不僅十分必要而且已經具有相當程度的緊迫感。

顯而易見，隨著中國實力的增強，未來美國介入臺海問題的成本與代價將越來越高，甚至到無法承受的程度。正如作者在報告中所提到的，隨著中

國在軍事上的實力和信心的提高，美國試圖阻止中國解決臺灣問題，將變得越來越困難。如何最大限度地維護美國的利益，在盡可能不損害美國在亞太地區的地位和尊嚴的前提下體面地解決臺灣問題，這正是柯瑞傑博士這一報告所要探討的核心問題。柯瑞傑、席拉派克在他們的研究報告中指出，從美中長期關係的角度著眼，美國在臺灣問題上的核心利益是「和平」解決臺灣問題，而不論其結果是「統」是「獨」或是「不統不獨」。其實，這也是中美建交以來，美國一貫堅持的政策原則。

當然，從報告的研究結果來看，雖然作者支持「和平解決」臺灣的地位問題，但並不意味著一定支持中國的「和平統一」。然而，就目前及未來相當長一段時期而言，主張維護臺海和平的現狀，顯然符合中美雙方的利益。而在當前情勢下，如何採取實際而有效的行動，制止臺灣陳水扁當局推動破壞現狀的「入聯公投」、「憲改」等「臺獨」冒險，維護臺海和平，則是中美兩國必須首先面臨和解決的最現實同時也是最緊迫的問題。

（原文刊於《國際先驅導報》，與李振廣合撰）

「決議文」是「臺獨」重大步驟，肯定是禍

歷經數月之久的黨內討論後，民進黨的所謂「正常國家決議文」終於出籠了。從其炮製的全過程來看，這個「決議文」是民進黨內各個派系互相妥協的結果。

▌「決議文」將深刻影響民進黨的政策

從其內容來看，該「決議文」與民進黨主席游錫堃早些時候提出的激進版本相比，雖然略顯「溫和」，例如游版中提出的「國號正名臺灣」、「新憲國土範圍界定為臺澎金馬」等極其露骨的「急獨」主張和敏感文字，被全部刪除，但其核心內容仍然是圍繞著「公民投票」、「正名制憲」、推動以「臺灣名義加入聯合國」、彰顯臺灣為所謂「主權獨立國家」、更改「中華民國國號」等激進的「臺獨」訴求而展開的。再有就是將游版中要求「立即」推動落實上述主張，改為在「適當時機」、「早日完成」這種較為含混的、沒有時間表的提法，藉以欺騙海內外輿論和臺灣選民。該「決議文」通過後，勢必取代原來的「臺灣前途決議文」，成為民進黨內具有黨綱性質的重要檔，從而對民進黨今後的政策走向產生深刻影響。

▌民進黨已浪子難回頭

眾所周知，早在 1991 年 10 月，在野時期的民進黨就將「建立臺灣共和國」這種「急獨」的主張納入其黨綱，引起了當時海內外的強烈反彈，民進黨因此還差一點被國民黨當局以違反「人團法」而遭到解散。爾後在許信良、施明德擔任黨主席期間，曾採取各種措施推動「臺獨」策略轉型，淡化黨內「急獨」主張，從而使民進黨在島內的多項重大選舉中獲勝，勢力得到較大的發展。1999 年 5 月，民進黨為因應次年大選所提出的「臺灣前途決議文」，實際上宣示了民進黨從「急獨」向「溫和臺獨」的轉變，也因此而騙取了不少中間選票，陳水扁得以勝選上臺。

「決議文」是「臺獨」重大步驟，肯定是禍

然而，民進黨上臺執政後繼續頑固堅持「臺獨」立場，以偏激的意識形態治政，致使政黨惡鬥、兩岸關係持續緊張，社會治安敗壞，經濟發展停滯滑坡，7年來毫無政績可言，又兼陳水扁及其家人、親信貪腐弊案纏身，民眾怨聲載道。面對即將舉行的2008年大選，要想保住民進黨的江山不倒，也就不得不任由全黨被「臺獨基本教義派」綁架才能穩固「深綠」的基本盤。如今，在民進黨內已經沒有主張「緩獨」或「溫和臺獨」的自由，較為務實、清醒一些的有識之士事實上已被完全壓制，動輒被打成「十一寇」、「西進昌」、「中國琴」。「正常國家決議文」的出籠，表明民進黨作為「執政黨」，在「臺獨」問題上已完全回歸到1991年在野時期的激進原點，如果得不到足夠的教訓，已很難讓這個不知天高地厚的浪子回頭了！

▎對「決議文」不可等閒視之

有輿論認為，民進黨的主事者明知「臺獨」目標無法達成，其頒布「正常國家決議文」純粹是一種選舉花招，這種說法有失片面。

誠然，不可否認，「正常國家決議文」在這種特殊時刻頒布絕非偶然，是陳水扁、民進黨謀劃已久的選戰策略之一。代表泛藍陣營出戰參選下任總統的馬英九在「特別費案」一審被判無罪，而民進黨的參選人謝長廷目前卻仍有多種弊案纏身，這使得民進黨繼續在未來的選戰中主打「司法牌」很難占到便宜，於是挑動兩岸關係的敏感神經、煽動對大陸的敵對情緒，打「統獨牌」，就成了民進黨唯一的一根救命稻草。但「正常國家決議文」的「急獨」主張，固然能幫助民進黨穩固「深綠」基本盤，卻很可能會嚇走部分中間選民，對民進黨的選情是福是禍，尚有待實踐來檢驗。

然而，民進黨此刻推出「正常國家決議文」，對臺灣民眾而言則肯定是禍！它絕對不是單純的選舉招術，更是民進黨推動「臺獨」的重大步驟，不可等閒視之。

對當代臺灣政治發展史稍有瞭解的人都很清楚，「臺獨」勢力之所以能發展到今天如此囂張、危險的地步，正是近20年來，民進黨在島內歷次大大小小的選舉中不斷鼓吹「臺獨」理念與主張，汙染臺灣社會、混淆臺灣民

眾「統獨」觀念和「國家認同」的惡果。如今，島內相當一部分民眾，即便是自以為有很強「獨立思考」能力、原本不贊成「臺獨」的部分知識份子，在「臺獨」刻意營造的話語霸權的多年薰陶下，都已「身在獨中不知獨」，在不知不覺中漸漸轉變成「臺獨」理念的同情者，甚至是擁戴者和鼓吹者而渾然不自知。不必多加舉例，眼前的事實就可資佐證：民進黨的「正常國家決議文」，明明是一份不折不扣的「臺獨宣言書」，卻因為它略加包裝，島內便鮮少聽到有見地的、像樣的批評聲音，即使平日被歸類為「泛藍陣營」、經常上政論節目的「名嘴」們，也大都認為該「決議文」十分「溫和」，有助於民進黨開拓中間選票，可謂與 16 年前民進黨拋出「臺獨黨綱」時臺灣主流輿論一片撻伐之聲有隔世之感、雲泥之別！如此發展下去，沒有了「臺獨刹車皮」的整個臺灣政壇和社會，就有可能被「臺獨」拖進萬劫不復的深淵，這絕非杞人憂天、危言聳聽！

　　如今的民進黨，已經不是 16 年前在野時期拋出「臺獨黨綱」的民進黨了，而且也不能排除 2008 年民進黨仍有可能贏得大選，繼續執政，但有一點不必懷疑，自從大陸頒布《反分裂國家法》後，世界上便有了一件可被稱為「臺獨滅火器」的寶貝，如果民進黨恣意妄為，硬要放火，而它的後臺老闆美國又繼續明管實縱的話，那麼這件「寶貝」便可派上用場了！

（原文刊於中評社）

淺析中共十七大報告對臺政策的五大特點

　　胡錦濤總書記十七大政治報告，其對臺政策部分的重要論述，體現了和平性、原則性、包容性、延續性、科學性五大特點。

　　首先是和平性。「報告」的對臺政策部分不到一千字的內容，使用「和平」一詞卻多達十多處：諸如，實現「和平統一」、爭取「和平統一」努力絕不放棄、牢牢把握兩岸關係「和平發展」的主題、為臺海地區「謀和平」、達成「和平協議」等等，比比皆是，「和平」這個詞彙使用率最高，最為頻繁。通篇講話高舉「和平」的旗幟，理性平和，沒有咄咄逼人的威脅用語，這在當前「臺獨」活動猖獗，變本加厲挑釁大陸，衝撞大陸底線，兩岸關係處在「高危期」的情況下，特別出人意表。這顯示中共領導人對把握臺海局勢的充分自信；不被「臺獨」的刻意挑釁所左右，不輕易改變對臺工作的基本戰略和方針；愈加突顯了「臺獨」是破壞兩岸關係、威脅臺海地區和平穩定的根源。

　　堅持對臺戰略的「和平性」不是一時權宜之計，這與中共「和平發展」的國家發展戰略是相配套的、一脈相承的。道理至明：堅持「和平發展」的國家發展戰略，在中國國內建構「和諧社會」，在國際主張「和諧世界」，兩岸關係則要「牢牢把握和平發展的主題」。

　　堅持對臺戰略的「和平性」受到中外輿論的高度肯定和讚揚，和陳水扁當局刻意製造臺海緊張局勢形成鮮明的對照，從而進一步孤立了臺灣陳水扁當局。

　　其次是原則性。堅持對臺戰略的「和平性」並非放棄原則立場。「報告」指出，「堅持一個中國原則，是兩岸關係和平發展的政治基礎」；「堅持一個中國原則絕不動搖」；恢復兩岸之間的交流對話和協商談判，前提是要「承認兩岸同屬一個中國」；協商正式結束敵對狀態，達成和平協定，構建兩岸和平發展框架，必須是在「一個中國原則的基礎上。」

「報告」重申「反對『臺獨』分裂活動絕不妥協」，號召「兩岸同胞要共同反對和遏制『臺獨』分裂活動」；針對當前陳水扁當局打著「民主」的旗號，極力推動「入聯公投」等「臺獨」分裂活動，嚴肅指出：「任何涉及中國主權和領土完整的問題，必須由包括臺灣人民在內的全體中國人民共同決定」；義正詞嚴地警告「臺獨」人士：「絕不允許任何人以任何名義任何方式把臺灣從祖國分割出去」。

上述內容，充分體現了中共在處理臺灣問題的過程中堅持「一個中國」原則的堅定立場，體現了中共捍衛國家領土主權、維護中華民族根本利益的堅強決心和鮮明態度。其潛臺詞是：「和平」是有原則的「和平」，「和平獨立」只是「臺獨」人士一廂情願的幻想，「臺獨」就意味著戰爭！

第三是包容性。「報告」堅持了一貫的原則立場，但卻也展現出更大的政策「包容性」。

首先，「報告」在認定目前兩岸現狀是「大陸和臺灣同屬一個中國的事實從未改變」的基礎上，盱衡島內「求和平、求安定、求發展」以及維持兩岸現狀的主流民意，並不急於追求兩岸很快實現統一，而是呼籲兩岸同胞「攜手維護好、建設好我們的共同家園」，透過協商談判，正式結束兩岸敵對狀態，達成和平協定，構建兩岸和平發展框架，開創兩岸關係的和平發展新局面。這一政策性宣示，完全符合臺灣島內大多數民眾的迫切願望，對爭取更多民心和國際輿論有主要作用。

其次，「報告」不僅使用了十分感性的語言，把十三億大陸同胞和兩千三百萬臺灣同胞稱作是「血脈相連的命運共同體」，重申了三個「凡是」（凡是對臺灣同胞有利的事情，凡是對維護臺海和平有利的事情，凡是對促進和平統一有利的事情，我們都會盡最大努力做好），表示「理解、信賴」臺灣同胞，將繼續實施和充實惠及廣大臺胞的政策措施，依法保護臺胞的正當權益等，即使對於島內目前仍在頑固堅持「臺獨」立場、推動「臺獨」分裂活動的政黨（包括民進黨和臺聯黨），仍發出誠懇的呼籲，不管什麼政黨，只要承認兩岸同屬一個中國，「我們都願意和他們交流對話、協商談判。」體現了胡溫體制「以民為本、執政為民」的理念，和中共「既往不咎、不計

前嫌」，化消極因素為積極因素，團結一切可團結的力量，共同振興中華的一貫思想主張。

　　第四是延續性。「報告」宣誓將遵循鄧小平「和平統一、一國兩制」的基本方針和江澤民任內發表的現階段發展兩岸關係、推進和平統一進程的八項主張；「報告」中對臺政策部分的論述，其實都是胡溫體制建立近五年來對臺工作的新思維、新舉措，只是加於概括、總結和提煉而已。其關鍵問題不在於是否有「新意」，而在於它寫入了如此重要的黨的十七大政治報告，並透過全體代表的討論，成為全黨的意志和統一行動。

　　最後是科學性。「報告」的相關論述，符合「科學發展觀」的理論和思想，符合島內的實際和臺海形勢的實際。

　　總之，胡總書記的「報告」中有關對臺部分是今後一段時期大陸對臺工作的指導性、綱領性文獻，必將大大促進對臺工作的開展，對反對和遏制「臺獨」，促進和平統一發揮重大作用，產生重大影響，具有深遠意義。

（原文刊於中評網）

扁謝互嗆是「路線之爭」還是「分進合擊」

　　明年初臺灣兩大選舉臨近，雖然臺灣經濟一片蕭條、民眾生活苦不堪言，但是臺灣政壇的口水戰、政治人物的互嗆之聲，卻如波濤洶湧，一浪高過一浪。而在這其中，同屬民進黨重要角色的現任「總統」陳水扁與「總統」候選人謝長廷之間，近些日子來也連續不斷地相互嗆聲，構成一道最為怪異的風景線。「扁、謝互嗆」讓許多人看了霧煞煞，不清楚陳水扁、謝長廷究竟葫蘆裡賣的什麼藥。

　　有人認為「扁、謝互嗆」是長期以來形成的「扁、長情結」（又稱「瑜、亮情結」）在作祟；而大多數人則認為扁謝之爭是不同政策路線之爭；只有少數人懷疑這是扁、謝二人為求得勝選所採取的「分進合擊」的選戰策略。總之，眾說紛紜，似乎都有些道理，扁謝之爭究竟屬於何種性質？著實值得深入探討。

▎陳水扁槓上謝長廷

　　陳水扁與謝長廷相互嗆聲，躍然成為臺灣政壇上的一大奇觀，是從今年10月中旬陳水扁正式回任民進黨主席之後開始的。

　　10月底，由於國際石油價格大幅上漲，透過油價浮動調整機制與國際油價連動的臺灣島內油價，也要相應調漲。受其影響，一般大眾叫苦連天，齊聲要求凍結浮動油價。謝長廷趁勢提出，要求臺灣行政主管部門應「視民如傷」，要求凍漲油價。而陳水扁則力挺「行政院」維持漲價，表示：「『行政院』不是在睡覺，都有在推動」，並強調說，有些事不是不做，而是推不動。外界普遍認為，陳水扁這番講話是在暗批謝長廷。

　　「幸福經濟」一直是謝長廷競選理念的重要內容。11月5日謝長廷宣示，若當選將「大赦」過去違法投資大陸的臺商，在18到24個月寬限期內，可自由回臺投資，不會受罰。關於當前臺灣企業赴大陸投資上限不得超過資本

額百分之四十的規定,謝長廷批評這一門檻不合理,未來將取消上限,改採「個案審查」。對此陳水扁則宣稱,在他的任內這些政策不會改變。並進而表示,經濟固然重要,「但經濟搞好不一定選得上」,對謝長廷進行回擊。

陳水扁的話音剛落,謝長廷便反嗆陳水扁稱:「有人抨擊開放會讓臺灣一無所有,但政府再這樣管下去,臺灣才會一無所有」。謝長廷稱,「一直罵人的人,自己的黨、家人、週遭的人都會衰下去。」而陳水扁則立即回應說,這是謝長廷的「選舉語言」,並稱,如果謝仍在「行政院長」任內,有些話是不可能說出口的。前些日子,陳水扁揚言要考慮「戒嚴」。謝長廷聽說後要陳水扁「不要像黑道一樣亂放話!」……

總之,近兩個多月來,「扁、謝互嗆」不斷升級,毫不留情,話越說越難聽,對槓意味十分濃厚,簡直令人有角色錯亂之感!

▋「扁、謝互嗆」是一齣「政治雙簧」戲

從表面上看,近一段時間以來的「扁、謝互嗆」既像是「扁、長情結」的持續發酵,又像是扁、謝不同路線之爭躍上了檯面。但是,筆者認為,這既不是什麼「扁、長情結」,也不是什麼「路線之爭」,而是一齣經過精心謀劃、有聲有色、頗見功力的「政治雙簧」戲。

首先,政治利益遠高於個人恩怨。對民進黨歷史稍有瞭解的人都知道,扁、謝之間在過去二十多年的黨內爭權鬥爭中,確實形成了人所共知的所謂「扁、長情結」,而且這種情結恐怕至今仍然存在,不會輕易消失。但在面臨明年臺灣大選的關鍵時刻,個人的政治利益乃至民進黨的政治利益遠高於扁、謝之間的個人恩怨。對於謝長廷而言,這場選舉大概是他政治生涯的最後一次機會,贏則如日中天,輸則大勢已去。他必須贏得這場選舉,以便走上個人政治生涯的巔峰。對於陳水扁而言,謝長廷贏得選舉,保住民進黨政權,一身弊案的他才有可能免作階下囚,逃過法律的制裁。如果權謀得當,甚至有機會挾深綠以令謝長廷,卸任後充當民進黨的「太上皇」。反之,如果謝長廷輸掉選舉,陳水扁及其家人、親屬、親信都將跌入萬劫不復的深淵。因此,扁、謝之間雖然個人恩怨甚深,各懷異志,但他們誰都輸不起這場選

「扁、謝互嗆」是一齣「政治雙簧」戲

舉，已經成為「命運共同體」，現實的政治利益迫使他們不能不同心協力，爭取選舉的勝利，「奸巧」過人如扁、謝者，豈會如此不顧大局，為了個人的恩怨而拿自己的政治前途乃至身家性命當兒戲。就此觀之，以所謂「扁、長情結」來解讀「扁、謝互嗆」，顯然是低估了扁謝二人的政治智慧。但話又說回來了，正是由於扁、謝之間長久以來確實存在人所共知的「瑜、亮情結」，因此「扁、謝互嗆」這齣戲碼也就大大增加了它的可信度和迷惑性。

其次，扁、謝分工早有安排。人們應還記得，今年10月中旬陳水扁回鍋民進黨主席後，在10月17日召開的民進黨中常會上，陳水扁宣布：以後正式進入「長、扁合作」的局面，兩人未來的選戰工作將進行「市場區隔」，未來所有黨政爭議由他來解決，謝長廷則主導「未來的臺灣」，將選戰主軸拉回政策辯論面，不再當配角。次日，也就是10月18日，陳水扁專門宴請了謝長廷和包括姚嘉文、辜寬敏、「臺灣獨立聯盟」主席黃昭堂、長老教會牧師高俊明、羅榮光、臺灣社社長吳樹民、民進黨仲裁委員會主委陳繼盛、凱達格蘭基金會董事長李鴻禧、前「總統府資政」吳澧培、前民進黨主席游錫堃等在內的「獨派」大佬。在陳水扁的安排下，過去立場受到「獨派」質疑的謝長廷已經被這些「獨派」大佬們認可。因此，儘管近一段時間以來，謝長廷的兩岸政策表述有所調整，但「獨派」大佬們並未表示十分擔心。也正是從那時起，陳水扁與謝長廷在對外言論上開始不同調，分別扮演「黑臉」和「白臉」，在臺灣政治舞臺上開始上演一齣「扁、謝互嗆」的大戲。

當前，藍綠競爭如此激烈，為了勝選，就連國民黨和馬英九都已經開始「尊李（登輝）」了，若非事先周密謀劃，精心安排，謝長廷吃了豹子膽，敢向掌握著府、院、黨全部選戰資源、領導著深綠並且是睚眥必報的陳水扁公開嗆聲？

其三，扁、謝只有策略不同，絕非路線之爭。「臺獨」是民進黨的神主牌。縱觀扁、謝兩人長期以來在臺灣政壇上的種種表現，或許在個人性格和行事風格上有所不同，並確實存在個人歷史恩怨，但在堅持民進黨「臺獨」黨綱、大力推動落實民進黨的「臺獨」路線方面，扁、謝二人在大方向上從來都是一致的，不存在任何根本性的衝突。自陳水扁上臺主政以來，謝長廷不僅當

過高雄市長、民進黨主席，甚至還當過「行政院長」，什麼時候聽說過扁、謝二人在兩岸政策上存在根本分歧，公開「嗆聲」？更何況經過陳水扁近幾年來的刻意操弄，民進黨已經被「臺獨」基本教義派所綁架，「臺獨」路線已經成為民進黨的止渴之鴆，就連黨內「新潮流」那批人都不敢拂其纓。再從「扁謝互嗆」的具體內容來看，姑且不論謝長廷提出的兩岸經貿開放政策在強調「臺灣主體性」的前提下是否行得通，光說謝在天花亂墜地宣示他的兩岸經貿開放政策的同時，從來也不忘強調其堅持「臺灣主體性」這一前提，便可知謝長廷的路線與陳水扁的路線並沒有什麼不同，充其量只是在策略上有所區別。因為在民進黨人的政治字典裡，所謂「臺灣主體性」，就是「臺獨」路線的代名詞。

要準確解讀謝長廷的兩岸經貿政策，必須從兩個層面入手：一是「開放性」，二是「權謀性」。其「開放性」是表象，更確切地說是假象，是用以欺騙臺灣中間選民特別是工商企業界用的，當然也想達到向大陸釋出「善意」、給美國有所交代的政治效應；其「權謀性」是實質，是指他強調這一開放政策以「臺灣主體性」為前提，顯然預留了政策迴旋的空間，這樣既可減少「臺獨」基本教義派的疑慮和反彈，而且假如他真的勝選上臺執政，又可以大陸不尊重「臺灣主體性」為藉口，拒絕兌現其競選承諾。陳水扁不就是這樣幹的嗎？當年他信誓旦旦地承諾「四不一沒有」也是有前提條件的，即所謂「只要中共無意對臺動武」。此後他推翻承諾，又是「廢統」，又是推動妄圖改變兩岸現狀的「入聯公投」，變本加厲搞「臺獨」，其振振有詞的藉口就是所謂「中共不肯放棄武力犯臺，一直在威脅和打壓我們」。至於開放「陸資入島」、開放兩岸直接「三通」，更是陳水扁歷次競選中提出的承諾，現如今如何呢？歷史的教訓這麼容易就被人們遺忘嗎？！

▌如意算盤未必能夠得逞

由於扁、謝二人的演技的確超凡，這齣「政治雙簧戲」演得是如此逼真、到位，以致著實迷惑、騙倒了不少人。近來島內各種民調顯示，謝長廷的支持率穩步上升，與馬英九的差距已逐漸縮小；島內輿論界即使是偏向泛藍的

媒體，也大都對謝長廷「被陳水扁打壓」表示高度同情；就連海內外不少長期觀察臺灣政局發展的知名專家學者，也未能逃脫扁、謝二人編織的「騙網」，一時間對「扁、謝互嗆」津津樂道，大談所謂「扁、長情結」、「路線之爭」之類的話題。有輿論甚至認為，謝長廷和馬英九的兩岸政策「大同小異」，沒有太大區別。其實，這種效果正是扁、謝二人所樂見的，說不定這會兒他們正在關起房門來暗地偷笑哩！你看，透過搏命演出這場「扁、謝互嗆」雙簧戲，陳水扁不僅幫助謝長廷穩住了深綠的基本盤，且進一步鞏固了自己在「臺獨」基本教義派心目中的地位；而謝長廷呢，則贏得了不少中間選民的同情，讓一些情感上支持民進黨卻又對陳水扁不滿的人找到了新的希望。扁、謝互嗆「嗆」得越凶，戲演得越逼真，越突顯出謝長廷的所謂「理性、務實」，其迷惑性和危害性就越大，上當受騙的人就會越多，一旦多數泛藍陣營的支持者也把「扁、謝互嗆」看成是「扁、長情結」甚至認為是「路線之爭」，看不清其「分進合擊」的本質，那麼扁、謝二人所精心設計的這場「政治雙簧」戲碼也就大功告成了！

依照筆者的觀察，這齣「政治雙簧」戲有可能以明年1月中旬的「立委」選舉為分界線，分上、下兩個半場上演。上半場由陳水扁主演，謝長廷當配角，因為「立委」選舉的關鍵在於要催出基本盤，而不在於爭取中間選民。而下半場則換成謝長廷充當主角，因為「總統」選舉的關鍵，是要在穩住基本盤的基礎上盡可能多地爭取到中間選民的支持。這就是為什麼最近一段時間以來，謝長廷似乎被陳水扁「邊緣化」了的緣故。其實，這正是扁、謝二人為這兩場重大選舉所精心設計的選戰節奏，從而也坐實了陳水扁的確是「治『國』無能，選舉有術」！

當然，這齣「政治雙簧」戲要演得好也頗不容易，而且利弊互見，因為既要穩固「臺獨」基本盤，又想爭取到盡可能多的中間選民，其本身就是一對矛盾，操作起來難度極高，搞得不好，顧此失彼，中間選民沒爭取到幾個，「臺獨」基本盤卻因之無所適從、造成混亂而鬆動，得不償失，全線崩潰。因此，這齣「政治雙簧」戲，實乃扁、謝二人在盱衡民進黨面臨明年這兩場生死攸關的重大選舉，而選情又極其艱困的情境之下，不得不採取的一種怪招同時也是險招，企圖險中求勝。然而，如今島內外的政治、社會大環境不

僅和八年前迥然不同了，而且和四年前也有很大區別，光靠選舉技術層面的操作就想贏得這兩場選戰，恐怕是沒那麼容易！俗話說：形勢比人強，陳水扁的算盤打得再精，也總有失算的一天！

　　總之，好戲還在後頭，還有得瞧！

（原文刊於中評社）

扁瘋狂演出的最後機會

2008 年將是決定未來兩岸關係發展走向的關鍵年頭，這也註定了它對於臺海局勢來說更將是一個尖銳而複雜、極不平靜的一年。

隨著 2007 年走入歷史，臺海局勢與兩岸關係在新的一年中將走向何方，不僅是臺海兩岸全體中國人極為關注的問題，而且也是牽動亞太周邊國家和地區乃至全球局勢的一個焦點。

選舉攸關陳水扁身家性命

陳水扁擔任總統的任期到 2008 年 5 月 20 日結束。在此期間，臺灣將舉行兩場重要選舉，即 1 月 12 日的「立委」選舉和 3 月 22 日的總統選舉。

這兩場選舉，關係到島內藍綠兩大陣營及諸多政治人物的命運與前程，對於弊案纏身的陳水扁而言，更是攸關身家性命。因此，這一段時間也將是陳水扁利用職權進行瘋狂演出的最後機會。島內政局、臺海局勢必將因陳水扁極力推動「入聯公投」等變相「臺獨」、製造島內局勢動盪等行為而陷於高度危險期。陳水扁一日不下臺，臺灣政局與臺海局勢將一日不得安寧，臺海發生重大危機的可能性也將始終存在。

陳水扁與民進黨在島內執政 8 年，把這個曾經是「亞洲四小龍之首」的臺灣拖累成「四小龍之尾」，經濟日益蕭條，民生困苦不堪。顯而易見，民進黨執政無能勢必對 2008 年上半年的這兩場選舉產生直接的影響。1 月 12 日的「立委」選舉是島內第一次實行單一選區兩票制。在目前這種大環境下，民進黨自身，包括陳水扁、謝長廷在內，都對這場選舉沒有了信心。民進黨提出的參選「立委」名單中都是二軍，不是強棒，民進黨內聲譽好、真正有實力的人都沒有能夠出線。

臺灣政治中有一種現象叫做「西瓜偎大邊」，如果「立委」選舉國民黨勝利，對馬英九將是利多，很多人會向國民黨靠近，有利於馬英九贏得地區領導人選舉。有人提出，臺灣的選舉是否也會出現「鐘擺效應」，即「立委」

選舉國民黨贏，地區領導人選舉可能就是民進黨贏。但這次選舉不會有「鐘擺效應」，因為民進黨和陳水扁做得太爛了。

如果「立委」選舉民進黨失利，將使陳水扁和民進黨產生極其強烈的危機感，陳水扁為了保住民進黨政權，更是為了自保，有可能會在3月22日前後一段時間裡，利用一切可能的機會製造政黨惡鬥、挑釁兩岸關係，甚至不惜把島內政局和兩岸關係推到危機的邊緣。所謂的「戒嚴」、延後選舉、故意製造流血事件、推翻選舉結果等政治「奧步」（花招）將層出不窮。甚至，即使選舉結果明朗，陳水扁在5月20日是否會交出權力、卸任下臺也充滿變數。

總之，在陳水扁下臺之前，臺灣政局與臺海局勢都將難以平靜。對此，人們不能不從最壞處作好思想準備。

▌臺灣經濟復甦困難重重

經過陳水扁和民進黨8年時間的掏空、虛耗和瞎折騰，臺灣經濟已經傷筋動骨，加之民進黨當局在政治上敵視大陸，對臺商企業進入大陸實行關、卡、壓，人為阻礙了臺灣經濟轉型與升級。

當前，島內失業問題嚴重，貧富差距越來越大，一向是臺灣社會主流的中產階級在縮小，許多人成了新貧階層。臺灣社會的M型結構日益突出，本土企業與基層大眾繼續生存發展的機會受到越來越大的擠壓。

作為總統，陳水扁和他的民進黨一直忙於撕裂臺灣社會、製造政治矛盾，發展經濟從來不是民進黨執政的重點。在2008年5月20日之前，陳水扁當局的「政治工作」仍非常「繁忙」，將一如既往地無暇顧及臺灣經濟發展問題。除了內部因素外，美國爆發的次貸危機比預期嚴重，2008年全球經濟景氣不樂觀，在諸多因素影響下，臺灣經濟的復甦目前還難以看到希望。

5月20日總統更替之後，新當局若採取大幅度開放大陸遊客入臺觀光等措施，為臺灣經濟注入新鮮血液，或可以暫時緩解經濟困局，但是期望臺灣經濟迅速擺脫困境顯然是不現實的。

兩岸關係形勢嚴峻

2008年將是兩岸關係面臨嚴峻挑戰的一年。除了上半年陳水扁當局將極力推動「入聯公投」等變相「臺獨公投」及製造島內政治動盪之外，夏季北京舉辦奧運會也是「臺獨」分子蓄謀已久、企圖製造「臺獨」事件，干擾北京順利舉辦奧運的大好時機。

2008年上半年兩岸關係動盪不寧將是不可避免的。陳水扁當局執意於明年3月舉辦「入聯公投」，使臺海局勢處於高危期，「臺獨」與「反臺獨」之間的鬥爭集中體現在「入聯公投」問題上，形勢將十分尖銳複雜。

如果5月20日臺灣政權能順利交接，馬英九成為總統，鑒於國共兩黨已有的政治共識，兩岸關係逐步穩定下來將是可以預期的。馬英九競選期間宣布的兩岸政策，如果能夠逐步獲得落實，不僅會為兩岸關係帶來新的轉機，也將為臺灣經濟社會發展創造出一個更好的環境和條件。

如果謝長廷當選總統，從長遠看，謝長廷的勝選將被綠營記在陳水扁的功勞簿上。在此情境之下，陳水扁在民進黨支持者中的聲望將會升高，陳水扁對謝長廷的影響會很大。因為勝選，「臺獨」勢力將會膨脹，謝長廷將被陳水扁和深綠勢力「綁架」，很難推動他在競選時提出的兩岸政策。但從短期來講，即便如此，兩岸關係也會因總統的更替及政策調整而獲得短暫的喘息期。

▎美國將繼續介入臺海事務

中國政府希望臺海穩定，不要出現動盪，這與美國在亞太地區的利益是一致的。採取一切必要的措施制止陳水扁的「臺獨」冒險，符合中、美兩國的利益。

近一段時期以來，美國方面就臺灣推動的「入聯公投」發表了一系列的看法，包括在臺協會臺北處長楊甦棣、國務院副助卿柯慶生、在臺協會主席薄瑞光、國務卿萊斯等在內的美國官員，都相繼對臺灣政局及「入聯公投」說了重話。

扁瘋狂演出的最後機會

　　下一步，美國將會加大介入臺灣事務的力度，緊盯陳水扁的一舉一動，既要防止陳水扁製造「臺獨重大事變」，將美國拖入戰火，也要確保臺灣的「政權可和平轉移」。8年來，陳水扁與美國之間不斷鬥法，曾讓美國政府防不勝防、焦頭爛額，十分惱怒。在很多情況下，美國對陳水扁的控制力也是有限的。陳水扁一旦決定豁出去一意孤行到底，美國其實也拿他無可奈何。但臺灣在客觀上畢竟是美國牽制中國的一個重要砝碼，在大方向上，美國不會放棄臺灣，美國也不希望局勢失控，這一點是毋庸置疑的。

　　在臺海問題上，美國與中國既有共同利益，也有利益衝突。繼續支援臺灣，介入臺海事務，維持臺海兩岸「不戰不和、不統不獨」狀態，符合美國在亞太乃至全球的戰略利益。因此，我們不必也不應在反對陳水扁當局推動「入聯公投」等問題上對美國抱太大的希望，但只要能在反對「臺獨」、維護臺海和平與穩定方面發揮積極作用，無論是誰，無論是哪個國家，我們都應該表示歡迎。

（原文刊於《環球雜誌》）

兩會復談打通兩岸關係的「堰塞湖」

從兩岸關係發展的歷史長河來看，2008年絕對是一個具有轉折性意義、值得大書特書的一年；而6月中旬海協會、海基會的復談成功，則無疑是這一歷史性轉折中具指標性的重大事件。兩會復談並簽署協議取得具體紮實成果，其意義遠遠超出了兩項經濟議題所涵蓋的內容，它向世人宣示：自1999年7月李登輝拋出「兩國論」以來，封凍了10年之久的兩岸堅冰已經開始融化，兩岸關係發展史翻開了全新的一頁，和平穩定發展真正成為兩岸關係的主題。可以說，經過多年來海內外同胞的共同奮鬥，阻礙兩岸關係發展的「堰塞湖」已被打通，其滾滾洪流必將一瀉千里，任憑什麼力量也無法阻擋！

這次兩會復談，可謂「氣氛融洽、誠意十足、理性務實、成果豐碩、皆大歡喜」。真正做到了「海內外同胞滿意、國際社會肯定、『臺獨』勢力雖不滿意但無法反對」。

這次兩會復談，距馬英九「5‧20」宣示就職正式上臺執政不到一個月，海協、海基兩會完成機構改組不到20天，竟能在這樣短促的時間內獲得如此圓滿的結局，給人予諸多重要啟示：

其一，堅持「九二共識」，是兩岸關係緩和、臺海局勢穩定和平的根本保證。10年前李登輝拋出「兩國論」，否認「九二共識」，蓄意破壞兩會協商談判的基礎，造成了兩岸關係的倒退和臺海局勢的緊張；陳水扁上臺執政後變本加厲，不僅拒絕承認「九二共識」，更進一步提出「一邊一國論」，使兩岸關係持續緊張，把臺海局勢推向了一觸即發的戰爭邊緣。而今次兩會之所以能夠復談並獲得成功，正是得益於臺灣政局發生重大變化，承認「九二共識」的國民黨馬英九重新上臺執政。事實證明，否認「九二共識」，就是破壞兩岸互信；唯有承認「九二共識」，才能重建兩岸互信。「九二共識」不僅是兩會復談的基礎，同時也是兩岸關係發展、臺海地區和平的根本保證。是否承認「九二共識」，乃是檢驗海峽兩岸每一個政治勢力和政治人物是否真正關心、維護兩岸關係發展和臺海地區和平的分水嶺與試金石。

其二，「擱置爭議、求同存異」，是處理好兩岸關係中複雜問題、「共創雙贏」的不二法門。由於歷史和現實的原因，國共兩黨在如何處理、解決兩岸問題特別是敏感政治問題上一向存在矛盾和分歧。這些矛盾和分歧並未因民進黨的下臺、國民黨的重新執政而自然消失。相反，如果處置失當，這些矛盾與分歧就有可能會很快浮上檯面，重新引起爭執，從而毒化兩岸氣氛，使兩岸關係重新回到1990年代中後期那種充滿變數、持續動盪的老路上去，喪失得來不易的大好局面。不說別的，光是對「九二共識」內涵的解讀，兩岸就存在「一中原則」還是「一中各表」的嚴重分歧。然而可喜的是，我們看到，兩岸領導人均展現出了大格局和大智慧，他們以史為鑒，穩穩把舵，在「九二共識」內涵上求「一中」之同、存「各表」之異，模糊化處理分歧，大陸方面率先主動淡化解讀，臺灣方面則不再刻意強調異見，雙方互諒互讓，理性務實，終於使兩會復談在「九二共識」基礎上得以很快實現，創造了「擱置爭議、共創雙贏」的成功範例。

其三，「先易後難、先經後政、循序漸進」，是推動兩岸關係和平發展的必由之路。兩岸關係錯綜複雜，經過李登輝、陳水扁主政島內20年後，兩岸的矛盾分歧愈加積重難返，需要協商談判解決的問題一大籮筐，難以數計。今次兩會復談，大陸方面從一開始就提出「先易後難、先經後政、循序漸進」這一理性務實處理目前兩岸問題的談判方針，並選擇已有很好談判基礎、最容易達成共識而且是馬英九急需兌現的競選承諾──「週末包機」和「陸客入島觀光」這兩項經濟議題入手，因而一拍即合，很快就達成共識並簽署協議。更為重要的是，經歷了這次復談的成功，兩會進一步累積了共識，培養了互信，增強了信心，營造了良好的氣氛，從而為下一步的協商談判、著手處理後續問題創造了條件，打下了基礎。很難想像，如果這次復談選擇兩岸分歧很大、難以在短時間內達成共識的議題來談，結果將會如何！

其四，胸有中華民族、心有人民利益、執政為民，是兩會復談成功的深層次原因。陳水扁當局執政8年，口口聲聲「愛臺灣」、「拚經濟」、「為2300萬臺灣人民謀福祉」，實則心胸狹窄，只為一己一黨之私，以「臺獨」意識形態治政，推行「鎖島政策」，搞得島內經濟惡化、民不聊生，兩岸關係烏雲密布，終於被臺灣民眾用手中的選票趕下了臺。而今馬英九重新上臺

執政,接受陳水扁當局執政失敗的慘痛教訓,撥亂反正,以「拚經濟」為己任,心有人民利益,放眼中華民族,主張兩岸和平發展,實行開放政策,這就和大陸方面一貫主張、宣導的「以民為本,執政為民」,「努力開創兩岸關係和平發展新局面」,「抓住戰略機遇期,振興中華」的治國理念相契合。在處理兩岸問題上雙方具有這樣的高度、格局和胸襟,自然就會有談判的誠意和善意,談判的成功率自然就高得多。應該說,這是今次兩岸兩會復談得以圓滿成功的深層次原因。

萬事開頭難,如今兩岸兩會的復談取得了圓滿成功,開了個好頭,阻塞兩岸關係正常發展的「堰塞湖」已被打通,希望兩岸雙方備加努力,不畏艱險,進一步拓寬「導流明渠」,使兩岸關係和平發展的時代洪流更加順暢地向前奔流!

(原文刊於《人民日報・海外版》)

民進黨煽動、縱容暴力必將付出代價

　　大陸海協會副會長張銘清，以廈門大學新聞學院院長的身分應邀赴臺從事單純的學術交流活動，竟在臺南孔廟遭到一小撮民進黨支持者的暴力攻擊。種種事實表明，這起暴力事件絕不是單一的、偶然的事件，乃是民進黨有組織、有預謀的、蓄意製造的事件。從這一事件的發生，以及事後民進黨中央和某些民進黨頭面人物姑息縱容、倒打一耙的言論，讓人們再一次見識了臺灣民主進步黨的「民主」與「進步」！

　　張銘清副會長，不僅是廈門大學新聞學院的院長，同時也是本人任職的北京聯合大學臺灣研究院顧問。對於本院顧問在臺灣參訪期間遭受到民進黨的如此羞辱和不公正對待，我們全院同仁無不表示強烈的不滿和憤慨！

　　長期以來，本人和北京聯合大學臺灣研究院一向重視與民進黨人士的交流與接觸，並和民進黨內一些較為理性務實的政治人物有著良好的互動和交誼。就在不久之前，本人為支持民進黨執政的高雄市明年能成功舉辦世運會，應當時還任高雄市副市長的邱太三兄所託，向北京有關方面極力陳情，在十分困難的情況下，千方百計為高雄市拿到 4 張北京奧運開幕式的觀摩票，終於讓高雄世運會籌委會官員順利來北京取經。多年來，民進黨朋友來我院參訪交流，我們都一向以禮相待，奉為上賓，唯恐有所不周，怠慢了客人。而民進黨又是如何對待自己的大陸同胞的呢？僅舉本人的親身經歷：前年（2006 年 3 月）先慈在臺中因病辭逝，民進黨當局居然拒絕批准我赴臺奔喪，「理由」是本人發表過對民進黨當局的所謂「不當言論」！後經不少臺灣朋友從中斡旋奔走，民進黨當局才被迫在先慈出殯前兩天允許本人入島 7 天。事後，一位民進黨有關官員竟稱：「批准是會批准的，我們只是要讓他（指本人）著著急！」這就是民進黨當局！這就是民進黨一向標榜的維護「人權」！這樣的政權，不垮臺沒有天理！

　　從此次「臺南孔廟暴力事件」可以看出，民進黨並沒有從失敗中汲取到任何教訓。不過，一小撮「臺獨」暴徒的惡劣行徑，並不能代表廣大善良的臺灣人民，甚至也不能代表多數的民進黨支持者！10 多年來，本人曾先後

10 次赴臺參訪、探親，在各種不同場合接觸過數不清的臺灣民眾，其中不乏大量民進黨的支持者，他們大都善良純樸、熱情好客。即使是那一小撮言行偏執的民進黨基層支持者，他們本身也是受害者——是長期被「臺獨」政客煽動蠱惑所愚弄、毒害、綁架的我們的一群可憐同胞！

我們要譴責的是那些「臺獨」政客，他們為了謀取一黨一己之私，在島內製造族群對立，在兩岸挑撥仇恨，無所不用其極！此次「臺南孔廟暴力事件」發生後，民進黨「立院」黨團中的「臺南幫」以及挺扁「立委」，竟然公開叫好，聲稱「這算是夠客氣的！」「對待敵人不必客氣！」，民進黨中央甚至顛倒黑白，把事件的發生推給國民黨，推給大陸，歸罪於受害者張銘清副會長。其險惡政治用心不外乎以下幾條：

一、利用這一暴力事件轉移新聞焦點。近一個時期以來，民進黨因陳水扁家族的貪腐弊案搞得十分狼狽，自身既無力與扁切割，便利用大陸三鹿奶粉問題大做政治文章，蓄意挑起兩岸仇恨，企圖轉移新聞焦點，藉以擺脫困境。「臺南孔廟暴力事件」的發生，民進黨難辭其咎！事件發生後，面對島內外輿論一片撻伐之聲，民進黨中央和民進黨籍的挺扁「立委」，不僅不思檢討，採取必要措施防止事態進一步惡化，相反，卻繼續煽動民粹，妄圖利用這一事件，達到轉移新聞焦點的目的。

二、阻撓陳雲林訪臺，破壞兩岸關係的緩和發展。今年 5 月臺灣政權再次政黨輪替後，兩岸關係發生了歷史性的積極變化，兩岸兩會恢復了協商談判，各項交流與合作日趨熱絡，兩岸關係和平發展的勢頭強勁。為共謀抵禦日益惡化的國際金融風暴，大陸海協會陳雲林會長即將赴臺進行歷史性的訪問，展開兩會的第二次協商談判，簽署一系列有利於發展兩岸關係、促進兩岸經濟合作的協定。堅持「臺獨」的民進黨罔顧臺灣民眾的利益，從一黨之私出發，不願意看到兩岸關係的發展，不願意看到臺灣經濟的好轉、馬英九政權的穩定與鞏固，一再放話，極力阻撓陳雲林訪臺。「臺南孔廟暴力事件」發生後，民進黨繼續把攻擊矛頭針對馬英九的大陸政策，針對陳雲林訪臺，可見其政治意圖。

三、有意角逐臺南市長寶座的民進黨政客的「政治秀」。明年底臺灣將舉行新一屆縣市長選舉，已連任兩屆的現任民進黨籍臺南市長許添財不能再選。目前有多位臺南出身的民進黨政客，如這次帶頭鬧事的臺南市議員王定宇、現任「立委」葉宜津、李俊毅等，均有意角逐臺南市長寶座。這批「臺南幫」為爭一己之私，不惜煽動民粹，挑起事端，口出狂言，擴大事態，試圖以此拉攏選票，在黨內爭奪候選人的卡位戰中獲得成功。

不過，兩岸關係的和平發展是人心所向、大勢所趨，任憑什麼力量亦無法阻擋！可以肯定的是，陳雲林的赴臺參訪和兩岸兩會的協商談判絕不會因為「臺南孔廟暴力事件」而停擺，而民進黨煽動、縱容暴力，必將付出應有的代價！

（原文刊於中評社）

簡評陳雲林會長拜會辜嚴倬雲女士

　　2008年11月3日，歷史將記載這一天。這一天中午11點46分，大陸海峽兩岸關係協會會長陳雲林率領的一行60人代表團，搭乘國航「福娃包機」抵達臺灣桃園機場，開始了為期5天的歷史性訪問。這是海峽兩岸分隔60年來，大陸赴臺參訪團組之中層級最高、最具實質影響力的一次訪問行程。這次參訪活動，海協、海基兩會如能在空運直航、海運直航、郵件直航和食品衛生安全等四項設定的協商議題上順利簽署協定，並在兩岸金融合作、攜手對抗國際金融風暴等方面達成具體共識，為下一波兩會協調談判打下基礎，必將大大增進雙方互信，推動兩岸關係和平發展邁上一個新的臺階。

　　陳雲林訪臺首日的第一個行程，是下午到臺泥大樓拜訪海基會前董事長辜振甫先生的遺孀辜嚴倬雲女士。顯然，這是大陸方面精心設計的一個政治動作：

　　其一，透過這一動作向世人宣示：陳雲林率海協代表團來臺參訪，完成了9年前汪道涵先生未能實現的訪臺遺願，以此告慰於辜、汪二老在天之靈。從此，兩岸兩會的高層領導實現了世代交替，承前啟後，從「辜／汪時代」正式邁入了「江／陳時代」。預示著兩岸關係自此進入了全新的發展階段。

　　其二，透過這一動作告訴世人：凡是對兩岸關係和平發展、對中華民族的復興與騰飛作出過貢獻的人，兩岸中國人都不會忘記他們，他們的英名、業績和道德風範將永載史冊！

　　陳雲林是次訪臺，儘管其主調是經濟和民生議題，並不涉及任何政治議題，更不會介入島內的政治紛爭，但可以預見，透過此次參訪，其對兩岸人民特別是臺灣民眾心理上的衝擊和政治層面上的正面效益，必將是巨大的。而這一效益，則是無法用金錢來衡量的！

（原文刊於中評社）

兩岸同胞攜手「拚經濟」

　　經過反覆協商，11月4日下午兩點，大陸海協會會長陳雲林和臺灣海基會董事長江丙坤，分別就兩岸海運直航、空運直航、郵件直達以及食品安全4大議題正式簽署了協定文本。寫下了歷史的一刻。兩岸兩會最高層級的「臺北會談」，就此大功告成！

　　臺灣媒體報導說，上述4項協議「都對臺灣明顯有利」。就連綠營媒體《自由時報》，日前也刊登出包括臺灣省農會在內的臺灣14大農產品相關公會的半版廣告，羅列了兩岸直航後對臺灣農產品拓展大陸市場的具體效益。其中提到：（1）臺灣農漁畜產品在大陸市場每年有新臺幣50億至100億元的商機；（2）運輸時間8天縮短為4天，運輸成本減少15%～30%；（3）水果運輸損耗率自15%降低為5%；（4）水果上架時間可延長4天以上；（5）農產品銷往大陸的實績將提高20%，農民收益增加10%～15%。

　　的確，兩岸關係的緩和與發展，兩岸兩會恢復協商談判，為馬英九執政團隊兌現「拚經濟」的競選承諾，提供了必不可少的前提條件和值得期待的美好前景。

　　當然，4項協議的順利簽署和貫徹實施，對於同樣正在「拚經濟」的大陸來說也是利多。事實將會證明，就現階段而言，推進兩岸關係和平發展，依循「先經後政，先易後難，循序漸進」的路徑，最為理性務實，也最為可行。兩岸同胞在建設好我們的共同家園、共用兩岸關係和平發展成果的同時，必將不斷加深彼此之間的瞭解，從而增進中華民族的向心力與凝聚力。

（原文刊於《海峽導報》）

陳雲林會稱馬英九為「總統」嗎

近幾日來，海內外輿論圍繞著「馬陳會」陳雲林會如何稱呼馬英九猜測不斷，議論紛紛，將之視為檢視大陸對臺政策是否發生新的變化的重要標誌。島內的綠營人士更是別有用心，把陳雲林如何稱呼馬英九，說成大陸是否「矮化臺灣」、馬英九是否捍衛「臺灣主權」的政治上的「頭等大事」，喋喋不休，蓄意製造輿論，毒化陳雲林訪臺氣氛。

陳雲林會稱呼馬英九為「總統」嗎？筆者在此大膽預測：不可能！

事情明擺著的，大陸方面一再宣示：「堅持一個中國原則絕不動搖」。陳雲林會見馬英九稱馬英九為「總統」，此舉無異於承認「臺灣中國，一邊一國」，這就從根本上違背了大陸一貫堅持的「一中原則」。對大陸對臺政策真有瞭解的人，都知道這種事情不可能發生！

退一步說，即使大陸對臺政策有所調整，也不會利用此次民間團體海協會的赴臺參訪來釋放訊息。陳雲林訪臺首日即公開宣布：「這次兩會商談，任務非常明確，也非常單純，不會涉及任何兩岸政治問題，也不會涉及島內政治議題」。稱呼「馬總統」這樣敏感的兩岸政治問題，陳雲林絕對不會去觸及，大陸官方也不可能授權他去觸及。

再說了，馬英九一再主張，兩岸不能「相互承認」，可以做到「互不否認」。假如臺灣方面要求陳雲林稱呼「馬總統」，那就不是「互不否認」而是強求「相互承認」了。這顯然違背了「擱置爭議，共創雙贏」的原則精神。相信馬英九也不會這樣做。

那麼，最大的可能是什麼？

實際上，在前幾天的兩會協商談判中已經有跡可尋，而11月4日下午陳雲林和賴幸媛的會面，則已經給我們提供了標準答案。其可能模式是：(1)「馬總統」由江丙坤向陳雲林介紹時說出；(2)陳雲林則微笑以對，不置可否；(3)進入正式談話後，馬英九自稱「總統」，而陳雲林則以「馬主席」、「馬

先生」、「英九先生」、「臺灣最高領導人」、「您」等各種不同稱呼交替使用，但「馬總統」絕對不會從陳雲林口中說出。是否如此，很快就會有答案。

　　兩岸領導人會面的這種新模式，乃是兩會此次「臺北會談」的一種創舉，亦可視為大陸方面對馬英九先生「互不否認」兩岸政策主張的善意回應和具體落實。雙方互諒互讓，「各自表述」，這種模式既考慮到對方的現實處境，又不違背各自要堅持的立場和原則，不僅充滿了中國人的智慧，也反映出兩岸互信已經得到了大幅提升，值得肯定。

（原文刊於中評社）

重上街頭救得了民進黨嗎

　　11月5日下午召開的「街頭中常會」，和當晚發生的「晶華飯店暴力事件」，標誌著蔡英文所領導的民進黨已經重上街頭，開始推行體制外的暴力抗爭路線。6日，針對「陳馬會」所發動的號稱四十萬人的「圍城大遊行」，場面失控，發生了更嚴重的流血衝突，把這場街頭暴力抗爭推向了高峰。蔡英文曾揚言，「出了事一切由我負責」！事態正在發展中，能否和平收場，人們正在拭目以待。

　　美國連黑人都能高票當選總統了，海峽兩岸都很快要進入「大三通」了，時代早已發生巨變，而自稱「民主進步」的臺灣民進黨，卻反民主搞暴力，胡攪蠻纏，無理取鬧，愈來愈退步，墮落為只會在街頭打鬥的市井無賴流氓！

　　此次陳雲林率大陸海協會代表團赴臺參訪，任務非常明確單純，只為兩岸經濟、民生議題而來。從兩岸兩會最終簽署的4項協議來看，無一不是對臺灣擺脫經濟困境、造福兩岸同胞十分有利的大好事。正因如此，得到海內外進步輿論的一致肯定和讚賞。而一向口口聲聲「堅持臺灣主體性」、「為臺灣民眾謀福祉」的民進黨，上至黨主席蔡英文、黨籍「立委」，下至地方黨部主委、民意代表，卻閉眼不顧事實，大加撻伐，絞盡腦汁，掀起一波又一波所謂「反中嗆馬」的惡浪，比賽著看誰說的話最沒邊！領頭上街鬧事鬧得最厲害！

　　民進黨已經完全喪失了建黨初期的理想性和進步性。前輩艱苦打拚好不容易換來的臺灣民主體制和長達八年的執政權力，卻造就了一個令人不恥的陳水扁貪腐集團。被民眾趕下臺之後又輸不起，不僅無力自省，與貪腐切割，反而違反民主常態，重新走上街頭無理取鬧，煽動民粹，試圖用體制外的暴力手段，達到其在民主體制內無法達到的政治目的。

　　民進黨人的價值觀和是非觀已經完全錯亂，整個黨已經被少數極端分子的非理性所裹挾。罵人的被當作「好漢」，打人的被捧為「英雄」，往日被他們踩在腳底下踐踏的「中華民國國旗」一夜之間成了他們的「最愛」，就連冷戰時期國民黨教他們的「反共抗俄」、「反攻大陸」的歌曲，也被他們

重上街頭救得了民進黨嗎

一首首翻出來唱……鬧事沒能得逞便召開記者會，面對鏡頭哭哭啼啼裝可憐，大罵員警「粗暴無理」、「執法過當」……這幾天臺北街頭、「立法院」內特別熱鬧，從早到晚都在樂此不疲地上演著民進黨人自編、自導、自演的一齣齣「鬧劇」！

有人說，民進黨人這般胡鬧是「臺獨意識形態」掛帥使然。其實不然，他們哪裡有什麼像樣的「意識形態」論述！「今是昨非」、「今非昨是」、變化無常、自相矛盾，是他們的是非觀；一切「為我所用」、「唯利是圖」，則是他們的價值觀。人們不難發現，這次鬧事鬧得最凶、話說得最沒分寸的，大多是打算明年底參選縣市長、縣市議員的不入流的小政客。

關鍵是，民進黨內早已容不得任何理性、務實的聲音，更聽不進任何來自外界的善意批評。這個被少數唯利是圖、不入流政客所綁架的黨，早已遠遠脫離了時代潮流和臺灣的主流民意，正在急速地墮落，儘管目前氣勢洶洶，但色厲內荏，如若不儘快改弦更張，其「邊緣化」、「泡沫化」勢所難免！

（原文刊於中評社）

正確領會「和平發展」與「和平統一」的關係

　　胡錦濤總書記在紀念《告臺灣同胞書》發表30週年座談會上的重要講話，引起了海內外輿論的強烈關注。近些日子來，各種「解讀」文章紛紛在各類媒體上大量發表，其中不乏頗具功力、見解深邃的好文章，筆者如饑似渴地拜讀，獲益良多！然而，有些觀點在筆者看來似是而非，對中共對臺方針政策的解讀似有偏頗，容易造成思想認識上的混亂。

　　有文章認為，自1949年臺灣問題產生以來，中共對臺方針政策經歷了由「武力解放」—「和平解放」—「和平統一」—「和平發展」四個階段、三次重大戰略性調整，「和平發展」可視為中共對臺政策的第三次戰略性調整。有些文章雖然表述不很清楚，但也斷言「胡六點」是對臺工作的「戰略調整」、中共對臺政策已從「和平統一」向「和平發展」轉變等等。照這些說法，「和平發展」與「和平統一」的關係，是前者「取代」後者的關係，也即中共對臺戰略已從原來的「和平統一」調整為「和平發展」。

　　上述「解讀」如果被認為正確，勢必導致如下結論：如同1950年代中期中共對臺戰略調整為「和平解放」後就不再提「武力解放」、70年代末調整為「和平統一」後則不再提「和平解放」一樣，今後中共對臺戰略也將放棄「和平統一」的提法而改以「和平發展」取而代之！

　　果真如此嗎？當然不是！

　　胡總書記講話中明明指出：「30年來兩岸關係發展的實踐告訴我們，推動兩岸關係發展，實現和平統一，最重要的是要遵循『和平統一、一國兩制』的方針和現階段發展兩岸關係、推進和平統一進程的八項主張，堅持一個中國原則絕不動搖，爭取和平統一的努力絕不放棄，貫徹寄希望於臺灣人民的方針絕不改變，反對『臺獨』分裂活動絕不妥協……」

　　胡總書記還特別強調：「我們要繼續長期堅持和全面貫徹這些被實踐證明是正確的大政方針，繼續推動和平統一進程不斷向前邁進」；「以和平方

式實現統一最符合包括臺灣同胞在內的全體中華民族根本利益，也符合求和平、謀發展、促合作的時代潮流。我們一定要以最大誠意、盡最大努力爭取和平統一」。

事實上，胡總書記的講話從頭到尾都貫穿著「和平統一」的政策宣示與鋪陳。島內有心人士甚至指出，「講話」全文提到「統一」一詞有25次之多。顯見「和平統一、一國兩制」是中共堅定不移的對臺戰略，仍然是解決臺灣問題的大政方針，何來「調整」之有！

那麼，「和平發展」與「和平統一」究竟是什麼關係？

胡總書記在講話中明確指出：解決臺灣問題的「核心」是「實現統一」；「目的」是「維護和確保國家主權和領土完整，追求包括臺灣同胞在內的全體中華兒女的幸福，實現中華民族偉大復興」；「方式」是「以最大誠意、盡最大努力爭取和平統一」。

胡總書記著重指出，爭取「和平統一」，「首先要確保兩岸關係和平發展」，並指出「和平發展」的「四個有利於」：一是「有利於兩岸同胞加強交流合作、融洽感情」；二是「有利於兩岸積累互信、解決爭議」；三是「有利於兩岸經濟共同發展，共同繁榮」；四是「有利於維護國家主權和領土完整，實現中華民族偉大復興」。

由以上引述可知：「和平發展」與「和平統一」的關係，絕對不是前者「取代」後者的關係，而是「道路」、「橋梁」與「目的地」的關係。即透過「和平發展」來促進「和平統一」、實現「和平統一」。也就是說，「和平發展」是階段性的「過程」與「手段」，是邁向「和平統一」的必由之路，而「和平統一」則是長期奮鬥的終極「目標」與「任務」，是「和平發展」的必然結果。

當然，說到底「和平統一」也不是我們的「最終目的」，誠如胡總書記所說，我們的最終目的是：「維護和確保國家主權和領土完整，追求包括臺灣同胞在內的全體中華兒女的幸福，實現中華民族偉大復興」！

客觀觀察，就對臺方針政策的「戰略」層面而言，筆者認為，中共自 1949 年以來只進行過兩次大的戰略性調整。第一次是 1950 年代中期，中共對臺戰略由「武力解放臺灣」調整為「和平解放臺灣」；第二次是 70 年代末期，由「和平解放臺灣」調整為「和平統一、一國兩制」。30 年來，中共解決臺灣問題的這一大政方針並沒有任何改變，但隨著主客觀形勢的不斷發展變化，在「和平統一、一國兩制」對臺戰略（或曰「大政方針」）之下，其具體的政策措施卻不斷地與時俱進，進行務實的調整，呈現出明顯的「階段性」。

筆者認為，自《告臺灣同胞書》發表 30 年來，中共對臺工作具體政策措施的「階段性」調整大致可作如下表述：

第一階段：蔣經國／鄧小平主政時期

「國共談判，和平統一」

「寄希望於臺灣人民，也寄希望於臺灣」

（標誌性文件：《告臺灣同胞書》、「葉九條」、「鄧六條」）

第二階段：李登輝／江澤民主政時期

「兩岸談判，反獨促統」

「寄希望於臺灣，更寄希望於臺灣人民」

（標誌性文件：「江八點」）

第三階段：陳水扁／胡錦濤主政時期

「反獨遏獨」

「寄希望於臺灣人民」

（標誌性文件：「五・一七聲明」、「胡四點」、《反分裂國家法》）

第四階段：馬英九／胡錦濤主政時期

「兩岸談判，和平發展」

「寄希望於臺灣人民，也寄希望於臺灣」

（標誌性文件：「胡六點」）

　　以上表述是否準確當然還可以討論，筆者的意思無非是想說明：當前中共「和平發展」政策主張的提出和推動實施，只是《告臺灣同胞書》發表以來在「和平統一、一國兩制」對臺戰略、大政方針之下，依據形勢的發展變化所進行的階段性的政策措施的務實調整。而「胡六點」之所以重要，就在於它全面、系統、深刻地闡述了中共兩岸關係「和平發展」的政策主張，提出了「和平發展」的基本框架，是今後相當長一段時期內指導中共對臺工作的綱領性文件。

（原文刊於中評社）

電視文獻片《海峽春潮》觀後感

　　正當社會各界認真學習胡錦濤總書記在紀念《告臺灣同胞書》發表30週年座談會上的重要講話之際，由國務院臺灣事務辦公室和中華文化發展促進會聯合監製、中國華藝音像實業有限公司和九洲文化傳播中心聯合攝製的大型電視歷史文獻片——《海峽春潮》適時播出了。該片利用了大量十分珍貴的歷史鏡頭和文獻資料，生動形象地再現了自1979年元旦全國人大常委會發表《告臺灣同胞書》30年來，臺海局勢的風雲變幻、黨的對臺方針政策的發展脈絡以及兩岸關係發展的曲折歷程。在海峽兩岸30年的風雨坎坷中，筆者既是涉臺問題的研究者，同時也是許多歷史場景的親歷者和見證人，觀看此片，心潮難平，感觸良多！

一、「文獻片」形象、準確地詮釋了胡總書記的「講話」精神

　　「文獻片」《海峽春潮》謀篇合理、重點突出，站在歷史的高度，提綱挈領地對30年來我黨的對臺工作進行了全面系統的回顧和科學的概括總結。

　　「文獻片」共分上、下兩篇。每篇播出時間約35分鐘，共約70分鐘。「上篇」從1978年12月黨的十一屆三中全會召開起，到2002年11月十六大召開前止；「下篇」則從2002年11月黨的十六大召開，選舉產生以胡錦濤為總書記的新一屆中央領導集體起，到2008年12月31日胡總書記在紀念《告臺灣同胞書》30週年座談會上發表重要講話止。在這70分鐘的有限時間裡，該片把時間跨度長達30年、歷經鄧小平—江澤民—胡錦濤的三代領導核心，如何駕馭中外形勢的變化，高瞻遠矚，抓往歷史機遇，與時俱進，開拓創新，為推動兩岸關係發展，謀求國家統一和民族富強，殫思極慮，率領黨和全國人民奮鬥不息，奪取對臺工作一個又一個勝利的艱苦歷程，清晰地展現在觀眾眼前。

　　該片重點擷取了30年來對黨的對臺方針政策具有重大影響的一系列歷史事件、黨和國家的重要會議、發表的重要文告和領導人談話的珍貴歷史鏡

頭和同期聲錄音，中間穿插有黨和政府相關部門負責人、著名專家學者對涉臺歷史事件和重要文獻的解讀以及重要的統計數字，簡明扼要地回顧總結了黨在各個不同歷史時期對臺方針、政策措施的形成、發展過程和產生的重大影響。

可以說，該「文獻片」充分利用了聲、光、音、像的綜合立體效果，直觀、形象、準確地詮釋了胡總書記「講話」中對30年來黨的對臺工作所作出的科學總結。

二、鄧小平——「和平統一、一國兩制」偉大構想的創立者

該片「上篇」的前半部分，著重記述了1970年代末——八十年代，以鄧小平為核心的黨的第二代領導集體，如何根據中外形勢的發展變化，從中華民族根本利益和國家發展戰略出發，在毛澤東、周恩來關於爭取和平解決臺灣問題思想的基礎上創造性地提出「一國兩制」偉大構想，為確立「和平統一、一國兩制」的方針所作出的歷史性貢獻。

其中最重要的歷史畫面有：1978年12月18日黨的十一屆三中全會召開的場景、葉劍英主持人大常委會討論《告臺灣同胞書》的鏡頭、1979年1月1日人民日報頭版頭條套紅發表《告臺灣同胞書》的畫面、同日「中美建交」，中國駐美使館升國旗儀式的畫面、徐向前宣布停止「炮擊金門」、鄧小平在全國政協座談會上講話的資料片、同年1月30日鄧小平訪美的畫面、同年12月會見日本首相大平正芳發表重要談話的畫面、1981年9月30日「葉九條」發表的歷史鏡頭、1982年1月11日鄧小平會見美國客人首次提出「一個國家兩種制度」構想的畫面、1982年7月24日廖承志致信蔣經國的文獻資料、同年12月五屆人大五次會議「一國兩制」入憲的場景、1983年6月26日鄧小平會見美籍華人進一步闡述「和平統一、一國兩制」構想（「鄧六條」）的畫面……這些珍貴的歷史鏡頭，深刻地詮釋了「和平統一、一國兩制」對臺方針發表的歷史背景及其形成過程。畫面中出現的黨的第二代領導核心

成員，都早已離開了我們，但他們為黨為人民為國家民族孜孜以求、鞠躬盡瘁的精神風範，卻永遠銘刻在我們心中！

與此同時，「文獻片」還採用多組極具典型的歷史鏡頭，例如：十一屆三中全會後海內外媒體對兩岸關係解凍的有關報導、中英、中葡關於港、澳協定簽訂及回歸的歷史畫面、臺灣「老兵返鄉運動」的鏡頭和採訪「返鄉定居臺灣老兵」的感人畫面、總統蔣經國等被迫宣布開放臺灣民眾「返鄉探親」的文獻資料、首批返鄉臺胞與家人團聚的動人情景，以及兩岸貿易、學術、文化、科技、體育等各領域交流日益活絡的畫面和統計數字……生動形象、令人信服地記錄了「和平統一、一國兩制」對臺方針發表後，對打破兩岸關係堅冰、緩和臺海局勢和促進和平統一所產生的巨大影響。

和海峽兩岸許許多多骨肉分離的家庭一樣，我家既是兩岸長期隔絕的受害者，同時也是改革開放後我黨推行「和平統一、一國兩制」對臺方針政策的受益者。由於某種原因，我從1歲多尚在襁褓之中就和母親離散，其後數十年間母親和我三個胞弟在臺灣，而我和父親卻在大陸。多少個中秋月圓時，我仰望明月思母親！曾記得1985年第一次去廈門，我獨自佇立在鼓浪嶼海灘，隔海向東遙望，唯見海天茫茫，不禁潸然淚下……改革開放了！臺灣被迫開放臺灣民眾赴大陸探親了！1987年夏，已經43歲的我帶著妻兒終於和母親以及從未謀面的弟弟相見。然而，遺憾的是父親未能等到這一天，已於前一年辭世與母親天人永隔了！當「文獻片」記敘返鄉臺胞與家人團聚的情景時，筆者真是感同身受，不禁為之動容。

或許正因為與臺灣有不解之緣，筆者註定會走進臺灣研究的學術領域。回想1980年代末、90年代初，海峽兩岸學術文化交流雖已逐步開放，但還只是「單向」交流，臺灣只許臺灣學者來大陸而不准大陸學者去臺灣。即便如此，相較以往兩岸隔絕學術界互不往來的情形已經是好太多了！堅冰一經打破，閘門一旦打開，便任憑什麼力量也無法阻擋。20多年來，筆者出席過數百場有兩岸學者參加的大大小小的研討會、座談會，僅赴臺進行學術交流就有10次之多，結交了許多臺灣朋友，獲益匪淺，由筆者創建的臺灣研究機構，也從研究室—研究所—研究院，不斷發展壯大。可以說，筆者是兩岸

臺海風雲見證錄：時事評論篇
電視文獻片《海峽春潮》觀後感

學術文化交流不斷向廣度和深度擴展的見證人。而所有這些，都離不開鄧小平所開創的改革開放路線以及「和平統一」對臺方針的貫徹與實施。

三、江澤民──「豐富和發展了對臺方針政策」

該片「上篇」的後半部分，則著重記述了1980年代末──90年代中後期，以江澤民為核心的黨的第三代領導集體，面對東歐劇變、蘇聯解體、冷戰結束後國際格局的劇烈變化，以及臺灣島內蔣經國去世後，其繼任者李登輝逐步背離國民黨當局長期堅持的一個中國立場，圖謀分裂，縱容「臺獨」，破壞兩岸關係發展的複雜局勢，毫不動搖地堅持「和平統一、一國兩制」的基本方針，審時度勢，創造性地提出了包括「江八點」在內的一系列對臺政策主張，豐富和發展了黨的對臺方針政策，領導全黨、全軍和全國人民，調動一切積極因素，高舉「反獨促統」大旗，為捍衛一個中國原則，反對任何形式的「臺獨」分裂活動，推動兩岸關係發展，促進和平統一進程所作出的重大貢獻。

這部分最重要的歷史畫面有：1989年6月黨的十三屆四中全會選舉產生以江澤民為核心的黨的第三代領導集體和新一屆中央政治局常委首次舉行中外記者會的電視資料、臺北「立法院」內打架場面、全國統戰工作會議、對臺工作會議和對臺經濟工作會議場面等、1992年10月江澤民在中共十四大上作報告同期聲畫面、1991年12月大陸「海協會」以及臺灣「海基會」成立的電視資料、1992年11月兩岸兩會談判達成各自以口頭方式表述「海峽兩岸均堅持一個中國原則」的共識（即「九二共識」）及1993年4月27日新加坡「辜汪會談」的影像資料、1995年1月30日江澤民發表重要講話（即「江八點」）的畫面、臺盟、臺聯及各地召開反「臺獨」座談會畫面、1995年6月8日李登輝訪美在康乃爾大學發表演講鼓吹分裂的畫面、人民日報發表「四評李登輝」以及大陸舉行軍事演習的畫面、1997年10月江澤民訪美和次年6月柯林頓訪華的資料片、1997年9月12日江澤民在黨的十五大上作報告呼籲兩岸進行「政治談判」的畫面、1998年10月辜振甫參訪大陸的電視錄影、1999年7月李登輝發表「兩國論」的畫面、2000年3月陳水扁

勝選的畫面、大陸及海外華人華僑、美國紛紛表態反對「臺獨」的畫面⋯⋯這些珍貴的歷史畫面，把人們重新帶回到了 1990 年代兩岸關係詭譎多變、臺海上空亂雲飛渡、極其複雜劇烈的統獨鬥爭情境之中，可謂撼人心魄！促人沉思！

期間，筆者以民進黨為研究重點，深入島內與各界人士進行廣泛交流，感受臺灣的社會脈動，發表了一系列的專題研究論文和調研報告，探討「臺獨」和民進黨的相關問題，為反獨促統和兩岸關係的發展做了一些力所能及的工作。上述不少重要歷史事件，筆者都是親歷者，雖然已經過去多年，但至今仍歷歷在目，記憶猶新。如今有幸觀看該「文獻片」，百感交集，倍感親切。

四、胡錦濤——「賦予對臺方針政策新的內涵」

「文獻片」的「下篇」，前半部分著重回顧了黨的十六大以來，以胡錦濤為核心的黨的第四代領導集體，面對陳水扁上臺執政後日益複雜嚴峻的臺海局勢，毅然擔負起歷史所賦予的重責大任，就對臺工作做出重大決策部署，提出了一系列新思維，新主張，新舉措，為黨的對臺方針政策注入了新的內涵，團結調動海內外一切進步力量，開展了「反獨遏獨」的劇烈鬥爭，一次次挫敗了陳水扁之流的「臺獨」冒險，有效遏制了「臺獨」分裂活動，維護了臺海和平穩定所作出的卓越貢獻。

其中最重要的歷史畫面有：2002 年 11 月 14 日黨的十六大新一屆中央領導集體與媒體見面的情景、2004 年 5 月 17 日人民日報頭版發表「5·17 聲明」、2005 年 3 月 4 日胡錦濤看望出席政協會議的民革、臺盟、臺聯委員時發表「四個絕不」重要講話的畫面、2005 年 3 月 14 日十屆全國人大三次會議高票通過《反分裂國家法》的場面、2005 年 4、5 月間中國國民黨主席連戰和親民黨主席宋楚瑜先後訪問大陸與胡總書記會談、發表共同願景和會談公報的畫面、2006 年 4 月、10 月和 2007 年 4 月國共兩黨連續舉行三次經貿文化論壇、大陸頒布一系列惠臺政策措施的場景、2007 年 3 月溫家寶總理在十屆人大五次會議上作政府工作報告強調堅決反對「臺灣法理獨立」的場面、

臺海風雲見證錄：時事評論篇
電視文獻片《海峽春潮》觀後感

同年10月胡總書記作黨的十七大報告，重申「四個絕不」，提出「牢牢把握兩岸關係和平發展主題」重要主張的畫面、2008年3月22日總統選舉結束，國民黨候選人馬英九、蕭萬長獲勝，陳水扁推動的「入聯公投」遭受慘敗的畫面……這些歷史場景跌宕起伏、從危機變轉機，讓人看後如同洗了個「三溫暖」！

在此期間，筆者作為涉臺問題的研究者，撰寫了不少時事評論、學術論文和研究報告，接受過大量海內外媒體的採訪，出席過許多公開或內部會議（包括國、共兩黨舉辦的三屆「經貿文化論壇」），提出過不少政策和對策建議，配合中央部署的「反獨遏獨」鬥爭獻出了綿薄之力。為此，民進黨當局居然以筆者「發表不當言論」為由，在長達四年半的時間裡拒絕本人入島探親和參訪，甚至2006年3月先慈在臺中病逝，竟無理阻撓本人赴臺奔喪。民進黨陳水扁「臺獨」政權如此倒行逆施，激起天怒人怨，焉有不被趕下臺之理！

「下篇」的後半部分，則記敘了國民黨馬英九重新上臺執政後，近半年來兩岸關係所發生的一系列令人鼓舞的積極變化，再現了以胡錦濤為核心的中央領導集體如何緊緊抓住難得的歷史機遇，牢牢把握兩岸關係和平發展的主題，適時頒布了一系列新的對臺政策措施，積極推動兩岸兩會恢復協商談判，努力開創兩岸關係和平發展新局面的豐功偉績。

這部分最重要的歷史畫面有：2008年4月12日胡錦濤總書記在博鰲會見蕭萬長的情景、4月29日胡錦濤總書記在釣魚臺國賓館會見連戰的畫面、5月29日中國國民黨大陸訪問團訪問大陸、胡錦濤與吳伯雄會談的場景、6月13日兩岸兩會恢復協商談判，陳雲林與江丙坤在釣魚臺國賓館簽訂協定的歷史鏡頭、胡錦濤在人民大會堂會見江丙坤一行的畫面、8月8日北京奧運開幕式中華臺北奧運代表團入場的熱烈場景、8月13日賈慶林主席與吳伯雄、宋楚瑜到五棵松棒球場為中華臺北隊加油助威的畫面、11月4日兩會在臺北會談簽署四項協定的畫面、12月15日兩岸直接「三通」啟動儀式的感人場景、12月20日國共兩黨第四屆兩岸經貿文化論壇在上海召開的場面、國寶熊貓「團團」、「圓圓」赴臺的情景、12月31日人民大會堂隆重舉行

四、胡錦濤——「賦予對臺方針政策新的內涵」

紀念《告臺灣同胞書》發表 30 週年胡錦濤發表重要講話（「胡六點」）的畫面和同期聲錄音……

　　這些不久前才發生的重大歷史場景，看了令人振奮，特別感到親切，很好地烘托出了「文獻片」的片名——《海峽春潮》的深刻寓意，增添了我們對兩岸關係和平發展、實現統一和中華民族偉大復興的信心！

　　還應指出的是，該「文獻片」中「解說詞」的撰稿者，均為大陸著名的臺灣問題專家，因而該片「解說詞」簡潔精練，高屋建瓴，富有感染力，對 30 年來黨的對臺方針政策的演變發展脈絡把握準確，解讀到位。當然，可能由於製作時間太過倉促，嚴格來說該片還有一些未盡人意有待充實提高之處。但瑕不掩瑜，該片的適時播出，必然有助於我們更好地回顧總結 30 年來對臺工作的歷史經驗，深刻領會胡總書記的講話精神，進一步貫徹落實黨的對臺方針政策，為開創兩岸關係和平發展的新局面、為和平統一和中華民族的偉大復興作出新的更大貢獻！

（原文刊於中評社）

綠營「國是會議」透露何種訊息

由民進黨主導的所謂「民間國是會議」，經過兩天的喧囂後草草收場了。這場會議打著「民間」的旗號，又號稱是要「救經濟」，除了綠營的政治人物，邀請了不少偏綠的財經學者參加，但唯獨不見企業界的重量級代表出席。兩天會議下來，給外界的強烈印像是「以經濟包裝政治」。會議不僅全盤否定馬「政府」的財經政策，要求「劉內閣」全面改組，更集中火力炮轟兩岸簽訂 CECA，甚至揚言不惜發動民眾走上街頭，並提出罷免馬英九案。許信良不知深淺，獨排眾議，主張兩岸政策應更大幅開放，立即引來綠營人士的圍攻，連上臺發言的資格都被剝奪。由是觀之，這場所謂的「民間國是會議」，實乃綠營不折不扣的「批馬反中會議」。

馬英九實在有夠倒楣！去年 5 月上臺後不久，便遇上全球金融風暴，原本被陳水扁執政八年搞得亂七八糟的臺灣經濟，因此雪上加霜。競選時提出的口號「馬上好」，不得不修改為「馬上漸漸好」。豈料金融風暴愈演愈烈，以出口為導向的臺灣經濟遭受重創。根據臺灣「主計處」最新預測：初步統計臺灣去年全年經濟成長率僅為 0.12%，第四季度衰退 8.36%，創下史上單月最大衰退；今年要等到第四季度才有望由負轉正，全年的經濟成長率已下修至負成長 2.97%。「馬上漸漸好」變成了「愈來愈不好」！

如此景況，使原本身陷困境的民進黨絕處逢生，找到了最大的政治著力點：以「救經濟」為名，攻擊馬英九執政團隊，藉以凝聚綠營人氣，煽動民眾不滿情緒，製造馬英九執政危機。這樣民進黨不僅可以脫困，更可為年底縣市長選舉的關鍵一戰製造利多。民進黨召開「民間國是會議」，打的正是這個如意算盤！

此前民進黨已宣布今年為「社會運動年」。「國是會議」閉幕時蔡英文更表示，「民進黨將推動全民直接參與兩岸重大議題的權利與機制；並將『民間國是會議』結論與社會運動連接，持續與民間團體溝通、對話，推動社會共識，與社會運動連接勢在必行」。蔡英文的話雖然既柔軟又含蓄，但若聯想到去年 11 月民進黨暴力杯葛陳雲林訪臺，以及此次會議期間綠營人士極

力妖魔化 CECA，已明確無誤地透露出這樣的訊息：民進黨今年的政治操作，將以反制兩岸簽訂 CECA 為主軸，以議會抗爭與街頭群眾運動相配合的鬥爭方式，強力衝擊馬英九的兩岸開放政策。如此，綠營發動的一波波抗爭風潮將會持續上演，臺灣政局勢必動盪不安，至於臺灣經濟將因此而面臨何種厄運？臺灣民眾的生計會受到多大影響？對不起，這些都是國民黨與馬英九的事，不是我民進黨應當關心的！

　　人們不免要問：馬英九及其執政團隊，你們準備好了嗎？

（原文刊於《海峽導報》）

警惕陳水扁的司法「暗椿」

　　臺灣政壇的政治連續劇真是精彩紛呈、充滿懸念，讓你不想往下看都不行！2月26日下午，臺北地院主審法官蔡守訓，突然中止審理扁案程序準備庭而改開羈押庭，使原本垂頭喪氣的阿扁及其律師團當庭眼睛為之一亮，精神大振，滿以為經過一番「溫情攻勢」後有希望解除羈押，回到寶徠花園的安樂窩不必再回臺北看守所受罪了。豈料經過檢辯雙方的一番攻防，蔡守訓卻讓阿扁重回看守所，是否解除羈押，靜候合議庭裁定。阿扁的情緒一落千丈，蕩到谷底。誰知天無絕人之路，次日一覺醒來，情勢再次丕變，臺灣高院一紙公文，宣告撤銷羈押裁定，阿扁抗告成功，重回臺北地院更裁，阿扁及其律師團又是喜出望外，重燃希望。不到一天時間，阿扁的心情可謂三起三落，如同洗了個「三溫暖」！

　　此番臺灣高院的裁定書，全盤推翻了二個月前同是高等法院由另一組合議庭所作的支持羈押裁定，不僅閉眼不顧事實，獨排眾議，全然不理睬特偵組在起訴書中列舉的大量事證，將「無罪推定原則」無限擴大化，一邊倒地偏向陳水扁，質疑臺北地院羈押陳水扁的理由不充分，甚至質疑特偵組和臺北地院認定阿扁犯罪嫌疑重大的推論過程有違「論理法則」，這無異於未審宣判阿扁無罪。怪不得有位臺灣名嘴調侃說：這份「裁定書」不像是高院法官所寫，更像是由阿扁的律師捉刀！

　　天下怪事年年有，唯獨臺灣怪事殊！同一個高等法院，對同一個阿扁、同一個案件，二個月前和二個月後所作出的裁定，竟會如此南轅北轍、有雲泥之別！這種奇特現象，絕非不同法官組成的合議庭有不同的法理見解所至。有識之士皆云：單純的法理見解不同，不會相差得如此離譜、如此出乎常情！唯一合理的解釋，是阿扁布下的司法「暗椿」，在關鍵時刻發揮了作用。如此一來，蔡守訓法官所要面對的壓力，就不僅僅是阿扁及其律師團，而是包括他的頂頭上司——高院司法「暗椿」在內的「阿扁們」了。蔡守訓能否頂得住？還真是有得瞧了！

臺灣有句順口溜：「一審重判，二審減半，三審豬腳麵線（即『無罪釋放』）。」臺灣高院近日竟然會作出如此離譜、如此出乎常情的解除對阿扁羈押的「裁定」。這件事提醒人們：對扁珍家族貪腐弊案的審判，不可太過樂觀！縱使臺北地院一審判決阿扁有罪，上送高等法院二審、三審，假若再碰上主審法官是阿扁的「暗樁」，也難保阿扁不被「無罪釋放」！

嗚呼！臺灣社會公義的最後一道防線——司法，竟也是「不問是非，只問藍綠」嗎？！

（原文刊於《海峽導報》、中評網）

是「臺灣獨立黨」還是「臺獨挺扁黨」

阿扁被關在臺北看守所裡還真夠忙乎的！除了寫書、寫信、作歌，還要評審讀書徵文、看《基度山恩仇記》……昨天上午，柯建銘陪吳淑珍二度到看守所探扁後又傳出，阿扁有三分之二的時間都在談「國家」大事和民進黨的事情，只有三分之一是在談家務事。話題從 ECFA、大陸邀呂秀蓮訪問，到年底縣市長選舉，陳水扁特別要求他昔日的搭檔呂秀蓮「斷然拒絕大陸的邀訪」；下午，「臺灣教授協會會長」蔡丁貴前往看守所探扁，出來後又轉述說：阿扁認為民進黨一直陷在「中華民國」的泥沼裡面，因此臺灣需要組織一個新的反對黨，而這個政黨的名稱就叫「臺灣獨立黨」。

看來，阿扁被關久了，還真是得了「憂鬱症」，而且病得還真不輕！先是憂自己、憂家人，憂得尋死覓活的；現在突然間「高尚」了起來，轉而「憂國憂民」！不但不想死了，而且「身在獄中，胸懷天下」，要提起精神，籌組新的「臺獨黨」，為臺灣「獨立建國」鞠躬盡瘁，奮鬥不息！

阿扁真是「憂國憂民」、「高尚」起來了嗎？非也！

話多了就不免露餡！阿扁為何突然心血來潮，急著要組「臺灣獨立黨」呢？蔡丁貴說：「他（指阿扁）現在感覺委屈，所以關心的議題，就是臺灣人權的流失。」搞了半天，阿扁哪裡是在「憂國憂民」，原來他所「關心」的還是他自己的「委屈」，他自己的「人權」！為此，身陷困境的阿扁「急中生智」，趁蔡丁貴探監之機，釋出了要「急獨派」社團研究、討論籌組「臺灣獨立黨」的訊息。

阿扁這一招意欲何為？「司馬昭之心，路人皆知」，阿扁此舉，無非是要表示對蔡英文領導的民進黨「挺扁不力」的強烈不滿，以籌組新的政黨相要脅，展示自己對「急獨派」的影響力，繼續綁架民進黨，防止民進黨內的改革派勢力坐大，鼓動黨主席蔡英文與扁切割。假若蔡英文不吃這一套，阿扁勢將不惜分裂綠營，另組深綠「挺扁鐵衛軍」。所以，無論組黨成與不成，阿扁都穩賺不賠。

阿扁專挑縣市長選舉即將上路的關鍵時間點上出手，這一招不可謂不狠！

　　阿扁早就說過，「臺獨」這玩意是騙人用的，李登輝做不到他阿扁也做不到。

　　但阿扁也深知，「臺獨」還是「迷幻藥」，吃多了就會糊裡糊塗跟著你走！蔡丁貴之流肯定就因為吃多了扁記「迷幻藥」，才會心甘情願地供阿扁驅使，阿扁要他們幹什麼就幹什麼！故此可知，阿扁要「本土急獨派」社團籌組的新黨，究竟是「臺灣獨立黨」還是「臺獨挺扁黨」，已經不言自明矣！

　　早年從民進黨分裂出去的「建國黨」，如今安在哉？有「政治精算師」之稱的李登輝所組建的「臺聯黨」，如今又如何？阿扁的「臺獨挺扁黨」命運會怎樣？大家就等著瞧吧！

（原文刊於《海峽導報》）

馬當局挑起爭議很不妥

昨天是全國人大常委會高票通過《反分裂國家法》4週年，滿以為經過4年來的風風雨雨，當年曾經高調反對大陸制定《反分裂國家法》的馬英九，應該對這一觸碰到兩岸關係敏感神經的事情會仔細拿捏，慎重處理。本人昨天上午還信心滿滿的在海峽之聲《博東看兩岸》專欄節目中作此樂觀預測。不料節目剛剛下來，上「中國評論新聞網」瀏覽新聞，才知道本人的預測大失準頭！

馬當局發言人昨天上午主動召開記者會，批評大陸制定《反分裂國家法》「既無必要，也不可行」不說，「陸委會」居然還發出新聞稿稱：該法中「非和平方式」的條文，不符合其「和平發展」的論調，要求大陸「廢止」，並「撤除對臺飛彈部署，恢復臺海區域和平穩定，才能開創兩岸互惠雙贏新局」云云。言下之意，大陸若不「廢止」《反分裂國家法》並「撤除」導彈，臺海區域的和平穩定就不能「恢復」，兩岸互惠雙贏的新局也就不可能「開創」！

馬當局如此動作，至少有以下三點不妥：

其一，主動挑起兩岸敏感的政治性爭議，違背了雙方已經形成默契的「建立互信，擱置爭議，求同存異，共創雙贏」的互動精神，破壞了兩岸好不容易才營造起來的良好氣氛。

其二，「陸委會」的新聞稿，無視大陸制定《反分裂國家法》和部署導彈對遏制「臺獨」冒險所發揮的巨大作用，把破壞臺海地區和平穩定的責任推給大陸，這無異於為「臺獨」勢力張目，有刻意討好民進黨和「臺獨」勢力之嫌！

其三，退一步說，即使馬當局對大陸制定《反分裂國家法》和在特定歷史背景下部署導彈有意見，也應本著雙方都已認可的「先經後政，先易後難，循序漸進」的處理模式，透過兩岸協商談判，心平氣和地逐步加以解決。馬當局單方面出牌，隔空放話，只考慮到自身的處境而不顧大陸方面的感受，只會破壞雙方互信而無助於問題的解決。

四、胡錦濤──「賦予對臺方針政策新的內涵」

　　值得一提的是，臺灣「中央日報」網路報 3 月 12 日發表的一篇評論文章，該文寫道：反分裂法「大多數的條文都在規定兩岸交流。包括規定：兩岸人民往來，增進瞭解；推動三通，互惠互利；推動兩岸文化、教育、衛生、體育交流；共同打擊犯罪；鼓勵有利臺海和平穩定的活動；談判臺灣在國際上的活動空間等。這些規定中，有的正在實現，有的是兩岸協商的議題，並無必要一味反對。」這篇評論文章還說：「該法當中的一旦出現臺灣獨立的情形，大陸將對臺使用非和平方式，確實會令臺灣不安。然而只要臺灣有智慧，是完全可以避免兩岸兵戎相見的。⋯⋯只要維持現狀，並積極協商，就符合臺灣利益、國際期待、大陸底線，可達三贏。民進黨執政時不思此途，在野後亦未反思，當然在兩岸關係上只剩負面角色。」不能不說，「中央日報」網路報的這篇評論文章頗有見地，對大陸《反分裂國家法》的分析以及臺灣應取的態度，都說得相當中肯與客觀，這才是馬當局應取的正確態度。

　　說白了，只要不搞「臺獨」什麼事都沒有！《反分裂國家法》中「非和平方式」的條文，就好像你家裡的「滅火器」，只要不著火它就派不上用場，民進黨老想玩火，所以才這樣仇視《反分裂國家法》。

　　《反分裂國家法》頒布 4 年來的實踐也充分證明，該法對遏制「臺獨」、推動兩岸關係和平發展發揮了重大作用。人們都還記得，《反分裂國家法》通過後僅兩週，國民黨副主席江丙坤就率團到大陸進行「破冰之旅」，儘管當時陳水扁氣急敗壞，揚言要「法辦」江丙坤，但終因江丙坤此行獲得島內主流民意的高度肯定，加之美國表示「關切」，陳水扁才不得不縮手而不了了之；3 週之後，國民黨主席連戰更親自率團訪問大陸，進行「和平之旅」，與胡錦濤總書記會談，達成了兩岸關係和平發展的五項「願景」；此後不久，親民黨主席宋楚瑜、新黨主席郁慕明亦相繼率團訪問大陸，達成了一系列重要「共識」。從此，兩岸新的黨際交流平臺──「國共論壇」開啟了，各項民間交流日趨熱絡，大陸頒布了一系列操之在我的惠臺政策措施，海峽兩岸和平發展的時代潮流從此莫之能抑！

　　大陸採取了「聯藍反獨」、「促美遏獨」的正確策略，一次次地挫敗了陳水扁所推動的「公投制憲」、「入聯公投」等妄圖實現「法理臺獨」的種

種冒險，有效地維護了臺海地區的和平與穩定。最終，臺灣民眾用自己手中的選票把堅持「臺獨」的民進黨趕下了臺，迎來了如今兩岸關係和平發展的新局面。

　　所以，《反分裂國家法》不僅不是民進黨「臺獨」人士所汙蔑的什麼「戰爭法」，恰恰相反，它是一部促進兩岸關係和平發展的「和平發展法」。它的制定與實施，具有十分重大的轉折性戰略意義，對於「反獨遏獨」、促進兩岸關係的和平發展，發揮了不可磨滅的歷史性作用，「既有必要，更為可行」，何來「廢止」之有！

（原文刊於中評社）

如何解讀溫總理的「三個適應」

▌經濟交流與合作是當前兩岸關係發展的主旋律

儘管近些日子來，馬當局迫於內外壓力，在兩岸敏感的政治、軍事議題上頻頻隔空放話，彈出了與當前兩岸關係和平發展的不和諧之音，但展望今年兩岸關係的互動態勢，可以預料，依然會以經濟交流與合作為主旋律。而在全球金融風暴的強刺激下，兩岸協商簽訂經濟合作協定，並建立適合兩岸特點的合作機制問題，則已經提到議事日程上來，迫切需要解決。

3月13日，溫家寶總理在兩會結束後召開的記者會上指出：「兩岸要儘早協商簽訂綜合性的經濟合作協定，並且建立適合兩岸特點的合作機制」；「這個協議和這個機制如果深一步來講，應該包括『三個適應』：第一是要適應兩岸關係發展的情況；第二是要適應兩岸經貿交流的需求；第三要適應兩岸經濟貿易的特點。總的就是要實現互利共贏。」

▌溫總理的「三個適應」具有重要的指導意義

溫總理的這「三個適應」，對兩岸協商簽訂經濟合作協定、乃至建立適合兩岸特點的合作機制，無疑具有重要的指導意義。那麼，如何理解並切實做到溫總理所說的這「三個適應」呢？

第一，要適應兩岸關係發展的情況。當前兩岸關係發展的實際情況為何？可以概括為三句話：一是兩岸關係度過了高危期，邁入了協商談判、和平發展的新階段；二是兩岸關係的結構性矛盾尚未解決，互信基礎仍十分脆弱；三是兩岸急需解決的問題成堆，盤根錯節，千頭萬緒。

「要適應兩岸關係發展的情況」，就是既要抓住機遇，加緊進行兩岸協商談判，而任何協商談判又不能脫離兩岸關係發展的實際，要「實事求是，循序漸進」，心急吃不了熱豆腐！

第二，要適應兩岸經貿交流的需求。一方面，兩岸經貿交流經過三十多年來的發展，已經使兩岸經濟密不可分。然而，兩岸經濟關係的非正常狀況，嚴重制約了兩岸經濟的進一步合作與發展；另方面，自去年下半年以來，兩岸經濟面臨全球金融風暴的嚴重衝擊，特別是主要依賴外銷的臺灣經濟，更是哀鴻遍野，慘不忍睹。面對即將上路的亞太區域經濟合作態勢，假若臺灣與大陸不儘快簽訂經濟合作協定，並進而與亞太區域經濟合作機制相銜接，臺灣經濟勢將被徹底邊緣化。

「要適應兩岸經貿交流的需求」，就是要適應兩岸經濟交流與合作日益向廣度與深度擴展的大趨勢，及加強合作、共同應對國際金融風暴衝擊的現實需要，儘快協商簽訂經濟合作協定、探討和建立有利於兩岸的經濟合作機制，真正做到「中國人幫中國人」。

第三，要適應兩岸經濟貿易的特點。兩岸經貿至少有以下三個特點：首先是「特殊性」。它既非「國與國」之間的經貿關係，也不是大陸內部「省與省」之間的經貿關係，甚至和「內地與港澳」之間的經貿關係也不相同；其次是「政治性」。由於臺灣內部藍綠對立嚴重，綠營政黨和政客出於其政治利益考慮，動輒將兩岸原本純經濟的議題刻意「政治化」、「意識形態化」，更增加了問題的複雜性和解決問題的難度；再次是「不平衡性」。長期以來，不僅兩岸貿易臺灣大幅入超，投資方面則處於單向投資，至今臺灣方面並未開放陸資入島。

「要適應兩岸經濟貿易的特點」，就是說在協商簽訂經濟合作協定、推動建立兩岸經濟合作機制時，必須要考慮到上述特點，才能做到既堅持原則立場又合情合理，達到兩岸互利雙贏的目的。

「先粗後細，先易後難，分兩步走」

眾所周知，建立兩岸經濟合作機制是一個龐大而複雜的系統工程，非短期內可以達成。那麼，在推動建立這一龐大而複雜的系統工程的過程中，如何才能做到溫總理所說的「三個適應」，達到兩岸互利雙贏的目的？竊以為宜採取「先粗後細，先易後難，分兩步走」的方案：

「先粗後細，先易後難，分兩步走」

　　第一步，經協商談判先達成兩岸經貿合作的「框架性協議」。這種協定可不涉及任何實質性內容，並可避開敏感的政治問題，僅規定今後協商的專案及達成各項具體協議的時間表。簽訂這個「框架性協議」的用處就在於：（1）為下一步兩岸協商簽訂急需解決的具體議題打下基礎；（2）為臺灣與東盟及其他國家簽署相關協議創造條件。

　　第二步，就挽救臺灣經濟急需解決而在島內又較無爭議項目（例如石化、紡織）的關稅減讓與市場開放等議題，展開協商談判，儘快達成協議，推動實施。如此，既為日後兩岸談判累積經驗、增強互信，更可為當前已陷入困境的臺灣經濟注入新的活力、讓臺灣民眾感受到實實在在的利益而擴大對馬當局的民意支持度，同時還可使綠營政黨和政客的胡攪蠻纏失去其「正當性」與「著力點」，消弭於無形。

（原文刊於《海峽導報》、中評網）

蔡英文的「新本土觀」救得了民進黨嗎

　　蔡英文當了這麼久的民進黨黨主席，在遭到外界痛批民進黨繼續沉淪、看不出任何改革的決心和作為之後，屁股終於坐不住了，近日投書《中國時報》，大談她的所謂「新本土觀」，以表明她改造民進黨的理念與決心，藉以為自己辯解。

　　蔡英文的「新本土觀」是什麼貨色？它救得了民進黨嗎？

　　據蔡英文說，民進黨有三大責任：第一，必須有承擔守護「國家」的責任；第二，必須堅持理想性；第三，必須以包容性擴大社會基礎。

　　首先，蔡英文要「守護」的「國家」是哪一「國」？文章中沒有明說，讓人丈二金剛摸不到頭腦！這也難怪她，說是守護「臺灣共和國」吧，可它至少現在並不存在，如何「守護」？說是守護「中華民國」吧，蔡英文豈不自失立場，站到了藍營一邊！於是只好一語帶過，語焉不詳，「模糊化處理」！其實，蔡英文心目中的「國家」就是「臺灣」，她無非是說民進黨有責任「守護臺灣」，監督國民黨馬英九不得「出賣臺灣」。這明明是「臺獨」人士一向鼓吹的「舊本土觀」，它「新」在何處？看不出來！

　　其次，蔡英文所說的民進黨的「理想性」是什麼？文章中也沒說清楚，只是籠而統之地說什麼「民進黨跟國民黨的區隔就在理想性。我們不僅治理能力要比國民黨好，更要堅持理想性」、「民進黨必須有理想性與使命感，承擔起建構社會民主基礎工程的重責大任」云云。

　　民進黨的「治理能力」如何，不是蔡英文閉著眼睛瞎吹就算數的，曾經標榜「清廉、勤政、愛鄉土」的民進黨執政了整整八年，不僅造就了一個世界第一的「臺灣之恥」——陳水扁貪腐集團，更把海峽兩岸同胞推向了戰爭邊緣。剛剛把民進黨趕下臺的臺灣老百姓有那麼健忘嗎？

「先粗後細，先易後難，分兩步走」

　　至於說到「建構社會民主基礎工程」之類的「重責大任」，民進黨又不是沒「承擔」過。什麼「公投入憲」、「公投入聯」、「公投制憲」等等「公投綁大選」的「民主鬧劇」，民進黨執政八年演出得還算少嗎？民進黨的所謂「理想性與使命感」，說穿了就是追求「臺獨」，「民主」只不過是「包裝」而已。平心而論，正因為國民黨缺乏民進黨的「臺獨」理想性與使命感，多數臺灣老百姓才放心把執政權交還給了國民黨和馬英九，兩岸關係也才得以風平浪靜、和平發展。近日有民調顯示，如果現在重新投票，多數選民還願意把票投給馬英九。如今民進黨蔡英文不思檢討，還在侈談什麼民進黨的「理想性與使命感」，她的「新本土觀」又「新」在哪裡？

　　再來看蔡英文「新本土觀」的所謂「包容性」。文章中這部分的篇幅最長，看來是蔡英文「新本土觀」的主要內容。從表面上看，蔡英文確實批評了陳水扁執政時期民進黨「排他性」的「舊本土觀」。她說，「我們執政時，自知政治實力不足，必須努力累積，卻走錯了方向。我們用政治對抗的方式來凝聚支持的力量」、「把『本土』窄化成一種排他性的觀念」云云。於是，提出了她的所謂「多元性」、「包容性」的「新本土觀」。她說，「未來的民進黨必須體現移民社會與民主社會的多元性」、「可以把『本土』重新詮釋為一個包容性的觀念，讓這個社會所有的新舊移民不分族群都能共用『本土』」。並進一步說，「包容性的本土觀可以跟『主權』連結。我們是生命共同體，這個生命共同體的『主權』是我們自己的。要統要獨，必須是我們自己的選擇。」

　　問題就在於：（1）民進黨一向強調「本土」，目的就是為了排斥「外來」。如果「本土」包容了「外來」，豈不大家都成了「本土」！那「本土」還有用嗎？「本土」的可以罵「外來」的「中國豬」不受任何指責與懲罰，而「外來」的因為幾年前罵過「本土」的「臺巴子」就被痛剿與追殺，也沒見蔡英文說句公道話，可見蔡英文「新本土觀」的「包容性」是多麼的虛偽！（2）說「包容性的本土觀可以跟『主權』連結。我們是生命共同體，這個生命共同體的『主權』是我們自己的」，則終於露出了蔡英文的「臺獨」尾巴！原來蔡英文「新本土觀」的真諦，就是由「本土」包容了「外省人」之後，合

起夥來共同對抗大陸搞「臺獨」！其實，人們不會忘記，此論哪裡是什麼新鮮貨色，正是陳水扁當年曾經販賣過的「新中間路線」的翻版！

　　蔡英文的文章末尾說：「面對愈來愈複雜的兩岸情勢，必須以新的本土觀來凝聚臺灣，才能夠捍衛我們的主權、民主、自由，與生活方式」。說到此處，我們終於明白，蔡英文這篇大作的題目為何叫做《以新本土觀捍衛臺灣》了。原來，蔡英文的「新本土觀」，乃是舊瓶裝新酒、換湯不換藥、不折不扣的「臺獨觀」！我們要說，當年，陳水扁鼓吹騙人的「新中間路線」未能成功，如今，民進黨面臨前所未有的困境，蔡英文打著「改革」的旗號又在宣揚「臺獨」本質的所謂「新本土觀」，也同樣無法挽救民進黨！

（原文刊於《海峽導報》、中評網）

「范蘭欽事件」值得反思

臺灣島內紛擾了一段時間的所謂「范蘭欽事件」，在馬英九親上火線「滅火」之後終於基本上消停下來了，但這件事至今仍餘波蕩漾，頗值得人們反思。

反思一，郭冠英雖然是個公務員，但他並未以公務員的身分，而是匿名在網路上發表文章，卻遭到如此空前的追殺和嚴厲的懲處。臺灣一向引以為傲的所謂「言論自由」，真的存在嗎？

反思二，「臺獨」人士不管在朝在野，也無論官大官小，成天叫囂「臺獨」（陳水扁掌權時豈只「叫囂」而已！），說這是「言論自由」；而小小公務員郭冠英卻因幾年前匿名發表過文章，表示他「贊成統一」，卻被指責為「與身分不符」、「大逆不道」，必欲殺之而後快。臺灣是否只有「臺獨」人士才有「言論自由」？

反思三，「臺獨」人士罵「外省人」是「中國豬」，動輒要他們「滾回中國去！」，從來也沒有人追究；而郭冠英罵「本省人」是「臺巴子」，卻遭到如此悽慘下場，臺灣還有沒有「公平與正義」？

反思四，小小公務員郭冠英匿名說臺灣是「鬼島」，固然偏激不當，被指責為「辱臺」也不算冤枉；但陳唐山當「外交部長」時公開辱罵新加坡「是個鼻屎大的國家」，「沒有LP」，這「辱人之國」是不是比「辱臺」更加嚴重？那公開以「外長」身分侮辱別國的陳唐山，應不應當受到更加嚴厲的懲處才算公道？而現在陳唐山仍然拿著公家大筆的退職祿，而且還要競選臺南縣長，而郭冠英不僅退職俸不發甚至連已經發給他的三月份薪水都要被追回，這是否合理？

反思五，綠營的莊國榮當「教育部」高官時公開挑撥省籍情結，臺灣政治大學要解除他的教職，馬英九竟親自出面為他說項；而藍營的「新聞局」小官郭冠英匿名發表「不當言論」，馬英九卻親上火線嚴詞指責，說「新聞

「范蘭欽事件」值得反思

局」開除郭冠英「處置得當」。這兩件事性質類似，而馬英九卻為何態度不一、標準不同？

　　反思六，主張兩岸統一的郭冠英「出事」後，除了李敖、石之瑜等少數正義人士敢於公開站出來說幾句公道話之外，臺灣主流輿論幾乎不分藍綠一概嚴加抨擊，這又是為什麼？

　　……

　　臺灣真的生病了嗎？從上述現象不難悟出：

　　其一，國民黨雖然已經重新執政，政治實力遠大於綠營，但奇怪的是綠營仍然掌握著臺灣的話語霸權。陳雲林訪臺是一例，CECA是一例，如今「范蘭欽事件」又是一例。就像有位學者所形容的，臺灣輿論的基本形態仍然是：「綠營出題，藍營答卷，綠營打分！」

　　其二，「謬論說多了也成了真理」，即便是傾向藍營的媒體，以及大多數藍營的政治人物和學者，經過多年來被綠營輿論所洗腦，許多觀念已經被「綠化」而渾然不知。舉個最簡單的例子：稱大陸為「中國」原本是「臺獨」人士的專利，而經過民進黨的八年執政，現在就連大多數藍營人士和傾向藍營的媒體，也幾乎眾口一詞稱呼大陸為「中國」，豈不怪哉！

　　其三，以馬英九為代表的許多藍營「外省人」，不知何故，內心深處的「原罪感」始終揮之不去，碰到「本省人」就莫名其妙地像矮了半截，往往不問是非曲直，一味妥協退讓。其結果不僅無助於「族群和解」，反而「助綠為虐」！

　　如此狀況，實在令人擔憂！依筆者看來，要想從「范蘭欽事件」吸取教訓，與其指責綠營囂張，倒不如先從藍營特別是從馬英九執政團隊檢討開始！

（原文刊於中評社）

「先粗後細，先易後難，分兩步走」

宋楚瑜能否出線考驗國民黨

　　近年來銷聲匿跡的宋楚瑜，最近突然成為媒體「寵兒」。一是討論他年底臺北縣（現為新北市）選舉是否可能代表泛藍出戰；二是清明節前夕宋楚瑜率團出訪大陸祭拜黃帝陵，掀起一陣不大不小的旋風。這兩件事之所以能成為「新聞」，其本身就說明：宋楚瑜雖早已退出政壇，但絕非等閒之輩！

　　宋是個不可多得的治理人才，這在臺灣恐怕不管藍綠都不否認，只可惜他生在臺灣這種特殊的政治環境裡，更因為他太過聰明，「聰明反被聰明誤」！

　　早已賦閒在家的宋楚瑜，「突然」被人想起是否可能代表泛藍出戰，著實反映了今年臺北縣長選舉國民黨的困境。中時線上民調說他狂勝蘇貞昌將近 44 個百分點固然很不可信，而幾乎同一時間 TVBS 的民調，卻又說他狂敗蘇貞昌 19 個百分點，這是怎麼回事？其實動一下腦筋便知：前者是蘇宋一對一的民調，反映的是藍綠對決的基本態勢；而後者則是蘇一對藍三（朱立倫、吳敦義、宋楚瑜）的民調，反映的是「團結的泛綠對分裂的泛藍」，結果自然大不相同。TVBS 民調，朱和吳只比蘇少 2 個和 4 個百分點，而宋卻少 19 個百分點，有名嘴解讀為泛藍支持者希望年輕新面孔出戰蘇貞昌。其實這說不通！請問：蘇是「新面孔」嗎？為何綠營的支持者不嫌他「老」？正所謂「說你老你就老不老亦老，說你不老就不老老亦不老」是也！問題在於，在泛藍分裂投票的情況下，屬於國民黨的朱、吳兩人，當然要比親民黨的宋楚瑜占便宜。但很可惜，民意普遍認為最有實力和蘇貞昌一搏的國民黨三員戰將胡志強、朱立倫和吳敦義，似乎都「很愛惜自己的羽毛」，不肯輕易披掛上陣，打這場並無絕對把握的「北縣之戰」。而宋楚瑜則完全不同，他早已失去政治舞臺，泛藍若能傾全力推舉他出戰，則大有「鹹魚翻身」再造第二春的機會，何樂而不為之！

　　說宋「外省人」色彩太濃，且可能有不少「材料」掌握在綠營手裡，所以宋不一定能贏蘇貞昌。請問：馬英九是不是「外省人」？胡志強是不是？現任的臺北縣長周錫瑋是不是？都是！那他們為何都能高票當選？說白了，

藍營有些人很沒出息，總是自己嚇唬自己，跟著民進黨刻意製造的輿論跑。說到「材料」之類，那就更不是理由了，兩次「總統」大選及上次臺北市長選舉，宋的祖宗八代恐怕早已被拿顯微鏡查過N遍了，還有什麼「鋼鞭材料」足以擊倒宋楚瑜！所以說白了，宋楚瑜能不能代表泛藍出戰，關鍵要看國民黨和馬英九有沒有顧全大局的胸襟，能否不計一黨一己之私，真正「禮賢下士」、「選賢與能」。而國民黨和馬英九能否選擇宋出戰，關鍵的關鍵，又要看泛藍支持者對國民黨和馬英九究竟會施加多大的壓力。

（原文刊於《海峽導報》）

「先粗後細，先易後難，分兩步走」

馬英九兼黨魁是「餿主意」

　　國民黨真是個喜歡自找麻煩、自尋煩惱的黨！吳伯雄黨主席當得好好的，最近突然又莫名其妙地討論起馬英九要不要兼任黨主席的事情來了。

　　去年馬團隊剛剛上臺執政時，國民黨一時無法適應「黨政分離」的新體制，施政受到一定程度的影響而使馬英九萌生起兼任黨主席的念頭，倒也讓人容易理解；然而經過這一年來的磨合，黨政互動已漸入佳境，吳伯雄輔佐馬英九可謂盡心盡力，頗受各界肯定。此刻正應黨政同心，排除干擾，共同「拚經濟」，專心打好年底縣市長選戰之際，居然有人跳出來主張更換黨主席，實乃不折不扣的「餿主意」！

　　據說馬英九目前的「考慮」有三：一是自己參選；二是支持代理人參選；三是力挺吳伯雄連任。種種跡象表明，此風的源頭很可能來自「府方」。據報導，馬英九因國民黨在兩席「立委」補選中出現警訊，以及黨團「立法」效率不彰等問題，正在重新思考兼任黨主席。面對媒體追問，「府方」發言人王郁琦和馬英九本人均閃爍其詞，或曰此事「現在言之過早」，或曰「五、六月之前，不會思考這個問題」。沒有斷然否認，其實等於默認。

　　誰出的這個「餿主意」並不重要，重要的是，如果真的這樣做，面對當前如此複雜艱困的政經環境，國民黨和馬英九執政團隊勢必自亂陣腳。

　　其一，為了「拚經濟」，馬團隊已經使出了吃奶的力氣，依然是搞得焦頭爛額。如今馬英九的民調滿意度剛有起色，又讓他去兼任黨主席，「黨政一把抓」，他真的有這麼大的能耐嗎？且不說馬在臺北市長任上時曾經兼任過黨主席，搞得顧此失彼，怨聲載道；謝長廷當高雄市長時兼任民進黨主席，也因南北奔波、捉襟見肘而辭去黨主席；就說李登輝、陳水扁（一段時間）執政時兼任黨主席，更是問題多多，至今後患無窮。殷鑑不遠，豈可再犯！

　　其二，面對當前的艱困形勢，除非萬不得已，黨內高層宜靜不宜動。馬英九若要兼任黨主席自然無人與之相爭；吳伯雄連任黨內也不會出現什麼風

浪；但若由代理人參選，假如因擺不平引起黨內紛爭，豈不無事生非，給接下來的選舉造成負面影響。

其三，「國共論壇」已成為海峽兩岸不可或缺的交流平臺，馬英九兼任黨主席則無異於拆除了這一重要平臺。誰都知道，大陸領導人不可能和兼有「總統」身分的「馬主席」直接打交道；即使大陸願意，但盱衡目前島內的政治環境，馬英九本人恐怕也沒有這個膽量。而失去國共交流平臺，又勢必對兩岸關係發展帶來重大負面影響。

由此觀之，馬英九兼任黨主席之議，確實是庸人自擾、自尋煩惱的「餿主意」，未見其利而先蒙其害，奉勸馬英九及其親信幕僚們務必三思而後行！

（原文刊於《海峽導報》）

「先粗後細，先易後難，分兩步走」

蔡英文漫天要價

　　不久前，蔡英文才剛剛發文大談她的「新本土觀」。她說：「如何擴大社會支持基礎，是民進黨最大的挑戰。我們執政時，自知政治實力不足，必須努力累積，卻走錯了方向。我們用政治對抗的方式來凝聚支持的力量。完全對抗，在反對運動初期是有正當性的，因為當時的威權政權拒絕民主、也沒有民意基礎，對抗能夠得到社會的同情。……臺灣是個移民社會，移民社會最需要以包容來體現多元。如果繼續以對抗來凝聚政治實力，就會不容易擴大支持」云云。

　　光看這段話，蔡英文說得還蠻不錯，似乎對陳水扁執政時期推行對抗性、排他性的「舊本土觀」有所反省與批判。然而「聽其言而觀其行」，事實證明她絲毫沒有脫離民進黨舊思維的巢穴，依然在賣力推行對抗性和排他性的政治路線。

　　且不說去年11月蔡英文親上火線，煽動綠營支持者走上街頭，圍堵陳雲林，暴力對抗「江陳會」是一例；也不必說民進黨不久前大炒「范蘭欽事件」，追殺圍剿「外省人」郭冠英，蓄意挑撥族群對立情緒又是一例；單單就蔡英文尋找種種藉口，拒絕接受馬英九舉行「雙英會」的邀請，就足以說明問題了。

　　4月11日，就在她拋出「新本土觀」後沒幾天，蔡英文又自打嘴巴，在民進黨主導的所謂「民間國是會議」閉幕致詞時，向馬英九提出七項蠻橫「要求」作為舉行「雙英會」的前提條件。包括：馬英九應該收回臺灣與中國是「地區與地區」、「兩岸人民只是戶籍不同」的說法；廢除「國共平臺」；「臺灣與中國的交流應該納入國會監督」；「臺灣與中國之間任何超越WTO多邊開放承諾的協議，政府應交付人民公投」，並修正「鳥籠式公投法」；收回「ECFA勢在必行、愈快愈好」的說法；「要求中國承諾放棄對臺灣與其他國家簽訂FTA的杯葛」；為防止私人利益凌駕「國家」利益，「應全面撤換與中國有利益糾葛的國安團隊成員和談判代表」等。

蔡英文漫天要價

　　蔡英文對馬英九的這「七項要求」，可謂漫天要價，無理至極，不值一駁！有的違背臺灣的現行法律規定，有的干涉「總統」職權，有的超越「總統」許可權，有的則是似是而非、無的放矢……打著「民主」和守護臺灣「主權」的旗號，卻完全無視臺灣的主流民意和臺灣人民的福祉，為反對而反對，不折不扣地繼承了陳水扁時代對抗性的舊「臺獨」路線，其目的無非是要挑起敏感的政治爭議，為掀起下一波的街頭抗爭「蓄勢」和製造「著力點」，藉以轉移臺灣民眾的視線，擺脫民進黨當前的困境，為年底縣市長凝聚綠營支持力量。然而人們不禁要問：這就是蔡英文所標榜的「多元性」、「包容性」的「新本土觀」嗎？！

　　可笑的是，民進黨的對抗性、排他性的政治路線，早在去年「大選」中已經被臺灣主流民意所唾棄，而蔡英文還不自知，動輒以臺灣人民的「代表」自居，竟然揚言，如果馬英九「一意孤行」，拒絕「向人民道歉」，就「請他在五月十七日那天豎起耳朵，聆聽街頭上人民的怒吼！」連陳水扁都已經不看好的「五・一七嗆馬大遊行」，民進黨究竟能夠掀起多大的風浪？人們將拭目以待！

（原文刊於《海峽導報》、中評網）

「先粗後細，先易後難，分兩步走」

民進黨得了嚴重的「自閉症」

　　5月中旬，大陸即將在福建省舉辦「海峽論壇」。日前，國臺辦主任王毅表示，希望臺灣的縣市鄉鎮都能派代表來，不論界別，不論觀點，「民進黨人士願意來，我們也歡迎」。不料王毅的話音剛落，民進黨就急忙召開中常會，由黨主席蔡英文作出「裁示」：下令黨公職人員「一律不得參加」，並將在本週三通過「黨公職人員赴中國注意事項」，對民進黨人士赴大陸參訪進行嚴格規範。

　　民進黨封殺該黨人士出席「海峽論壇」，理由據說是因為這次論壇「統戰意味濃厚，政治目標明顯」。

　　翻開民進黨史不難發現，早年在野時期的民進黨並非如此封閉，相反，其重量級人物很注重來大陸參訪，藉以瞭解大陸情勢，與執政的國民黨爭奪大陸政策的主導權。人所共知，民進黨的所謂「四大天王」、「立委」和各級黨務主管，包括陳水扁、謝長廷、呂秀蓮、邱義仁、吳乃仁、洪奇昌、姚嘉文、張俊宏、王拓、羅文嘉……一大票人都曾多次訪問過大陸，與大陸涉臺官員、學者廣泛接觸交流，雙方都獲益匪淺。曾任「中國事務部主任」、現為「中國事務小組召集人」的陳忠信，來大陸參訪和出席各種會議的次數，更是多到恐怕連他自己都數不清！

　　很奇怪！當年在野時期這些民進黨人士頻繁出入大陸、出席大陸主辦的各種會議不怕被「統戰」，也不怕大陸有什麼「政治目標」，反而執政八年之後，膽子卻越變越小？說穿了，民進黨搞「臺獨」搞了二、三十年，因為脫離政治現實，越搞路越窄！越搞心胸越小！越搞越沒了自信！如今，失去自信的民進黨已經得了嚴重的「自閉症」而不可自拔！

　　民進黨「自閉」也就罷了，那不過是民進黨自家的事，充其量會嚴重制約民進黨自身的發展壯大，永遠甭想再重新執政！但偏偏這個黨又十分蠻橫，明明已經被臺灣民眾趕下了臺，在「立法院」裡也才不到四分之一的席位，卻張口閉口說它代表「臺灣」和「臺灣人民」，要求現在執政的國民黨和馬英九也要跟著它一起「自閉」，否則就是「賣臺」！就是「主權流失」！無

447

民進黨得了嚴重的「自閉症」

論馬英九提出什麼樣的兩岸開放政策，也不管這些政策是否對臺灣、對臺灣人民有利，例如開放陸客入島旅遊也好，開放兩岸直接全面「三通」也罷；簽訂 CECA 也好，ECFA 也罷；兩岸金融合作也好，陸資陸生入島也罷……一概反對！如若不然，就在「立法院」裡鬧事；「立法院」裡鬧事人太少不管用，於是就煽動它的支持者走上街頭罵大街，進行暴力「杯葛」，非攪得你天昏地暗、不得安生、沒法幹事不可。你看這不，民進黨又揚言 5 月 17 號要發動 30 萬人上街「保臺」了！

所以，民進黨得的「自閉症」是變異了的「自閉症」。「異」就「異」在這種「自閉症」不光「自閉」，更強迫別人也要跟著它一起「自閉」。故此，這種變異了的「自閉症」不妨稱之為「強迫型自閉症」可也。

民進黨的「自閉症」還能治好嗎？能！主治大夫是誰？臺灣人民！

（原文刊於《海峽導報》、中評網）

「先粗後細，先易後難，分兩步走」

民進黨做不到的，馬英九為何做到了

　　馬英九團隊上臺執政即將屆滿一年，可謂「漸入佳境，好事連連」。你看，第三次「江陳會」剛剛在南京成功舉行，今天又傳來世界衛生組織邀請臺灣以「中華臺北」名義出席 WHA 的好消息。近日島內民調顯示，多數民眾支持馬英九的兩岸開放政策，馬團隊的執政滿意度正在穩步提升。

　　然而，依照民進黨的意識形態和思維邏輯，凡是對馬團隊的「好消息」，就必定是對民進黨的「壞消息」！第三次「江陳會」後，民進黨宣稱這是一個「失敗的談判」，所簽訂的協定是「喪權辱國的條約」！面對民進黨的無端指責，「陸委會主委」賴幸媛嚴詞駁斥說：這種說法「昧於事實」，「過去做不到的，我們做到了！」

　　臺灣加入 WHA 的消息傳來，民進黨又如法炮製，攻擊馬團隊「趁火打劫」，「對臺灣的國際『主權』地位有很大傷害」。「衛生署長」葉金川或可「師法賴主委」，理直氣壯地回嗆民進黨：「過去做不到的，我們做到了！」

　　依筆者看來，馬團隊的官員還是太老實、太客氣。應該直截了當地回嗆說：「民進黨做不到的，我們做到了」才對！

　　人們不妨回想一下，三次「江陳會」成果也好，加入 WHA 也罷，哪一項不是當年民進黨「總統」候選人的「政見」？陳水扁執政八年，每年都在爭取加入 WHA。開放兩岸「三通」和「陸資入島」，更是陳水扁兩次大選時向選民信誓旦旦的「承諾」。大選過後卻統統跳票！加入 WHA 則直到國民黨馬英九重新上臺執政後才得以實現。

　　民進黨執政八年做不到的，為何國民黨執政不到一年就很快做到了？

　　首先，民進黨陳水扁否認「九二共識」，頑固堅持「臺獨」路線，主張兩岸「一邊一國」，推行「封閉」的乃至「衝撞」、「挑釁」的兩岸政策，不僅兩會協商談判失去了應有的基礎，更使兩岸劍拔弩張，互信蕩然無存；而國民黨馬英九承認「九二共識」，反對「臺獨」，實行兩岸「開放」政策，

兩會得以很快恢復協商談判，雙方努力建立互信，擱置爭議，自然能夠良性互動，「共創雙贏」。

其次，民進黨陳水扁把兩岸政策「工具化」：競選時為了騙選票，虛偽地提出一大堆諸如開放兩岸「三通」、「陸資入島」之類並不想兌現的「承諾」，選後則製造種種藉口，將無法兌現的責任一股腦兒推給大陸。陳水扁執政後期，更蓄意激化兩岸矛盾與衝突，不惜犧牲兩岸同胞的利益，製造臺海緊張局勢，作為掩蓋其貪腐弊案的「遮羞布」。這種「工具化」的兩岸政策，播下的是「仇恨」，收穫的也唯有「仇恨」；而國民黨馬英九的兩岸政策卻以「人民最大，人民利益為先」為理念，以推動兩岸關係和平發展為出發點，實事求是，互諒互讓，求同化異，播下的是「互信」，收穫的自然是「雙贏」。

失去政權已經整整一年的民進黨，早已被臺灣主流民意遠遠拋在了後邊，但至今仍不思檢討，不思進取，動輒以「臺獨」意識形態掛帥，以臺灣人民的「代表」自居，言必稱「護臺」、「保臺」，「雞蛋裡挑骨頭」，對國民黨馬英九的兩岸開放政策橫加指責，對兩岸兩會的協商談判成果惡意攻擊、全盤否定。如此民進黨，可悲復可憐！

（原文刊於中評社）

謝長廷的奇怪邏輯可以休矣

當臺灣以「中華臺北」觀察員身分被邀請出席 WHA 的消息傳出後，民進黨一如既往，不論是非曲直，先是鄭文燦打頭陣，稱這是「另類趁火打劫，對臺灣有很大傷害」，蔡英文隨後表示，這次邀請「疑雲重重，不具有實質意義」，極力貶低其重大政治意義。然而，與一般綠營頭面人物不同，謝長廷對此事的評論卻有「另類思維」。

謝長廷說：「臺灣以觀察員身分與會當然是好事，但馬『政府』不該有『爭功諉過』的想法」；臺灣能夠成為 WHA 觀察員，民進黨「政府」也長期努力爭取，不應該將一切不好的推給前朝，這好比「水燒滾了是好事，但最早燒的木炭也有功勞，不是最後一塊木炭的功勞」。

謝長廷的「奸巧」可謂已經到了「爐火純青」的地步！你看，他不得罪臺灣的主流民意，肯定這「當然是好事」；他也不得罪綠營的支持者，抨擊馬英九「爭功諉過」，甚至站著說話不腰疼，要求「應要爭取到世衛組織正式成員」；他更沒有忘記利用此事，為自己身上「貼金」，聲稱這與民進黨的「長期努力爭取」分不開。聽話聽音，當過民進黨主席、前「行政院長」的謝長廷，當然也應該有一份「功勞」！

謝式「奸巧」或許可以矇騙一些人，可惜他的邏輯不通，更與事實不符。

首先，在臺灣加入 WHA 的問題上，馬「政府」與民進黨「政府」完全沒有「繼承性」。恰恰相反，如果臺灣不是政黨輪替，頑固推行「臺獨」路線的民進黨被趕下了臺，重新執政的國民黨馬英九實行內外政策的「撥亂反正」，臺灣絕對不可能被世衛組織邀請參加 WHA。

其次，臺灣得以加入 WHA，是馬英九實行開放的、和解的和善意的兩岸政策，和兩岸雙方本著「建立互信，擱置爭議，求同存異，共創雙贏」的默契，進行良性互動的結果，是兩岸關係邁入和平發展正確軌道的重要標誌。而民進黨執政八年，推行封閉的、對抗的、挑釁的兩岸政策，不僅不是兩岸關係和平發展的「推動者」和「建設者」，恰恰相反，是兩岸關係的破壞者、

謝長廷的奇怪邏輯可以休矣

臺海局勢持續緊張嚴峻的根源。當年民進黨陳水扁、謝長廷之流所燒的「木炭」，和國民黨馬英九並不在同一個「灶」上，他們所燒的「灶」，是破壞兩岸關係的「灶」，實乃兩股道上開的車，南轅北轍，怎可混淆是非、顛倒黑白！如今臺灣加入WHA，民進黨和謝長廷何功之有？

再次，要說飲水思源，在臺灣政治人物中，對臺灣加入WHA真正有功者，是連戰、吳伯雄、江丙坤和宋楚瑜等，正是他們在民進黨製造兩岸對立、臺海上空布滿戰爭陰霾的關鍵時刻，不計毀譽，不顧風險，毅然參訪大陸，進行「破冰之旅」、「和平之旅」、「搭橋之旅」，與胡錦濤達成多項「共識」與「願景」。這些「共識」與「願景」，其中就包括臺灣加入WHA問題，這是世人皆知的事情。所以，「爭功諉過」的不是別人，正是謝長廷自己。

謝長廷的奇怪邏輯可以休矣！

（原文刊於《海峽導報》）

「先粗後細，先易後難，分兩步走」

民進黨由「自閉」走向「自殘」

　　民進黨還真是會「配合演出」！不久前，筆者剛剛在專欄發表《民進黨得了嚴重的「自閉症」》一文，不料昨天下午，為癱瘓議事，杯葛馬當局「開放大陸學歷」的政策，民進黨27個「立委」就在「立法院」內反鎖自己長達六小時之久，真實地上演了一場「自閉」鬧劇！

　　民進黨的「自閉」，反映出該黨的「內憂外患」。

　　先說「內憂」。陳水扁雖人在牢裡，卻另立「扁中央」，幾乎事事給民進黨出難題、唱反調。年底縣市長選舉，具指標性意義的臺南縣長候選人至今擺不平；「5‧17嗆馬反中」大遊行，本土「獨派」社團又執意在高雄另闢戰場，和黨中央互別苗頭，前景堪憂。黨主席蔡英文疲於奔命，無計可施。

　　再說「外患」。馬當局施政「漸入佳境」，興利除弊初見成效，股市連日大漲，經濟景氣回暖，兩岸開放政策正在開花結果。民調顯示，臺灣民眾對馬團隊的支持度和滿意度都在穩步提升。就連美國都一再表示放心與支持。

　　面對「內憂外患」，民進黨不思反省，繼續自戀於「臺獨」意識形態不能自拔，對馬當局的兩岸開放政策尤其恨之入骨，動輒以「賣臺」、「傾中」相詆毀。道理講不出來就罵大街、耍賴，甚至搧人巴掌，其惡形惡狀自然遭到社會輿論的抨擊和主流民意的唾棄。現在好了，民進黨使出了新絕招，變出了大家從未見過的新花樣：由「自戀」變「自閉」，民進黨的「立委」們乾脆把自己反鎖起來，不讓別人進會場。看誰還能說民進黨「黔驢技窮」！

　　民進黨的「自閉」源於失去「自信」；而失去「自信」，則因為失去了往日的「理想性」；而失去「理想性」的民進黨已經破罐破摔，不知「社會觀感」為何物，更不在乎主流民意對他們的所作所為是否同情與支持，一味為反對而反對，只要自己「爽」就好。

　　舉一個早已被人淡忘的例子，便可知今日的民進黨早已不是昔日有「理想性」的民進黨了：十六年前也即1993年的4月15日，臺灣「國大」議場上也曾上演過一齣民進黨籍「國代」張川田掌摑「考試院長」提名人邱創煥

的鬧劇。當時，以「公平、正義、自由、民主、人權」相號召、一心想「走上執政」的民進黨，迫於社會輿論壓力，民進黨「國大黨團」未敢護短，公開譴責張川田「不道德」，並施於嚴厲紀律處分，黨主席許信良還為此公開「向全民道歉」，終於得到社會輿論的諒解。而同一個民進黨，不久前該黨立委邱議瑩，在「立法院」同樣上演了掌摑國民黨立委李慶華的鬧劇，可這次上至黨主席蔡英文、民進黨「立法院黨團」，下至該黨的一般政治人物，竟然視打人者邱議瑩為「女中豪傑」，舉黨力挺。民進黨自甘墮落到如此地步，令人不勝噓唏！

　　自甘墮落的民進黨如今自鎖「立法院」，可見其「自閉症」已經發展到了晚期，若再不省悟，繼續諱疾忌醫，下一步勢必由「自閉」走向「自殘」。如若不信，大家拭目以待！

（原文刊於《海峽導報》、中評網）

「先粗後細，先易後難，分兩步走」

臺版「文革」還需陸客「見證」嗎

　　民進黨發動的「5‧17嗆馬保臺大遊行」已經進入倒計時。日前，民進黨發言人鄭文燦聲言：「歡迎大陸遊客到臺灣體驗臺灣民主。」正在華府訪問的民進黨主席蔡英文隨後表示：此議頗有「創意」，可考慮在遊行當天設立「中國遊客專區」，讓大陸觀光客「見證臺灣民主」。

　　阿彌陀佛！難得民進黨這次不同以往，沒有仇視反而「歡迎」大陸同胞！

　　不過，去年10月，張銘清在臺南孔廟被追打、座車被砸，大陸同胞已經領教了什麼是「臺灣民主」；11月，陳雲林赴臺被暴徒圍困，央視女記者柴璐被踹，大陸同胞再次領教了什麼是「臺灣民主」。「臺灣民主」還需要大陸遊客「見證」嗎？即將上演的「5‧17鬧劇」，又會讓大陸遊客「體驗」到、「見證」到什麼樣的「臺灣民主」呢？

　　民進黨公開揚言，「5‧17」要挑戰公權力，遊行過後接著靜坐24小時，並且拒絕申請「路權」，不管他人權益是否因此受損，就是要「以身試法」、「打死不退」，要包圍「總統府」，不惜「流血衝突」，並且蔡英文說已經作好了「坐牢的心理準備」。明明是十足的「無政府主義」，是街頭流氓無賴行經，這也是「臺灣民主」？

　　近期以來，各種資料表明，臺灣經濟景氣正在復甦，馬團隊「拚經濟」已初見成效，島內民調無不顯示，馬英九的兩岸開放政策得到多數臺灣民眾的肯定與支持，馬團隊的民意滿意度正在穩步提升。民進黨卻閉眼不顧事實，全盤否定馬團隊的政績，汙衊兩岸開放政策「賣臺」、「傾中」。為了給民進黨年底的縣市長選舉造勢，也為了維護黨主席蔡英文的領導權威，不惜在臺灣面臨A型H1N1流感入侵威脅的關鍵時刻，執意要搞大規模集會遊行活動。明明是為一黨一己之私，打著民主反民主，是少數強暴多數，這也是「臺灣民主」？

　　民進黨執政八年，造就了另一個「臺灣奇蹟」——世界級的陳水扁貪汙家族。民進黨上上下下，不僅不以扁為恥，趕快與扁切割，相反，在陳水扁

的刻意操作主導下，民進黨發動的這場「5·17大遊行」已經失焦變調，將變成以「嗆馬保臺」為名，以「捍衛司法人權」為幌子，實則「挺扁救扁」的大鬧劇。明明是黑白顛倒，視司法為無物，道德價值觀淪喪，這也是「臺灣民主」？

　　民進黨立委張花冠，名字很雅，言行舉止卻十分鄙劣低俗。她「創意」更足，竟然挖空心思，把高雄一所學校校名「獅甲國中」改成「中國甲獅」，繡在書包上要讓她的支持者背著參加「5·17大遊行」。遭到輿論的撻伐甚至連同黨同志都不敢認同，但這位張女士卻我行我素，死硬到底，乾脆把「中國甲獅」更改成「中國甲塞」（閩南話「甲塞」是「吃屎」的意思）。明明是寡廉鮮恥，侮辱包括臺灣在內的自己的國家尚不自知，這也是「臺灣民主」？……

　　說不客氣的話，這種所謂「臺灣民主」一點兒都不新鮮！人妖顛倒，意識形態掛帥，以「大民主」相標榜的十年「文化大革命」，大陸同胞早就親身「體驗」過、「見證」過了。而且與大陸「文革」相比，臺灣版的「文革」只能算是「小兒科」！吃盡了「文革」苦頭的大陸同胞，如今眼看著臺灣重蹈大陸覆轍，民進黨卻還沾沾自喜，一有機會就向大陸賣力推銷，不免替他們感到難過又覺著可憐！

　　大陸的民主確實還很不完善，需要努力改革，但如果向大陸推銷臺灣版的「民主」，那就不必了！

（原文刊於中評社）

民進黨為何無法與扁「切割」

▌蔡英文民調滿意度「慘不忍睹」

去年此夕，在臺灣「大選」中慘敗的民進黨被迫鞠躬下臺，臺灣政權完成了具有歷史性意義的第二次政黨輪替。

臺灣民眾用手中選票，表達了對民進黨執政八年的強烈不滿，期望它下臺後洗心革面，重新出發。然而一年過去了，民進黨在新任黨主席蔡英文的領導下不進反退。各種民調顯示，民進黨的支持度始終低迷不振，即使在今年初馬英九民調滿意度不斷下滑的情況下，民進黨的支持度也仍然在三成上下低空徘徊，毫無改觀。至於蔡英文本人的民調滿意度更是急劇流失，今年5月比去年7月整整掉了26個百分點，只剩下23%，可謂慘不忍睹！

▌無法與扁「切割」難以挽回民心

民進黨下臺一週年始終不能挽回民心，原因固然很多，但誰都否認不了，無法與陳水扁「切割」，則是其中的重要因素之一。

民進黨執政八年，臺灣民眾最痛恨的是什麼？莫過於扁珍家族的貪腐與濫權。按理說，民進黨丟失政權，首先要追究陳水扁的責任，站在社會正義一邊，協助檢調部門清查扁家的貪腐弊案，與陳水扁徹底劃清界限，展現出「革故鼎新」的氣象，以求得臺灣民眾的寬恕與支持。

然而一年來，民進黨美其名曰與阿扁「柔性切割」，實則是「柔性」有餘，「切割」為虛，把「毒瘤」當「資產」，打著「捍衛司法人權」、反對「政治迫害」的幌子，對扁家含情脈脈，難捨難分，最終在陳水扁的無恥恐嚇與「急獨派」挺扁勢力的裹挾之下，蔡英文被迫低三下四到臺北看守所探監，向陳水扁妥協讓步。所謂「五・一七嗆馬大遊行」，也因此變調成「挺扁大遊行」。人在牢裡的陳水扁，事後竟然給黨主席蔡英文打分，對「五・一七大遊行」表示「滿意」，真是情何以堪！

民進黨為何無法與扁「切割」

▎無法與扁「切割」關鍵原因何在

　　有人簡單解釋為「人情」因素，其實對於政客而言，「人情」值幾個銅板！關鍵在於：

　　第一，說白了，民進黨內的許多頭面人物，原本與陳水扁就是「共犯結構」，是一條繩上拴的蚱蜢，「一榮俱榮，一損俱損」。人們不難發現，挺扁最力者，大都是有案在身者，保扁其實就是為了保自己！有這批人在民進黨內當道，還能指望民進黨會和陳水扁「切割」嗎？

　　第二，表面上看，黨主席蔡英文性格軟弱，難以抗拒陳水扁和「急獨」派挺扁勢力的威脅與裏挾，但從深層次分析，當年「兩國論」炮製者之一的蔡英文，本身就是如假包換的「臺獨」份子，其政治理念和思想脈搏與陳水扁和「急獨」派挺扁人士一脈相承、並無二致。因此，在當今「只問立場，不問是非」的臺灣政黨政治現實環境下，原本格局有限的蔡英文，自然難以擺脫陳水扁和「急獨」派挺扁勢力的綁架與裏挾，最終成為他們的政治俘虜！

　　可惜了蔡英文，上了李遠哲的當，好好的學者不當去當政客！

（原文刊於《海峽導報》、中評網）

民進黨不再「屁股」面對大陸

「形勢比人強」

與臺灣朋友交往多了，你會發現，他們口中經常掛著一句「口頭禪」——「形勢比人強」。

你看！民進黨籍的高雄市長陳菊才剛剛訪問過大陸，在綠營內部掀起一股不大不小的「旋風」，臺灣媒體接著又報導，另一位民進黨籍的臺南縣長許添財也將跟進，打算在 6 月底率團赴廈門參加「第一屆海峽杯帆船錦標賽」；緊接著，嘉義縣長陳明文在民進黨中常會上「發難」，呼籲民進黨「應該重新定位與論述中國路線」，不應反對黨籍縣市長登陸，黨中央應明訂登陸標準，「不要屁股對著中國」，得到不少中常委的認同；至於前一陣子曾經釋出「登陸」訊息，而被「急獨」派和黨中央「擋駕」的呂秀蓮，更是借題發揮，對外放話說：「無論是民進黨還是獨派都必須認清政治是有機學的事實，絕對有必要與時俱進」云云……

面對黨內務實派的反彈，黨主席蔡英文不得不「與時俱進」，指示民進黨「中國事務小組」把已經草擬好的《黨公職赴中國交流注意要點》，按幾位黨籍縣市長的「訪中」經驗，再做調整和修改，並於「近期內儘快提出」。

果然再次應驗了臺灣朋友的口頭禪——「形勢比人強」！

「鴕鳥政策」已難以為繼

民進黨下臺一年來，面對急速發展變化中的兩岸關係茫然不知所措。出於「臺獨」本能，他們對馬英九的兩岸開放政策一味杯葛。「逢中必反」、「逢馬必嗆」的結果，使得民進黨的路愈走愈窄，愈走愈失去民心，愈走愈沒有自信。於是只好實行「鴕鳥政策」，把頭埋在沙子裡，關起門來「自閉」、「自慰」！

然而，政治是非常現實的！民進黨的「立院黨團」可以「自閉」、「自慰」，蔡英文為首的黨工們也可以「自閉」、「自慰」，但作為一方「父母官」的民進黨籍縣市長卻無法「自閉」、「自慰」！一年來，這些民進黨籍的縣市長在如何既要堅守「黨籍立場」，又要顧及地方的經濟發展、民眾的切身利益和自身的生涯規劃之間痛苦地掙扎。他們眼見國民黨「獨享」兩岸關係和平發展的「紅利」而心急如焚，早就對黨中央的「鴕鳥」、「自閉」、「自慰」大陸政策內心不滿，頗有微詞。早先已經「登陸」的嘉義縣長陳明文、雲林縣長蘇治芬，包括公開為「孔廟暴力事件」向張銘清道歉的臺南縣長許添財等，實際上都是用具體行動表達了他們對民進黨保守僵化大陸政策的不滿與無奈。如今，藉著陳菊的成功登陸而公開「發難」，與黨中央「嗆聲」，更突顯了民進黨的「鴕鳥」、「自閉」、「自慰」大陸政策已經難以為繼，正面臨不得不進行調整的臨界點！

▌「側身」對大陸比「屁股」對大陸有進步

根據蔡英文的指示，民進黨的《黨公職赴中國交流注意要點》即將出爐，但可以預見，就像唐僧對付孫悟空一樣，其中必定規定有許多「清規戒律」，用以捆綁民進黨公職人員參訪大陸的手腳。蔡英文說了：黨公職赴大陸要進行「風險管控」；民進黨中央發言人鄭文燦也說：「黨公職赴中國交流最重要的是不要被政治操作。」看來，民進黨和大陸打交道很沒自信，雖然不再「屁股」對著大陸，但側著身子，擺出架勢，處處設防。

不過這也難怪！這些年來民進黨頭面人物一直與大陸甚少交往，對大陸實在太不瞭解，又兼「臺獨」意識形態作怪，心存警惕亦屬人之常情！更何況，即便規定許多「清規戒律」，但有條件開放黨公職人員參訪大陸，這畢竟是民進黨的一大進步。有進步就值得肯定，應當歡迎。側著身子面對大陸，總比「屁股」對著大陸強！

（原文刊於香港《文匯報》、中評網）

短期內難望民進黨調整兩岸政策

民進黨籍高雄市長陳菊成功登陸、臺南縣長許添財即將跟進、《黨公職赴中國交流注意要點》即將頒行、務實派紛紛跳出來要求進行黨內兩岸政策大辯論⋯⋯民進黨的這一連串事件引起了島內外輿論的熱烈討論，普遍認為民進黨保守僵化的兩岸政策已經難以為繼，正在進行務實調整。

民進黨真的開始務實調整兩岸政策了嗎？非也！

請看與上述相反的消息：先是黨主席蔡英文親自出面，宣稱「民進黨還有很多事要做，兩岸政策並非重要和急迫性」，反對舉辦黨內兩岸政策大辯論；緊跟著該黨「中國事務小組」也聲言，「目前沒有調整兩岸政策的急迫性，也暫無舉行中國政策辯論的需求」；近日民進黨更對外宣布，決定分兩階段推動「兩岸經濟合作架構」（ECFA）的公投連署⋯⋯

如此看來，認為民進黨已經開始調整兩岸政策，只不過是外界一廂情願的幻覺！

不錯！民進黨對陳菊和許添財參訪大陸公開放行，並制定《黨公職赴中國交流注意要點》，對黨公職人員赴大陸參訪實行「低度管理」，相較以往，這是一個進步，值得肯定和歡迎。但據此就得出結論說，民進黨已經開始調整兩岸政策，則顯然為時尚早！須知，民進黨制定《黨公職赴中國交流注意要點》，充其量只是在無法繼續阻攔黨公職人員「登陸」的政治現實之下，不得不採取的一種被動舉措，目的正是為了「規範」而不是「鼓勵」黨公職人員赴大陸參訪。

本人認為，民進黨在短期內難以啟動兩岸政策調整。原因有四：

其一，缺乏「緊迫性」。今年底縣市長選舉是地方性選舉，民進黨不會為了一場純屬地方性的選舉而急於調整兩岸政策。陳菊登陸引發的政治效益，反而使他們認為只要有限度地開放黨公職赴大陸參訪，就足以爭取到中間選票，扭轉不利局面。再加上炒作 ECFA 公投連署，便可以穩住「基本盤」，立於不敗之地。

其二，領導不力。目前民進黨仍被「急獨」挺扁派所綁架，黨內敢以公開站出來主張調整兩岸政策的務實派仍居少數；黨主席蔡英文政治性格軟弱、缺乏魄力，又無派系奧援，無力整合全黨，推動民進黨兩岸政策轉型。

　　其三，派系各有盤算。民進黨內真正具政治實力的「天王」級人物盤踞在各個派系，目前他們仍在窺測方向，各懷鬼胎，各有盤算，暫難達成共識，促成民進黨兩岸政策轉型。

　　其四，還存在幻想。民進黨失敗得還不夠慘，他們還不服氣，幾次街頭運動證明，「基本盤」還在；又兼馬英九民調滿意度始終低迷不振，他們還有幻想，認為不必調整兩岸政策，仍有實力與藍營一搏。

　　如果以上分析不謬，可以預見，民進黨在日後的重大選舉中如若不再慘敗幾次，讓它多進幾次「加護病房」進行搶救，逐步瓦解鬆動其「基本盤」，那麼民進黨便難以擺脫「急獨」挺扁派的綁架，黨內務實派也很難真正出頭，成為主流。在此之前，民進黨保守僵化的兩岸政策，頂多作一些無關痛癢的修修補補，不可能啟動真正意義上的調整與轉型。

　　總之一句話：短期內難望民進黨調整兩岸政策，外界心存善念，予以「鼓勵」可以，但不可過於天真！

（原文刊於中評社）

民進黨早已墮落成「兒戲黨」

日前，臺灣「中央日報網路報」發表社評曰：請民進黨「不要再把推動公投當作兒戲」。其實，民進黨豈只把推動公投「當兒戲」，整個黨都早已墮落成了「兒戲黨」！

▍阿扁上臺，民進黨墮落成「兒戲黨」

儘管我們一向反對民進黨搞分裂，搞「臺獨」，但不管怎麼說，早期的民進黨畢竟是在為它所信仰的「理想」認真打拚。可是，自打擅耍權謀、貪腐成性的政治小醜阿扁上臺執政後，民進黨就註定不可避免地逐漸墮落成了「兒戲黨」。

回想阿扁執政八年，民進黨搞的「兒戲」真是「罄竹難書」！

舉其大者：「核四廠停建再復建」，是不是「兒戲」？為了騙選票，花了納稅人那麼多的錢蓋了那麼多的「蚊子館」和「養機場」，是不是「兒戲」？「二次金改」，「以小吞大」、圖利特定財團，是不是「兒戲」？執政八年，賣官鬻爵，提拔了數百個「將軍」，是不是「兒戲」？推動「公投入憲」和四次「公投綁大選」挑釁大陸，製造臺海緊張局勢，是不是「兒戲」？「迷航之旅」、「烽火外交」、「賄賂外交」，是不是「兒戲」？……

事實證明，在阿扁的主導之下，民進黨早就墮落成了「兒戲黨」！

▍民進黨依然故我，繼續「兒戲」

阿扁「兒戲」了整整八年，不僅把民進黨好不容易才打下的江山給「兒戲」沒了，更把臺灣「兒戲」成族群對立、政黨惡鬥、經濟大幅滑坡、兩岸同胞瀕臨戰爭邊緣！問題在於：民進黨被趕下臺後，依然故我，並未接受教訓，一年來在新任黨主席蔡英文的率領下，還在繼續「兒戲」！

在「立法院」內動輒霸占講臺耍無賴、丟鞋子、搧耳光、鎖門「自閉」，是「兒戲」！「逢陸必反」，煽動民眾走上街頭，追打張銘清、圍困陳雲林，

民進黨早已墮落成「兒戲黨」

反對兩岸協商談判，是「兒戲」！「逢馬必嗆」，不問青紅皂白，反對任何兩岸開放政策，杯葛採認大陸學歷、反對陸生入島，是「兒戲」！對扁家貪腐弊案視而不見，至今拒絕與扁切割，是「兒戲」！現如今，就連攸關臺灣經濟是否邊緣化的 ECFA 問題，民進黨也要發動「公投」極力阻撓，當然是更大的「兒戲」！……而且現在看來，民進黨還要再沒完沒了地繼續「兒戲」下去。

▌民進黨何以會變成「兒戲黨」

民進黨之所以被阿扁引導成「兒戲黨」，關鍵在於阿扁的「立黨為私」！在阿扁的眼裡，民進黨也好，「臺獨」也罷，統統都不過是他獵取個人、家族和親信小集團私利的政治工具。失去了「理想性」的民進黨，自然也就迷失了方向，不顧大多數人的利益，胡搞亂搞，搞得天怒人怨！「民進黨」成了「民退黨」，說它是「臺獨黨」都是抬舉它！下臺後的民進黨拒絕與扁切割，美其名曰「捍衛司法人權」，實則無法擺脫阿扁「立黨為私」的荒謬路線，找不到前進的正確方向，繼續在黑暗中亂衝亂撞，仍然是不折不扣的「兒戲黨」！

「人」失去了理想，便會「遊戲人生」，猶如「行屍走肉」；「黨」失去了理想，則沒有了「黨魂」，變成只為少數人謀利的「兒戲黨」。不言自明，失去理想的「黨」，比失去理想的「人」危害更大！

民進黨如何才能走出「兒戲黨」的爛泥淖，重新找回「理想性」？唯有靠該黨精英們及其支持者的覺醒！否則，不要說重新走上執政，能否繼續生存都要打個大大的問號！

（原文刊於《海峽導報》、中評網）

馬英九第一任內「馬胡會」登場難實現

困擾國民黨多時的馬英九是否兼任黨主席的風波，在馬吳聯合記者會後大概可以落幕了。圍繞這場風波，不免引起人們的許多思考：

其一，本來這件事若是處理得當，應該不至於釀成這麼大的風波。究其根源，蓋出於國民黨長期以來根深蒂固的「放話文化」的劣根性。改造國民黨，是馬英九兼任黨主席所標榜的重要目標，但願馬英九及其親信幕僚今後能以身作則，從改造國民黨的「放話文化」劣根性做起，展現出和以往不同的新氣象。唯其如此，外界才會相信，馬英九真正有能力、有魄力改造國民黨。

其二，有輿論認為，馬英九兼任黨主席的最大好處，就是「黨政一元化」。未來黨中央和「立法院」黨團統統都得乖乖聽馬英九的話，配合行政團隊執政，真正做到「完全執政，完全負責」。此話固然不假，但世間任何事情有利則必有弊，能否趨利除弊，關鍵在於「主事者」。就說李登輝和陳水扁，「黨政一把抓」，究竟是「趨利除弊」還是「趨弊除利」？已經不言自明。「完全執政」的結果，變成了「完全不負責任」，害慘了臺灣！

其三，不錯！馬英九不是李登輝，更不是陳水扁，相信他不會搞獨裁、搞黑金，更不會搞「臺獨」、搞貪腐。但不擅與人「溝通」，則是馬英九人格特質中的最大弱點，這也正是他上臺之初，造成「府、院」、黨配合不順暢的重要原因之一。須知，黨籍「立委」個個都是「人精」，除了少數不分區「立委」，其餘大多數「立委」都是在選舉中「拚殺」出來的戰將，何況他們還要代表各自選區選民的切身利益，倘若以為馬英九兼任了黨主席，一切就會 OK，那就未免太過天真。「府、院」、黨能否配合順暢，恐怕還得從小馬哥克服自身不擅與人「溝通」的弱點做起才成。

其四，馬英九不擅與人「溝通」，除了「性格」使然，更在於「心態」。馬英九及其親信幕僚總以為，國民黨能夠重新上臺執政，全靠了馬英九。所

馬英九第一任內「馬胡會」登場難實現

以無論黨中央還是「立院」黨團，統統都該「唯馬首是瞻」。其實，誠如蔡瑋教授所言：馬英九能贏回政權，「國民黨上下將士用命也功不可沒」！馬英九的這種錯誤「心態」如果能從根本上得到調整，真正擺正位置，客觀地看待自己，那麼他不擅與人「溝通」的弱點則不難克服，而日後「府、院」、黨的順暢配合、國民黨的興旺，乃至臺灣的進步與繁榮，也就不難預期。

其五，馬英九兼任黨主席，不僅是國民黨的「家務事」，同時也是國共兩黨和兩岸關係發展中的一件大事。有人樂觀評估，馬英九兼任黨主席後「馬胡會」很快就會登場。但本人妄斷，在馬英九的第一任期內「馬胡會」很難實現。問題不在大陸，而在於面對來自島內外的強大壓力，以競選連任為第一考慮的馬英九有沒有這樣的膽略？須知，馬英九下決心兼任黨主席，考慮的重點在「內政」而不在「兩岸」。

其六，相反，有人則擔心馬英九兼任黨主席後，國共兩黨的交流與合作將會因為「馬胡不能會」而大受其損，顯然這是「過慮」。試想：國民黨重新執政後並沒有「馬胡會」，何以一年來兩黨和兩岸關係的發展卻能一日千里，十分順暢？關鍵就在於國民黨高層在兩岸政策上有高度共識，不存在分歧。故此，不必擔心馬英九兼任黨主席後，國共兩黨一時間「王不見王」，而給兩黨和兩岸關係的發展造成負面影響。

（原文刊於《海峽導報》）

兩岸關係發展「欲速則不達」

　　自打馬英九參選黨主席的消息傳出後,「馬胡會」的呼聲便一直不絕於耳。近日,馬英九在接受媒體專訪時明確表示:「國共論壇由誰參加可因時因地制宜,若當選黨主席,倒不一定非要我本人參加才行。」這實際上已經證實了筆者以往的判斷:至少在馬英九的第一任期內「馬胡會」不可能實現。

　　事情明擺著的,馬英九在其第一任期內的最「核心」考慮,是 2012 年的競選連任;競選連任能否成功,關鍵在於馬團隊「拚經濟」的績效;「拚經濟」的績效如何,關鍵又在於兩岸的經濟交流與合作。而一年來的實踐,已經證明兩岸的經濟交流與合作,不必透過「馬胡會」即可實現。

　　故知,如果馬胡相會,必定是涉及兩岸的重大政治議題。而兩岸重大政治議題的協商談判一旦提上議事日程,便立即要面對以下三方面的挑戰:(一)兩岸是否已經累積起足夠的互信?雙方是否已經做好了談判的充分準備?(二)臺灣主流民意能否接受談判結果?(三)美、日兩國的態度如何?試想,在當前臺灣的政治生態下,兩岸簽署 ECFA 尚且如此困難,不難預料,至少在馬英九的第一任期內,兩岸敏感政治議題的協商談判,很難提上議事日程。這也正是大陸方面為何從一開始就提出:「建立互信,擱置爭議,求同存異,共創雙贏」,和「先經後政,先易後難,循序漸進」推動兩岸關係發展的根本原因之所在。這一政策和策略的最大特點,就在於它強調推動兩岸關係發展輕、重、緩、急的節奏感。它不是坐在辦公室裡憑空想像,而是吸取了以往對臺工作經驗教訓的基礎上提出來的。一年來的實踐證明,這一政策策略行之有效,理應繼續堅持。

　　須知,推動兩岸經濟交流合作的正常化與制度化,沒有幾年的功夫難以真正落實。急以推動「馬胡會」,無異於主張拋棄「先經後政,先易後難,循序漸進」的正確策略,犯了政治上的「急躁症」。其病因就在於被一年來兩岸關係快速發展的良好勢頭所迷惑,低估了處理兩岸事務特別是敏感政治議題的困難度和複雜性。

兩岸關係發展「欲速則不達」

　　實踐一再證明：「欲速則不達」，兩岸關係發展只能是「循序漸進」，心急吃不了熱包子！

　　有人擔心，馬英九兼任黨主席後，「馬胡會」如果短期內不能實現，等於國共論壇「降級」，勢必對兩岸關係發展造成負面影響。這是一種只看「表面」不看「實質」的片面觀點。

　　要講「實質」，自 2005 年「國共論壇」創立以來，國共兩黨何曾有過真正意義上「最高層級」的交流？「連胡會」時國民黨還是在野黨；「吳胡會」時吳伯雄雖貴為執政黨主席，但職掌臺灣最高行政大權的卻是馬英九。但儘管如此，並沒有「影響」和「降低」國共論壇在推動兩岸關係發展中所發揮的巨大作用。因此，筆者認為：問題的關鍵，並不在於是否能夠早日實現「馬胡會」，而在於馬英九究竟抱持什麼樣的兩岸觀！

（原文刊於《海峽導報》、中評網）

馬英九必須警惕「黑白臉論」

臺灣島內總有一些人喜歡耍小聰明，在如何與大陸打交道方面，我們就常會聽到一種自以為「很聰明」的理論——「黑白臉論」。

▌「黑白臉論」真的有那麼好嗎

其實，這種所謂「黑白臉論」並不新鮮，早在1990年代李登輝主政時期，「黑白臉論」就很盛行。當時，以李登輝為首的國民黨內「獨臺派」，與民進黨為代表的「臺獨派」內外勾結，「獨臺派」唱「白臉」，「臺獨派」唱「黑臉」，互為奧援，既幫助李登輝排擠了黨內異己，穩固了權力，又與大陸周旋，對抗「和平統一」，民進黨也因此而不斷發展壯大。其結果，兩岸協商談判中斷，臺海局勢緊張，國民黨丟失了政權，臺灣也因此跌入了陳水扁「臺獨」貪腐政權的痛苦深淵！

2000年陳水扁民進黨上臺後，李登輝「退而不休」，組織「臺聯黨」。據他自己說，他組黨的目的是為了「說民進黨不便說的話，做民進黨不便做的事」。說穿了，就是由「急獨」的「臺聯黨」唱「黑臉」，執政的民進黨唱「白臉」，狼狽為奸，共同對抗大陸搞「臺獨」。其結果，陳水扁執政八年，臺灣族群對立，政黨惡鬥，官場貪汙成風，經濟大幅滑坡，兩岸關係瀕臨戰爭邊緣。最終，民進黨也被臺灣民眾用手中的選票趕下了臺。

事實說明，「黑白臉論」何曾對臺灣有絲毫的「幫助」？既害慘了國民黨和民進黨，更害慘了臺灣和臺灣人民！

▌鼓吹「黑白臉論」，把兩岸關係引向何方

重新上臺執政的國民黨接受教訓，馬英九推行兩岸和解開放政策，兩岸互信得以不斷增強，兩岸關係進入了和平發展的正確軌道，兩岸人民正在共用得來不易的和平發展帶來的巨額「紅利」。此時此刻，有人還在不識時務地鼓吹「黑白臉論」來對付大陸，究竟要把兩岸關係引向何方？

馬英九必須警惕「黑白臉論」

對於主張「臺獨」的人鼓吹「黑白臉論」，一點兒都不奇怪，因為他們想要欺騙世人，為「臺獨」製造「正當性」和「合法性」。奇怪的是，近一段時間來，我們看到，居然有極少數屬於「藍營」的政治人物、名嘴或學者，他們也在隔三差五地公開推銷這種錯誤理論，實在有夠糊塗！而且，由他們出面鼓吹「黑白臉論」，更具迷惑性和危險性。

不過，「黑白臉論」的鼓吹者們太不瞭解大陸。在事關兩岸關係的重大問題上，大陸方面是講原則的，同時也是講分寸、顧大局的。該讓的自然會讓，「中國人讓中國人嘛！」但不該讓的則永遠不可能讓。過去如此，今後也一樣。雙方打交道還是講「誠信」為好，對大陸耍權謀，玩什麼「黑白臉」，是不會有任何好處的！

▌「黑白臉論」是對抗性舊思維下的產物

須知，「黑白臉論」是在兩岸對抗性舊思維下的產物，它與當前馬英九的兩岸和解開放政策格格不入，更違背兩岸關係和平發展的時代潮流；鼓吹「黑白臉論」，無異於為「臺獨」勢力張目、評功擺好；鼓吹「黑白臉論」的人，心胸狹窄，只知有「臺灣」，不知有「中華」；如果真的效法李登輝、陳水扁，用這種謬論來對付大陸，勢必破壞兩岸好不容易才培養起來的政治互信，無助於兩岸協商談判達成共識，共創雙贏。總之，鼓吹「黑白臉論」，表面上「為臺灣」，實則「害臺灣」！「害中華」！

「黑白臉論」可以休矣！我們要提醒馬英九及其親信幕僚：務必明辨是非，切勿上當！

（原文刊於中評社）

李登輝的「朋友論」是新版「兩國論」

▍肯定李登輝「朋友論」，筆者不敢苟同

「薑」還真是「老的辣」！李登輝日前說了句兩岸關係「你我是朋友」，就激起了島內外輿論的熱烈討論，而且大都給予高度肯定，譽之為「與時俱進」、「臺獨」立場鬆動、為民進黨點了「一盞明燈」、將會給民進黨「很大壓力」……

果真如此嗎？筆者實在不敢苟同。

為了說明問題，我們不妨多費點筆墨，還原一下李登輝的相關談話。據臺灣媒體報導，李登輝是這樣說的：「臺灣的首要任務是建立一個目標，標示臺灣的地位，兩岸關係也應該在這個目標中定下明確位置。」他說，目前的大陸和臺灣關係應該是「你是你，我是我，但你我是朋友」。對於兩岸關係的改善，他認為「應該予以歡迎，但考慮到中國大陸的不確定性，要分清彼此，與中國大陸打交道才是實際的。」李登輝還表示，他不反對「臺灣與中國深化交流」，在ＷＴＯ的架構下，「三通、四通、五通都不要緊」，但同時務必推展「和中、親美日政策」，並以「國家」的身分繼續保有超然的地位。

▍李登輝的「朋友論」，是新版的「兩國論」

上引李登輝的談話，可以悟出以下四個相互關聯的意涵：

第一，臺灣當前的「首要任務」是明確「兩岸關係定位」；

第二，目前「兩岸關係定位」應該是「你是你，我是我」；

第三，在「分清彼此」的前提下，「你我是朋友」，歡迎兩岸關係的改善；

第四，臺灣應保有「國家」身分的「超然」地位，推展「和中、親美日政策」。

李登輝的「朋友論」是新版「兩國論」

從上述四個層次的分析，不難得出結論：李登輝最近拋出的「朋友論」，只不過是調整了「臺聯黨」妄圖推動臺灣「法理獨立」、而事實早已證明走不通的「急獨」路線，重新回歸到1999年7月他主政時期提出的「兩國論」。所謂「你是你，我是我」，主張「分清彼此」、保有臺灣「國家」身分的「超然」地位，這不是「兩國論」是什麼呢？與陳水扁所說的「臺灣中國，一邊一國」又有何區別呢？

李登輝這次提出的「兩國論」之所以頗受外界肯定，原因就在於它不是簡單的歷史重複，而是進行了精心包裝後才重新上市，我們姑且可以稱之為新版的「兩國論」。說它是「新版的兩國論」，「新」就「新」在：

（一）他使用簡明扼要、老百姓一聽就懂的通俗語言，來界定海峽兩岸「一邊一國」；用溫和、感性的「朋友論」，來取代硬梆梆、冷冰冰的政治術語「兩國論」。而這也正是它容易迷惑人的地方。

（二）面對中國大陸的崛起、兩岸實力的此消彼長和國際政治格局的演變，李登輝與冥頑不化的民進黨確實有所不同，主張臺灣要適時調整策略，不要再與大陸硬抗。這也就是有人稱讚他「與時俱進」的原因所在。

李登輝的「有條件朋友論」不具實際意義

然而，透過現象看本質，在「兩岸關係定位」的關鍵問題上，李登輝的「臺獨」立場看不出有絲毫的改變。李登輝的兩岸「朋友論」，乃是「有條件的朋友論」。這個「條件」，就是大陸必須承認海峽兩岸「你是你，我是我」，互不隸屬，各自具有獨立的「國際人格」，也就是「一邊一國」。唯其如此，臺灣才可能與大陸「交朋友」、打交道。

由於民進黨太讓人失望，老謀深算的李登輝拋出這種「有條件朋友論」，乍聽起來的確頗讓人「耳目一新」，但略加揣摩，便知實屬空談，不具任何實際意義。故筆者認為，不可誤導輿論，給予不切實際的評價，否則，更大的失望必將在前面等著我們！

（原文刊於《海峽導報》、中評網）

李登輝的「有條件朋友論」不具實際意義

建議給「國共論壇」正名

　　民進黨中央日前通過決議，封殺該黨現、卸任黨公職人員出席長沙「國共論壇」。據說「理由」是「『國共論壇』是國共兩黨的事，跟民進黨無關」；民進黨不能「為國共兩黨背書」，淪為中共的「統戰工具」云云。

　　其實，民進黨封殺該黨人士出席長沙「論壇」，心中明明另有政治盤算，卻偏偏要拿「國共論壇」的「名稱」做文章，當藉口。

　　不錯，「國共論壇」的確是由國、共兩黨共同主辦，但眾所周知，歷次出席「論壇」的人士絕非僅僅局限於國、共兩黨。就拿臺灣方面來說，每一屆「論壇」都有親民黨、新黨和無黨團結聯盟的代表參加，另有兩岸知名企業、工商團體負責人、著名專家學者出席。上屆「論壇」兩岸經濟、金融主管部門的負責人還首次以「特邀嘉賓」、「特邀專家」的名義應邀出席。又據臺灣媒體報導，在應邀出席這屆長沙「論壇」的臺灣方面278名代表中，國民黨籍的只占三分之一。而大陸方面，出席歷屆「論壇」的除了中共人士，一些參政黨派團體如民革、民進、臺盟、臺聯等也派員參加。故知，「國共論壇」，實際上是涵蓋海峽兩岸各黨派、無黨籍人士和相關民間企事業單位、專家學者參加的範圍十分廣泛的交流平臺，怎能說只是「國共兩黨的事」，出席該「論壇」就是「為國共兩黨背書」，會淪為中共的「統戰工具」呢？！

　　其次，從歷次「國共論壇」的主題來看：首屆「論壇」主題為：「兩岸經貿交流與直接通航」；第二屆「論壇」主題是：「加強兩岸農業合作，實現兩岸農業互利雙贏」；第三至第五屆「論壇」的主題則分別為：「兩岸經貿文化交流（直航、教育、旅遊觀光）」、「擴大和深化兩岸經濟交流與合作」、「兩岸教育、文化交流與合作」。上述五屆「論壇」的主題都與臺灣經濟文化的發展，與臺灣同胞的福祉息息相關，請問民進黨，貴黨一天到晚說「愛臺灣」，整天把「臺灣人民的福祉」掛在嘴邊，你們敢說這些議題都是「國共兩黨的事，跟民進黨無關」嗎？！

　　再來說「論壇」的名稱。實際上該「論壇」的名稱曾經變換過多次：首屆稱「兩岸經貿論壇」；第二屆叫「兩岸農業合作論壇」；從第三屆開始「論

建議給「國共論壇」正名

壇」才有了固定的名稱，即「兩岸經貿文化論壇」。國、共兩黨在正式場合，包括兩黨領導人的講話，從來都沒有把它稱為「國共論壇」。「國共論壇」的叫法，實際上是媒體記者為了寫稿方便給「簡化」的。所以，民進黨不可不顧事實，「望文生義」，把國、共兩黨「主辦」的「論壇」，說成是國、共兩黨的「家務事」，「跟民進黨無關」！

其實，民進黨並非不瞭解上述情況，只因他們「臺獨」意識形態掛帥，心胸狹窄，罔顧臺灣和臺灣人民的切身利益，惡意封殺該黨人士出席國、共兩黨「主辦」的「論壇」。

為此，筆者鄭重提出建議：（一）為了「名正言順」，同時也為免繼續落入民進黨「口實」，從這屆長沙舉辦的「兩岸經貿文化論壇」開始，兩岸媒體形成默契，不再將「兩岸經貿文化論壇」簡稱為「國共論壇」；（二）為與今年5月在福建召開的兩岸大規模民間交流平臺——「海峽論壇」相對應也相區別，同時也為新聞媒體稱呼方便，主辦方國、共兩黨不妨考慮將「論壇」名稱更改為「兩岸論壇」。（自註：行文至此，收到一則簡訊，馬英九居然與筆者「不謀而合」！）

（原文刊於《海峽導報》、中評網）

達賴訪臺，民進黨是「大贏家」嗎

馬英九宣布批准達賴訪臺，引起了海內外的強烈震動。輿論大都認為，島內朝野圍繞著這場「88水災」的政治角力，民進黨是「最大贏家」！

民進黨不要高興太早，恐怕未必！

其一，正當臺灣社會各界傾全力援救「88水災」之際，民進黨卻正事不幹，使出「歪招」，打著「人道和宗教」的幌子，邀請一貫從事分裂活動的「政治喇嘛」達賴訪臺，已經引起島內社會各界的強烈不滿，質疑民進黨不顧災民的死活，為一黨一己之私「趁著災難進行政治操作」，其政黨形象再度大受其損。

其二，民進黨一向標榜臺灣「本土化」、「自主性」，人所共知，臺灣「本土」宗教有慈濟功德會、有佛光山、法鼓山、有中臺禪寺、有基督教長老教會、有道教……不乏像證嚴法師、星雲法師、惟覺長老……這些德高望重、信徒如雲的高僧。臺灣的這些「本土」宗教組織及其領袖，歷來在臺灣救災的關鍵時刻發揮出重大作用，既出錢出力，又撫慰災民受難的心靈，深受臺民擁戴。民進黨捨「本土」宗教組織和宗教領袖不邀，另請「外來的政治和尚」達賴去「唸經」，不知當下在救災第一線沒日沒夜、艱苦奮戰的「本土」宗教領袖及其廣大信眾情何以堪？

其三，退一步說，即使從「純宗教」的角度而言，此次遭受水災死難最為慘重的多為原住民村莊，眾所周知，由於歷史的原因，臺灣原住民大都信奉天主教和基督教，根本不知達賴的「藏傳佛教」為何物，更聽不懂達賴講的話，即使要請外來的宗教領袖為亡者「超渡」、給倖免於難的災民「祈福」，也理應邀請天主教和基督教的教宗赴臺才是正途，對此民進黨不是不知，卻偏偏要請達賴赴臺，明擺著的是把原住民災民當作其謀取政治利益的工具，那麼這些原住民災民又會作何感想？

其四，參與連署的南部綠營七個縣市長，不思在各自縣市的救災第一線一心一意指揮救災，卻有閒情逸致跑到高雄湊到一起召開記者會，已被外界

紛紛指責為企圖轉移視線，掩蓋本縣市防災救災不力的行政疏失，進行「危機管控」。然而當救災告一段落之後，接下來「監察院」勢必要追究各縣市防災救災責任，這南部綠營的七個縣市長恐怕統統都難辭其咎！故此，他們煞有介事地連署邀請達賴訪臺，或許一時能矇騙民眾，博取好感，一旦真相大白，被廣大選民看破手腳，未必真能對今年底的縣市長選舉和明年的「直轄市長」選舉製造利多。

　　人們或許已經注意到，就連當過扁朝「行政院祕書長」的民進黨要角陳景峻，都發出了不同的聲音。日前，陳景峻在李濤主持的「二一〇〇全民開講」政論節目中，對南部綠營七縣市邀請達賴訪臺公開表示反對，認為此舉對民進黨是「短多長空」。看來，民進黨內畢竟還有清醒之士！

　　　　　　　　　　　　　　（原文刊於《海峽導報》、中評網）

吃定大陸的錯誤思維要不得

　　就連三歲小孩都看得出來，馬英九批准達賴訪臺的錯誤決策，使一年多來兩岸好不容易才培養起來的政治互信受到了空前傷害，令人痛心！然而，島內某些藍營人士卻一再放出風聲說，同意達賴訪臺「不會影響兩岸關係」；甚或還有人為馬團隊的錯誤決策沾沾自喜，拍手叫好，簡直是糊塗至極！

　　作此判斷的人，如果其主要依據是8月27日國臺辦的新聞稿，認為這份新聞稿「批綠不批馬」，那就大錯特錯、誤判形勢了！

　　不錯！國臺辦的新聞稿沒有直接點馬英九的大名，然而試問：民進黨早已鞠躬下臺，臺灣島內的公權力掌握在誰的手裡？誰才有權決定達賴能不能入島？國臺辦嚴正聲明，「不論什麼身分或形式」，都「堅決反對」達賴訪臺，這能說對批准達賴訪臺的馬英九沒有表示強烈不滿嗎？

　　有人不斷放話，希望大陸能有「同理心」，「體諒」馬英九的難處。此言差矣！

　　其一，胡錦濤早就說過，「我們和達賴集團的矛盾，不是民族問題，不是宗教問題，也不是人權問題，而是維護統一和分裂的問題。」因此，從根本上來說，是否批准達賴訪臺，乃是個大是大非的原則問題。原則是不能妥協更不能拿來做交易的。即使從「中華民國憲法」的角度來看，「藏獨」也是不被允許的，如果馬英九真的堅守「一中憲法」，就理應和大陸一起反對「藏獨」，挫敗民進黨的政治圖謀，共同維護中華民族的整體利益。馬英九捨此不為，已經鑄成大錯！話再說得重一點，事實上馬英九此舉已經違背了兩岸關係和平發展的政治基礎——「九二共識」。

　　其二，正是為顧全兩岸關係大局，考慮到馬英九的艱難處境，同時也給事態的後續發展留有餘地，做到「有理、有利、有節」，大陸方面才隱忍不發，沒有直接點馬英九的名，國臺辦新聞稿的矛頭所向，主要是針對蓄意製造事端的始作俑者——「民進黨的一些人」。大陸這樣做已經是很「體諒」馬英九的難處，給馬英九很大的面子了！

其三，要求大陸能有「同理心」，「體諒」馬英九的難處，難道總統就不該「體諒」大陸領導人的難處，不該有「同理心」嗎？

「達賴訪臺事件」說明，兩岸的政治互信十分脆弱，經不起任何風吹草動。我們還必須強調，兩岸的政治互信要由兩岸雙方共同努力來培養和呵護！那種以為「吃定了大陸」、臺灣任何時候做任何事情大陸都只能「忍」的錯誤思維，絕對是要不得的！

達賴已經入島，大陸方面正在睜大眼睛密切關注事態的發展，我們希望馬英九及其執政團隊能夠「亡羊補牢」、好自為之，不要再誤判形勢，一錯再錯！

（原文刊於中評社）

批准達賴訪臺「方向正確」嗎

　　毋庸置疑，批准達賴訪臺，釀成了馬英九上臺執政一年多來兩岸關係的首次危機。所幸在大陸顧全大局、馬團隊和國民黨高層小心應對之下，危機尚在可控範圍內而未進一步擴大。然而，令人憂心的是，包括馬英九在內的國民黨決策高層，至今並未真正認識到問題的嚴重性和危害性。近幾日來，他們還在不斷放話，說什麼批准達賴訪臺「方向正確」、今天陳菊之所以成為眾矢之的，「可想而知馬英九當初的決策是正確的」……陶醉於所謂「馬英九的牌出手後，化險為夷，未造成臺灣社會對馬英九的負面觀感」。

　　照此說法，馬英九批准達賴訪臺沒有錯的話，那麼錯就是在大陸，是大陸領導人無事生非、無理取鬧、庸人自擾了！

　　是這樣嗎？透過現象看本質，筆者認為，圍繞著「達賴訪臺事件」所引起的兩岸爭端，關鍵在於如何看待達賴這個人物，而要害則是要不要堅持「九二共識」。

　　問題是明擺著的：大陸方面一再強調，「我們和達賴集團之間的矛盾，不是民族問題，不是宗教問題，也不是人權問題，而是維護統一和分裂的問題」，無論任何人或任何政治勢力與達賴集團勾勾搭搭、眉來眼去，都被認為是對大陸的嚴重挑釁，不惜與之翻臉。而臺灣方面則不然，「臺獨」人士不必說了，就連國民黨決策高層也幾乎眾口一詞，不斷吹捧達賴是所謂「令人尊敬的世界級的宗教領袖」。他們向來只接受西方反華勢力的歪曲報導，根本不相信達賴是暴力恐怖主義組織「藏青會」的幕後指使者和操控者。去年大陸平息西藏暴亂，馬英九甚至對溫家寶總理口出惡言，至今猶言在耳，令人印象深刻；他們對達賴表面上不贊成「藏獨」，實則無理要求中央政府同意其建立「大西藏區」（註：所謂「大西藏區」，除了西藏自治區，還包括青海全省、甘肅省南部、四川省西部、雲南西北部，總面積250萬平方公里，超過中國國土面積的四分之一，並要求其他民族統統要遷出「大西藏區」），這種明目張膽妄圖分裂的行徑視而不見、充耳不聞，似乎這只是大陸的事，和臺灣無關。

殊不知，即使依照臺灣現行的所謂「中華民國憲法」，西藏也是「中華民國」領土的一部分，如果馬英九真的恪守「一中憲法」，堅持「九二共識」，就不該和當年李登輝、陳水扁「臺獨」份子一樣，站在西方反華勢力一邊，把西藏問題視作所謂「宗教問題」和「人權問題」，批准達賴訪臺，給「藏獨」提供從事分裂活動的政治舞臺。相反，理應改弦更張，和大陸一道，聯手封殺達賴集團的任何政治活動和分裂國家的圖謀，共同維護中華民族的整體利益。

故此，筆者日前就已撰文指出，是否批准達賴訪臺，不是一般的小問題，乃是涉及到要不要堅持兩岸關係和平發展的政治基礎——「九二共識」的大是大非的原則問題。而原則問題大陸方面是從來都不會妥協的。

馬英九批准達賴訪臺，錯就錯在他放棄原則，違背「九二共識」，只顧他眼前脫困，只考慮一人一黨的政治利益，罔顧中華民族的長遠利益而匆忙決策，這才是兩岸爭端的實質和釀成當前兩岸關係危機的根本原因所在。如果不能深刻地認識到這一點，進行認真的反省，還沾沾自喜於所謂「方向正確」，就不可能引以為訓。即便暫時度過了這場危機，更大更嚴重的兩岸關係危機必將再現！

（原文刊於中評社）

馬當局切勿助「獨」為虐，一錯再錯

　　「達賴訪臺風波」尚在餘波蕩漾，兩岸關係裂痕急待修補，陳菊卻唯恐天下不亂，再次出招挑釁大陸。據臺灣媒體報導，下月即將登場的高雄電影節，將放映吹捧「疆獨」頭目熱比婭的紀錄片《愛的十個條件》。

　　影片《愛的十個條件》是什麼貨色？就連導演都承認這是一部「失實」的、完全是為「疆獨」張目的紀錄片。眾所周知，這部電影今年7月在澳洲播出時遭到大陸的強烈抗議，為此，當時大陸參展的影片全部退出了該電影節。

　　對於這樣一部充滿政治色彩的影片，影展的主辦單位高雄電影圖書館卻妄稱「無關政治」，說他們挑中這部電影，單純是因為「符合電影節的主題」。

　　這屆高雄電影節的「主題」是什麼？主辦方沒有明說，但高雄電影圖書館是高雄市政府轄下的官方文化機構。民進黨主政下的高雄市官方機構，居然會舉辦「無關政治」的電影節，恐怕連弱智兒童都不會相信！

　　就此，國民黨立委邱毅一針見血地指出：「陳菊剛剛搞完『藏獨』，現在又搞『疆獨』，為了給馬政府添亂，無所不用其極，玩政治不要玩到走火入魔。」

　　我們不禁要問：值此臺灣遭受百年一遇的嚴重水災，急需朝野同心合力共度時艱之際，陳菊之流卻一再使出歪招，蓄意挑動島內敏感的政治神經，製造兩岸衝突對立，究竟想幹什麼？這就是你們口口聲聲宣稱的「愛臺灣」嗎？

　　堅持「臺獨」的民進黨人士蓄意製造兩岸對立也就罷了，因為那是他們的「本性」！問題的嚴重性在於：剛剛因為批准達賴訪臺而一手破壞兩岸互信的馬當局，竟然又在第一時間公開表示「支持」與「尊重」主辦單位，宣稱「臺灣保障多元價值及言論自由，放映電影是一種很平常的事情，不需要大驚小怪。」

我們要問馬當局：你們要「支持」與「尊重」堅持「臺獨」的主辦單位明目張膽挑釁大陸，是嗎？你們的「多元價值及言論自由」允許「臺獨」公然為分裂國家的「疆獨」張目，是嗎？那麼，你們要不要「尊重」大陸和大陸人民？還要不要堅持兩岸互信的政治基礎──「九二共識」？

說穿了，馬當局「食髓知味」，至今仍在自鳴得意於批准達賴訪臺「方向正確」，卻對兩岸關係因此所受到的嚴重傷害卻視若無睹、毫無悔意。我們要鄭重提醒馬當局：如果你們還不儘快幡然醒悟，繼續助「獨」為虐，一錯再錯，採取必要措施制止高雄市政府的挑釁行徑，斷然撤銷播放為「疆獨」張目的影片，那麼兩岸互信勢必蕩然無存，兩岸關係的裂痕必定「雪上加霜」。對此，馬當局要負全責！

（原文刊於《海峽導報》、中評網）

「達賴模式」不可再重複

　　陳菊為謀取個人的政治私利，一再出招挑釁大陸，破壞兩岸關係和平發展，繼邀請達賴訪臺之後，又不顧大陸的嚴厲警告，悍然播放為「疆獨」頭目熱比婭張目的紀錄片，已經引起島內各界人士的強烈質疑和反彈。

　　尤有甚者，「臺獨」人士還嫌天下亂得不夠，據美國《自由亞洲》電臺今日報導，臺「青年反共救國團」理事長林保華證實，熱比婭已接受邀請希望訪臺，至於能否成行，「現在要看馬英九政府」。

　　如此一來，「臺獨」份子又給馬當局出了一道難題：播放熱比婭的紀錄片高雄市政府即可決定，無須馬當局核准，但是否批准熱比婭夫婦入境，卻是馬當局的許可權，無可推脫！

　　對於這個「燙手山芋」，馬當局打算如何因應，至今態度並不明朗。日前，「行政院長」吳敦義在回答民進黨「立院黨團召集人」蔡同榮的有關詢問時說：「尚未整體評估」；「陸委會主委」賴幸媛則在回應媒體時籠統地表示：「一切依法辦理。」

　　馬當局將會如何「整體評估」熱比婭的入境問題？「依法辦理」的結果將會如何？依照吳敦義的說法，本週末即可揭曉，然而可以想像的是，這幾日海內外一切關心兩岸關係和平發展的人士都在拭目以待、憂心忡忡，端看馬當局作何決策！

　　值此關鍵時刻，我們有必要提醒馬當局：切不可再次誤判形勢，重複「達賴模式」，作出錯誤決策！

　　事情再清楚不過，「疆獨」頭目熱比婭，即使按照臺灣現行的所謂「中華民國憲法」論，也犯有罪不可赦的「內亂罪」和「外患罪」，倘若馬當局只顧自身眼前的政治利益，而罔顧中華民族長遠的整體利益，無視大陸的一再警告，以所謂「文化多元」、「自由社會」為藉口，再度裝出一副「無奈」和「可憐」的樣子，配合「臺獨」分裂勢力的政治圖謀，悍然批准熱比婭訪臺，給她提供從事分裂活動的舞臺，那麼這無異於是蓄意毒化兩岸氣氛，破壞兩

「達賴模式」不可再重複

岸政治互信,為虎作倀!果真如此的話,則可以斷言,大陸的反彈勢必會比達賴訪臺更加強烈,兩岸關係因此所受到的傷害也必將會比達賴訪臺要嚴重得多。

對此,我們誠懇地呼籲馬當局,對於熱比婭訪臺問題務必堅持原則,以兩岸關係大局為重,以中華民族的整體利益為重,慎之又慎,三思而後行,萬不可首鼠兩端,有任何「吃定大陸」的僥倖心理,鑄成難以挽回的大錯!

(原文刊於中評社)

禁熱比婭入境，為馬當局喝彩

在兩岸同胞的攜手努力下，馬當局遵從主流民意，以正壓邪，頂住了綠營的壓力，毅然決定禁止「疆獨」頭目熱比婭訪臺，避免了一場比達賴訪臺更加嚴重的兩岸關係危機。馬當局終於又做對了一件事！海內外一切關心兩岸關係和平發展的人們，在大大鬆了一口氣的同時，也理應對馬當局的明智決策鼓掌！喝彩！

近幾日來，臺灣輿論界就是否應當批准熱比婭訪臺一事紛紛發表評論，我們高興地看到，島內主流媒體幾乎眾口一詞，強烈呼籲馬當局應從臺灣人民的切身利益出發，拒絕熱比婭訪臺。筆者認為，其中「中央日報」9月25日的社評說得最為到位。該評論從「法理」的高度著眼，認為：「根據『中華民國憲法』，新疆仍是我們的固有領土，『中華民國』政府反對臺獨，當然也反對疆獨，因此，對於任何一個試圖推動疆獨的人，政府當然可以拒絕其入境，根本與人權無關係」，甚至直言：「用俗話說，熱比婭想要進入『中華民國』，根本就是侵門踏戶！」可謂義正辭嚴！鏗鏘有力！

馬當局不是一再表示堅持「九二共識」嗎？即使以馬英九所說的「一中各表」的「九二共識」，「疆獨」頭目熱比婭也理應繩之以法。禁止其入境已經算是最低標準、相當客氣的了！但不管怎麼說，這次馬當局算是做對了。做對了就應該肯定！喝彩！

從這件事情我們亦可悟出：兩岸關係和平發展是人心所向，大勢所趨，誰要想破壞它、扭轉它，都是痴心妄想！

然而，「臺獨」人士不會懂得這個道理。你看！臺灣媒體又報導說，原已宣布撤展的熱比婭紀錄片，高雄市政府又重新決定要在10月份的影展上播出了。而馬當局禁止熱比婭入境的正確決策，也勢必會讓「臺獨」分子們跳腳。我們倒是要瞧瞧他們有多大能耐？就不信他們真的能把地球給弄不轉了！

「臺獨」人士不是總喜歡侈談什麼「民意」嗎？這次高雄「臺獨」政府真是大大地得罪了大陸 13 億人民的民意！可以預料的是，「陳菊們」若不改弦更張，用不著北京官方發話，大陸遊客必然不會再踏進高雄一步；大陸採購團必不會再採購高雄的產品；陸資將不會再投資高雄；大陸貨輪將拒絕在高雄裝卸貨物；大陸航空公司也不排除因客源不足而停飛高雄小港機場……而所有這一切，都必須由「最有臺灣人骨氣」的「陳菊們」負全部責任！大陸民意使然，恐怕官方也沒辦法管！

　　何去何從，馬當局已經作出了明智的抉擇，「陳菊們」呢？！

（原文刊於《海峽導報》、中評網）

孔傑榮又在胡言亂語

　　紐約大學法學教授孔傑榮（Jerome A. Cohen），在哈佛時教過馬英九和呂秀蓮，就自以為自己是「國師公」，近幾年來總喜歡對臺灣內政評頭論足，說三道四。大概也是因為年歲大了，有時不免說些胡話。你看，近日就馬當局應不應該讓「疆獨」頭目熱比婭入境的問題上，孔老先生又在胡言亂語了！

　　據臺灣媒體報導，本月 25 日，孔傑榮應邀在華府「臺獨」團體臺灣人公共事務會（FAPA）舉辦的研討會上發表專題演講時說：馬當局「指控熱比婭是恐怖分子，或與恐怖組織有關，是『很荒謬的』。因為如果這是問題，最先受到恐怖威脅的應該是美國，因為她就住在華盛頓。」

　　其實，「很荒謬的」不是別人，正是法學教授孔傑榮自己！

　　首先，馬當局並未指控熱比婭本人是「恐怖分子」，至於說由她擔任「主席」的「世界維吾爾代表大會」與恐怖組織「東突厥斯坦伊斯蘭運動」有密切關聯，這是世人皆知的事實，不必多所舉證！「東突」已被美國認定為恐怖組織，而熱比婭的得力助手——「世維大會」祕書長多里坤·艾沙又是國際刑警組織通緝的國際恐怖分子，馬當局說熱比婭與恐怖組織有關，並以此為由禁止熱比婭入境，何錯之有？！

　　其次，孔傑榮說美國並未受到熱比婭的「恐怖威脅」，所以認定熱比婭不是「恐怖分子」，這種邏輯更是荒唐！打個比方：誰都知道狗會咬人，但卻不會咬自己的主人。說白了，「疆獨」頭目熱比婭就是美國豢養的一條惡狗！由她操控的世維大會，很大一部分活動經費來源於美國國會撥款的民主基金會資助，所以美國主子只會看到熱比婭之流十分可愛地不斷向它搖頭擺尾，當然不會感到任何的「恐怖威脅」！不過，我們倒是要提醒美國政府：損人不一定會利己，狗也有發瘋反過來咬自己主人的時候，賓拉登就是最典型的例子！

孔傑榮又在胡言亂語

　　孔傑榮教授還表示，他對美國政府不讓臺灣「總統」、「副總統」、「行政院長」、「外交部長」及「國防部長」到華府，「感到很不高興」；同樣，他也對臺灣不讓熱比婭入境「感到很不高興」，並說希望「不要傷害到臺灣的民主形象」。這種說法更是無的放矢！莫名其妙！

　　其一，出於「國家利益」考慮，不光是美國政府，恐怕世界上任何一個國家的政府，手中都握有一份依照情勢變化而不斷更動的所謂「黑名單」。大凡被列入這份「黑名單」的人，或禁止入境，或入境後需嚴格管控。日本政府不是曾多次拒發李登輝的訪日簽證嗎？韓國政府不久前才剛剛拒絕恐怖分子多里坤·艾沙入境；上月美國總統歐巴馬也因考慮到中美關係大局而取消了與達賴會面……例子可謂不勝枚舉！這是世界各國行使「主權」的通例，與所謂「民主」、「人權」毫無關係。

　　其二，作為美國政府納稅人的孔傑榮先生，對於美國政府的任何政策，感到「高興」也好，「不高興」也好，那是他的權利；但是馬當局為臺灣人民的切身利益考慮，以中華民族的整體利益為重，作出禁止「疆獨」頭目熱比婭入境的政治判斷與決策，關美國人孔傑榮屁事！他愛高興不高興！

　　奉勸孔傑榮教授，胡言亂語可以休矣！

（原文刊於《海峽導報》、中評網）

關於兩岸政治對話的六點建議

　　八月上旬，連戰先生在接受臺灣剛剛創刊的《旺報》採訪時表示：「兩岸關係已走上正軌，協商先易後難，也符合常理，但兩岸的政治議題是避免不掉的，一定要面對。」不久前，連戰先生又在美國訪問期間發表演講時指出：「政治議題無可避，遲早必須面對，以兩岸的現況，除了堅持『九二共識』與『憲法』的一中原則，更重要的是終止兩岸敵對狀態及建立兩岸（軍事）互信機制」。對於連戰先生的上述看法，筆者深以為然。開啟兩岸政治對話和協商談判，此其時矣！

▎和平發展尚處於低階階段

　　自去年 5 月臺灣政壇再次政黨輪替以來，兩岸關係發生了翻天覆地的巨大變化，毋庸置疑，和平發展已然成為兩岸關係的主軸。

　　在短短的一年多時間內，兩岸關係之所以能夠取得如此巨大的進步，關鍵在於兩岸雙方在堅持「九二共識」的基礎上，本著「建立互信，擱置爭議，求同存異，共創雙贏」的互動原則，和「先經後政，先易後難，循序漸進」的務實方針，妥善處理當前的兩岸事務。

　　然而，由於歷史與現實問題的糾葛，兩岸政治關係上的結構性矛盾與分歧，至今一個都沒有得到解決。因此，目前兩岸的政治互信依然十分脆弱，不穩定因素大量存在，一遇風吹草動，兩岸關係隨時都可能重趨緊張。去年八月北京奧運有關「中華臺北」代表團名稱的爭執，以及近日發生的「達賴訪臺事件」和「熱比婭事件」，都清楚地證明了這一點。

　　事實說明，和平發展雖然已經成為兩岸關係的主軸，但目前尚處於低階階段，任重而道遠，兩岸同胞務必認清形勢，繼續攜手努力奮鬥。

關於兩岸政治對話的六點建議

▌歷史的經驗值得注意

重溫近三十年來的兩岸關係發展史，吸取其中的經驗教訓，有助於我們認清當前形勢，達成共識，作出正確決策，推動兩岸關係和平發展進一步深化。

近三十年來兩岸關係發展的曲折歷程，給我們以下兩點重要啟示：

其一，體現一個中國原則的「九二共識」，是推動兩岸關係發展的政治基礎。承認和堅持「九二共識」，兩岸互信就能不斷增強、兩岸協商談判就能不斷取得進展、兩岸關係就能不斷緩和發展。相反，違背或否認「九二共識」，兩岸互信就必定遭到破壞、兩岸協商談判就必定中斷、兩岸關係危機就必定重現。

其二，兩岸協商談判一開始從低層次的事務性、功能性、經濟性的議題著手，乃是正確的、可行的，因為只有這樣才能逐步累積互信，增強信心。但政治性議題絕不能刻意迴避，當低層次的事務性、功能性、經濟性議題的協商談判取得進展之後，應適時地開啟兩岸政治性議題的對話和協商談判。否則，事務性、功能性、經濟性議題的進一步協商談判必然會遇到障礙，進入無法突破的瓶頸。即使已經形成的「共識」，也無法簽署正式的「協定」；簽署了正式「協議」，也難以有效推動落實。從而使兩岸事務性、功能性、經濟性議題的協商談判往往徒勞而無功、難以為繼。

1990年代李登輝主政臺灣時期，以上兩點表現得特別典型和突出。

上述經驗教訓告訴我們：「先經後政」不能「光經不政」；「先易後難」不等於可以「迴避難題」。經過一年多來兩岸關係的良性互動，在已經初步建立起兩岸政治互信的基礎上，當前兩岸雙方在繼續進行經濟、文化的協商談判和交流合作的同時，能否「知難而上」，不失時機地開啟政治性議題的對話和協商談判，已經成為推動兩岸關係和平發展向更高一級階段邁進的關鍵所在。

幾點思考和建議

筆者認為：

1. 兩岸政治性議題的對話和協商談判，同樣應該在堅持「九二共識」的基礎上，遵循「先易後難，循序漸進」的務實精神，從比較容易達成共識、比較容易做到的議題談起、做起。

2. 兩岸政治性議題的對話和協商談判，機不可失，但又不可能一蹴而就，應採取「先智庫後官方；先對話後談判」的節奏，逐步推進；注重「前期研究」，提倡「換位思考」，以誠相待，不搞權謀。

3. 當前，兩岸雙方應首先就政治對話的程序性商談做出安排。透過程序性商談，就政治對話的議題、日程、方式等問題達成雙方都能接受的共識，並簽訂協定。

4. 兩岸政治性議題的對話和協商談判，應設定最終目標：簽訂兩岸《和平協議》，也即兩岸關係和平發展架構的確立。

5. 兩岸政治性議題的對話和協商談判，可分為以下「三步走」：

第一步：兩岸就宣布「終止敵對狀態」進行對話和協商談判，並達成共識，簽訂協定。

第二步：兩岸就建立「軍事互信機制」進行對話和協商談判，並達成共識，簽訂協定。

第三步：兩岸就正式簽署「和平協定」進行對話和協商談判，並達成共識，簽訂協定。

6. 具體的政治性、軍事性議題（例如，臺灣方面最為關切的「擴展臺灣國際活動空間」、「臺灣的政治定位」、「導彈部署」等問題），可按照上述三個步驟的設計，依輕、重、緩、急的次序，納入兩岸政治對話和協商談判，達成共識，逐步解決。

機不可失，時不再來，開啟兩岸政治對話和協商談判，促進兩岸政治關係的發展，已經客觀地提到了兩岸當局的議事日程，勢所必然，無可迴避，也不應該迴避！

（原文刊於中評網）

阿扁「永遠爭第一」

無人可以否認，「永遠爭第一」是阿扁一生中的最大特點。你看：

從讀小學到讀中學直到讀大學，不知經歷了大大小小多少場的考試，據說阿扁場場都考「第一」！

就讀臺灣大學法律系時，還是個在校生的阿扁，就已經考上了海商法的律師資格，開始執業賺錢，阿扁也是「第一」！

走上從政之路後，無論是當「立法委員」還是當臺北市長，歷次民調或評鑑結果，據說阿扁也都是「第一」！

競選連任臺北市長落敗，緊接著競選「總統」，在誰都認為毫無勝算的情況下，居然能夠一舉成功，阿扁更是「第一」！

當然，阿扁的「第一」還有很多，他的創造力實在驚人，不光創下許多臺灣「第一」，更刷新過多項世界紀錄。請看：

在選情明顯落後對手的關鍵時刻，阿扁竟然能夠靠兩顆莫名其妙的子彈翻盤而「總統」連任成功，當數世界「第一」！

當了八年「總統」，阿扁靠權錢交易，巧取豪奪，斂財上百億，從「三級貧戶」搖身變成「億萬富翁」，其貪汙數額之巨，「拚經濟」成效之著，當數世界「第一」！

「國庫」通家庫，大錢小錢全都貪，全家老少齊上陣，親朋親信都幫忙，各司其職，分工合作，其吃相之難看，貪汙手段之高超，誰能說阿扁不是世界「第一」！

東窗事發後，面對司法，面對臺灣社會，沒有半點悔意，時而氣壯如牛充「英雄」，時而裝瘋賣傻裝「可憐」，宣稱「絕食」竟偷吃，聲言貪汙為「建國」，挑動族群對立求自保，絞盡腦汁抗司法，不知人間羞恥為何物，「窮得只剩下錢」，阿扁更數世界「第一」！

……

阿扁「永遠爭第一」

近些日子，阿扁再創一項「世界第一」：

在苦牢裡關押了三百多天已經被關怕了的阿扁，病急亂投醫，竟然上訴美國軍事法院，宣稱臺灣「乃屬美國軍政府管制」，他八年「總統」任內，其實只是「美國軍政府在臺灣的代理人」，懇求美國軍事法院下令馬英九撤銷對他的無期徒刑判決，還他自由。阿扁卑躬屈膝告洋狀，作踐自己，出賣臺灣，雖然沒能成功，當然也不可能成功，但誰又能否認，阿扁的這一「創意」堪稱「世界第一」！這不，就連美國軍事法院都不無調侃地說：「『國家元首』自貶身價，變成占領區的行政長官，法院從來沒看過這種事！」

嗚呼！如此「永遠爭第一」的阿扁！

哀哉！以「民主社會」自傲的臺灣，竟然讓如此阿扁當了八年「總統」！當了八年「總統」也罷，居然至今民進黨還以「捍衛司法人權」為藉口，拒絕與扁切割；居然還有那麼一群人不問事非曲直，繼續挺扁！

臺灣社會真的病了，而且病得不輕！

（原文刊於《海峽導報》、中評網）

民進黨人的奇怪邏輯

　　國臺辦發言人范麗青，日前在記者會上論及陸客減少前往高雄觀光的原因時說：高雄市一些勢力與「藏獨」、「疆獨」分裂勢力合流，製造事端，衝撞大陸核心利益，傷害大陸同胞感情，大陸民眾對此表達不滿是很自然的。

　　此話一出，立即挑動到民進黨一些人那根錯亂的神經！他們又是召開記者會，又是在「立法院」質詢，蜂擁而上，借題發揮，胡言亂語，指稱國臺辦「干涉內政」、「打壓高雄」、「以商逼政」、「傷害臺灣民主和言論自由」……

　　民進黨這些人的邏輯，真是奇怪得讓人目瞪口呆！請問：

　　要說「干涉內政」，高雄市一些勢力邀請「藏獨」精神領袖達賴赴臺參訪、播放為「疆獨」頭目熱比婭張目的影片，蓄意挑釁大陸，製造事端，衝撞大陸核心利益，究竟是大陸「干涉」高雄的「內政」，還是高雄「干涉」大陸的「內政」？！

　　要說「打壓高雄」、「以商逼政」，難道要大陸官方硬逼著大陸遊客去高雄觀光，才不是「打壓高雄」、「以商逼政」嗎？！

　　至於說「傷害臺灣民主和言論自由」，難道只有民進黨人士才有權享有「民主」和「自由」，而大陸遊客就沒有不去高雄觀光的「民主」和「自由」？大陸國臺辦發言人也沒有就此事進行客觀評論的「民主」和「自由」？！

　　更奇怪的是，大陸遊客不去高雄不對，去了高雄也不對：錢花多了說你「猖狂」！花少了又說你「摳門」、「對臺灣經濟無補」！嘴巴長在他頭上，隨便他說！因為「民主」和「自由」，這是他們的專利！

　　民進黨這批人思維錯亂，行為模式總是與常人不同。

　　他們骨子裡極端自私自利，思考問題、對人對事，一向都是「以我為圓心」，而嘴裡卻口口聲聲說他們最「愛臺灣」。他們習慣於顛倒是非，「煤球」可以說成是「湯圓」，硬說公雞會下蛋，從來不知反躬自省，更不懂得什麼叫「尊重別人」、「換位思考」和「將心比心」。

民進黨人的奇怪邏輯

　　他們還患有一種很難醫治的怪病，叫「被迫害妄想症」。這種疾病的基本特徵是：一天到晚總覺得別人都想「迫害」他、都在「迫害」他；甚至明明他迫害了別人，還「豬八戒倒打一耙」，說別人「迫害」了他；你稍一表示反抗，他就會哭天抹淚以「受虐者」自居，裝出一副可憐相！

　　民進黨這批人的思維邏輯和行為模式何以會與常人不同？會如此錯亂和怪異？說穿了，癥結就在於他們嚴重缺乏自信；而缺乏自信的根本原因，則是因為他們所從事的事業違反時代潮流，違背絕大多數民心。

　　筆者無意「竹竿子打翻一船人」——畢竟民進黨內還有不少有識之士，只可惜在目前綠營的政治生態下他們難以出頭，以至眼睜睜看著他們心愛的黨在一群男女無賴政客的把持下一天天沉淪！

　　民進黨丟掉了政權，卻一點都不見長進！民進黨還有救嗎？我們拭目以待！

（原文刊於《海峽導報》、中評網）

美國吃定臺灣

　　馬當局同意大幅開放美國牛肉進口，引發了臺灣政壇社會的一場風暴。據臺灣媒體報導，馬英九的聲望近來好不容易才有所回升，這下子又暴跌了14%。這場風暴目前還在蔓延之中，後續發展如何，還有待觀察。

　　眾所周知，美國是國際衛生組織公布的瘋牛症疫區。比一般牛肉更具傳染性的牛內臟，連美國人自己都不吃，而美國卻硬是逼著馬當局同意開放進口。「己所不欲，專施於人」，這就是最講「人權」、「人道」的美國的價值觀！

　　問題是，美國為何能夠如此予取予求、吃定臺灣？

　　對此，臺灣資深的美國問題專家陳一新教授毫不隱諱地表示：「美國總統歐巴馬下個月即將訪問中國，將影響臺美中關係，再加上臺灣希望和美國簽署自由貿易協定（FTA），更期待和美方簽訂引渡協定，以及對臺軍售等議題，都是美方握在手中的籌碼。如果能夠藉由開放美國牛肉，換得對臺灣的安全保證，就是臺灣所期待的。」

　　陳教授更進一步說：「美國主管亞太事務的東亞助理國務卿坎貝爾在華府演講時指出，歐巴馬去大陸的時候，會利用每個機會向大陸提出對臺灣的安全保證，這個比實際交換還重要，就是臺灣所要的。」臺灣很擔心歐巴馬下個月到大陸，又會對大陸做出什麼祕密承諾，「但如果美國不但不對大陸做出害我們的承諾，反而要對臺灣做出有利的安全承諾」，開放美國牛肉當然是很值得的。

　　如此說來，馬當局不惜犧牲臺灣民眾的健康為代價，含淚同意開放進口美國牛內臟，除了經貿方面、法律方面的迫切需求之外，換得美國「對臺灣的安全保證」，則恐怕是更重要的考慮。

　　這就涉及以下兩個問題：

　　第一，美國的所謂「安全保證」，難道真的比臺灣民眾的健康還重要嗎？

　　第二，美國為了自身的經濟利益，連臺灣民眾的健康都可以不管不顧，它真的會給臺灣提供實實在在的「安全保證」嗎？

美國吃定臺灣

　　數不清的事實早已說明，美國是這個世界上最自私、最野蠻同時也是最無恥的國家！以強凌弱、以勢壓人、不管他人死活、美國利益高於一切，這就是它們的行為準則和亙古不變的「真理」！

　　然而可悲的是，為了「反共拒統」的需要，歷屆臺灣政權從兩蔣時代直到李登輝、陳水扁，都以「親美」、「靠美」為基本「國策」。於是，美國便有了可趁之機，幾十年來都吃定了臺灣而臺灣還不自知，甚而至於還把美國當「恩人」，感激涕零。邱義仁的一句名言：「不抱美國的大腿抱誰的大腿！」坦白得近乎「可愛」！

　　現在看來，馬英九及其親信幕僚們，也沒能擺脫這種自甘墮落的冷戰舊思維！他們骨子裡依然認為：臺美關係重於兩岸關係；有美國人撐腰，和大陸打交道臺灣才有「本錢」，才不會「吃虧」。明白了這一層道理，也就不難理解他們為何主張開啟兩岸政治對話和協商談判，要事先徵得美國的「同意」和「認可」了！殊不知，依賴「黑道大哥」不僅是不智的，而且是十分危險的。兩岸中國人的事，還是中國人自家坐下來好好商量的好！

　　說一千道一萬，奉勸臺灣馬英九當局不要再犯傻了！美國人是靠不住的！俗話說得好：「以小看大」、「見微知著」，從此番臺美之間有關牛肉進口的談判，還不足以說明問題嗎？！

（原文刊於《海峽導報》、中評網）

幾點思考和建議

臺北的「政治水溫」很冷

　　本月12日至18日，筆者應臺灣太平洋文化基金會之邀，作為以鄭必堅為團長的大陸學者代表團成員，赴臺出席「兩岸一甲子學術研討會」。這場研討會雖屬民間性質，但由於雙方出席的人員層級甚高，而且又首次納入了敏感的政治、軍事和涉外事務議題，打破了自去年馬英九上臺執政一年多來兩岸只談經濟不談政治的禁忌，開啟了兩岸智庫進行政治對話的先河，因此頗具測試臺北「政治水溫」的味道。

　　那麼臺北的「政治水溫」如何？就筆者參加政治組研討會上的個人感受而言，目前臺北的「政治水溫」雖說不至於結冰，但確實很冷！

　　臺北的「政治水溫」冷就冷在，出席會議的個別綠營學者氣焰十分囂張不必說了，令人訝異的是某些藍營學者一改在野時期的政治態度，公然否認「兩岸一中」，聲稱如果大陸堅持「一中」，「兩岸就沒得談」！一副重新上臺執政後換了位子就翻臉的架勢，恰好驗證了臺灣政壇的一句流行語：「屁股決定大腦」！

　　大陸學者舉出李登輝主政時期臺灣制定的「國統綱領」為例，質疑國民黨在「一中原則」和「兩岸統一」等重大原則問題上不斷後退，臺灣學者則一擁而上，辯稱這是「與時俱進」，要求大陸學者理解臺灣是個「民主社會」，任何政策都必須「以民意為依歸」云云。在這種氣氛下，一些平日寫文章看起來很「一中」的臺灣學者，也改唱折衷調門，「顧左右而言它」。臺灣大學政治學系教授張亞中應屬「異數」，在小組會上仍然推銷他一向主張的「一中三憲論」，因為他也宣傳「一中」，便被人私下戲稱為「『亞中』是『一中』的弟弟」。

　　那麼不講「一中原則」講什麼呢？臺灣學者堅持只能講「一中各表」的「九二共識」。而聽來聽去，所謂「一中各表」，其實是只要「各表」而不要「一中」。「各表」的結果必然是：「海峽兩岸，一邊一國」，一個是「中華人民共和國」，另一個是「中華民國」，與「臺獨」殊途同歸！大陸方面當然不能認同。

臺北的「政治水溫」很冷

　　在「一中」問題上，應該說大陸方面已經很體諒臺灣的處境了。最初的論述是，「臺灣是中國的一部分」；近幾年來調整為「大陸和臺灣同屬一個中國」；近年來更在多數場合模糊化地只提「九二共識」或「一中架構」。而臺灣方面呢？民進黨陳水扁執政時期不必提了，國民黨也是「食髓知味」、「得寸進尺」，不僅完全拋棄了「一中原則」的論述，就連「九二共識」也一再強調雙方有很大爭議的「一中各表」，並且要求大陸方面承認，完全回到了李登輝主政中後期的老路，成為進一步深化兩岸政治互信、推動兩岸關係和平發展的最大障礙。

　　不提「一中原則」，只提模糊化的「九二共識」，目前還勉強可以混得下去。但試問，如果未來兩岸簽訂和平協定，而這一協定只談「和平」而迴避「一中」，也不明確宣示「未來統一指向」，那麼誰能擔保兩岸分離現狀不會因為簽訂這一和平協議而「合法化」、「固定化」和「永久化」？！

　　不過，臺灣畢竟還是有頭腦比較清醒的人物。日前中央日報網路報發表一篇點評文章說：「以中共中央黨校前任常務副校長鄭必堅為團長的一批大陸『重量級』學者，正在臺灣參與『兩岸一甲子』學術研討會。由於涉及兩岸的軍事、外交等敏感議題，大陸學者不可避免地會堅持『一個中國』立場，否則，大陸放鬆對臺灣的軍事與外交壓力，就會變成鼓勵偏離『一中』，甚至鼓舞『臺獨』。對於大陸的此一立場，應予理解，才能謀求兩岸建立政治互信的建設性途徑。」

　　事實上，不客氣地講，如果沒有「一中原則」，就不會有一年多來兩岸關係的緩和，兩岸關係的和平發展也將難以為繼，成為一句空話。一葉知秋，歐巴馬訪問大陸所傳達的訊息意味著什麼？海內外輿論正在議論紛紛。臺灣智庫學者應該認清形勢，真正「與時俱進」，務實與誠實地面對「一中論述」。

　　在重大原則問題上，大陸方面堅持的是中華民族整體的長遠的利益，因此妥協是有限度的；而國民黨當局只關心其一黨的選舉和執政利益，完全缺乏引導臺灣民意的自信和作為，只會跟在民進黨的屁股後邊「拿香跟著拜」，還美其名曰「遵從民意」。在「引導民意」這一點上，國民黨真的遠不如民

進黨。這就是目前兩岸雙方在「一中」問題上難以達成共識、兩岸政治互信難以進一步深化的癥結所在！

（原文刊於《海峽導報》、中評網）

許信良「狗吠火車」

　　今年七月和十月，筆者連續兩次赴臺參訪，一次是出席高雄世運開幕式，另一次是參加「兩岸一甲子學術研討會」。這兩次赴臺，筆者都有幸在臺北與許信良先生私下會面長談。他獨到的見解，深邃的國際觀和兩岸觀，以及他對臺灣、特別是對自己曾經擔任過兩屆黨主席的民進黨的摯愛，都給我留下了深刻印象。

　　縣市長選舉落幕後，許信良接受媒體採訪，對民進黨的勸誡，更是「苦口婆心」！

　　針對民進黨勝選後彈冠相慶、忘乎所以，許信良清醒地說：儘管外界將此次三合一選舉視為民進黨的勝利，但他分析歷年選票結構發現，比起四年前縣市長選舉，儘管綠營得票率成長，但「絕對得票數」卻少了數萬票；且得票率拉高主因，也是在於泛藍支持者不願投票所致。因此，儘管這場選舉有助於鼓舞綠營士氣，但不突破藍、綠基本盤，對2012是毫無幫助，「民進黨實在沒有高興的本錢」。

　　那麼藍、綠基本盤不變的主因是什麼？許信良一針見血地指出：民進黨無法突破藍、綠六比四的版圖，個中原因雖然複雜，但關鍵在於「中國政策」。他說：「中國已是全球認定的崛起國家，所有關心經濟的人都必須面對這股浪潮，如果民進黨的兩岸政策過於保守，形同放棄這些選票」；「一年多來，任何兩岸政策民進黨一律抗爭到底，如果反對有理也就算了，就怕『為反對而反對』，真的會陷入死胡同！」許信良強調：經濟選民是突破藍、綠版圖的關鍵，民進黨如果繼續在「中國政策」上停滯不前，絕對無法吸引經濟選民認同，屆時要拚2012恐怕是緣木求魚。

　　於是，許信良提醒民進黨：即將舉行的第四次「江陳會」，如果民進黨再次鬧事，發生像去年一樣的暴力事件，只會讓中間選民繼續支持國民黨，2012年就沒有希望。他說：「民進黨想再次執政，就必須調整兩岸政策，否則別說2012年，甚至未來二三十年，都別想再執政！」

許信良的分析可謂苦口良藥、一語中的！民進黨聽得進去嗎？

你看，選後民進黨中常會已經作出決議，要在第四次「江陳會」期間，在臺中搞 10 萬人的大規模「嗆聲行動」；本土「急獨」社團還宣稱，陳雲林在臺期間他們將「如影隨行」，甚至有人揚言要「懸賞三百萬，緝拿陳雲林」，氣焰極為囂張！民進黨發動的這場大規模街頭運動，能否平安落幕，已是未定之天，令人擔憂！

看來，民進黨已經被縣市長選舉的勝利沖昏了頭，誤以為一年多來他們「逢陸必反」的錯誤政策得到了臺灣民眾的肯定，不但不用改弦更張，相反還要趁勢而上、繼續加碼。許信良先生的「苦口婆心」，也就成了「狗吠火車」！

以此觀之，縣市長選舉的勝利，對於民進黨的長遠發展來說，反而變成了壞事。

外人都看得清楚，許信良是民進黨不可多得的重要資產，但民進黨自己卻不拿他當回事，可惜！

（原文刊於《海峽導報》、中評網）

民進黨導演的又一齣「愚民鬧劇」

　　民進黨成立二十多年了，「愚民教育」一直是它的拿手好戲！說大的，「臺獨」訴求本身就是個不折不扣的假議題，連陳水扁自己都承認，「做不到就是做不到」，但民進黨還是堅持要做，這就是最大最不負責任的「愚民」！說小的，每逢大大小小的選舉，民進黨總要喊出一些似是而非的口號，用來煽動民眾，凝聚基本盤，以實現其爭權奪利的目的。至於這樣做對臺灣、對臺灣人民是好是壞，那都不是民進黨考慮的事情！這就是一天到晚把「愛臺灣」掛在嘴邊的民進黨！

　　這不，趁著第四次「江陳會」在臺中舉行，民進黨又舉全黨之力，大搞「愚民鬧劇」！而這番「愚民鬧劇」所提出的愚民口號，則是：「破黑箱，顧飯碗」。這個口號可謂言簡意賅、通俗易懂，頗具煽動性！稍有思考能力的人聽了都不免大搖其頭，然而民進黨的頭面人物，卻動員大批支持民眾走上街頭，煞有介事地扯著脖子領著他們賣命喊叫！似乎聲音愈大、口水噴得愈多，假的也會變成真的！

　　所謂「破黑箱」，據說是不滿兩岸協商談判「黑箱作業」，「江陳會」「不透明」，沒有經過「立法院」審議，沒有讓「臺灣人民」參加，馬英九有「賣臺」之嫌！所以要「破黑箱」。

　　按照民進黨的邏輯，難不成兩岸談判大陸 13 億人、臺灣 2300 萬人都要上談判桌，才叫「透明」？才不叫「黑箱作業」？協定還沒有簽訂，你「審議」什麼？再說了，民進黨執政八年間，臺灣與大陸也曾舉行過諸如「小三通」、「春節包機」等多次協商談判，民進黨都「透明化」、事先都經過「立法院」審議了嗎？「談判」豈有事先向對方洩漏底牌之理，古今中外概莫能外，民進黨人哪個不知？明知還要胡言亂語，不是蓄意「愚民」是什麼？！

　　所謂「顧飯碗」，據說是「江陳會」簽訂的協定（包括 ECFA），會讓臺灣民眾大批失業，丟掉飯碗，那更是不得了！所以要「顧飯碗」。

第四次「江陳會」要簽訂的四項協議,包括「農產品檢驗合作」、「避免雙重課稅及加強稅務合作」、「標準計量檢驗認證合作」、「漁船船員勞務合作」。另外,ECFA、智慧財產權保護、臺商投資保障協定等議題也將納入對話。這些議題通通都是當年民進黨執政時想跟大陸談,而因眾所周知的原因未能談起來的重大經濟議題。四項協定的簽訂,對於規範兩岸經濟交流與合作、促進兩岸經濟發展至關重要,它造福於兩岸同胞,對臺灣對臺灣人民有百利而無一害!民進黨做不到而國民黨做到了,民進黨領導人卻昧著良心說話,套句老百姓的話:「也不怕天打五雷轟!」至於說 ECFA,這次雙方只是「對話」而已,協定的內容是什麼樣子誰都不知道,民進黨危言聳聽見到黑影就開槍,更是天大的「愚民」!

　　說穿了,民進黨搞「愚民教育」,目的無它,為選舉造勢,為一黨一己之私!民進黨手中沒有真理,只好靠騙,靠愚民。但騙也好,愚民也罷,只能得逞於一時而不可能長久!

(原文刊於《海峽導報》、中評網)

輕舟已過萬重山

在臺中舉行的第四次「江陳會」已經順利落幕，連同前三次「江陳會」，兩岸兩會在短短的一年半時間內，總共簽署了十二項協定和達成一項共識，可謂成果豐碩！

回顧四次「江陳會」的協商談判，或可大致歸納出以下幾個方面的特點和發展趨勢：

其一，經濟性。兩會簽署的十二項協定和一項共識，無一不是關乎「國計民生」，關乎兩岸同胞的切身經濟利益，對推動兩岸經貿交流與合作、促進兩岸經濟發展，至關重要。隨著這些協議的貫徹實施，必將讓兩岸同胞切切實實地分享到兩岸關係和平發展的「紅利」。

其二，務實性。首先，兩會協商談判之所以能在短期內達至如此豐碩成果，正是在兩岸當局盱衡當前兩岸政治現實的情勢下，本著「建立互信，擱置爭議，求同存異，共創雙贏」和「先經後政，先易後難，循序漸進」的務實精神才取得的；其次，從本次「江陳會」在最後關頭因技術性原因毅然放棄簽訂「兩岸租稅協定」的情況來看，也反映出兩會協商談判更加務實，更加注重追求「品質」而非「數量」。

其三，平等性。四次「江陳會」先後在海峽兩岸的北京（大陸）、臺北（臺灣）、南京（大陸）、臺中（臺灣）輪流舉行；雙方相互尊重，以高規格接待，以誠相待；兼顧雙方利益，有商有量，不強加於人，充分體現了平等協商談判的精神。

其四，制度化與常態化。兩會協商談判不僅輪流在兩岸舉行，且在議題選擇、幕僚作業、談判人員選擇以及談判方式、安全保衛等各個方面，都在不斷累積經驗，日臻完善與成熟，這說明了兩岸兩會制度化、常態化的協商談判機制業已形成。

「兩岸猿聲啼不住，輕舟已過萬重山！」兩岸兩會協商談判的上述特點和發展趨勢，充分反映出一年多來在兩岸同胞的共同努力下，兩岸關係和平

發展勢頭良好，儘管島內「臺獨」分裂勢力還會不斷搗亂和破壞，在前進道路上還會有更大的困難和曲折，但任憑什麼力量都已無法抗拒和逆轉！誠如陳雲林會長在臺中市長胡志強的晚宴上所說：「歷史將會告訴我們，現今兩岸正在走正確的路，無論它有多少艱難萬險，我們都一定會堅定地走下去！」

　　　　　　　　　　　　（原文刊於《海峽導報》、中評網）

曹興誠的主張豈只「違憲」

　　日前，在臺灣旺旺中時媒體集團主辦的「兩岸和平共處法」辯論會上，針對曹興誠主張在臺灣搞「統一公投」，張亞中指出：不論「臺獨」或統一，臺灣前途由2300萬臺灣人民來決定，照「憲法」這是不對的。目前「憲法」與大陸「主權」重疊，「兩岸和平共處法」把「主權」限縮在2300萬臺灣人民，從法律角度檢視，「和平共處法」會變成「和平分裂法」。

　　記得幾年前在北京華僑飯店，曹董曾邀約唐樹備主任及本人，徵求對「和平共處法」（時稱「和平統一法」）的意見，我們當即表示該主張雖很有「創意」，本意也不能說不好，但與法不合、礙難實行。其後，該主張雖經曹董修改補充，但萬變不離其宗，誠如張亞中以其專業素養一針見血所指出的那樣：存在重大失誤——「違憲」。道理至明，依照臺灣現行的「一中憲法」架構，「中華民國主權」涵蓋大陸，而曹董卻公開呼應民進黨的「臺灣前途決議文」，主張在2300萬臺灣人民中搞片面的所謂「統一公投」，當然是「違憲」！

　　進一步而言，曹董的主張豈只「違憲」，從本質上來說，其主張更剝奪了13億大陸人民的民主權力，不自覺地跌入了「臺獨」人士設下的「理論陷阱」！

　　何以言之？

　　須知，主張在2300萬臺灣人民中搞「統一公投」，其「立論」基礎在於臺灣已經是「民主社會」，臺灣人民「有權力」透過「公民投票」的民主方式來決定臺灣要不要與大陸統一。其實，這正是某些「臺獨」人士長期以來所鼓吹的一種似是而非的荒謬說法。

　　首先，大陸與臺灣同屬於一個中國，這是無可辯駁的法律與國際現實，這與臺灣是不是「民主社會」毫無關係。因為「民主」本身並不能創造出「主權」，它只能改變一個國家或地區的「生活方式」。即使臺灣社會再「民主」，也無法改變「臺灣是中國不可分割的一部分」這一鐵的事實。

其次,關於「公投」與行使「民主權力」的問題。誠然,我們應當尊重臺灣人民當家做主的願望和民主權力的行使,但任何民主方式和民主權力的行使,都必須以確保國家領土主權的完整為前提,否則就必然會走向民主的反面而侵犯大多數人民的根本利益。臺灣是海峽兩岸同胞世世代代共同開發、建設和保衛的神聖領土。就如同大陸不僅僅是13億大陸人民的大陸,同時也是2300萬臺灣人民的大陸一樣,臺灣不僅僅是2300萬臺灣人民的臺灣,同時也是13億大陸人民的臺灣。臺灣的領土主權屬於海峽兩岸全體中國人民所共同擁有。因此,即使要體現「民主」而對臺灣的地位與前途舉行「公投」,那麼也必須在海峽兩岸所有的中國人中進行,而不能只在2300萬臺灣人民中進行。不然,就無異於剝奪了13億大陸人民的民主權力,反而變成了無視絕大多數中國人意志的「反民主」之舉了!

以上簡要論辯,不知曹興誠先生以為然否?!

(原文刊於《海峽導報》、中評網)

陳一新教授親美太超過

　　美國近日宣布對臺售武，外人都看得出，大陸反擊的矛頭主要針對美國，可作為馬當局重要幕僚的陳一新教授，卻公開跳出來大放厥詞，對大陸反制美國說三道四，既不專業也太過囂張！

　　陳教授在接受中評社專訪時說：「大陸採取激烈抗議行動，不僅會傷及中美關係，更會影響兩岸關係，如果大陸對臺灣出現不友善舉動，例如推遲ECFA協商，恐怕年底的『五都』選舉，會讓民進黨漁翁得利。如果國民黨失利的話，2012年『總統』大選，大陸有可能面對的是最不想看到的民進黨政權」云云。

　　不錯！美國對臺售武，「不僅會傷及中美關係，更會影響兩岸關係」，這正是我們所不願意看到和堅決反對的。但責任究竟應該由誰來負？是始作俑者美國，還是受害者中國？陳教授不問是非曲直，居然站在美國的立場上指責大陸，令人匪夷所思！

　　更有甚者，陳教授還以美國人的口吻說，「大陸之所以反彈強烈，主要是擔心臺灣作為美國亞太地區飛彈防衛網的一環，套一句美國人的話說，根本就是小事一件」，但是「大陸越想干預美國，美國越不會受到干預」，舉例來說，2001年4月中美軍機互撞，「你把美國惹毛了，布希大筆一揮就是8項武器（售臺），所以不能得罪美國人，如果得罪的話，會讓美國更火，賣給臺灣更多武器！」

　　我們要問陳教授：美國欲將臺灣作為「亞太地區飛彈防衛網的一環」，對中國大陸而言是「小事一件」嗎？再有，陳教授對於美國霸權主義看來十分讚賞，而且對臺灣能傍上這樣的「黑道大哥」很是得意！我們要說，「親美」是陳教授的權利，但「親」到這種地步也實在「太超過」、太讓人看不下去了！更何況，物換星移、時過境遷，中國任美國欺負而無力反制的時代已經一去不返！就連陳教授自己也說：這次大陸大動作抗議，主要是因為大陸已經「有懲罰的能力」，而以往在國際社會中，「都是美國在下指導棋，不容大陸有置喙餘地」。

至於說到「民進黨漁翁得利」之類，這是臺灣藍營人士「吃定大陸」的典型論調！陳教授以威脅的口吻「提醒」大陸說，如果大陸對臺採取行動，「讓馬『政府』年底吃敗仗的話，中國大陸就必須面對 2012 年國民黨失去政權，民進黨重新執政」。對此，我們有三點回應：第一，大陸該怎麼做自有章法，不勞您太過費心！第二，國民黨也太沒志氣太缺乏自信，如果馬政權像紙糊的一樣因此而垮臺，那也怨不得大陸；第三，再說白一點，如果國民黨墮落成和民進黨沒什麼兩樣，那誰上臺執政對大陸來說又有何區別？所以，我們倒是要「提醒」陳教授們：別來這一套！

　　陳教授還辯解說，對美軍購是要增強臺灣自我防衛的能力，一來和大陸談判才會有信心；二來也有應付日本、越南和菲律賓等國挑釁的需要。既然如此，那麼臺灣大可不必以天價向美國購買，本人出個主意：就由大陸無償（或低價）提供給臺灣自我防衛的武器裝備如何？！

（原文刊於《海峽導報》）

替馬英九當局把脈

　　主政不到兩年的馬英九，何以會陷入執政危機？島內外議論紛紛，莫衷一是。但筆者以為，其根本原因是馬當局的內外政策嚴重脫離了臺灣的政治現實。

　　馬英九內外政策的最大特點，是罔顧客觀環境，一廂情願地尋求各種平衡和妥協。

　　先說對內，馬英九宣稱要當「全民總統」，企圖尋求藍、綠陣營之間的平衡。為此，一年多來他不顧藍營支持者的感受，一味向綠營妥協，討好綠營民眾。其結果，藍營基本盤不斷鬆動，許多支持者從「含淚投票」轉而「含恨不投票」，嚴重削弱了執政的社會基礎；而綠營的基本盤卻不動如山，民進黨支持者一個都沒能爭取過來不說，馬英九還被視作軟弱可欺！如此，馬英九的民調急劇下滑，選舉連遭失敗，也就在情理之中了。

　　實踐早已證明，在目前臺灣非理性的藍綠對立政治結構中，根本不存在走「中間路線」的可能，而只能是一種「非此即彼」的零合競爭遊戲。臺灣的任何一個政治人物，都難以突破這一政治結構的局限。當年陳水扁因為「少數執政」，為欺騙民眾、穩定政局，宣稱要當「全民總統」，最終並未能挽救其執政失敗的命運。而令人匪夷所思的是，挾有750萬張選票、在「立法院」擁有四分之三絕大多數席位為後盾的馬英九，上臺執政後也宣稱要當「全民總統」。所不同者，陳水扁說要當「全民總統」是騙人的，而馬英九說要當「全民總統」卻是真心實意的！

　　再說對外，馬當局則推行所謂「和中、友日、親美」政策，在中（大陸）、美、日三者之間也大玩平衡遊戲。這種各方都想討好的平衡政策，不僅自相矛盾，而且超出了臺灣的自身實力。其實，馬英九的兩岸和解政策，從一開始就遭到美、日的高度懷疑。人們不難看出，民進黨「逢陸必反」，不斷指責馬英九「賣臺」、「傾中」，極力牽制馬當局的兩岸開放政策，實際上其背後都有美國和日本的影子。至於大陸，雖然對馬英九的兩岸開放政策給以高度肯定與積極配合，但不必諱言，內部同樣也存在不少疑問和擔憂。

可見，馬英九處處討好的對外政策，其背後潛藏著很大危機。在各方關係相對平穩發展之際，這種平衡政策尚有一定的實施空間，但未來隨著中（大陸）、美、日三者之間角力的加劇，臺灣左右逢源的空間將會越來越小，勢必左支右絀、難以為繼。以近日引起軒然大波的對美軍購為例，不僅重創了中美關係，一年多來兩岸好不容易培養起來的政治互信也因之嚴重受損。故而從長遠來看，這一對外平衡政策也註定無法成功。

人們看到，選舉連遭敗績後的馬英九痛定思痛，業已拋棄了「全民總統」的迷思，開始著手調整其不合時宜的對內政策，這是一種進步！然而，早已破綻百出的對外平衡遊戲，馬團隊還要繼續玩下去嗎？

（原文刊於《海峽導報》、中評社）

蘇貞昌下了一步險棋

在蔡英文的強力主導下，民進黨中央本已作出決議，「五都」候選人提名延至五月再作決定。而之所以要等到五月再作決定，一是讓國民黨先出手，民進黨要「後發制人」；二是南部「兩都」民進黨內搶破了頭，「五都」通盤考慮有利於安撫黨內各派系，避免出現以往未戰先分裂的不利局面。

再者，蘇貞昌是目前民進黨內無人可比的「人氣天王」，按照民進黨中央「坐二望三爭四」的戰略構想，新北市是這場選舉國、民兩黨的戰略決戰點，誰贏得新北市，誰就贏得了這場選舉。而各項民調顯示，由蘇貞昌出戰新北市，是最有可能獲勝的最佳人選。

這下可好！蘇貞昌不甩黨中央和蔡英文那一套，從自身的政治利益出發，急不可耐地擅自提前宣布參選臺北市長，這就不僅攪亂了民進黨中央和黨主席蔡英文的戰略布局，實際上也給自己下了一步險棋。

律師出身、在臺灣政壇打滾了多年的蘇貞昌，表面上喊「衝衝衝」，實則性格投機而又一向謹慎保守，沒把握的事他絕對不會輕易出手。此番他無視蔡英文的戰略布局，不顧黨內其他派系的不滿與反彈，悍然提前宣布參選臺北市長，自然是經過深思熟慮後的政治操作。

蘇貞昌聲稱：「心中沒有2012，才會有2012」，這種「此地無銀三百兩」的說辭，恰恰透露出他心中「唯有2012」！在蘇貞昌看來，如果按照蔡英文的戰略布局由他出戰新北市，勝則「在情理之中」，敗則「無顏見江東父老」，政治生命就此結束。而出戰臺北市則完全不同：進可攻，退可守，一來相對而言郝龍斌要比朱立倫好對付；二來他若能攻下臺北市這個國民黨執政12年之久的「首善之區」，將給綠營立下頭等大功，聲望勢必大大躥升，綠營「共主」地位就此定於一尊！屆時「英雄造時勢」，2012還是2016將由我蘇某人酌情挑選；假若敗選，自信亦只會「小輸」，雖敗猶榮，同樣為綠營立下大功，回想當年陳水扁和謝長廷，不正是這樣被綠營擁戴為「總統候選人」的嗎？！

蘇貞昌的如意算盤，可謂「路人皆知」！然而手腳一旦被人看破，也就難以售其奸了！局外人都看得出，蘇貞昌的政治算計至少有以下兩個盲點：

其一，臺北市的選民結構一向藍大於綠，比例大約在六比四左右，在危機意識的驅動下，識破了「蘇貞昌之心」的藍營支持者，能給蘇「勝選」甚或「小輸」的機會嗎？

其二，攪亂了民進黨的戰略布局，得罪了黨中央和黨內其他派系，倘若新北市和臺北市民進黨因此均告敗選，連帶而影響到2012綠營的大選成敗，蘇貞昌難保不會成為民進黨和整個綠營的「千古罪人」！

果真如此，蘇貞昌豈不是「雞飛蛋打」！一向投機而又謹慎保守的蘇貞昌，這次委實是下了一步天大的險棋！

（原文刊於《海峽導報》、中評網）

民進黨的「政治泡沫」

　　回想兩年前「總統」大選慘敗，民進黨內真是「哀鴻遍野」、潰不成軍，各大天王沒人肯接任黨主席，收拾這個爛攤子，好在蔡英文臨危受命，挺身而出，歷經兩年的苦心孤詣，好不容易才把民進黨從加護病房裡救了出來！「三合一選舉」和兩次「立委」補選的勝利，綠營士氣大振，使兩年來飽嘗了「失權痛苦」的民進黨天王們信心大增，一心以為「鴻鵠將至」，於是紛紛跳將出來，使出全身解數，在「五都」選舉候選人黨內提名中拚命卡位，務求在日後臺灣政壇上再創第二春！其「吃相」之難看，就連呂秀蓮都忍不住抨擊說：「原形畢露！」

　　眾所周知，經濟有「經濟泡沫」，其實政治也有「政治泡沫」；當「經濟泡沫」出現時，有人會誤以為「經濟起飛」，同樣，「政治泡沫」出現時，也有人會誤以為「政治起飛」！

　　如今，民進黨是正在「政治起飛」抑或「政治泡沫」？大概無人敢驟下結論，但有一點則可以肯定：倘若民進黨人沾沾自喜，盲目樂觀，誤以為「藍天」很快又會變成「綠地」，那恐怕會相當不妙！此話怎講？

　　其一，輿論無不指出，近幾場選舉民進黨頗有斬獲，主因於馬團隊執政不力，改革無方，不少藍營支持者在失望之餘拒絕出來投票，欲藉地方選舉之機「教訓一下馬英九」，並非民進黨自身改革成功、綠營票源擴展所至。一旦國民黨改革有成，藍營支持者投票意願升高，多數選區民進黨未必能夠討到便宜。

　　其二，民進黨內各大天王擁兵自重，歷史恩怨相互糾結，派系利益高於一切，內鬥一向十分慘烈，黨主席蔡英文缺乏派系奧援，「小鷹」難馭一群「禿鷹」，目前「五都」候選人提名之爭正在進入白熱化，對日後民進黨選舉的負面效應如何？值得觀察。

　　其三，目前島內經濟基本上已經走出金融危機的陰影，各項經濟指標都出現好轉。今年1月對外貿易創下16個月來的新高，出口較去年同比增長

75.8%，進口同比增長 114.7%；稅收同比增長 56%；消費者物價指數同比增長 22%；失業率則由去年 9 月的 6.3% 降到了 5.04%。預計未來隨著全球經濟的回暖，臺灣經濟形勢還將繼續好轉，臺灣「主計處」已將今年經濟增長率預測上修至 4.72%。可見，影響國民黨選情的主要負面因素——經濟大環境正在改善之中。

其四，「三合一選舉」特別是兩場「立委」補選失利後，馬團隊「痛定思痛」，擰緊執政螺栓，近來在因應高雄地震以及處理「內閣」成員「凸槌」等問題時，均一改往日因遲鈍拖沓而招致民怨的教訓，反應都相當快速、妥適，頗受島內輿論肯定。這表明馬團隊危機處理的能力已大有改觀，執政漸入佳境。不難預期，假以時日馬英九及其執政團隊的民意滿意度將會走出低谷，逐漸提升。

其五，與地方選舉不同，「五都」市長選舉被藍綠陣營視為 2012 年「總統」大選的「前哨戰」；而 2012 年「總統」大選更是攸關政權是否輪替的生死之戰。面對綠營的咄咄逼人和志在必得，藍營支持者的危機意識正在日益升高，「藍綠對決」的氛圍一旦出現，藍營的投票率勢必提升，屆時民進黨不見得就能占到上風。

如是觀之，不是致力於自身的改革，而只想靠國民黨的執政失誤撿便宜，顯然是靠不住的！眼下，民進黨究竟是正在「政治起飛」抑或「政治泡沫」？還真是難說！

（原文刊於中評社）

呂秀蓮「九六共識」玩得下去嗎

日前，呂秀蓮糾集了一批「急獨派」團體，煞有介事地召開大會，宣布成立由她當總召集人的「九六共識推動聯盟」，聲稱3月23日要在臺北舉行「車隊大遊行」，3月26日在高雄發動大遊行。據說，該「聯盟」有32個社團回應，民進黨和臺聯也表支持，似乎來頭還不小！

誰知「雷聲大，雨點小」，昨天下午臺北「車隊大遊行」，臺灣媒體報導說，只有六七部車10多個「獨派」團體的負責人參加，場面冷冷清清，在熙熙攘攘的臺北街頭根本引不起路人的注意，真是情何以堪！

「九六共識」是啥「碗糕」（閩南語，「東西」的戲稱）？「九六共識推動聯盟」在成立會上發表「總統民選、臺灣獨立」宣言稱：「1996年3月23日臺灣第一次『總統』直選日，就是『國家主權獨立』紀念日。」呂秀蓮說，她推動「九六共識」就是要「消弭藍綠不必要的猜測」，並公開要求馬英九今後不要再提「九二共識」。

其實呢，所謂「九六共識」不過是呂秀蓮「自說自話」而已！不用說藍營，就連綠營內部都難有共識，「獨派」大佬辜寬敏就毫不客氣地說：呂秀蓮「推動這個是在安慰自己，太閒了！」因為事情明擺著的，如果一個地方只因其領導人出自「民選」，便可自稱「獨立成國」，那天底下不知會「獨立」出多少個「國家」來了！所以，所謂「九六共識」只是呂秀蓮一個人喊著「爽」而已！

當然，呂秀蓮推動「九六共識」自有其政治圖謀，絕不是「太閒了」、為了「安慰自己」：

其一，眼見「五都」選舉黨內各大「天王」紛紛跳出來「卡位」，而以「天后」自居、「雌心勃勃」的呂秀蓮當然不能落在人後，自甘寂寞而不發聲。

其二，宣布要競選連任黨主席的蔡英文，正在指揮「幾個小孩子」緊鑼密鼓地撰寫她的「十年政綱」，目標對準2012年，謀劃民進黨的未來「執政藍圖」，這意味著民進黨的世代交替已經啟動，「獨派」大佬們若不抓住「臺

獨論述」的制高點，勢將在這場世代交替中被邊緣化。阿扁的影響力已經式微，此刻正是呂秀蓮以「臺獨教母」的身分取而代之的大好時機。

其三，面對兩岸關係和平發展的滾滾洪流，新一代民進黨領導人將把「臺獨運動」引向何方？呂秀蓮等「獨派」人士無不暗自疑慮，為了對民進黨的發展方向施加政治影響，此刻也很有必要糾集在一起。

然而，時代不同了，兩岸關係已經發生了翻天覆地的變化，呂秀蓮糾集「急獨派」團體搞什麼「九六共識推動聯盟」，不過是「蚍蜉撼大樹，可笑不自量」。臺北「車隊大遊行」的鬧劇已於昨日草草收場，幾天後的「高雄大遊行」還能玩得下去嗎？！

（原文刊於《海峽導報》）

「讓利說」何妨改成「回饋說」

　　近些日子來，溫總理的「讓利說」在臺灣島內持續發酵，與藍營表示歡迎截然不同，某些綠營人士跳出來大加撻伐，質疑「讓利說」是謊言，是中共的「統戰陰謀」，甚至抨擊此說「矮化臺灣」云云。「讓利說」原本是大陸對臺釋出的最大善意，豈料在綠營人士聽來卻另有一番滋味在心頭，恰好印證了老百姓常說的一句話：「好心被當成了驢肝肺！」

　　要說對臺「讓利」，豈只現在才開始，從 2005 年「連胡會」以來，大陸單方面推出的「惠臺」措施多達近百項，範圍涵蓋臺灣各個階層各個群體。只是在民進黨執政時期，為了不讓在野的國民黨「得分」，扁當局利用手中掌握的公權力，千方百計阻撓大陸「惠臺」政策的實施，寧肯讓臺灣經濟不斷沉淪，老百姓受苦。國民黨重新上臺執政後，兩岸兩會恢復協商談判，四次「江陳會」順利簽署了十二項協定和一項共識，大陸「惠臺」措施才得以全面貫徹落實。此番兩會推動商簽經濟合作框架協定（ECFA），民進黨出於一黨政治私利，刻意歪曲宣傳。為排除干擾，消除島內民眾的誤解和疑慮，大陸高層親自出馬，春節期間胡總書記在福建視察臺灣農民創業園時釋出「照顧說」，接著溫總理又在兩會記者會上提出「讓利說」。

　　從「惠臺說」—「照顧說」—「讓利說」，大陸對臺政策可謂一脈相承。這一政策從中華民族的整體利益出發，視臺灣同胞為「自家兄弟」，以建設「共同家園」為理念，以兩岸「雙贏」為目標，展現出的是一種善意和大度。誠如國臺辦發言人楊毅所說：「兩岸是同胞兄弟，在協商的過程中，我們會按照大陸的一貫政策，從兩岸經濟規模、產業結構、市場容量等具體情況出發，充分考慮臺灣方面的合理訴求，盡可能地照顧臺灣中小企業、廣大基層民眾特別是臺灣農民朋友的利益，做出合理的安排。」倘若兩岸不是「同胞兄弟」，具有特殊關係，雙方談判勢必按照國際慣例，錙銖必較，豈有「照顧」、「讓利」之有！再者，倘若兩岸不是「同胞兄弟」，具有特殊關係，其他 WTO 成員也絕不會同意大陸單方面「讓利」給臺灣。

然而，大陸的這種「善意和大度」，卻被綠營人士曲解為「謊言」、「統戰」和「矮化」。究其原因，除了「臺獨」意識形態作祟和五都選舉的造勢需要之外，綠營人士長期與大陸不相往來，對大陸充滿誤解與敵意，彼此嚴重缺乏互信，顯然有著直接的關係。此外，從深層次來說，或許也是綠營人士「弱勢自卑心理」被扭曲後的一種自然流露。

不過，話說回來，既然綠營人士對「讓利說」如此感冒不愛聽，本人倒是主張大陸不妨再大度些，將「讓利說」改成「回饋說」！

眾所周知，廣大臺商對大陸經濟發展的卓越貢獻，大陸一向都給予充分肯定。資料顯示，從1988年到2008年二十年間，臺灣對大陸投資一五二〇億美元，僅次於港澳，居境外投資第二；同時，臺商在大陸的國際貿易總額為一兆八〇五三億美元，占同時期大陸國際貿易總額的百分之一七點七四；臺商還創造了一千四百四十三萬多就業機會；並在大陸納稅一一〇四億多美元，占大陸稅收的百分之三點三八。大陸經濟的快速發展，臺商的貢獻著實不可磨滅，如今臺灣經濟有困難，大陸的日子比較好過了，兄弟出手相幫，也是理所當然的一種「回饋」！

本人這一建議，不知大家以為然否？

（原文刊於中評社）

辯論 ECFA，蔡英文底氣不足

據臺灣媒體報導，3月28日蔡英文在出席嘉義縣民進黨黨務巡迴座談會上說：「民進黨有兩個最大的政治工程，一個是 ECFA，一個是 10 年政綱，民進黨必須贏得『五都選舉』，且唯有民進黨贏得 2012 年『總統』選舉，才能保住臺灣。」

先不論蔡英文「才能保住臺灣」的說法是不是真有道理，也不談她尚未出籠的「10 年政綱」究竟是啥「碗糕」，既然蔡英文把 ECFA 看得如此重要，不僅事涉「五都選舉」民進黨的輸贏，甚至提升到能否「保住臺灣」的高度，那麼人們就不免要問：為何半年多來蔡英文一再尋找藉口，躲避和馬英九辯論 ECFA 呢？

幾天前事情似乎發生了轉機：正當臺灣媒體鼓吹由「行政院長」吳敦義與蔡英文進行 ECFA 辯論時，蔡英文突然一改往日拒絕「雙英辯」的消極態度，主動出擊，主張辯論必須是「黨主席對黨主席」才對等，直接向馬英九叫板，要國民黨「放馬過來」，並設下高門檻：必須先由「國會」研擬並公布一份由獨立機構撰寫的 ECFA 評估報告；必須經過「公投」才能與大陸簽署 ECFA 等。

圍繞著「ECFA 雙英辯」的議題，近幾日島內外媒體正在熱議之中，不料蔡英文突然又改了主意！就在這次嘉義縣的座談會上，蔡英文在大談 ECFA 的重要性之後卻說，「陳明文對 ECFA 非常瞭解，是民進黨 ECFA 的『最佳辯士』」，如果馬英九要找她針對 ECFA 議題進行辯論，她「一定將戰帖交給陳明文，讓陳明文與馬英九辯論」。幾天前還說只有「黨主席對黨主席」辯論才對等，現在卻主張讓一個「立法委員」和「總統」進行辯論，不知這是哪門子的「對等」！這種難以自圓其說的做法，終於讓蔡英文在世人面前漏了底：

其一，原來，蔡英文自己也承認她並不「非常瞭解」ECFA。問題是：連在扁當局當過「陸委會主委」和「行政院副院長」的蔡英文都不是「非常瞭解」ECFA，難道只當過小小嘉義縣長的陳明文反而「非常瞭解」ECFA 嗎？

其二，原來，蔡英文推三阻四，以種種「理由」拒絕與馬英九、吳敦義辯論，繼而又設下根本無法兌現的高門檻，假裝同意進行「雙英辯」，鬧了半天都是蔡英文底氣不足、怯陣的表現。高喊「放馬過來」，不過是「夜行人過墳地吹口哨」──提虛勁為自己壯膽而已！

誰都知道，ECFA目前兩岸尚在協商談判階段，具體內容連雙方參與談判的人員都無法說清，以蔡英文為首的綠營人士卻不問青紅皂白，給馬英九扣上「賣臺」、「傾中」的大帽子，把兩岸商簽ECFA避免臺灣經濟邊緣化的大好事刻意「妖魔化」，以為「好事罵多了也可以變壞事」！其用心蔡英文已經不打自招：為了贏得「五都選舉」，爭奪選戰議題的主導權。所以，「保住臺灣」是假，為一黨之私「危害臺灣」是真！

民調顯示，「ECFA雙英辯」已經成為臺灣多數民眾的期盼，既然民進黨已經把兩岸簽署ECFA宣傳得如此不堪，既然蔡英文已經把ECFA議題設定為「五都選舉」的主軸，那麼儘管蔡英文底氣不足，並不情願親自出馬進行「ECFA雙英辯」，但形勢發展至此，恐怕也由不得她不辯了。然而，蔡英文未戰先怯，「ECFA雙英辯」勝負已定！

（原文刊於《海峽導報》）

趙建民的「解釋」避重就輕

馬當局主管大陸事務的「陸委會副主委」趙建民先生，日前在淡江大學的專題演講引發了包括本人在內的多名大陸學者的質疑後，昨日出面接受中評社採訪時說：媒體轉述他的講法「並不完全正確，有斷章取義之嫌」。然而，讀完中評社的採訪全文，給本人的唯一感覺是：趙建民先生的「解釋」避重就輕，有的沒的說了一大堆，不但沒能「說清楚講明白」，反而雲遮霧罩讓人愈看愈糊塗：媒體的「斷章取義」在何處？「不完全正確」在哪裡？

其實，趙建民先生別的都不必多說，只需「說清楚講明白」大陸學者質疑的以下三個重點：

第一，在淡江大學的演講中，您是不是說過「臺灣藍綠陣營有共識，臺灣與美國關係要優於兩岸關係」？如果說過，這是否意味著公開宣示馬當局早先提出的「兩岸關係與臺美關係要平衡發展」、「兩岸關係要高於臺美關係」的政策，已經作出了重大調整？

第二，在淡江大學的演講中，您是不是說過「大陸對臺灣永遠是威脅」？如果說過，這算不算與綠營人士相配合，刻意渲染、煽動臺灣民眾對大陸的敵意？作為「陸委會副主委」，您對兩年來大陸一再對臺釋出善意和誠意，視臺灣同胞為「兄弟」，努力推動兩岸關係和平發展如何評價？您對兩岸關係和平發展的前景作何展望？

第三，在淡江大學的演講中，您是不是說過「要讓大陸永遠想著經濟」？如果說過，這是否表明馬當局已經拋棄了「先經後政」的兩岸政策主張，今後與大陸互動「只經不政」，「永遠」只和大陸談「經濟」？

國民黨重新上臺執政兩年來，兩岸關係和平發展勢頭良好，目前兩岸商簽經濟合作框架協議（ECFA）進展順利，然而值此關鍵時刻，趙建民先生的演講發出了不和諧之音，令人遺憾！更讓人憂心！

趙建民先生說得不錯，本人與趙先生是交往多年的好友，正因為是「好友」，所以才相互比較瞭解。從趙建民先生的演講中我們不難體察到，兩岸

的政治互信是如此地脆弱！在兩岸互動中，冷戰時期的「對抗性思維」在臺灣根深蒂固，總也揮之不去，豈只綠營人士才有！「親美」和「反共」是一對孿生兄弟，很難切割！無論美國如何欺負臺灣，強迫臺灣進口它的問題牛肉、花天價採購美國的武器裝備，還是要「親美」，據說因為美國是臺灣的「盟邦」！而無論大陸如何向臺灣「讓利」，以同胞之愛相許，還是要「反共」，據說因為那都是對臺灣不懷好意的「統戰陰謀」！這種長期形成的錯誤心態倘若不發生根本性的轉變，兩岸的政治互信勢必難以進一步增強，兩岸關係和平發展也將難以深化！

我們要強調的是，趙建民先生不是一般的智庫學者，是馬當局主管大陸事務的重量級官員，他是以「官員」的身分應邀發表政策演講的，講題為《當前政府的大陸政策與兩岸關係》，因此我們要鄭重提醒馬當局：如果只由趙建民先生本人出面輕描淡寫、避重就輕地「解釋」一下，對上述三個重要問題不真正「說清楚講明白」，老實說恐怕很難讓大陸方面釋疑！

（原文刊於中評社）

中央日報社論在詭辯

　　中央日報網路報日前發表社論，對「趙建民事件」專門作出「澄清」。我們對臺灣方面終於「有人出面」對這件事作出「澄清」表示歡迎，並對社論中明確表示「趙建民的談話確實不妥」給予肯定。但讀罷社論全文，卻不能不遺憾地說：我們對該社論的某些論調不能苟同。

▎社論在為錯誤說法背書

　　首先，社論在批評「趙建民的說法不僅對 ECFA 的簽訂是一種不必要的刺激，而且也不免使大陸方面揣測，臺灣是否有意改變政策？進而懷疑臺灣是否授意？」之後，卻又倒打一耙說：「從另一個角度看，趙建民的說法也反映不少臺灣同胞的想法，因為兩岸關係固然日漸和諧，但大陸瞄準臺灣的飛彈，每年還以 100 多枚的速度持續增加；大陸去年 34 次軍演，仍然有許多具有針對性，在這樣的情形下，大陸對臺灣難道不是威脅嗎？因此在兩岸敵對狀態還未解除，和平還未真正落實之前，最好還是跟大陸談生意，而不要碰政治。」這種論調明顯是在為趙建民的錯誤說法背書甚至詭辯！

　　要說「威脅」，目前兩岸尚未結束敵對狀態，雙方都在「威脅」對方，豈只大陸「威脅」臺灣而已！要不然，臺灣高價購買美國的高科技武器幹什麼？臺灣的飛彈是否也在瞄準大陸？臺灣每年軍演的「假想敵」又是誰？大陸老百姓更不會忘記，民進黨執政時期，扁當局的「行政院長」游錫堃曾十分囂張地揚言：必要時臺灣有能力用飛彈襲擊北京、上海和三峽大壩。正因為「兩岸敵對狀態還未解除，和平還未真正落實」，所以大陸方面才一再主張，在兩岸經濟關係實現正常化、制度化後，應不失時機地著手探討和破解敏感的政治、軍事議題。諸如臺灣民眾十分關切的「飛彈部署」問題，完全可透過兩岸協商談判結束敵對狀態、建立軍事互信機制、簽訂和平協定加以妥善解決。我們不能不問：趙建民先生「要讓大陸永遠只想著經濟」，難道是「要讓海峽兩岸永遠相互威脅而讓美國永遠從中漁利」嗎？

▎馬當局部分官員想法令人憂

其次，大陸學者質疑的對像是趙建民先生本人而非普通臺灣民眾，而社論卻「顧左右而言它」，大談什麼趙建民的說法「也反映不少臺灣同胞的想法」、「確實是一部分臺灣人民的心聲」云云。我們要說的是：在目前兩岸關係狀況下，「不少臺灣同胞的想法」也好，「一部分臺灣人民的心聲」也罷，我們都完全可以理解。化解臺灣基層民眾特別是綠營支持者對大陸的「誤會」和「猜忌」需要時間！但我們難以理解的是，趙建民先生作為馬當局主管大陸事務的重量級官員，對兩年來大陸對臺釋出的多方善意和誠意理應心知肚明、感同身受，然而他卻充耳不聞、視而不見，不但不利用他「陸委會副主委」的身分，以他的親身經歷和感受，設法引導臺灣民眾逐步消除對大陸的「誤會」和「猜忌」，相反卻片面指責大陸「威脅」臺灣，甚至渲染大陸對臺灣「永遠是威脅」！這和綠營政客煽動民粹敵視大陸有何區別？說穿了，趙建民先生的錯誤談話，不僅僅反映了「不少臺灣同胞的想法」和「一部分臺灣人民的心聲」，其實也反映了馬當局「不少官員的想法」和相當「一部分官員的心聲」，而這才是最令人擔心和憂慮的！

▎須儘快化解負面影響

再次，社論說「趙建民的說法當然只是他的個人之見」。但我們必須嚴肅指出：「政府」官員應邀在公開場合發表演講，何來「個人之見」？更何況趙建民先生當天的演講題目是《當前政府的大陸政策與兩岸關係》，明擺著他是以「陸委會副主委」的身分代表馬當局對外作公開的政策宣示。既然承認「談話確實不妥」，認為「茲事體大」，給兩岸關係造成了「不必要的」負面影響，那就應當正視它，設法儘快化解它，而不應當「顧左右而言它」，更不該「豬八戒倒打一耙」，做無法自圓其說的詭辯。

末了我們要說，我們很認同社論所說：「兩岸要多多加強溝通，同時要相互體諒，才能增加互信」，但必須說清楚的是：原則問題只能「堅持」，沒法「體諒」；違背「擱置爭議」共識，挑起這場爭論的始作俑者，並不是大陸學者！

（原文刊於《海峽導報》）

楊秋興的「參選」與民進黨的「假民主」

據中評社報導，權威人士披露：「高雄縣長楊秋興決定參選大高雄市長，萬事已近齊備，將在 8 月初正式公開宣布。」消息一經傳出，許多人立即會想：臺灣年底的「五都」選舉這下子有好戲看了！其實，好戲沒準還在後頭：楊秋興決定參選，那他的「難兄難弟」臺南市長許添財呢？

楊秋興的決定參選，使「五都」選情驟然丕變，打破了原本沒有什麼懸念、民進黨「南二都」穩贏的一派樂觀預期。如果再加上臺南市長許添財真的跟進，那麼這番「五都」選舉誰勝誰負，還真的是難說了！

楊秋興為何敢冒綠營之大不韙而決定參選？原因很多，但從本質上來說，則是根源於民進黨的「假民主」。

人所共知，民進黨籍的現任高雄縣長楊秋興、臺南市長許添財，以及臺南縣長蘇煥智，在歷次現任的臺灣縣市長評鑒或民意測驗中，均名列前茅，而民進黨中央亦一向沾沾自喜、津津樂道，美其名曰：「民進黨的執政能力優於國民黨。」然而，這幾位曾經被民進黨引以為傲的縣市首長，卻在「五都」選舉黨內候選人的爭奪戰中無一上壘，紛紛敗下陣來。顯然民進黨有兩套標準：「北三都」以「執政能力」質疑國民黨的候選人，挑戰其執政地位；而由民進黨執政有穩贏把握的「南二都」，則視作黨內派系利益分贓的禁臠，「執政能力」如何根本不在其考慮之列。更何況民進黨一向「外鬥內行，內鬥更內行」！「秋菊」之爭，其慘烈程度當事人楊秋興用「刀刀見骨」、「受傷很重」來形容！這就是民進黨的黨內「假民主」！非常老實、只會做事不會搞「奧步」的楊秋興，自然心不甘情不願，敗而不服！就此而言，誰能說楊秋興「違紀參選」沒有正當性呢？！

民進黨的「假民主」其來有自，非自今日始。

話說建黨之初，民進黨其實是個「反國民黨」的集合體，其中既有「獨派」也有「統派」，而後因種種因素的作用，自稱「民主進步」的民進黨內逐漸「沒

有了主張統一的自由」，於是林正杰、朱高正等一批主張統一的創黨元老被迫退出了民進黨。這是民進黨內「假民主」的早期範例。

其後到 1990 年代末，曾任兩屆黨主席、為民進黨的發展壯大立下了汗馬功勞的許信良，在爭奪黨內「總統」候選人的卡位戰中，不敵當時民進黨的「政治明星」陳水扁而被迫退出了民進黨。過來人都不會忘記，為了逼退許信良，讓陳水扁有資格代表民進黨參選，民進黨當時是如何修改黨內的遊戲規則，炮製「陳水扁條款」的。這是民進黨內「假民主」的又一典型範例。

再後是民進黨執政後期，陳水扁為掩蓋其貪腐弊案而大搞急進「臺獨」，引起黨內李文忠、林濁水、洪奇昌等人的憂慮、不滿與批評。於是，李文忠等人便被民進黨內的「急獨派」冠以「十一寇」的汙稱。至此，民進黨內連「主張溫和臺獨的自由」都沒有了，整個黨被「急獨派」所綁架！

民進黨對內搞「假民主」，對外更不必說了！

說大的，臺灣是海峽兩岸全體中國人所共同擁有的臺灣，而民進黨卻主張臺灣前途由 2300 萬臺灣人民透過「公投」來決定。這種主張表面上「很民主」，但實際上卻要剝奪 13 億大陸人民的民主權利，是一種不折不扣的「反民主」主張。

說小的，臺灣實行的是所謂的「政黨政治」，「立法機構」由民主選舉所組成，民主的真諦就在於「少數服從多數」，而在臺灣「立法機構」占少數席位的民進黨，卻從一黨之私出發，屢屢使用「少數暴力」，杯葛和阻撓被他們認為不利於民進黨的一切法案，而全然不顧這些法案是否對臺灣和臺灣人民有利。近期以來，民進黨無視臺灣主流民意，舉全黨之力極力反對兩岸簽署 ECFA、反對開放陸生陸資入臺等，就是最惡劣的事例。

……

事實說明，民進黨標榜的「民主」乃是如假包換的「假民主」！對絕大多數民進黨人而言，所謂「民主」也和「臺獨」一樣，哪裡是他們的「信仰」，只不過是他們獵取政治利益的工具罷了！

楊秋興毅然決定參選大高雄市長，其實是用他的「造反」行動戳破了民進黨的「假民主」！

（原文刊於中評社）

民進黨轉型，需中共配合

沒人能否認，國、民、共三黨，是當前乃至今後相當長一段時期內海峽兩岸最重要的政黨。這三個黨之間的互動關係如何，將在很大程度上決定兩岸關係和平發展的前景，乃至中國和平統一、中華民族復興的成敗。

▍三黨互動現狀令人擔憂

然而，就目前狀況而言，這三個黨之間的互動卻令人擔憂！

國、共兩黨可謂「哥倆好」！自 2005 年 4 月連戰訪問大陸以來，兩黨已經連續合辦過五屆「國共論壇」，兩黨高層互訪不斷，互信日漸增強，關係愈來愈「麻吉」。而民、共之間，除了少數黨員「以適當身分」進行公開或私下的、低層次的交流之外，黨際之間至今相互對立，「老死不相往來」。至於國、民兩黨，則在臺灣島內為了爭奪執政權而勢同水火，打得難解難分，不可開交！

顯然，當前國、民、共三黨之間的互動關係，乃是「不等邊三角形」的關係。這種關係的形成，自然是源自於中共拒絕與堅持「臺獨」、否認「九二共識」的民進黨打交道。這種「不等邊三角形」的互動關係，是很不正常的關係，對穩定島內政局，深化兩岸關係和平發展，造成了極大危害。國、民、共三黨均為此而付出了慘重的政治代價，是一種「三輸」的局面。近期以來，圍繞著兩岸簽署 ECFA 所發生的劇烈衝撞，更突顯了這種不正常關係的嚴重危害性。

▍不必過分擔心民進黨鬧「分家」

國、民、共三黨之間的上述互動關係，可以打個不很確切的比方：一家三兄弟，「二哥」國民黨與「小弟」民進黨爭奪部分「家產」的主控權（臺灣的執政權）。為了爭贏「二哥」國民黨，「小弟」民進黨宣稱要「分家」（主張「臺獨」）。「大哥」中共擔心「小弟」民進黨真的要「分家」，便和「二哥」國民黨聯起手來，反制「小弟」民進黨。弱勢的一方「小弟」民進黨當

然不服氣，於是就破罐破摔，「逢馬必反」、「逢陸必反」，鬧「分家」鬧得更厲害！而「二哥」國民黨則利用「大哥」中共對「小弟」民進黨要「分家」的擔心，對「大哥」中共予取予求，「吃定大陸」！

問題在於，「大哥」中共要認清以下兩點：

其一，「小弟」民進黨雖然想「分家」，但也知道自己勢單力薄「分」不成，所以實際上更多的是把「分家」當作和「二哥」國民黨爭奪臺灣這份「家產」主控權的策略運用（工具）而已！

其二，「二哥」國民黨已非昔日的國民黨，充其量只是個不贊成「分家」的「維持現狀派」！他和「小弟」民進黨之間的矛盾，本質上來說，主要是爭奪臺灣這份「家產」主控權的矛盾，並非「分不分家」（「統獨」）的矛盾。

「大哥」中共看清了上述兩點，就應當充滿自信，既不必過分擔心「小弟」民進黨鬧「分家」，也不能讓「二哥」國民黨予取予求！並適時調整政策，與「二哥」國民黨和「小弟」民進黨等距離交往。如此，「小弟」民進黨的氣或許就能消去一半，再經過正常交往，逐漸和「大哥」中共增進瞭解，緩和敵意，培養感情，建立互信，從此不再「破罐破摔」。由此，「二哥」國民黨和「小弟」民進黨，兩黨競相與「大哥」中共正常往來，這種局面才是「大哥」中共所真正樂見！

民進黨轉型，需中共配合

實踐證明，政黨之間的理性互動至關重要，它深刻地影響到各個政黨政策策略的制定與實施。民進黨內派系林立，相互制約，派系政治利益至上，更沒有全黨眾望所歸的領袖，其兩岸政策調整，光靠民進黨的內部力量已經無濟於事，需要外部力量中共方面的積極配合方能有成。換言之，唯有中共認清島內政爭實質，調整對民進黨的政策，與民進黨正常交往，持續向民進黨及其支持者釋放善意，民進黨才會有信心並且也才有可能說服其支持者，逐步調整其保守僵化的兩岸政策。總之，中共方面應當「積極幫助」而非「消極等待」民進黨轉型。「守株待兔」乃是一廂情願的幻想！

實踐還證明，民進黨愈是遭受重挫，被送進「加護病房」，愈容易被「臺獨基本教義派」所綁架。因為面對重挫，為了生存，他們需要固守基本盤，相互取暖；而當民進黨擺脫困境之後，面臨執政希望，則會增強自信，反而會變得相對理性務實，比較願意正視現實，檢討其不合時宜的兩岸政策，擺脫「臺獨基本教義派」的綁架。因為它要擴大基本盤，爭取中間選民的支持。

實踐還一再證明，民進黨的社會基礎相當牢固，是個再生能力很強的政黨。這個黨不會因外部力量的打壓而瓦解，也不會因內部的爭鬥而分裂，它將在臺灣政壇上長期存在，並且很可能重新上臺執政。因此，唯有與民進黨正常交往，將它所代表的這股島內政治勢力有效地納入到兩岸關係和平發展的軌道上來，實現國、民、共三黨的理性互動，兩岸關係才可能真正穩定發展。道理至明：缺少一條腿的三腳凳，不可能站得穩！

當然，民、共兩黨打交道，較之國、共兩黨難度要大得多。陳水扁執政八年，兩岸政策朝令夕改，為掩蓋其貪腐弊案，執政中後期更是一意孤行推行其「急獨」路線，刻意挑釁大陸，製造兩岸關係緊張，兩黨積怨已深，互信早已蕩然無存。因此，「擱置爭議，建立互信，先易後難，循序漸進」的務實精神，同樣適用於民、共兩黨之間的黨際互動與交往。

民、共改善關係，國民黨應支持

還應當強調指出，民、共兩黨關係的實質改善，勢必會有助於緩解目前島內的「政黨惡鬥」，解開「藍綠對立」的死結，這不僅有利於兩岸關係和平發展，有利於兩岸同胞，同樣也有利於包括國民黨在內的海峽兩岸國、民、共三黨，是一種「三贏」的全新局面。因此，國民黨應敞開心胸，給予充分理解，不僅要「樂觀其成」，更應以實際行動積極配合，大力支持。

可喜的是，近期以來有種種跡象顯示，民、共兩黨之間的「堅冰」正在悄然融化。中共領導人在不同場合多次表示，「要牢牢把握兩岸關係和平發展主題，擴大同臺灣島內有關黨派團體、社會組織、各界人士和基層民眾的交往」，並不再重申與民進黨交往的「前提」。所謂「有關黨派團體」，毫無疑問當然包括目前臺灣的最大在野黨民進黨。而不久前民進黨主席蔡英文

也公開表示,在相互「不預設前提」的情況下,願意與中共進行「直接與實質」的交流,並主張「不迴避任何議題」,先從智庫、民間社團和學者談起。蔡英文主席的務實談話,得到了中共方面的正面回應,兩黨出現了從未有過的「交集」,相互對立、「老死不相往來」的不正常狀態,正在發生微妙變化。誠然,這種變化究竟能走多遠?會不會出現反覆?尚需時間檢驗。而民、共雙方能否真正認清形勢,把握機遇,誠心相許,耐心以對,則至為關鍵!

(原文刊於兩岸公評網)

「九二共識」名詞的由來及其意義

中評社編者按：關於「九二共識」名詞的來源，前「陸委會主委」蘇起係正式提出的人，然而，「九二共識」一詞的提出，確實是凝聚了兩岸專家學者的思想結晶，本文有所披露。

近來臺灣政壇就「九二共識」議題爭辯得不可開交，這不免讓我想起了11年前的有關往事。

2000年4月初，臺灣大選的硝煙剛剛散去，本人承蒙淡江大學大陸研究所張五岳所長之邀，赴臺進行了為期一個月的參訪。其時，大陸國臺辦針對陳水扁即將上臺發表的「聽其言，觀其行」的聲明正在島內發酵，兩岸關係氣氛微妙詭譎。所謂「聽其言，觀其行」，是大陸給阿扁這個主張「臺獨」的「壞孩子」一段寶貴的「留校察看」期，一個很重要的觀察指標，就是看陳水扁在「五‧二〇」就職演說中，要不要表示接受一個中國原則。

我入島後在臺北與包括民進黨朋友在內的各方人士頻繁接觸，深切瞭解到此刻陳水扁根本不可能接受「一中原則」，因而對兩岸關係前景深感憂慮。於是在與民進黨一些重要人士的私下交流中我表示：「阿扁剛剛在選前高喊『臺獨萬萬歲』，現在就讓他馬上改口接受『一中原則』確有很大難度」，但是如果阿扁在就職演說中，能夠提出「願意按照國統綱領的精神和在兩會九二年共識的基礎上，與大陸恢復協商談判」，依我的判斷，「大陸雖不滿意，但可勉強接受」，這樣北京將結束「聽其言」，而進入下一步的「觀其行」階段。我的觀點得到他們的積極回應。隨後在淡江大學大陸所的座談會上和其他一些場合，我公開提出了上述觀點。張五岳教授等臺灣學者也頗為肯定和重視，認為很有「創意」，不失為一種替阿扁「解套」的提法。當時，全程陪跟我在臺參訪的TVBS電視臺記者李俠和復興電臺記者高大衛，還作了專題採訪，但為避免對我參訪活動造成困擾，我要求他們務必在我結束訪臺的前一天才可以對外報導。

大約過了半個月左右，4月28日，在我即將離臺的前兩天，當時尚未卸任的「陸委會主委」蘇起在接受媒體的採訪中，首次公開使用了「九二共識」

的用語。緊接著第二天下午，TVBS 電視臺也公開報導了對我的採訪（見附件）。蘇起使用「九二共識」用語，是否源自於張五岳教授或是其他什麼人將本人的觀點上報「陸委會」後對蘇起有所啟發而率先公開提出，我不敢妄斷，但至少我跟蘇起是「不謀而合」。返回北京後不久，我在 5 月 18 日、19 日分別接受「中央社」記者劉正慶和《中國時報》記者徐尚禮的專訪，再次闡述了我在島內發表的上述觀點和「九二年共識」的提法。當時這兩家島內重要媒體都有報導（參見本文下方之附錄）。

我之所以花這麼多筆墨「舊事重提」，並不是要和蘇起爭搶「九二共識」這個名詞的「發明權」，無非是想說明：當年我們許多人有心維護兩岸協商和兩岸關係穩定發展的政治基礎，大家都在想辦法，用心良苦。我相信蘇起的初衷應當也是和我一樣的。

回想當年，陳水扁在「一中」原則問題上一直躲躲閃閃，但平心而論對九二年兩會達成的共識並不是沒有考慮予以接受。他上臺後不久，在 6 月 27 日會見美國亞洲基金會會長富勒博士時就曾明確表示：「新政府願意接受海基、海協兩會之前會談的共識，那就是『一個中國，各自表述』」。不料想陳水扁的話音剛落，大陸國臺辦尚未來得及回應，扁當局新科「陸委會主委」蔡英文就在當晚緊急召開記者會加以否認，各界為之瞠目。後來兩岸關係的惡化眾所周知，兩岸協商談判始終無法恢復，陳水扁進而變本加厲推動「法理臺獨」，把臺海局勢推向了戰爭邊緣。坦白地說，當年身居高位主持兩岸事務的蔡英文是脫不了關係的。所幸的是，2008 年 5 月後臺灣新當局重歸「九二共識」，兩岸關係柳暗花明。包括 ECFA 在內兩岸兩會達成 15 項協定，其協商談判的政治基礎正是兩岸雙方共同堅持「九二共識」。這見諸於兩會往來的函件和兩岸領導人的歷次講話之中。

因此，「九二共識」不僅是歷史事實，更是活生生的政治現實。它不是國共兩黨談出來的，而是經兩岸官方正式授權表明的立場和態度。如今民進黨蔡英文以詞害意，詭稱 2000 年以後才有「九二共識」這個名詞，因而矢口否認 1992 年兩岸兩會確曾達成共識，這就是他們的邏輯！試問：某人出

生10天後才起名字，難道就可以否認這個人10天之前已經出生，並且直到現在還活得好好的且結婚生子的事實嗎？

憶往事看今朝，不禁令人感慨：11年過去了，一個號稱民主進步的政黨，在對待兩岸關係的政治基礎、對待歷史事實的問題上，其立場和態度如故，絲毫沒有進步。所不同的是，認清其「硬拗」品性、看穿其詭辯術的人，越來越多了。

出於大陸政策立場之不同，蔡英文對「九二共識」盡可明明白白地加以反對，但不可像駝鳥一樣把頭埋在沙子裡，閉眼不顧事實地加以否認。假如因為「九二共識」這四個字不是出自綠營人士之口而拒絕使用，那也好辦，蔡英文盡可讓手下的謀士們好好開動腦筋，提出一個兩岸雙方都能接受的新方案出來，光是提出一個空洞無物而且與大陸毫不相干的所謂「臺灣共識」，卻避談兩岸協商和兩岸關係發展的政治基礎，根本無法解決問題，也談不上有什麼「善意」。

說到「臺灣共識」，2008年馬英九以在「九二共識」基礎上恢復兩岸協商為其主要競選政見之一訴諸民意，並透過「民主程序」獲得了58.45%臺灣選民的認可，而且近幾年臺灣民眾對兩岸協商的肯定和支持率一直都保持在七成左右，這算不算是某種意義上的「臺灣共識」呢？總之，不管民進黨蔡英文是不是願意用「九二共識」這個詞，對於歷史事實、政治現實和臺灣的主流民意，終究是必須誠實和務實面對的。

（原文刊於中評網等，內容略有修改）

▎附錄：關於「九二共識」名詞由來的三份資料

一中解套：回到國統綱領及九二共識

TVBS記者李俠、攝影葉俊宏／臺北二十九日專訪：選後在臺灣低調進行了一個月考察的大陸民進黨研究學者徐博東，今天在接受本臺記者訪問時提出化解兩岸在「一個中國」的原則上僵局的方法。他認為，基於目前雙方

附錄：關於「九二共識」名詞由來的三份資料

在政治理念上的根本差異及現實條件，陳水扁可回到國統綱領及九二年兩岸共識作為就職演說的基調。徐博東透露，他的這一觀點已得到一些民進黨人士的積極回應，而徐博東研判北京也會接受這樣的建議。

準備明天離臺返回北京，專門研究民進黨的大陸學者徐博東就兩岸在一個中國原則上的僵持提出他自己的看法。他認為基於陳水扁過去的臺獨立場及北京在一中原則上的堅持，雙方應當各讓一步。

徐博東透露，他的這一觀點早在十幾天前已經與一些民進黨籍人士交流並得到共識。徐博東同時強調，陳水扁新政府應當將此作為舊政府的遺產來運用，相反而不要將臺獨黨綱及兩國論作為遺產來繼承。對於北京能否接受這一建議，徐博東信心滿滿。

不久前正當媒體都將焦點聚集在剛剛離臺的大陸學者余克禮身上時，徐博東則靜悄悄地在臺灣進行了一個月的學術交流及研訪。他廣泛的接觸了國民黨、親民黨、新黨各黨派及民間百姓，特別與民進黨的決策幕僚進行了十多次的晤談。據記者從不同管道瞭解，徐博東曾與陳水扁幕僚邱義仁、顏萬進、林濁水等見面，交換了彼此的看法。徐博東透露，雙方在交換意見中發現彼此也有觀點契合的地方。但他也坦承，雙方沒有互信基礎，需要多溝通。

徐博東指大陸可接受臺灣回到國統綱領一中內涵

【《中央社》記者劉正慶／北京十八日電】

北京聯合大學教授徐博東今天表示，要讓主張臺獨的陳水扁一下子公開完整的接受「一個中國」原則，確實有點困難，但是如果陳水扁在五二〇就職演說中，願意承諾回到國統綱領與九二年兩岸兩會第一次達成的口頭共識，他研判，大陸方面有可能雖不滿意，但勉強可以接受。

徐博東表示，關於陳水扁十七日談及兩岸合作才能家和萬事興，兵戎相向只會讓自家人變成陌生人的說法，他認為這是陳水扁願意緩和兩岸關係的

一種表達方式，應予肯定，但這仍然不夠，若陳水扁一味逃避一個中國，即使表露再多的善意與誠意也是沒有用處的。

這名涉臺事務學者說，兩岸問題要找一個雙方都能夠接受的方法，就是在一個中國問題上暫時可以保持某種程度的模糊化，絕不可再刻意強調大陸方面從未承認過的所謂「一個中國，各自表述」說法。他個人認為，臺灣一旦回到國統綱領的內涵，事實上就是一種各自表述，因為國統綱領是臺灣單方面制定的東西，大陸並未參與。他指出，假使陳水扁就職演說中，願意承諾回到國統綱領與兩會九二年口頭達成的共識，對大陸而言，這只是「聽其言」的部分，可以算是勉強及格，但更重要的還是下一階段的「觀其行」。如果民進黨執政後，能在一系列內外政策層面上加以配合，確實體現其已經回到一個中國原則的話，那麼兩岸緊張關係應可得到緩解。

徐博東接著批評說，中共雖然從未承認所謂的「一個中國，各自表述」，但過去都是抱持著睜一隻眼、閉一隻眼的態度。而後來兩岸關係之所以出現緊張，就是因為李登輝提出「兩國論」，讓大陸一下子對臺灣失去信心。徐博東認為，只要臺灣回到憲法與國統綱領所指涉的一個中國內涵，暫時以這種模糊化方式處理兩岸關係，他研判大陸方面會予以接受。

徐博東強調，行動比言論更加重要，而且給陳水扁新政府的觀察期，絕對不會比給當年李登輝那麼長。

陳水扁是在十七日會見總統府資政謝東閔時，再次傳遞兩岸是一家人、彼此合作才會家和萬事興的善意看法。而代表中共官方的國臺辦新聞局局長張銘清接受記者訪問時，對兩岸一個中國的認知並不願意詳談，僅強調值此敏感時刻，臺灣對一個中國不能採取迴避的態度。

對臺學者：阿扁模糊承認一中北京可接受

【《中國時報》徐尚禮／北京十九日電】

附錄：關於「九二共識」名詞由來的三份資料

　　臺灣新任總統陳水扁即將發表就職演講，北京對臺部門密切注意，有關官員奉命在週末加班分析「五二〇」講話。對臺學者指出，北京已放棄陳水扁就職講話全然接受「一個中國」之幻想，但如果陳水扁重申「國統綱領」或一九九二年兩會共識，北京的反應將是「雖不滿意，但勉強可以接受」。兩岸關係隨之由「聽其言」進展至「觀其行」階段。

　　中共黨機關報人民日報今天社論也表示，「臺灣一九九一年二月制定的一份國家統一文件中，也明明白白列出追求國家統一的目標。」在新總統就任前夕，這篇社論不難看出中共當局對臺灣新領導人的寄望。

　　甫於日前結束臺灣訪問，並與民進黨多次接觸的北大分校臺灣研究室主任徐博東認為，北京目前充分認定臺灣新領導人應明確回應「一個中國」立場與原則，諸如兩岸是「一家人」或「手足」等說法，在北京當局看來都是沒有文字根據的空話。

　　徐博東表示，北京方面並不寄望陳水扁一下子就全然接受「一個中國」原則，這對選前才說過「臺獨萬萬歲」的陳水扁是有些難度，但在這兩者之間有一平衡點，就是模糊承認「一個中國」，「如果陳水扁提出國統綱領及一九九二年兩會共識的話，可望結束北京聽其言階段」。徐博東說，比起一些空話，國統綱領具有指標意義，而且有文字根據。一九九二年兩會能達成的共識就是根據國統綱領有關內容。因此，陳水扁如果在就職演講中重申國統綱領及九二年共識，對北京領導人來說將是「雖不滿意但勉強可以接受」。北京將結束對臺灣新領導人「聽其言」階段，並期望新領導人就任後，按國統綱領推動兩岸交流、互動。

　　據瞭解，在陳水扁即將發表就職演說的前夕，北京媒體雖然報導解放軍在東海舉行軍事演習消息，但除了一些臺部門官員奉命加班外，沒有外傳提升戰備情形。有關官員說，釋放一些軍事演習消息主要目的是保持對臺壓力，並不意味真有所行動。

簡評蔡英文「十年政綱」中的兩岸政策

一、蔡英文「十年政綱」的性質

蔡英文撰寫「十年政綱」原本是要突顯其作為民進黨新一代領導人與舊世代不同的「新思維」，但蹉跎了兩年時間後才於近日推出。有人說它的位階相當於「臺灣前途決議文」，將透過黨代會以舉手表決的方式成為民進黨在新的歷史時期的行動綱領。但我個人認為，蔡英文當初或許是這樣構思，但由於「歹戲拖棚」，直到她被確定為2012大選民進黨的參選人之後才拋出，從頒布的時間點上來看，特別是檢視其基本內容，該政綱的性質實際上已經發生了變化，充其量只能算是她個人的「競選綱領」。這點在「十年政綱」的兩岸政策方面體現得尤為突出。

蔡英文民進黨知道兩岸政策是其贏得大選的最大「罩門」，但在大選中又無法迴避，明知不能得分，只能退而求其次希望不減分或少減分，故儘量避免兩岸議題成為選戰「主軸」，其拋出的兩岸政策也就純為應付選舉的權宜之計，內容空洞粗糙，邏輯混亂自相矛盾，給人予「應付差事」、「虛晃一槍」之感。由於該政綱的「權宜性」，嚴格來說它談不上是一部嚴謹的、「可長可久」的民進黨兩岸政策綱領，即便與2000年陳水扁競選時拋出的「中國政策白皮書」比較，也相去甚遠。

檢視蔡英文「十年政綱」中的兩岸政策內容，或可概括為有「六大新意」和「六大特點」。

二、蔡英文兩岸政策的「六大新意」

蔡英文說她的兩岸政策有許多「橄欖枝與善意」，希望大陸能認真體會，不要急於拒絕和否定。那麼，蔡英文所說的「橄欖枝與善意」有哪些呢？或可勉強尋找出下列六點：

1. 沒有使用激烈的「臺獨」言論，也沒有惡意攻擊大陸的詞句或刻意突顯與大陸的矛盾分歧，刻意淡化兩岸在政治、軍事、外交等方面的矛盾衝突。

　　2. 首次公開宣稱「認知」到大陸對「一個中國」原則的堅持。這在民進黨的歷史上是從未有過的。

　　3. 調整對 ECFA 的政策立場，承認 ECFA 是「既成事實」，不再主張由民進黨發動「公投」決定其存廢，改由「人民決定」是否對 ECFA 進行「公投」。

　　4. 對「兩岸關係定位」、「臺灣未來走向」和「修、制憲」等重大敏感的政治性議題刻意迴避，可視為改採「開放」態度。

　　5. 聲稱「和平穩定與和平繁榮」是兩岸共同的「戰略利益」，倡議與大陸展開「戰略對話」，以尋求兩岸的「戰略互利」。這點也是過去民進黨從未提出過的。

　　6. 倡議兩岸建立「和平穩定、可長可久的互動架構」。途徑是先在島內整合「臺灣共識」，再與大陸談判達成新的「共識」，以取代「九二共識」，作為兩岸互動的政治基礎。

　　從民進黨的角度而言，上述六點可勉強視為對大陸釋放出的所謂「善意」和伸出的「橄欖枝」，特別是其中的後三點，值得加以重視。然而，從大陸的角度而言，這只能說跟民進黨近幾年來「逢陸必反」的對抗性思維相比較有所調整。而且實際上其中的一些主張早在當年陳水扁執政初期即已提出來過（例如，「建立兩岸和平穩定互動架構」之類），並不是什麼新東西。

三、蔡英文兩岸政策的「六大特點」

　　綜觀蔡英文的兩岸政策，可概括為以下六大特點：

　　1. 分裂性：這是其「臺獨」意識形態使然，也是穩固其基本盤的需要。其中雖然沒有使用民進黨慣常使用的激烈的「臺獨」語言，對敏感的政治議題比如「兩岸關係定位」、「臺灣未來走向」和「修、制憲」等都刻意迴避，但「臺灣中國，一邊一國」的「臺獨」基本立場卻滲透其字裡行間，絲毫未

變。例如，政綱中雖然沒有提「九二共識」，但蔡在回答記者提問時公然加以否認，通篇自稱「臺灣」而稱大陸為「中國」、主張「從世界走向中國」、在 WTO 國際框架內處理兩岸經貿問題等等。

　　2. 權宜性：（如前所述，不再重複）

　　3. 矛盾性：由於該綱領是因應大選的權宜之計，既要顧及綠營基本盤，又要爭取中間選票擴大票源，還要考慮到大陸和美國的反應，故其提出的兩岸政策漏洞百出，左支右絀，自相矛盾，難以自圓其說。例如，堅持「臺獨」，否認「九二共識」，毀棄兩岸互動的政治基礎，卻又宣稱接受 ECFA 的「既成事實」，幻想「政經分離」（將兩岸政策分為「國家安全」和「兩岸經貿」兩部分，其本身就是一種「政經分離」的政策設計），繼續維持兩岸和平穩定局面，從大陸經濟的快速發展中撈取經濟利益，既不得罪「臺獨」基本教義派，又想爭取中間「經濟選民」的支持以及大陸、美國的諒解，其政策的矛盾性充斥其間，一目瞭然。

　　4. 空洞性：扁當年提出的兩岸政策十分具體詳盡，而蔡提出的兩岸政策措施卻十分模糊、空洞，給人予無限「想像空間」。例如，「臺灣共識」是什麼？在藍綠對抗如此劇烈的臺灣，如何整合「臺灣共識」？再有，兩岸「和平穩定、可長可久的互動架構」如何建立？其政治基礎是什麼？還有，ECFA 究竟還要不要用「公投」決定其存廢？等等，在這些重大議題上都沒有明確具體的態度，提出切實可行的舉措（其中 ECFA 要不要「公投」，蔡很不負責任地推給「人民做決定」）。

　　5. 空想性：由於其充滿矛盾且空洞無物，當然也就窒礙難行。例如，否認「九二共識」，要整合「臺灣共識」又談何容易？更遑論與大陸達成新的共識？兩岸失去了互動的政治基礎，包括 ECFA 在內兩岸業已簽訂的十五項協定的貫徹實施尚且成為問題，後續的協商談判又將如何維繫？兩岸關係停滯倒退乃至重趨緊張，所謂「從世界走向中國」，也就成為一句空話。「臺獨」立場拒絕進行任何實質性的檢討與調整，卻幻想大陸會單方面調整對臺政策，對其作出重大讓步，從而與大陸達成新的共識，建立所謂「和平穩定、可長可久的互動架構」，更是一廂情願的空想。

6. 危害性：蔡如果上臺執政，這套主張如果真的變成臺灣的政策加以推動實施，兩岸關係勢將嚴重倒退，和平發展的成果將被葬送，島內政局也將持續動盪不安，受損害最大的將是臺灣經濟和臺灣人民。

上述六大特點，說明蔡英文的兩岸政策從本質上來說並沒有擺脫民進黨的舊思維和舊框框，它嚴重脫離兩岸關係發展實際，典型地反映出民進黨當前的困境。它拋出後不僅大陸表態不能接受，更遭到臺灣主流民意的撻伐，就連綠營內部也有雜音，美國這一關恐怕亦不會好過。可以預料，在2012臺灣「大選」中，蔡與馬在兩岸政策上的交鋒中勢必占據下風，處於被動挨打的不利地位。

（原文為大陸全國臺聯 2011 年「臺灣民情學術研討會」上發言稿）

蔡英文的「臺獨」立場無任何鬆動

今年9月，蔡英文拋出「十年政綱」後曾經表示，她的兩岸政策有許多「橄欖枝和善意」，希望大陸能「認真體會，不要急於拒絕和否定」。現在一個多月過去了，我們認真觀察、「體會」的結果，不能不說：很遺憾，至少到目前為止，蔡英文所說的「橄欖枝和善意」，我們實在感受不到。相反，隨著選戰過程中藍綠陣營的激烈攻防過招，人們愈來愈看清了蔡英文拒絕調整兩岸政策，堅持「臺獨」立場，對抗大陸的真面目。

其一，蔡英文斷然否認「九二共識」。一會兒說「不存在的東西沒有接受不接受的問題」，一會兒又妄稱「九二共識」是國共兩黨的共識，沒有經過「臺灣人民的同意」。這就從根本上推翻了兩岸協商談判和兩岸關係和平發展的政治基礎。

其二，蔡英文宣稱「中華民國是臺灣，臺灣是中華民國」，這是民進黨「臺灣前途決議文」典型的「臺獨」論述。「臺灣前途決議文」明載：「臺灣是一主權獨立國家」、「臺灣，固然依目前憲法稱為中華民國，但與中華人民共和國互不隸屬」。明擺著，「兩國論」就是蔡英文心目中的兩岸關係定位。

其三，蔡英文說，臺灣內部要形成「臺灣共識」才能「面對中國」，並提出透過「立法」程序整合「臺灣共識」。然而，當馬英九在他的「黃金十年」願景中提出簽訂「兩岸和平協定」時，蔡英文卻氣急敗壞，親自披掛上陣，攻擊馬英九主張簽訂「兩岸和平協定」是「出賣臺灣」。她似乎完全忘記了，在民進黨執政期間，正是陳水扁和她本人，一再向大陸喊話，主張建立「兩岸和平穩定互動架構」，簽訂兩岸「和平協議」或「和平條約」。怎麼換了馬英九就成「賣臺」了呢？所以，蔡英文所說的建立「臺灣共識」，只能是藍營向綠營的理念和主張靠攏，也就是「九二共識」向「兩國論」靠攏。

其四，蔡英文主張兩岸「和而不同，和而求同」，但她率領綠營人馬圍剿馬英九，挑起「兩岸和平協定」爭議，充分暴露了她所宣稱的「兩岸共同戰略利益」、建立「兩岸和平穩定互動架構」、「和而求同」的十足虛偽性。說穿了，蔡英文所要建立的是在「兩國論」基礎上的「兩岸和平穩定互動架

三、蔡英文兩岸政策的「六大特點」

構」，而馬英九主張在「九二共識」基礎上簽訂「兩岸和平協定」，她當然是如芒刺背、無法接受。蔡英文攻擊馬英九的「兩岸和平協定」是「統一時間表」，也就反證了她的所謂「和平穩定互動架構」，是幻想大陸放棄一中原則，同意她和平實現「臺獨」。也就是說，蔡英文不光是要藍營向綠營靠攏，更幻想大陸向「臺獨」靠攏。

其五，蔡英文「打蛇隨棍上」，利用馬英九出昏招，提出「公投兩岸和平協議」之機，趁勢提出修改「公投法」，宣稱兩岸簽訂任何協議都必須經過「全體臺灣人民的同意」。再聯想到她在「十年政綱」中宣示ECFA是否「公投」由「人民決定」，又說民進黨如果執政，將會在「立法院」逐條重新審議ECFA，這使我們深切地預感到，今後蔡英文主導下的民進黨，不管是不是重新執政，仍會像當年的阿扁一樣，事事打著「民主」、「民意」的幌子，動輒發動「公投」或走上街頭搞民粹，動不動就在「立法院」尋釁鬧事，搞得臺灣政壇社會雞飛狗跳，毒化兩岸氣氛，阻撓破壞兩岸關係發展。

以上五條，是對近期以來蔡英文有關兩岸政策言論行動「認真」觀察後的粗淺「體會」和初步「解讀」。儘管蔡英文不像陳水扁那樣咄咄逼人搞「急獨」，但她的「臺獨」立場卻堅如磐石，一點兒也看不出有任何鬆動的跡象；她表面「溫和」、「柔軟」的背後，卻蘊藏著與阿扁同樣的「臺獨」能量；一旦她有機會上臺執政，把她的兩岸政策主張加以貫徹實施，其對臺灣、對兩岸關係和平發展所帶來的危害，是顯而易見、不言自明的。蔡英文及民進黨人士須知，「剛性臺獨」也好，「柔性臺獨」也罷，無論什麼形式的「臺獨」，大陸都是不允許的。阿扁執政八年，堅持「臺獨」，對抗大陸，禍臺殃民，身敗名裂，殷鑑不遠。臺灣「大選」在即，至今選情緊繃，鹿死誰手，尚難預料。難道，臺灣真的需要再經過一次浩劫，民進黨需要再經過一次甚至兩次、三次的教訓，才能真正醒悟過來——認識到「臺獨」真的是一條走不通的死路嗎？

（原文刊於《海峽導報》、中評網）

蔡英文莫讓吳湯興蒙羞

　　臺媒報導，從本月7日開始一連四天，蔡英文展開「客家妹仔做『總統』」的造勢行程，搶攻桃竹苗客家票，有客家血統的蔡英文將在當年抗日義軍統領吳湯興起事的苗栗銅鑼灣天后宮前集會，發表多元族群政策談話。

　　吳湯興，字紹文，祖籍廣東嘉應州（今梅州），臺灣苗栗銅鑼灣客家人，是臺灣近代歷史上反割臺鬥爭中壯烈殉國的抗日愛國英雄。

　　1895年甲午戰爭中國戰敗，清廷被迫割臺畀日，臺灣愛國紳民義不臣倭，各地義軍蓬起，紛紛拿起武器誓死抵抗日本的武力割占。當是時，吳湯興邀集苗栗、新竹二縣姜紹祖、徐驤、丘國霖、吳鎮光等諸路客籍義軍，在銅鑼灣天后宮前祭旗誓師，共推吳湯興為首，自籌糧草，組成「新苗軍」，在臺灣中部一帶阻敵南下，和日軍多次交鋒，浴血奮戰，重創日軍。侵臺日軍以汙蔑性的詞句哀歎說：「大姑陷、三角湧、中壢地方的土民屬所謂的客家種族，從來為臺灣第一的獰猛人種，因此，他們反抗我皇師，極盡頑梗跳梁，並非無因，士兵本是當地愚民，因而每戰必頑強抵抗。」

　　吳湯興不幸在彰化八卦山戰鬥中中彈犧牲，年僅36歲。其妻黃賢妹也自殺殉國。姜紹祖、徐驤、丘國霖等也都先後壯烈犧牲，為國捐軀。

　　吳湯興等臺灣客家愛國先賢，當年不甘當亡國奴，為抗日保臺，捍衛領土完整和中華民族的尊嚴，不惜犧牲自己寶貴的生命，譜寫了一曲曲催人淚下的愛國詩篇。如今，有「客家血統」的蔡英文及民進黨人士，在當年抗日先烈祭旗起事、慷慨赴難的地方集會，理應得到何種啟示？是繼續堅持分裂「臺獨」立場，為了「客家妹仔做『總統』」，騙取客家選票而忍心消費這些客家先賢，讓臺灣歷史上的無數客家愛國先烈蒙羞，還是應當繼承他們的光榮愛國傳統，放棄「臺獨」立場，為兩岸關係的和平發展和中華民族的偉大復興貢獻力量，以此告慰他們的在天之靈呢？

（原文刊於中評網、《海峽導報》）

三、蔡英文兩岸政策的「六大特點」

馬若敗選，老宋收拾得了殘局嗎

　　日前，親民黨發言人李桐豪接受中評社專訪時表示：2012「馬英九如果輸了『總統』選舉，國民黨內部將面臨分裂危機，到時候親民黨將扮演組織重整角色」。這是到目前為止，我們所看到的宋楚瑜為何明知選不上、還執意要參選的最新、也是最直率的解讀了。說得再明白一點，宋楚瑜料定馬英九在這場選舉中難有勝算，甚至不惜自己下場參選把馬英九拉下馬來，造成國民黨的分裂，以便親民黨「收拾殘局」，宋楚瑜取代馬英九成為泛藍的「新共主」。

　　至此，人們終於解開了多日來糾結在心中的謎團——噢，原來如此！

　　旁觀者清，平心而論，國、親兩黨之所以會鬧到今日勢同水火、分道揚鑣的地步，責任主要在國民黨和馬英九。況且，親民黨作為島內有自主性的在野黨，宋楚瑜作為一個自恃很高又長期「失業」的政治人物，其參選當然有其不容置喙的正當性。另外，我們也大可不必以「顧全大局」之類的重話來勸他退選，聰明如宋楚瑜者完全知道自己在做什麼。但當本人看到李桐豪的這席話時，卻忍不住要站出來說句話：宋先生「收拾殘局、取馬代之」的想法實在脫離現實，十有八九是一廂情願無法實現的空想！

　　這話怎麼說？

　　其一，依中華文化的傳統美德，「兄弟鬩牆」、「趁人之危」、「落井下石」，向來為中國人所不恥。我們且不說馬英九是否真的「無能」，也不說馬英九尋求連任是否真的「難有勝算」，試想，假如馬英九真的敗下陣來，國民黨和整個泛藍陣營的支持者還不把執意參選到底的宋楚瑜和親民黨罵翻了天！到那時你還有什麼民意基礎來「收拾殘局、取馬代之」？

　　其二，馬英九就算真的敗選，國民黨就一定會「徹底分裂」嗎？恐怕未必！

　　試想，假若馬英九以微弱少數落馬，而馬、宋兩人所得到的選票相加超過蔡英文，那麼國民黨和泛藍陣營的支持者勢必認為馬英九「雖敗猶榮」，

549

把敗選全都歸罪於宋楚瑜的「攪局」。說不定屆時國民黨和泛藍陣營不但不會分裂，反而會同仇敵愾，更加團結。屆時，請問親民黨和宋楚瑜先生該如何自處？還有機會出來「收拾殘局、取馬代之」嗎？

其三，任何政黨和政治勢力的領袖都不是自封的，而是在大風大浪中由群眾擁戴產生出來的。國民黨作為一個有百年光榮歷史、在臺灣有雄厚社會基礎的大黨，人才濟濟，經過這場選戰的洗禮，即使折損了一個馬英九，難保不會又湧現出別的「朱英九」、「牛英九」，出來重整旗鼓，凝聚泛藍，再造輝煌，到那時恐怕也輪不到讓泛藍丟失江山的宋先生出來「收拾殘局，取馬代之」了。

專訪中李桐豪還以 2001 年立委選舉為例，預測國民黨敗選後將會「一蹶不振」、「面臨瓦解危機」，將會「有許多國民黨籍立委帶槍投靠」親民黨。殊不知，時過境遷，2012 年不是 2001 年，如今的親民黨和宋楚瑜也不是當年的親民黨和宋楚瑜了，臺灣島內的政治勢力經過十年來的多場選舉，風風雨雨，合縱連橫，時空環境早已發生了重大變化，當局者迷，親民黨和宋楚瑜先生至今還沉醉在當年的輝煌歷史中孤芳自賞，難以自拔，無法擺脫一廂情願的思考盲點，實在令人扼腕嘆惜！

末了，我還想再補一句：宋先生，一世英明切莫毀於一旦，現在回頭還來得及！

（原文刊於《海峽導報》、中評社）

臺灣選舉的「八大看點」

日前，TVBS公布最新民調顯示，「雙英」獲得的支持率大幅拉近，不僅馬英九領先蔡英文僅剩1%，甚至在推估得票率後蔡的支持率已首度領先馬。該民調公布後，藍營一片恐慌，綠營則以為「鴻鵠將至」、喜上眉梢。民進黨發言人陳其邁趁勢聲稱，「媒體民調結果與黨內評估一致」，預言「雙英將出現『黃金交叉』」。

事情果真那麼簡單嗎？在筆者看來，其實此番難得一見的臺灣政治連續劇，前面都只能算是劇情的「鋪墊」，尚未真正進入高潮，精彩好戲還在後頭！

何時進入高潮？本月21～25日正式登記，筆者研判，宋楚瑜鐵定登記參選，隨後三組候選人才會漸次進入短兵相接、捉對廝殺的高潮。「廝殺」「肉搏」的結果，勢必使選情跌宕起伏、扣人心弦。民調或將呈現出「雙英」支持率交替領先、或馬始終微幅領先，而宋的支持率則時升時降、緊隨其後只能當「小三」的基本態勢。「雙英」鹿死誰手，不到最後時刻，難以逆料。

在這最後兩個月的時間裡，主要有如下「八大看點」：

一要看國民黨即將出爐的立委不分區名單是否漂亮，經得起臺灣社會大眾的嚴格檢驗。

二要看12月份四場電視辯論會各方攻防情況如何？這四場辯論必定精彩紛呈，影響選情重大。三人之中，宋的口才最為了得，身上背的包袱也最小，一宋戰「雙英」，「雙英」都不是宋的對手，關鍵的關鍵，是要看宋的主攻方向究竟指向何方？

三要看馬競選團隊出什麼牌，還會不會出「昏招」？其實馬團隊手中還有不少好牌可打，如兩岸關係牌、經濟牌、夫人牌等等，端看馬能否充分利用執政優勢，牢牢把握選戰主軸，主導選戰議題，目標始終鎖定爭取中間選民而不受內外主客觀不利因素的干擾。

四要看蔡陣營出什麼牌，她的最大「罩門」兩岸議題是否能有效迴避？讓中間選民相信她的大陸政策能穩定兩岸，三年多來兩岸關係和平發展獲得的「紅利」不會得而復失；在選戰的危急關頭會不會故技重演，祭出「怪招」、「險招」，重走「奧步」？而馬團隊又能否有效化解、善加因應？

五要看馬的行政團隊會不會再出狀況捅婁子，「後院著火」幫倒忙？

六要看宋是否真的「參選到底」，會不會在關鍵時刻全面權衡利弊得失後主動號召支持者「選擇性投票」，抑或其支持者自動「棄保」選擇性投票？宋絕非等閒之輩，其謀略非一般常人所能及。宋的動向，其最大意義不在於影響多少選票的流向，更關乎藍綠兩大陣營士氣的消長。

七要看會不會發生人們意想不到的「突發事件」？如「維安」是否再次出現問題、某某重要指標性人物突然辭世、天災人禍……在選情緊繃、雙方差距甚微的情況下，任何哪怕是小小的「突發事件」，都將影響選情，甚至讓選舉翻盤。

八要看散布在大陸及世界各地的約一百五十萬臺商、臺幹及其家屬究竟有多少人回臺投票？據一般評估，他們之中至少有六、七成是藍營的支持者。

如此看來，餘下來的兩個月時間，臺灣的這場政治連續劇大片還充滿懸念、大有看頭，民進黨所說的「黃金交叉」根本沒那回事，只不過是他們的選戰伎倆和一廂情願的幻想。看官們要作好洗「三溫暖」的充分思想準備，如若不信，不妨耐著性子往下瞧！

（原文刊於《海峽導報》）

三、蔡英文兩岸政策的「六大特點」

兩岸議題蔡英文迴避得了嗎

11月22日，蔡英文在出席美國在臺商會年度大會時發表演講，就兩岸議題作出如下宣示：

她說，兩岸關係發展速度遠超過臺美關係，她當選後的首要目標，就是調整這種不平衡發展，……兩岸關係的穩定是臺美關係持續發展的關鍵因素之一，民進黨重返執政將致力維護臺海和平及兩岸關係的穩定。

她說，我們理解兩岸關係的重要性，但在這場選戰中，還有許多議題的重要性有過之而無不及，例如貧富差距、就業和經濟議題。並稱，她不會挑起兩岸戰火，不會將兩岸關係操作成選戰的工具。

她說，我們瞭解有些人對民進黨的勝選感到憂慮，在不對臺灣基本利益讓步的前提下，我們會盡其可能去緩和這種緊張氣氛，並且塑造良好的氣氛，促成選後雙方間的對話與互動。

蔡英文的上述表態，乍聽起來十分溫和理性，其用意無非是向美國表忠心、讓大陸放心、臺灣選民安心。同時也清楚地表明她在選戰的最後關頭將對兩岸議題採取完全迴避的策略。

問題是，蔡英文能達到目的嗎？兩岸議題蔡英文真的迴避得了嗎？

其一，大陸領導人胡錦濤、賈慶林近日來一再明確宣示：「認同『九二共識』是兩岸開展對話協商的必要前提，也是兩岸關係和平發展的重要基礎」，「否定了『九二共識』，將使兩岸協商不得不中斷，也將使兩岸關係發展的基礎遭到損害」。而蔡英文不久前剛剛矢口否認「九二共識」，卻在演講中侈談「致力維護臺海和平及兩岸關係的穩定」、「促成選後雙方間的對話與互動」。這種空口說白話的拙劣騙術，能讓有正常思維的人相信嗎？

其二，蔡英文在演講中說，「在不對臺灣基本利益讓步的前提下」，會盡其可能緩和兩岸緊張氣氛，「促成選後雙方間的對話與互動」。何謂「臺灣基本利益」？蔡英文含糊其辭，其實說穿了就是她平日經常掛在嘴邊的所謂「臺灣主權」，也即「中華民國是臺灣」的「兩國論」立場。既然蔡英文

553

宣稱堅持這一「前提」不讓步，那麼她所說的「盡其可能緩和兩岸緊張氣氛」、「促成選後雙方間的對話與互動」，也就成了一堆天馬行空、毫無意義的廢話了。

其三，蔡英文說她「理解兩岸關係的重要性」，但又稱貧富差距、就業和經濟等許多議題的重要性「有過之而無不及」。蔡英文的這一說法其實是在「賣狗皮膏藥」。道理很簡單，蔡英文否認「九二共識」，堅持「臺獨」立場，一旦她真的當選上臺執政，兩岸協商談判必然停擺，兩岸關係勢必停滯甚至倒退，已經達成的十六項協定勢將窒礙難行，三年多來臺灣民眾從兩岸關係和平發展中所獲得的「紅利」或將得而復失，臺灣經濟必將嚴重受損，請問蔡英文又有何錦囊妙計解決臺灣的貧富差距、就業和經濟等重要問題？

其四，再說了，選戰議題不是蔡英文一家就能說了算的。兩岸議題乃是馬英九也是宋楚瑜的強項，誰都不是傻瓜，蔡英文想躲就能躲得開嗎？即將登場的四場政見電視辯論會，兩岸議題是臺灣民眾高度關注必不可少的主議題之一，屆時馬、蔡、宋三家攻防必定精彩可期，就讓我們拭目以待吧！

（原文刊於中評社）

三套「劇本」，宋楚瑜會選哪一套

臺灣「大選」已進入白熱化的最後衝刺階段。目前馬、蔡選情膠著，雙方支持率都在 40% 上下難分伯仲；而宋的支持率雖然只在 10% 左右低位徘徊，完全看不出有勝選的可能，但無論你高不高興，宋陣營已成為這場選舉的「關鍵少數」。在選戰的最後關頭，宋採取何種策略，勢將牽動整個選情，成為決定馬、蔡誰勝誰負的關鍵因素之一。而這場選舉的最終結果，不僅關乎臺灣政權是否再次輪替和國、民兩黨實力的消長，連帶著也將決定宋和他所一手創建的親民黨在今後臺灣政壇上的存亡絕續。從更高層次而言，這場選舉結果，必將對未來兩岸關係發展乃至臺灣的前途命運，產生重大而深遠的影響，非同小可。

值此關鍵時刻，具有豐富政治經驗的宋楚瑜，難道不清楚他目前正身處「風口浪尖」之上，一舉一動都必須對臺灣人民負責、對中華民族負責、對歷史負責嗎？

盱衡目前島內戰況，筆者以為宋楚瑜眼下並非只有「華山一條路」，至少有以下三套「劇本」可供他選擇，繼續往下精彩演出：

第一套「劇本」

如同他一再對外宣稱的那樣，「參選到底」。不但堅持「參選到底」，而且還「同室操戈」，把攻擊矛頭始終指向意識形態相近、同屬泛藍陣營的馬英九，而對主張「臺獨」、分裂國家的蔡英文，則輕輕放過，「小罵大幫忙」。

其選舉結果，有如下四種可能：

其一，馬英九高票落選，宋楚瑜也同時敗選，親民黨立委候選人全軍覆沒，或席次不足以在「立法院」組成黨團。宋和親民黨「竹籃打水一場空」，什麼也沒撈著，還被泛藍陣營視為「叛徒」，從此在臺灣政壇徹底式微泡沫化。

其二，馬英九高票落選，宋楚瑜也同時敗選，親民黨獲得的立委席次勉強在「立法院」組成黨團，成為「關鍵少數」。如此，宋和親民黨尚可在臺灣政壇發揮一定的影響力，暫時還不至於泡沫化。

其三，馬英九險勝，宋楚瑜敗選，親民黨立委候選人全軍覆沒，或席次不足以在「立法院」組成黨團。宋和親民黨同樣「竹籃打水一場空」，什麼也沒撈著，同樣被泛藍陣營視為「叛徒」，從此在臺灣政壇徹底式微泡沫化。

其四，馬英九險勝，宋楚瑜敗選，親民黨獲得的立委席次勉強在「立法院」組成黨團，成為「關鍵少數」。如此，宋和親民黨也可在臺灣政壇發揮一定影響力，暫時還不至於泡沫化。

宋楚瑜如果按這個「劇本」演出，照目前的選情來看，第一種的可能性最大。如果真是這樣，對臺灣政局和兩岸關係的影響衝擊也最大，宋楚瑜今後將無顏面對臺灣民眾，面對大陸，面對歷史。

第二套「劇本」

直到投票前幾日，宋仍信誓旦旦，對外宣稱「參選到底」。對馬、蔡均不留情面，左右開弓，把自己參選「總統」「母雞帶小雞」的效應發揮到極致。到投票日前兩天，以「勝選無望」、「顧全大局」為由，突然宣布退選，並向支持者喊話，號召他們「選擇性投票」：政黨票和「立委」票投親民黨，「總統」票則改投「反對『臺獨』、有利於臺灣政局穩定和兩岸關係和平發展的候選人」。把攻擊矛頭直指綠營的蔡英文和民進黨。

如果宋楚瑜照這個「劇本」演出，屆時藍營支持者將如夢初醒、士氣大振，綠營則大呼上當、士氣重挫，膠著的選情有望發生重大逆轉。其政治效應在於選戰的最後時刻打破僵局，鼓舞藍營士氣、提振馬勝選的看好度，形成藍綠一對一的對決態勢，提高藍營的投票率。

其選舉結果，有如下兩種可能性：

其一，馬順利當選，藍營支持者感激宋在關鍵時刻「顧全大局」，部分選票自動流向親民黨作為回報，國、民兩黨立委席次均不過半，親民黨獲得數席立委席次，在新一屆「立法院」如願組成黨團，發揮「關鍵少數」作用。

其二，馬順利當選，藍營支持者感激宋在關鍵時刻「顧全大局」，少部分選票自動流向親民黨作為回報，親民黨獲得數席立委席次，但未能湊足在「立法院」組織黨團的席位。而國民黨立委席次勉強過半，涉險過關。

選後，無論哪一種結果，臺灣社會都有可能形成主流民意，要求馬英九啟用立有戰功的宋楚瑜。宋勢將在日後的臺灣政壇或兩岸關係方面發揮其重要影響力。

不過話又說回來，這第二套「劇本」的演出對宋楚瑜來說難度很高，而且風險和成功幾率各占一半。但上述兩種選舉結果無論哪一種，對臺灣政局和兩岸關係的影響都是正面的，可以接受的。

第三套「劇本」

把握節奏，逐步調整選戰策略，由連署期間的「八分打馬，二分宣傳自己，全然不打蔡」，轉而從登記參選開始，「四分打馬，四分打蔡，二分宣傳自己」。從12月3日第一場電視政見辯論會開始，則調整為「八分打蔡，一分打馬，一分宣傳自己」，形成「打蔡為實，打馬為虛，對馬小罵大幫忙」的局面。如此一來，宋的參選效應將大大出乎當初人們的意料，反向逆轉為馬陣營攻擊蔡陣營的「側翼」，出其不意，助馬打贏這場選戰。

換言之，宋參選的真實意圖到此才真正顯露出來：原來，當初宋「打馬不打蔡」，目的是為了麻痺綠營，利用綠營協助其連署過關。這樣，宋就成了泛藍陣營的「伏兵」和「奇兵」，藍營名嘴們數月以來痛罵宋和親民黨變成了「配合演出」，而蔡英文則被宋賣了還幫他「點錢」。

由此，藍營馬、宋兩個方面軍在選戰的最後關頭「殊途同歸」，實現大會師、大團結，勢必士氣大振。而上當受騙的綠營必然氣急敗壞，士氣頓挫。選情因此逆轉，雙方基本盤得以充分動員，形成藍綠對決態勢，馬英九勝選

的看好度大增，並最終順利當選連任。宋則不必退選，戰至最後一刻，雖敗猶榮。

　　藍營支持者感激宋在關鍵時刻「戰場起義」、「反戈一擊」，部分選票自動流向親民黨作為回報，國民黨立委席次過半，親民黨也獲得數席立委席次，在新一屆「立法院」如願組成黨團，國、親兩黨皆大歡喜。

　　選後，宋不必向馬伸手，臺灣社會勢必形成主流民意，強烈要求馬重用立有戰功的宋楚瑜。宋勢將在日後的臺灣政壇或兩岸關係方面發揮其重要影響力。

　　顯然，這第三套「劇本」的演出雖然出人意表，讓人跌破眼鏡，但卻順理成章且較為穩妥，既不違背宋的政治理念，又得到了他和親民黨想要得到的東西，何樂而不為？有人可能會說，如此宋豈不「人格破產」？筆者認為，此論實乃迂腐之見！孫子有云：「兵不厭詐」，這和民進黨慣用的選舉「奧步」完全是風馬牛不相及的兩碼事，不可同日而語、相提並論。

▌老宋何去何從，人們拭目以待

　　以上三套「劇本」，何優何劣，聰明如宋楚瑜者不難分辨，除非他真的老糊塗了，或是被他手下的「佞臣」呱噪得分不清東西南北了！選戰僅剩下50天，老宋何去何從，究竟會挑選哪一套「劇本」演出，著實關係重大，人們不妨瞪大眼睛往下看，很快就將見分曉。

（未刊稿）

蔡英文的兩岸政策像四川「變臉」絕活

　　世界上無論哪個政黨，它的政策都要有一定的穩定性，才能讓人相信它，這和做人是同樣的道理。如果某個人、某個政黨朝三暮四，今天這樣說，明天又那樣說，像四川人的「變臉」絕活一樣，誠信必然破產，沒有誰敢和它打交道。

　　蔡英文和民進黨就是那麼個人、那麼個政黨！

　　據臺灣媒體報導，蔡英文昨天在接受外國媒體專訪時說：民進黨在去年兩岸簽署 ECFA（兩岸經濟合作框架協定）前曾要求「公投」，但若她當選「總統」，民進黨上臺執政，不會廢除 ECFA，也不一定會就 ECFA 新內容「公投」，會就 ECFA 後續市場的開放談判做出謹慎處理，以保臺灣利益。

　　天哪！這還沒幾天工夫，怎麼蔡英文對 ECFA 的態度又變了！

　　人們不會忘記，一年多以前當兩岸尚在對 ECFA 進行協商談判之際，協議的條文都還沒出來，八字都還沒一撇，蔡英文就率領她的民進黨氣急敗壞地表示「堅決反對」，攻擊汙蔑 ECFA 是「毒藥」，要求與馬英九「公開辯論」，甚至要求舉行全民「公投」。在整個 ECFA 的談判與簽署過程中，民進黨罵聲不斷。

　　ECFA 簽署後，民進黨拒絕「背書」，並不惜在「立法院」以集體退場的方式進行強力抗爭。

　　蔡英文在黨內初選中獲勝，確定為民進黨 2012「總統」候選人之初，她公開表示，當選後要重審 ECFA。但話音剛落，由於受到島內輿論的撻伐，又趕緊由發言人陳其邁出面「澄清」，說「重審說」扭曲了蔡英文發言的「原意」云云。

　　由於 ECFA 簽訂後，臺灣農、漁民以及中小企業等弱勢族群因「早收清單」而獲利甚豐，紛紛對 ECFA 表示歡迎，就連中南部民進黨執政的地方縣

市長都給予肯定。於是不久前蔡英文在發表她的「十年政綱」兩岸篇時，不得不表示「ECFA 是既成事實」，她當選後不會廢除，但會「交付民主程序處理」。言下之意還是要對 ECFA 進行「公投」。

不料這次面對外國媒體的專訪，蔡英文又改口了，不但表示 ECFA「不會廢除」，還說「不一定會公投」，「民主程序」也可以不要了。

一向標榜最講「民主」的蔡英文就此破功。原來，「民主」還是「不民主」，全由蔡英文和民進黨說了算，蔡英文和民進黨才是「真理的化身」！

蔡英文對 ECFA 的態度，一年之內至少變了 4 次，讓人看了眼花繚亂，真不知此蔡英文與彼蔡英文是否同一個蔡英文。當然，變也不是不可以，但為什麼要「變」，總要給個「說法」，不能自封為「一貫正確」。

原本形象還算不錯的蔡英文，如今掉進了民進黨的「政治大染缸」，似乎也已經變成了「百變阿扁」。人們有理由問一句：對待 ECFA 你們可以變來變去，那麼別的你們就不會變嗎？我們還敢相信你們嗎？

其實，這種現象正典型地反映了蔡英文民進黨的兩岸政策嚴重脫離實際。他們的唯一出路，就是正視現實，從根本上調整「臺獨」立場，否則民進黨永遠無法擺脫這種困境。

（原文刊於《海峽導報》）

宋楚瑜參選，2012「大選」結果的四種可能

　　臺灣「大選」僅剩下40多天，已進入白熱化的最後衝刺階段。目前島內絕大多數民調都顯示馬、蔡選情膠著，支持率在40%上下難分伯仲；而宋的支持率雖然只在10%左右低位徘徊，完全看不出有勝選的可能，但無論你高興不高興，宋陣營已成為這場選舉的「關鍵少數」。在選戰的最後關頭，宋採取何種策略，勢將牽動整個選情，成為決定馬、蔡誰勝誰負的關鍵因素。而這場選舉的最終結果如何，不僅關乎臺灣政權是否再次輪替和國、民兩黨實力的消長，同時連帶著也將決定宋和他所一手創建的親民黨在今後臺灣政壇上的存亡絕續。從更高層次而言，這場選舉結果，必將對未來兩岸關係發展乃至臺灣的前途命運，產生重大而深遠的影響，非同小可。

　　值此關鍵時刻，具有豐富政治經驗的宋楚瑜，難道不清楚他目前正身處「風口浪尖」之上，一舉一動都必須對臺灣人民負責、對中華民族負責、對歷史負責嗎？盱衡目前島內戰況，如果不出現重大變數，這場選舉的結果，無非有如下四種可能：

　　其一，馬英九高票落選，宋楚瑜也同時敗選，親民黨立委候選人全軍覆沒，或席次不足以在「立法院」組成黨團。宋和親民黨「竹籃打水一場空」，什麼也沒撈著，還被泛藍陣營視為「叛徒」，從此在臺灣政壇徹底泡沫化。

　　其二，馬英九險勝，宋楚瑜敗選，親民黨立委候選人全軍覆沒，或席次不足以在「立法院」組成黨團。宋和親民黨同樣「竹籃打水一場空」，什麼也沒撈著，同樣被泛藍陣營視為「叛徒」，從此在臺灣政壇徹底泡沫化。

　　其三，馬英九高票落選，宋楚瑜也同時敗選，親民黨獲得的立委席次勉強在「立法院」組成黨團，成為「關鍵少數」。如此，宋和親民黨尚可在臺灣政壇發揮一定的影響力，暫時還不至於泡沫化。

其四，馬英九險勝，宋楚瑜敗選，親民黨獲得的立委席次勉強在「立法院」組成黨團，成為「關鍵少數」。如此，宋和親民黨也可在臺灣政壇發揮一定影響力，暫時還不至於泡沫化。

依照目前的選情發展來看，以上四種可能性之中，第一種的可能性已愈來愈大。這種選舉結果，對島內反「獨」勢力無疑將造成重大打擊，對臺灣政局和兩岸關係發展必將產生重大衝擊和負面影響。此時此刻，宋楚瑜必須想清楚，如果執意在這條路上走到黑，今後還有何顏面面對臺灣民眾，面對歷史！

（原文刊於《海峽導報》）

否認「九二共識」，臺灣之災

眾所矚目的 2012 臺灣「大選」首場電視辯論會已於 3 日下午收場，不出外界所料，兩岸議題成為這場辯論會馬、蔡攻防的主軸。雙方炮火四射，你來我往，各不相讓，蔡英文雖然巧舌如簧，但卻難掩其色厲內荏的虛弱本質。

▎以攻為守，蔡陣營使出「怪招」

外界無不認為，此番「大選」兩岸議題是蔡英文的最大罩門。不料辯論會前一晚，蔡突然緊急召開臨時記者會，主動拋出兩岸議題，聲稱她當選後將成立跨黨派「兩岸對話工作小組」，為兩岸協商鋪路，甚至表示若是馬有信心，「一中各表」也可納入「臺灣共識」來加以討論。蔡的此番動作，一時讓外界議論紛紛，甚至猜測她的兩岸政策是否有重大轉變。

誰知不到一天工夫，蔡英文的拙劣表演就破了功！在 3 日下午的電視辯論會上，面對馬英九和媒體代表的質疑，蔡英文露出了本來面目。她堅持一貫立場，宣稱 1992 年「是有香港會談，但真的沒有九二共識」，讓她接受一個「沒有存在的東西，是不對的事情」。試問，否認了「九二共識」，蔡英文說「一中各表」也可納入「臺灣共識」，還有何實際意義可言？

至此，人們終於明白了，蔡英文在辯論會前一晚突然拋出兩岸議題，乃是經過她的幕僚精心策劃為因應電視辯論所祭出的「怪招」：

其一，兩岸議題既然無法迴避，與其被動挨打，不如主動出擊，搶先拋出兩岸議題，佯裝向中間靠攏，或許能出其不意，攪亂馬陣營的陣腳。

其二，試圖主導辯論議題，轉移視線，藉以掩蓋和閃避在辯論中對方可能提出而又難以自圓其說的「陳盈助問題」、「柿子風波問題」和「宇昌生技自肥圖利問題」。

然而，假的就是假的，公然否認「九二共識」，卻把蔡英文打回了原形。

否認「九二共識」，臺灣之災

▌「九二共識」不容否認

　　一直以來，蔡英文都堅持否認「九二共識」。她一邊說，1992 年是有香港會談，但「沒有九二共識」，她無法接受一個並「不存在的東西」；同時又說，所謂「九二共識」是「國共兩黨共識」而非「兩岸共識」云云。蔡英文的上述說辭，既存在明顯的邏輯錯誤更不符合事實：

　　首先，蔡英文既然說「九二共識」是「國共兩黨共識」，這實際上等於已經承認了「九二共識」的客觀存在；但又說「沒有九二共識」，「九二共識」是「不存在的東西」，這豈不是自打嘴巴！換言之，蔡英文出於「臺獨」立場，盡可以說她「不接受『九二共識』」，但不可以說「沒有九二共識」。

　　其次，「九二共識」是由大陸海協會和臺灣海基會於 1992 年香港會談及其後兩會往來函件所達成的，檔案文件俱在，豈容否認。眾所周知，無論大陸海協還是臺灣海基會，均為兩岸官方「授權」負責兩岸協商談判的民間團體，並非國、共兩黨代表，所簽署的協議也必須經過兩岸官方的「背書」方能生效。既然如此，擔任過扁當局「陸委會主委」和「行政院副院長」的蔡英文，卻妄稱「九二共識」是「國共兩黨共識」，這就不僅僅是邏輯不通而是罔顧事實的自欺欺人之談了！

　　馬英九在電視辯論中批駁蔡英文說，2000 年陳水扁曾一度要承認「九二共識」，可是她卻「跳出來否認」。其實，豈只陳水扁，阿扁的「最佳輔佐」呂秀蓮也曾公開承認過「九二共識」。據臺灣《聯合報》報導，2000 年 12 月 8 日，呂秀蓮在高雄縣（今已合併為高雄市）演講時引述了一份文件，承認 1992 年 8 月 1 日，臺灣當局「國統會」確曾依據「國家統一綱領」做成決議文，該決議文明確承諾：「海峽兩岸都堅持一個中國的原則」，並稱「臺灣固然是中國的一部分，但大陸也是中國的一部分」。儘管呂秀蓮又妄稱，「『九二共識』是舊政府的承諾，是舊政府的事，新政府可以不接受」，但無論如何，呂秀蓮畢竟要比蔡英文誠實得多！

▌否認「九二共識」，臺灣之災

　　近段時間以來，大陸領導人在各種不同場合一再表示，「九二共識」是兩岸關係和平發展的政治基礎，否認「九二共識」不僅兩岸協商談判難以為繼，已經取得的成果也將得而復失。大陸不會介入臺灣選舉，但在事關大是大非的原則問題上從來不會妥協和讓步。蔡英文和民進黨人士不要誤判大陸，更不要不負責任地誤導臺灣民眾，以為只要奪回政權，重新上臺執政，即使否認「九二共識」，大陸也不得不接受現實和他們打交道。

　　馬英九說，ECFA 不是臺灣經濟的「萬靈丹」，但是是臺灣經濟的「維他命」，這話不假。須知，ECFA 還只是兩岸經濟合作的「框架性」協議，大部分具體協議的協商談判才剛剛起步，其他已經達成的十五項協議也有進一步貫徹落實的問題。目前，世界經濟風聲鶴唳，種種跡象表明，新一波更為嚴重的經濟大衰退勢將到來。值此關鍵時刻，兩岸合則兩利，鬥則兩害；對臺灣而言，鬥則更是大害。「天要下雨，娘要嫁人」，2012 如果主張「臺獨」、否認「九二共識」的政黨重新上臺執政，坦白地說，那絕對是「臺灣之災」！

（原文刊於《海峽導報》）

「說謊者」究竟是馬英九還是李登輝

日前，因大腸癌開刀在家靜養的李登輝不甘寂寞，針對馬英九說「『九二共識』是李登輝執政時定下的根」，非常不滿，跳出來澄清說：他已經公開講過幾十次，「沒有九二共識」。還稱，當初參與的已故海基會董事長辜振甫先生也說沒有，前「陸委會主委」蘇起也承認「九二共識」是他自創的。

說謊的究竟是誰？是馬英九還是李登輝？這不僅涉及「人格」問題，更是大是大非的原則問題，不可不辯清楚！

首先應當說明，對於「九二共識」的具體內容，兩岸官方歷來有不同解讀。大陸方面解讀為：各自以口頭方式表述「海峽兩岸均堅持一個中國原則」；而臺灣方面則解讀為：「一個中國，各自表述」。儘管兩岸雙方對「九二共識」的具體內容解讀不同，但不能因此而否定1992年兩岸確曾達成「九二共識」。「九二共識」之所以寶貴，關鍵就在於其核心是「兩岸一中」，而精髓則是「求同存異」。並據此而奠定了兩岸關係和平發展的政治基礎，促成了兩岸的制度化協商談判，達成了多項重要協議。

其次，「共識」是在1992年兩岸兩會香港會談及其後雙方多次交換函件所達成的，而給這個「共識」命名為「九二共識」，則是2000年4月的事情。換言之，達成共識在前，命名在後。李登輝蓄意偷換概念，把蘇起承認「九二共識」這個「名詞」是他自創的，說成是「蘇起也承認『九二共識』是他自創的」。李登輝為了否認「九二共識」，居然無恥到這種地步，作為當年李登輝部屬的蘇起先生，此時此刻不知作何感想！

至於說到辜振甫先生也說沒有「九二共識」，更是彌天大謊！試舉幾例：

1998年5月，辜振甫在美國演講時說：「1992年雙方就『一個中國』取得各自表述的共識」。（註：當時尚未發明「九二共識」的名詞）

2000年4月29日，辜振甫表示：兩岸應回到「一個中國、各自表述」，重新啟動兩岸談判機制。

2000 年 4 月 30 日，辜振甫在辜汪會談七週年記者會稱，臺灣所認知的「一個中國，各自表述」概念，重點在於兩岸「對等分治」。

2001 年 3 月 1 日，辜振甫答記者問時說：1992 年會談期間兩會曾先後交換十三個版本的表述方案，隨後並有口頭表述方案，大陸稱雙方已達成「兩岸均堅持一個中國原則」的共識，但臺灣所理解的共識是「一個中國，各自以口頭表述」。

2001 年 4 月又說：「當時達成的共識是『一個中國，各自以口頭方式表述』」。

2003 年 4 月再次明確強調：「1993 年辜汪新加坡會談能夠實現，是因為九二年香港會談的相互諒解，稱為『九二共識』」。

如今李登輝和蔡英文全都睜眼說瞎話，一口咬定辜振甫先生「也說沒有『九二共識』」，無非是欺負往生者不會說話！

豈只辜振甫先生，其實在民進黨執政時期，上至陳水扁、呂秀蓮，下至黨主席謝長廷，包括「陸委會主委」蔡英文本人，全都不同程度地承認過「九二共識」存在的事實。例如：

2000 年 5 月 1 日，即將就任「陸委會主委」的蔡英文就說：「『一個中國』絕對是兩岸必須面對的問題，不能迴避」，但「『一個中國、各自表述』是否是唯一的解決方案，還有討論的空間」。

2000 年 6 月 27 日，陳水扁在接見美國亞洲基金會會長富勒博士等人時表示：「新政府願意接受海基、海協兩會之前會談的共識，那就是『一個中國，各自表述』」。

2000 年 6 月 29 日，民進黨主席謝長廷表示：「一個中國，各自表述」事實上就是臺灣的政策。

2000 年 7 月 6 日，「陸委會主委」蔡英文在「立法院」答詢時稱：「九二年一個中國的共識」是「各自表述，一個中國」，強調的是「各自表述」。

「說謊者」究竟是馬英九還是李登輝

　　2000年12月8日，呂秀蓮在高雄縣（今已合併為高雄市）演講時引述了一份文件，公開承認1992年8月1日，臺灣「國統會」確曾依據「國家統一綱領」做成決議文，該決議文明確承諾：「海峽兩岸都堅持一個中國的原則」，並稱「臺灣固然是中國的一部分，但大陸也是中國的一部分」。只是呂秀蓮又妄稱，「『九二共識』是舊政府的承諾，是舊政府的事，新政府可以不接受」。

　　馬英九之所以說，「『九二共識』是李登輝執政時定下的根」，其所本正是呂秀蓮當年所引述的這份臺灣的重要文件。這份文件是在1992年8月1日由李登輝親自主持召開的「國統會」上所核定的，題為《關於「一個中國涵義」的決議》。白紙黑字，證據確鑿，豈容李登輝抵賴！

　　行文至此，臺灣島內藍綠雙方關於「九二共識」的爭議，究竟說謊者是誰？是馬英九還是李登輝？已是不言自明矣！

　　我們要說，出於「臺獨」立場，李登輝和蔡英文等綠營人士，盡可以不接受「九二共識」，但不可以篡改歷史，否認「九二共識」。

（原文刊於《海峽導報》）

否認「九二共識」，兩岸和平進程難以為繼

在 12 月 23 日晚的電視政見發表會中，蔡英文一改往日躲閃的態度，主動出擊，不僅矢口否定甚至放肆攻擊、汙衊「九二共識」，讓人們進一步看清了她的「臺獨」真面目。

不久前，賈慶林主席在紀念海協會成立二十週年大會上的重要講話中說，「當前，兩岸關係發展正處在承前啟後的關鍵時刻。要和平不要對抗，要穩定不要動盪，要發展不要倒退，這是兩岸關係發展的大勢，也是兩岸同胞的共同期盼。『臺獨』分裂勢力及其活動，是臺海地區和平穩定的最大禍患，也是阻撓兩岸協商談判的最大障礙」。並強調指出，「『九二共識』是一個客觀事實，而且是一個對兩岸關係發展不斷發揮重大積極作用的事實。否定『九二共識』，兩岸協商就難以為繼，已有的協商成果也將難以落實，兩岸關係勢將重現以往曾有過的動盪不安，最終傷害兩岸同胞的利益。」

然而，對於大陸領導人的嚴正警告，蔡英文卻充耳不聞，視作兒戲。

誠然，兩岸官方對「九二共識」的內涵有不同解讀，大陸方面解讀為「各自以口頭方式表述海峽兩岸均堅持一個中國原則」，臺灣方面則解讀為「一個中國，各自表述」（簡稱：「一中各表」）。儘管如此，「九二共識」的核心就在於雙方都承認「兩岸同屬一中」，而這也正是兩岸兩會能夠上談判桌進行協商談判，簽訂一系列協定的政治基礎和必要的前提條件。

二十年來兩岸關係跌宕起伏，經過了艱難曲折的歷程。總結其中的經驗教訓，其實只有一條：接受「九二共識」，兩岸關係便能順風揚帆、一日千里；否認「九二共識」，兩岸關係勢必豬羊變色、嚴重倒退。

日前，馬英九在接受《中國時報》專訪時指出，很多人都已經把兩岸關係的改善「視為當然」，但如果蔡英文執政，兩岸不僅將重新經歷磨合期，甚至可能回到民進黨執政時的情況。

否認「九二共識」，兩岸和平進程難以為繼

　　誠哉，斯言！馬英九這段話並非「選舉語言」，他說出了兩點真相：

　　其一，近幾年來兩岸關係的改善不是天上掉下來的「好康」，而是馬英九上臺執政後，接受「九二共識」、撥亂反正的結果。

　　其二，如果2012年民進黨贏得「大選」，否認「九二共識」的蔡英文上臺執政，兩岸和平進程將難以為繼，陳水扁執政八年的噩夢勢必重現。

　　蔡英文在政見發表會上以「總統」當選人的口吻說：她當選後將透過民主程序凝聚「臺灣共識」，有信心有能力維護臺海和平和兩岸關係的穩定發展。蔡英文堅持「臺獨」立場，否定「九二共識」，她的所謂「臺灣共識」也好，所謂「信心」也罷，只不過都是騙人的把戲和一廂情願的空中樓閣！

　　臺灣「大選」只剩下二十天，雙英選情仍然膠著。臺灣選民真的那麼好騙嗎？答案很快就會有了。

（原文刊於《海峽導報》）

臺灣「大選」，美國已明顯「棄蔡挺馬」

本月二十二日，正當臺灣「大選」進入關鍵時刻，雙英選情緊繃膠著之際，美國歐巴馬政府突然對外宣布：將臺灣列入「免簽證」名單。美國這一異乎尋常的「外交」動作，顯然是經過深思熟慮的，它無異於向外界宣布：這場臺灣「大選」，美國已明顯「選邊站」——棄蔡挺馬。

美國決定「棄蔡挺馬」，經歷了一個由暗到明的過程。

▎蔡英文「面試」不及格

出於眾所周知的原因，臺灣一向以美國馬首是瞻，「不抱美國的大腿抱誰的大腿！」——民進黨大佬邱義仁的這句名言，典型地說出了「黑道大哥」美國與「小弟」臺灣之間的曖昧關係。換言之，在當前臺灣的政治環境下，無論何黨何人要想在臺灣站住腳跟，穩定執政，都必須抱緊美國大腿。於是人們看到，每逢臺灣「大選」前夕，國、民兩黨的「總統」候選人，無一例外的都要遠涉重洋，造訪美國，向美國輸誠，接受白宮的「面試」。更有甚者，2000年主張「臺獨」的陳水扁勝選後，他的「就職演說」還需交由美國嚴格「審稿」。美國一向宣稱「不介入」臺灣選舉，恐怕連鬼都不會相信！

此番臺灣「大選」自不例外。今年九月，蔡英文確定為民進黨「總統」候選人之後，不久即出訪華府，重點當然是向美國交代她的兩岸政策有別於陳水扁，讓美國放心，她當選後有能力維護臺海和平，不會損害美國的國家利益。然而，蔡英文剛剛結束訪美行程，英國《金融時報》隨即就報導說：「一位匿名的美國資深官員表示，蔡英文讓他們懷疑她是否願意、且有能力，維持近年來區域所享有的兩岸關係穩定形勢。」

顯然，此番「面試」，美國認為蔡英文並不及格。

臺灣「大選」，美國已明顯「棄蔡挺馬」

▎美國的「忠告」不管用

其實，美國透過英國《金融時報》技術性地向外透露對蔡的「不放心」，並不表示此時美國對蔡已失去「信心」，目的無非是向蔡施加壓力，給她提供「補考」的機會，逼蔡進一步明確她的兩岸政策，在「九二共識」的關鍵問題上作出令美國滿意的正面回應。然而，美國對蔡英文的「忠告」並未起作用。在首場電視政見辯論會上，蔡堅持既定立場，公開否定「九二共識」。近日，據臺灣《聯合晚報》報導：「一位重量級的卸任美國在臺協會資深官員在第二軌溝通過程中挑明說，美國已多次向蔡英文表明，接受九二共識，有助於民進黨勝選後，讓臺灣與大陸、美國保持建設性的關係，可是蔡英文並不太理會美國友人的忠告。」

蔡英文無視美國給她的寶貴的「補考」機會，顯然讓老美大為不爽。

▎美國派高官入島，對蔡就近施壓

「大選」僅剩下三個月時，島內各種民調無不顯示，雙英選情緊繃，蔡英文的勝選幾率大增。美國歐巴馬政府曾先後派出國際開發署署長沙赫、能源部部長丹尼爾‧伯納曼等高官訪臺。據悉，這是近十多年來美國訪臺的最高階官員。沙赫和伯納曼入島後，與馬英九及臺重要官員頻繁會晤。輿論普遍認為，美國此舉可視為歐巴馬政府對馬英九的一種支持，意在突顯國民黨馬英九較之民進黨蔡英文更有能力處理美臺關係，更受美國青睞。反過來說，美國這一動作，實際上也是意圖就近對蔡施壓，逼其就範。然而，蔡英文仍我行我素，拒絕在兩岸政策上作任何調整，回應美國對「九二共識」的關切。老美焉能不大失所望！

▎美國何以化暗為明，大動作「挺馬」

以下兩件大事，促使美國下決心「棄蔡挺馬」：

一是本月十六日，大陸高調紀念海協成立二十週年，全國政協主席賈慶林發表重要講話，強調指出：「『九二共識』是一個客觀事實，而且是一個

對兩岸關係發展不斷發揮重大積極作用的事實。否認『九二共識』，兩岸協商就難以為繼，已有的協商成果也將難以落實，兩岸關係勢將重現以往曾有過的動盪不安，最終傷害兩岸同胞的利益。」值此關鍵時刻，賈慶林的上述講話無異於對蔡英文的當頭棒喝！預示著堅持「臺獨」、否認「九二共識」的蔡英文一旦當選，民進黨重新上臺執政，兩岸關係勢必嚴重倒退，臺海局勢堪虞。這種事態的發展，當然不是美國所願意看到的。

　　二是本月十七日，朝鮮領導人金正日突然去世，朝鮮半島局勢驟然緊張，東亞局勢不確定因素大為增加。

　　因連年經濟低迷、實力大受其損的老美，近年來儘管不斷嚷著要「重返亞洲」，但畢竟已是力有不逮。朝鮮半島因金正日的去世，東亞局勢已然詭譎難測，倘若臺海局勢又因蔡英文的勝選而重現緊張，兩個「火藥庫」要是同時冒起煙來，老美如何能夠有效控制局勢而不出大的亂子？

　　朝鮮半島美國無力插手，只能乾著急；而介入臺灣「大選」，影響其選舉結果，美國可就有不少好牌可打，不愁不發揮作用！

　　以下兩則消息頗值得人們加以重視：

　　一則是，有媒體報導說，蔡英文的重要幕僚蕭美琴日前祕訪美國，到華府拜會國務院亞太助卿坎貝爾等官員，表示民進黨雖然樂見臺灣列入「免簽證候選國」，但希望美方不要在選前宣布，以免被解讀為美國政府在大選中選邊站。坎貝爾雖然重申了美國政府「中立」，會支持任何一位臺灣民選「總統」的立場，但蕭美琴前腳剛走，馬英九的駐美代表很快就知道了這場私密的會談，甚至還掌握了會談的具體內容。

　　再有，歐巴馬政府二十二日宣布將臺灣列入「免簽證候選國」名單時，美在臺協會臺北辦事處代理處長馬怡瑞強調，「宣布時機與選舉無關」，但同時卻又在這十分敏感的時刻發表熱情洋溢的講話，對馬英九的兩岸政策給予高度肯定。而美國眾議院外委會主席羅絲蕾婷娜，則在聲明中毫不掩飾地指出：「時機」正是問題的關鍵！

二則是，另有媒體披露，臺美雙方最近有第二軌溝通，蔡英文在電視政見會宣稱，她當選後兩岸關係不會倒退，但美方透過第二軌向臺方傳達，因為蔡不承認「九二共識」，勝選後可能破壞兩岸關係穩定，也將無法與美國維持建設性關係。

老美在選戰的關鍵時刻，故意向臺方透露上述兩則「祕辛」，其震撼力非同小可！美國試圖透過此種方式表達其「棄蔡挺馬」的意向，以影響選情，維護美國在東亞的戰略利益，已不言自明矣！

（原文刊於《海峽導報》）

臺灣「大選」年終盤點：蔡敗相已露，馬後勢看好

　　臺灣「大選」只剩下半個月，已進入讀秒的最後衝刺階段。目前戰況可用一句話概括：雙英選情依然緊繃，但蔡「黔驢技窮」，敗相已露，馬英九後勢看好。

▎選情膠著，馬尚未脫離危險期

　　近兩個月來，雙英競選團隊圍繞著政黨立委不分區名單、蘇嘉全「豪華農舍」事件、陳盈助事件、柿子風波、「猛男豔舞」醜聞、宇昌案等議題和電視政見辯論會，進行了一波波空前劇烈的攻防，蔡陣營始終處於被動挨打的不利地位，「三隻小豬」的風潮逐漸消退，馬吳配始終保持微幅領先的態勢，民進黨引頸以待的所謂「黃金交叉」並未出現。相反，近日島內多數民調顯示，雙方支持度已拉開到4～6個百分點。

　　然而，根據以往臺灣大選的經驗，馬的民調支持度若領先蔡8%以下，均處於敗選的危險點，雙方差距拉大到8%～10%以上，才敢說有勝選把握。原因就在於藍營支持者較為渙散，投票意願遠低於綠營，故民調支持率並不等於投票率。以此觀之，目前馬的民調支持度僅領先蔡4～6個百分點，如果現在投票，馬並不樂觀。

　　另一項重要觀察指標是，密切關注這場選舉、對臺灣大選一向預測神準的老美，於本月22日突然宣布將臺灣列入「免簽證候選地區」名單，從一個側面說明，老美對馬的選情也並不樂觀，擔心蔡一旦勝選，兩岸關係出現重大變數，因而不顧蔡陣營的懇求，以此大動作公開挺馬。

▎蔡陣營「黔驢技窮」，方寸已亂

　　蔡陣營原定選舉策略是儘量迴避其兩岸政策罩門，主打民生和執政能力議題，但「十年政綱」拋出後，外界反應不佳，難以主導選戰議題，民調支

臺海風雲見證錄：時事評論篇

臺灣「大選」年終盤點：蔡敗相已露，馬後勢看好

持度最多曾落後馬10個百分點以上。儘管由於馬在拋出「公投兩岸和平協定」政見和「經建會主委」劉憶如誤植「宇昌案」文件日期後，蔡曾一度與馬打成平手，似乎即將出現「黃金交叉」。但此後發生的陳盈助烏龍爆料、二元柿子風波、「猛男豔舞」醜聞、宇昌案等一連串議題，打得蔡陣營極其狼狽，民調支持度再次緩慢拉開。

為擺脫不利局面，蔡在首次電視政見辯論會前夕，突然召開緊急記者會，主動拋出兩岸議題，聲稱她勝選後將成立「兩岸對話工作小組」，「九二共識」也可納入「臺灣共識」來加以討論。不料在次日辯論會上，蔡卻因矢口否認「九二共識」而破了功。

面對「宇昌案」持續發酵，藍營的窮追不捨，蔡束手無策，先是一味迴避，後又很不策略地拋出九年前早已結案的陳年老案「富邦案」打馬，試圖以此抵消「宇昌案」對其選情的衝擊。不料此舉反而弄巧成拙，兩案相比，反襯出蔡的操守和政治人格與馬不可同日而語。因而「富邦案」僅打了三天，眼看大事不妙，只好鳴金收兵，草草收場。

蔡陣營出手打「富邦案」，充分暴露了蔡已「黔驢技窮」，手中實在沒有其他好牌可打。

「宇昌案」繼續發酵，蔡陣營為轉移焦點，在「中選會」主辦的首場電視政見發表會上，蔡再次主動出擊，出人意料地以「臺獨」基本教義派面目出現，大打兩岸牌。隨後，蔡陣營又故弄玄虛，放話說蔡將在訪問金門時有兩岸政策的「重大宣示」。其結果，被騙去金門的大批隨行記者失望而歸。

蔡陣營明知主打民生和執政能力議題，仍是其爭取中間選票、獲取選戰勝利的不二法門，然而蔡陣營卻捨此不為，在選戰的最後讀秒階段，回頭大打對其最為不利的兩岸議題。從昨日開始，又忽然轉向，在毫無證據的情況下，高調質疑馬政府「國安」、檢調部門「監控」其競選行程，馬陣營動用「國家機器」打壓競爭對手。這說明蔡不僅已經「黔驢技窮」，而且方寸已亂，敗相已露。

▍馬還有好牌可打，後勢看好

　　相對於蔡陣營左衝右突，節奏混亂，馬陣營則步步為營，節奏清晰。在選戰的最後階段，還有被稱為「王牌」的「夫人牌」尚未真正出手，「棄保牌」也很可能會在關鍵時刻發酵。此外，除了「宇昌案」還在拉長戰線、窮追不捨之外，近日又一連拋出蘇嘉全「大鵬灣蚵農案」、邱義仁、吳乃仁的「達震案」、「臺糖土地賤賣案」等議題猛攻。與此同時，在兩岸議題上加強論述，強力質疑蔡的兩岸政策。總之，馬陣營氣勢上揚，後勢看好，目前正在盤整隊伍，擺開陣勢，試圖在「清廉」與「安定」這兩項重大議題上，訴諸中間選民，與蔡陣營展開最後決戰。

　　誠然，由有豐富選戰經驗的操盤手操盤的蔡陣營，絕不是「省油的燈」。在選情緊繃、膠著的不利情況下，蔡陣營會否祭出「險招」？使出「奧步」？「李登輝牌」會怎麼打？效果如何？在在都難以預測；面對複雜多變的選情，馬競選團隊能否有效因應？關鍵時刻，行政團隊會不會出亂子？也在在都充滿變數。在選戰的最後時刻，任何突發事件，都有可能讓選情翻盤。

　　明年1月14日，讓我們拭目以待！

（原文刊於《海峽導報》）

馬英九勝選的三大原因

　　空前慘烈的總統選舉終於落下帷幕，尋求連任的國民黨參選人馬英九涉險過關，以獲票率6%的差距打敗民進黨的挑戰者蔡英文，保住了國民黨在島內的執政地位。

　　回首臺灣這場選舉，可謂撲朔迷離、驚心動魄，然而，馬英九卻能最終殺出重圍，笑到最後，獲得過半數臺灣選民的青睞，原因何在？

一、「九二共識」打敗了「臺灣共識」

　　選戰伊始，藍、綠雙方就堅持還是反對「九二共識」展開了激烈的辯論。

　　馬英九強調，「九二共識」是兩岸和平穩定的基礎，正因為他上臺後接受「九二共識」，兩岸關係才得以緩和發展，恢復了兩會的協商談判，簽署了包括ECFA在內的16項協定，實現了直接三通，開放陸客入島旅遊，「早收清單」啟動等等，既促進了臺灣經濟的成長，同時也為區域和平與穩定作出了貢獻。要求蔡英文對是否承認「九二共識」明確表態。

　　面對藍營的挑戰，蔡英文對「九二共識」先是企圖迴避，後是態度反覆，自相矛盾。時而說「九二共識」是不存在的東西，「沒有承認不承認的問題」；時而又說「九二共識」只是國、共兩黨的共識，「沒有經過臺灣人民的同意」，實則堅持「臺獨」立場，從根本上反對「九二共識」。為尋求解套，蔡英文提出「和而不同，和而求同」兩岸政策訴求，遭到質疑後又提出毫無內容的所謂「臺灣共識」，並辯稱「臺灣共識」是「一種民主程序」，等她當選後會跟大家「坐下來談一談」。同時她承諾當選後將成立「兩岸對話工作小組」，包括ECFA在內的兩岸既有協議她都「概括承受」，保證兩岸關係只會前進不會倒退，等等，試圖用這種完全「空心」的政策和說辭矇混過關，欺騙選民。

　　大陸一向不介入臺灣選舉，但是否承認「九二共識」，是事關兩岸關係政治基礎的重大原則問題，大陸當然不能不明確表態。關鍵時刻，大陸國家領導人胡錦濤、賈慶林以及國臺辦主任王毅等，先後在多個重要場合發表講

一、「九二共識」打敗了「臺灣共識」

話，就「九二共識」闡明了大陸的堅定立場。賈慶林明確指出：「『九二共識』是一個客觀事實，而且是一個對兩岸關係發展不斷發揮重大積極作用的事實。否定『九二共識』，兩岸協商就難以為繼，已有的協商成果也將難以落實，兩岸關係勢將重現以往曾經有過的動盪不安，最終傷害兩岸同胞的利益。」這無異於是對否定「九二共識」的蔡英文當頭棒喝！

　　大陸的堅定立場，產生了重大影響。選戰只剩下幾天，面對仍然緊繃膠著的選情，一向不願涉入政治的臺灣企業界再也坐不住了，從大財團到中小企業主到科技界精英，以各種不同形式紛紛站出來挺馬、挺「九二共識」。其中特別是王永慶的女兒王雪紅在投票日前一天的公開表態，被臺灣媒體驚呼為影響選情的「震撼彈」！

　　美國也坐不住了，擔心堅持「臺獨」的蔡英文一旦當選，重現兩岸緊張，損害美國戰略利益。先是異乎尋常的高調宣布批准臺灣為準「免簽證地區」，並派出數名高官訪臺，以間接方式表達「挺馬」。直至選前兩天，前美駐臺代表包道格在臺北接受媒體採訪，不僅公開力挺「九二共識」，更直指「美國把『臺灣共識』看成是不可能的事」，甚至說若馬英九勝選，「大陸和美國都會大大鬆一口氣」。

　　如此眾多的臺灣工商企業界人士以及美國公開站出來，旗幟鮮明地力挺某一政黨的參選人，在臺灣選舉史上前所未見。選戰後期，這種事態的發展顯然使民進黨和蔡英文難以招架，選情因此急轉直下。「九二共識」與「臺灣共識」的對決，在很大程度上決定了這場選舉的成敗，成為壓垮駱駝的最後一根稻草。臺灣媒體評論說：「九二共識」打敗了「臺灣共識」，準確地概括了這場選舉「馬勝蔡敗」的最主要原因。可以這樣說，透過這場選舉的大辯論，「九二共識」已深入臺灣人心，它不僅是「兩岸共識」，更成為「國際共識」。馬英九的勝選，意味著臺灣主流民意對馬英九兩岸政策方向的肯定與背書，兩岸關係和平發展乃民心所向，大勢所趨，任憑什麼力量也無法阻擋。

馬英九勝選的三大原因

▋二、「要 ECFA」打敗了「重新鎖島」

　　就兩岸關係而言，政治與經濟議題是一體兩面無法分割的，有什麼樣的兩岸關係定位，就會有什麼樣的兩岸經濟政策。在這場島內重大選舉中，堅持「九二共識」的馬英九與反對「九二共識」蔡英文，圍繞著兩岸經濟議題也展開了激烈的大辯論。

　　馬英九主張兩岸開放政策，執政四年來積極推動兩岸經濟交流與合作，透過兩會協商談判，簽署了包括 ECFA 在內的 16 項協定，對促進臺灣經濟發展、減緩全球金融海嘯和歐債危機對臺灣經濟的衝擊，發揮了重要作用，使臺灣同胞分享到實實在在的「和平紅利」。試舉幾例：

　　2011 年 1～8 月，臺灣外銷到大陸的出口總額大幅成長，其中大陸給予臺灣「早收清單」內的貨品較 2010 年同期增長近 13%。2008 年金融海嘯發生以來，全球共關閉了約 50 家晶圓廠，但臺灣一家都沒有關。原因主要是 2009～2011 年，大陸家電品牌廠商組團從臺灣採購了 130 多億美元的液晶電視面板。

　　ECFA 的簽定給臺灣養殖業的農民也帶來了巨大的經濟利益。例如石斑魚四年前出口到大陸只有 0.2742 萬元，2010 年增至 24 萬元，增幅達 87 倍。兩岸簽署虱目魚「契作」後，不僅使臺灣虱目魚的外銷有了可靠保證，光是上海一地一年就要供貨 300 萬臺斤，更減少了以往中間商的盤剝，使每斤的收購價格比往年平均至少多了 5 元。

　　再說觀光服務業。近三年來 351.5 萬陸客入島旅遊，已經為臺灣創造了超過 1000 億元的效益，觀光業也因此增加了 1600 億元的投資，包括旅館、餐飲、遊覽車等等。導遊更是供不應求，土特產品熱賣，光是鳳梨酥的營業額就從四年前每年 20 億，2010 年急增至 250 億，成長 12 倍。

　　然而，蔡英文從「臺獨」意識形態出發，一再攻擊馬英九的兩岸開放政策是「傾中賣臺」，汙蔑 ECFA 是「糖衣毒藥」，並曾發動綠營支持者展開大規模的街頭抗爭，甚至揚言要發動「公投」反對 ECFA。

選戰開打後，鑒於ECFA得到臺灣主流民意的肯定與支持，蔡英文不得不公開表態接受兩岸談判的「既有協議」，未敢再露骨地反對ECFA，但又侈談她的兩岸經濟政策與馬英九不同，是「從世界走向中國」，攻擊大陸對臺「讓利」是馬英九拿「主權」換來的，聲稱ECFA不是「萬靈丹」，當選後要透過「民主程序」重新加以審查云云，預留了未來修改包括ECFA在內的兩岸協商成果中她認為有傷臺灣「主權」條款的迴旋空間。以此同時，蔡英文又大打「階級劃分牌」，攻擊馬英九的兩岸經濟政策只是圖利財團，造成貧富分化，不公不義，「站在馬英九旁邊的都是有錢人」等等，挑撥階級對立，並鼓動所謂「三隻小豬」風潮，把自己打扮成「弱勢族群」的代言人，騙取選票。

　　蔡英文的上述言論表明，一旦她上臺執政，臺灣勢將重新回到陳水扁時代所謂「積極管理，有效開放」的「鎖島」政策。面對即將到來的另一波更為兇險的歐債危機，倘若蔡英文勝選上臺，失去大陸市場的依託，臺灣經濟不僅僅會被邊緣化，更將萬劫不復，後果不堪設想。

　　誠如馬英九所言，ECFA雖然不是「萬靈丹」，但是臺灣經濟的「救命丸」。蔡英文的兩岸經濟政策在這場「大選」中受到藍營支持者的強烈質疑，透過大辯論，包括工商企業界在內的廣大經濟選民逐步認清了它的嚴重危害性和「弱勢族群代言人」的虛偽，紛紛表態支持ECFA，並最終用自己手中的選票否決了蔡英文的「鎖島」政策。

三、「清廉」打敗了「貪腐」

　　學者出身的政壇「菜鳥」蔡英文，原本給人以「形象清新」的印象，然而這場選舉卻把蔡的真面目暴露於光天化日之下，現了原形。她的人格特質與馬英九相比，高下立判。

　　且不說自從蔡英文接手民進黨主席以來，打著「捍衛人權」、「司法正義」的幌子，拒絕與巨貪陳水扁劃清界限，徹底切割，在這場選戰中，她的種種表現更令臺灣民眾大搖其頭。

馬英九勝選的三大原因

其一，為贏得選舉，蔡英文不顧外界的觀感，重新起用有貪腐弊案在身的扁朝高官為其出謀劃策，主事操盤。蔡英文指陳馬英九身邊站著的「盡是有錢人」，卻被馬反諷其背後「盡是貪汙犯」。

其二，由她主導拍板定案的民進黨不分區立委名單，其中竟有多位涉案在身。這份名單出爐後輿論譁然，與稍後國民黨提出的頗受外界好評的不分區立委名單形成鮮明對照。蔡英文因此大為失分。

其三，選戰關鍵時刻揭發出來的「宇昌案」，以及圍繞著這一案件的藍、綠攻防，更讓臺灣民眾看清了蔡英文不僅利用職權和政治影響力為其本人和家族圖利自肥，還硬拗不肯道歉。其後又拋出早已定讞的陳年舊案「富邦案」，試圖抵消「宇昌案」對其選情的衝擊，結果是適得其反。兩案相比，反而愈加突顯了馬的清廉自律、有錯必改，和蔡的貪心自肥、死不認錯。

政、經政策大方向，固然是選民檢視參選人是否堪當大任的主要議題，然而，吃夠了扁朝時代貪腐盛行之苦的臺灣民眾特別是工商企業界人士，對政治人物是否清廉自律特別看重，同樣會嚴加檢視。馬英九在電視政見發表會上，痛批民進黨執政八年包括陳水扁在內有 20 多名政府高官涉貪坐牢，而他執政 4 年沒有一個政府官員涉貪。為了利益迴避，杜悠悠之口，太太周美青等馬家 4 個成員主動辭職。王雪紅在選前記者會上有感而發，說：「一個清廉的政府，是可以支持的政府」，道出了廣大臺灣民眾的心聲。

擔心至今拒絕與陳水扁貪腐政權切割的民進黨重新上臺執政，顯然也是這場選舉「馬勝蔡敗」的又一個重要原因。

這場事關臺灣未來前途命運的重大選舉落幕了，國民黨馬英九雖然贏了，但為何會贏得這樣辛苦？4 年執政究竟有哪些缺失？為何比 2008 年「大選」少拿了 100 多萬張選票？在投票給馬的 689 萬選民中，究竟有多少人對馬的施政真正滿意？……肩負重責大任的馬英九，應當深長思之！

（原文刊於《海峽導報》）

三、「清廉」打敗了「貪腐」

```
國家圖書館出版品預行編目（CIP）資料

臺海風雲見證錄：時事評論篇 / 徐博東 編著 . -- 第一版 .
-- 臺北市：崧博出版：崧燁文化發行, 2019.03
    面；　公分
POD 版

ISBN 978-957-735-686-4（平裝）

1. 中華民國政治 2. 臺灣獨立問題 3. 兩岸關係

573.07                                              108001909
```

書　　名：臺海風雲見證錄：時事評論篇
作　　者：徐博東 編著
發 行 人：黃振庭
出 版 者：崧博出版事業有限公司
發 行 者：崧燁文化事業有限公司
E-mail：sonbookservice@gmail.com
粉 絲 頁：　　　　　　　網　址：
地　　址：台北市中正區重慶南路一段六十一號八樓815 室
8F.-815, No.61, Sec. 1, Chongqing S. Rd., Zhongzheng
Dist., Taipei City 100, Taiwan (R.O.C.)
電　　話：(02)2370-3310　傳　真：(02) 2370-3210
總 經 銷：紅螞蟻圖書有限公司
地　　址：台北市內湖區舊宗路二段 121 巷 19 號
電　　話:02-2795-3656　傳真:02-2795-4100　　網址：
印　　刷：京峯彩色印刷有限公司（京峰數位）

　本書版權為九州出版社所有授權崧博出版事業股份有限公司獨家發行電子書及
　繁體書繁體字版。若有其他相關權利及授權需求請與本公司聯繫。

定　　價：1050 元
發行日期：2019 年 03 月第一版

◎ 本書以 POD 印製發行